Eva Herzog
«Frisch, frank, fröhlich, frau»

Quellen und Forschungen zur Geschichte und Landeskunde
des Kantons Basel-Landschaft, Band 52

«Auf die Plätze, fertig, los!»
Spieltag in Buckten in den 30er Jahren.
Photo DTV Münchenstein

Eva Herzog

«Frisch, frank, fröhlich, frau»

Frauenturnen im Kanton Basel-Landschaft
Ein Beitrag zur Sozialgeschichte des Breitensports

1995 VERLAG
des Kantons Basel-Landschaft

Kommission «Quellen und Forschungen»:
Dr. Hans Utz, Ettingen, Präsident
Dr. Elsi Etter, Itingen
Dr. Jürg Ewald, Arboldswil
Dr. Matthias Manz, Sissach
Dr. Kaspar Rüdisühli, Binningen
Peter Stöcklin, Diegten
Fritz Sutter, Pratteln
lic. phil. Dominik Wunderlin, Basel
Max Zoller, Schönenbuch

Redaktion:
Dr. Hans Utz, Ettingen

Diese Arbeit ist als ein Projekt der *Forschungsstelle Baselbieter Geschichte* angenommen worden.

Diese Arbeit wurde am 17. August 1995 von der Philosophisch-Historischen Fakultät der Universität Basel auf Antrag von Prof. Dr. Martin Schaffner und PD Dr. Regina Wecker als Dissertation angenommen.

Buchgestaltung: Albert Gomm SGD/ITC/SWB, Basel
Satz und Druck: BDV Basler Druck und Verlag, Liestal
Bindearbeiten: Buchbinderei Grollimund AG, Reinach

© Copyright  Liestal 1995

ISBN 3-85673-240-3

Inhaltsverzeichnis

Dank

1	**Einleitung**	9
1.1	Quellen und Methoden	18
1.2	Begriffe: Leibesübungen, Turnen, Sport und Gymnastik	24
2	**Dienst am Vaterland – Ursprünge der Turnbewegung**	29
2.1	Turnen in der Fachliteratur	29
2.2	Am Anfang standen nationalpolitische Ziele	33
2.3	Gründung des Eidgenössischen Turnvereins	38
2.4	Vom militärischen Turnunterricht zu «Jugend & Sport»	41
2.5	Ideologisch unterstütztes Wachstum	47
2.6	Im Wettbewerb mit dem Sport	56
3	**Die Mädchen sollen vorausgehen**	63
3.1	Basselland unterstützt das Mädchenturnen	67
4	**Biologischer Determinismus im Frauenturnen**	75
4.1	Dr. Eugen Matthias – «Chefideologe» des Schweizerischen Frauenturnverbandes	75
4.2	Von der Hygiene zur Rassenhygiene	78
4.3	«Die Notwendigkeit der körperlichen Erstarkung des weiblichen Geschlechts»	93
4.4	Frauen im Beruf – ein neues Phänomen?	100
4.5	«Wettkampf ist unweiblich»	104
4.5.1	Im Zentrum der Diskussion: die Wettkampffrage	108
4.5.2	Statt Wettkampf Rumpfmuskelgymnastik	117
5	**Der Schweizerische Frauenturnverband**	123
5.1	Zürcher Bürgerstöchter turnen zuerst	123
5.2	Schweizerischer Frauenturnverband contra Eidgenössischer Turnverein	128
5.3	Propaganda für das Frauenturnen	139
5.4	Auf der Suche nach einem «Schweizerfrauenturnen»	144
5.5	Hartnäckiges Streuben gegen den Wettkampf	148
5.6	Seilziehen um öffentliche Auftritte – Eidgenössische Turnfeste und Schweizerische Frauenturntage	161

6	**Frauenturnen im Kanton Baselland**	175
6.1	Eine Bewegung breitet sich aus	175
6.1.1	Fusion zum Baselbieter Turnverband	181
6.2	Liestal geht voran	183
6.2.1	Der Damenturnverein Liestal (1906–1917)	183
6.2.2	Die Damenriege Liestal (1918)	186
6.3	Das Beispiel macht Schule	190
6.3.1	Der Damenturnverein Münchenstein-Neuewelt (1913)	190
6.3.2	Vom Damenturnverein (1915) zur Damenriege Binningen (1920)	193
6.3.3	Die Damenriege Gelterkinden (1919)	197
6.3.4	Die Damenriege Pratteln Alte Sektion (1920)	200
6.3.5	Die Damenriege Frenkendorf (1921)	204
6.3.6	Die Damenriege Muttenz (1923)	209
6.4	Die Gründung des Frauenturnverbandes Baselland (1924)	212
6.4.1	Liestal hält sich so lange wie möglich abseits	216
7	**Sozialstruktur von Damenriegen und Damenturnvereinen**	223
7.1	Quellenlage und methodisches Vorgehen	226
7.2	Ergebnisse	236
7.2.1	Damenturnverein und Damenriege Liestal	236
7.2.2	Die Damenriege Gelterkinden	239
7.2.3	Die Damenriege Frenkendorf	243
7.2.4	Die Damenriege Pratteln Alte Sektion	247
7.2.5	Die Damenriege Muttenz	254
7.3	Auf dem Land machen auch Arbeiterinnen mit	257
8	**Die Umsetzung der Theorie in Verband und Verein**	265
8.1	Wettkampf: Frauenturnverband bleibt linientreu	265
8.2	Wurstsalat statt Kränze in Pratteln	278
8.3	Nach der Turnfahrt ein Tänzchen wagen – Geselligkeit wird grossgeschrieben	290
8.4	«…weil das Frauenturnen kein Festleben erträgt und leicht ausarten könnte.» – Turnerinnen in der Öffentlichkeit	311
8.5	Die Turnkleider werden kürzer	329
9	**Im Brennpunkt: Der Körper der Turnerin**	341
9.1	Turnerinnen «verschönern» Turnerabende	343
9.2	Die «Blauhöschen» machen Eindruck	348
9.3	Im Turnkleid zum Tanz?	352

9.4	«Könnten wir die Mägdelein alle nur so hinstellen…» Probleme mit der Weiblichkeit der Turnerinnen	357
10	**Im Mittelpunkt: Die Turnerin**	365
10.1	Die Turnerinnen spielen auf Sieg	369
10.2	Sich Zeigen gehört dazu	376
10.3	Der Geselligkeit, nicht der Gesundheit wegen	382
11	**Schlussbetrachtung**	389
	Quellen und Literatur	397
	Abkürzungen und Begriffe	417
	Statistik der Turnbewegung im Kanton Baselland	421

Dank

An dieser Stelle möchte ich den Personen und Institutionen danken, ohne deren Hilfe die vorliegende Arbeit nicht zustande gekommen wäre. Danken möchte ich Prof. Martin Schaffner vom Historischen Seminar der Universität Basel, der die Untersuchung als Dissertation betreut und mit wertvoller Kritik begleitet hat. PD Dr. Regina Wecker vom gleichen Institut danke ich für die Übernahme des Korreferats und das grosse Interesse, das sie meiner Arbeit entgegengebracht hat. Meine Dissertation ist im Rahmen der «Neuen Baselbieter Geschichte» entstanden. Der Aufsichtskommission des Projekts möchte ich für den Auftrag danken. Finanziert wurde die vorliegende Arbeit über das Sportamt Baselland. Mein Dank geht stellvertretend an dessen Leiter, Ernst Lehmann, dem ich auch für seine inhaltliche Unterstützung danken möchte. Bei den Vertreterinnen und Vertretern von Damenriegen, Turnvereinen und Verbänden, dem Leiter des Staatsarchivs Baselland, Matthias Manz, und den Angestellten des Archivs bedanke ich mich für ihre Hilfsbereitschaft. Sie haben meine vielen Fragen stets bereitwillig beantwortet und bei der Suche nach Quellenmaterial jede denkbare Hilfe geleistet. Ganz besonders danken möchte ich den Frauen und Männern, die sich für ausführliche Interviews zur Verfügung stellten. Ein spezieller Dank gebührt dem Leiter der «Forschungsstelle Baselbieter Geschichte», Martin Leuenberger, der mich von Anfang an durch Höhen und Tiefen begleitete und unermüdlich unterstützte. Ein freundschaftlicher Dank für inhaltliche Kritik und anregende Gespräche geht an Ruedi Brassel, Christoph Buser, Ruedi Epple, Benedikt Feldges, Daniela Gloor, Katrin Holenstein, Christoph Keller, Bea Schumacher, Nick Stettler, Jakob Tanner, Kuno Trüeb und Irene Vonarb.

Danken möchte ich auch Hans Utz für die präzise redaktionelle Arbeit und Max Zoller, Leiter des Kantonsverlags, für die speditive Organisation des Drucks sowie Albert Gomm für die umsichtige Gestaltung des Buches. Zu danken habe ich auch der Kommission «Quellen und Forschungen» des Kantons Basel-Landschaft für die Aufnahme der Arbeit in ihre Reihe. Der Christine Bonjour-Stiftung, dem Max Geldner-Fonds, dem Werenfels-Fonds der Freiwilligen Akademischen Gesellschaft und dem Dissertationenfonds der Universität Basel danke ich für Beiträge an die Drucklegung. Ohne die Anteilnahme meiner Familie und meiner Freunde wäre dieses Buch nicht erschienen. Ein besonderes Verdienst kommt dabei meinem Partner Thomas Müller zu, der mir während der ganzen Zeit mit inhaltlicher Kritik und moralischer Unterstützung zur Seite stand, vor allem während der arbeitsintensiven Schlussphase.

Kapitel 1
Einleitung

«Auf die Plätze, fertig, ...» Die Frauen auf dem Titelbild sind voll konzentriert, gleich wird das Startsignal ertönen, die beiden Männer werden ihre Stoppuhren drücken und die Turnerinnen losrennen – werden ihr Letztes geben. Das Bild stammt von einem Spieltag in Buckten in den 30er Jahren. Damals gab es im Schweizerischen Frauenturnverband, dem auch die Baselbieter Turnerinnen angehörten, noch keine Wettkämpfe, offiziell wurden sie erst 1966 eingeführt. Was sollen dann die Stoppuhren?

«Frisch, frank, fröhlich, frau» lautet der Titel meiner Arbeit, in Abwandlung des Turnerwahlspruchs aus dem 19. Jahrhundert «Frisch, Fromm, Fröhlich, Frei».[1] Kein Zweifel, die Frauen auf dem Bild sind frisch, frank, fröhlich und «ganz frau». Der Titel besagt, dass die Frauen hier im Zentrum der Aufmerksamkeit stehen sollen, was in der Männerdomäne Sport nach wie vor keine Selbstverständlichkeit ist. Mit der Wahl der einzelnen Worte will ich zudem gleich zu Beginn ankünden, dass ich hinter der eher konservativen Fassade des Frauenturnen noch andere, weniger zahme Aspekte vermute. Und schliesslich will ich damit meinen eigenen Forschungsansatz zum Ausdruck bringen, klarmachen, dass ich mit dieser Arbeit nicht bezwecke, lediglich eine Klage über die Bevormundung der Frauen im Sport – im Bild dargestellt durch die beiden zeitnehmenden Männer – anzustimmen, sondern dass ich die fremdgesetzten Grenzen als Ausgangspunkt nehme und frage, wie die Frauen mit diesen Grenzen umgingen.

Ich rechne meine Arbeit sowohl dem Bereich der feministischen Geschichtswissenschaft zu als auch dem historischen Zweig der feministischen Sportwissenschaft, die beide mit der neuen Frauenbewegung der 70er Jahre zusammenhängen. Letztere nahm ihren Anfang in etwa mit dem Buch der Soziologin Sabine Kröner «Sport

---

1 Bei «Turnvater Jahn» hiess er zuerst: «Frisch, Frei, Froh (Fröhlich), Fromm». In dieser Form tauchte er 1836 auch bereits in der Schweiz auf (Der Sport-Brockhaus: alles vom Sport von A bis Z, Mannheim 1989, 5. Auflage).

und Geschlecht» von 1976.² Seit den 80er Jahren ergriffen in Deutschland Sabine Kröner und die Historikerin Gertrud Pfister die Initiative, die Kräfte der sportwissenschaftlich arbeitenden Frauen zu bündeln und einen Austausch zu organisieren. Ein erstes feministisches Seminar «Frauen in Bewegung» fand 1987 in Bielefeld statt³, die zweite grössere Tagung von Frauen für Frauen in der Sportwissenschaft «Frauen-Räume. Körper und Identität im Sport» wurde 1990 in Münster durchgeführt⁴. Die im Jahr 1991 unter dem Dach der Deutschen Vereinigung für Sportwissenschaft gegründete Kommission «Frauenforschung in der Sportwissenschaft» hielt im Jahr 1992 in Köln ihre erste Tagung «Frauen und Sport in Europa» ab, die, wie der Titel sagt, den Versuch unternahm, einen europäischen Austausch in Gang zu bringen.⁵
Wertvolle Anregungen für die feministische Sportwissenschaft kamen aus dem englischsprachigen Raum⁶, und seit Mitte der 80er Jahre entstanden auch in Deutschland eine Reihe interessanter Forschungsarbeiten, meist dem Bereich der Soziologie zugehörig, seltener mit historischem Erkenntnisinteresse⁷. Für mich waren vor allem die

2   Sabine Kröner, Sport und Geschlecht. Eine soziologische Analyse sportlichen Verhaltens in der Freizeit, Ahrensburg bei Hamburg 1976. Schon vorher erschienen einzelne Aufsätze zum Thema Frau und Sport, z. B. Ulrike Prokop, Sport und Emanzipation am Beispiel des Frauensports, in: A. Nathan (Hg.), Sport – kritisch, Bern 1972, S. 212–221. Prokop argumentiert mit marxistischem Ansatz: Das Sportbedürfnis sei nicht natürlich, sondern ein Produkt des Leidens im kapitalistischen System.
3   Mechthild Buschmann/Sabine Kröner (Hg.), Frauen in Bewegung: der feministische Blick auf Sporttheorie, Sportpraxis und Sportpolitik, Ahrensburg bei Hamburg 1988.
4   Sabine Kröner/Gertrud Pfister (Hg.), Frauen-Räume. Körper und Identität im Sport, Pfaffenweiler 1992. Sabine Kröner beschreibt darin die Anfänge der feministischen Sportwissenschaft: Frauenforschung in der Sportwissenschaft der Bundesrepublik Deutschland. Historischer Rückblick und Bestandesaufnahme, S. 30–40.
5   Petra Giess-Stüber/Ilse Hartmann-Tews (Hg.), Frauen und Sport in Europa, Sankt Augustin 1993.
6   Als Übersichtswerk mit nützlichen Literaturhinweisen erschien 1991: Allen Guttmann, Women's Sports: a History, New York. Zu den Werken aus den 80er Jahren einige neuere Beispiele: Helen Lenskyj, Out of Bounds. Women, Sport and Sexuality, Toronto 1986; dies., Measured Time: Women, Sport and Leisure, in: Leisure Studies, 1988/7; Ann M. Hall, Masculinity as a Culture: The Discourse of Gender and Sport, in: Proceedings of the Jyväskylä Congress on Movement and Sport in Women's Life 1987, Bd. 1, Jyväskylä 1987, S. 193–208; dies., The Discourse of Gender and Sport: from Feminity to Feminism, in: Sociology of Sport Journal, Champaign (Ill), 5, 1988/4, S. 330–340; E. Wimbush/Margeret Talbot, Relative Freedoms. Women and Leisure, Philadelphia 1988; Kathleen E. McCrone, Playing the Game: Sport and Physical Education of English Women, 1870–1914, Lexington 1988; Adrianne Blue, Grace under presure: The emergence of women in Sport, London 1987.
7   Eine ältere Arbeit stammt von Angelika Tschap-Bock, Frauensport und Gesellschaft. Der Frauensport in seinen historischen und gegenwärtigen Formen, Ah-

Einleitung

sporthistorischen Arbeiten von Gertrud Pfister von grossem Nutzen.[8] In der Schweiz liegt dieser Forschungsbereich bis auf einzelne Diplomarbeiten innerhalb der Turnlehrerinnen- und Turnlehrerausbildung bisher weitgehend brach.[9] Wegen der grossen Ähnlichkeiten von Turnen und Sport in Deutschland und der Schweiz habe ich mich vor allem auf deutsche Literatur gestützt.

Die nach wie vor geringe Bedeutung der feministischen Sportwissenschaft begründete Sabine Kröner 1990 unter anderem damit, dass sich die Sportwissenschaft aus der Turnlehrerinnen- und Turnlehrerausbildung heraus entwickelt habe und deshalb vor allem praxisorientiert gewesen sei. Sie messe deshalb den naturwissenschaftlich ausgerichteten Disziplinen wie Sportmedizin, Bewegungslehre und Biomechanik neben der Sportpädagogik und -didaktik bis heute weit grössere Bedeutung bei als etwa der Sportsoziologie, die – wie die Soziologie im allgemeinen – ihren Gegenstand in erster Linie kritisch betrachte. Feministische Sportwissenschaft gebe es dort, wo auch die Sportsoziologie sich einen Platz habe erobern können. «Von ihrer Struktur und ihrem etablierten, eher affirmativen Erkenntnisinteresse her ist die Sportwissenschaft also eine Männerwissenschaft par excellence und damit vergleichbar mit den Technik- und Naturwissenschaften.»[10] Diese Charakterisierung trifft ebenfalls auf die ältere Generation von Sporthistorikern zu, in Deutschland genauso wie in der Schweiz.[11]

rensburg bei Hamburg 1983. Autorinnen stärker feministisch orientierter Arbeiten sind neben den bereits genannten etwa: Birgit Palzkill, Lotte Rose, Marie-Luise Klein, Sylvie Schenk, Heidi Scheffel, Gabriele Sobiech, Ursula Voigt, Christine Woesler-de Panafieu, deren Arbeiten ich im Verlauf meiner Untersuchung zitieren werde.

8   Vgl. Bibliographie.
9   Viel hat sich nicht getan seit der Ausstellung über Frauensport in Basel von 1969: Auguste Hoffmann/Fritz Karl Mathys, Die Frau im Sport. 4000 Jahre Frauensport. Wegleitung zur Ausstellung des Schweizerischen Turn- und Sportmuseums Basel 1969, Basel 1969. Nicht existent ist die Forschung über Frauen im Überblick von Heinz Keller, Zum Stand der Problematik «Sportwissenschaft» in der Schweiz, in: E. Kornexl et al. (Hg.), Sportwissenschaft Sportpraxis – zwei Welten? Innsbruck 1987, S. 58–60. Brauchbare Hinweise liefert zum einen die Diplomarbeit von Karin Schütz, Frauenturnen, ein Beitrag zur Emanzipation der Frau? Die Schweizerische Damenturnvereinigung (1908–1928), Basel 1984. Ich werde daraus zitieren, nicht aus dem gleichnamigen Aufsatz von Schütz in: A. Ryter et al. (Hg.), Auf den Spuren weiblicher Vergangenheit, Itinera 2/3, Basel 1985, S. 55–72. V. a. die Untersuchung von Walter Leimgruber, «Das Fest der weiblichen Anmut»: Die Schweizerischen Frauenturntage, in: B. Schader/W. Leimgruber, Festgenossen. Über Wesen und Funktion eidgenössischer Verbandsfeste, Basel/Frankfurt a. M. 1993, S. 225–256, im Zusammenhang mit seiner Analyse der Verbandsfeste der Männer, vgl. Bibliographie.
10 Kröner, in: Kröner/Pfister 1992, S. 35/36, Zitat S. 36.
11 Vgl. dazu Kap. 2.1.

Trotz der Hindernisse, auf die sie stiess, brachte die Sportsoziologie seit den 70er Jahren Bewegung in die verkrusteten Strukturen der Sportwissenschaft. Aus einer Kritik an den Auswüchsen des modernen Sports entstanden, fragte sie nach seinen Ursprüngen, nach seiner Verbindung mit der kapitalistischen Gesellschaft – nach dem Verhältnis zwischen Sport und Gesellschaft.[12] Auf die kritischen bis ablehnenden Analysen des modernen Sports folgten in den 80er Jahren zunehmend Abhandlungen, die den hohen gesellschaftlichen Stellenwert des Sports betonten und ihn als interessantes gesellschaftliches Phänomen und – je nach Sichtweise – als gesellschaftliche Teilkultur zu untersuchen begannen.[13] Begriffe wie «Sportlichkeit» oder «Sportivität» tauchten auf oder erhielten eine neue Bedeutung zugesprochen. Sie standen Ende der 80er Jahre nicht mehr für eine begrenzte Sportpraxis, sondern für einen Lebensstil oder für ein «neues, umfassendes Leitmuster unserer Alltagskultur».[14] Beigetragen hat dazu nicht zuletzt Pierre Bourdieu, der sich mit schichtspezifischen Aspekten des Sporttreibens befasst hat und sein «Habitus»-Konzept mit einer Vielzahl von Beispielen aus dem Sport illustriert. «Sag mir, wie Du Dich kleidest, welche Pillen Du nimmst, welche Sportarten Du treibst – und ich sage Dir, wo Du sozial hingehörst.»[15]

In Deutschland wie auch in der Schweiz hat die feministische Geschichtswissenschaft den Frauensport als Untersuchungsfeld noch

12 Um die wichtigsten Werke zu nennen – wozu auch in geringerer Zahl sporthistorische Werke gehören: Bero Rigauer, Sport und Arbeit. Soziologische Zusammenhänge und ideologische Implikationen, Frankfurt a. M. 1969 (Neuauflage: Münster 1981); Jac-Olaf Böhme et al., Sport im Spätkapitalismus, Frankfurt a. M. 1972 (2. Auflage); Andrzej Wohl, Die gesellschaftlich-historischen Grundlagen des bürgerlichen Sports, Köln 1973; Henning Eichberg, Leistung, Spannung, Geschwindigkeit. Sport und Tanz im gesellschaftlichen Wandel des 18./19. Jahrhunderts, Stuttgart 1978; ders., Sport im 19. Jahrhundert – Genese einer industriellen Verhaltensform, in: H. Ueberhorst (Hg.), Geschichte der Leibesübungen, Bd. 3/1, Berlin 1980,␣S. 350–412; Sven Güldenpfennig, Sport in den sozialwissenschaftlichen Diskussion, Ahrensburg bei Hamburg 1980; Hajo Bernett (Hg.), Der Sport im Kreuzfeuer der Kritik. Kritische Texte aus 100 Jahren deutscher Sportgeschichte, Schorndorf 1982.
13 Hans Lenk, Die achte Kunst. Leistungssport – Breitensport, Zürich 1985; Ommo Grupe, Sport als Kultur, Zürich 1987; Reinhard Bodo Leusing, Die Erstarrung des Sports in der Soziologie. Kritik der materialistischen Sportsoziologie, Frankfurt a. M. 1987; Hermann Bausinger. Die schönste Nebensache... Etappen der Sportbegeisterung, in: O. Grupe (Hg.), Kulturgut oder Körperkult? Sport und Sportwissenschaft im Wandel, Tübingen 1990, S. 3–21.
14 Wolfgang Kaschuba, Sportivität: Die Karriere eines neuen Leitwertes. Anmerkungen zur «Versportlichung» unserer Alltagskultur, in: Sportwissenschaft 19, 1989, S. 154–171, Zitat S. 163.
15 Pierre Bourdieu, zitiert bei Kaschuba 1989, S. 169. Für die Werke von Bourdieu wie auch von Luc Boltanski, der sich ebenfalls mit diesen Aspekten befasst hat, vgl. Bibliographie.

nicht entdeckt. Gertrud Pfister versuchte in einem Aufsatz aus dem Jahr 1990 eine Brücke zu schlagen, indem sie an Sportwissenschaft interessierten Frauen zu erklären versuchte, wie feministische Ansätze für ihre Arbeit fruchtbar gemacht werden könnten, und feministisch orientierten Historikerinnen wollte sie zeigen, welchen Gewinn sie aus der Untersuchung von Themen aus dem Bereich des Frauensports ziehen könnten.[16] Frauenforschung in der Sportgeschichte könne einen Beitrag leisten zur Entlarvung von «Weiblichkeitsmythen» wie zum Beispiel dem Mythos des «schwachen Geschlechts».[17]

Einen Beitrag in diesem Sinn möchte ich mit der vorliegenden Arbeit leisten. Aber noch um einen anderen «Brückenschlag» geht es mir. Meine Untersuchung ist im Rahmen der «Neuen Baselbieter Geschichte» entstanden. Von Anfang an konnte es nicht darum gehen, eine Art umfassende Jubiläumsschrift des Baselbieter Breitensports zu verfassen. Einen Überblick über das sportliche Geschehen in Baselland von der Kantonsgründung bis in die Gegenwart in Händen zu halten, hätte durchaus seinen Reiz. Eine solche Arbeit müsste aber auf Kosten einer inhaltlichen Analyse gehen, was meines Erachtens schade wäre. So muss ich weiterhin darauf verweisen, die Eckdaten der Entwicklung der einzelnen Turn- und Sportvereine in den jeweiligen Jubiläumsschriften nachzulesen. Mein Wunsch wäre es, dass die vorliegende Analyse diese Schriften und die Geschichte, die sie erzählen, in ein neues Licht rückt. Ich möchte die Mitglieder von Turnvereinen dazu anregen, «ihr» Turnen einmal aus einem anderen Blickwinkel zu betrachten, und denjenigen, denen diese Welt gänzlich fremd ist, zeigen, wieviel Vertrautes sie gleichwohl enthält.

Ich habe bisher von Turn- und Sportvereinen oder auch vom Frauenturnen gesprochen. Auf die Unterscheidung zwischen Turnen und Sport gehe ich in Kapitel 1.2 ausführlich ein. Hier nur soviel: in unseren Breitengraden entstand die Turnbewegung der Männer am Anfang des 19. Jahrhunderts («Turnvater Jahn»), von Sport spricht man seit dem ausgehenden 19. Jahrhundert, dazu gehören insbesondere die Leichtathletik und die Spiele.

Im 19. Jahrhundert war ein «Turnverein» in etwa gleichbedeutend mit einer heutigen «Aktivsektion». Er bestand aus jungen Männern, die an Turnfeste zogen und Wettkämpfe austrugen. Mit den Jahren wurden die Turnvereine zu einer Art Dachorganisation auf lokaler Ebene mit verschiedenen Untersektionen, zu den «Aktiven» gesell-

---

16 Gertrud Pfister, Die andere Perspektive: Frauenforschung und Sportgeschichte. Sportwissenschaft und Feminismus, in: Stadion, XVI, 1990/1, S. 143–169.
17 Ebd., S. 163.

ten sich auf der einen Seite die «Männer», die etwas älteren Turner, die nicht mehr (so) leistungsorientiert turnen wollten, auf der anderen Seite die «Damen» und die «Frauen». Wenn ich von Frauenturnen spreche, meine ich das Turnen aller erwachsenen Frauen – im Rahmen der «bürgerlichen» Turnbewegung. Die ersten Frauen turnten in «Damenturnvereinen» oder «Damenriegen», waren jung und unverheiratet. Erst mit den Jahren turnten auch etwas ältere und/oder verheiratete Frauen, sie taten dies in «Frauenturnvereinen» oder «Frauenriegen». Ich habe mich auf das Turnen der «Damen» beschränkt, wo beide Kategorien vorkommen, gebe ich dies jeweils an. «Damenturnverein» steht in der Regel für einen selbständigen Verein, während die «Damenriegen» als Untersektionen einem lokalen Turnverein angehörten.

Die Quellenlage legte es nahe, sich auf Turnvereine zu konzentrieren und nicht auf Sportvereine. Turnvereine sind viel besser dokumentiert, das heisst, es gibt viel mehr schriftliche Quellen, und ausschliesslich auf mündliche Informationen wollte ich mich nicht abstützen.[18] Ihre traditionsreiche Vergangenheit und vor allem die Tatsache, dass Turnvereine über das Turnen hinaus von Anfang an auch gesellschaftliche und politische Funktionen erfüllten, prädestinieren sie für eine historische Untersuchung. Zusammen mit den Vereinen der Sänger und der Schützen waren sie ein wichtiger Bestandteil der liberalen Bewegung des 19. Jahrhunderts, die sich für die Schaffung eines schweizerischen Bundesstaates einsetzte.[19]

Innerhalb der Turnbewegung habe ich mich für die Vereine der Frauen entschieden, dies entspricht meinen persönlichen Interessen und lässt sich auch dadurch rechtfertigen, dass das Turnen der Frauen wesentlich schlechter aufgearbeitet ist als dasjenige der Männer. Die ersten Damenriegen und Damenturnvereine der Schweiz entstanden am Übergang zum 20. Jahrhundert. Entsprechend der Rolle der Frauen in der Gesellschaft, konnten die Vereine der Frauen im Gegensatz zu denjenigen der Männer keine aktiven politischen Funktionen übernehmen, wohl aber gesellschaftliche, und diese erweisen sich gerade in ländlichen Verhältnissen als besonders interessant: In kleineren Gemeinden bot der Turnverein

18 Vgl. dazu die Ausführungen in Kap. 1.1.
19 Zur politischen Bedeutung der Vereine im 19. Jahrhundert vgl.: Thomas Nipperdey, Gesellschaft, Kultur, Theorie: gesammelte Aufsätze zur neueren Geschichte, Göttingen 1976, v. a. S. 174–205; Martin Schaffner, Vereinskultur und Volksbewegung. Die Rolle der Vereine in der Zürcher Demokratischen Bewegung, in: N. Bernard/Q. Reichen (Hg.), Gesellschaft und Gesellschaften. Festschrift zum 65. Geburtstag von Prof. U. Im Hof, Bern 1982, S. 420–436; Hans Ulrich Jost, Künstlergesellschaften und Kunstvereine in der Zeit der Restauration. Ein Beispiel der soziopolitischen Funktion des Vereinswesens im Aufbau der bürgerlichen Öffentlichkeit, in: ebd., S. 341–368. Vgl. auch Kap. 2.2.

mit seinen Untersektionen – wie etwa der Damenriege – bis in die jüngste Vergangenheit und sicher bis zum Zweiten Weltkrieg die einzige Möglichkeit, Turnen und Sport zu treiben, und mehr noch: Bis Ende der 40er Jahre stellte er überhaupt eine der wenigen bestehenden Freizeitmöglichkeiten dar. Turnverein und Damenriege (oder auch Damenturnverein) nahmen damit im gesellschaftlichen Leben einer Gemeinde einen wichtigen Platz ein, weshalb ihre Untersuchung auch für die Belange der Frauen von Interesse ist. Auf diese Weise gewährt eine Betrachtung von Turnvereinen Einblicke in das gesellschaftliche Leben eines Dorfes und gibt gleichzeitig Aufschlüsse über die Situation der Frauen.

Für die Untersuchung brachte ich, unbelastet von jeglicher Damenriegen-Vergangenheit, die notwendige Distanz mit wie auch einen enormen Mangel an Faktenwissen. Letzteres habe ich so gut wie möglich behoben, diejenigen, denen verschiedene technische Begriffe genauso wenig vertraut sind, wie sie es mir waren, verweise ich auf die Begriffserläuterungen in Kapitel 1.2. und auf eine Reihe weiterer Definitionen unter «Abkürzungen und Begriffe» am Ende der Arbeit.

Distanz zu wahren versucht habe ich auch gegenüber dem Thema, das mich als Frau direkter berührt: Die Bevormundung der Frauen durch die Männer, eine Konstante, die bei einer Untersuchung des Frauenturnens zuerst auffällt. Gleichzeitig war meine «Betroffenheit» der notwendige Ansporn dafür, weiterzufragen, mich nicht zufrieden zu geben mit dem offiziellen, von der Frauenturnbewegung nach aussen getragenen Bild. Die Interviews, die ich mit einer Reihe von ehemaligen Turnerinnen führte, vor allem einzelne Geschichten oder Anekdoten, die sie mir erzählten, wollten mit diesem Bild nicht übereinstimmen. Auch die in schriftlichen Quellen formulierte Kritik am Verhalten der Turnerinnen oder die Photos, welche mir die Frauen zur Verfügung stellten, deuteten auf eine vielfältigere Wirklichkeit hin, als es auf den ersten Blick den Eindruck machte.

Unterstützung in diesen Gedanken fand ich in der aktuellen Diskussion innerhalb der feministischen Geschichtswissenschaft, worin verschiedentlich dazu aufgefordert wird, nicht bei der Aufarbeitung der «Unterdrückungsgeschichte» der Frauen – so notwendig dies war und so nützlich ihre Resultate sind – stehenzubleiben. Gegenwart und Vergangenheit seien nur unzureichend erfass- und erklärbar, wenn Frauen nur als unterdrückte und bevormundete Wesen betrachtet würden, schreibt zum Beispiel Rebekka Habermas in einem unlängst erschienenen Aufsatz.[20] Ausserdem bestehe die Ge-

20 Rebekka Habermas, Geschlechtergeschichte und «anthropology of gender». Geschichte einer Begegnung, in: Historische Anthropologie, 1. Jg., 1993/3, S. 485–509.

fahr, durch die ausschliessliche Klage über die zwar nicht zu leugnenden Missstände die Unterdrückungsgeschichte der Frauen zu tradieren statt aus diesem Teufelskreis auszubrechen. Habermas setzt sich für eine Geschlechtergeschichte nicht der Täter und Opfer, sondern der historischen Akteure und Akteurinnen als «handelnde, interagierende und erfahrende Wesen» ein. Dies verändere auch das Verhältnis der Geschlechter: «An die Stelle ewig gleicher Macht beziehungsweise Ohnmacht tritt die Dialektik des Aushandelns.»[21]

Ziel meiner Arbeit ist es, am Beispiel des Frauenturnens im Baselbiet dieses «Aushandeln» der Interessen zwischen den Geschlechtern zu beschreiben. Es ist deshalb nicht bloss eine Frage der Chronologie, wenn ich meine Ausführungen mit einer kurzen Zusammenfassung der bürgerlichen Turnbewegung der Männer seit dem 19. Jahrhundert beginne. Sie bildet den Rahmen, innerhalb dessen sich die Frauenturnbewegung entwickelte, und die Turner waren auch massgeblich an ihrer Entstehung beteiligt. Ausserdem bestanden von Anfang an und bestehen bis heute auf lokaler, kantonaler und schweizerischer Ebene zwischen Turnerinnen und Turnern enge Kontakte – die durchaus nicht immer spannungsfrei waren. Anschliessend werde ich mich mit dem Diskurs über das Frauenturnen befassen, mit den theoretischen Schriften, die begründeten, weshalb Frauen turnen sollten, und mit der Art und Weise, wie der Schweizerische Frauenturnverband diese Ideen in seiner Verbandsdoktrin umsetzte.

Ein Kapitel ist dem Turnen der Mädchen gewidmet, das dem Frauenturnen voranging und in begrenztem Umfang eine Schrittmacherfunktion für das Turnen der erwachsenen Frauen einnahm. Dann werde ich die Frauenturnbewegung im Kanton Baselland beschreiben, die mit der Gründung des ersten Damenturnvereins im Jahr 1906 ihren Anfang nahm und die im Jahr 1924 zur Gründung des Frauenturnverbandes Baselland führte. Die Ergebnisse meiner Untersuchung der sozialen Zusammensetzung der ersten Damenriegen und -turnvereine soll die Konturen dieser Vereine noch stärker hervortreten lassen.

Im letzten Teil der Arbeit versuche ich schliesslich, mich der kulturellen Praxis des Frauenturnens, wie es in Turnhallen und auf Turnplätzen stattfand, anzunähern, mit anderen Worten: der Umsetzung

---

21 Ebd., S. 504. Habermas liefert in diesem Artikel auf den Seiten 485ff. einen griffigen Überblick über die Inhalte der Geschlechtergeschichte von den 60er Jahren bis zur «historisch-anthropologischen Geschlechtergeschichte», einer Verbindung von Anthropologie und der «history of gender», dem Ansatz, der ihrer Meinung nach in Zukunft die fruchtbarsten Resultate liefern dürfte.

der offiziellen Verbandsdoktrin in Vereinen und Verbänden. Letztlich interessieren mich die Erfahrungen der Turnerinnen, ihre Motivation, einer Damenriege beizutreten und der Gewinn, den sie aus einer Mitgliedschaft zogen.

Gerade in bezug auf das Verhältnis zwischen den Geschlechtern wäre es interessant gewesen, auch die Arbeiterturnvereine in die Untersuchung miteinzubeziehen. Die Arbeiter-Turn- und Sportbewegung vertrat den Anspruch, Frauen und Männer seien in ihren Reihen gleichgestellt. Sie turnten nicht in separaten Vereinen, und auch das Turnprogramm von Arbeiter-Turnerinnen unterschied sich von demjenigen ihrer «bürgerlichen» Schwestern, indem beispielsweise der Wettkampf schon viel früher Eingang fand. Ob das Geschlechterverhältnis und das herrschende Frauenbild tatsächlich so anders waren, wäre eine Untersuchung wert.[22] Auch der Einbezug der katholischen Turnvereine könnte spannend sein, vor allem wegen der zentralen Rolle, die der Körper, mit dem sich die katholische Kirche bis heute schwer tut, in Turnen und Sport spielt.[23] Aus zeitlichen Gründen musste ich auf die Untersuchung dieser Verbände verzichten und mich auf die Behandlung «bürgerlicher» Turnvereine beschränken. Allerdings ist zu sagen, dass die Turnbewegung der Arbeiterinnen und Arbeiter wie auch diejenige der Katholikinnen und Katholiken in Baselland zahlenmässig nie eine grosse Rolle spielten.[24]

Der zeitliche Schwerpunkt meiner Arbeit liegt auf den 20er und 30er Jahren. Wenn es das Thema verlangte oder wenn entscheidende Veränderungen auf einem Gebiet erst später stattfanden, ging ich auch darüber hinaus, wie zum Beispiel beim Thema des Wettkampfs, bei gesetzgeberischen Massnahmen oder bei der Zusammenarbeit zwischen den Verbänden der Männer und der Frauen. Auch die statistische Recherche, mit der ich meine Arbeit begonnen habe, umfasst einen grösseren Zeitraum, das Zahlenmaterial reicht bis 1990.

---

22 Als neuere schweizerische Arbeit zum Thema liegt vor: Walter Aeschimann, Zur Geschichte des Schweizerischen Arbeiter-Turn- und Sportverbandes in den 20er Jahren, Zürich 1987 (unveröffentlichte Lizentiatsarbeit). Zu den deutschen Spezialisten gehören: Herbert Dierker, Arbeitersport im Spannungsfeld der Zwanziger Jahre. Sportpolitik und Alltagserfahrungen auf internationaler, deutscher und Berliner Ebene, Essen 1990; Hans Joachim Teichler/Gerhard Hank (Hg.), Illustrierte Geschichte des Arbeitersports, Berlin 1987.

23 Vgl. dazu: Hilmar Gernet, Die weisse Armee. Einige Aspekte der katholischen Sportbewegung in der Schweiz zwischen 1930 und 1954, Emmenbrücke (SKTS) 1986; und weiter gefasst: Urs Altermatt, Der Weg der Schweizer Katholiken ins Ghetto: Die Entstehungsgeschichte der nationalen Volksorganisationen im Schweizer Katholizismus 1848–1919, Zürich 1981.

24 Vgl. Zahlen und Graphiken in «Statistik der Turnbewegung im Kanton Baselland» am Ende der Arbeit.

1.1 Quellen und Methoden

Meine Arbeit beruht weder auf einer Quellengattung noch auf einer einzigen Methode. Aus diesem Grund werde ich sowohl die Art der verwendeten Quellen wie auch die Schwierigkeiten bei ihrer Interpretation im jeweiligen Kapitel eingehend diskutieren. An dieser Stelle möchte ich einen Überblick geben und nur auf die Interviews, die ich mit ehemaligen Turnerinnen geführt habe, etwas ausführlicher eingehen. Näher erläutern will ich auch mein methodisches Vorgehen bei der Erstellung der statistischen Daten über den Breitensport im Kanton Baselland.

Den Diskurs über das Frauenturnen habe ich anhand theoretischer Schriften über das Frauenturnen untersucht. Im Vordergrund stand dabei das Werk von Dr. Eugen Matthias (1882–1958), Biologe und Anthropologe. Die Verbandsdoktrin des Schweizerischen Frauenturnverbandes (SFTV), das heisst seine Vorstellungen darüber, warum und wie die Frauen turnen sollten, lässt sich Zeitschriften, Broschüren und Vorträgen entnehmen. Als Hauptquelle aus dieser Kategorie diente mir die Verbandszeitschrift des SFTV, das «Frauen-Turnen».

Da die Geschichte der Vereine und Verbände, in denen die Frauen turnten, noch kaum aufgearbeitet ist und deshalb nicht einfach vorausgesetzt werden kann, habe ich einen Teil meiner Arbeit der Organisationsgeschichte gewidmet. Im Falle des SFTV habe ich mich kurz gehalten, ausführlicher gehe ich auf die ersten Damenriegen und -turnvereine im Kanton Baselland ein sowie auf den 1924 gegründeten kantonalen Zusammenschluss, den Frauenturnverband Baselland (FTV). Ich beschränke mich auf die Gründungsgeschichten der ersten Vereine, die in Liestal, Münchenstein, Binningen, Gelterkinden, Pratteln, Frenkendorf und Muttenz entstanden, da ich mich vor allem für die Anfänge des Frauenturnens im Kanton Baselland interessiere. Als Pioniervereine dürften sie auch die interessantesten Geschichten liefern, während spätere Gründungen immer mehr zur Routine wurden. Für meine weitere Analyse habe ich ebenfalls die Akten dieser Vereine verwendet. Eine der ersten Riegen, die 1916 gegründete Damenriege Birsfelden, fehlt in meiner Darstellung, da ich über ihre Anfangszeiten kein Quellenmaterial finden konnte, weshalb ich ganz auf ihre Behandlung verzichtet habe.[25]

---

25 In Birsfelden gab es einen Arbeiterturnverein, über den einiges an Quellenmaterial vorliegt. Eine Untersuchung dieser Gemeinde wäre an sich sehr interessant. Ein Anfang dazu wurde unter der Ägide von Karl Zimmermann gemacht mit der Ausstellung: Jugendvereine und Jugendbewegung in Birsfelden von 1890 bis heute, im Birsfelder Museum, November 1994 bis Januar 1995.

Als Quellen dienten mir neben Jubiläumsschriften vor allem Sitzungsprotokolle, Jahresberichte und Korrespondenz der Vereine. Diese Dokumente geben einerseits Auskunft über Gründungsdaten, Art der Gründung und teilweise auch über deren Hintergründe, andererseits über die Aktivitäten der Vereine. Es lassen sich Schlüsse ziehen, wie die theoretischen Idealvorstellungen in die Praxis umgesetzt wurden. Die Quellen sind nicht einfach zu interpretieren. Die wirklich interessanten Auseinandersetzungen an Sitzungen wurden beispielsweise nicht ins Protokoll aufgenommen. Was soll ein Protokoll von einer halben A4-Seite hergeben, wenn die Sitzung über zwei Stunden dauerte und «sehr lebhaft» war? Überhaupt wurden viele Vereinsgeschäfte mündlich erledigt, zum Beispiel nach den Turnstunden an sogenannten «Turnständen», wo Vereinsbeschlüsse gefasst wurden, die dann durch einen kurzen Eintrag im Protokollbuch festgehalten wurden. Die Jahresberichte stellen andere Probleme. Zum einen listen sie auf, was im vergangenen Jahr geschehen ist, gleichzeitig wurden sie von der Verfasserin oder dem Verfasser vor allem in den Anfängen der Bewegung auch immer dazu genutzt, Lob und Tadel an die Mitglieder zu richten. Nicht zuletzt haftet ihnen der Geruch der positiven Selbstdarstellung an, allzu oft wird der Wunsch deutlich, am Ende des Jahres lieber ein Auge zuzudrücken: Statt Kritik geübt, wird beschönigt und der Gemeinsinn beschworen, um die Kräfte zu bündeln für ein nächstes (erfolgreiches) Vereinsjahr. Mit der Etablierung der Vereine werden die Berichte trockener, technischer, was sie auch nicht notwendigerweise einfacher interpretierbar macht. Am ergiebigsten ist Korrespondenz. Den grössten Anteil machen zwar nichtssagende Formbriefe aus; doch darunter finden sich immer wieder Briefe, in denen die Dinge beim Namen genannt und Auseinandersetzungen mit einer Direktheit ausgetragen werden wie in keiner anderen schriftlichen Quellengattung. Leider landet Korrespondenz am schnellsten im Papierkorb, während die Vereine Protokollbücher und Jahresberichte eher aufbewahren. Sind Briefe erhalten geblieben, haben sie sich meist als die wertvollsten Quellen erwiesen, während die anderen Gattungen erheblich langweiliger und unergiebiger sind und viel stärker gegen den Strich gelesen werden müssen. Eine nützliche Ergänzung können Berichte in kantonalen und lokalen Zeitungen darstellen. Dazu ist allerdings anzumerken, dass über das Frauenturnen in der Presse vergleichsweise wenig berichtet wurde (und wird) und die Artikel ausserdem oft der Feder von Vereinsmitgliedern entstammten. Ich werde an entsprechender Stelle auf diese Praxis eingehen.

Nun interessierten mich aber nicht nur die theoretischen Begründungen des Frauenturnens und die daraus abgeleiteten Übungen, sondern auch die Umsetzung der Theorie in der Praxis und das persönliche Erleben der einzelnen Turnerinnen. Bei den schriftlichen Quellen stiess ich hier sehr bald an Grenzen. Für eine Untersuchung der 20er und 30er Jahre bot sich die «Oral History» an, das heisst die mündliche Befragung von Zeitzeuginnen.[26] Zu diesem Zweck setzte ich mich zuerst mit den Methodenvorschlägen zur Oral History auseinander.[27] Die Methode der Oral History gibt es nicht, verschiedene Hinweise und Vorschläge erschienen mir aber durchaus nützlich und erleichterten mir die Arbeit mit dieser für mich neuen Methode.

Ich habe mit sechs ehemaligen Turnerinnen, die alle zwischen 1904 und 1920 geboren sind, im Winter 1991/92 je ein längeres Gespräch geführt; im Dezember 1992 ausserdem mit einer etwas jüngeren Frau (geb. 1933), die nach der Zeit in einer Damenriege zur Leichtathletik wechselte, und im März desselben Jahres auch mit einem langjährigen Damenriegenleiter und FTV-Funktionär (geb. 1911). Die Interviews dauerten meist zwei bis drei Stunden. Ich nahm sie auf Tonband auf und transkribierte sie anschliessend. Dabei stellten sich mir die üblichen Probleme der Verfälschung der Aussagen, noch verstärkt durch die Übertragung des Dialektes in die Hochsprache. Da die Interviewten Sätze oft nicht beendeten oder mehrmals ansetzten, sich wiederholten und dadurch zum Beispiel die Satzstellung nicht den grammatischen Regeln entsprach, habe ich die Sprache etwas begradiert, um meine GesprächspartnerInnen nicht in ein schlechtes Licht zu setzen.[28]

Ich führte keine lebensgeschichtlichen Interviews im strengen Sinn durch, also keine ganz offenen Befragungen. Ich erklärte den Frauen von Anfang an, dass mich das Turnen interessiere und ich mit

---

26 Eine griffige Umschreibung der Methode der Oral History wie auch eine Standortbestimmung der Oral History in der Schweiz bringt Gregor Spuhler, Die Oral History in der Schweiz, in: G. Spuhler et al. (Hg.), Vielstimmiges Gedächtnis. Beiträge zur Oral History, Zürich 1994, S. 7–20. Das Standardwerk auch für die Forschung in der Schweiz ist nach wie vor: Lutz Niethammer, Lebenserfahrung und kollektives Gedächtnis. Die Praxis der «Oral History», Frankfurt 1980. Vgl. auch Jürgen von Ungern-Sternberg/Hansjörg Reinau (Hg.), Vergangenheit in mündlicher Überlieferung, Stuttgart 1988.

27 Als wertvoll erwiesen sich insbesondere: Lutz Niethammer/Alexander von Plato (Hg.), «Wir kriegen jetzt andere Zeiten». Auf der Suche nach der Erfahrung des Volkes in nachfaschistischen Ländern, Berlin/Bonn 1985, darin v. a.: Lutz Niethammer, Fragen-Antworten-Fragen. Methodische Erfahrungen und Erwägungen zur Oral History (S. 392–445); Franz-Josef Brüggemeier/Dorothee Wierling, Einführung in die Oral History. Studienbriefe der Fernuniversität Hagen, Hagen 1986.

28 Ich gebe das Datum des Interviews, das Geburtsjahr und den Wohnort der befragten Person an. Aus Gründen des Personenschutzes nenne ich sie nicht mit vollem Namen. Da ich die Transkriptionen nicht beilege, habe ich darauf verzichtet, Seiten- oder Minutenangaben zu verzeichnen.

Quellen und Methoden

ihnen über die Zeit sprechen möchte, als sie als junge Frauen in einer Damenriege oder einem Damenturnverein turnten. Ich bat sie einleitend aber stets, mir ihren persönlichen Werdegang über das Turnen hinaus kurz zu schildern. Da mich vor allem interessiere, wie sie persönlich das Turnen erlebt hätten und was es für sie bedeutet habe, müsse ich mir auch ein ungefähres Bild von ihrer Person und ihrem individuellen Umfeld machen können. Anfänglich war ich von den Resultaten der Interviews enttäuscht und wandte mich wieder schriftlichem Material zu. Im Laufe der Arbeit merkte ich aber, dass mir die Gespräche erstens einen ganz neuen Zugang zu schriftlichen Dokumenten eröffnet hatten und zweitens, dass die Aussagen aus den Interviews die anderen Informationen in vielen Fällen ideal ergänzten. Die Frauen erzählten mir vor allem über die 30er Jahre, die 20er Jahre lagen etwas weit zurück.[29] Es ging mir nicht darum, aus den Interviews repräsentative Ergebnisse ableiten zu können, dafür war allein schon ihre Zahl zu gering. Ich sehe sie eher als weitere Bestandteile des Puzzles, das ich über das Frauenturnen im Kanton Baselland vor dem Zweiten Weltkrieg versucht habe zusammenzusetzen. Dazu gehörten auch die Photos, welche mir die Frauen zur Verfügung stellten.

Ergänzend habe ich zu einzelnen Themen gezielte Befragungen durchgeführt, im persönlichen Gespräch oder telefonisch, zum Beispiel zu den Berufen der Turnerinnen oder ihrer Väter für meine Sozialstrukturanalyse der ersten Damenriegen und -turnvereine.[30]

Soweit zu Quellen und Methode für die inhaltliche Analyse des Frauenturnens, die den Kern meiner Arbeit ausmacht. Angefangen hatte ich meine Recherche über den Breitensport in Baselland mit einer statistischen Erhebung. Mein Ziel war, mir einen Überblick über die bestehenden Turn- und Sportvereine und ihr zahlenmässiges Wachstum seit dem 19. beziehungsweise 20. Jahrhundert zu verschaffen, um so eine quantitative Gewichtung der Turnbewegung innerhalb des Baselbieter Sportgeschehens vornehmen zu können. Auf mein Vorgehen, auf die Probleme, die sich stellten, und auf die Aussagekraft der gesammelten Daten möchte ich an dieser Stelle etwas ausführlicher eingehen, die Ergebnisse befinden sich unter

---

[29] Dies stellte ich im Fall von Frau M. (geb. 1904) fest, deren Erinnerungsvermögen schon stark eingeschränkt war.

[30] In diesen Fällen gebe ich das Datum des Gesprächs, den Wohnort und teilweise das Geburtsjahr der befragten Person an, bis auf eine Person verzichte ich ebenfalls auf die Ausschreibung ihres Namens. – Die Gespräche unterscheiden sich von den Interviews darin, dass weder Tonbandaufnahmen noch Transkriptionen vorliegen, sondern lediglich Notizen. Nicht unbedingt im Text, aber auf jeden Fall in den Anmerkungen habe ich die Unterscheidung zwischen «Interview» und «Gespräch» durchgehalten.

«Statistik der Turnbewegung im Kanton Baselland» am Ende der Arbeit. Es zeigte sich bald, dass der einfachste Weg, zu den gesuchten Zahlen zu kommen, nicht begehbar war. Es war nicht möglich, einfach den Zahlen des Schweizerischen Landesverbandes für Sport (SLS, gegründet 1922), dem heute fast alle Turn- und Sportverbände der Schweiz angehören, die entsprechenden Zahlen für das Baselbiet zu entnehmen, da die Bestandeslisten des SLS nicht nach Kantonen aufgeschlüsselt sind.[31] Auch auf dem Sportamt Baselland waren die gesuchten Zahlen nicht verfügbar. Den Protokollen der Sport-Toto-Kommission (erhalten seit 1954) lassen sich für die letzten Jahrzehnte gewisse Zahlen entnehmen: Ein Teil der Beiträge, die das Sport-Toto an die Sportvereine und -verbände ausschüttet, wird aufgrund von Kopfquoten, also Anzahl Mitglieder berechnet.[32] Meine Nachfrage bei einzelnen Verbänden erwies sich nicht als viel ergiebiger. Die erste verfügbare Bestandesliste des Fussballverbandes Nordwestschweiz datiert von 1967. Für die früheren Jahre (der erste Baselbieter FC wurde 1895 in Liestal gegründet) wären Schätzungen möglich aufgrund der Anzahl Vereine und einer angenommenen Mitgliederzahl. Darauf habe ich jedoch verzichtet. Beim Leichtathletikverband Baselland sieht es nur wenig besser aus. Die Jubiläumsschrift des Verbandes von 1945 liefert eine oberflächliche Aufstellung der Mitgliederzahlen von 1920 bis 1944[33]; auf dem Sportamt fand ich eine Aufstellung mit verschiedenen Mitgliederkategorien von 1967 sowie den Jahresbericht des Verbandes von 1990 mit den Mitgliederzahlen von

---

31   Ein weiterer Mangel der Zahlen, der für mich allerdings keine Rolle spielte, sind die Doppelmitgliedschaften: 1990 gab der SLS eine Mitgliederzahl von 3,5 Mio. an. Nach Schätzungen im «Vademecum des Schweizer Sports 1991/92», hg. v. SLS/SOC/ESK u. ESSM, sind es in Realität etwa 2 Mio. Mitglieder (Aktive, Passive und Ehrenmitglieder usw. zusammengenommen).

32   Die schweizerische Sport-Toto-Gesellschaft wurde 1938 in Fussballkreisen als Selbsthilfsorganisation des Schweizer Sports gegründet. Die Hälfte des jährlichen Umsatzes geht zurück an die Sport-Toto-Spieler, die restlichen 50% dienen nach Abzug der Kosten der Gesellschaft der Sportförderung. Wieviel die einzelnen Kantone erhalten, hängt von der Grösse der Bevölkerung ab und von den auf ihrem Gebiet erzielten Wettbewerbseinsätzen (vgl.: 50 Jahre Sport-Toto-Gesellschaft 1938–1988, hg. v. der Sport-Toto-Gesellschaft, Basel o. J.; Sport-Toto und seine Leistungen für den Sport, o. O., o. J.) Über den Verteilungsschlüssel in den einzelnen Kantonen entscheiden die kantonalen Reglemente, das erste Baselbieter Reglement wurde 1940 erstellt. Schon darin war festgehalten, dass ein Teil der Beiträge an Vereine und Verbände nach Kopfquoten berechnet werden sollte, pro Aktiv- und Jugendmitglied. Dies wäre eine gute Quelle für meine Statistik, die Zahl der unterstützten Mitglieder wird aber erst seit 1976 angegeben. Der andere Teil des Betrags, ein Zuschuss an Materialkäufe und andere Auslagen, wurde vor diesem Datum nicht separat ausgewiesen.

33   Hans E. Keller, Jubiläumsschrift des Leichtathletenverbandes Baselland 1920–1945, Liestal o. J., S. 31.

1975 bis 1990. Eine breite Erfassung der Sportverbände seit dem frühen 20. Jahrhundert stellte sich als unmöglich heraus. Mit diesen Zahlen lässt sich nicht viel anfangen, so habe ich darauf verzichtet, Vergleiche zwischen dem Wachstum der Turnbewegung auf der einen und Sportbewegung auf der anderen Seite anzustellen.

Gut ist die Datenbasis bei den Turnvereinen. Im Jahr 1985 schlossen sich der 1832 gegründete Eidgenössische Turnverein (ETV) und der 1908 gegründete Schweizerische Frauenturnverband (SFTV) zum Schweizerischen Turnverband (STV) zusammen. Schon vorher gab es aber gemeinsame Bestandeslisten (Etats) der Turnerinnen und Turner. Beim ETV wurden seit 1888 jährlich Mitgliederlisten aller ihm angeschlossenen Vereine erstellt, die fast lückenlos erhalten sind.[34] Seit 1921 sind die Damenriegen und Damenturnvereine des SFTV teilweise ebenfalls darin aufgeführt. Im Jahre 1925 trat der SFTV dem ETV als selbständiger Unterverband bei, fortan wurden alle dem SFTV angeschlossenen Vereine in den Etats des ETV aufgeführt.[35] Die Zahlen für Baselland habe ich mit Angaben aus den Protokollbüchern des Kantonalturnvereins (KTV) und des Frauenturnverbandes (FTV), einzelnen Jubiläumsschriften und dem Schweizerischen Turnerkalender ergänzt.

Auch beim Schweizerischen Arbeiter- Turn- und Sportverband (SATUS) sieht die Sache gut aus, die Mitgliederzahlen sind bis auf wenige Jahre vom Anfang des 20. Jahrhunderts bis heute erhalten.[36] Nicht möglich war es jedoch, bei den katholischen Turnerinnen und Turnern eine wirklich brauchbare Aufstellung zu machen. Die frühesten Etats, über die ich verfüge, stammen aus den 60er Jahren, der katholische Turnverein Reinach wurde aber zum Beispiel 1925 gegründet. Angesichts des geringen Gewichts des katholischen Turnens im Kanton Baselland habe ich in diesem Fall auf eine allzu aufwendige Suche verzichtet.

Ob Mitgliederlisten vorhanden sind oder nicht, hängt stark vom Subventionswesen ab. Der ETV war der erste Sportverband, der für die Durchführung seines Kurswesens staatliche Unterstützung erhielt. Dies ist ein Grund, weshalb in seinem Fall auch die Quellenlage am besten ist. Ein Kriterium für die Höhe der Beiträge war von Anfang an die Grösse eines Verbandes. Der zweite Grund liegt in der internen Organisation: Die Etats wurden erstellt, um einerseits die Höhe der Jahres-

---

34 Einsehbar im Archiv des STV an der Geschäftsstelle in Aarau. Von früheren sporadischen Erfassungen habe ich nur eine aus dem Jahr 1876 gefunden.
35 Vgl. dazu Kap. 5.2.
36 Beim Basler Kantonalverband wurde ich nicht fündig, dafür entdeckte ich auf dem Dachboden des Zentralsekretariats in Zürich einen Ordner mit den Mitgliederzahlen von 1904–1973.

beiträge der einzelnen Vereine an ETV und SFTV zu berechnen und andererseits die Anzahl Vorturnerinnen und Vorturner, die für den Besuch der eidgenössischen Kurse eine Entschädigung erhielten.
Bei den bürgerlichen Turnvereinen steht zwar eine grosse Datenmenge zur Verfügung; doch sind damit noch nicht alle Probleme gelöst. Lagen mir für dasselbe Jahr Zahlen aus verschiedenen Quellen vor, so stimmten sie selten völlig überein. Zum einen dürfte dies an der Disziplin der Vereine liegen. Ich bin mehrfach auf Rügen des Zentralvorstandes an die Adresse der Vereine gestossen, ungenügende Angaben zu machen oder zum Beispiel bei den «teureren» Kategorien wie den Aktiven weniger Mitglieder anzugeben als der Verein tatsächlich hatte, um tiefere Jahresbeiträge an die Zentralkasse zahlen zu müssen. Dies könnte der Grund dafür sein, dass Zahlen aus den offiziellen Etats teilweise nicht mit denjenigen aus Vereinsprotokollen übereinstimmen. Um eine gewisse Konstanz zu gewährleisten, habe ich, wenn möglich, die offiziellen Zahlen der Etats des ETV verwendet und nur zur Ergänzung weitere Quellen wie Jubiläumsschriften oder Protokollbücher beigezogen.
Ein grosses Problem bei der Bearbeitung von Zahlen über so grosse Zeiträume (bei den Turnern seit Ende des 19. Jahrhunderts) liegt zusätzlich darin, dass die Mitgliederkategorien immer wieder geändert wurden. Es kamen neue hinzu, und alte wurden verändert, ohne dass immer völlig durchsichtig ist, wie sie mit denjenigen der Vorjahre in Zusammenhang zu bringen sind. Ich habe versucht, soviel Konstanz wie möglich hineinzubringen, was beispielsweise zur Folge hatte, dass ich beim SATUS zu den Aktiven auch die Junioren (16–20 Jahre) hinzugezählt habe, da die Aktivmitgliedschaft dort erst mit 20 Jahren beginnt, bei den bürgerlichen Turnvereinen aber schon mit 16 Jahren. Im allgemeinen habe ich sonst weder Jugendriegen noch Altersriegen gezählt. Wenn für einzelne Jahre keine Zahlen auffindbar waren, so habe ich Lücken gelassen.
Die Zahlen sind insgesamt zu unvollständig und zu ungenau, um mehr sein zu können als der Versuch einer statistischen Annäherung an die Geschichte der Turnbewegung von Männern und Frauen im Kanton Baselland. Gewisse Entwicklungsschübe oder -einbrüche lassen sich aber durchaus ablesen.

1.2 Begriffe: Leibesübungen, Turnen, Sport und Gymnastik

«Ebenso vielfältig wie Sport betrieben wird, ist er auch in der Literatur interpretiert worden»[37], schreibt Peter Röthig im von ihm

---

37 Peter Röthig zum Stichwort «Sport» in: P. Röthig et al. (Hg.), Sportwissenschaftliches Lexikon, 6. völlig neu bearbeitete Auflage, Schorndorf 1992, S. 421.

herausgegebenen sportwissenschaftlichen Lexikon, und der Sporthistoriker Hans Langenfeld meint: «Die Phänomene, die umgangssprachlich als Sport bezeichnet werden, sind so diffus und heterogen, dass es bisher nicht gelungen ist, eine trennscharfe (d. h. Sport von Nicht-Sport eindeutig abgrenzende) und von allen sportwissenschaftlichen Disziplinen anerkannte Definition zu finden.»[38] Eingedenk der Resultate der modernen Freizeitforschung schlägt Röthig als Definition für Sport vor: «Sportliche Handlungen sind [...] von den zweckhaften Bestimmungen der Alltags- und Arbeitswelt ‹freigesetzt›. Sie sind damit zwar nicht zwecklos, unterliegen jedoch nicht ausschliesslich tradierten Nützlichkeitsvorstellungen.»[39] Langenfeld betont neben den Unterschieden zwischen der Arbeitswelt und derjenigen des Sports ihre Gemeinsamkeiten etwas stärker: «Der moderne Sport hat sich seit dem 18. Jahrhundert in enger Verbindung mit dem kapitalistischen Wirtschaftssystem herausgebildet. Mit dem ‹Geist des Kapitalismus› hat er das unbegrenzte Konkurrenzprinzip sowie Quantifizierungs- und Rationalisierungstendenzen gemein.»[40] Die Frage nach der Verwandtschaft des modernen Sports mit dem Kapitalismus und der modernen Industriegesellschaft beschäftigte Sporthistoriker und Sportsoziologen schon in den 70er Jahren. Zum Teil begannen sie sich gerade deshalb mit Sport auseinanderzusetzen, da sie beobachteten, dass er zur selben Zeit entstanden war und teilweise nach ähnlichen Mustern funktionierte wie die moderne Industriegesellschaft.[41]

Auch wenn man versucht, sich auf eine rein technische Ebene zu beschränken, gibt es keine für das 19. und das 20. Jahrhundert gleichermassen zutreffenden Definitionen der Begriffe «Turnen», «Sport» und «Gymnastik». Einzig das Wort «Leibesübungen», das schon im 16./17. Jahrhundert gebräuchlich war, hatte immer eine sehr weite Bedeutung und kann auch heute noch als Sammelbegriff verwendet werden «für alle Arten intentionaler körperlicher Übung».[42] Allerdings spricht man in diesem Fall heute meistens von «Sport», «Leibesübungen» klingt etwas altertümlich. Für historische Analysen ist die Sache komplizierter, da «Sport» ursprüng-

---

38 Hans Langenfeld zum Stichwort «Sport», in: H. Eberspächer (Hg.), Handlexikon Sportwissenschaft, Reinbek bei Hamburg 1992, S. 352.
39 Röthig, in: Röthig 1992, S. 420/421.
40 Langenfeld, in: Eberspächer 1992, S. 354.
41 Vgl. dazu die Bemerkungen und Literaturangaben zu Beginn der Einleitung.
42 Hajo Bernett zum Stichwort «Leibesübungen», in: Röthig 1992, S. 272. In der ehemaligen DDR sprach man statt von Leibesübungen meist von «Körperkultur», vgl. auch Henning Eichberg, Der Weg des Sports in die industrielle Zivilisation, Baden-Baden 1973, S. 29, Anm. 76.

lich eine andere, enger umrissene Bedeutung hatte. Er bezeichnete eine Form von Leibesübungen, die im 18./19. Jahrhundert in England entstanden war und gegen Ende des 19. Jahrhunderts auf dem europäischen Kontinent Fuss fasste. Dazu gehören beispielsweise Kricket, Tennis, Rudern, Fussball, aber auch Leichtathletik und Boxen.[43] Diesen Sport «im engeren Sinn» charakterisieren «physikalisch (nach Zentimetern, Gramm oder Sekunden) messbare oder nach möglichst objektiven Kriterien wertbare und dadurch zählbar gemachte […], in unmittelbarer oder mittelbarer Konkurrenz mit anderen erbrachte Leistungen».[44] Die Vergleichbarkeit von Leistungen bildet das Fundament des Sports, dauernde Konkurrenz und unbegrenztes Streben nach Rekord sind ihm immanent, schreibt Hans Langenfeld.[45] Als Sport im «uneigentlichen» Sinn bezeichnet Langenfeld die heutige Übertragung sportlicher Werte auf Gebiete, die nichts mit körperlicher Leistungsfähigkeit zu tun haben, zum Beispiel Brieftauben- oder Schachsport, ausserdem die weite Verbreitung des Begriffs Sport in der Umgangssprache in einem durchwegs positiven Sinn: «sportlich» steht für aktiv – jung – natürlich – frei – und für faires Verhalten, würde ich hinzufügen.[46]

Anfang des 20. Jahrhunderts standen der englische Sport, das deutsche Turnen und die schwedische Gymnastik als verschiedene Formen von Leibesübungen nebeneinander. Der Begriff «Turnen» wurde von Friedrich Ludwig Jahn geprägt, allgemein bekannt als «Turnvater Jahn». Er verstand Turnen in einem umfassenden Sinn, etwa synonym zum Begriff Leibesübungen. Im Laufe der Zeit wurde der Begriff Turnen zunehmend eingeschränkt auf seinen charakteristischen Kern: das Geräte- und Bodenturnen, auf hohem Niveau Kunstturnen genannt.[47]

Doch damit sind die wesentlichen Unterschiede zwischen Turnen und Sport (im engeren Sinn) noch nicht genannt. Der Sport stellte auf dem europäischen Kontinent zu Beginn des 20. Jahrhunderts nicht nur eine neue Form von Leibesübung dar, er wirkte sich auch auf die Ausübung anderer Disziplinen aus. Gertrud Pfister versteht Turnen (von Männern und Frauen) in erster Linie als Oberbegriff für alle Leibesübungen, die im Rahmen der Deutschen Turnerschaft (entspricht in der Schweiz dem Eidgenössischen Turnverein)

---

43 Ebd., S. 29; wie auch: Hans Langenfeld zum Stichwort «Sport», in: Eberspächer 1992, S. 351ff.
44 Ebd., S. 353.
45 Ebd.
46 Ebd., S. 352.
47 Hajo Bernett zum Stichwort «Turnen», in: Röthig 1992, S. 535.

betrieben wurden. Dazu zählten neben Geräte- und Bodenturnen auch Frei- und Ordnungsübungen, Spiele, Schwimmen und «volkstümliche Übungen» (Werfen, Laufen, Springen)[48]. Den Hauptunterschied zwischen Turnen und Sport sieht Pfister nicht primär bei den Inhalten, sondern in der Ausführung und in den Zielen: «Von dem aus England übernommenen Sportbetrieb setzten sich die Turner vor allem durch ihre nationalpolitische Zielsetzung sowie durch die Ablehnung des systematischen Trainings und Rekordstrebens ab.»[49] Auf Dauer konnte sich die Turnbewegung dem Einfluss des Sports jedoch nicht entziehen. Allgemeines Merkmal der Entwicklung im 20. Jahrhundert ist die zunehmende «Versportung»[50] aller Formen von Leibesübungen. Beim Turnen begann diese Entwicklung schon in den 20er Jahren, und in den 70er Jahren hatte die «Versportung» das Gebiet eingeholt, das am weitesten entfernt war von Leistung und Rekord: Mit der wettkampfmässig betriebenen rhythmischen Sportgymnastik nahm auch die Gymnastik ihren Platz unter den Wettkampfsportarten ein.

Bei der «Gymnastik» handelt es sich um den ältesten der bisher genannten Begriffe. Schon die alten Griechen sprachen von der «Kunst des Gymnasten», und bei den Humanisten bedeutete «Gymnastik» die Gesamtheit der Leibesübungen. Von einer modernen Gymnastikbewegung kann man in Deutschland und in der Schweiz etwa seit 1900 sprechen. Sie beeinflusste die Bewegungslehre und die Methodik aller Sportarten, vor allem aber den Frauensport. Wolfgang Bode definiert die Gymnastik als Übungsart, «die unabhängig von einer Aussenleistung unmittelbar vom persönlichen Eigenwert des Körpers und vom Erlebnisgehalt der Bewegung her bestimmt wird.»[51] Auch Pfister widmet der Gymnastik und ihren verschiedenen Systemen verhältnismässig viel Raum, da die Gymnastik

---

48 Ursprünglich verstand man unter «volkstümlichen Übungen» populäre Disziplinen wie Laufen, Springen, Werfen, Klettern usw., zum Teil auch mit Geräteübungen kombiniert, ebenfalls Ringen, Schwimmen und Fechten – im Gegensatz zum kunstvoll betriebenen Geräteturnen (Kunstturnen). Der Begriff stammt ebenfalls von Jahn, wurde aber eigentlich erst gegen Ende des 19. Jh. gebräuchlich und zunehmend auf leichtathletische Übungen begrenzt. Der Dt. Turnerbund ersetzte den Begriff erst 1956 offiziell durch Leichtathletik (vgl. Harmut Becker zum Stichwort «Volkstümliche Übungen», in: Röthig 1992, S. 550).
49 Gertrud Pfister in der Einleitung zu: G. Pfister (Hg.), Frau und Sport. Frühe Texte, Frankfurt a. M. 1980, S. 30/31, Zitat S. 31. Dies entspricht sowohl der Darstellung von Eichberg 1973, S. 29/30 wie auch derjenigen von Harmut Becker zum Stichwort «Deutsche Sportbewegung», in: Röthig 1992, S. 426. Kritik am Sport kam nicht nur von der Turnbewegung, vgl. dazu: Bernett 1982.
50 Pfister, in: Pfister 1980, S. 31; Eichberg 1973, S. 31/32.
51 Wolfgang Bode zum Stichwort «Gymnastik», in: Röthig 1992, S. 191/192, Zitat: S. 192. Vgl. auch Eichberg 1973, S. 30.

von jeher als ideales Übungsfeld für Mädchen und Frauen betrachtet worden sei.[52]
Manche Autoren stellen das «Spiel» als eigenständige Form der Leibesübung neben Turnen, Sport und Gymnastik. Eine wichtige Rolle spielt hierbei sicher Johan Huizinga, der in seinem Buch «Homo ludens» (1938) dem Spiel einen hohen kulturellen Wert zusprach.[53] Ich neige jedoch zur Ansicht, dass das Spiel nicht als gesonderter Bereich zu behandeln ist, da in allen genannten Formen von Leibesübungen auch Spiele oder spielerische Formen enthalten sind.[54] Von einer eigentlichen Spielbewegung kann seit der zweiten Hälfte des 19. Jahrhunderts gesprochen werden, sie war jedoch mit der Turn- und Sportbewegung eng verbunden.[55]

52 Pfister, in: Pfister 1980. S. 30–34. Zur Geschichte der Gymnastik vgl.: Barbara Freckmann, Wesen und Formen der Gymnastik, in: H. Ueberhorst (Hg.), Geschichte der Leibesübungen, Bd. 3/2, Berlin 1982, S. 1008–1025; Helmut Günther, Gymnastik- und Tanzbestrebungen vom Ende des 19. Jahrhunderts bis zum Ersten Weltkrieg, in: ebd., Bd. 3/1, Berlin 1980, S. 569–593; Barbara Pechmann, Die historische Entwicklung der Gymnastik, in: H.-G. Artus (Hg.), Grundlagen zur Theorie und Praxis von Gymnastik- und Tanzunterricht, Ahrensburg 1983, S. 123–157; Liselotte Diem, Die Gymastikbewegung: ein Beitrag zur Entwicklung des Frauensports, Sankt Augustin 1991.
53 Johan Huizinga, Homo ludens. Vom Ursprung der Kultur im Spiel, Reinbek 1981, erstmals erschienen 1938. Vgl. Günther Hagedorn zum Stichwort «Spiel», in: Röthig 1992, S. 406ff. Auch Eichberg verweist auf Huizinga bei der Erörterung des Spielbegriffs (1973, S. 29, Anm. 77).
54 Dies ist auch die Meinung von Eichberg, allerdings weist er auf weitere Überschneidungen hin, wie z. B. auf gymnastische Elemente in Turnen und Sport (1973, S. 29 und 31).
55 Hartmut Becker zum Stichwort «Spielbewegung», in: Röthig 1992, S. 414. Vgl. auch August Frei, Die Anfänge der Spielbewegung in der Schweiz und im ETV, Zürich 1956. Darin beschreibt er die Aufnahme von Spielen ins Programm der Turnbewegung.

Kapitel 2
Dienst am Vaterland –
Ursprünge der Turnbewegung

2.1 Turnen in der Fachliteratur

Die Entwicklung von Turnen und Sport ist in Deutschland und der Schweiz seit dem 19. Jahrhundert sehr ähnlich verlaufen. Wichtigste Gemeinsamkeit ist die Turnbewegung, die es in dieser Art in anderen Ländern und insbesondere in England, dem Ursprungsland des Sports, nicht gab. Die Werke der englischen Sportgeschichte hatten für meine Arbeit deshalb untergeordnete Bedeutung[1], von grossem Nutzen war hingegen die deutsche Sportliteratur.

In Deutschland begann die wissenschaftliche Erforschung von Turnen und Sport früher als in der Schweiz, und sie ist bis heute intensiver geblieben. Bei einzelnen Themen war ich ausschliesslich auf deutsche Literatur angewiesen. Bei der Herausgabe von Zeitschriften zum Thema Sport findet heute zwischen Deutschland und der Schweiz eine gewisse Zusammenarbeit statt.[2] Den grössten Teil der Publikationen über das schweizerische Turnen haben die Vereine und Verbände selbst herausgegeben. Ihre Jubiläumsschriften bringen zwar eine grosse Menge an Fakten, gehen mit ihrem Gegenstand aber sehr unkritisch um. Dasselbe gilt für den weitaus grössten Teil der sporthistorischen Arbeiten, unabhängig davon, ob sie in den 30er, 50er oder 70er Jahren erschienen sind. Zu den bekann-

---

1 Hinweise auf die englische Sportliteratur gibt z. B.: Richard Holt, Sport and the British. A modern history, Oxford 1989.
2 Die drei in Deutschland erscheinenden Zeitschriften mit soziologischen und historischen Beiträgen zum Thema Sport geben auch Hinweise auf schweizerische Neuerscheinungen. Vgl.: «Sportwissenschaft» (1971–), erscheint viermal jährlich; «Stadion. Internationale Zeitschrift für Geschichte des Sports» (1975–), erscheint zweimal jährlich, im beratenden Komitee sitzt auch Werner Meyer von der Universität Basel; «Sozial- und Zeitgeschichte des Sports» (SZGS, 1987–), erscheint dreimal jährlich. Arbeiten aus der Schweiz finden sich ausserdem in: «Sportdokumentation. Literatur der Sportwissenschaft», Schorndorf (1978–). Offenbar dient aber v. a. die Zeitschrift «Magglingen» als Basis, deren Schwerpunkt nur gerade zum kleinsten Teil auf der Sportgeschichte liegt. («Magglingen: Fachzeitschrift der ETS Magglingen» (1983–), Fortsetzung von «Jugend und Sport» vgl. Bibliographie).

testen Autoren zählen etwa August Frei[3], Fritz K. Mathys[4], Louis Burgener, Heini Herter[5], Fritz Pieth, Ernst Strupler und andere.[6] Sie waren oder sind eng mit dem Sport verbunden, und es gelingt ihnen nicht, eine kritische Distanz zu ihrem Untersuchungsobjekt einzunehmen.

Louis Burgener veröffentlichte 1950 eine «Geschichte der Leibesübungen in der Schweiz», die auf ganzen acht Seiten die Entwicklung von der Urzeit bis ins 20. Jahrhundert erzählt. Nichts desto trotz wurde seine «Geschichte» 1970 sogar noch einmal gedruckt.[7] Burgener verfasste auch den Beitrag «Schweiz» in Horst Ueberhorsts sechsbändiger Geschichte der Leibesübungen, die zwischen 1972 und 1989 erschienen ist und ein äusserst wertvolles Übersichtswerk darstellt.[8] In seinem Buch von 1955 über die Anfänge der modernen Leibesübungen in der Schweiz bis 1833[9] verfolgte Ernst Strupler ein patriotisches Anliegen, indem er die eigenständige Entwicklung des schweizerischen Turnens aufzuzeigen versuchte, was vor allem bedeutete, die schweizerischen Eigenleistungen in Abgrenzung zum deutschen Turnen hervorzuheben. Im Jahr 1979 veröffentlichte Fritz Pieth seine Geschichte über Turnen und Sport in der Schweiz im 19. und 20. Jahrhundert.[10] Das Buch basiert auf wissenschaftlicher Forschung, sollte aber ein breites Pu-

3   August Frei, Das Turnen in der Schweiz. Die Entwicklung des Vereinsturnens. Ausstellung im Schweiz. Turn- und Sportmuseum in Basel 1949, Basel 1949. Frei veröffentlichte schon in den 20er Jahren Arbeiten über Turnen und Sport, auch zum Mädchenturnen, dazu weiter unten.
4   Fritz K. Mathys, Das Turnen in der Schweiz. 1816 bis zur Gegenwart. Ausstellung des Schweiz. Turn- und Sportmuseums Basel 1959, Basel 1959.
5   Heini Herter, Turnen und Sport an der Zürcher Volksschule. Zum 125jährigen Bestehen des obligatorischen Schulturnens im Kanton Zürich, Zürich 1984. Das Buch bringt einen Überblick über die gesamtschweizerische Entwicklung des Turnens, ergänzt durch Kurzbiographien der für die Entwicklung des Turnens wichtigsten Männer und Frauen.
6   Vgl. Arturo Hotz, Spezifische Ziele und Funktionen des Sports in der Schweiz – ein historischer Vergleich, in: Sport Schweiz: wohin? 30. Magglinger Symposium 1991, hg. v. L. Eder, Magglingen 1992, S.138. Hotz zählt sich selber nicht zu dieser älteren Generation, was ich nur bedingt für richtig halte, so ist der enge Zusammenhang von Turnen und Militär für ihn z. B. ebenfalls eine Selbstverständlichkeit. Seine Arbeiten berücksichtigen aber durchaus auch andere Aspekte, v. a. im Bereich des Schulturnens.
7   Louis Burgener, Geschichte der Leibesübungen in der Schweiz. Erschienen als Separatdruck der «Körpererziehung», Bern 1950; Neudruck: Bern 1970. («Körpererziehung». Schweiz. Zeitschrift für Turnen, Spiel und Sport, 1923–1977, seit 1978: «Sporterziehung in der Schule»).
8   Louis Burgener, Schweiz, in: H. Ueberhorst (Hg.), Geschichte der Leibesübungen, Bd. 5, Berlin 1976, S. 265–284. Der Artikel ist in ähnlichem Lexikonstil verfasst, räumt aber der Entwicklung des 19. und 20. Jahrhunderts etwas mehr Platz ein.
9   Ernst Strupler, Die Anfänge der modernen Leibesübungen in der Schweiz bis 1833, Winterthur 1955.

blikum für die Geschichte des Sports interessieren.[11] Fast ausschliesslich aus Bildmaterial besteht das offizielle Dokumentationswerk des Schweizerischen Landesverbandes für Sport, das seit 1980 erscheint.[12]

«Deskriptiv und faktologisch orientiert»[13] wie die älteren Werke der Sportgeschichte sind die Bücher von Eugen A. Meier. Sie bestehen weitgehend aus einer Aneinanderreihung von Jahreszahlen und sportlichen Leistungen.[14] Auch die «Schweizer Beiträge zur Sportgeschichte», welche das Schweizerische Sportmuseum in Basel seit 1982 herausgibt[15], gehen hier nur begrenzt andere Wege. Auch diese Artikel behandeln vor allem die Geschichte von Sportarten und Sportgeräten, Beiträge, die das Sporttreiben in einen gesellschaftlichen Zusammenhang stellen, bilden die Ausnahme.[16]

Arbeiten mit kritischem Ansatz, in denen der Sport nicht als heile, sich selbst genügende Welt erscheint, sind in der Schweiz noch selten. Zu ihnen gehört die Untersuchung der Eidgenössischen Turnfeste im 20. Jahrhundert von Walter Leimgruber.[17] Obwohl früher selber Vereinsturner, schaut Leimgruber mit kritisch-distanziertem Blick auf die schweizerische Turnbewegung. Er beschreibt nicht nur, sondern stellt auch in Frage, zum Beispiel die vielbeschworene politische Neutralität der bürgerlichen Turnbewegung im 20. Jahrhundert, die für die meisten Sporthistoriker in der Regel kein Thema ist. Als kritische Jubiläumsschrift könnte man die Arbeit von Lutz Eichenberger über die Eidgenössische Turn- und Sportschule Magg-

10   Fritz Pieth, Sport in der Schweiz. Sein Weg in die Gegenwart, Olten 1979. Ausserdem: Ders., Die Entwicklung der Sportwissenschaft in der Schweiz, Basel 1979.
11   Interessanterweise bespricht Pieth neben Basel-Stadt und Schaffhausen auch die Anfänge des Schulturnens im Kanton Baselland. Dahinter steht die Diplomarbeit von Ruedi Buser aus dem Jahre 1976, auf die ich noch eingehen werde.
12   Sport Schweiz. Offizielles Dokumentationswerk des Schweizerischen Landesverbandes für Sport, Baar, Bd. 1: 1820/1880 (1980) – Bd. 12: 1981/84 (1985); ab 1985 (1986) jährlich.
13   So charakterisiert Henning Eichberg die Arbeiten der älteren westdeutschen Sporthistoriker (vgl. Eichberg 1973, S. 26). Dasselbe trifft auf ihre Schweizer Kollegen zu.
14   Als Beispiele: Eugen A. Meier, Basel Sport. Ein Querschnitt durch die Geschichte des Sports in Basel von den Anfängen bis zur Gegenwart, Basel 1991; ders., Fussball in Basel und Umgebung, Basel 1979.
15   Schweizer Beiträge zur Sportgeschichte, hg. v. Schweiz. Sportmuseum Basel, Bd. 1, Basel 1982 und Bd. 2, Basel 1990.
16   Ein Beispiel ist der Artikel von François de Capitani und Markus F. Rubli, Baden in Murten 1820–1930. Vergnügen – Hygiene – Sport, in: Schweizer Beiträge zur Sportgeschichte, Bd. 1, 1982, S. 75–87.
17   Walter Leimgruber, «Frisch, fromm, fröhlich, frei»: Die eidgenössischen Turnfeste im 20. Jahrhundert, in: B. Schader/W. Leimgruber, Festgenossen. Über Wesen und Funktion eidgenössischer Verbandsfeste, Basel 1993, S. 11–104; vgl. im selben Band: Walter Leimgruber: «Das Fest der weiblichen Anmut»: Die Schweizerischen Frauenturntage (ebd., S. 225–256).

lingen bezeichnen, erschienen 1994 zu deren 50jährigem Jubiläum.[18]
Ungewöhnlich viel Platz räumt ausserdem Roland Engel dem Sport in seiner Darstellung der Zürcher Kulturpolitik von 1914 bis 1930 ein.[19] Er konzentriert sich zwar vor allem auf die neu aufkommende Sportbewegung, seine Charakterisierung der älteren, um ihre Pfründen kämpfenden Turnbewegung ist aber sehr treffend.[20] Kritische Arbeiten wie diejenigen von Leimgruber und Engel gibt es in Deutschland in weitaus grösserer Zahl als in der Schweiz. Ein wichtiger Grund dafür ist die Rolle des Sports im Dritten Reich. Viele Arbeiten widmen sich der Vereinnahmung des Sports durch das nationalsozialistische Regime und der Fortdauer «völkischen» Gedankengutes nach dem Zweiten Weltkrieg.[21] In diesem Zusammenhang löste Horst Ueberhorst Mitte der 60er Jahre eine Kontroverse aus um das bis in die jüngste Zeit – auch in der Schweiz – in der Turnlehrerinnen- und Turnlehrerausbildung verwendete Standardwerk «Geschichte der Leibesübungen» von Bruno Saurbier, verfasst 1955 und bis 1978 immer wieder aufgelegt.[22] Ueberhorst wies Saurbier «Germanenkult» und eine völkisch nationalistische Geschichtsschreibung nach.[23] Trotzdem wurde das Buch weiter aufgelegt, und auch in den Ausgaben aus den 70er Jahren ist bei Saurbier über die Geschichte des Sports im Dritten Reich zu lesen: «Gewiss hat unter der zurückliegenden nationalsozialistischen und diktatorischen Handhabung auch die Sportbewegung eine einseitige Ausrichtung erfahren und ist in der «Hitler-Jugend» missbraucht worden; aber eine solche schädliche Einflussnahme mussten auch andere Bildungsfächer hinnehmen.»[24] Will man sich einen schnellen Überblick über die modernen Leibesübungen seit dem 18. Jahrhundert verschaffen und dabei nicht

18 Lutz Eichenberger, Die Eidgenössische Sportschule Magglingen 1944–1994, Magglingen 1994.
19 Roland Engel, Gegen Festseuche und Sensationslust. Zürichs Kulturpolitik 1914–1930 im Zeichen der konservativen Erneuerung, Diss., Zürich 1990.
20 Ebd., v. a. S. 94ff. Vgl. auch: Paul Weber/Hanna Meyer, Tennisclub statt Kirchenchor. Exkursion in die Vereinskultur. Soziale Teilungen im Wandel, ihr Einfluss auf gesellschaftliche Subsysteme, Zürich 1985 (unveröffentlichte Lizentiatsarbeit).
21 Vgl. Hajo Bernett, Sportpolitik im Dritten Reich, in: Beiträge zur Lehre und Forschung der Leibeserziehung, Bd. 39, Stuttgart 1971; Regina Landschoof/Karin Hüls, Frauensport im Faschismus, Hamburg 1985, mit weiterführender Literatur.
22 Bruno Saurbier, Geschichte der Leibesübungen, Frankfurt [1955], 1978 (10. Auflage).
23 Hajo Bernett, Horst Ueberhorsts sporthistorisches Werk, in: A. Luh/E. Beckers (Hg.), Umbruch und Kontinuität im Sport – Reflexionen im Umfeld der Sportgeschichte. Festschrift für Horst Ueberhorst, Bochum 1991, S. 14. Ueberhorsts Analyse erschien in der Zeitschrift «Leibeserziehung» 15 (1966), S. 429–433.
24 Saurbier 1978, S. 201.

nur auf Lexika abstellen., kommt man um Sauerbiers Werk mangels Alternativen aber nach wie vor kaum herum.
Die problematische Rolle von Turnen und Sport in der Zeit des Nationalsozialismus hat in Deutschland zu einer Sensibilisierung geführt, die auch bei der Untersuchung anderer Epochen zu spüren ist, insbesondere des 19. Jahrhunderts mit seinem nationalistisch ausgerichteten Turnen. So fand 1978 aus Anlass des 200. Geburtstags von Friedrich Ludwig Jahn in Berlin ein internationales Symposium zur Geschichte des Deutschen Turnens statt, das von einer Reihe neuer Publikationen begleitet wurde[25], und im Jahr 1986 veranstaltete der Deutsche Sportbund eine Tagung, bei der es wiederum darum ging, die deutsche Turnbewegung von den Anfängen bis in die Gegenwart kritisch zu betrachten[26].
Hinweisen möchte ich ausserdem auf ein Werk, das nicht nur vom Umfang her auffällt, sondern auch den Weg weisen wird, den die Sportgeschichte in den nächsten Jahren gehen dürfte: die dreibändige Geschichte über das Turnen in Rheinhessen von Harald Braun.[27] Braun hat einerseits eine Regionalgeschichte geschrieben, er beschränkt sich aber nicht auf das Turnen in Rheinhessen, sondern zeichnet auch den allgemeinen Werdegang des Turnens in Deutschland vom Anfang des 19. Jahrhunderts bis 1950 nach. Ins Auge sticht dabei die Parallelität der Entwicklung des Turnens in der Schweiz und in Deutschland bis zur Machtergreifung der Nationalsozialisten in Deutschland.
Weitere Hinweise auf die Forschung im Bereich Turnen geben Heft 1 und 2 der Zeitschrift «Sozial- und Zeitgeschichte des Sports» aus dem Jahr 1991.

2.2 Am Anfang standen nationalpolitische Ziele

Die Vision und das politische Ziel einer Nation standen am Anfang der Turnbewegungen in Deutschland und in der Schweiz. Auch die

---

25 Horst Ueberhorst berichtet darüber unter dem Titel: Friedrich Ludwig Jahn und die Idee des Deutschen Turnens, in: Manfred Lämmer (Hg.), 175 Jahre Hasenheide. Stationen der deutschen Turnbewegung, Sankt Augustin 1988, nach einer gleichnamigen Tagung des Deutschen Sportbundes im Jahre 1986, S. 13–20, inkl. Literaturhinweise. Nicht aufgeführt hat Ueberhorst seine eigene Jahn-Biographie, die mit den alten verklärten Bildern des «Turnvaters» aufräumen sollte: H. Ueberhorst, Friedrich Ludwig Jahn 1778/1978, München 1978. Alle Beiträge von Band IV, 1978, der Zeitschrift «Stadion» sind Jahn und seinem Turnen gewidmet.

26 Manfred Lämmer gab den Tagungsbericht heraus, vgl. vorhergehende Anmerkung.

27 Harald Braun, Geschichte des Turnens in Rheinhessen. Ein Beitrag zur wechselseitigen Beeinflussung von Politik und Turnen (1811–1950), 3 Bände, Alzey 1986/87/90.

Bemühungen der Philanthropen des 18. Jahrhunderts um den Einbezug der Körpererziehung in den Unterricht der Jugend, vor allem der Knaben, aber vereinzelt auch der Mädchen, sowie das Aufkommen der Hygienebewegung trugen das ihre zur weiteren Entwicklung bei.[28] In der Schweiz waren es dann eindeutig wehrpolitische Anstrengungen, welche dem Turnen in der zweiten Hälfte des 19. Jahrhunderts zum Durchbruch verhalfen, während in anderen Ländern pädagogische Elemente vorherrschten.[29]
Die erste Blüte der Turnbewegung in Deutschland ist auf das Wirken Friedrich Ludwig Jahns (1778–1852) zurückzuführen. Das von ihm geschaffene – und so benannte – «Turnen» war Teil der deutschen Nationalbewegung des 19. Jahrhunderts, die sich gegen die napoleonische Fremdherrschaft richtete. Als Lehrer an einer Berliner Erziehungsanstalt begann Jahn mit seinen Schülern Leibesübungen zu treiben, und 1811 eröffnete er auf der Hasenheide vor den Toren Berlins den ersten Turnplatz. Er wollte die deutsche Jugend «körperlich und weltanschaulich» auf den Befreiungskrieg vorbereiten.[30] Die Teilnahme Jahns und vieler seiner Anhänger an diesem Krieg, der von 1813 bis 1815 dauerte, der Einsatz, den sie für ihr Vaterland geleistet hatten, kamen ihnen vorerst zugute. In den ersten Friedensjahren entstanden allerorten Turngemeinden, und Jahn erhielt den Ehrendoktor der Universitäten Kiel und Jena. In der auf den Wiener Kongress folgenden restaurativen und reaktionären Periode kam es aber immer häufiger zu Auseinandersetzungen zwischen den nicht nur nationalistisch, sondern auch demokratisch gesinnten Turnern und der konservativen Regierung. Verschiedene Vorfälle heizten die Stimmung an, und die Ermordung des deutschen Staatsrates August von Kotzebue im Jahr 1819 durch einen Burschenschafter und Turner brachte das Fass schliesslich

---

28   Vgl. Herter 1984, S. 7ff.; Arturo Hotz, Zur Geschichte des Schulturnens. Vom militärischen Vorunterricht zur polysportiven Bewegungserziehung, in: NZZ, 18. Okt. 1990; Philipp Sarasin, Der Weg zu Gesundheit und Glück. Hygienische Regulation des Körpers, in: NZZ vom 30. März 1994. Vgl. auch Kap. 4.2.
29   Burgener, in: Ueberhorst 1976, S. 272 und 283. Gemeint ist das Eingreifen des Militärdepartements in den Bereich des Schulturnens der Knaben, vgl. Kap. 2.4.
30   Hans Langenfeld zum Stichwort «Turn- und Sportbewegung», in: Eberspächer 1992, S. 518/519. Vgl. auch Hartmut Becker zum Stichwort «Deutsche Turnbewegung», in: Röthig 1992, S. 534; sowie: Saurbier 1978, S. 123. Eine Analyse der politischen Funktion der Turnvereine bieten z. B.: Dieter Düding, Organisierter gesellschaftlicher Nationalismus in Deutschland (1808–1847). Bedeutung und Funktion der Turner- und Sängervereine für die deutsche Nationalbewegung, München 1984; ders. et al. (Hg.), Öffentliche Feste. Politische Feste in Deutschland von der Aufklärung bis zum Ersten Weltkrieg, Reinbek bei Hamburg 1988; Dieter Langewiesche, «... für Volk und Vaterland kräftig zu würken...» Zur politischen und gesellschaftlichen Rolle der Turner zwischen 1811 und 1871, in: Grupe 1990, S. 22–61.

zum Überlaufen. Am 2. Januar 1820 trat in Preussen eine allgemeine «Turnsperre» in Kraft, der sich etliche deutsche Staaten anschlossen. Dies war das Ende der ersten Phase der deutschen Turnbewegung.
Der Wiederaufschwung setzte erst nach 1840 ein, als letzter Staat hob Preussen 1842 die Turnsperre wieder auf. Der Schwerpunkt der Bewegung hatte sich nun von Nord- nach Süddeutschland verschoben. Bayern war der erste Staat, der das Turnen von offizieller Seite förderte. Jahns Turnen war kein fest in den Lehrplan integriertes Schulturnen gewesen, es hatte aber auch keine eigentlich vereinsmässige Organisation gehabt. Von jetzt an entwickelte sich das Turnen in Deutschland auf zwei Schienen weiter, auf der einen Seite das Schulturnen, auf der anderen das Turnen in Vereinen.[31]
Die schweizerische und die deutsche Entwicklung des Turnens waren im 19. Jahrhundert eng miteinander verbunden. Schon bevor das Jahnsche Turnen in der Schweiz bekannt wurde, gelangten Gedankengut und Übungen von Johann Christian Friedrich GutsMuths (1789–1839) in die Schweiz. Besonders GutsMuths Schrift «Gymnastik für die Jugend» aus dem Jahr 1793 war auch in der Schweiz verbreitet.[32] Grosse Bedeutung für die Entwicklung der Körperübungen kam aber auch Schweizern wie Johann Heinrich Pestalozzi (1746–1827) und Phokion Heinrich Clias (1782–1854) zu.[33] Letzterer wird etwa auch als der schweizerische Turnvater bezeichnet.[34] In den ersten Turnvereinen wurde eher nach Clias geturnt, während sich das Wirken von GutsMuths und Pestalozzi vor allem im Schulturnen niederschlug. Das Turnen nach Clias musste aber schon in den ersten Jahrzehnten des 19. Jahrhunderts dem Jahnschen Turnen weichen.[35]

31 Becker, in: Röthig 1992, S. 534/535, zur Turnsperre: S. 538. Vgl. auch Langenfeld, in: Eberspächer 1992, S. 518/519; sowie Saurbier 1978, S. 123–128. Saurbier zeichnet Jahn als deutschen Nationalhelden.
32 Hotz, in: Eder 1992, S. 131. Hotz nennt GutsMuths «Erzvater der Turnkunst». Er sei wohl der namhafteste Vertreter der philanthropischen Leibeserziehung. Vgl. auch Herter 1984, S. 9.
33 Vgl. Strupler 1955; ausserdem Herter 1984, S. 7ff., zu GutsMuths, Pestalozzi und Clias; wie auch die kleine Schrift von Louis Burgener: Der Einfluss von Rousseau und Pestalozzi auf die Körpererziehung in der Schweiz 1760–1848, Separatdruck der Schweiz. Zeitschrift für Geschichte, Bd. 19, Heft 3, 1969.
34 Dies tut insbesondere Strupler 1955, S. 33ff. 1816 erschien von Clias «Die Anfangsgründe der Gymnastik oder Turnkunst», das in der Schweiz Erfolg hatte, in Deutschland aber gegen Jahn unterlag. Clias reiste viel, er wirkte in verschiedenen europäischen Ländern als Turnlehrer (Herter 1984, S. 25ff.). Zu Clias vgl. auch: Saurbier 1978, S. 143ff.
35 Fritz Pieth erklärt dies damit, dass dem Übungsstoff von Clias der zündende Funke gefehlt habe, seine gymnastische Methode und sein in französisch geschriebenes Lehrbuch seien bei den Deutschschweizern nicht gut angekommen (Pieth 1978, S. 294 und 305).

Als während der Turnsperre in Deutschland viele politisch verfolgte Turner in die Schweiz flohen, brachten sie zwar nicht etwas gänzlich Neues mit, aber eine Form von Leibesübungen, die sofort auf fruchtbaren Boden fiel. Die Bedeutung, welche die deutschen Emigranten für die weitere turnerische Entwicklung in der Schweiz hatten, indem sie das Jahnsche Turnen verbreiteten, wird in der Literatur weitgehend anerkannt.[36] Lediglich Ernst Strupler spielt ihren Einfluss zugunsten schweizerischer Eigenleistungen herunter.[37] Aber auch Fritz Pieth weist auf die Eigenständigkeit der schweizerischen Entwicklung hin: schon sehr früh seien «populäre eidgenössische Traditionen» wie das Ringen, Schwingen und Steinstossen in den Turnbetrieb integriert worden.[38]

Als Grund für die rasche Aufnahme des Gedankenguts der deutschen Turner nennen verschiedene Autoren die «geistige Verwandtschaft»[39] zwischen den Ideen der deutschen Emigranten um 1820 und der von ihr beeinflussten Turnergeneration in der Schweiz. Nationalistische Beweggründe führten dem Turnen in beiden Ländern Mitglieder zu. Um die Bedeutung der deutschen Turner nicht allzu schwerwiegend erscheinen zu lassen, wird von Schweizer Seite gerne betont, wie tolerant und liberal, ja revolutionär «die Schweiz» damals gewesen sei und dass sie mit den Flüchtlingen sympathisiert habe.[40] Die Schweiz habe die Turnsache aufgenommen und weitergeführt, und Pieth erachtet es nicht als vermessen zu behaupten, dass die Schweiz damals das deutsche Turnen gerettet habe.[41]

---

36 So Frei 1949, unn., Tafel 3; Mathys 1959, S. 18–20; Burgener 1950, S. 4/5, und Pieth 1979, S. 30/31, obwohl er S. 34 dann wieder schreibt, der direkte Einfluss sei begrenzt gewesen. Vgl. dazu auch den Artikel von Pieth über den Einfluss der deutschen Emigranten: F. Pieth, Prolegomena zu einer Geschichte der Beziehungen zwischen Jahn und der Schweiz, in: Stadion IV, 1978, S. 292–308.

37 Strupler 1955, S. 104. So unterschiedlich ist die Sichtweise in der Literatur nicht, die Erwin Veith zum Ausgangspunkt für seine Diplomarbeit gemacht hat: Erwin Veith, Der Einfluss der deutschen Demagogen auf die Leibesübungen in der Schweiz, Basel 1970 (unveröffentlichte Diplomarbeit). Auch Veith kommt zum Schluss, dass der Einfluss der deutschen Emigranten in den verschiedenen Schweizer Städten zwar unterschiedlich stark gewesen sei, dass aber als gesichert gelten könne, dass durch sie das Turnen nach Clias durch das Jahnsche Turnen abgelöst worden sei (1970, S. 17).

38 Pieth 1979, S. 34. Auch Mathys 1959 weist immer wieder auf die schweizerischen Eigenleistungen hin.

39 Veith 1970, S. 19/20. Dies liest er aus den Turnschriften und aus den Vereinssatzungen ab. Vgl. auch Pieth 1978, S. 305.

40 Pieth erwähnt z. B. Berichte in Schweizer Zeitungen, die Verständnis zeigten für den Mörder von Kotzebue und ihn als Idealisten darstellten (Pieth 1978, S. 295). Stolz stellt Pieth weiter fest, dass Basel deutschen Auslieferungsbegehren von Demagogen mit «erstaunlicher Standhaftigkeit» getrotzt habe (ebd., S. 304). Vgl. auch Mathys 1959, S. 18–20.

41 Pieth 1978, S. 296. Dabei beruft er sich auf eine Äusserung von Friedrich Iselin (1823–1882).

Neben den Gemeinsamkeiten – Turnen als Mittel nationaler Erziehung, als Beitrag zur Wehrhaftigkeit und zur Weckung staatsbürgerlicher Gesinnung[42] – hebt Pieth auch die Unterschiede zwischen Deutschland und der Schweiz hervor. Im Gegensatz zum deutschen Turnen hätten die Aktivitäten der Schweizer Turner im Einklang mit den Ansichten der Behörden gestanden, so dass sich Krisen wie die Turnsperre hätten vermeiden lassen. Ganz so friedlich lief die Sache aber nicht ab, auch wenn die Situation in den Schweizer Kantonen tatsächlich nicht mit derjenigen etwa in Preussen vergleichbar war. In der ersten Hälfte des 19. Jahrhunderts kann nicht die Rede davon sein, dass die Turner sich regierungstreu verhielten, denn sie setzten sich für die Schaffung eines schweizerischen Nationalstaates ein, eine Staatsform also, die es damals noch nicht gab. Die Gründung des Eidgenössischen Turnvereins (ETV) im Jahre 1832, die Turner aus allen Landesteilen unter einem Dach versammelte, sollte Ausdruck dieser Idee sein. Da sich die Turner für die politische Idee einsetzten, die schliesslich obsiegte, konstruiert Pieth im nachhinein einen geradlinigen Weg darauf zu. Das Revolutionäre der Turnbewegung der 1830er Jahre wird so zu einem heroischen Einsatz für eine gute, für die «richtige» Sache.[43]

Eine solche Interpretation ist wenig hilfreich für das Verständnis vergangener Ereignisse. Ein Vergleich mit Walter Leimgrubers Charakterisierung des Turnens im 19. Jahrhundert macht dies deutlich:

«Das Selbstverständnis des Verbandes [des Eidg. Turnvereins, eh] als ‹tragende Säule des Staates› war allerdings der Turnbewegung keineswegs seit jeher eigen gewesen, war doch der ETV in seiner Entstehungszeit nicht vom Gedanken der Unterstützung des Staatswesens getragen gewesen, sondern im Gegenteil von der Idee der nationalen Erneuerung der Eidgenossenschaft und der Überwindung des bestehenden Systems und des föderalistischen ‹Kantönligeistes›. Erst im Laufe der Zeit erfolgte der langsame Übergang von den reformerischen zu den bewahrenden Idealen; erst viel später waren die Turner stolz darauf, an einem ‹behördlicherseits anerkannten› Werk mitzuarbeiten.»[44]

Ende des 19. Jahrhunderts war es so weit: Mit ihren Eidgenössischen Turnfesten trugen die Turner gemeinsam mit den Sängern und den Schützen dazu bei, die durch einen politischen Akt geschaffene Nation Schweiz auch mit Inhalten zu füllen, sie mit einer Identität auszustatten. In dieser Zeit begann man Gedenktage von Schlachten oder Gründungen von Städten zu feiern, und im Jahr

42   Ebd. S. 30.
43   Ebd., S. 34–36.
44   Leimgruber, in: Schader/Leimgruber 1993, S. 79.

1891 wurde der 1. August zum nationalen Feiertag erklärt. All dies diente der Schaffung eines schweizerischen Nationalbewusstseins, das sich durch den formalen Zusammenschluss der Kantone nicht automatisch einstellte.[45]

2.3 Gründung des Eidgenössischen Turnvereins

Die ersten Turnvereine der Schweiz wurden von Studenten ins Leben gerufen und standen noch unter dem Einfluss von Clias. Das gilt besonders für die 1816 gegründete Turngesellschaft in Bern, die Clias persönlich leitete, aber ebenso für den 1819 gegründeten ersten Basler Turnverein und für jenen in Zürich, der ein Jahr später folgte.[46] 1819 schlossen sich Zürcher und Berner Studenten zum Zofingerverein zusammen, einer freisinnigen Studentenverbindung, die sich unter anderem dem Turnen widmen wollte, «um dem Vaterland tüchtige Verteidiger liefern zu können».[47] So wurde an den jährlichen Zusammenkünften in Zofingen denn auch geturnt. Nach einigen Jahren trennten sich die auf diese Weise entstandenen Turnvereine vom Zofingerverein und nahmen in der Folge auch «Philister», das heisst bürgerliche Nichtakademiker als Mitglieder auf, was in der Literatur gerne als «glückliche Mischung» bezeichnet wird.[48]

Nach einer ersten Welle der Begeisterung begann die Turnbewegung bald zu stagnieren, einzelne Vereine drohten gar auseinanderzubrechen. Als Gegenmassnahme schlugen die Zürcher vor, die bestehenden Turngesellschaften sollten ihre Kräfte bündeln und sich zusammenschliessen, und luden deshalb auf den 23. April 1832 zu einem

---

45   Vgl. dazu: François de Capitani/Georg German, Auf dem Weg zu einer schweizerischen Identität 1848–1819. Probleme – Errungenschaften – Misserfolge. In Memoriam Andreas Lindt, Freiburg 1987; Philipp Sarasin, Stadt der Bürger 1870–1900, Basel 1990.

46   Frei 1949, Tafel 3. Ausserdem auch Strupler 1955, der die Anfänge des Turnens in Bern, Basel, Zürich, Aarau, Baden und Luzern näher vorstellt.

47   J. Spühler/H. Ritter/A. Schächtelin, Festschrift zum 75jährigen Jubiläum des Eidgenössischen Turnvereins 1832–1907, Zürich 1907 (zit.: 75 Jahre ETV 1907), S. 3. Vgl. auch Frei 1949, Tafel 3.

48   In 75 Jahre ETV 1907, S. 4, ist zu lesen, dass die Akademiker den «Schwung der Gedanken» eingebracht hätten, die Bürger dafür die grössere Zähigkeit am Festhalten des Bestehenden. Pieth hat dies fast wörtlich – ohne Quellenangabe – in sein Buch von 1978 aufgenommen (S. 307).

49   75 Jahre ETV 1907, S. 4/5. Vgl. Struplers Beschreibung der Vereine, die sich 1832 in Aarau trafen: Luzern besitze eine «eifrige und zahlreiche Turnerschar», die bernische Turngesellschaft befinde sich hingegen in «voller Auflösung». Für die Basler sei die Einladung gerade noch rechtzeitig gekommen, ihre Mitgliederzahl sei in den letzten Jahren von 90 auf 16 geschrumpft. In einer Krise wegen innerer Streitigkeiten stecke auch Aarau, wo es bis kurz vor dem Turntag sogar zwei Vereine gegeben habe (1955, S. 179).

schweizerischen Turntag nach Aarau ein.[49] Dort versammelten sich schliesslich Turner aus Zürich, Bern, Basel, Baden, Aarau und Luzern. Die als Gründungsversammlung gedachte Veranstaltung verlief nicht ganz nach Plan. Der Verein von Luzern, «der damals eine äusserst prononcirt politisch radikale Richtung verfolgte, verlangte die Entfernung einiger anders gesinnter Basler und verliess, als seinem Begehren nicht entsprochen wurde, in corpore das Fest».[50] Erst im März desselben Jahres hatten sich an einer ausserordentlichen Tagsatzung die Kantone Luzern, Zürich, Bern, Solothurn, St. Gallen, Aargau und Thurgau zum sogenannten Siebnerkonkordat zusammengeschlossen, um sich in den damals herrschenden unruhigen Zeiten gegenseitig ihre Verfassungen zu garantieren. Die Verfassung von Basel-Stadt lehnten sie als zu konservativ ab. Basel-Stadt schloss sich als Reaktion darauf im November 1832 in Sarnen mit Uri, Schwyz, Unterwalden, Neuenburg und dem Wallis zusammen. Konfessionelle Parteiungen spielten bei diesen Sonderbünden noch keine Rolle, diese kamen dann in den 1840er Jahren dazu.[51]
Obwohl politisch auf derselben Seite, war der Zürcher Berichterstatter erbost über das Verhalten der Luzerner am Turntag in Aarau. Die Beratung der Statuten hätte abgebrochen und damit die offizielle Gründung des Verbandes verschoben werden müssen wegen der «beharrlichen Verstocktheit dieser gegen alle Andersdenkenden äusserst intoleranten, von Parteyhass verblendeten Toren, denn offenbar rührte ihre Weigerung aus keiner andern Quelle, als von ihrem Abscheu, mit den verhassten Baslern in Einen Verein zu treten».[52] Trotz dieser Vorkommnisse wurde zwei weitere Tage fleissig geturnt und ausgiebig gezecht.[53] Ein Jahr später hielt Zürich wie versprochen das nächste schweizerische Turnfest ab, während dem auch die bereits überarbeiteten Statuten verabschiedet wurden. Trotzdem gilt das Jahr 1832 als offizielles Gründungsjahr des Verbandes. 1835 schlossen sich dann auch die Luzerner dem Verband an.[54]
Mit den Jahren stellten die «Philister» allmählich die Mehrheit in den Turnvereinen, und das Einvernehmen mit den «Akademikern»

50 Johann Niggeler, Geschichte des eidgenössischen Turnvereins. Herausgegeben vom Centralcomite zum Jubiläumsfeste 1882, Biel 1882 (zit.: 50 Jahre ETV 1882), S. 10. «Turnvater» Niggeler (1816–1887) war damals Turninspektoer des Kantons Bern (vgl. Herter 1984, S. 49).
51 Geschichte der Schweiz und der Schweizer, Bd. 2: «Krieg und Frieden zwischen den Kantonen», von Georges Andrey, S. 271ff.; die erwähnten Sonderbünde, S. 274/275.
52 Der Zürcher Berichterstatter des Turnfestes von 1832, zitiert nach Strupler 1955, S. 180.
53 Ebd., S. 180–182.
54 Ebd., S. 189ff. Vgl. auch: 50 Jahre ETV 1882, S. 10.

verschlechterte sich, da die Bürger – zumindest in Basel – von den Führungspositionen ausgeschlossen waren.[55] In Basel kam es deshalb 1855 zur Trennung von Akademikern und Bürgern, vergleichsweise spät, denn in Bern war dies schon 1832, in Zürich 1848 geschehen.[56] Eine wichtige inhaltliche Veränderung des Turnbetriebes datiert aus dem Jahr 1860 mit der Einführung des «Sektionsturnens». Erstmals wurde am eidgenössischen Turnfest in Basel jenes Jahres ein «Sektionswettkampf», das heisst ein Wettkampf ganzer Vereine gegeneinander, ausgetragen, nachdem bis anhin nur einige wenige Turner aus den verschiedenen Vereinen um Sieg oder Niederlage gekämpft hatten.[57] Charakteristisch für das Sektionsturnen ist nach Leimgruber,

«dass ein Verein geschlossen zum Wettkampf antritt und ein mehrteiliges Gruppenprogramm absolviert. Die Leistung des einzelnen ist jedoch wichtig für das Gesamtresultat; jeder, ob Anfänger oder Könner, soll dazu beitragen. Gefragt ist nicht ein hoher Grad an Spezialisierung, sondern Vielseitigkeit, da das Sektionsturnen verschiedene Disziplinen aus den unterschiedlichsten Sportarten umfasst».[58]

Mit dem Sektionsturnen wurde eine Form des Wettkampfes eingeführt, die es in dieser Art bis heute nur in der Schweiz gibt, weshalb es zum Symbol des schweizerischen Turnens wurde.[59] Die hohen Ideale, welche die Festredner bis in unsere Tage mit dem Sektionsturnen verbinden, das sie als «Musterbeispiel der demokratischen Einheit»[60] bezeichnen und dessen erzieherische Werte – Einordnung in die Gemeinschaft – sie loben, scheinen den Turnern vorerst nicht viel bedeutet zu haben; in den ersten Jahren erwies sich die Durchführung des Sektionsturnens als nicht gerade einfach. Nach Leimgrubers Ausführungen gingen im 19. Jahrhundert nicht alle Turner eines Vereins hauptsächlich des Turnens wegen an die Turnfeste. Für viele Festteilnehmer war das Turnen eher nebensächlich, stand die politisch-gesellschaftliche Funktion eines Turnfestes im Zentrum. Zudem wollten die wenigen Turner, die zu den Wettkämpfen antraten, dies weiterhin lieber als Einzelturner tun, wollten ihre persönlichen Leistungen nicht in die des Vereins einfliessen lassen.[61] Allmählich

---

55   René Schaerer, 75 Jahre Kantonal-Turnverband Basel-Stadt, Basel 1961, S. 8.
56   Frei 1949, Tafel 5.
57   Mathys 1959, S. 22 und 31; Leimgruber, in: Schader/Leimgruber 1993, S. 15.
58   Leimgruber, in: Schader/Leimgruber 1993, S. 16.
59   Ebd., S. 15. Leimgruber kann kein blinder Patriotismus vorgeworfen werden, folglich nehme ich an, dass dies stimmt.
60   Ebd.
61   Ebd., S. 14–18 über den Sektionswettkampf; ausserdem S. 19/20 im Kapitel über das Erziehungsideal im ETV.

bürgerte sich das Sektionsturnen aber ein und wurde zu einem zentralen Element der Turnfeste, Klagen über schlechte Vorbereitung und mangelndes Engagement waren im 20. Jahrhundert, insbesondere in der Zwischenkriegszeit, immer seltener zu hören.[62] Ein weiteres einschneidendes Datum in der Geschichte des Turnens ist das Jahr 1874, als das Turnen vom Bund durch gesetzgeberische Massnahmen erstmals offizielle Anerkennung und fortan auch finanzielle Unterstützung erfuhr. Die Vorzeichen, unter denen dies geschah, sollten auch den Werdegang von Turnen und Sport der Mädchen und Frauen ganz entscheidend beeinflussen.

2.4 Vom militärischen Turnunterricht zu «Jugend & Sport»

1874 war das Turnen tatsächlich zu einer «Bewegung nationaler Erziehung» geworden, deren Aufgabe darin bestand, «mit Leibesübungen zur Wehrhaftigkeit und Weckung staatsbürgerlicher Gesinnung beizutragen».[63] Was Fritz Pieth schon in die ersten Jahrzehnte der Turnbewegung hineinprojizierte, wurde mit der Revision der Bundesverfassung 1874 Wirklichkeit. Der militärische Bereich wurde Sache des Bundes, und in der noch im selben Jahr erlassenen ersten eidgenössischen Militärorganisation schrieb der Bund den Kantonen vor, dafür zu sorgen, dass die männliche Jugend vom 10. Altersjahr bis zum Austritt aus der Primarschule durch einen angemessenen Turnunterricht auf den Militärdienst vorbereitet werde. Den Unterricht sollten die Lehrer erteilen, welche in besonderen Rekrutenschulen darauf vorbereitet würden. Für die Zeit zwischen der Schulentlassung und dem Beginn der Rekrutenschule war ausserdem ein freiwilliger militärischer Vorunterricht vorgesehen.[64] Damit griff der Bund im Falle der Knaben in die Schulhoheit der Kantone ein, während er es bei den Mädchen nicht als nötig erachtete, «den eifersüchtig über ihre Schulhoheit wachenden Kantonen entsprechende Vorschriften zu machen».[65]

62 Ebd., S. 20. Eine tiefgreifende Krise erlebte das Sektionsturnen dann nach dem Zweiten Weltkrieg, als auch die Mitglieder von Turnvereinen immer weniger integriert in einer Gruppe und mit militärischem Drill turnen, sondern individuell Sport treiben wollten, sei es z. B. als Leichtathleten oder Handballer.
63 Pieth 1979, S. 30.
64 Louis Burgener, Die Schweizerische Eidgenossenschaft und die Körpererziehung: Quellentexte 1868–1962 und heutige Lage, Bern 1962. S. 6 sind die entsprechenden Artikel der Militärorganisation vom 13. Nov. 1974 abgedruckt; vgl. auch Burgener, in: Ueberhorst 1976, S. 273; sowie Herter 1984, S. 71ff.
65 Herter 1984, S. 121. Vgl. zum Mädchenturnen Kapitel 3. Nach Burgener ging die Schweiz mit dem Eingreifen des Militärdepartementes eigene Wege, «die durchaus im Zug der Zeit lagen und der Milizarmee wie der allgemeinen Wehrpflicht entsprachen». (Vgl. Burgener, in: Ueberhorst 1976, S. 283).

Die Lehrerrekrutenschulen stiessen bei den Lehrern von Anfang an auf grossen Widerstand und mussten 1891 wieder aufgehoben werden.[66] Mit der Durchführung des Turnobligatoriums für Knaben wollte es auch nicht so recht klappen, und die Teilnahme am Vorunterricht liess in den meisten Kantonen ebenfalls sehr zu wünschen übrig. Um dies zu ändern, forderte der ETV im Jahr 1901 eine physische Rekrutenprüfung bei der Aushebung. Die Turner argumentierten, so wie die Einführung einer pädagogischen Prüfung auf die Entwicklung des Volksschulwesens grossen Einfluss gehabt habe, würde eine physische Prüfung der Rekruten der Bevölkerung die Nützlichkeit von Leibesübungen vor Augen führen. Doch das Eidgenössische Militärdepartement (EMD) lehnte das Begehren ab. Dort fürchtete man, mit einer solchen Massnahme Anstoss zu erregen, und man scheute zudem die dadurch entstehenden Mehrkosten und die zu befürchtende Komplizierung der Aushebung. 1904 rang sich das EMD dazu durch, solche Prüfungen vorerst an einzelnen Orten probeweise einzuführen, gefolgt von einer gesamtschweizerischen Versuchsperiode in den Jahren 1905–1907. Die Ergebnisse zeigten, dass die Vereinsturner beinahe überall am besten abschnitten.[67] In der revidierten Militärorganisation von 1907 wurde die physische Rekrutenprüfung gesetzlich vorgeschrieben.[68]

Die Militärorganisation von 1907 bildete bis 1970 die gesetzliche Grundlage für das Turnen in der Schule und im Jugendalter und war für die weitere Entwicklung der Turnvereine von entscheidender Bedeutung. Nicht nur dehnte sie das Turnobligatorium für Knaben auf die ganze Schulpflicht aus und führte die Turnprüfung bei der Aushebung ein, der Bund verpflichtete sich auch, Organisationen zu subventionieren, die sich der körperlichen Ertüchtigung

---

66   Herter 1984, S. 76/77; Burgener, in: Ueberhorst 1976, S. 277. Ab 1893 mussten die Lehrer bei der Aushebung eine Prüfung ablegen und bei Nichtbestehen einen 14tägigen Turnkurs absolvieren. 1897 erwirkten der Schweiz. Lehrerverein und der Schweiz. Turnlehrerverein aber auch die Aufhebung dieser «Strafkurse».

67   Eidgenössischer Turnverein: 150 Jahre ETV 1832–1982, Zürich 1981 (zit.: 150 Jahre ETV 1981), S. 18; 75 Jahre ETV 1907, S. 105–110; Louis Burgener, Starke Jugend, Freies Volk. 50 Jahre turnerisch-sportlicher Vorunterricht, Bern 1960, S. 16 ff. Burgener beschreibt, dass solche Prüfungen schon früher auch von Lehrern und Offizieren gefordert worden waren. Burgener ist der Spezialist zum Thema Turnen, Militär und Vorunterricht, vgl. auch: ders., La Confédération suisse et l'éducation physique de la jeunesse, 2 Bde., La Chaux-de-Fonds, 1952; sowie: ders., Sport und Politik in einem neutralen Staat. Der Vorunterricht in der Schweiz 1918–1947, in: A. Morgan Olsen (Red.), Sport und Politik 1918–1939/40. ICOSH Seminar 1984, Oslo 1986, S. 197–219. Ein gutes Bild der ideologischen Untermauerung des Vorunterrichtes gibt auch der Aufsatz von Rudolf Farner, Der freiwillige Vorunterricht, in: Stadion Schweiz. Bd. 2: Turnen, Sport und Spiele, Zürich 1946, S. 85–97. Vgl. ausserdem: Hotz, in: Eder 1992, S. 160–166, zum Thema Sport in der Armee früher und heute.

widmeten. 1873 hatte der Bund dem ETV erstmals eine Unterstützung von 1000 Franken zugesprochen.[69] In unregelmässigen Abständen erhielt der ETV auch in den folgenden Jahren finanzielle Zuwendungen[70]; aber erst seit 1907 konnte er fest damit rechnen. Die Höhe der Subventionen stieg in den folgenden Jahren stark an, von etwa 33 600 Franken im Jahre 1906 auf etwa 206 000 Franken im Jahre 1932, und ermöglichte den Aufbau eines leistungsfähigen Kurswesens (Leiterausbildung), einer der tragenden Säulen des ETV.[71] Für «dienstuntauglich» erklärt zu werden, war sozial disqualifizierend, deshalb erhoffte sich der ETV, durch die Turnprüfung bei der Rekrutenaushebung auf die Jugendlichen Druck ausüben zu können, sich körperlich in Form zu bringen. Die Turnvereine waren einer der Orte dafür.[72] Der Bund war an leistungsfähigen Soldaten interessiert, so unterstützte er die Anstrengungen der Turnvereine. Möglicherweise als Nachwirkung des Ersten Weltkriegs wurde die physische Rekrutenprüfung 1915 aufgehoben, auf vielseitigen Wunsch, vor allem der Turner, 1931 aber wieder eingeführt.[73] Dass der Bund die Turnvereine nicht einfach des Turnens wegen unterstützte, zeigt sich an der wechselvollen Geschichte der Subventionierung des SATUS.[74] Die meisten Grütliturnvereine, die Vorläufer der Arbeiterturnvereine, waren anfänglich dem ETV angeschlossen. Aus diesem Grund entzog das EMD dem Grütliturnverband 1909 die Kurssubventionen. 1911 wurde er als selbständiger Verband anerkannt und erhielt wieder Subventionen des Bundes.[75] 1917 trennten sich die Turner vom Grütliverein und gründeten den Schweizerischen Arbeiterturnverband, 1922 fusionierten sie mit dem Schweizerischen Arbeitersportverband zum Schweizerischen Arbeiter- Turn- und Sportverband (zuerst S.A.T.S.V. genannt, dann

68 Burgener 1960, S. 26.
69 75 Jahre ETV 1907, S. 102.
70 1884: 2000 Franken; 1890: 8500 Franken; 1900: 18 200 Franken (Schweizerischer Turnerkalender für das Jahr 1907, Aarau 1907, S. 51).
71 Vgl. die Gesetzesartikel von 1907, in: Burgener 1962, S. 8/9. Die Angaben über die Höhe der Subventionen stammen aus: 75 Jahre ETV 1907, S. 104, und aus: 100 Jahre ETV 1932, S. 43/44 und S. 111. 1991 betrugen die Bundessubventionen an das Kurswesen des STV (Turnerinnen und Turner) 720 000 Franken (bei 490 000 Mitgliedern, vgl.: Bundesbeiträge zugunsten des Kurswesens, zusammengestellt von H. Löffel, Dienststelle Bundesbeiträge der Eidg. Sportschule Magglingen, 13. Sept. 1991, zit.: Löffel).
72 Engel 1990, S. 95.
73 Burgener 1960, S. 26/27.
74 Vgl. dazu insbesondere: Ernst Illi, Der SATUS in Vergangenheit und Gegenwart, in: Schweizerischer Arbeiter-Turn- und Sportverband 1874–1964, Zürich 1964, S. 9–28, v.a. die Seiten 11–18.
75 1914: 2000 Franken; 1915: 1000 Franken; 1917: rund 1600 Franken (Schweizer Sport-Kalender 1923/24, Bern 1923, S. 44: eine Zusammenstellung der Bundessubventionen an diverse Verbände 1914–1923).

SATUS), und die Bundessubventionen kletterten von 1500 Franken im Jahr 1918 auf 20 000 Franken im Jahr 1922.[76] 1933 wurden dem SATUS die Bundessubventionen erneut entzogen. «Sein sozialistisches Bekenntnis führte zu dem mehr als unrühmlichen Beschluss», schrieb Ernst Illi, langjähriger Präsident des SATUS im Jahr 1964 dazu.[77] Mit der Sozialdemokratischen Partei sagte 1937 auch der SATUS ja zur Landesverteidigung, beschloss, dem Schweizerischen Landesverband für Sport (SLS) beizutreten und sich auch am Vorunterricht zu beteiligen. Letzteres war Voraussetzung für die Aufnahme in den SLS, und die Mitgliedschaft im SLS war ihrerseits Bedingung dafür, erneut in den Genuss von Bundessubventionen zu kommen. Noch im selben Jahr erhielt der SATUS vom Bund 17 800 Franken, und 1939 wurde er in den SLS aufgenommen. In den folgenden Jahren erhöhten sich die Zuschüsse des Bundes an den SATUS wie bei den anderen Verbänden kontinuierlich.[78]

ETV und Armee waren mit dem freiwilligen Vorunterricht offenbar noch nicht zufrieden, denn in den 30er Jahren tauchte der schon 1907 geäusserte Wunsch nach einem Obligatorium des Vorunterrichts wieder auf. Unter Mitarbeit von Vertretern der Offiziers- und Unteroffiziersvereine, der Schützen und Turner arbeitete das EMD einen entsprechenden Entwurf aus.[79] National- und Ständerat stimmten dem Vorschlag im Juni 1940 zu. Kirchliche und föderali-

---

76 1917: 1600 Franken; 1918: 1500 Franken; 1919: 2000 Franken; 1920: knapp 10 000 Franken; 1921: 12 000 Franken; 1922: 20 000 Franken (ebd.).
77 Illi 1964, S. 17. Interessant ist, dass Ernst Meuter, heutiger Sekretär auf dem Zentralsekretariat des SATUS in Zürich, in einem Artikel im SATUS Sport, Nr. 31/32 vom 2. August 1989 zur 50jährigen Mitgliedschaft des SATUS beim SLS schreibt, dass die Kurssubventionen dem SATUS 1933 «ohne ersichtlichen Grund» aberkannt worden seien. Mit dem Hinweis auf ein sozialistisches Bekenntnis war beim SATUS 1989 anscheinend kein Staat mehr zu machen.
78 1944: 25 000 Franken; 1947: 35 000 Franken; 1961: 45 000 Franken (Illi 1964, S. 17/18, Zahlen S. 58–60). 1991 hatten sie 94 000 Franken erreicht (bei 53 100 Mitgliedern, vgl. Löffel 1991). Der im Jahr 1919 gegründete Schweiz. Kath. Turn- und Sportverband (SKTSV) erhielt 1921 2100 Franken, 1923 5000 Franken und 1991 77 000 Franken bei 58 800 Mitgliedern (vgl. Schweizer Sportkalender 1923/24 sowie Löffel 1991). Der 1895 gegründete Schweiz. Fussballverband (SFV) erhielt 1991 370 000 Franken (408 600 Mitglieder) und der 1971 gegründete Schweiz. Leichtathletikverband (SLAV) 160 000 Franken (117 700 Mitglieder) (vgl. Löffel 1991). Die Leichtathletinnen und Leichtathleten waren vor der Gründung des SLAV Mitglieder verschiedener Turn- oder Sportverbände und sind dies teilweise bis heute geblieben, was eine Quelle der Doppelmitgliedschaften im SLS ist, vgl. die Quellenkritik zur statistischen Erhebung in Kap. 1.1.
79 Dieser sah einen turnerischen Vorunterricht vom 16. bis 17. Altersjahr mit jährlichen Leistungsprüfungen, Jungschützenkurse für das 17. und 18. Altersjahr und einen Militärvorkurs für das 19. Altersjahr vor (vgl. Burgener 1962, S. 24/25; Burgener, in: Ueberhorst 1976, S. 274).

stische Kreise ergriffen das Referendum.[80] Obwohl neben den Turn- und Sportverbänden fast alle grossen Parteien und politischen Organisationen das Gesetz unterstützten, wurde es am 1. Dezember 1940 mit 434 817 Nein (17 Stände) gegen 345 817 Ja (5 Stände) wuchtig verworfen. Baselland gehörte zu den fünf Ständen, die das Gesetz annahmen.[81] Der Bundesrat nutzte nach dieser Niederlage die geltenden Kriegsvollmachten und setzte ein Jahr später eine auf maximal acht Jahre befristete Notverordnung in Kraft, die zwar nicht explizit einen obligatorischen Vorunterricht einführte, aber eine Anzahl von Obligatorien brachte, die de facto auf einen solchen hinausliefen. Die Verordnung brachte die dritte obligatorische Turnstunde für Knaben in der Schule und eine körperliche Leistungsprüfung am Ende der Schulpflicht, wofür das EMD Mindestanforderungen festlegte. Die Ergebnisse der Prüfung wurden ins «eidgenössische Leistungsheft» eingetragen (Art. 9), welches einen Bestandteil des Dienstbüchleins bildete und bei der Rekrutierung vorzuweisen war. Es sollte bei militärischen Beförderungen berücksichtigt werden und ausserdem «bei Stellenbewerbungen als Ausweis für die körperliche Leistungsfähigkeit» gelten (Art. 22). Der turnerisch-sportliche Vorunterricht (daneben gab es noch freiwillige Jungschützenkurse) gliederte sich in den «freiwilligen Vorunterricht» nach Ablauf der Schulpflicht bis zur Aushebung und in einen «obligatorischen Nachhilfekurs für diensttauglich Befundene, welche die Bedingungen bei der turnerischen Rekrutenprüfung nicht erfüllt haben» (Art. 23). Die Gefahr, den wenig ruhmreichen Nachhilfekurs absolvieren zu müssen, brachte sicher viele junge Männer dazu, nach der Schule am Vorunterricht teilzunehmen. Dies war wiederum gut für die Turnvereine, denen sie vielleicht als Mitglieder erhalten blieben und denen sie auch finanzielle Zuschüsse vom Bund einbrachten. Geld für die Teilnehmer an den Vorunterrichtskursen erhielten auch die Kantone, für gute Leistungen ausserdem zusätzliche Beiträge (Art. 46). Eine Vielzahl von Interessen war also mit dieser Verordnung verknüpft.[82]

In der ersten nach dem Krieg vom Parlament abgesegneten Verordnung über den Vorunterricht wurde ein neuer Ton angeschlagen, schon im Titel: Die Verordnung von 1947 hiess nicht mehr «über

---

80 Hans E. Keller, 100 Jahre Kantonalturnverein Baselland 1864–1964, Liestal 1964 (zit.: 100 Jahre KTV 1964), S. 66.
81 100 Jahre KTV 1964, S. 65/66; Burgener 1962, S. 25; Herter 1984, S. 105. Bei Burgener 1960, S. 34 sind alle Stände aufgeführt, die zustimmten: Zürich, Solothurn, Basel-Stadt und Baselland, Schaffhausen, Genf. Vgl. dazu auch die kleine Schrift von Louis Burgener: 1940, un référendum surprenant, Separatdruck der Schweiz. Zeitschrift. für Geschichte, Bd. 19, Heft 1, 1969.
82 Vgl. die Artikel der Verordnung bei Burgener 1962, S. 26–35.

den Vorunterricht», sondern «über die Förderung von Turnen und Sport» und nannte zum erstenmal nicht nur militärische, sondern auch gesellschaftliche, gesundheitliche und pädagogische Ziele. Man ging sogar soweit, den Kantonen zu empfehlen, auch für Mädchen Turnunterricht vorzuschreiben.[83] Einige Kantone – unter ihnen auch Baselland – mussten jedoch nicht erst durch den Bund auf diese Idee gebracht werden.[84]

Angesichts der stagnierenden oder rückläufigen Teilnehmerzahlen wurden seit 1947 ständig neue Sportarten in den Vorunterricht aufgenommen, und 1959 erfolgte die Umbenennung in «turnerisch-sportlichen Vorunterricht».[85]

Mit der zunehmenden Bedeutung sportlicher Aspekte gegenüber militärischen wurde der Ausschluss der Mädchen immer fragwürdiger. Trotzdem dauerte es bis zur Gleichstellung der Geschlechter noch bis 1970, bis zur Annahme des Verfassungsartikels «über die Förderung von Turnen und Sport». Das gleichnamige Bundesgesetz von 1972 schrieb endlich auch für die Mädchen in der Schule ein Turnobligatorium von drei Wochenstunden vor. Ausserdem löste die Institution «Jugend & Sport» für Mädchen und Knaben vom 14. bis 20. Altersjahr den alten, auf die Knaben beschränkten Vorunterricht ab.[86]

Auch die finanzielle Förderung wurde ausgeweitet. Waren es 1970 noch 16 Turn- und Sportverbände, die vom Bund unterstützt wurden, so wurde in diesem Gesetz festgelegt, dass der SLS, alle ihm angeschlossenen Verbände und unter bestimmten Bedingungen weitere Sportorganisationen in den Genuss von Bundessubventionen kommen sollten. Der Hauptteil der ausgeschütteten Gelder musste

83 Burgener 1962, S. 37; vgl. auch: Herter 1984, S. 106; 100 Jahre KTV 1964, S. 66. Wie die früheren Verordnungen beruhte aber auch diese weiterhin auf der Militärorganisation, auf der revidierten Fassung von 1907.
84 Vgl. dazu Kap. 3.1.
85 100 Jahre KTV 1964, S. 66–68. Keller beklagt, dass immer mehr andere Vereine als die Turnvereine Vorunterrichtskurse durchführen würden. Vgl. bei Burgener 1962, S. 51ff., die Artikel der Verordnung von 1959.
86 Vgl. dazu: Victor Kaspar Jenny, Die öffentliche Sportförderung in der Schweiz. Unter besonderer Berücksichtigung des Bundesgesetzes vom 17. März 1972 über die Förderung von Turnen und Sport (Diss. Zürich), Ahrensburg bei Hamburg 1978, bis S. 39 zur Vorgeschichte des Gesetzes von 1972; Burgener, in: Ueberhorst 1976, S. 282/283; Bericht der Eidg. Turn- und Sportkommission (ETSK): Überprüfung des Bundesgesetzes für Turnen und Sport 1972–1976 (erste Amtsperiode nach neuer Ordnung der ETSK); Gesetzliche Grundlagen, Turnen und Sport, Bern 1977; Arnold Kaech, 10 Jahre Bundesgesetz über die Förderung von Turnen und Sport, in: Jugend und Sport, Nr. 8, 1982, S. 20–22. Nachdem in verschiedenen Kantonen durch kantonale Sportförderungsgesetze (in Baselland seit 1991) das J+S-Alter auf 10 Jahre heruntergesetzt worden war, beschloss das Parlament in der Wintersession 1993 dies auf eidgenössischer Ebene nachzuvollziehen (vgl. BaZ vom 7. Dez. 1993).

zweckgebunden für die Leiterinnen- und Leiterausbildung verwendet werden.
Neben der hauptsächlichen Finanzierung von «Jugend & Sport» verpflichtete sich der Bund auch zur Unterstützung des Baus von Sportanlagen von gesamtschweizerischer Bedeutung.[87]
Turnen und Sport blieben vorerst beim EMD, erst 1984 wurde der Stab an das Departement des Innern übergeben. Damit endete auch offiziell die Rolle, die das Militärdepartement beim Turnen in- und ausserhalb der Schule während über hundert Jahren gespielt hatte.

2.5 Ideologisch unterstütztes Wachstum

Die Einbindung des Turnens in militärische Zwecke entpuppte sich im Kanton Baselland wie auch anderswo als erfolgreiche Strategie. Die verschiedenen auf diesem Konzept beruhenden gesetzlichen Massnahmen im Bereich des schulischen und ausserschulischen Turnens wirkten sich im Kanton Baselland stark auf die Entwicklung der Turnbewegung aus.
Im neu geschaffenen Kanton Baselland gab es in den 1830er Jahren noch keine Turnvereine. Das Turnen war anfänglich eine Bewegung der Akademiker und der Bürger in den Städten. In der Zeit vor der Kantonstrennung turnten allenfalls an der Universität Basel studierende Baselbieter. Der bekannteste unter ihnen war der Gelterkinder Arzt Dr. Arnold Baader, der während einiger Jahre als Präsident des Akademischen Turnvereins und Zentralpräsident der drei Basler Turnvereine amtete. Er gründete 1864 den Turnverein Gelterkinden und war auch die treibende Kraft hinter der im selben Jahr erfolgten Gründung des Kantonalturnvereins Baselland.[88]
Die ersten basellandschaftlichen Turnvereine waren noch nicht gegründet, da versuchte der junge Kanton bereits, das Schulturnen einzuführen. An den weiterführenden Schulen für Knaben, den Bezirksschulen, die der Kanton Baselland nach der Trennung von

---

[87] Vgl.: Vademecum 1991/92. Bundesleistungen an zivile Turn- und Sportverbände und weitere Sportorganisationen – eine Information, hg. v. ETS und SLS, 1980; Bundesgesetz über die Förderung von Turnen und Sport vom 17. März 1972 und diverse Verordnungen der Jahre 1987 und 1989. Weitere Beiträge erhalten die Verbände vom SLS; doch sind diese bedeutend geringer als die Kurssubventionen des Bundes, ausserdem eher für die Förderung des Spitzensports gedacht. Wichtig für die Aufwendungen der einzelnen Vereine sind in erster Linie die kantonalen Subventionen, und das bedeutet vor allem Sport-Toto-Gelder (über das Sport-Toto vgl. Kap. 1.1).

[88] Über A. Baader vgl.: Eduard Strübin, Das Schüler- und Studentenleben eines Baselbieters vor 120 Jahren, in: Baselbieter Heimatbuch 14, Liestal 1981, S. 93–131. Zur Gründungsgeschichte des KTV vgl. z. B.: 100 Jahre KTV 1964, S. 5–7.

Basel eröffnen musste, wurde in den ersten Jahren auch geturnt. Doch fehlte es eigentlich an allem, an turnkundigen Lehrern, Turnplätzen und Geräten, und so musste der Versuch bald wieder aufgegeben werden. Auch nachdem das Turnen 1851 in den Lehrplan der Bezirksschulen aufgenommen worden war, wollte es nicht besser werden. Die Lage änderte sich erst mit dem Aufkommen von Turnvereinen, deren erster im Jahr 1859 im Kantonshauptort Liestal gegründet wurde und der sich unter anderem auch die Förderung des Schulturnens auf die Fahnen geschrieben hatte.[89] Auf Liestal folgten 1860 der Turnverein Waldenburg und 1864 diejenigen von Sissach und Gelterkinden – alle Pionier-Gemeinden wiesen einen gewissen stadtähnlichen Charakter auf oder verfügten sogar über das Stadtrecht wie Liestal und Waldenburg.[90] Bereits im Jahr 1864 schlossen sich die vier Vereine zum Kantonalturnverein Baselland zusammen. Das stärkste und kontinuierlichste Wachstum wies in den folgenden Jahren Liestal auf, während die Turnvereine von Waldenburg und Gelterkinden ihren Betrieb zeitweise wieder einstellen mussten.[91]

Es brauchte seine Zeit, bis das Turnen im Kanton Baselland Fuss fasste, in der zweiten Hälfte des 19. Jahrhunderts zog die Entwicklung dann aber mächtig an. G. Brodbeck, Verfasser der Jubiläumsschrift zum 25jährigen Bestehen des KTV im Jahr 1889 erklärte den zähen Anfang so: «Waren die Landschäftler auch von jeher gute Soldaten, so hatte man früher im Baselbiet doch keinen rechten Begriff von der Bedeutung des Turnens für die Hebung der vaterländischen Wehrkraft ...».[92] Vor allem in der Landwirtschaft Beschäftigte hätten den Sinn von Leibesübungen lange nicht einsehen wollen: «Unsere Bauernsame ist eben immer noch von dem Vorurtheil befangen, dass ihre Jungmannschaft neben der Arbeit in Haus, Feld und Wald keine weitere Leibesübung nöthig habe, ein Irrthum, der nirgends besser als in den Rekrutenschulen als solcher erkannt werden kann.»[93] In den 1880er Jahren habe sich die Lage schon stark gebessert. Der Grund dafür sei das 1875 im Kanton eingeführte Schulturnen, das allmählich auch in Gemeinden mit bäuerlicher Bevölkerung eine Basis für Turnvereine geschaffen habe.[94] Brodbecks

89 Heinrich Tschudin, Festschrift zum 50 jährigen Jubiläum des Basellandschaftlichen Kantonalturnvereins 1864–1914, Liestal 1914 (zit.: 50 Jahre KTV 1914), S. 9. Zum Schulturnen in Baselland vgl. Kap. 3.1.
90 Über historische Städte und Städtedichte in Baselland vgl.: Roger Blum, Die politische Beteiligung des Volkes im jungen Kanton Baselland (1832–1875), Liestal 1977, S. 9.
91 G. Brodbeck, Festschrift zur Feier des 25jährigen Bestandes des Basellandschaftlichen Kantonal-Turnvereins 1864–1889, Liestal 1889 (zit.: 25 Jahre KTV 1889), S. 7.
92 Ebd., S. 4.
93 Ebd., S. 9.

Feststellungen stehen nicht nur für die von Turnvereinen und dem EMD vertretene Politik, sind nicht bloss als Wunschdenken oder als Ermahnung an seine Mitbürger zu verstehen, sondern spiegeln den Sachverhalt durchaus richtig wider. Die zahlenmässige Entwicklung der Baselbieter Turnbewegung belegt diesen Zusammenhang schon zur damaligen Zeit und noch deutlicher in den folgenden Jahren.
Die Turnbewegung breitete sich vorerst im unteren Kantonsteil weiter aus: in Reinach und Arlesheim[95], in Binningen, Birsfelden, Allschwil, Muttenz, Pratteln, Therwil – und als Ausnahme – in Bubendorf.[96] Etwa seit 1885 schossen im ganzen Kantonsgebiet mit zunehmender Geschwindigkeit Turnvereine aus dem Boden. Hatte es 1873, bevor der Bund das Turnen zu fördern begann, im Baselbiet sechs Turnvereine gegeben, so waren es 1889 bereits deren 14 und 1911 gar 38.[97] Wie Grafik 1 zeigt, lässt sich nach einer Stagnation in den Jahren 1915–1922 eine ausserordentliche Zunahme feststellen, von 37 auf 56 Sektionen[98]. Bis 1943 blieb ihre Zahl in etwa konstant bei 56, um bis 1945 auf 60 anzusteigen. Nach 1945 änderte sich ihre Zahl nur noch geringfügig, sie bewegte sich bis 1990 zwischen 61 und 63 Sektionen.[99] Dies bedeutet, dass mit dem Ende des Zweiten Weltkriegs bereits ein Sättigungsgrad erreicht war, fast in jeder Baselbieter Gemeinde mit einer genügend grossen Einwohnerzahl gab es einen Turnverein.
Nicht nur die Zunahme an Sektionen, auch das Wachstum der Mitgliederzahlen[100] ist beeindruckend: zwischen 1915 und 1922 steigt ihre Zahl von rund 2600 auf über 4500, verdoppelte sich also beinahe.

94 Ebd., S. 10.
95 Die Turnvereine von Reinach und Arlesheim betrachten das Jahr 1863 als ihr Gründungsjahr. In Arlesheim ist das Gründungsjahr aber gar nicht bekannt, es kann 1865 oder 1866 gewesen sein. 1863 soll es in Arlesheim Turner gegeben haben, sie waren aber noch nicht organisiert (Festschrift zum Jubiläum 100 Jahre Turnverein Arlesheim 1863–1963, Arlesheim 1963, S. 3). In Reinach ist das Gründungsdatum zwar nur mündlich überliefert, trotzdem wird behauptet, seit 1863 sei der Turnbetrieb ununterbrochen aufrechterhalten worden, was ich allerdings sonst nirgends bestätigt fand (vgl. Festschrift zum 75jährigen Jubiläum des Turnvereins Reinach 1863–1938, Reinach 1938, S. 2/3).
96 Binningen 1866, Birsfelden 1869, Allschwil 1873, Muttenz 1878, Bubendorf 1879, Pratteln Alte Sektion 1880, vgl. Statistik am Ende der Arbeit.
97 Vgl. die Zahlen am Ende der Arbeit.
98 Graphik 1: Sektionen des KTV, also Turnvereine, die dem KTV angeschlossen waren. Es gab damals keine Turnvereine ausserhalb des KTV.
99 Vgl. die Zahlen am Ende der Arbeit. In einigen Ortschaften sind in den letzten Jahrzehnten statt eines Turnvereins mit verschiedenen Untersektionen – welche ich gezählt habe – nur reine Männerturnvereine gegründet worden. Diese habe ich nicht gezählt, da sie ein falsches Bild geben würden. Bei den Mitgliederzahlen sind sie hingegen dabei, dazu gehören Aktive und Männer, analog zu den Kategorien Damen und Frauen, die in Damen- und Frauenriegen turnen.
100 Zu den Mitgliedern gehören Turnende, Passiv- und Ehrenmitglieder.

Dienst am Vaterland – Ursprünge der Turnbewegung

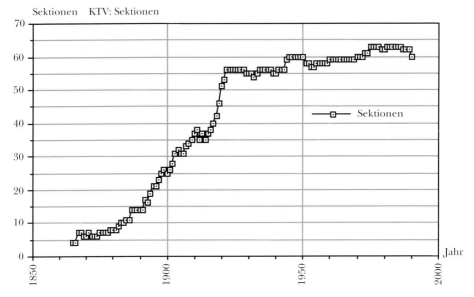

Grafik 1
Ende 20er Jahre gab es bereits in fast jeder Gemeinde einen Turnverein.

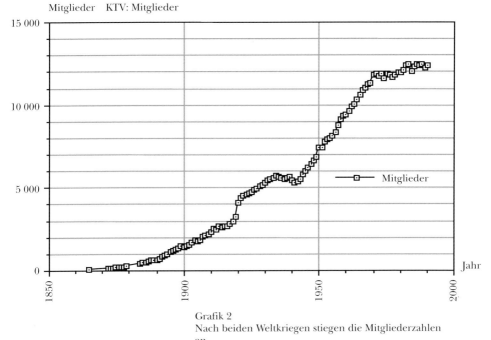

Grafik 2
Nach beiden Weltkriegen stiegen die Mitgliederzahlen an.

Während es im Ersten Weltkrieg überhaupt keinen Einbruch gegeben hatte, sank die Mitgliederzahl in den ersten Jahren des Zweiten Weltkriegs zuerst leicht, stieg dann aber nach 1943 wieder an, von rund 5500 Mitgliedern auf 6000 im Jahre 1945.
Was diese Zahlen vermuten lassen, wird in den Jubiläumsschriften des KTV explizit bestätigt: die Kriegszeiten brachten den Turnvereinen Mitglieder ein. In der Schrift zum 75jährigen Jubiläum des KTV von 1939 heisst es über die Zeit des Ersten Weltkriegs:

«Die Erfahrungen im Weltkriege hatten dargetan, dass die körperliche Ausbildung, das Stählen der Körperkraft und Stärken der Gesundheit erste Erfordernisse für den Soldaten bilden. Die Zahl der Vorunterrichtssektionen und Schüler wuchs rasch an. […]; viele traten in die Turnvereine über. In jenen Ortschaften, in welchen noch keine Turnvereine bestanden, wurden die Jünglinge ermuntert, nicht auseinander zu gehen, sondern weiterhin in einem Verein turnerischen Übungen obzuliegen. Es entstanden so vornehmlich die Turnvereine in den kleinen Gemeinden.»[101]

Auf diese Weise sei die Zahl der Turnvereine im Kanton Baselland Ende der 20er, Anfang der 30er Jahre derart angestiegen, dass der Präsident eines grossen Kantonalturnvereins geäussert habe, im Baselbiet finde man bald «auf jedem Hügel und in jedem Krachen einen Turnverein».[102] Derselbe Zusammenhang wird auch in der Schrift zum 100jährigen Jubiläum des KTV im Jahre 1964 hergestellt: «Wo die rechten Leiter am Werk waren, entstanden um 1920 herum in kleineren Gemeinden aus den VU-Sektionen [Vorunterricht-Sektionen, eh] einzelne Turnvereine, die bis heute lebendig sind.»[103] Dasselbe geschah auch in anderen Kantonen, Baselland wird jedoch vom ETV anfangs der 30er Jahre darüber hinaus explizit als Kanton mit «vorzüglichen» Ergebnissen im turnerischen Vorunterricht gelobt.[104]
Auch der Zweite Weltkrieg verschaffte der Turnbewegung Zulauf. Nach einem kurzen Einbruch zu Beginn des Zweiten Weltkriegs nahm die Zahl der Sektionen wie auch der Mitglieder ab 1942/43 zu, und verschiedene Turnvereine durchlebten während des Kriegs ihre besten Jahre. Dies, obwohl vor allem in den ersten Kriegsjahren viele Mitglieder im Aktivdienst waren und obwohl die Übungsmög-

---

101 Festschrift zum 75jährigen Jubiläum des Basellandschaftlichen Kantonalturnvereins 1864–1939, Binningen 1939 (zit.: 75 Jahre KTV 1939), S. 29/30.
102 Ebd., S. 30.
103 100 Jahre KTV 1964, S. 64.
104 100 Jahre ETV 1932, S. 222. Auf den Seiten 217ff. wird beschrieben, dass sich der Vorunterricht auch in andern Kantonen positiv auf die Entwicklung der Turnvereine auswirkte.

lichkeiten durch den Mehranbau und die Belegung der Turnhallen durch das Militär stark eingeschränkt waren. Während der ganzen Dauer des Kriegs wurden jedoch nicht nur die Turnstunden, sondern auch Turnfeste auf Gemeinde-, Bezirks- und Kantonsebene – von gewissen Einschränkungen abgesehen – durchgeführt.[105] Die Baselbieter Turnvereine engagierten sich stark für den Vorunterricht und wussten ihn als «Werbemittel» für ihre Sache einzusetzen.[106] Bis etwa 1940 war der KTV der eigentliche Träger des Vorunterrichts, dann musste er diese Rolle in zunehmendem Mass mit anderen Sportvereinen teilen. Die Turner setzten sich auch für das Obligatorium des Vorunterrichts ein, das in der Volksabstimmung von 1940 abgelehnt, im Kanton Baselland hingegen angenommen wurde.[107] Beim Resultat dieser Abstimmung fällt auf, dass grossenteils Grenzkantone dem Obligatorium zustimmten, die dem Kriegsgeschehen zumindest geographisch näher waren: Baselland, Basel-Stadt, Schaffhausen, Genf, Solothurn und Zürich.[108]
Der ETV hatte sich seit Anfang des 20. Jahrhunderts dafür eingesetzt, turnerische Rekrutenprüfungen einzuführen, weil er darin ein weiteres Instrument zur Förderung des Turnens sah. Im Zuge der Revision der Militärorganisation von 1907 wurden diese gesetzlich vorgeschrieben, 1915 aber wieder aufgehoben und erst 1931 auf Wunsch der Turner wieder eingeführt.[109] Ein direkter Zusammenhang zwischen diesen Prüfungen und der Entwicklung des Turnens im Baselbiet ist nicht nachweisbar: der Boom des Vorunterrichts und des Turnens fällt genau in die Zeit, als die Prüfung vorläufig aufgehoben war. Für die Motivierung der Baselbieter war sie offensichtlich nicht notwendig.
Für die Zeit des späten 19. Jahrhunderts und bis zum Ende des Zweiten Weltkriegs wirkte sich die enge Verknüpfung von turnerischen und militärischen Zielen, die Einbindung des Turnens in die Ziele der Landesverteidigung, positiv auf die Entwicklung des Turnens in Baselland aus. Bis zum Zweiten Weltkrieg war die bürgerliche Turnbewegung – nicht nur im Kanton Baselland – weitgehend

---

105 Für Biel-Benken z. B. setzten während des Kriegs die turnerisch erfolgreichsten Jahre ein (vgl. die Heimatkunde von Biel-Benken, Liestal 1993, S. 246). Vgl. auch 100 Jahre KTV 1964, S. 93.
106 Dies war nicht überall so: «… teilnahmslos verhielten sich jedoch auch viele Sektionen, die das Werbemittel ebenfalls nicht zu schätzen vermochten, das ihnen durch den Vorunterricht in die Hand gegeben war.» (100 Jahre ETV 1932, S. 222).
107 Der Vorunterricht in Baselland wird ausführlich behandelt in: 100 Jahre KTV 1964, S. 64–66.
108 Burgener 1960, S. 34.
109 Ebd., S. 26/27; Burgener 1962, S. 9. Vgl. auch Kap. 2.4.

Ideologisch unterstütztes Wachstum 53

Abb. 1
Der beliebte Reigen «Parade der Zinnsoldaten»,
dargeboten von der Damenriege Gelterkinden (1930).
Photo DR Gelterkinden

eine im Wachstum begriffene Bewegung, obwohl in der Zwischenkriegszeit vermehrt Sportvereine und nicht bürgerliche Turnvereine aufkamen. Der Turn- und Sportkuchen wuchs für alle schnell genug. Die erste grössere Krise erfuhren die ETV-Vereine nach dem Zweiten Weltkrieg.[110]

In einem bisher noch nicht erwähnten, aber nicht minder wichtigen Bereich wirkte die enge Verbindung zwischen Turnen und Militär über die Nachkriegszeit hinaus: beim Bau von Turn- und Sportanlagen. In den zwei Jahrzehnten nach Ende des Zweiten Weltkriegs entwickelte sich das Baselbiet in dieser Hinsicht von einem der rückständigsten Kantone zu einem der fortschrittlichsten.[111]

Am Anfang dieser Entwicklung stand der Landratsbeschluss vom 22. September 1947 «über die finanzielle Beteiligung des Staates an der Errichtung von Turn- und Sportplätzen in den Gemeinden».[112] Mit diesem Beschluss bewilligte der Landrat für die Errichtung von

---

110 Vgl. Kapitel 2.6.
111 So formulierte es Hans E. Keller, aus Pratteln, von 1941 bis 1944 Präsident des KTV, 1930–1940 Präsident des LAV, in den 50er Jahren Schulturninspektor und Mitglied der kantonalen Sportplatzkommission, in: 100 Jahre KTV 1964, S. 93 und 110.
112 Ebd., S. 103.

Turn- und Sportplätzen einen Staatsbeitrag von jährlich 150 000 Franken, erstmals für das Jahr 1948.[113]
Die Vorgeschichte des Beschlusses fällt in die Jahre des Zweiten Weltkriegs. Im Frühjahr 1943 machten der Turnverein Liestal und der KTV auf die allgemein herrschende Platzmisere aufmerksam, insbesondere hinsichtlich der Neuordnung des Vorunterrichtswesens, die den Verbänden neue Aufgaben und Pflichten gebracht hatte.[114] Der Liestaler Stadtpräsident Paul Brodbeck nahm das Anliegen auf und reichte zusammen mit elf Mitunterzeichnern der Freisinnigen Landratsfraktion am 4. November 1943 eine Motion mit folgendem Wortlaut ein:

«Die heutige militärische Ausbildung unserer Jungmannschaft erfordert von dieser eine ganz ausserordentliche körperliche Leistungsfähigkeit. Um diese Leistungsfähigkeit zu erlangen, ist der heranwachsende Jüngling gezwungen, frühzeitig seine körperliche Geschmeidigkeit und seine Kraft im Turnen und im Kampfspiel zu üben. Im Kanton Basellandschaft haben wir keinen Turn- und Sportplatz, wo der angehende Soldat seine Leistungen im Wettstreit mit seinen Kameraden in allen Disziplinen messen kann, und es ist ein grosser Mangel, dass für kantonale Wettkämpfe und Leistungsprüfungen keine genügenden Anlagen vorhanden sind. Der Regierungsrat wird deshalb eingeladen, generell in Verbindung mit sich interessierenden Gemeinden, die Erstellung eines oder mehrerer kantonaler Turn- und Sportplätze zu prüfen und dem Landrat beförderlichst Bericht und Antrag zu stellen.»[115]

Der Motion war Erfolg beschieden. Der Regierungsrat setzte eine Expertenkommission ein aus Vertretern der interessierten Turn- und Sportverbände, der Behörden und einigen Baufachleuten, die sich unverzüglich an die Arbeit machte. Über die Berechtigung des Anliegens war man sich einig, ebenfalls darüber, dass bis Kriegsende mit konkreten Schritten gewartet werden müsse. Vertreter von Turn- und Sportvereinen machten in der Folge ihren Einfluss bei Behörden und Politikern geltend, und schon 1947 kam der genannte Beschluss zustande.[116]
Für die Turnerschaft konnte der Beschluss jedoch noch nicht mehr als ein erster Schritt sein, da er zwar Turnplätze brachte, aber keine

113   Ebd., S. 103/104, wo noch weitere Details zur Vergabe der Gelder ausgeführt sind.
114   Ebd., S. 94/95; zur Verordnung über den Vorunterricht von 1941 vgl. Kap. 2.4.
115   Ebd., S. 95.
116   Ebd., S. 96–105; S. 98 beschreibt Keller, wie der KTV seine Mitglieder in den einzelnen Gemeinden nachdrücklich aufforderte, mit einzelnen Behördenmitgliedern und andern einflussreichen Männern Fühlung aufnehmen und sie zu orientieren und zu aktivieren.

Turnhallen. Im Jahr 1953 präsentierte der KTV die Ergebnisse einer Umfrage bei andern Kantonen, wonach die meisten Stände den Bau von Turnhallen subventionieren würden. Nach Meinung des Verbandes sollte dies auch im Kanton Baselland geschehen, da viel zu wenige Turnhallen zur Verfügung stünden: Von 74 Gemeinden würden nur 18 über genügend Hallen verfügen, die Situation in 16 weiteren Gemeinden sei ungenügend, und 40 wiesen keine Turnhallen auf. Von den 14 000 Baselbieter Schülern könne nur rund die Hälfte eine Turnhalle benützen.[117]

Das politische Geschäft kam zügig voran. Bereits 1955 lag ein Gesetzesentwurf vor über die finanzielle Beteiligung des Staates an der Errichtung von Turn- und Sportplätzen, Turn- und Sporthallen, von Schwimmbädern sowie von öffentlichen Kinderspielplätzen, der in der Volksabstimmung vom 15. Mai 1955 mit grosser Mehrheit angenommen wurde.[118] Die Entwicklung, die 1947 eingesetzt hatte, erfuhr damit eine weitere Beschleunigung. Waren nach 1947 in 17 Gemeinden Turn- und Sportplätze errichtet worden, so wurden im Zeitraum von 1953 bis 1963 mit Staatssubventionen etwa 80 Objekte gebaut. An die gesamte Bausumme von über 12 Mio. Franken richteten Staat und Sport-Toto Beiträge von fast 6 Mio. Franken aus.[119] Ein Grossteil der Bauten wurde als Mehrzweckhallen errichtet, sie boten damit nicht nur sportlichen Anlässen Raum, sondern einer grossen Palette von geselligen und kulturellen Aktivitäten.[120]

Im Jahr 1963 stimmte das Baselbieter Volk mit grosser Mehrheit einem neuen Subventionsgesetz zu, das dem sich wandelnden Bild des Sports Rechnung tragen sollte: Neue Sportarten wurden miteinbezogen, während beispielsweise die Erstellung von Kinderspielplätzen aus dem Gesetz herausgenommen wurde. Ausserdem übernahm der Kanton einen Teil der Beiträge des stark überlasteten Sport-Toto-Fonds.[121] Bei der Ausarbeitung des Gesetzes hatten Mitglieder des KTV sowohl in den vorberatenden Kommissionen als auch im Landrat massgeblich mitgewirkt und sich im Abstimmungskampf vehement für die Vorlage eingesetzt.[122] Von 1982 an wurde

117 Ebd., S. 105.
118 100 Jahre KTV, 1964, S. 106/107; vgl. auch: Paul Marti, Subventionierung von Turn- und Sportanlagen im Kanton Baselland in den Jahren 1948 bis 1982 (Typoskript), 1983, S. 2.
119 100 Jahre KTV, 1964, S. 107. Es waren rund vier Dutzend grosse und kleinere Turn- und Sportplätze, an die 30 Turnhallen, einige Schwimmbäder und Kinderspielplätze.
120 Ebd., S. 108; Marti 1983, S. 2.
121 100 Jahre KTV, 1964, S. 108–110; Marti 1983, S. 3.
122 100 Jahre KTV, 1964, S. 110. Die Zuschüsse an den Bau von Turn- und Sportanlagen machten ab 1963 die Hälfte der im Kanton Baselland ausgeschütteten Sport-Toto-Gelder aus, nach 1975 einen Drittel und seit 1984 etwa 55%.

die gesamte Subventionierung wieder aus dem Sport-Toto-Fonds bestritten, es gab keine kantonalen Subventionen mehr.[123] Das neue Sportförderungsgesetz des Kantons Baselland, das in der Abstimmung vom 2. Juni 1991 angenommen wurde, sieht die Möglichkeit finanzieller Hilfe durch den Kanton wieder vor. Ursprünglich sollte das Gesetz lediglich die Förderung des Jugendsports (10–13 Jahre) beinhalten, es wuchs dann jedoch zu einem allgemeinen Breitensportförderungsgesetz an.

2.6 Im Wettbewerb mit dem Sport

Im 19. Jahrhundert beherrschten die ETV-Turnvereine das Feld der Leibesübungen. Im 20. Jahrhundert sahen sie sich allmählich Konkurrenz von verschiedenen Seiten gegenüber. In diesem Kapitel möchte ich diese anderen Strömungen kurz nennen, ohne sie jedoch ausführlich zu behandeln.

Im Zuge der Arbeiterbewegung entwickelte sich Anfang des 20. Jahrhunderts auch die Arbeiterturnbewegung als eigenständige Turnbewegung. Ihre Geschichte reicht zwar auch ins 19. Jahrhundert zurück, doch zeigten Arbeiterturnvereine damals noch nicht das Bedürfnis, sich von den im ETV zusammengeschlossenen bürgerlichen Turnvereinen abzugrenzen. Die Vorläufer der Arbeiterturnvereine waren die Grütliturnvereine, deren erster 1866 gegründet worden war. Die nationalen Ziele des Grütlivereins – obgleich eine politische Organisation der Werktätigen – deckten sich in den Anfängen mit denjenigen des ETV. Der Grossteil der Grütliturnvereine war dem ETV angeschlossen und blieb es auch nach der Gründung des Schweizerischen Grütliturnvereins im Jahre 1874. Die Verschärfung der Klassengegensätze nach der Jahrhundertwende leitete das Ende dieser Verbindung ein. Als 1909 während eines Streiks in Zürich bürgerliche Turner gegen die Streikposten vorgingen, brandete ein Sturm der Entrüstung durch die Grütliturnvereine, und sie verzichteten darauf, am Eidgenössischen Turnfest jenes Jahres teilzunehmen. 1917 lösten sich die Grütliturnvereine von der Dachorganisation Grütliverein und gründeten den Schweizerischen Arbeiter-Turnverband, der 1922 mit dem Schweizerischen Arbeitersportverband zum Schweiz. Arbeiter-Turn- und Sportverband (SATUS) fusionierte.[124]

---

123 In den Jahren zwischen 1969 und 1990 leistete das Sport-Toto an Sportanlagen und Anschaffungen Beiträge von insgesamt über 7 Mio. Franken (Zusammenstellung des Sportamtes Baselland).
124 Eine gute Zusammenfassung gibt Aeschimann 1987, S. 10/11. Vgl. auch: Illi 1964, S. 9–14; sowie Leimgruber, in: Schader/Leimgruber 1993, S. 95ff.
125 Aeschimann 1987, S. 98–100.

Nachdem ETV-Turner bei den Bürgerwehren mitgemacht hatten, die im Generalstreik von 1918 gegen die streikenden Arbeiter vorgingen, wurde die Diskussion um die angebliche Neutralität des ETV zum Dauerthema innerhalb der Turnbewegung, aufgeworfen vor allem von den Arbeiterturnern.[125] Der ETV sah sich als unpolitische und konfessionell nicht gebundene Organisation, offen für alle Schichten der Bevölkerung. In Wirklichkeit war der Verband geprägt vom bürgerlich-liberalen Gedankengut des 19. Jahrhunderts.[126] Mit der Gründung des Schweizerischen Katholischen Turn- und Sportvereins (SKTSV) im Jahre 1919 demonstrierten auch die katholisch-konservativen Kreise, dass sie von der Neutralität des ETV in Sachen Religion und Politik nicht viel hielten.[127]

Der ETV war sich jedoch keiner Schuld an der wachsenden Zersplitterung der Turnbewegung bewusst, sondern äusserte sein Bedauern über diese Situation:

«Trotz des Landesverbandes[128] herrscht im schweizerischen Turnwesen leider noch Zerrissenheit. Sozialistische und konfessionelle Strömungen haben es vermocht, auch unsere Turnbrüder zu trennen. Das schöne Einigende im Turnverein früherer Zeit ist dahin, und nur mit Wehmut denken wir alte Turner an jene Zeiten zurück, wo sich im Turnverein der Meister mit dem Arbeiter, der Studierte mit dem Manne der harten Faust, der Hohe mit dem Niederen zusammenfand in gemeinsamer Arbeit und wo sie sich kennen, verstehen, achten und vielfach lieben konnten.»[129]

Leimgruber kommt in seiner Analyse zu einer anderen Einschätzung des ETV:

«In den Augen des ETV repräsentierte er selbst das Einigende, die andern die Spaltung und Trennung. In seinem Selbstverständnis war der Verband keine politische Sonderorganisation, sondern Ausdruck des Staats- und Volkswillens. Dass seine Grundlage ebenfalls diejenige einer bestimmten politischen Richtung war, wollte er nicht anerkennen und trug durch diese Haltung wesentlich zur Spaltung der Turner bei.»[130]

126 Die nach aussen getragene Haltung des ETV und seine tatsächliche politische Ausrichtung werden gut dargestellt bei Leimgruber, in: Schader/Leimgruber 1993, S. 11–104.
127 Ebd., S. 98.
128 Gemeint ist der Schweizerische Landesverband für Leibesübungen, heute Schweizerischer Landesverband für Sport (SLS), die 1922 gegründete Dachorganisation der schweizerischen Turn- und Sportverbände.
129 Worte von Zentralpräsident Karl Haug am Eidg. Turnfest in Genf 1925, aus dem Bericht des Kampfgerichts und Zentralkomitees über das Eidg. Turnfest Genf 1925, S. 74.
130 Leimgruber, in: Schader/Leimgruber 1993, S. 100.

Im 19. Jahrhundert hatten die ETV-Turner zu den fortschrittlichen Kreisen gehört, die für die nationale Erneuerung der Eidgenossenschaft und für die Schaffung eines Bundesstaates eintraten. Im 20. Jahrhundert waren sie einer seiner tragenden Pfeiler geworden, der den Staat vor allen Neuerungen – insbesondere aus dem linken Spektrum der Politik – schützen und bewahren wollte.[131]

Im Kanton Baselland wurden nur wenige Arbeiterturnvereine (ATV) gegründet: in Binningen (1888), Liestal (1911), Neuallschwil und Münchenstein-Neuewelt (1919), Birsfelden (1923) und Muttenz (1925). Ausser Muttenz eröffneten all diese Vereine in den 20er Jahren auch Abteilungen für Frauen.[132]

Ein Grund, warum nicht mehr Arbeiterturnvereine gegründet wurden, liegt sicher darin, dass nicht in jeder Gemeinde genug potentielle Mitglieder für zwei Turnvereine lebten. Dies reicht jedoch als Erklärung nicht aus. In Frenkendorf zum Beispiel wurde auch kein ATV gegründet, obwohl viele Arbeiterinnen und Arbeiter der Florettspinnerei Ringwald im Turnverein waren. Sie hatten offenbar keine Probleme damit, dem ETV anzugehören. Vielleicht hätten sie einen ATV gegründet, wenn es noch einen zweiten ETV-Turnverein gegeben hätte und dieser sich vornehmlich aus anderen Bevölkerungskreisen zusammengesetzt hätte. In Pratteln gab es diese Situation; doch auch hier wurde kein ATV gebildet. Im Jahr 1917 spaltete sich eine Gruppe von Turnern vom 1880 gegründeten Turnverein Pratteln ab und formierte sich zu einem eigenen Verein. Obwohl die Trennung eindeutig politisch motiviert war, wurde kein ATV gegründet. Diskutiert wurde dies zwar, aber nicht in die Tat umgesetzt. Die Abtrünnigen blieben beim ETV und nannten sich einfach «Neue Sektion», während der bestehende Turnverein fortan «Alte Sektion» hiess. Auf mögliche Hintergründe dieses Verhaltens gehe ich in Kapitel 7 ein.

Angesichts der geringen Bedeutung des katholischen Turnens in Baselland habe ich es unterlassen, diesen Turnvereinen nachzugehen. Bei der Suche nach Zahlenmaterial, die sich als sehr schwierig erwies[133], stiess ich wiederholt auf die Gemeinde Reinach, wo sich eine Untersuchung des katholischen Turnvereins und seines Verhältnisses zu den anderen Vereinen durchaus lohnen könnte. Aus zeitlichen Gründen musste ich dies unterlassen.

Die gefährlichste Konkurrenz erwuchs den bürgerlichen Turnvereinen im 20. Jahrhundert aber weder von politischen noch von kon-

131 Vgl. dazu Kap. 2.4.
132 Vgl. Statistik am Ende der Arbeit. Der ATV Muttenz existierte nur etwa vier Jahre. Ausserdem gab es noch den Ringclub Therwil.
133 Vgl. Kap. 1.1.

Im Wettbewerb mit dem Sport 59

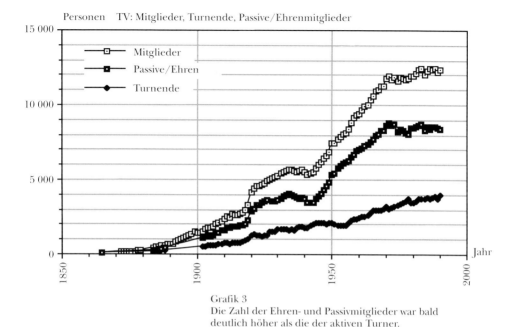

Grafik 3
Die Zahl der Ehren- und Passivmitglieder war bald
deutlich höher als die der aktiven Turner.

fessionellen Vereinen, sondern von der Sportbewegung englischer Prägung, die sich gegen Ende des 19. Jahrhunderts auf dem europäischen Kontinent ausbreitete. Vor allem Leichtathletik und Spiele drohten der Turnbewegung zunehmend das Wasser abzugraben. Die Regeln, nach denen sie betrieben wurden, erschienen attraktiv und dem Zeitgeist angepasst: es wurde gezählt und gemessen, die Leistung des Individuums, nicht der Gruppe, stand im Vordergrund. Höhere Werte und Ziele wie Politik und Landesverteidigung spielten beim Sport keine Rolle. Im Gegenteil, für nicht sportliche Zwecke wollte man sich erklärtermassen nicht einspannen lassen. Wie die folgenden Grafiken für Baselland zeigen, wurde es für die Turnbewegung aber erst nach dem Zweiten Weltkrieg bedrohlich, als die ETV-Vereine ihre erste grössere Krise erfuhren, auch «Krise des Sektionsturnens» genannt.[134] Grafik 3 zeigt, dass das Total der Mitglieder des KTV, bestehend aus den effektiv Turnenden (Aktive und Männer), den Passiven und den Ehrenmitgliedern, zwar weiter anstieg. Schlüsselt man das Total der Mitglieder jedoch in die einzelnen Kategorien auf, so zeigt sich, dass die Zahl der Passiv- und Rück-

---

134 Ich habe in Kap. 1.1 auf die Schwierigkeiten hingewiesen, Zahlen für Mitglieder aller Sportvereine zu erhalten. Meine Angaben über die Fussballer und die Leichtathleten sind so lückenhaft, dass ich auf ihre Darstellung verzichte und nur die Zahlen der Turner präsentiere.

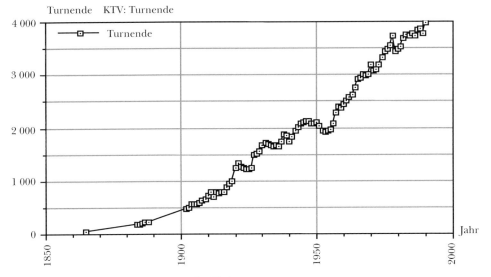

Grafik 4
Die «Krise des Sektionsturnens» zeigt sich bei den Turnenden.

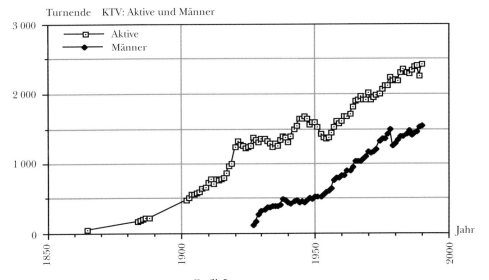

Grafik 5
Die «Krise des Sektionsturnens» war eine Krise der Aktiven.

Ehrenmitglieder zwar zunahm, diejenige der Turnenden hingegen stagnierte und Anfang der 50er Jahre sogar zurückging.[135] Eine weitere Unterscheidung der Turnenden in Aktive (die jungen Turner, die vor allem Wettkampf treiben) und Männer (die älteren Turner) ergibt schliesslich folgendes Bild: Rückläufig war nach dem Zweiten Weltkrieg allein die Zahl der Aktivturner, während die Anzahl der Turner, die in Männerriegen turnten, weiter wuchs.[136] Die schweizerischen Turnvereine hätten nach dem Krieg den Turnbetrieb eigentlich einfach weiterführen können, ihre Strukturen waren im Gegensatz zu den Vereinen in den Nachbarstaaten intakt geblieben.[137] Statt dessen kam es jedoch zu einer inhaltlichen Krise: Zur Diskussion stand landesweit der Inbegriff des schweizerischen Turnens: das Sektionsturnen, vor allem die mit militärischem Drill durchgeführten Marsch- und Freiübungen.[138] In der Zwischenkriegszeit waren die jungen Schweizer ansprechbar gewesen für die Werte, welche das Sektionsturnen verkörperte: dass in erster Linie nicht die Leistung des einzelnen zählte, sondern diejenige des ganzen Vereins; und ebenso fand die enge Anlehnung an militärische Formen Unterstützung oder zumindest Verständnis. Das Sektionsturnen war populär und trug zum Aufwind bei, den die Turnvereine in jener Zeit erlebten. Dies gilt auch für die Baselbieter Vereine, deren grösster Wachstumsschub in die 20er und 30er Jahre fällt. Während des Zweiten Weltkriegs erlebten diese Werte nochmals einen Aufschwung; doch nach Kriegsende war es damit bald einmal vorbei. Die männliche Jugend wollte die Kriegszeit vergessen und den militärischen Ballast abwerfen. Zudem hatte sich der Sport weiterentwickelt. Leichtathletik und Spiele, vor allem Fussball und Handball, zogen immer mehr junge Leute an. Nicht Vielseitigkeit, sondern Spezialisierung war gefragt. Die Handballer wollten an Handballturnieren teilnehmen und nicht noch Übungen an Barren oder Reck absolvieren. So spalteten sich seit den späten 40er Jahren Sportvereine von den Turnvereinen ab, auf diese Weise ent-

---

135 1943: 2019 Turnende; 1947: 2126 Turnende; 1948: 2070 Turnende; 1950: 2110 Turnende; 1953: 1931 Turnende, ab 1956 nahm ihre Zahl langsam wieder zu (vgl. Zahlen am Ende der Arbeit).
136 Vgl. Zahlen am Ende der Arbeit.
137 Vgl. dazu z. B.: Lämmer (Hg.) 1988, worin die gänzlich andere Situation in Deutschland in kurzen Aufsätzen eindrücklich thematisiert wird, insbesondere die Vereinnahmung von Turnen und Sport durch die Nationalsozialisten, welche nach dem Zweiten Weltkrieg eine grosse Belastung darstellte.
138 Leimgruber bezeichnet die Marsch- und Freiübungen als das «zentrale und prestigeträchtigste Element des Sektionsturnens (Leimgruber, in: Schader/Leimgruber, S. 23). Vgl. zum Sektionsturnen die Erläuterungen am Ende von Kapitel 2.3.

standen zum Beispiel 1948 der Handballclub Muttenz[139] oder 1949 der Sportclub Liestal[140]. Die älteren Turner machten diese Neuerungen nicht mit. Zum einen wohl, weil sie ohnehin keine Wettkämpfe mehr treiben wollten, zum anderen, weil sie einer Generation angehörten, für welche die militärischen Elemente und Bezüge des Turnens selbstverständlich waren und die als Aktivdienstler eher ein ungebrochenes Verhältnis zum Militär bewahrten. Schon vor dem Zweiten Weltkrieg hatten die Turnvereine, wenn auch teilweise widerstrebend, die neuen Sportarten und die neuen Regeln, nach denen sie funktionierten, in ihr Programm zu integrieren begonnen. Diese «Versportung» der Turnbewegung ist heute teilweise so weit fortgeschritten, dass unter «Turnverein» ein Verein mit verschiedenen spezialisierten Untersektionen zu verstehen ist. Die Aktivsektion, deren wichtigste Inhalte früher die Turnfeste und das Sektionsturnen ausmachten, spielt zum Beispiel nur noch Handball; die Damenriege spielt Volleyball, und eine gemischte Gruppe treibt Gymnastik oder allgemeines Fitnesstraining. Zur sportlichen Spezialisierung gehört auch eine Reduktion der vereinsinternen Verpflichtungen – die in den modernen Fitnesszentren, welche die Turnvereine zumindest in den Städten teilweise abgelöst haben, dann ganz aufgehoben worden sind. Dies heisst jedoch nicht, dass nicht auch sie eine wichtige Treffpunktfunktion erfüllen.

---

139   75 Jahre TV Muttenz 1878–1953, Muttenz 1953, S. 29: «1948. Die Jahressitzung bringt nochmals die Diskussion um die Handballriege aufs Tapet. Weil einige Handballer das Sektionsturnen nicht mehr praktizieren wollen und sie andererseits finden, der Turnverein Muttenz unterstützte ihre Handballangelegenheiten nicht genügend, so wird nach gewaltiger und teilweise heftiger Diskussion der Austritt von Aktiven genehmigt.»
140   Ernst Hauptlin, 100 Jahre TV Liestal 1859–1959, Liestal 1959, S. 70/71: «1949. In Liestal ist ein Sportclub entstanden; dem Verein gehören mehrere Aktive des TV an, und die Vereinschargen sind teilweise mit Turnern besetzt.» Seitens des TV machte man sich Vorwürfe, zu large gewesen zu sein, mit den Turnern, die nicht mehr am Sektionsturnen teilnehmen wollten. Es war der Vorschlag gemacht worden, zwei Aktivriegen zu schaffen, deren eine nicht mehr am Sektionsturnen teilnehmen müsste; «doch hat die neue Regelung die Extremisten natürlich enttäuscht, weshalb sie zur Gründung des Sportclubs geschritten sind. [...] In der Folge treten 11 Aktive und 9 Passive in den Sportclub über. Damit ist aber eine schwärende Eiterbeule ausgestochen. [...] Die Säuberung der Aktivitas hat sich für den Turnverein nur segensreich ausgewirkt».

Kapitel 3
Die Mädchen sollen vorausgehen

«Der Bund hatte die Leibesübungen in erster Linie aus wehrpolitischen Gründen gefördert und daher in seiner Gesetzgebung nur die körperliche Ertüchtigung der Knaben geregelt. Das Mädchenturnen hatte er ganz den Kantonen und privater Initiative überlassen.»[1] Nicht Argumente wie Gesundheit oder Hygiene verhalfen dem Turnen im 19. Jahrhundert letztlich zum Durchbruch, sondern – in Deutschland wie auch in der Schweiz – nationalistische und wehrpolitische Beweggründe. Alles andere als gute Voraussetzungen für die Einführung des Mädchenturnens.[2]

In der Schweiz wurde das Turnen der Knaben 1874 offiziell zu einem Teil der Landesverteidigung. Die damals erlassene erste gesamteidgenössische Militärorganisation regelte neben dem ausserschulischen Vorunterricht auch das Schulturnen der Knaben, das bis dahin der Schulhoheit der Kantone unterstellt gewesen war. Im Falle der Mädchen wurde dies, wie bereits erwähnt, nicht in Betracht gezogen.[3]

Mediziner hatten das Mädchenturnen schon lange propagiert. Bereits im 18. Jahrhundert hatten einzelne Ärzte gymnastische Übungen für Mädchen empfohlen, und auch im 19. Jahrhundert forderten Ärzte Leibesübungen gegen Rückgratverkrümmungen, Bleich-

---

1 Herter 1984, S. 111.
2 Es gibt nur sehr wenig Literatur über die historische Entwicklung des Mädchenturnens in der Schweiz. Den besten Überblick über die schweizerischen Verhältnisse geben Herters Buch über Turnen und Sport an der Zürcher Volksschule von 1984, das über die Zürcher Verhältnisse hinausgeht, sowie der Artikel von Arturo Hotz zur Geschichte des Schulturnens, der im Oktober 1990 in der NZZ erschienen ist. Alt, aber gleichwohl informativ ist auch der geschichtliche Abschnitt in der «Schweizerischen Mädchenturnschule» von 1929 (Zürich, 2., umgearbeitete Auflage), den August Frei verfasst hat (S. 3–35). Frei war Lehrer für Deutsch, Geschichte und Turnen an der Realschule Basel (vgl. Herter 1984, S. 96).
Da Ziele und Inhalte dem deutschen Mädchenturnen sehr ähnlich waren, kann auch in diesem Fall wieder deutsche Literatur die Lücke teilweise ausfüllen. Vgl. z. B.: Gertrud Pfister/Hans Langenfeld, Die Leibesübungen für das weibliche Geschlecht – ein Mittel zur Emanzipation der Frau? in: Ueberhorst 1980, S. 485–521; sowie: Gertrud Pfister, Weiblichkeitsmythen, Frauenrolle und Frauensport, in: S. Schenk (Hg.), Frauen – Bewegung – Sport, Hamburg 1986, S. 53–76. Auf den Seiten 56/57 findet sich eine knappe Zusammenfassung der Entwicklung des Mädchenturnens im 19. Jh.
3 Vgl. dazu die Ausführungen in Kap. 2.4.

sucht und Kurzatmigkeit – Krankheiten, die als typisch weiblich galten. Nicht nur medizinische, auch gesellschaftliche Gründe sprachen dafür, diese Leiden zu bekämpfen: galten doch Gesundheit und Schönheit als Kapital der Mädchen. Schön sollten sie sein, um gute Heiratschancen zu haben; gesund und kräftig, um einmal gesunde Kinder, insbesondere Söhne, zu gebären.[4] Trotzdem konnte sich die Überzeugung, dass auch Mädchen turnen sollten, nur langsam durchsetzen. Schon zu Beginn des 19. Jahrhunderts hatte sich das nationalistisch motivierte Turnen nach «Turnvater Jahn» weitgehend gegenüber anderen Richtungen durchgesetzt. Jahn befürwortete wohl «mässige» Leibesübungen für das weibliche Geschlecht, war aber der Meinung, sein Turnen sei nichts für Mädchen und Frauen. Damit hemmte er die Entwicklung erheblich.[5]
Andere Pädagogen setzten sich schon früh für das Mädchenturnen ein, so zum Beispiel Pestalozzi, Clias oder Spiess. Pestalozzis Erziehungsideen – inklusive der körperlichen Ertüchtigung – galten im Prinzip für beide Geschlechter, allerdings unterrichtete er selbst fast nur Knaben.[6] Eines der frühesten wichtigen Werke über das Mädchenturnen schrieb ein weiterer Schweizer, Phokion Heinrich Clias: 1829 veröffentlichte er «Kalisthenie oder Übungen zur Schönheit und Kraft für Mädchen».[7]
Als «Turnvater» der Mädchen gilt jedoch der Deutsche Adolf Spiess (1810 bis 1858). Spiess kam 1833 aus Hessen in die Schweiz und wirkte von 1844 bis 1948 auch in Basel als Turnlehrer.[8] Spiess setzte sich unter anderem für die Einführung des Turnunterrichts an allen Mädchenschulen ein: «Im Gegensatz zu seinen Vorgängern behandelte er das Mädchenturnen nicht als Sonderfall, sondern konzipierte seine Turnkunst grundsätzlich für beide Geschlechter und

---

4   Pfister, in: Schenk 1986, S. 56; Pfister/Langenfeld, in: Ueberhorst 1980, S. 489–491. Es sind dieselben Gründe, die auch für das Frauenturnen geltend gemacht wurden, weshalb ich hier auf weitere Erläuterungen verzichte, vgl. dazu Kap. 4.3.

5   Dieser Meinung sind Pfister und Langenfeld, in: Ueberhorst 1980, S. 491. Vgl. auch: Gertrud Pfister, Das Frauenbild in den Werken Jahns, Station IV, 1978, S. 136–167.

6   Vgl. dazu: Pfister/Langenfeld, in: Ueberhorst 1980, S. 491; Frei 1929, S. 13, und Herter 1984, S. 109 und S. 13–19. Vgl. auch den kürzlich erschienenen zweiten Teil einer Pestalozzi-Biographie von Peter Stadler, «Pestalozzi». Geschichtliche Biographie, Bd. 2, Zürich 1993. Der erste Band erschien 1988.

7   Pfister/Langenfeld, in: Ueberhorst 1980, S. 491; Herter 1984, S. 109. Nach Hotz legte Clias damit den Grundstein für das Frauenturnen in der Schweiz (in: NZZ 1990).

8   Zu Spiess vgl.: Herter 1984, S. 51/52; Saurbier 1978, S. 140ff.; Hotz, in: NZZ 1990; und Frei 1929, S. 18ff., sowie die Dissertation von Philipp H. Geiss, der die Ansicht vertritt, dass Spiess unverdientermassen zu stark in Vergessenheit geraten sei: Das Leben des Turnpädagogen Adolf Spiess (1810–1858). Ein Beitrag zur Geschichte des deutschen und des Schweizer Schulturnens, Idstein 1991.

schloss nur die Übungen, die nach seiner Ansicht der Schicklichkeit und den Besonderheiten der weiblichen Erziehung nicht entsprachen, aus.»[9] Spiess empfahl vor allem Frei- und Ordnungsübungen, durch Rhythmisierung der Ordnungsübungen entwickelte er die «Turnreigen», eine Mischung aus Schrittfolge und Tanz, die das Mädchenturnen bald dominierten und die sich viele Jahre hielten. Die Hauptgrundsätze der Lehre von Spiess hatten in der Schweiz bis ins 20. Jahrhundert Gültigkeit.[10]
Zu den Schülern von Spiess, die sein Werk fortführten und systematisierten gehörten beispielsweise die Schweizer Johann Niggeler (1816–1887)[11] und Wilhelm Jenny (1832–1887)[12] sowie der Deutsche Alfred Maul (1828–1907)[13]. Im Jahr 1879 veröffentlichte Maul den ersten von vier Teilen der «Turnübungen für Mädchen». Seiner Ansicht nach sollten auch Kraft und Ausdauer, Mut und Entschlossenheit im Mädchenturnen ihren Platz haben. Er verteidigte unter anderm das Geräteturnen, das immer mehr durch die Reigen verdrängt wurde.[14]
Wichtige Werke für das Mädchenturnen des frühen 20. Jahrhunderts und darüber hinaus waren ausserdem die folgenden: einmal das 1890 erschienene «Handbuch für den Turnunterricht der Mädchen», verfasst von Hans Jakob Bollinger-Auer (1848–1918), der an der Höheren Töchterschule in Basel unterrichtete[15]; dann die erste «Schweizerische Mädchenturnschule», die 1916 herausgegeben wurde[16]; und ein Büchlein, das 1924 erschien: «Anleitung und

9   Pfister/Langenfeld, in: Ueberhorst 1980, S. 492. Derselben Ansicht war schon Frei 1929, S. 20.
10 Frei 1929, S. 18ff. In Deutschland waren die Schriften von Spiess bis zum Ersten Weltkrieg wegweisend für das Mädchenturnen (vgl. Pfister/Langenfeld, in: Ueberhorst 1980, S. 492/493).
11 Niggeler gründete 1857 die «Schweizerische Turnzeitung», war massgeblich beteiligt an der Gründung des Schweiz. Turnlehrervereins im Jahre 1858 und verfasste 1861 eine «Turnschule für Knaben und Mädchen» (Herter 1984, S. 49; Pfister/Langenfeld, in: Ueberhorst 1980, S. 493; Frei 1929, S. 24).
12 Jenny war Lehrer für Turnen, Naturwissenschaften, Französisch und Gesang an der höheren Töchterschule in Basel, in den 1880er Jahre Präsident des Schweiz. Turnlehrervereins und ein überzeugter Fürsprecher des Mädchenturnens. Im Jahre 1880 gab er das «Buch der Reigen» heraus (Herter 1984, S. 109/110; Pfister/Langenfeld, in: Ueberhorst 1980, S. 493; Frei 1929, S. 24/25).
13 Maul unterrichtete von 1856 bis 1869 in Basel am Realgymnasium, dort allerdings nur Knaben. 1869 wurde er als Direktor einer neuen Turnlehrerbildungsanstalt nach Karlsruhe berufen (Herter 1984, S. 109).
14 Pfister/Langenfeld, in: Ueberhorst 1980, S. 493; Frei 1929, S. 24; Saurbier 1978, S. 182.
15 Herter 1984, S. 111; Frei 1929, S. 27.
16 Herter 1984, S. 114. Die erste eidgenössische Turnschule für Knaben erschien schon 1876, vgl. Herter 1984, S. 73. Vgl. auch: Robert Flatt, Rückblick auf die Entstehung der verschiedenen eidgenössischen Turnschulen, Separatabdruck aus der «Körpererziehung», 1927, S. 1–6.

Übungsstoff für das Mädchenturnen», verfasst von Alfred Böni mit einem Beitrag von Dr. Eugen Matthias. Letzteres war keine offizielle «Mädchenturnschule», das heisst keine offizielle, vom Schweizerischen Frauenturnverband herausgegebene Anleitung, es sollte aber wegweisend sein für das Mädchenturnen wie auch für das Frauenturnen der folgenden Jahre.[17]

In der Lehre waren das deutsche und das schweizerische Mädchenturnen im 19. und frühen 20. Jahrhundert eng miteinander verknüpft; es wurden dieselben Schriften benutzt, einige Turnpioniere wirkten in beiden Ländern. Auch in der Praxis verlief die Entwicklung ziemlich ähnlich – soweit ich dies beurteilen kann, da ich über die Verhältnisse im Kanton Baselland hinaus keine detaillierten Abklärungen vorgenommen habe.

In Deutschland hatten Töchter aus besseren Kreisen etwa seit den 1820er Jahren Gelegenheit, an privaten Turnanstalten Leibesübungen zu betreiben, und auch ein Teil der höheren Töchterschulen verfügte schon über Einrichtungen für Gymnastik.[18] Seit den 1840er Jahren eröffneten die Turnvereine die ersten Mädchenabteilungen, während sie es bis in die letzten Jahrzehnte des 19. Jahrhunderts ablehnten, Abteilungen für Frauen einzurichten. Im Jahr 1894 wurde der Turnunterricht an höheren Mädchenschulen obligatorisch erklärt, an Mädchenvolksschulen nach dem Ersten Weltkrieg.[19]

Gegen Mitte des 19. Jahrhunderts hielt das Mädchenturnen auch in den grösseren Schweizer Städten Einzug. Auf einer Zeichnung aus dem Jahre 1845 ist gemäss Bildlegende: «Mädchenturnen unter Adolf Spiess auf dem Turnmätteli des Petersplatzes in Basel» zu se-

---

17 Herter 1984, S. 117. Zu Böni und v. a. Matthias vgl. Kap. 4.1. Bei Herter finden sich kurze Charakterisierungen der weiteren Mädchenturnschulen, S. 118 die Mädchenturnschule von 1929; S. 123 diejenige von 1947; S. 126 der Neudruck von 1955; S. 146 die neue Mädchenturnschule von 1966 und ab S. 159 die verschiedenen Bände von «Turnen und Sport in der Schule», die seit 1978 erscheinen und für Knaben und Mädchen gelten. Da ich in meiner Arbeit im weiteren nur noch sehr punktuell auf Lehrmittel eingehe, möchte ich hier noch eine Dissertation erwähnen, die der Vermittlung von Turnstoff gewidmet ist: Günter Stibbe, Zur Tradition von Theorie im schulischen Sportunterricht. Eine Untersuchung über die Entwicklung der Kenntnisvermittlung in Schulsportkonzepten von 1770 bis 1945, Diss., Ahrensburg bei Hamburg 1993. Stibbe hat eine enorme Sammelleistung vollbracht, schlechter steht es hingegen um die Lesbarkeit, vor allem auch deswegen, weil er bewusst auf eine Einbettung in sozialgeschichtliche Zusammenhänge verzichtet hat, wie auch auf den Versuch, neben den Konzepten auch die «Erziehungswirklichkeit» zu vermitteln (ebd., S. 280/281).

18 Pfister/Langenfeld, in: Ueberhorst 1980, S. 497/498; Pfister, in: Schenk 1986, S. 57.

19 Pfister 1986, S. 57. Die Entwicklung des Mädchenturnens in den verschiedenen Regionen Deutschlands erläutern Pfister/Langenfeld, in: Ueberhorst, S. 499–502 im Detail.

hen.[20] In Basel und Zürich wurde das Mädchenturnen an einzelnen Schulen – an Töchterinstituten und höheren Mädchenschulen – 1852 bzw. 1859 zum obligatorischen Fach erhoben. Auch an gewissen Mädchensekundarschulen wurde in der zweiten Hälfte des 19. Jahrhunderts der Turnunterricht eingeführt, an den Volksschulen von Dörfern und kleineren Städten jedoch noch kaum.[21]

3.1 Baselland unterstützt das Mädchenturnen[22]

Schul- und Vereinsturnen waren seit den Anfängen der Turnbewegung eng miteinander verknüpft. In erster Linie unterstützten die Turnvereine zwar das Turnen der Knaben, sie vergassen aber auch die Mädchen nicht ganz. So hatte sich der 1859 gegründete Turnverein Liestal laut seinen ersten Statuten unter anderem die «Wiedereinführung des Turnunterrichts an der Bezirksschule und Neueinführung desselben an den Gemeindeschulen von Liestal, vorerst für Knaben, und später, wenn möglich, auch für Mädchen» zum Ziel gesetzt.[23] Die Förderung des Schulturnens hiess nicht zuletzt Nachwuchsförderung, die Turnvereine erhofften sich von einem obligatorischen Turnunterricht eine «neue und solide Basis für das gesamte Turnwesen».[24]

Als Ergänzung zu den Ausführungen in Kapitel 2 über die staatliche Förderung des Turnens geht es im folgenden ausschliesslich um das Schulturnen. Auch das Engagement der Frauenturnverbände für das Mädchenturnen kommt nicht zur Darstellung, obwohl diese mit der Gründung von Mädchenriegen über Jahre die im Schulsystem

20 Abgedruckt bei: Herter 1984, S. 110.
21 Zusammengetragen aus Burgener, in: Ueberhorst 1976, S. 275; Herter 1984, S. 122; Hotz, in: NZZ 1990 und Frei 1929, S. 26. Traditionellen Darstellungsmustern folgend, wird nicht immer präzisiert, ob ein Turnen für Knaben und für Mädchen eingeführt oder obligatorisch wurde, sondern es wird einfach von Schulturnen gesprochen. Alle Angaben zusammengenommen und auch verglichen mit meinen Abklärungen über die Verhältnisse in Baselland, scheint mir diese Darstellung am wahrscheinlichsten.
22 Zum Schulturnen in Baselland liegt eine unveröffentlichte Diplomarbeit aus dem Jahr 1976 vor: Ruedi Buser, Die Entwicklung des Schulturnens im Kanton Baselland. Von den Anfängen bis in die Zeit des Zweiten Weltkriegs, Basel 1976. Fritz Pieth hat die Resultate dieser Arbeit in sein Buch von 1979 aufgenommen, S. 46–50.
23 Statuten des Turnvereins Liestal vom 26. März 1859, Paragraph 1.b). Zweck des Vereins waren nach Paragraph 1.b.) ausserdem die «körperliche Ausbildung seiner Mitglieder durch Turnen (Fechten inbegriffen) und Beförderung des geselligen Lebens» (StA BL, Vereine und Gesellschaften D 2, (einzelne Turnvereine), 1859–).
24 Aus dem Bericht des Cantonalvorstandes an die Generalversammlung über die Jahre 1871 und 1872, vom 17. Okt. 1872 (StA BL, PA 042, Kantonalturnverein Baselland, 1864–).

bestehenden Lücken zumindest teilweise ausfüllten.[25] Im übrigen hatten die Damenriegen und -turnvereine dasselbe Interesse am Mädchenturnen wie die Turnvereine am Knabenturnen: Mädchen, welche in der Schule geturnt hatten, traten viel eher einem Damenturnverein bei.[26]

Im Jahr 1836 eröffnete der junge Kanton Baselland vier Bezirksschulen als weiterführende Schulen für Knaben. In den ersten Jahren wurde vereinzelt auch geturnt, in Liestal seit 1839, und in seinem Amtsbericht von 1838/44 forderte Schulinspektor Johannes Kettiger, das Turnen an den Bezirksschulen zu einem obligatorischen Schulfach zu erklären.[27] Allerdings wurde das Turnen erst im Jahre 1851 offiziell in den Lehrplan der Bezirksschulen aufgenommen, zudem noch nicht als obligatorisches Fach. Geturnt werden sollte «in den Zwischen- und ausserordentlichen Stunden, wo es die Verhältnisse erlaubten».[28]

Seinem Versprechen in den Statuten von 1859, sich für das Schulturnen der Knaben einzusetzen, kam der Turnverein Liestal offensichtlich nach. Bereits im Jahr darauf wurde an der Bezirksschule Liestal der Turnunterricht obligatorisch erklärt, und der Turnverein soll dabei die Hauptrolle gespielt haben. An der Bezirksschule von Therwil wurde seit 1863 ernsthaft geturnt, an denjenigen von Waldenburg und Böckten dauerte es hingegen noch ein paar Jahre.[29]

Auch auf dem Gebiet des Mädchenturnens blieb man in Liestal in der zweiten Hälfte des 19. Jahrhunderts nicht untätig. 1872 machte der Schweizerische Turnlehrerverein eine Umfrage darüber, welche Kantone das Turnen an den Volksschulen bereits als obligatorisches

25 Herter 1984, S. 113; 100 Jahre KTV 1964, S. 60; Jakob Süess, 50 Jahre Schweizerischer Frauenturnverband 1908–1958, Aarau 1958 (zit.: 50 Jahre SFTV 1958), S. 20ff. Der SFTV kümmerte sich v.a. um das Turnen in den Mädchenriegen, unterstützte aber jeweils auch Vorstösse im Bereich des Schulturnens. Die erste Baselbieter Mädchenriege entstand 1927 in Pratteln, die zweite 1928 in Frenkendorf. In den 30er Jahren folgten Lausen, Muttenz, Sissach und Augst. 1945 gab es 13 Riegen mit 327 Jungturnerinnen, 1960 waren es deren 33 mit über 1100 Mädchen (100 Jahre KTV 1964, S. 60).
26 Dies bemerkte z. B. Willi Hägler, Präsident des FTV, an der Delegiertenversammlung vom 9. Jan. 1938. In seinem Bericht über die Jahre 1933–35 hatte er im Zusammenhang mit dem Turnobligatorium der Mädchen geäussert: «Dann ist mir auch für den FTV nicht mehr bange.» (JB pro 1933–35, Akten des FTV).
27 Buser 1976, S. 4 und 7.
28 Buser, 1976, S. 7. In: 50 Jahre KTV 1914, S. 7/8, schrieb Heinrich Tschudin, dass das Turnen schon im ersten Lehrplan der Bezirksschulen vorgeschrieben war und 1851 dann obligatorisch erklärt worden sei. Etwas später erwähnte er dann aber selber, dass geturnt werden sollte, wo die Verhältnisse es erlaubten (S. 11), was Busers Darstellung bestätigt.
29 Buser 1976, S. 8/9. Busers Informationen stammen aus den Antwortschreiben der Bezirksschulen auf eine Nachfrage des Regierungsrates von 1866 (StA BL, Erziehungsakten, F 8 (Turnen und Leibeserziehung), 1860–1880).

Fach eingeführt hatten. Dem Antwortschreiben der Erziehungsdirektion des Kantons Baselland ist zu entnehmen, dass an der 1855 in Liestal eröffneten ersten Mädchensekundarschule des Kantons etwa zwei Jahre lang geturnt worden war. Dann war die Sache eingeschlafen, «weil es an einem passenden Lokale gebrach».[30] Zur Zeit (also 1872) würden aber wieder regelmässig Turnstunden abgehalten, ebenso an den Bezirksschulen sowie an einigen Primarschulen des Kantons.[31]

Diese – zumindest in Liestal – auch für die Mädchen verheissungsvollen Anfänge auf dem Gebiet des Schulturnens, erfuhren aber keine entsprechende Fortsetzung. Bis Anfang der 1870er Jahre war das Schulturnen, wie alle schulischen Belange, Sache der Kantone gewesen. Dies änderte sich nun mit der Militärorganisation von 1874, mit welcher der Bund dazu überging, einseitig das Schulturnen der männlichen Jugend zu fördern.

Der Regierungsrat des Kantons Baselland war mit dieser unterschiedlichen Behandlung der Geschlechter nicht einverstanden und erklärte 1875 zwei Stunden Turnen pro Woche für Knaben und Mädchen vom ersten Schuljahr an für obligatorisch. Artikel eins der entsprechenden Verordnung lautete: «Das Turnen wird für alle Kinder, welche die Schule besuchen, obligatorisch erklärt.»[32] Damit folgte Baselland dem Beispiel von Städten wie Basel oder Zürich.

Es erwies sich jedoch als schwierig bis unmöglich, die fortschrittliche Verordnung von 1875 in die Tat umzusetzen. 1877 wurde von 70 Primarschulen nur an einer (Liestal) das ganze Jahr hindurch geturnt, an 36 anderen nur im Sommer und an den restlichen über-

---

30 Zitiert nach 50 Jahre KTV 1914, S. 11.
31 Ebd. Genannt werden die Primarschulen von Aesch, Benken, Biel, Frenkendorf, Gelterkinden, Giebenach, Liestal und Waldenburg. Die Bezirksschulen waren Knaben vorbehalten, ob an den Primarschulen auch Mädchen turnten, ist nicht zu erfahren. Der Autor der Jubiläumsschrift, Heinrich Tschudin, war selber Lehrer an der Mädchensekundarschule in Liestal, seine Angaben sollten verlässlich sein. Er leitete dann auch den 1906 gegründeten DTV Liestal (vgl. Kap. 6.2).
32 Gesetzessammlung für den Kanton Basellandschaft, Bd.10, bis Ende des Jahres 1878, Liestal 1879, S. 480, Verordnung vom 7. April 1875: «Verordnung betreffend das Turnen. Im Namen des souveränen Volkes! Der Regierungsrath des Kts. Basellandschaft in Erwägung, dass das am 19. Februar 1875 in Kraft getretene Bundesgesetz betreffend die Militärorganisation der schweizerischen Eidgenossenschaft vom 13. Wintermonat 1874 in seinem Art. 81 die Einführung des Turnunterrichtes fordert, verordnet was folgt: 1. Das Turnen wird für alle Kinder, welche die Schule besuchen, obligatorisch erklärt. 3. Allwöchentlich soll zwei Stunden geturnt werden.» usw. Auch Buser versteht die Formulierung «alle Kinder» so, dass die Mädchen auch gemeint waren (1976, S. 12). Das Folgende liefert weitere Belege dafür.

haupt nicht.³³ Es fehlte an Turnplätzen, nicht zu reden von Turnhallen, und die Lehrer waren ungenügend ausgebildet. Auch mangelte es der Bevölkerung an Verständnis für das Anliegen der Regierung, Lehrer, welche Turnunterricht erteilten, wurden angefeindet und mit spöttischen Bemerkungen bedacht.³⁴
Vor diesem Hintergrund schlug der Erziehungsdirektor vor, die Verordnung von 1875 aufzuheben und den Bestimmungen des Bundesrates zu folgen, die nur das Turnen der Knaben vorschrieben. Ob auch Mädchen Turnunterricht erhielten, sollte den Gemeinden überlassen werden. Der Regierungsrat stimmte dem Vorschlag zu und liess die entsprechende bundesrätliche Verordnung im Februar 1879 im Amtsblatt abdrucken.³⁵ Diese Regelung wurde auch ins neue Schulgesetz von 1911 übernommen. Unter Paragraph 21 ist zu lesen: «Der Unterricht in Leibesübungen (Turnunterricht) ist für die Knaben obligatorisch und soll den eidgenössischen Vorschriften entsprechen. Die Schulgemeinde kann solchen Unterricht auch für Mädchen obligatorisch erklären.» Dies galt für Primar-, Sekundar- und Bezirksschulen.³⁶
Damit hatten sich die Hoffnungen der Mitglieder des Lehrerturnvereins Baselland auf ein kantonales Turnobligatorium für Mädchen nicht erfüllt. Seit seiner Gründung im Jahr 1858 setzte sich der Schweizerische Turnlehrerverein für das Mädchenturnen ein und veranstaltete 1891 die ersten Ausbildungskurse für Lehrer.³⁷ In Baselland wurde im Jahr 1902 eine kantonale Sektion gegründet. Zweck des Lehrerturnvereins Baselland war es, die Turnlehrer «an den öffentlichen Schulen in den Turnbetrieb nach Anleitung der eidg. Turnschule einzuführen».³⁸ Dies betraf das Turnen der Knaben. Schon im Jahresbericht des Vereins von 1904 ist aber zu lesen, dass an den Kursen auch Übungen aus dem Mädchenturnen gezeigt werden sollten, um dem Mädchenturnen Verbreitung zu ver-

33   Bericht des Erziehungsdirektors an den Regierungsrat vom 10. Jan. 1879, nach Buser 1976, S. 14/15. Auch in: 50 Jahre KTV 1914, S. 12, werden diese Zahlen genannt.
34   Aus dem Bericht an den Regierungsrat von 1879, nach Buser 1976, S. 14/15.
35   Amtsblatt für den Kanton Basellandschaft, 1. Abt., Nr. 6, vom 6. Feb. 1879, S. 107. Die bundesrätliche Verfügung vom 13. Sept. 1878: «Verordnung betreffend die Einführung des Turnunterrichts für die männliche Jugend vom 10. bis und mit dem 15. Altersjahr» war eine Neuauflage der Bestimmungen in der Militärorganisation von 1874. Vgl. auch Buser 1976, S. 15/16.
36   Gesetzessammlung für den Kanton Basellandschaft, Bd. 16, 1908–1922, zum Schulgesetz von 1911, S. 76ff.; zum Turnen in den Primarschulen, S. 81/82, in den Sekundarschulen, S. 86 und in den Bezirksschulen, S. 88.
37   Herter 1984, S. 111. Ob auch für Lehrerinnen wird bei Herter nicht klar, es ist aber nicht anzunehmen. Vgl. auch Frei 1929, S. 26.
38   Aus dem Jahresbericht des Lehrerturnvereins Baselland pro 1914 (StA BL, Vereine und Gesellschaften, D 3 (Lehrerturnverein Baselland, gegr. 1902), 1904–).

schaffen.[39] Wie den Jahresberichten zu entnehmen ist, wurden in den folgenden Jahren an den Kursen des Vereins auch Übungen für das Mädchenturnen gezeigt, das Knabenturnen nahm aber weiterhin die meiste Zeit in Anspruch. Einen Anstoss von aussen hatten sich die Mitglieder des Vereins vom neuen Schulgesetz von 1911 erhofft; aber noch war es offenbar zu früh, das Mädchenturnen obligatorisch zu erklären.[40]

Doch auch nach dieser Enttäuschung gab sich der Baselbieter Lehrerturnverein nicht geschlagen. Im Bericht über das Jahr 1915 wird befriedigt festgestellt, dass es gelungen sei, «eine grosse Anzahl Kolleginnen zu regelmässigen Übungen zu sammeln».[41] Diese schlossen sich 1916 zu einer eigenen Sektion, dem Lehrerinnenturnverein Baselland zusammen.[42] Im Jahresbericht ihres zweiten Vereinsjahres gaben die Lehrerinnen der Hoffnung Ausdruck, dass «die Abneigung, besonders unserer ältern Kolleginnen, gegen das Turnen auf der Unterstufe bald ganz verschwinden» möge.[43] Leiter ihrer Kurse war Reinhard Plattner aus Münchenstein, Gründer und Leiter des dortigen Damenturnvereins.[44]

Die Lehrerinnen waren nicht lange unter sich, schon im Jahr 1917 schlossen sie sich mit den Lehrern zum Lehrer- und Lehrerinnenturnverein Baselland zusammen, der allerdings bald nur noch Lehrerturnverein genannt wurde.[45] Im Bericht über das erste Vereinsjahr wurde der Zusammenschluss der Lehrerinnen und Lehrer als Grundstein bezeichnet, auf dem das Schulturnen und vor allem das Mädchenturnen weiter aufgebaut werden solle. Dessen bisherige Vernachlässigung sei im Grunde unbegreiflich, denn: «Was nützt die körperliche Erziehung der männlichen Jungmannschaft, so lange die physische Ertüchtigung und Erstarkung der künftigen Mütter nicht die durchaus nötige Beachtung findet?» Gegen die körperliche Schwäche der männlichen Jugend anzugehen, komme einer Sisyphusarbeit gleich, wenn nicht die «Quelle dieser Schwäche, die

---

39   JB des LTV pro 1904.
40   JB des LTV pro 1911. In diesem Bericht ist zu lesen, dass der Verein gehofft hatte, es werde hinsichtlich des Mädchenturnens, «das leider in unserem Kanton noch in den Windeln liegt», «unter der Aera des neuen Schulgesetzes […] tagen».
41   JB des LTV pro 1915.
42   Es liegt ein Jahresbericht der Lehrerinnen für 1917 vor, das als zweites Vereinsjahr bezeichnet wird.
43   Ebd.
44   Ebd.; zum DTV Münchenstein vgl. Kap. 6.3.1. Plattner hielt im Jahr 1916 bei den Mitgliedern des LTV einen Vortrag über das Mädchenturnen (JB des LTV pro 1916).
45   Dies war schon 1922 der Fall, vgl. Titel des Jahresberichts.

absolute Vernachlässigung des Mädchenturnens, zum Versiegen gebracht werden kann.»[46]
Trotz dieser engagierten Argumentation dauerte es noch bis zur Revision des Schulgesetzes im Jahr 1946, bis der Turnunterricht an den Primar- und Mittelschulen für beide Geschlechter obligatorisch erklärt wurde, wobei Knaben und Mädchen von der zweiten Turnstufe an getrennt unterrichtet werden sollten.[47] Damit gehörte Baselland zu den zehn Kantonen, die 1947 bereits ein Turnobligatorium für Mädchen eingeführt hatten, als der Bund in seiner Verordnung über die Förderung von Turnen und Sport vorsichtig formulierte: «Der Bund empfiehlt den Kantonen, auch für die weibliche Jugend Turnunterricht vorzuschreiben.»[48] Wie ich in Kapitel 2.4 ausgeführt habe, wurde aus dieser Empfehlung erst mit dem Gesetz über die Förderung von Turnen und Sport von 1972 Pflicht. Mit der Verabschiedung von Gesetzen und Verordnungen war aber noch nicht viel getan. Die Umsetzung in die Praxis bereitete bis in die jüngste Vergangenheit Schwierigkeiten, wie eine Reihe von Erhebungen zeigen. Entsprechend der grösseren Bedeutung, die der Bund dem Turnen der männlichen Jugend zumass, interessierten ihn bis in die 40er Jahre lediglich Angaben über die Durchführung des Schulturnens der Knaben. In den Bestimmungen über den Turnunterricht in der Militärorganisation von 1874 waren die Kantone verpflichtet worden, den Stand des Schulturnens sowie die Versorgung der Gemeinden mit Turnplätzen, -lokalen und -geräten jährlich zu melden. Für die Jahre 1881–1900 liegen solche Angaben in sehr summarischer Form vor. In den folgenden Jahren wurde etwa alle drei Jahre, mit unterschiedlicher Sorgfalt, Bericht erstattet.[49]
Die 1946 vom Bundesamt für Statistik publizierte Erhebung über die bestehenden Turn- und Sportanlagen sowie über den Stand des Schulturnens im Jahr 1944 enthält erstmals auch Zahlen über den

---

46 Bericht über das erste Vereinsjahr des Lehrer- und Lehrerinnenturnvereins Baselland, Februar 1918.
47 Gesetzessammlung für den Kanton Basellandschaft, Bd. 19, 1943–1948, zum Schulgesetz vom 13. Juni 1946, S. 427ff.; zum Turnen in den Primarschulen, S. 433, § 24: «Der Unterricht im Turnen ist für beide Geschlechter obligatorisch. Von der zweiten Turnstufe an sind Knaben und Mädchen getrennt zu unterrichten, wobei der Unterricht im Mädchenturnen auch durch Lehrerinnen erteilt werden kann.» Dasselbe galt für die Mittelschulen (ebd., S. 437/438, § 44). Wie viele Turnstunden pro Woche die Mädchen erhalten sollten, ist nicht vermerkt. Wahrscheinlich waren es zwei Stunden, während die Knaben drei Stunden hatten.
48 Burgener 1962, S. 37: Verordnung über die Förderung von Turnen und Sport vom 7. Jan. 1947. Art. l., Abs. 2.
49 Buser 1976, S. 17/18, referiert die Daten für Baselland von 1881 bis 1900.

Turnunterricht der Mädchen.[50] Ziel der Erhebung war unter anderem herauszufinden, ob für Schülerinnen und Schüler genügend Sportflächen zur Verfügung standen. Dies sollte durch eine Verbindung der Daten über die Sportanlagen mit denjenigen über den Turnunterricht geschehen.

Aufgrund dieser Studie erhielten im Jahr 1944 im Kanton Baselland 94% der Knaben an Primar-, Sekundar- und unteren Mittelschulen in der Woche drei Stunden Turnunterricht. Gesamtschweizerisch waren es 64%.[51] Bei den Baselbieter Mädchen waren es 78%, die zwei Stunden Turnunterricht genossen, verglichen mit 63% im schweizerischen Durchschnitt.[52] Diese Zahlen erscheinen sehr hoch, besonders wenn es zutrifft, dass 1932 noch 40 Baselbieter Gemeinden den Mädchen überhaupt keinen Turnunterricht erteilten.[53]

Bis zur nächsten eidgenössischen Erhebung über den Stand des Schulturnens im Jahr 1963 änderte sich wenig am Gesamtbild: Die Knaben erhielten mehrheitlich drei, die Mädchen zwei Stunden Turnunterricht. Erstaunlich ist, dass im Kanton Baselland offenbar nur noch durchschnittlich 74% der Knaben in den Genuss von drei Turnstunden kamen, verglichen mit den 94%, die für 1944 angegeben wurden, während etwa 25% mit zwei Stunden Vorlieb nehmen mussten.[54] Dies war immer noch besser als im gesamtschweizerischen Durchschnitt, wo nur 60% der Knaben drei Stunden erhiel-

---

50   Eidgenössisches Statistisches Amt (Hg.), Turn- und Sportanlagen, Schulturnen in der Schweiz 1944, Bern 1946. Die Vorunterrichtsverordnung von 1941 verlangte u. a., dass der Ausbau der Übungsgelegenheiten intensiviert werde. Im Vorfeld sollte das Bundesamt für Statistik zuerst eine umfassende und detaillierte Erhebung durchführen, Stichtag war der 31. Dezember 1943 (vgl. dazu die Erläuterungen S. 5).
51   Ebd., S. 152.
52   Ebd., S. 153. 8% erhielten drei Stunden, 10% nur eine Stunde und 4% überhaupt keinen Turnunterricht. Auch gesamtschweizerisch sollen damals nur noch 8% der Mädchen, welche Primar-, Sekundar- und untere Mittelschulen besuchten, überhaupt keinen Turnunterricht erhalten haben.
53   Aus dem technischen Bericht der DR Liestal von 1932 (Akten der DR Liestal). Auch wenn die Zahlen nicht ganz vergleichbar sind und sicher auch nach dem Zweiten Weltkrieg noch ein grosses Ungleichgewicht bestand zwischen einzelnen Gemeinden, v. a. zwischen dem Unter- und dem Oberbaselbiet, deutet doch alles auf einen Fortschritt hin. Die Prozentangaben in der Studie des Bundesamtes für Statistik für 1944 sind nicht nach Gemeinden aufgeschlüsselt, ich habe also keine Angaben darüber, in wie vielen Gemeinden noch gar kein Turnunterricht stattfand.
54   Eidgenössisches Statistisches Amt (Hg.), Turn- und Sportanlagen, Schulturnen in der Schweiz 1963, Bern 1968, S. 66/67 und 70. Um die Zahlen mit denjenigen von 1944 vergleichen zu können, habe ich wieder Primar- und Sekundarschulen zusammengenommen. Dies verdeckt, dass z. B. von den Sekundarschülern durchschnittlich 90% im Sommer und im Winter drei Stunden Turnen hatten.

ten und etwa 33% zwei Stunden.[55] Bei den Baselbieter Mädchen war der Anteil derjenigen, die pro Woche zwei Stunden Turnunterricht erhielten, auf 98% gestiegen[56], gesamtschweizerisch hatten 73% zwei Stunden und immerhin 15% drei Stunden Turnunterricht.[57] Bei den folgenden eidgenössischen Erhebungen wurden nur noch die Sportanlagen gezählt, auf die Erfassung des Schulturnens wurde verzichtet, da es weder 1944 noch 1963 gelungen war, die beiden Statistiken miteinander zu verbinden.[58]

Laut Pieth wurden 1976 die neuen Vorschriften des Bundesgesetzes von 1972 in Mittellandkantonen zu 80%, in Bergkantonen zu 60% erfüllt[59], und Hotz schrieb 1990 in der Neuen Zürcher Zeitung, dass das Schulturnen mit drei Wochenstunden für Knaben und Mädchen zu 90% verwirklicht sei – «was nicht nur in Europa als beispielhaft gilt».[60]

---

55 Ebd., S. 32.
56 Ebd., S. 68–70.
57 Ebd., S. 32.
58 Vgl. dazu die Erklärungen in: ebd., S. 12. Die folgenden Erhebungen: Bundesamt für Statistik (Hg.), Turn- und Sportanlagen in der Schweiz 1975, Bern 1980; Bundesamt für Statistik (Hg.), Turn- und Sportanlagen in der Schweiz 1986, Bern 1989.
59 Pieth 1979, S. 274.
60 Hotz, in: NZZ 1990. Am Rande erwähnt seien noch die Versuche der letzten Jahre, im Zeichen der Rezession die dritte Turnstunde abzuschaffen, insbesondere bei Mädchen von Berufsschulen.

Kapitel 4
Biologischer Determinismus im Frauenturnen

Schon im 19. Jahrhundert hatten sich einzelne Ärzte für Leibesübungen von Frauen ausgesprochen, lauter wurden diese Stimmen aber erst seit Beginn des 20. Jahrhunderts. Kapitel 4 ist den Begründungen gewidmet, die für das Frauenturnen ins Feld geführt wurden. Von zentraler Bedeutung für das schweizerische Frauenturnen in den ersten Jahrzehnten des 20. Jahrhunderts waren in dieser Hinsicht Person und Werk von Dr. Eugen Matthias.

4.1 Dr. Eugen Matthias – «Chefideologe» des Schweizerischen Frauenturnverbandes

Eugen Matthias (1882–1958) wurde in Zürich-Altstetten geboren. Neben der Ausbildung zum Lehrer und Turnlehrer studierte er an der Universität Zürich und promovierte 1916 bei Prof. Otto Schlaginhaufen mit einer Arbeit über den Einfluss der Leibesübungen auf das Körperwachstum.[1] Seine Dissertation war eine Erweiterung der Körpermessungen, die er im Auftrag des ETV für die Landesausstellung von 1914 an Schweizer Turnern angestellt hatte.[2]
Ein grosser Teil der Assistenten oder Doktoranden von Schlaginhaufen arbeiteten als Turnlehrer[3], und auch Matthias setzte sich praktisch und theoretisch hauptsächlich mit dem Turnen auseinander. Seit 1910 trat er mit Schriften über verschiedenste Aspekte des Turnens in Erscheinung, über Turngeräte, Turnsysteme, über die Auswirkung von Leibesübungen auf den menschlichen Körper usw.[4]

---

1 Eugen Matthias, Der Einfluss der Leibesübungen auf das Körperwachstum im Entwicklungsalter (Diss. 1916), Zürich 1917. Die Angaben zur Person von Matthias entnehme ich: Urs Peter Weilenmann, Der Anthropologe Otto Schlaginhaufen (1879–1973), Zürich 1990, S. 44–46; Herter 1984, S. 96, und Hotz, in: Eder 1992 S. 144. Zu Schlaginhaufen vgl.: Christoph Keller, Der Schädelvermesser. Otto Schlaginhaufen. Anthropologe und Rassenhygieniker. Eine biographische Reportage, Zürich 1995).

2 Eugen Matthias, Körpermessungen bei schweizerischen Turnern im Jahre 1913–1914, in: Der Eidgenössische Turnverein an der Schweizerischen Landesausstellung in Bern 1914, Zürich 1914, S. 7–34.

3 Weilenmann 1990, S. 44. Von 21 ehemaligen Assistenten und Doktoranden, über deren Leben Weilenmann etwas herausfinden konnte, arbeiteten 12 als Turnlehrer.

4 Vgl. Verzeichnis der Arbeiten von Prof. Dr. Eugen Matthias in der Bibliothek der Eidg. Turn- und Sportschule Magglingen, o. O. 1960.

Die Artikel beruhten grossenteils auf Vorträgen, die er in der ganzen Schweiz hielt. 1912 vertrat er den Bundesrat an den Olympischen Spielen in Stockholm, von 1919 bis 1925 war er Mitglied der Eidgenössischen Turnkommission, 1923 wurde er Präsident des Schweizerischen Turnlehrervereins und 1925 Ehrenmitglied des ETV.[5] Ausserdem war er der erste Chefredaktor der seit 1923 erscheinenden Zeitschrift «Die Körpererziehung».[6]

1920 wurde Matthias Privatdozent an der Universität Zürich für «Gymnastik, Körperwachstum und Körpererziehung», ein Lehrstuhl, der neu geschaffen worden war.[7] Unklar bleibt, welcher Fachrichtung Matthias angehörte. Im Umfeld des Turnens wurde er als Biologe bezeichnet, sein Doktorvater Otto Schlaginhaufen war Anthropologe. Urs Peter Weilenmann, der ein Büchlein über Otto Schlaginhaufen und seine Schüler verfasst hat, benennt das wissenschaftliche Tätigkeitsfeld von Matthias mit Sportbiologie und Heilgymnastik.[8] Im Jahr 1925 wurde Matthias ausserordentlicher Professor für «Biologie der Körpererziehung» an der Universität München.[9] Von 1932 bis 1937 weilte er auf Einladung der «Southern University of California» als Gastdozent in Kalifornien. Anschliessend kehrte er nach Zürich zurück, wo er ein Institut für Heilgymnastik eröffnete und unter anderem an der ETH Zürich als Dozent für Turnen und Sport wirkte.[10]

Matthias widmete einen wichtigen Teil seiner wissenschaftlichen Arbeit dem Turnen der Mädchen und Frauen. 1914 veröffentlichte er eine Schrift mit dem Titel: «Die Notwendigkeit der körperlichen Erstarkung des weiblichen Geschlechts»[11], und seine Antrittsvorlesung an der Universität Zürich war ebenfalls dem Frauenturnen gewidmet: «Eigenart in Entwicklung, Bau und Funktion des weiblichen Körpers und ihre Bedeutung für die Gymnastik»[12]. Er schrieb aber nicht nur über das Frauenturnen, er erteilte selber auch Kurse: von 1912 bis 1925 war er Turnlehrer an der Höheren Töchterschule der Stadt Zürich[13], zwischen 1913 und 1918 leitete er mehrere vom

---

5   Vgl. Herter 1984, S. 96, sowie Pieth 1979, S. 155.
6   Die Körpererziehung. Schweiz. Zeitschrift für Turnen, Spiel und Sport 1923–1977; ab 1978: Sporterziehung in der Schule.
7   Dies geht aus dem Bericht über seine Antrittsvorlesung hervor, der in der NZZ erschienen war und im FT abgedruckt wurde: Dr. O. H., «Der weibliche Körper und die Gymnastik», FT, Nr. 2, 6. Mai 1921, vgl. auch Weilenmann 1990, S. 46.
8   Ebd.
9   Nach Weilenmann wurde er auch Professor an der Bayrischen Landesturnanstalt (Weilenmann 1990, S. 46). Den Inhalt der Professur entnehme ich seinem Buch über das Frauenturnen von 1929, vgl. weiter unten.
10 Weilenmann 1990, S. 46; Hotz, in: Eder 1992, S. 144.
11 Erschienen in Zürich.
12 Darüber wurde im FT, Nr. 2, vom 6. Mai 1921 berichtet, vgl. oben. Die Vorlesung erschien 1923 in Bern in gedruckter Form.

Schweizerischen Frauenturnverband (SFTV) organisierte Frauenturnenkurse[14], und während seiner Zeit an der Universität Zürich war er auch Leiter des Lehrerinnenturnvereins Zürich[15].

Im Jahre 1924 erschien ein neues Lehrmittel für das Mädchenturnen, verfasst vom Rheinfelder Turnlehrer Alfred Böni, mit einer theoretischen Einführung von Matthias.[16] Bei der Vorstellung der Schrift im «Frauen-Turnen», der Verbandszeitschrift des SFTV[17], wurden die beiden Autoren als «geistige Führer» des schweizerischen Frauenturnens bezeichnet. Matthias lieferte die Theorie, und Böni leitete daraus die entsprechenden Übungen ab. Die Übungssammlung war in den folgenden Jahren auch für das Turnen der erwachsenen Frauen wegweisend.[18]

Im Jahre 1929 veröffentlichte Matthias sein Hauptwerk über das Frauenturnen: «Die Frau, ihr Körper und dessen Pflege durch die Gymnastik»[19], ein Buch von knapp 250 Seiten, mit einer Vielzahl von Abbildungen. Im «Frauen-Turnen» wurde es als das «Grund- und Leitbuch des Frauenturnens» bezeichnet:

«Es ist nicht irgendein Buch, das hier eine einlässliche Würdigung erfahren soll, sondern das Buch, das Buch, welches für alles Frauenturnen aufklärend, führend und ratend werden soll. Geschaffen hat es kein geringerer als Dr. Eugen Matthias, a. o. Professor an der Universität München, dessen Forscher- und Schöpfertätigkeit wir zu einem guten Teil Charakter und Gehalt unseres Frauenturnens verdanken.»[20]

Der wissenschaftliche Teil des Buches bringe die lange ersehnte wissenschaftliche Grundlage des Frauenturnens, während die praktischen Übungen schon lange einen wichtigen Bestandteil des schweizerischen Frauenturnens ausmachten. Seit vielen Jahren en-

13 Susanna Arbenz, Von Ziel und Art des heutigen Mädchenturnens, in: Lebendige Schule. Zu Erziehung und Schulung junger Mädchen. Beiträge von Lehrern und Lehrerinnen der Höheren Töchterschule der Stadt Zürich, Zürich 1928, S. 139.
14 Susanna Arbenz/Karl Michel, Festschrift zum 25jährigen Bestehen des Schweiz. Frauenturnverbandes, Zürich 1934 (zit.: 25 Jahre SFTV 1934), S. 110/111.
15 Die exakte Dauer seiner Leitertätigkeit konnte ich nicht herausfinden. Im Anschluss an ein Referat von Matthias vom 7. März 1923 turnten jedenfalls Vertreterinnen des Lehrerinnenturnvereins unter seiner Leitung (Leutert, «Neue Wege und Ziele im Frauenturnen», FT, Nr. 3, 13. April 1923).
16 Alfred Böni, Anleitung und Übungsstoff für das Mädchenturn, 3.–8. Schuljahr, Bern 1924.
17 Zit.: FT; vgl. dazu Kap. 5.3.
18 Pius Jeker, «Ein neues Lehrmittel für das Mädchen- und Frauenturnen», FT, Nr. 9, 5. Sept. 1924.
19 Erschienen in Berlin und Zürich.
20 Eugen Zehnder, «Die Frau, ihr Körper und dessen Pflege durch die Gymnastik. Das Grund- und Leitbuch des Frauenturnens», FT, Nr. 6, 4. April 1930.

gagiere sich Matthias für das Frauenturnen und es sei ihm gelungen, «ein dem weiblichen Geschlecht wesenseigenes Turnsystem zu schaffen». Sein Wirken habe er jetzt mit diesem Buch gekrönt.[21] Ein bekannter deutscher Gynäkologe, Hugo Sellheim, schrieb eines der beiden Vorworte.[22]
In den Jubiläumsschriften des SFTV und im «Frauen-Turnen» tritt Matthias unumstritten als der zentrale Theoretiker des schweizerischen Frauenturnens hervor. Im «Frauen-Turnen» wurden in den 20er Jahren immer wieder Auszüge aus seinen Schriften abgedruckt, und kaum ein Autor, kaum eine Autorin, der oder die in der Verbandszeitschrift theoretische Überlegungen zum Frauenturnen anstellte, unterliess es, auf die Arbeiten von Matthias hinzuweisen. Seine wichtigsten Schriften erschienen in den 10er und 20er Jahren; doch ihre Wirkung ging weit über diese Zeit hinaus.[23] Das folgende Kapitel soll zeigen, in welchem wissenschaftlichen Kontext die Lehre von Matthias gestanden hat.

4.2 Von der Hygiene zur Rassenhygiene

Der Begriff «Hygiene» stammt vom griechischen Wort «hygieninós» ab, das «gesund, der Gesundheit zuträglich» bedeutet. In Meyers Enzyklopädischem Lexikon von 1974 wird Hygiene definiert als

«zusammenfassende Bezeichnung für private und öffentliche Massnahmen zur Aufrechterhaltung der Gesundheit und ihrer natürlichen und sozialen Vorbedingungen sowie zur Vorbeugung der Entstehung und Ausbreitung

---

21 Ebd.; vgl. auch Karin Schütz, Frauenturnen, ein Beitrag zur Emanzipation der Frau? Die Schweizerische Damenturnvereinigung (1908–1928), Basel 1984 (unveröffentlichte Diplomarbeit), S. 126–128.

22 Das andere Vorwort stammte von Dr. med. Sophie Lützenkirchen, die mir nicht weiter bekannt ist. Gertrud Pfister bezeichnet das Buch als Standardwerk, vgl.: Gertrud Pfister, Die Anfänge des Frauensports im Spiegel der Sportmedizin, in: H. J. Medau/P. E. Nowacki (Hg.), Frau und Sport III, Erlangen 1988, S. 45. In einem anderen Aufsatz nennt sie Matthias und Sellheim im selben Atemzug, die beiden vertraten also in etwa dieselben Ansichten, vgl.: Gertrud Pfister, Zur Geschichte des Diskurses über den «weiblichen» Körper (1880–1933), in: B. Palzkill/H. Scheffel/G. Sobiech (Hg.), Bewegungs(t)räume, München 1991, S. 22, Anm. 19. Zu Sellheim, vgl. auch Kap. 4.5.1.

23 Matthias war auch im Kanton Baselland bekannt, unter den Akten der Damenriege Liestal fand ich z. B. Matthias' Werk von 1929; seine Schriften wurden auch zu vereinsinternen Werbeschriften umgearbeitet, vgl. dazu Kap. 4.3. Oder als weiteres Beispiel: 1916 hielt Matthias in Liestal einen Vortrag zum Thema seiner Dissertation: «Über den Einfluss der Leibesübungen auf das Körperwachstum des Menschen», das auch ein paar anwesende Turner des TV Pratteln AS begeisterte. Ihr Oberturner gab in der Folge die Gedanken von Matthias selber in einem Vortrag an die übrigen Vereinsmitglieder weiter. Die handschriftliche Niederschrift des Vortrags findet sich unter den Akten von Pratteln AS.

von Krankheiten, als Gesundheitslehre und Gesundheitspflege Fachgebiet der Medizin».[24]

Bei Griechen und Römern gehörten einerseits Körperpflege und -ertüchtigung zu den hygienischen Massnahmen, andererseits auch der Bau von Wasserleitungen und Kanalisation. In der antiken Medizin sollte die Hygiene die Gesunden dazu anleiten, so zu leben, dass sie nicht krank wurden, während die Heilkunde Krankheiten lindern sollte.[25]
Nachdem die Hygiene in der Zeit des Mittelalters in den Hintergrund getreten war, erlebte sie Ende des 18. Jahrhunderts eine Renaissance, die im 19. Jahrhundert, um es mit den Worten von Beatrix Mesmer auszudrücken, in eine «Hygienerevolution» mündete.[26] Ausgehend von Grossbritannien verbreitete sich die Hygienebewegung rasch auf dem ganzen europäischen Kontinent und erreichte laut Mesmer in der Schweiz die grösste Breitenwirkung.[27]
Die Wurzeln der Hygienerevolution liegen in den demographischen und ökonomischen Veränderungen des 19. Jahrhunderts, der Industrialisierung und der mit ihr einhergehenden zunehmenden Verstädterung, die immer mehr Menschen auf immer weniger Raum zusammendrängte und zu einer Verschlechterung der Lebensverhältnisse führte, da die Infrastruktur den neuen Verhältnissen noch nicht angepasst war. Aber nicht dieser Entwicklung allein schreibt Mesmer die Verantwortung für die «Hygienerevolution» zu, vor allem habe sich die Reaktion der Menschen auf diese Zustände geändert: «Ob die Klagen über eine allgemeine Beeinträchtigung der Gesundheit – jene diffusen Indispositionen, Fieberanfälle und Nervenschwächen, von denen Tagebücher und Briefwechsel berich-

---

24 Meyers Enzyklopädisches Lexikon, Bd. 12, Mannheim 1974 (9., neubearbeitete Auflage).
25 Ebd. Vgl. auch Sarasin, in: NZZ, 30. März 1994.
26 Beatrix Mesmer, Reinheit und Reinlichkeit, in: N. Bernhard/Q. Reichen (Hg.), Gesellschaft und Gesellschaften, Bern 1982, S. 470–494. Zum Begriff der Hygiene, insbesondere zu ihrer kulturellen Prägung, vgl. Mary Douglas, Reinheit und Gefährdung. Eine Studie zu Vorstellungen von Verunreinigung und Tabu, Frankfurt a. M. 1988, S. 45ff. Vgl. auch Geneviève Heller und Arthur E. Imhof, Körperliche Überlastung von Frauen im 19. Jahrhundert, in: A. E. Imhof (Hg.), Der Mensch und sein Körper. Von der Antike bis heute, München 1983a, S. 137–156, basierend auf der Untersuchung von Heller: «Propre et en ordre». Habitation et vie domestique 1850–1930: l'exemple vaudois, Lausanne 1979.
27 Mesmer, in: Bernhard/Reichen 1982, S. 473. Mesmer hat insbesondere die Entwicklung in der Deutschschweiz untersucht. In England habe man am frühesten begonnen, die öffentliche Hygiene zu verbessern, die Durchsetzung habe aber länger gedauert als in Deutschland, das vor allem auf wissenschaftlichem Gebiet geführt habe. Frankreich habe hingegen bis weit ins 20. Jahrhundert einen Rückstand aufgewiesen.

ten – tatsächlich Indiz für eine erhöhte Morbidität oder eher Zeichen gesteigerter Empfindlichkeit sind, mag dahingestellt bleiben. Jedenfalls begann man Krankheit und Sterben, die frühere Generationen als Etappen eines individuellen oder kollektiven Heilsplanes verstanden hatten, mit anderen Augen zu sehen. [...] Das Jahrhundert des Fortschritts konnte die ‹neue Pest› [Choleraepidemien und Tuberkulose, eh] nicht mehr als Heimsuchung hinnehmen.»[28]
Die Hygienerevolution basierte auf neuen Erkenntnissen der Medizin und der Naturwissenschaften, insbesondere der Bakteriologie, gleichzeitig verhalf sie diesen zum Durchbruch: «Es waren die Ärzte und die naturwissenschaftlich Gebildeten, die den Stosstrupp bildeten, einmal weil sie als Fachleute involviert waren, dann aber auch, weil sie die Bewegung legitimieren konnten und durch sie legitimiert wurden. Medizin und Naturwissenschaften sind erst durch die Hygienerevolution zur Macht gelangt, in einer Gesellschaft, die bereit war, Freiheit, Gleichheit und Brüderlichkeit durch Gesundheit, Ordnung und Sauberkeit zu ersetzen.»[29] Die naturwissenschaftlichen Erkenntnisse hätten aber kaum ausgereicht, um die Menschen von der Notwendigkeit hygienischer Massnahmen zu überzeugen. Der Prozess der zunehmenden Disziplinierung der bürgerlichen Gesellschaft, den schon Norbert Elias und nach ihm auch Michel Foucault beschrieben hat, waren die Voraussetzung dafür, sie schufen erst die notwendige Disposition bei der Bevölkerung.[30]
Wie schon in der Antike spielte sich die Hygienekampagne auf zwei Ebenen ab: Einerseits wurden bauliche Massnahmen eingeleitet, Trinkwasserversorgung und Kanalisation eingerichtet, andererseits «zielte die Kampagne auf die Erziehung der gesamten Bevölkerung zur ‹Reinlichkeit› und ‹Gesundheit›.»[31] Die Liste der Massnahmen, die nach Meyers Konversationslexikon von 1895 zur privaten Gesundheitspflege gehörten, erscheint ohne Ende: «Ein Programm fürwahr, das den Menschen der neuen Wissenschaft in einer Totalität auslieferte, die – wollte man damit ernstmachen – sein Verhältnis zur Umwelt und zu seinem eigenen Körper völlig umgestalten musste. Und es wurde ernstgemacht!»[32] Unter anderem gehörten dazu auch die «Abwechslung zwischen Körperbewegung und Körperruhe, Körperübungen und Körperanstrengungen».[33]

28 Ebd., S. 470/471.
29 Ebd., S. 471.
30 Norbert Elias, Über den Prozess der Zivilisation, 2 Bde. [1939], Frankfurt 1981 (8. Auflage); Michel Foucault, Überwachen und Strafen. Die Geburt des Gefängnisses, Frankfurt 1977.
31 Heller/Imhof, in: Imhof 1983a, S. 152/153, Zitat S. 153.
32 Mesmer, in: Bernhard/Reichen 1982, S. 473.
33 Zit. nach ebd., S. 472.

Mit zunehmender bürgerlicher Disziplinierung allein ist es nicht zu erklären, dass die hygienischen Massnahmen greifen konnten. Das Verständnis von Gesundheit und Krankheit hatte sich gewandelt, ebenso das Verhältnis zum eigenen Körper, der von der Hygienebewegung von Anfang an ins Zentrum der Betrachtung gerückt wurde. Vor dem 18. Jahrhundert wurden Krankheiten als persönliches Schicksal betrachtet: «Sie waren Teil des durch die Erbsünde zur Unvollkommenheit verurteilten menschlichen Daseins. Die Idee, dass Krankheiten prinzipiell vermeidbar sind, fällt in die Zeit der Aufklärung. Der menschliche Körper wurde nun nicht mehr als an sich mangelhaft aufgefasst, sondern als ein Wunderwerk der Schöpfung. Nicht der Wille des Schöpfers, sondern menschliche Unvernunft war die Ursache, wenn dieses kunstvolle Uhrwerk zu Schaden kam.»[34] Die Aufwertung des Körpers setzte sich in den folgenden Jahrzehnten fort. Die Gründe dafür sind in der fortschreitenden Säkularisierung zu suchen, anders gesagt, in der verstandesmässigen Abkoppelung des jenseitigen Lebens vom irdischen. Durch die Fortschritte in der Medizin und die Verbesserung der Lebensumstände – eben auch durch hygienische Massnahmen – blieb einem dieser Körper immer länger erhalten, was seine Bedeutung weiter erhöhte.[35]

In Wirklichkeit gingen diese Veränderungen nicht so selbstverständlich vor sich, wie dies im nachhinein erscheinen mag. «Das Waschen des eigenen Körpers wurde offenbar nicht nur als unangenehm und deshalb gefährlich empfunden, es war auch zeitraubend, durchbrach die gewohnte Ökonomie des Tagesablaufes und galt zudem als unsittlich und unkeusch.»[36] Indem mit medizinischen Argu-

---

34   Johanna Bleker, Der gefährdete Körper und die Gesellschaft – Ansätze zu einer sozialen Medizin zur Zeit der bürgerlichen Revolution in Deutschland, in: Imhof 1983a, S. 229/230. Vgl. auch Alfons Labisch, Homo Hygienicus. Gesundheit und Medizin in der Neuzeit, Frankfurt/New York 1992. Labisch setzt erste Veränderungen im Verhältnis der Menschen zu ihrem Körper in der Renaissance an, als der Wunsch aufgekommen sei, länger zu leben (S. 44ff.). Den eigentlichen Wandel in der Einstellung zu Gesundheit und Krankheit sieht aber auch er im 18. Jahrhundert (S. 188), S. 69ff. stellt er die Denker vor, die diesen Prozess seit der frühen Neuzeit beeinflussten.
35   Vgl. Arthur E. Imhof, in: A. E. Imhof (Hg.), Leib und Leben in der Geschichte der Neuzeit, Berlin 1983b, S. 15.
36   Mesmer, in: Bernhard/Reichen 1982, S. 481. Sehr eindrücklich schildert Georges Vigarello die Veränderungen der Körperpflege und der Einstellung zum Körper seit dem Mittelalter. Es liegt ihm vor allem daran, zu zeigen, dass die Körperpflege früherer Zeiten auf jeweils andern sittlichen Vorstellungen, aber auch auf dem jeweils geltenden Wissen über die Beschaffenheit des Körpers, insbesondere der Haut, beruhte. Deshalb darf es nicht als mangelndes Sauberkeitsempfinden abgetan werden, wenn die Körperpflege im 17. Jahrhundert z. B. noch vornehmlich darin bestand, sich trocken abzureiben oder vor allem die Wäsche zu wech-

menten die «gemütliche [...] Schmutzschicht, die für viele sozusagen zu einer zweiten Haut geworden war»[37], verunglimpft wurde, war noch keine Verhaltensänderung zu bewirken. Die Hygienebewegung musste eine passende Ethik entwickeln. Sie tat dies in der Weise, dass sie «die alten Tabus, die die Beschäftigung mit dem Körper als sündhaft und unkeusch verdammten», geschickt umdrehte: Pflicht des Menschen sei nicht nur die «Keuschheit der Sitte», sondern ebenso die «Keuschheit des Körpers». Die Menschen müssten sich «leiblich, geistig und sittlich gesund und frisch» erhalten.[38] Die Bedeutung des Körpers musste im Interesse der Seuchenbekämpfung zwar aufgewertet werden, um die Menschen zu überzeugen, zu ihrem Körper Sorge zu tragen, gleichzeitig durfte der Rahmen der christlichen Moral jedoch nicht verlassen werden, nämlich den Körper lediglich als Mittel zum Zweck und als der Seele untergeordnet zu betrachten: «Die Beschäftigung mit dem eigenen Körper blieb aber einer Generation, die unter strengen Sexualtabus und der grassierenden Onanieangst aufgewachsen war, trotz diesen schönen Aussichten suspekt. Deshalb die immer wiederholte Versicherung: ‹Mit der Reinlichkeit entwickelt sich auch das Schamgefühl, sobald irgendwelche Verunreinigung eintritt›, und ‹wer seinen Körper als Tempel Gottes, der nicht befleckt werden darf, betrachtet, wird auch die Flecken in seiner Seele nicht dulden.›»[39] Den Bemühungen war offenbar Erfolg beschieden,

    seln. (G. Vigarello, Wasser und Seife, Puder und Parfüm. Geschichte der Körperhygiene seit dem Mittelalter, Frankfurt/New York 1992. Interessant ist auch das Nachwort von Wolfgang Kaschuba zur deutschen Ausgabe: «Deutsche Sauberkeit» – Zivilisierung der Köpfe, S. 293–326, worin er die deutschen, insbesondere die ländlichen Verhältnisse beschreibt).
    Mit unglaublicher Unsensibilität für historische Veränderungen geht hingegen Augustine Widmer in ihrer Dissertation von 1991 aus – sie tut genau dies, wovor Vigarello warnt. Vor dem 19. Jahrhundert sei es um die Sauberkeit des menschlichen Körper miserabel gestanden, schreibt Widmer: «Die Anstandsregeln verlangten einen gewissen Grad an Sauberkeit, aber Körperpflege gehörte überhaupt nicht zu den Gewohnheiten der Menschen: Sie hatten nicht gelernt, sich zu waschen und sahen den Sinn davon nicht ein, weil es ihnen an Einsicht in die gesundheitliche Bedeutung der Körperreinigung mangelte.» (A. Widmer, Die Hüterin der Gesundheit. Die Rolle der Frau in der Hygienebewegung Ende des 19. Jahrhunderts. Dargestellt am Beispiel der deutschsprachigen Schweiz mit besonderer Berücksichtigung der Stadt Zürich, Zürich 1991, S. 173.) Widmer mangelt es ihrerseits an Einsicht in die Vorstellungen und Sitten früherer Zeiten. Aus heutiger Sicht denunziert sie die damals herrschenden Bräuche – sie folgt damit fast Wort für Wort der Argumentation in den Schriften des Endes des 19. Jahrhunderts, die ihr als Quellenbasis dienen.
37   Mesmer, in: Bernhard/Reichen 1982, S. 481.
38   Ebd., S. 484.
39   Reinheit und Reinlichkeit, in: Schweizer Frauen-Zeitung, 25. 11. 1888, S. 189, zitiert nach Mesmer, in: Bernhard/Reichen 1982, S. 484/485.

denn gegen Ende des 19. Jahrhunderts war die Gesundheit in der Skala menschlicher Wertbegriffe nach oben gerückt.[40] Dieses neue Verhältnis zum Körper erachte ich als wichtige Voraussetzung für das Turnen und insbesondere für das Frauenturnen. Der weibliche Körper war viel stärker mit Tabus belegt als der männliche, seine Bewegungsfreiheit war ungleich eingeschränkter. Mit Gesundheitsargumenten liess sich ein Gebrauch des weiblichen Körpers rechtfertigen, der bis anhin als unschicklich gegolten hatte. Wenn Krankheiten nicht Schicksal, sondern grundsätzlich vermeidbar sind, erhält der/die einzelne mehr Verantwortung für seinen/ihren Körper zugesprochen, wird es zur Aufgabe der Individuen, ihre Gesundheit zu bewahren oder zu verbessern. Über eine umfangreiche Ratgeberliteratur wurden die Menschen im 19. Jahrhundert denn auch angeleitet, wie sie ihren Körper zu pflegen hatten.[41]

Gegen Ende des 19. Jahrhunderts gesellte sich zum Ziel der individuellen Gesundheitsvorsorge zunehmend die abstrakte Idee eines «gesunden Volkskörpers». Verwandt mit utilitaristischem Gedankengut zur Bevölkerungspolitik aus dem 18. Jahrhundert, erhielten diese Vorstellungen im 19. Jahrhundert durch Sozialdarwinismus und Eugenik eine neue Dimension.[42]

Sozialdarwinisten und Eugeniker übertrugen Elemente der Evolutionstheorie von Charles Darwin, die er in seinem grundlegenden Werk «Die Entstehung der Arten durch natürliche Zuchtwahl» von 1859 formuliert hatte, auf die menschliche Gesellschaft und ihre Individuen und verbanden sie mit einer Fortschrittsidee.[43] Die Gleichsetzung von Evolution mit Fortschritt, welche die Sozialdarwinisten vornahmen, entsprach nicht dem theoretischen Kern von Darwins Lehre, war aber leicht daraus abzuleiten. Darwins Selektionsprinzip oder das Prinzip der «natürlichen Zuchtwahl» besagt, dass sich in der Konkurrenz um knappe Ressourcen schliesslich diejenigen durchsetzen, die sich am besten an sich ändernde Umweltbedingungen anpassen können. Die Sozialdarwinisten interpretierten dies so, dass im «Kampf ums Dasein» die Besten oder «Tauglichsten» gewinnen würden. Daraus abgeleitet stellten sie die Geschichte

40 Bleker, in: Imhof 1983a, S. 239. Vgl. auch Labisch 1992, S. 142ff.
41 Sarasin, in: NZZ 1994; wie auch Michel Foucault, Sexualität und Wahrheit, Bd. 3: Sorge um sich, Frankfurt a. M. 1991 (2. Auflage), wo Foucault den angestrebten bewussten Umgang mit dem Körper beschreibt.
42 Vgl. Peter Weingart/Jürgen Kroll/Kurt Bayertz, Rasse, Blut und Gene. Geschichte der Eugenik und Rassenhygiene in Deutschland, Frankfurt 1992, S. 16–18. Auf dieses Buch werde ich mich im folgenden hauptsächlich stützen.
43 Darwin befasste sich in «Die Abstammung des Menschen» von 1871 selbst mit der Übertragung seiner Selektionstheorie auf die menschliche Gesellschaft, verband dies aber mit gewissen Vorbehalten (ebd., S. 80).

der Menschheit als eine fortschreitende kulturelle Höherentwicklung dar. Dies lieferte gleichzeitig eine Rechtfertigung für bestehende soziale Hierarchien: Diejenigen zuoberst auf der sozialen Hierarchie, die Sieger im sozialen Daseinskampf, mussten folglich auch die «Tüchtigsten», die «Tauglichsten» sein.[44]
Als Begründer der Eugenik, der «Wissenschaft vom guten Erbe»[45] gilt der Engländer Francis Galton (1822–1911), ein Vetter Darwins, der den Begriff 1883 einführte.[46] Auch die Eugeniker glaubten, dass, wenn die Mechanismen der «natürlichen Zuchtwahl» funktionierten, die Menschheit immer höhere Stufen der Entwicklung erreichen würde. Daraus folgte aber auch der umgekehrte Schluss: «Ausgehend von der Voraussetzung, dass die natürliche Selektion Fortschritt erzeugt, liegt der Schluss nahe, dass jedes Ausbleiben der natürlichen Selektion Rückschritt und Degeneration erzeugen muss.»[47] Und genau letzteres meinten die Eugeniker im ausgehenden 19. Jahrhundert zu beobachten: «Das Vertrauen in die Funktionsweise der natürlichen Auslese war der Angst vor Entartung und der Beschwörung der für sie verantwortlichen Gefahren der modernen Zivilisation gewichen.»[48] Die Verarmung grosser Bevölkerungsteile, Kriminalität und Alkoholismus wurden nicht nur als soziale Probleme im Gefolge der Industrialisierung verstanden, sondern auch als Folgen der Degeneration des Erbguts interpretiert. Ausserdem beobachteten die Eugeniker seit den 1870er Jahren eine «differentielle Geburtenrate». Sie meinten damit, dass die Kinderzahl in den Ober- und Mittelschichten verglichen mit derjenigen in den Unterschichten abnahm, und dies schürte Ängste vor einer stetigen Zunahme von sogenannt «Minderwertigen».[49] «Kulturpessimismus» machte sich breit, die «eigendynamische Verbesserung der Menschheit» wurde in Zweifel gezogen. Vorstellungen eines permanenten Niedergangs und einer Degeneration der westlichen Industriegesellschaften machten sich breit.[50] Diese Ängste wurden in den bürgerlichen Mittelschichten, denen auch die Eugeniker mit ihrem hohen Anteil an Ärzten und Akademikern vorwiegend entstammten,

---

44 Ebd., S. 75/76; 80/81; 117 und 122.
45 Ebd., S. 16.
46 Ebd., S. 36/37.
47 Ebd., S. 76.
48 Peter Weingart, Eugenik – Eine angewandte Wissenschaft. Utopien der Menschenzüchtung zwischen Wissenschaftsentwicklung und Politik, in: P. Lundgreen (Hg.), Wissenschaft im Dritten Reich, Frankfurt 1985, S. 318.
49 Weingart/Kroll/Bayerts 1992, S. 18/19 und 129ff. Zu den Folgen, welche die Diskussion um den Geburtenrückgang insbesondere für die Frauen hatte, vgl. Anna Bergmann, Von der «Unbefleckten Empfängnis» zur «Rationalisierung des Ge-

bereitwillig aufgenommen, fürchteten diese doch, «unter dem Druck des historischen Prozesses sozialstrukturell marginalisiert zu werden».[51] Im Sozialdarwinismus hatten die Mittel- und Oberschichten eine «wissenschaftliche» Legitimierung ihrer gesellschaftlichen Ansprüche gefunden. «Das Gesetz vom Überleben des Stärkeren, wissenschaftlich bewiesen, wird beinahe wie ein göttliches Urteil aufgenommen.»[52] Die Eugenik stiess ursprünglich in allen politischen Lagern auf Interesse, zu den frühen Eugenikern zählten auch Sozialisten wie zum Beispiel Alfred Grotjahn. Im Laufe der Zeit wurde die Eugenik aber zu einer Wissenschaft der politischen Rechten.[53]

Die Eugeniker glaubten, physische wie psychische Eigenschaften könnten vererbt werden, so beispielsweise auch Alkoholismus, Kriminalität und Geistesschwäche. Damit negierten sie die gesellschaftlichen Ursachen des Elendes der Menschen in industrialisierten Grossstädten, gleichzeitig folgerten sie daraus, dass durch eine Verbesserung der Lebensumstände der Menschen keine Abhilfe geschaffen werden konnte. Eine Verringerung der Anzahl «Minderwertiger» konnte demnach einzig über eine Regelung der Fortpflanzung erfolgen – die Eugeniker propagierten folglich eine biologische Lösung der Sozialen Frage.[54]

Dabei sind zwei Vorgehensweisen sozialer Kontrolle zu unterscheiden: die «positive» Eugenik, welche die Fortpflanzung der «Tauglichen» fördern wollte, und die «negative» Eugenik, welche diejenige der «Minderwertigen» zu verhindern suchte.[55] Die hohen Kosten, welche die Versorgung von sogenannt «Minderwertigen» wie Alkoholikern, Kriminellen oder Geisteskranken der Gesellschaft auferlegte, war eines der Hauptargumente der Eugeniker für die von ihnen propagierte Steuerung der Fortpflanzung.[56]

schlechtslebens». Gedanken zur Debatte um den Geburtenrückgang vor dem Ersten Weltkrieg, in: J. Geyer-Kordesch/A. Kuhn (Hg.), Frauenkörper – Medizin – Sexualität, Düsseldorf 1986, S. 127–158.
50   Jürgen Kroll, Zur Entstehung und Institutionalisierung einer naturwissenschaftlichen und sozialpolitischen Bewegung: Die Entwicklung der Eugenik/Rassenhygiene bis zum Jahre 1933 (Diss.), Tübingen 1983, S. 77. Vgl. auch die Kapitel bei Weingart/Kroll/Bayerts 1992, S. 27ff. darüber, wie die Vorstellung einer allgemeinen Degeneration entstand.
51   Ebd., S. 128/129.
52   Hans Ulrich Jost, Die reaktionäre Avantgarde. Die Geburt der neuen Rechten in der Schweiz um 1900, Zürich 1992, S. 83.
53   Weingart/Kroll/Bayerts 1992, S. 19/20 und 105ff.
54   Christian Pross/Götz Aly, in der Einleitung zu: C. Pross/G. Aly (Hg.), Der Wert des Menschen. Medizin in Deutschland 1918–1945, Berlin 1989, S. 14. Vgl. auch Sheila Faith Weiss, Die rassenhygienische Bewegung in Deutschland, 1904–1933, in: ebd., S. 157.
55   Weingart/Kroll/Bayertz 1992, S. 19.
56   Weiss beschreibt, wie eine solche Argumentation in Deutschland angesichts der katastrophalen wirtschaftlichen Situation während und nach dem Ersten Welt-

Wilhelm Schallmayer (1857–1919), der unabhängig von Francis Galton 1891 die erste bedeutende eugenische Schrift im deutschen Sprachraum veröffentlichte, machte auf der einen Seite die Medizin für die Zunahme «Minderwertiger», die er zu beobachten glaubte, verantwortlich; sie verlängere das Leben von schwachen und kranken Menschen und biete ihnen dadurch auch die Möglichkeit zu zahlreicherer Nachkommenschaft. Mit anderen Worten: Therapeutische Massnahmen, die dem Individuum Erleichterung bringen mögen, schaden gleichzeitig dem Volksganzen oder der ganzen Gattung.[57] Auf der anderen Seite setzte Schallmayer als Mediziner auch gewisse Hoffnungen in sein Fachgebiet, er glaubte, die Medizin könnte auch Mittel zur Bekämpfung «des von ihr (mit)verursachten Übels» liefern, da sie nicht nur für die Heilung von Krankheiten, sondern auch für deren Verhinderung eingesetzt werden könne. Letzteres war das Gebiet der Hygiene, der Schallmayer die Aufgabe zuwies, «auf die menschliche Zuchtwahl bessernd einzuwirken».[58] Wichtiger als Schallmayer war in Deutschland jedoch Alfred Ploetz. Er gilt als eigentlicher Begründer der deutschen Eugenik. In seinem Buch «Die Tüchtigkeit unserer Rasse und der Schutz der Schwachen» von 1895 führte er den Begriff der «Rassenhygiene» ein, der fortan gleichbedeutend mit Eugenik verwendet wurde.[59] Wie Schallmayer fürchtete auch Ploetz, dass «der wachsende Schutz der Schwachen die Tüchtigkeit unserer Rasse» bedrohe.[60] Ebenso suchte er Abhilfe bei der Hygiene als medizinischer Teildisziplin. Er meinte aber nicht die individuelle Hygiene, sondern eine auf den menschlichen Fortpflanzungsprozess bezogene, wofür er den Begriff der Rassenhygiene prägte. Nicht um den einzelnen Menschen ging es ihm, sondern um die Rasse, «der gegenüber einzelne Menschen nur mehr die Träger des Erbgutes darstellen, das es zu pflegen gilt».[61]

krieg eine gefährliche Logik erhalten konnte, die Eugenikbewegung hatte in Deutschland in den 20er Jahren auch grossen Zulauf (Weiss, in: Pross/Aly 1989, S. 161, 164 und 168–171).

57 Weingart/Kroll/Bayertz 1992, S. 37–39 und 87. Zum Thema Alkoholismus und Eugenik vgl. auch den Artikel von Hasso Spode, Die Entstehung der Suchtgesellschaft, in: traverse, Zeitschrift für Geschichte, 1994/1, S. 23–37. Spode beschreibt, wie durch die Annahme der Vererbbarkeit der Sucht die Nachkommen von Alkoholikern zwar von persönlicher Schuld freigesprochen werden, da sie der Gemeinschaft aber solchen Schaden zufügen, dürfen sie moralisch verurteilt und ausgegrenzt, ja sogar physisch vernichtet werden (ebd., S. 28).
58 Weingart/Kroll/Bayertz 1992, S. 39.
59 Ebd., S. 33, 40 und 91.
60 Ebd., S. 40.
61 Ebd., S. 41.

Wie verbreitet diese Gedanken Ende des 19. Jahrhunderts waren, zeigt der Eintrag zum Stichwort «Gesundheitspflege» im Meyers Konversationslexikon von 1895:

«Das Interesse des Staates an der öffentlichen Gesundheit hängt zusammen mit der nationalökonomischen Bedeutung der Gesundheit seiner Bürger. Auf der Gesundheit beruht die geistige und wirtschaftliche Produktionskraft des Einzelnen wie des ganzen Volkes. Mit der Kraft und Gesundheit steigt und sinkt die Erwerbsfähigkeit des Individuums. Der Kranke leistet nichts für die Gesamtheit, er wird häufig sogar zu einem störenden und lästigen Element für diese.»[62]

Eugenisches Kosten-Nutzen-Denken beherrschte den naturwissenschaftlichen Diskurs in den Jahrzehnten vor und nach der Jahrhundertwende. Aus heutiger Sicht wird Eugenik häufig ausschliesslich mit der Zeit des Nationalsozialismus verbunden, was zu kurz greift. Eugenische Gedanken waren vor und nach dieser Epoche auch in anderen europäischen Ländern und vor allem in den USA gang und gäbe. Bei der nationalsozialistischen Interpretation handelte es sich allerdings um einen einzigartig krassen Fall der Verbindung von Politik und negativer Eugenik.[63]

Es ist also nicht erstaunlich, dass auch Eugen Matthias, der wichtigste Theoretiker des schweizerischen Frauenturnens, von diesem Denken beeinflusst war. Im Jahr 1916 veröffentlichte er eine Schrift, die aus einem Vortrag hervorgegangen war, den er in verschiedenen Schweizer Städten gehalten hatte: «Kulturwert und Kulturaufgaben des Turnens».[64] Ziel seiner Ausführungen war, die Bedeutung der Leibesübungen in der damaligen Zeit zu erläutern. Matthias betrachtete den Krieg als grosse Selektion, «eine Erscheinung, die überall im Naturreich zutage tritt. Es ist ein ewiger Kampf der stärkeren Kreatur über die schwächere.»[65] Wie Sozialdarwinisten und Eugeniker sah Matthias die Geschichte der Menschheit als eine fortschreitende kulturelle Höherentwicklung.[66] Er nahm die Rede vom «Kampf ums Dasein» wörtlich, für ihn erfolgte der Übergang von einer Kulturstufe zur nächst höheren durch Krieg. Im Krieg werde das Faule ausgerottet, setze sich das Neue, Bessere durch. In diesem Sinn attestierte er dem Krieg eine «reinigende» Wirkung, was er auch in einem Gedicht zum Ausdruck brachte:

62 Zitiert nach Mesmer, in: Bernhard/Reichen 1982, S. 475.
63 Weingart/Kroll/Bayertz 1992, S. 22ff.
64 Erschienen in Zürich 1916.
65 Matthias 1916, S. 4.
66 Ebd., S. 4/5.

*«Denn wehe dem, weh' allen denen,
Die nach der ungeheuren Remedur
In alter Laxheit ihre Kraft vergähnen,
Hintrottend auf der ausgetretnen Spur;
ein neu Geschlecht mit ungeahnten Nerven
Wird sie erbarmungslos zu Boden werfen
Nach ehernen Gesetzen der Natur.»*[67]

Mit dieser Argumentation stand Matthias in der Schweiz nicht alleine da. Nach Hans Ulrich Jost massen in der Schweiz der Jahrhundertwende insbesondere die «neuen Rechten» Kriegen ebenfalls einen hohen Stellenwert bei. In Militär und Krieg erkannten sie «grundlegende menschliche Tugenden, die für die Existenz und die Entwicklung der modernen Gesellschaft unabdingbar» seien.[68] «Männlichkeit» und «Krieg» bezeichnet Jost als zentrale Werte dieser politischen Strömung, vom Ersten Weltkrieg hätten die «neuen Rechten» als dem «Grossen Krieg» oder einer «feierlichen Prüfung» gesprochen, und sie hätten seinen Ausbruch 1914 ausdrücklich begrüsst.[69] Innerhalb der akademischen Welt bestand in dieser Hinsicht damals hingegen keine Einigkeit (mehr). Otto Schlaginhaufen, Matthias' Lehrmeister, sprach dem modernen Krieg mit seinen Massenvernichtungsmitteln gerade entgegengesetzte Wirkung zu: Es würden nicht die Stärksten siegen, die männliche Jugend werde darin einfach dahingemäht.[70]

Solche Überlegungen stellte Matthias noch nicht an. Bei seiner Darstellung des Kriegs stand die Manneskraft im Vordergrund, von ihr machte er den Ausgang des Kriegs, auch des Ersten Weltkriegs, abhängig. Entsprechend argumentierte er, dass sich in diesem Krieg das ganze vergangene Leben der kriegführenden Nationen äussern werde: «So kann es vielleicht zur merkwürdigen Tatsache werden, dass der dauernde, eigentliche Sieg im momentanen, grässlichen Waffengang schon vor dem Krieg durch die Lebensführung der Völker errungen oder vereitelt wurde…»[71] Der Jugend, insbesondere der städtischen Jugend, tue der Krieg ganz gut. Das Leben in den Städten mit seinem «Übermass an Genüssen», an «nichtssagenden, ja die Lüsternheit erweckenden Schaustellungen» und «entnerven-

---

67 Matthias 1916, S. 5.
68 Jost 1992, S. 108.
69 Ebd., S. 107/108. Als einen Vertreter solcher Gedanken nennt Jost Edouard Secrétan, den Chef der «Gazette de Lausanne».
70 Vgl. dazu: Otto Schlaginhaufen, Sozialanthropologie und Krieg, Zürich/Leipzig 1916.
71 Matthias 1916, S. 27.

den Ausschweifungen» sei eine ständige Gefahr für die Jugend und verweichliche sie.[72] Im Krieg würden sich dann die Folgen zeigen: Körperlich schwach und verweichlicht könnten die Soldaten ihre Pflichten nicht erfüllen: «Diese schwächlichen Elemente waren also für ihr Vaterland in der Zeit der Gefahr, also dann, wenn es sie am nötigsten brauchen könnte, eine Null, im Gegenteil eher eine Last. Man liess sie einrücken, ausrüsten, einexerzieren, zum Marsch antreten, verpflegen, um sie schliesslich als der ganzen Armee hinderlich doch wieder beiseite zu schieben.»[73]
Die vermeintlich zunehmende Militäruntauglichkeit war eines der Themen, das die Eugeniker beschäftigte.[74] Im folgenden wird sich jedoch zeigen, dass Matthias nicht genau die gleiche Lösung für dieses Problem vorschlug wie die Mehrheit ihrer Vertreter.
Einem Unterkapitel der Schrift von 1916 gab Matthias den Titel: «Der Wert der Leibesübungen für die praktische Rassenhygiene»[75]. Dem eugenischen Diskurs entsprechend, führte Matthias darin aus, dass die Qualität des Erbgutes einer Nation entscheidend sei für ihre Stärke und ihren Platz unter den anderen Nationen. Nicht der Waffensieg werde den gegenwärtigen Krieg entscheiden, den Sieg davontragen werde dasjenige Volk, «das noch am meisten Lebens- oder Keimkraft in sich birgt und infolgedessen am raschesten und ehesten imstande ist, die grossen, gewaltigen Lücken, die seinem Volke entstanden sind, mit gesundem, kräftigem Nachwuchs zu füllen.»[76] In einem zentralen Punkt unterschied sich Matthias' Denken jedoch von demjenigen der Mehrheit der Eugeniker: er war Neolamarckist, das heisst, er glaubte an die Vererbung erworbener Eigenschaften.[77] Jean Baptiste de Lamarck (1744–1829), der 1811 die erste Evolutionstheorie über Organismen veröffentlicht hatte, glaubte, dass Organe, die viel gebraucht würden, sich in den folgenden Generationen weiterentwickelten (bei den Menschen zum Beispiel die Hand oder das Gehirn), und dass solche, die nicht verwendet würden, sich allmählich zurückbildeten (bei den Menschen zum Beispiel der Schwanz).[78] Die weitere naturwissenschaftliche Forschung, angefangen bei Darwins Evolutionstheorie und unterstützt

---

72 Ebd., S. 28. Derselben Überzeugung waren die neuen Rechten, vgl. Jost 1992, S. 67 und S. 108/109.
73 Matthias 1916, S. 6/7.
74 Weingart/Kroll/Bayertz 1992, S. 74.
75 Matthias 1916, S. 26ff.
76 Ebd., S. 27.
77 Ebd., S. 29/30.
78 Vgl. z. B. Lilli Segal, Die Hohenpriester der Vernichtung. Anthropologen, Mediziner und Psychiater als Wegbereiter von Selektion und Mord im Dritten Reich,

durch die Wiederentdeckung der Mendelschen Vererbungsgesetze um die Jahrhundertwende, sprach gegen diese Theorie, und sie verlor zunehmend an Anhängern. In den 20er Jahren machten diese nur noch eine Minderheit aus.[79] Die Mehrheit der Eugeniker glaubte Anfang des 20. Jahrhunderts also nicht an die Vererbung erworbener Eigenschaften. Deshalb sahen sie die Steuerung der Fortpflanzung als einzige Möglichkeit, die zunehmende Degeneration der Menschheit zur verhindern. Gäbe es eine Vererbung erworbener Eigenschaften,

«dann könnte der befürchteten Degeneration der Menschheit durch entsprechende Trainingsprogramme wirksam entgegengearbeitet werden: Durch sportliche Übungen wäre die körperliche Konstitution der jeweils lebenden Generation zu verbessern und durch Erziehung und Bildung ihre geistigen Fähigkeiten zu erweitern; da diese ‹erworbenen Eigenschaften› an die Nachkommen weitergegeben werden, würde nicht nur der Niedergang von Gesundheit und Intelligenz gestoppt – es könnte sogar über Generationen hinweg eine stetige Verbesserung erreicht werden. Die Ziele der Eugeniker wären auf einem Wege realisierbar, der überhaupt keine Züchtungsmassnahmen (die immer selektiver Natur sind) mehr voraussetzt.»[80]

Genau daran glaubte jedoch Eugen Matthias. Präziser könnte seine Position gar nicht formuliert werden. Matthias ging davon aus, dass man aus jedem Mann einen guten Soldaten machen könnte, «durch gleichmässige und geduldige Körperarbeit» könnten sich Schwache in Starke verwandeln.[81] Als Beleg für seine Behauptung führte er die Resultate der Körpermessungen an, die er im Auftrag des Eidgenössischen Turnvereins für die Landesausstellung von

79 Berlin 1991, S. 12/13. Bis zur Theorie von Lamarck hatte Linnés Grundsatz von der Konstanz der Arten gegolten (Kroll 1983, S. 75/76).
Darwins Theorie versetzte dem Lamarckismus den ersten Stoss, obwohl sich Darwin selber noch nicht ganz von der Lamarckschen Vorstellung gelöst hatte (vgl. Kroll 1983, S. 76 sowie Weingart/Kroll/Bayertz 1992, S. 84 und 323). Entscheidend war dann die in den 1880er Jahren von August Weismann formulierte These von der «Kontinuität des Keimplasmas», die eine Vererbung erworbener Eigenschaften ausschloss. Weismann legte in seinen Arbeiten dar, «dass die Erscheinung eines Organismus zwar auch durch Umweltfaktoren bestimmt, im wesentlichen aber Ausdruck unveränderlicher genetischer Voraussetzungen» sei (ebd., S. 321). Eigenschaften, die nicht schon im Keimplasma (Teil der Zelle, worin sich das Erbmaterial befindet) angelegt seien, könnten zwar als Reaktion auf Umwelteinflüsse entstehen, aber nicht weitervererbt werden. Die Wiederentdeckung der Mendelschen Vererbungsgesetze unterstützte Weismanns Position (ebd., S. 321–326). Die Arbeiten Johann Gregor Mendels (1822–1884) blieben von seinen Zeitgenossen unbeachtet, Kroll vermutet, dass die Zeit noch nicht reif war für eine «exakt-messende Methodik» in der Biologie (Kroll 1983, S. 54).
80 Ebd., S. 84/85.
81 Matthias 1916, S. 7.

1914 durchgeführt hatte. Mit diesen Messungen habe er den «unwiderleglichen Beweis» erbracht, «dass das Turnen wirklich imstande ist, das Körperwachstum der in der Entwicklung stehenden Menschen zu fördern.»[82]

Wenn jeder Mann ein guter Soldat werden kann, muss er auch alles tun, um es zu werden, muss sich also um körperliche Stärke bemühen, muss Leibesübungen treiben – zum Beispiel in einem Turnverein. Schon mit diesem Ansatz alleine liess sich trefflich für das Turnen werben; doch erhöhte Matthias dessen Wert zusätzlich, indem er behauptete, dass das Turnen nicht nur den Übenden selber, sondern auch zukünftigen Generationen direkt zugute komme. Er habe «trotz des Widerspruchs mancher Biologen den festen Glauben, dass die Leibesübungen auch einen ganz direkten günstigen Einfluss auf das Keim- oder Erbplasma auszuüben vermögen».[83] Diese «Einsicht» bringe neue Pflichten mit sich, meinte er: «Sie mahnt jeden Einzelnen daran, dass er nicht nur für sein eigenes, sondern auch für zukünftiges Leben verantwortlich ist.»[84]

Angesprochen waren damit in erster Linie die Frauen: «Die Gesundheit der Mutter ist für die Familie und für den Staat und die ganze Kultur das Allerwesentlichste, von der die Gesundheit der künftigen Generation in höchstem Grade abhängig ist.»[85] Dass die Frauen die Hauptverantwortung trugen für «zukünftiges Leben» entsprach einem allgemeinen Credo. Die Gesundheit der Frau – oder der Mutter, was für Matthias gleichbedeutend war – sahen er und viele seiner Zeitgenossen jedoch bedroht durch die zunehmende weibliche Berufstätigkeit. Immer mehr Frauen müssten diese «Dop-

---

82 Ebd., S. 10. Im Laufe eines Jahres wurden 757 junge Schweizer dreimal gemessen. Sie wurden in zwei Gruppen aufgeteilt: Zur ersten Gruppe gehörten diejenigen, die erst kurze Zeit einem Turnverein angehörten, in die zweite diejenigen, die schon längere Zeit, ein, zwei oder mehr Jahre Aktivmitglieder eines Turnvereins waren. Das Durchschnittsalter beider Gruppen betrug 19 Jahre. Seine Resultate: Die Mitglieder der zweiten Gruppe waren grösser, schwerer, hatten einen weiteren Brust-, Oberschenkel-, Unterschenkel- und Oberarmumfang. Mit einer zusätzlichen Berechnung trat er anschliessend dem Argument entgegen, dass sich diejenigen der ersten Gruppe möglicherweise auch ohne Turnen ähnlich entwickelt hätten wie diejenigen der zweiten oder dass die von Natur aus schon kräftigeren sich auch früher einem Turnverein zuwendeten. Er berechnete also für beide Gruppen auch noch die durchschnittliche Zunahme während des Messjahres. Dabei kam heraus, dass die durchschnittliche Zunahme innerhalb der ersten Gruppe gleich, teilweise sogar grösser war als in der zweiten (ebd., S. 7–10).
83 Ebd., S. 29. Zu den Gegnern dieser Ansicht gehörte sein eigener Doktorvater, Prof. Otto Schlaginhaufen, wie er z. B. in seinem Aufsatz «Bastardisierung und Qualitätsänderung», in: Natur und Mensch, Nr. 1 (Bern), 1920, klarmachte.
84 Matthias 1916, S. 30.
85 Ebd., S. 18. Dies sagte er schon in der Schrift «Die Notwendigkeit der körperlichen Erstarkung des weiblichen Geschlechts» von 1914.

pellast» tragen. Dies sei eine Gefahr für Staat und Volk. Die im Beruf stehenden Töchter könnten nie wissen, «wann der Ruf an sie ergeht, Gattin und Mutter zu werden. Wie nun, wenn sie schon ein Opfer ihres Berufes geworden sind, ihre Körperkraft und Energie schon zum Gutteil verloren haben?»[86]
Hinsichtlich der Schäden, die durch diese Doppelbelastung entstünden, ging Matthias jedoch noch einen Schritt weiter als die meisten seiner Kollegen, indem er sich nicht nur um die physischen Kräfte der Frauen sorgte: «Bisher übertrug die Frau die besten Erbwerte, wenn auch nicht unverwischt, durch die Jahrhunderte weiter, während sich der Mann beim Schaffen um die Existenz für Weib und Kind rasch aufzehrte. Wie soll das aber in Zukunft werden, wenn auch die Frau versagt?»[87] Mit anderen Worten: Das Erbgut der Frauen ist von guter Qualität, solange sie sich ausschliesslich der Mutterschaft widmen. Sind sie zusätzlich noch berufstätig, werden nicht nur ihre physischen und vielleicht auch ihre psychischen Kräfte übermässig beansprucht, auch ihr Erbgut kann dadurch Schaden erleiden. Als Beleg für diese Behauptung führte Matthias die sinkende Geburtenrate an, die er direkt auf die Berufstätigkeit der Frauen zurückführte: «... dass überall da, wo beiderlei Geschlechter um die Existenz ringen, wo dieser Kampf ein besonders harter ist, wie in allen grossen Städten und Industriezentren die Zahl der Geburten von Jahr zu Jahr zurückgeht. Das ist eine Erscheinung, die auch bei uns eingesetzt hat und weitergreift. Das Ehe- und Kinderproblem ist das allmächtige Problem aller Rassen- und Volkshygiene.»[88] In Zürich sei der Geburtenrückgang sogar stärker als in den grössten Städten Deutschlands.[89]
Mit der Behauptung, körperliche Schwäche werde weitervererbt und äussere sich bereits in sinkenden Geburtenzahlen, erhöhte Matthias den Druck auf die Frauen, etwas gegen diese Missstände zu tun. Entweder sollten sie die Berufsarbeit aufgeben oder, wenn das nicht möglich war, zumindest turnen. Die Behauptung, dass dieses Turnen nicht nur kurzfristig Abhilfe bringe, sondern sogar langfristig, das heisst über das Leben der turnenden Frauen hinaus, war erstklassige Werbung für das Frauenturnen – in einer breiten Öffentlichkeit, die den Stand der wissenschaftlichen Forschung nicht kannte. Innerhalb dieser Kreise galten die Ansichten von Matthias in den 20er Jahren bereits als mehrheitlich widerlegt.

86 Matthias 1916, S. 20.
87 Ebd.
88 Ebd.
89 Ebd., S. 29.

4.3 «Die Notwendigkeit der körperlichen Erstarkung des weiblichen Geschlechts»

Im Jahr 1914 veröffentlichte Eugen Matthias «Die Notwendigkeit der körperlichen Erstarkung des weiblichen Geschlechts».[90] Diese Schrift enthielt bereits alle Glieder der Argumentationskette, mit der in den folgenden Jahren seitens des SFTV für das Frauenturnen geworben wurde und die ich in diesem Kapitel vorstellen möchte. Ein Auszug aus Matthias' Schrift wurde unter dem Titel «Warum und Wie sollen die Frauen turnen?» in der ersten Propagandanummer des «Frauen-Turnen» aus dem Jahre 1924 abgedruckt.[91] Dieser Artikel wiederum wurde für eine Werbeschrift der Damenriege Pratteln Alte Sektion (AS) verwendet, die ungefähr 1927 verfasst wurde.[92] Der anonym bleibende Autor[93] hat fast wörtlich – allerdings ohne seine Quelle zu nennen – aus der Schrift von Matthias abgeschrieben und zusätzlich Informationen aus einem weiteren Artikel der Propagandanummer übernommen.[94] Dies unterstreicht zum einen die Bedeutung, die Matthias' Lehre für das schweizerische und auch für das Baselbieter Frauenturnen hatte: Sein Name wurde gar nicht unbedingt genannt, sein Gedankengut bildete die Grundlage des Diskurses über das Frauenturnen. Zum andern zeigt sich, dass die schweizerische Verbandszeitschrift auch im Kanton Baselland als Informationsquelle für die theoretische Begründung des Frauenturnens verwendet wurde.[95]

Zur Ergänzung der Argumentationskette aus der Schrift von Matthias werde ich einige weitere Werbeschriften aus Pratteln beiziehen, die zwischen 1918 und 1928 verfasst wurden.[96]

---

90 Erschienen in Zürich.
91 Propagandanummer des FT vom 18. April 1924. Zum Begriff der «Propaganda» vgl. Kap. 5.3.
92 Sie ist von Hand geschrieben, nicht gezeichnet und nicht datiert, muss aber ungefähr 1927 verfasst worden sein, da auch Informationen aus dem Jahresbericht der «Basellandschaftlichen Liga zur Bekämpfung der Tuberkulose» von 1926 verwendet wurden.
93 Angesichts der geringen Zahl von leitenden Frauen zu jener Zeit ist es sehr unwahrscheinlich, dass es sich um eine Frau handelte.
94 Susanne Arbenz, «Unser Frauenturnen», Propagandanummer des FT, 18. April 1924. Sie geht darin u. a. auf die schwierigen Anfänge des Frauenturnens in der Schweiz ein.
95 Reinhard Plattner aus Münchenstein, einer der Gründer des FTV, hatte schon ein paar Jahre früher in einem Artikel im FT ganze Sätze, zum Teil wörtlich, zum Teil abgeändert, von Matthias übernommen und in seine Argumentation eingebaut (R. Plattner, «Gründet Damenturnvereine auch in ländlichen Verhältnissen!» FT, Nr. 3, 14. April 1922).
96 Dabei handelt es sich um von Hand geschriebene oder mit Schreibmaschine getippte Entwürfe für Artikel oder Ansprachen, um Zeitungsartikel und Briefe. Lei-

An den Anfang seiner Ausführungen stellt Matthias die Beobachtung, dass seit einigen Jahren wirtschaftliche und gesellschaftliche Veränderungen stattfänden, welche die Lebensituation der Frauen veränderten:

«Unsere gegenwärtige Kultur hat eine Verschiebung der Gesellschafts-, Erwerbs- und Bildungsverhältnisse mit sich gebracht. Zu den vielen Mädchen, die, wie es in den Industriezentren schon seit Jahren der Fall ist, jeden Sonnen- u. Regentag im staubigen, freudlosen Fabriksaal verleben und der grossen Zahl derjenigen, welche der Erwerb zu allen Tages- und Abendstunden, sei es an den Laden- oder Bureautisch festhält, kommt jetzt noch eine grosse Anzahl Mädchen der mittleren und höheren Stände hinzu, die durch den Überschuss der weiblichen über die männliche Bevölkerung zum Verzicht auf ihren natürlichen Beruf gezwungen werden. Meistens wollen sie ihre Frauenkraft nicht brach liegen lassen und suchen sich durch tüchtige Bildung in Wissenschaft und Kunst zu nützlichen tätigen Gliedern der Menschheit auszubilden. Es ist aber eine unumstössliche und durch die Geschichte immer wieder erhärtete Tatsache, dass das Ringen um die Existenz und um die materiellen und geistigen Güter die Lebenskraft in unheimlicher Weise aufzehrt und das umso rascher, je einseitiger und rücksichtsloser dieses Erwerbsleben die gesamte Körperorganisation vernachlässigt. Dass die Frau diesen Gefahren noch weniger gewachsen ist als der Mann, ist meine feste Überzeugung.»[97]

Matthias stellt als Tatsache hin, dass immer mehr Frauen am Erwerbsleben teilnehmen müssten und sich deshalb nicht mehr ausschliesslich ihrer Aufgabe als Ehefrau und Mutter widmen könnten. Er lässt auch keine Zweifel darüber offen, dass keine Frau dies freiwillig tue, welcher Schicht sie auch angehören möge, und ob ihre Arbeit eine mehr oder weniger interessante und angenehme sei. Andere Werbeschriften aus Pratteln thematisieren diese sozioökonomischen Veränderungen ausführlicher, und oft wird der Erste Weltkrieg als Auslöser des Wandels genannt: «Hart hat der Krieg die

      der sind sie meist weder signiert noch datiert. Sie wurden von Traugott Pfirter, dem ersten Leiter der Damenriege Pratteln AS gesammelt und z. T. auch verfasst. Der genannte Zeitraum ist auf dem Aktenbündel vermerkt worden, trifft aber wohl auch zu, da 1918 die Bemühungen um die Gründung der Damenriege Pratteln begannen und Pfirter bis 1928 Leiter der Riege war.
97   Matthias, in: FT, 18. April 1924.
98   Auf einem undatierten und unsignierten von Hand geschriebenen Zettel.
99   Notizen von Traugott Pfirter auf der Rückseite eines Briefes von Alfred Böni aus Rheinfelden vom 8. Okt. 1927.
100   Pfirters Brief an Eltern, die ihrer Tochter bis dahin das Turnen verboten. Vermutlich Mitte der 20er Jahre geschrieben.

Frauen aufgeweckt.»[98] Oder: «Der Krieg mit seiner wirtschaftlichen Not hat viele Frauen und Mädchen einfach gezwungen, am Verdienst mitzuhelfen.»[99] Es wird eine Zäsur heraufbeschworen: Eine gute alte Zeit sei vorbei, eine neue, von grosser Härte habe begonnen. Einige Beispiele: «Unsere Zeit hat wie noch keine andere je vorher die weibliche Jugend stark ins Erwerbsleben gedrängt.»[100] «Die Zeit ist vorbei, wo die Mädchen wohlbehütet, fern vom Leben aufwuchsen, ewige Kinder auch noch als Erwachsene.»[101] «Die Zeiten sind vorbei, wo nur ‹der Mann hinaus muss ins feindliche Leben!› Hunderttausende von erwachsenen Töchtern gehen heute dem eigenen Erwerbe nach.»[102] «Die Zeit beschaulicher Arbeit zu Hause aber ist vorbei. [...] Das Mädchen und die Frau von heute sind, genau wie der Mann, einem unerbittlichen Existenzkampf preisgegeben.»[103]

Der Verherrlichung einer guten alten Zeit steht die düstere Beschreibung der Gegenwart gegenüber. Diese zeichne sich aus durch ungesunde Hast, durch extreme Arbeitsteilung, die zu einer monotonen Arbeitsweise führe, durch Genussucht sowie eine, negativ gewertete, «Verfeinerung in den Lebensbedürfnissen». Die Gegenwart sei materialistisch und in erster Linie ein Kampf: «Der heutige Lebenskampf verlangt nicht allein anmutige, sondern kräftige, tapfere Frauen...»[104] «Je weiter im 20. Jahrhundert die menschliche Kultur sich entwickelt, je mehr mit der zunehmenden Hetzjagd und Genussucht des modernen Lebens die höheren menschlichen Interessen bedroht werden...»[105] «Unsere Mädchen ... müssen teilnehmen am Gehaste unseres modernen, d. h. bis in alle Details spezialisierten Erwerbslebens.»[106] Die Mädchen aus den Arbeiterfamilien «werden in staubige, von Maschinengedröhn erfüllte Fabriksäle gestopft, müssen dort den ganzen Tag, das ganze Jahr dieselbe Arbeit, also dieselben Bewegungen täglich vielleicht tausende von malen wiederholen. Wieder andere, ein wenig glücklichere, bekommen eine Stelle auf einem Bureau, aber auch hier: unbequeme Bureausessel, niedere Pulte... [...] Überall aber, sei es nun im stauberfüllten Fabriksaale oder an der nervenruinierenden Schreibmaschine

101 Auf dem genannten undatierten und unsignierten von Hand geschriebenen Zettel.
102 Aus einem Zeitungsartikel, signiert mit M. J. E., etwa von Mitte der 20er Jahre.
103 Aus der Ansprache von Kant. Turnleiter Trg. Pfirter am Kant. Damenturntag 1926 in Niederdorf. Verfasst am 26. Sept. 1926.
104 Ein Artikel, der vermutlich einer Frauenzeitschrift entstammt (auf der Rückseite ist Kleidermode zu sehen), nicht datiert.
105 Ebd.
106 Traugott Pfirter: «An unsere Frauen und Töchter». Handschriftlicher Entwurf eines Werbeschreibens, verfasst 1923.

ist eine Einseitigkeit der Betätigung, deren Folgen wir nicht ermessen können.»[107] «Vielfach wird heute die zunehmende Verfeinerung in den Lebensbedürfnissen und in ihrer Befriedigung als Kultur bezeichnet und die sogen. wirtschaftliche Blüte, das Entstehen immer neuer Industrien als Fortschritt angesehen.» Dieser Fortschritt bringe aber viele Nöte mit sich, erfordere ganz neue Kräfte, die bei der bisherigen Erziehung der Mädchen vernachlässigt worden seien.[108] Die dramatische Schilderung soll zeigen, dass die jungen Frauen der harten Gegenwart unmöglich gewachsen sein können: «Wohl irgendwie leidet heute jede Frau unter dem Existenzkampf, leidet doppelt hart unter den Verhältnissen, an denen sie nicht schuld ist...»[109] Auch wenn gewisse Veränderungen auf den ersten Blick positiv erschienen, so würden insgesamt die negativen Seiten überwiegen:

«Wohl haben die letzten Jahrzehnte und speziell der Krieg mit seiner männermordenden Folge eine soziale Besserstellung der Frau hauptsächlich auf dem Gebiete der Erwerbsfreiheit gebracht. Es ist dies ein kultureller Fortschritt, der zugleich der erwerbenden Frau ihre Unabhängigkeit sichert. Parallel dieses Fortschrittes aber zeigen sich auch dessen Schattenseiten. Wir gedenken dabei hauptsächlich der vielen Mädchen, die von der Schulbank weg ihrem Broterwerbe nachgehen müssen. Mit einer gewissen Freude, körperlich und geistig frisch, treten die meisten dieser jungen Mädchen in ihren neuen Wirkungskreis ein, um nach kurzer Zeit ein Erlahmen und Erschlaffen ihrer physischen und geistigen Kräfte konstatieren zu müssen.»[110]

Endpunkt der Argumentation ist immer wieder, dass die Frauen für das Erwerbsleben einfach nicht geschaffen seien. Dies zeige sich schon in der Schule: es gebe viel mehr schwächliche, skoliotische (mit Rückgratverkrümmung) und bleichsüchtige Mädchen als Knaben, 33% gegenüber 25% nach der Darstellung von Matthias[111]; der Prattler Autor spricht sogar von einem Verhältnis von fast 2:1. Mitverantwortlich dafür seien Unterschiede in der Lebensführung: Die Mädchen würden nach der Schule zu verschiedenen Handarbeiten angehalten, «welche zu gebeugter und schräger Körperhaltung»

---

107   Pfirters Brief an Eltern, die ihrer Tochter bis dahin das Turnen verboten. Vermutlich Mitte der 20er Jahre geschrieben.
108   Notizen von Pfirter auf der Rückseite eines Briefes von Alfred Böni aus Rheinfelden vom 8. Okt. 1927.
109   Auf dem genannten undatierten und unsignierten von Hand geschriebenen Zettel.
110   Ein Durchschlag eines mit Schreibmaschine geschriebenen Schriftstückes, weder datiert noch signiert.
111   Matthias in: FT, 18. April 1924.

führten. Die Knaben hingegen würden für Arbeiten in Garten und Feld beigezogen, die mehr Bewegung böten, ausserdem hätten Knaben mehr Zeit, «sich im Spiel zu tummeln.»[112]
In der Werbeschrift aus Pratteln ist auch ausführlich von der Tuberkulose die Rede, während Matthias nur nebenbei von «bleichsüchtigen» Mädchen spricht. Die Tuberkulose sei ein weiteres Leiden, das Frauen und Mädchen häufiger befalle als Männer und Knaben, wie Zahlen aus dem Jahresbericht der «Basellandschaftlichen Liga zur Bekämpfung der Tuberkulose» von 1926 belegen würden: Von 320 in jenem Jahr in Sanatorien eingelieferten Personen hätten 130 dem männlichen und 190 dem weiblichen Geschlecht angehört. Dies sei ein weiterer Beweis dafür, «dass das weibliche auch das schwächere Geschlecht» sei.
Die Argumentation ist nicht ganz stringent und läuft auf einen Zirkelschluss hinaus: Einerseits erkannten sowohl Matthias wie auch der anonyme Autor den Einfluss, den die unterschiedliche Erziehung der Geschlechter auf deren körperliche Entwicklung hatte, andererseits benutzten beide die Resultate dieser Erziehung wieder als Beweis dafür, dass das weibliche Geschlecht von Natur aus gebrechlicher sei. Dass die geschilderte falsche Erziehung den ohnehin schwachen Frauen weiteren Schaden zufüge, war aber ein wichtiger Teil der Argumentation: Schliesslich ging es darum, für das Turnen der Frauen Werbung zu machen, musste also glaubhaft versichert werden, dass durch Erziehung auch das Gegenteil, also eine Verbesserung der Konstitution der Frauen zu erreichen sei. An sich sei es erstaunlich, dass man sich bisher fast nur um die körperliche Ertüchtigung der männlichen Jugend gekümmert habe, «ohne daran zu denken, dass es ebensogut und noch besser wäre, wenn neben der Sorge für die Erstarkung der gegenwärtigen Jugend für die zukünftige etwas getan würde. ‹Starke werden von Starken geboren.› Die Gesundheit der Mutter ist für die Familie und für den Staat und die ganze Kultur das Allerwesentlichste, von der die Gesundheit der künftigen Generationen in grösstem Masse abhängig ist.»[113] Dass Matthias mit Gesundheit nicht nur die physische Kraft meinte, sondern auch «gute» Erbwerte, war Gegenstand des letzten Kapitels.

112 Nach der Werbeschrift aus Pratteln von etwa 1927. Matthias schrieb, dass die erwachsenen «Töchter» nach der Tagesarbeit meist noch im Haushalt mithelfen müssten, während den Männern der Feierabend meist zur freien Verfügung stehe – was die körperlich schwächere Konstitution der Frauen nicht eben verbessere (Matthias in: FT, 18. April 1924).
113 Diese Passage entstammt direkt der Schrift von Matthias aus dem Jahr 1914, sie war beim Auszug in der Propagandanummer des FT von 1924 weggelassen worden.

Die behandelten Autoren waren also der Ansicht, dass den Frauen die Kräfte fehlten, um ihre «natürliche» Bestimmung erfüllen zu können. Verantwortlich dafür machten sie die falsche Erziehung der Mädchen und vor allem die zunehmende Berufsarbeit der Frauen. Auch wenn die Frauen jedoch nur bis zur Heirat einer Berufsarbeit nachgehen und sich nachher ganz ihrer Aufgabe als Ehefrau und Mutter widmen würden, wären nicht alle Probleme aus der Welt geschafft, denn die Erwerbsarbeit der Frauen fiel in eine wichtige Zeit ihrer körperlichen Entwicklung, in die Zeit der «Reifejahre»[114]. Mit der Schulentlassung «ist aber das Mädchen noch lange nicht vollwertiger Mensch geworden. Es steht gerade mitten in der Entwicklung, im Werden drinnen.» In dieser Zeit sei auch die Anfälligkeit für Tuberkulose am grössten.[115] Der Übergang von der Schule in die Arbeitswelt falle gerade in das «bedeutendste Stadium der Körperentwicklung» der Mädchen.[116] Dieses «letzte Entwicklungsstadium [verlangt] möglichst viele zweckentsprechende Bewegung und frische Luft.»[117]

Die Frauen sollten also keiner ausserhäuslichen Berufsarbeit nachgehen, sonst würden sie ihre «natürliche Bestimmung» gefährden. Um die Frauen von der Richtigkeit dieser Behauptung zu überzeugen, wird auch in Abrede gestellt, dass sie sich einem Beruf tatsächlich ganz hingeben können und wollen:

«Die Frau wird sich nie und nimmer so mit ganzer Seele fürs Geschäft oder die Wissenschaft interessieren, wie es der Mann imstande ist. Da, wo es ihm leicht fällt, mit kalter Berechnung zu abstrahieren, sich auf scheinbar bloss formelle und für die nächste Umgebung wertlose Aufgaben zu konzentrieren, wird und will sie immer und immer wieder ein Stück Gefühlsleben hineintragen. [...] Ihre Herzensbande zu ihrem Berufe sind losere; kaltblütig, ohne lange umzusehen, lässt sie den jahrelang geübten Beruf im Stiche, sobald ihr die Ehe winkt.»[118]

Damit komme ich zum letzten Element der Argumentationskette. Da die weibliche Berufstätigkeit offenbar nicht aus der Welt zu

---

114   Neben diesem Begriff wird auch von «Entwicklung» oder «Entwicklungsjahren» gesprochen. Die Problematisierung der Reifejahre findet sich auch in Matthias' Buch von 1929, auf das ich noch ausführlich eingehen werde, vgl. Kap. 4.5.
115   Aus einem Artikel aus dem FT: Pius Jeker, «An die schulentlassene Jugend», FT, Nr. 5, 30. April 1926. Unter den Akten aus Pratteln.
116   Pfirter, «An unsere Frauen und Töchter». Handschriftlicher Entwurf eines Propagandaschreibens, 1923.
117   Propagandaschreiben der DR Pratteln AS vom 16. Mai 1923. Unterschrieben von der Präsidentin Louise Stohler und der Aktuarin Friedy Bielser. Vermerk: Entwurf von Pfirter.

schaffen ist, muss alles getan werden, um die dadurch entstehenden Schäden in Grenzen zu halten, wird es unabdingbare Pflicht, den Frauen «wenigstens diesen physischen Teil des Kampfes erleichtern zu helfen, indem wir sie mit dem körperlichen notwendigen Rüstzeug der Kraft und der Gesundheit ausrüsten. Dazu kann und soll die Turnstunde helfen, ja noch mehr, sie kann sogar dem Gemüte, wenn nicht einen vollgültigen, so doch etwelchen Ersatz bieten.»[119] «Wir», das waren Männer wie Matthias, die sich für das Turnen der Frauen einsetzten. Wohl im Bewusstsein, dass den Frauen das Turnen aber auch schmackhaft gemacht werden musste, dass der Appell an ihre Verantwortung als künftige Mütter nicht ausreichen könnte, um sie zu einem Beitritt zu bewegen, beschliesst Matthias seine Schrift mit einer euphorischen Beschreibung des Turnens:

«Vermitteln wir den Turnerinnen einfach den richtigen Turnstoff, lassen wir, wenn möglich, die Übungen von rhythmischen Akkordklängen begleiten, und die Augen der Turnerinnen werden leuchten und ihre Blicke in Freude erstrahlen. Wenn sie sich erst noch im fröhlichen Spiele tummeln, dann können wir es erleben, wie sich alle in einem Zustand innerlich froher, freudiger Harmonie fühlen. [...] In welchem Masse die Freude selbst eine Lebens- und Kraftspenderin ersten Ranges ist, wissen wir ja alle.»[120]

Matthias und mit ihm andere Befürworter des Frauenturnens begründeten ihre Bemühungen damit, dass sich der Gesundheitszustand der Frauen zunehmend verschlechtere. Als Ursache führten sie an, dass immer mehr Frauen einer ausserhäuslichen Erwerbstätigkeit nachgehen müssten. Dafür seien die Frauen aber gar nicht geschaffen, und die Berufsarbeit befriedige sie auch nicht wirklich, da ihre «natürliche» Bestimmung die der Hausfrau und Mutter sei. Und eben dieser, ihrer eigentlichen Aufgabe, könnten die Frauen durch die ungewohnte und enorme Belastung nicht mehr gerecht werden. Nicht nur würden sie körperlich zu schwach, um Schwangerschaft und Geburt zu überstehen und ihren Mutterpflichten nachzukommen, auch das Erbgut der Frauen würde durch das harte Leben geschädigt, und diese verminderten Erbwerte würden sie an ihre Kinder weitergeben. Letzteres war zumindest die

---

118 Matthias, in: FT, 18. April 1924. Der anonyme Autor aus Pratteln formuliert es so: «Tausende von Mädchen und Frauen stecken heute in Berufen, welche sie innerlich nicht befriedigen, doch die materielle Abhängigkeit zwingt sie zum Ausharren.»
119 Matthias, in: FT, 18. April 1924; in der Prattler Werbeschrift (von etwa 1927) übernommen.
120 Wie vorhergehende Anmerkung.

Ansicht von Matthias. Eine Verbesserung dieser desolaten Situation sollte das Turnen bringen.
Soweit die Argumentationslinie für das Frauenturnen. Auffallend ist das Schreckgespenst der weiblichen Erwerbstätigkeit. Im folgenden Kapitel geht es deshalb um die Frage, ob die Menschen der damaligen Zeit tatsächlich mit einem ganz neuen Phänomen konfrontiert wurden, ob einfach gewisse Verschiebungen im Bereich der Frauenarbeit stattfanden oder ob es sich vielleicht nur um ein Wahrnehmungsproblem handelte.

4.4 Frauen im Beruf – ein neues Phänomen?

Eugen Matthias, der Vordenker des schweizerischen Frauenturnens, stellte jeweils die Beobachtung von wirtschaftlichen und gesellschaftlichen Veränderungen an den Anfang seiner Plädoyers für das Frauenturnen. Zu den jungen Frauen, die in den Fabriken, in Läden und in Büros arbeiteten, kämen vermehrt auch Frauen aus besseren Kreisen hinzu, die sich nicht der Mutterschaft widmen könnten, sondern in Wissenschaft und Kunst ein Ersatzglück suchen müssten. Für das Verhalten letzterer führte er nicht ökonomische Gründe an, sondern einen allgemeinen Frauenüberschuss.[121] Auch in anderen Werbeschriften, die ich im letzten Kapitel behandelt habe, finden sich Zitate, die den Eindruck erwecken, dass sich die Befürworter des Frauenturnens nicht um alle Frauen gleich viel Sorgen machten, sondern sich insbesondere um diejenigen aus den Mittel- und Oberschichten kümmerten: «Die Zeit ist vorbei, wo die Mädchen wohlbehütet, fern vom Leben aufwuchsen, ewige Kinder auch noch als Erwachsene.» Oder: «Die Zeit beschaulicher Arbeit zu Hause aber ist vorbei.»[122] Auf Mädchen aus Arbeiterfamilien können derartige Aussagen nicht gemünzt sein. Es wurde auch von den jungen Frauen gesprochen, die im Maschinengedröhn der staubigen Fabriksäle oder von morgens bis abends in Büro oder Laden arbeiten müssten. Doch in der Industrie waren Frauen schon lange tätig, ohne dass jemand für ihren körperlichen Ausgleich Turnstunden gefordert hätte. Ein hoher Frauenanteil gehörte gerade zu den

---

121 Eine Grafik bei Yvonne Pesenti zeigt, dass nach dem Ersten Weltkrieg in der Schweiz tatsächlich ein Frauenüberschuss bestand. Eine Erklärung dafür habe ich allerdings nicht gefunden (Y. Pesenti, Beruf: Arbeiterin. Soziale Lage und gewerkschaftliche Organisation der erwerbstätigen Frauen aus der Unterschicht in der Schweiz, 1890–1914, Zürich 1988, S. 21. Auch Annette Frei erwähnt ganz selbstverständlich einen solchen Überschuss (A. Frei, Zwischen Traum und Tradition. Frauenemanzipation und Frauenbild bei den Sozialdemokratinnen 1920–1980, in: Solidarität, Widerspruch, Bewegung. 100 Jahre SPS, Zürich 1988 [zit.: 100 Jahre SPS], S. 258).
122 Vgl. Kap. 4.3.

prägenden Faktoren der schweizerischen Industrialisierung.[123] Industriearbeiterinnen entstammen den Unterschichten, die Frage lautet also, ob in den ersten Jahrzehnten des 20. Jahrhunderts auf dem Arbeitsmarkt eine markante Veränderung eintrat, vor allem in der Art, dass Frauen aus anderen Schichten begannen, ausser Haus gegen Lohn zu arbeiten.

Aussagekräftige Zahlen zu finden, die diese Frage beantworten könnten, ist keineswegs einfach. Vereinfacht gesagt, wurde von den Statistikern vor allem die Erwerbsarbeit des Mannes erfasst, die Mitarbeit der Frau im Familienbetrieb oder anderer Nebenerwerb hingegen nur sehr ungenügend, teilweise auch, da sie von den Betroffenen selber als Makel betrachtet und bei Volkszählungen gar nicht angegeben wurde. Obwohl vor diesem Hintergrund die statistisch erfasste Quote der vollerwerbstätigen Frauen nur einen kleinen Teil der Arbeit repräsentieren kann, die von Frauen auf dem Arbeitsmarkt geleistet wurde, erstaunt es, wie hoch sie gleichwohl war.[124] Aufgrund der Volkszählungen war der Anteil der vollerwerbstätigen Frauen gemessen am Total der weiblichen Wohnbevölkerung über 15 Jahre 1888 nur unwesentlich tiefer als 1960 – oder sogar höher, denn 1960 war zusätzlich auch die Teilzeitarbeit erfasst worden (1910: 42,2%; 1960: 42,5%, ohne Teilzeitarbeit: 35,3%). 1910 betrug die Quote vollerwerbstätiger Frauen sogar 45,7%, um dann seit den 30er Jahren zu sinken.[125]

Die Zahlen zeigen, dass zwischen 1888 und 1910 bei der Frauenerwerbsarbeit tatsächlich ein Zuwachs festzustellen ist. Die Gründe dafür liegen in den ausserordentlich guten wirtschaftlichen Verhältnissen jener Jahre. Der industrielle und der aufblühende Dienstleistungssektor hatten einen enormen Arbeitskräftebedarf, der mit männlichen Arbeitskräften nicht gedeckt werden konnte. Es wurden daher zunehmend Ausländer und Frauen angestellt. Ein Teil der Zunahme lässt sich allerdings auch darauf zurückführen, dass der Rückschlag wettgemacht wurde, den die Quote der weiblichen Erwerbstätigkeit während der Depression der 1880er Jahre erlitten hatte.[126]

123 Regina Wecker, Frauenlohnarbeit – Statisik und Wirklichkeit in der Schweiz an der Wende zum 20. Jahrhundert, in: R. Wecker/B. Schnegg (Hg.), Frauen. Zur Geschichte weiblicher Arbeits- und Lebensbedingungen in der Schweiz, Basel 1984, S. 350/351. Vgl. auch: Pesenti 1988, S. 7 und 29.
124 Wecker, in: Wecker/Schnegg 1984, S. 347–349.
125 Ebd., S. 350. Hier nochmals alle Zahlen: 1888: 42,2%; 1900: 42,4%; 1910: 45,7%; 1930: 37,9%; 1941: 32,8%; 1950: 33,7%; 1960: 35,3% (inkl. Teilzeitarbeit: 42,5%); 1970: 41,5% (inkl. Teilzeitarbeit).
126 Pesenti 1988, S. 17–20. Nach mündlicher Auskunft von Regina Wecker war die Erwerbsquote 1870 schon etwa gleich hoch wie 1910, 1888 hatte sie abgenommen wegen der wirtschaftlichen Depression der 1880er Jahre. Vgl. dazu auch:

Gesellschaftlich bedeutender als der Gesamtzuwachs der Erwerbstätigkeit war jedoch die Verschiebung, die innerhalb der einzelnen Erwerbsgruppen stattfand. Die Mehrzahl der erwerbstätigen Frauen arbeitete 1888 wie 1910 im industriellen Sektor. Die Zunahme in der Industrie und auch in der Landwirtschaft war jedoch gering, verglichen mit der massiven Erhöhung der Zahl weiblicher Berufstätiger im Dienstleistungssektor.[127] Schon in der zweiten Hälfte des 19. Jahrhunderts hatte der Handel damit begonnen, Frauen einzustellen, um die Jahrhundertwende boomte aber der Arbeitsmarkt für weibliche Angestellte im Büro geradezu, verdoppelte sich ihre Zahl zwischen 1888 und 1910 doch beinahe.[128] Kennzeichnend für die Entwicklung im Büro war vor allem die immer stärkere Arbeitsteilung; die untergeordneten Hilfs- und Routinearbeiten wurden von Frauen übernommen.[129]

Die weiblichen Angestellten stammten hauptsächlich aus (klein-)bürgerlichen Verhältnissen: «Sie waren Töchter von Beamten, Handwerkern, selbständigen Gewerbetreibenden und Kaufleuten. Die Zugehörigkeit zu diesen Schichten bildete eine wichtige Voraussetzung, um den kaufmännischen Beruf ergreifen zu können. Bei den weiblichen Stellenbewerberinnen wurde der Herkunft allgemein grösseres Gewicht beigemessen als bei ihren männlichen Kollegen. Das neuerschlossene Berufsfeld stand also ausschliesslich den Töchtern aus dem Mittelstand offen.»[130] Diese waren seit dem späten 19. Jahrhundert vermehrt auf einen ausserhäuslichen Verdienst angewiesen: Mit fortschreitender Industrialisierung reduzierte sich die Zahl der selbständigen Gewerbebetriebe, bei denen die ganze Familie mitarbeitete, ausserdem gab es im Hause in der Regel weniger zu tun, da immer mehr Produkte zugekauft wurden. Viele Töchter fanden innerhalb der Familie keine ausreichende Beschäftigung mehr, die finanzielle Situation liess es aber nicht zu, dass sie bis zur Heirat vom Elternhaus ausgehalten wurden. Mit dem Büro öffnete sich ihnen eine Erwerbsmöglichkeit, die auch ihrem Stan-

---

Thomas Widmer, Die Schweiz in der Wachstumskrise der 1880er Jahre (Diss.), Zürich 1992.

127 Pesenti 1988, S. 25–28. Innerhalb dieses Sektors fanden die auffälligsten Veränderungen bei den Büroberufen im Handel, Bank- und Versicherungswesen statt – zahlenmässig nicht die grösste Gruppe innerhalb des tertiären Sektors, aber die mit dem grössten Wachstum.
128 Ebd., S. 25.
129 Ebd., S. 123/124. Vgl. auch Elisabeth Joris/Heidi Witzig, Frauengeschichte(n), Zürich 1991 (3. Auflage), S. 199/200; Mario König, Von der «Bürotochter» zur kaufmännischen Angestellten. Die Erwerbsarbeit von Frauen in kaufmännischen Berufen, 1880–1980, in: M.-L. Barben/E. Ryter (Hg.), «verflixt und zugenäht!»: Frauenberufsbildung – Frauenerwerbsarbeit 1888–1988, Zürich 1988, S. 89–100.
130 Pesenti 1988, S. 126.

desbewusstsein entsprach. Ausgelöst durch ökonomische Notwendigkeit, wurde es mit den Jahren auch in Teilen des Bürgertums als normal empfunden, dass die Töchter bis zur Heirat arbeiteten.[131] Zwischen 1888 und 1910 nahm die ausserhäusliche Erwerbstätigkeit von Frauen tatsächlich zu. Allerdings war die Zunahme längst nicht so bedeutend, als dass von einem neuen Phänomen gesprochen werden konnte, zudem war die Beschäftigung von Frauen vor 1880 schon einmal gleich hoch gewesen wie 1910. Es waren vor allem junge Frauen, die zwischen Schule und Heirat eine Arbeit aufnahmen, und nach der Heirat arbeitete von den Frauen nur weiter, wer unbedingt musste. Wichtiger als das absolute Wachstum war einerseits das Eindringen von Frauen in Bereiche – insbesondere im tertiären Sektor –, die den Männern vorbehalten gewesen waren, und andererseits die steigende Erwerbstätigkeit von Frauen, die aus Schichten stammten, in denen es bis dahin als unschicklich gegolten hatte, ausser Haus «für Geld» zu arbeiten. Erst als die Frauen aus der Mittelschicht in die Arbeitswelt einzogen oder einziehen mussten und Frauen der Oberschicht sich Kunst und Wissenschaft zuwandten, begannen sich Pädagogen und Ärzte um die Gesundheit der Frauen zu sorgen und schlugen als Abhilfe unter anderem das Turnen vor.

Nicht nur die Befürworter des Frauenturnens verfolgten diese Entwicklung mit besorgtem Blick. Wie ich in Kapitel 4.2 ausgeführt habe, war die Angst vor einer fortschreitenden Degeneration der Gesellschaft, konkret vor einer Zunahme der sogenannt «Minderwertigen», die gegen Ende des 19. Jahrhunderts aufkam, in den Mittel- und Oberschichten weit verbreitet. Die Eugeniker, die diese Gefahr heraufbeschworen und ihre Theorien als Gegenmittel anpriesen, entstammten selber vorwiegend den bürgerlichen Mittelschichten, sie artikulierten Ängste um ihre eigene Existenz.

Matthias gehörte ohne Zweifel ebenfalls dem Bürgertum an. Er unterstützte die bestehenden gesellschaftlichen Hierarchien und hielt gar nichts von den sozialistischen Gleichheitsforderungen seiner Zeit. Er wandte sich gegen jene, «die mit lautem Schalle die Gleichheit preisen und vergessen, dass gerade die Ungleichheit als Naturgesetz das grosse Getriebe bildet, die vergessen, dass es in einem Uhrwerk grosse und kleine Räder geben muss, wenn es die glückliche Stunde künden soll.» Demokratie war für ihn eine Ordnung, «in welcher jedem einzelnen seine besondere Aufgabe zugewiesen ist, denn es ist ein genau abgestuftes System von Über-, Ein- und

131 Joris/Witzig 1991, S. 187 und S. 199/200.

Unterordnung».[132] Nicht die Probleme der Unterschichten standen im Mittelpunkt seines Interesses, von der Mittelschicht redete er, wenn er die Gefahren seiner Zeit vor allem in übertriebener Geisteskultur, Genusssucht, lasterhafter und materialistischer Lebensweise sah.[133]
Vieles deutet darauf hin, dass in den Anfängen des Frauenturnens die Sorge des Mittelstandes um sein eigenes Fortbestehen, die viele Zeitgenossen (und wohl auch Zeitgenossinnen) beschäftigte, eine wichtige Rolle spielte. Demzufolge waren die Frauen dieser Schicht das Zielpublikum der «Turnväter». Ob sie sich tatsächlich zum Turnen ermuntern liessen, werde ich in Kapitel 7 anhand der ersten Damenturnvereine und -riegen im Kanton Baselland behandeln.

4.5 «Wettkampf ist unweiblich»

Der Siegeszug der Naturwissenschaften im 19. Jahrhundert leistete Theorien Vorschub, die das Funktionieren der menschlichen Gesellschaft mit naturwissenschaftlichen Prinzipien erklären sollten. So wurde etwa behauptet, das Verhältnis zwischen Mann und Frau oder «die Ordnung der Geschlechter» sei «das getreue Abbild der natürlichen Ordnung der Dinge».[134] Mit dem Anspruch, man beschreibe nur von der Natur vorgegebene und damit «objektive» oder «ewiggültige» Phänomene und Prinzipien, wurden auch Mann und Frau selbst beschrieben.

Eugen Matthias stand ebenfalls in dieser Tradition. Er war der Überzeugung, dass nachweisbare biologische Unterschiede zwischen Mann und Frau bestünden, die nicht nur den Körperbau, sondern auch den Charakter der Frauen bestimmten und aus denen zudem ihre gesellschaftlichen Rechte und Pflichten abgeleitet werden könnten – oder sogar müssten. Auch das Feld der Leibesübungen könne sich dieser Polarität nicht entziehen, die Übungen müssten entsprechend dieser biologischen Differenzen konzipiert werden, mit anderen Worten: auch das ideale Frauenturnen war biologisch determiniert. Dieses Gedankengut war schon im Titel seiner Antrittsvorlesung an der Universität Zürich im Jahr 1920 enthalten: «Eigenart in Entwicklung, Bau und Funktion des weiblichen Körpers und ihre Bedeutung für die Gymnastik».[135] Damit war ge-

132 Matthias 1916, S. 24.
133 Ebd., S. 26–28.
134 Claudia Honegger, Die Ordnung der Geschlechter. Die Wissenschaften vom Menschen und das Weib 1750–1850, Frankfurt a. M./New York 1991, im Vorwort, S. IX. Vgl. auch: Esther Fischer-Homberger, Krankheit Frau. Zur Geschichte der Einbildungen, Darmstadt 1988 (2. erweiterte Auflage).
135 Der Bericht darüber wurde abgedruckt in: FT, Nr. 2, 6. Mai 1921, vgl. Kap. 4.1.

meint, dass die spezielle Beschaffenheit des weiblichen Körpers bei jeder Form von Leibesübungen berücksichtigt werden musste, dass sich Turnen, Gymnastik usw. nach den Besonderheiten des weiblichen Körpers zu richten hatten.

Die Vorstellung, dass der weibliche Körper eine Art Sonderkategorie darstellt, begann sich gegen Ende des 18. Jahrhunderts herauszubilden. Als Basis dienten die Werke der vergleichenden Anatomie, deren erstes im Jahr 1788 erschien.[136] Diese Arbeiten beschränkten sich von Anfang an nicht darauf, Unterschiede des Körperbaus zu beschreiben, sondern leiteten aus diesen Beobachtungen auch ab, dass Mann und Frau in Wesen und Charakter verschieden seien.[137]

Die vergleichende Anatomie schuf die Grundlage für eine weibliche «Sonderanthropologie», die dann durch die Gynäkologie abgelöst wurde.[138] Diese nahm seit Anfang des 19. Jahrhunderts Gestalt an, als im Jahre 1820 Carl Gustav Carus das erste Lehrbuch der Gynäkologie veröffentlichte und damit gleichzeitig den Begriff prägte.[139] Um die Mitte des 19. Jahrhunderts hatte sich die neue Lehre etabliert als eine «integrierte und extrem psycho-physiologische Wissenschaft vom Weibe».[140] Den Höhepunkt ihrer kulturellen Wirkungs- und Deutungsmacht erreichte die Gynäkologie laut Claudia Honegger aber erst im 20. Jahrhundert: «Nun ist die Gynäkologie die Wissenschaft von der Frau schlechthin, und der Gynäkologe geriert sich als der Sachverständige in allen Frauenfragen. Im akademischen Universum des frühen 20. Jahrhunderts ist es dann wie selbstverständlich der Gynäkologe, der über Themen wie ‹Die Stellung der Frau im modernen Leben› und ähnliches liest.»[141]

Matthias war selbst zwar nicht Gynäkologe, eine Vertreterin und ein Vertreter dieser Zunft schrieben jedoch die Vorworte für sein Hauptwerk «Die Frau, ihr Körper und dessen Pflege durch die Gymnastik» von 1929.[142] Das Buch steht in der beschriebenen Tradition – wie die meisten medizinischen Abhandlungen jener Zeit, die sich

---

136   Jakob Fidelis Ackermann, «Über die körperliche Verschiedenheit des Mannes vom Weibe ausser den Geschlechtstheilen», 1788 in Mainz erschienen, zuerst in lateinisch und noch im selben Jahr in deutsch (vgl. Honegger 1991, S. 171).
137   Zur vergleichenden Anatomie als «basic science» vgl. Honegger 1991, S. 170ff.
138   «Die Verselbständigung der Sonderanthropolgie (1780–1850)» heisst ein Kapitel bei Honegger (1991, S. 182ff.). Zur Gynäkologie, vgl. ebd., S. 200ff.
139   Honegger 1991, S. 202.
140   Ebd., S. 202, Definition von S. 9. In der Folge sind es die Bücher der Gynäkologie, die zur Fundgrube werden für Aussagen über physische und psychische Eigenschaften der Frauen (ebd., S. 203ff.).
141   Honegger 1991, S. 211. Dieselbe Aussage macht auch Pfister, vgl. Pfister, in: Medau/Nowacki 1988, S. 39 und 44.
142   Vgl. Kap. 4.1.

mit dem Thema «Frau und Sport» beschäftigten. An den Anfang des Werkes stellte Matthias einen Vergleich des Körperbaus von Mann und Frau, genauer: eine Beschreibung des weiblichen Körpers in Abweichung vom männlichen, inklusive daraus abgeleiteten psychischen Merkmalen. Im Mittelpunkt standen dabei nicht die Gemeinsamkeiten zwischen den Geschlechtern, sondern die Unterschiede. Diese benutzte er dann, um zu begründen, warum die Frauen im Gegensatz zu den Männern für diese oder jene Sportart nicht geeignet seien, und leitete das für die Frauen ideale Turnen ab.[143] Für Matthias war der Mann die Norm und die Frau das Andere, speziell zu Behandelnde. Matthias betonte stets, dass diese Unterschiede nicht Ausdruck einer «Unterwertigkeit», sondern einer «Anderwertigkeit» der Frau seien.[144] Dass er damit ausdrücken wollte, dass die Geschlechter gleichwertig seien, ist schwer zu glauben. Falls frau sich jedoch mit der Rolle abfinden konnte, die Matthias und die Mehrheit seiner Zeitgenossen den Frauen zuschrieben, nämlich die der Ehefrau und Mutter, so durfte sie sich durchaus auch eines grossen Respekts erfreuen.

Am Beispiel der Menstruation, also einem Spezifikum des weiblichen Körpers, versuchte Matthias zu zeigen, dass die weibliche Psyche labiler sei als die männliche. Die Menstruation bringe nicht nur einen enormen Blutverlust mit sich, sondern werde auch von psychischen Störungen begleitet. Insbesondere in den Tagen vor der Menstruation gehe eine «verstärkte Blutwelle» im Unterleib mit einer relativen Blutleere in der Muskulatur und im Gehirn einher. Die Blutleere im Gehirn führe zu Unlustgefühlen und zu einer «geschwächten Widerstandsgrösse der nervösen Zentren auf Umwelteinflüsse». Deshalb sei in dieser Zeit oft eine «erhöhte nervöse Erregbarkeit» festzustellen.[145]

Schon in seiner Antrittsvorlesung im Jahr 1920 hatte Matthias nicht nur auf die körperlichen Unterschiede zwischen Mann und Frau hingewiesen, sondern auch betont, dass die «Affektabiliät des Nervensystems beim Weibe viel grösser» sei. Zur Illustration zog er einen Vergleich zwischen einem Wettspiel unter Mädchen beziehungsweise unter Knaben und behauptete, dass eine Mädchenabtei-

---

143 So geht Matthias vor, und dies bezeichnet Pfister als typisch für diese Art von Abhandlungen, zu denen sie das Werk von Matthias explizit rechnet, vgl. Pfister, in: Medau/Novacki 1988, S. 44/45.
144 Schon in seiner Antrittsvorlesung, vgl. O. H., in: FT, Nr. 2, 6. Mai 1921; oder in einem Vortrag vom 7. März 1923, organisiert vom Lehrerturnverein Zürich, worüber Leutert im FT berichtete: «Neue Wege und Ziele im Frauenturnen», FT, Nr. 3, 13. April 1923.
145 Matthias 1929, S. 87. Auf der folgenden Seite spricht er dann sogar von Schädigungen der Grosshirnrinde im Zusammenhang mit der Menstruation, unter Ein-

lung sogar bei technischer Überlegenheit durch einen kleinen Fehler so irritiert werden könne, dass sie den Gegnerinnen unterliege.[146] Und in einem weiteren Vortrag zwei Jahre später verfeinerte er seine Theorie in dem Sinne, dass «die Beeinflussung des Nerven-Muskel-Systems durch Affekte, Gemütsbewegungen, die sogenannte *Affektabilität* […], bei der Frau in anregendem und hemmendem Sinne viel grösser» sei.[147]
Die Lektüre von solchen und ähnlichen Texten lässt den Verdacht aufkommen, dass hinter dieser «objektiven» naturwissenschaftlichen Argumentation ganz konkrete Ängste standen. Und zwar nicht nur die diffusen Ängste vor einer Degeneration der ganzen Gesellschaft, von denen in Kapitel 4.2 die Rede war, sondern noch viel konkreter fassbare. Die neuen beruflichen Möglichkeiten der Frauen eröffneten diesen neue Horizonte, die gesellschaftlichen Veränderungen seit der Jahrhundertwende liessen neue weibliche Idealbilder aufkommen: «Leitbild war jetzt die ‹Neue Frau›, jung, schlank, salopp, modisch, selbstbewusst und rational, erfolgreich im Beruf, im Sport und in der Liebe», schreibt die Sporthistorikerin Gertrud Pfister.[148] Auch wenn es sich dabei nicht um eine wirkliche Emanzipation gehandelt habe, da sich die Frauen einfach einem neuen Frauenbild und Körperideal unterworfen hätten[149], erschraken aber die Männer offenbar ob der neuen Tendenzen und gaben Gegensteuer. Der Erste Weltkrieg liess die Befürchtungen der Männer wachsen: Frauenwahlrecht (allerdings nicht in der Schweiz!), Zulassung zu akademischen Berufen oder auch die Tatsache, dass körperliche Stärke durch die Mechanisierung in der Arbeitswelt an Bedeutung verlor, hätten die Männer um ihre angestammten Positionen fürchten lassen. Mit dem Rekurs auf den «weiblichen» Körper, auf seine «Aufgaben und seine Defizite», hätten die Männer versucht, die Frauen an Heim und Herd zu binden.[150]
Matthias konnte der ausserhäuslichen Erwerbsarbeit von Frauen kaum etwas Positives abgewinnen. Eine weitere Entwicklung jener

bezug der Leber. Dass dem Gehirn während der Menstruation Blut entzogen werde, behauptete auch J. Krieg, der dann allerdings eine Überlastung des Herzens und Neigung zu Ohnmachtsanfällen daraus ableitete (J. Krieg, Turnen und Sport für das weibliche Geschlecht, Hamburg 1922, referiert nach Pfister, in: Palzkill/Scheffel/Sobiech 1991, S. 23).
146 Referiert von O. H., in: FT, Nr. 2, 6. Mai 1921.
147 Referiert von Leutert, in: FT, Nr. 3, 13. April 1923.
148 Gertrud Pfister, Körperkultur und Weiblichkeit, in: M. Klein (Hg.), Sport und Geschlecht, Reinbek bei Hamburg 1983, S. 55. Vgl. zu verschiedenen Frauenbildern, insbesondere der 20er und 30er Jahre auch Kap. 5.2.
149 Diese Ansicht vertreten Pfister, in: Klein 1983, S. 55 und Christine Woesler-de Panafieu, Aussen- und Innenaspekte weiblicher Körper, in: ebd., S. 64.
150 Pfister, in: Palzkill/Scheffel/Sobiech 1991, S. 17.

Zeit, diesmal im Bereich des Sports, wollte ihm genauso wenig gefallen, gemeint ist die Teilnahme von Frauen an Wettkämpfen. Diese Frage dominierte in den 20er Jahren die Diskussionen im Frauensport. Auch Matthias beschäftigte dieses Thema sehr, in seinem Werk von 1929 hatte er sich unter anderem vorgenommen, durch die Untersuchung von Körper und Psyche der Frau und durch den Vergleich mit dem männlichen Geschlecht eine wissenschaftliche, das heisst «objektive» Antwort auf diese Frage zu geben.

4.5.1 Im Zentrum der Diskussion: die Wettkampffrage

Seit der Jahrhundertwende wurden auch die Frauen zunehmend von der sich ausbreitenden Spiel- und Sportbewegung erfasst, einige wenige unter ihnen übten sich ausserdem in Sportarten, die noch heute als typisch männlich gelten, wie Motorradfahren oder Fussball spielen, und dies mit durchaus respektablen Leistungen.[151] Nach dem Ersten Weltkrieg stieg die Zahl der in Turnen und Sport aktiven Frauen weiter an, und es gab schon in den 20er Jahren Frauen, die Leistungs- und Wettkampfsport trieben. Da sie zum Teil nicht in die Verbände der Männer aufgenommen wurden oder auch nicht an Olympischen Spielen teilnehmen durften, gründeten sie eigene Verbände und führten selbständig Meisterschaften durch.[152] 1921 fanden die ersten Frauen-Leichtathletikmeisterschaften statt, und im selben Jahr wurde der Internationale Frauensportverband gegründet, der alle vier Jahre Frauenweltmeisterschaften durchführte. Die Schweiz war von Anfang an mit dabei. Der Verband löste sich 1938 auf, als die Frauenleichtathletik international etabliert schien.[153]
Mit der zunehmenden Zahl sporttreibender Frauen, durch ihre Teilnahme an Wettkämpfen und die stetige Steigerung ihrer Leistungen mehrten sich kritische Stimmen, insbesondere von ärztlicher Seite. Die guten sportlichen Leistungen, die von Frauen erbracht wurden, entsprachen nicht dem gängigen Frauenbild, sie lösten Abneigung und Ängste aus. Auch beim SFTV. So äusserte sich der Rheinfelder Turnlehrer Alfred Böni 1924 im «Frauen-Turnen»:

---

151 Pfister, in: Pfister 1980, S. 33/34.
152 Frauen hätten sich in den 20er Jahren an Sportarten beteiligt, welche die Frauen heute erst langsam wieder entdecken würden. Pfister betont die guten Leistungen, die darin von Frauen erzielt wurden. Nach dem Ersten Weltkrieg wurden Frauen durch die zunehmende Reglementierung und Regelung der Mitgliedschaft von vielen Sportarten ausgeschlossen, wo sie sich durchsetzen konn-

«Ich wende mich nur gegen den immer mehr überhandnehmenden Wettkampfgedanken. Sobald diese Körperübungen ausgeführt werden, um im Wettkampf einen Sieg zu erringen, verliert sich das Schöne, Ästhetische an der Bewegung. Der Kampf verzerrt das Mädchenantlitz, er gibt der anmutigen weiblichen Bewegung einen harten, männlichen Ton. Er lässt die Grazie verschwinden, mit der das Weib sonst gewohnt ist, alle Bewegungen auszuführen. Mit einem Wort, er wirkt beim Weibe unschön. Der Kampf gebührt dem Manne, der Natur des Weibes ist er wesensfremd. – Darum weg mit den Damenmeisterschaften, weg mit der furchtbaren Einführung der Rekordregistrierung bei Damenleistungen!»[154]

Matthias untermauerte die im SFTV ohnehin dominierende Ablehnung des Wettkampfes mit wissenschaftlichen Argumenten. Schon in seiner Antrittsvorlesung im Jahr 1920 hatte sich Matthias klar dagegen ausgesprochen, dass die Mädchen die gleiche körperliche Erziehung wie die Knaben erhalten sollten. Darüber zeigte sich der Berichterstatter im «Frauen-Turnen» höchst befriedigt, weil

«in den letzten Jahren selbst von autoritativer Seite die Lehre vertreten und verbreitet wird, dass ein Unterschied in den Arten der Leistungsfähigkeit der beiden Geschlechter gar nicht bestehe. Es ist daher zu begrüssen, dass jetzt auch an der Zürcher Universität eine Lehrstelle errichtet wurde, wo von berufener fachmännischer Seite über Gymnastik, Körperwachstum und Körpererziehung doziert wird, und von wo aus hoffentlich mit der Zeit die Lehren einer möglichst rationellen, der Eigenart der Geschlechter Rücksicht tragenden Körpererziehung in breite Volksschichten getragen wird.»[155]

Matthias machte in seinem Referat deutlich, dass aufgrund der physischen Unterschiede zwischen Mann und Frau, «die weibliche Natur nicht dazu geschaffen ist, es im Sport dem männlichen Geschlecht gleichzutun. Zu starke Anstrengung und Ausbildung der willkürlichen Muskeln beim Weibe können schädliche Folgen nach sich ziehn. [...] Die Bewegungen des Mannes sind stärker, schneller und viel präziser als diejenigen der Frau.»[156]

ten, erhielten sie aber zunehmend Anerkennung (ebd., S. 33 und 46ff.) Zum Thema Wettkampf vgl. auch z. B. Pfister, in: Schenk 1986, S. 64.
153 Auguste Hoffmann, Frau und Leibesübungen im Wandel der Zeit, Schorndorf 1965, S. 51/52; Pfister, in: Pfister 1980, S. 43/44.
154 Alfred Böni, «Richtlinien im Frauenturnen», FT, Nr. 6, 30. Mai 1924. Wie viele andere zitierte «Turnvater» Böni (er und Matthias galten als «geistige Führer» der schweiz. Frauenturnbewegung, vgl. Kap. 4.1) hierbei aus dem 1922 erschienenen Buch «Leichtathletik» des ehemaligen deutschen Zehnkämpfers Karl von Halt.
155 O. H., in: FT, Nr. 2, 6. Mai 1921.
156 Ebd.

In den ersten Jahrzehnten des 20. Jahrhunderts meldeten sich in Deutschland allmählich die ersten Ärztinnen in Sachen Frauensport zu Wort.[157] Da einige unter ihnen die Meinungen ihrer männlichen Kollegen über den Wettkampfsport überhaupt nicht teilten, kam es zu einer ausführlichen Debatte, mit der sich auch Matthias in seinem Buch von 1929 beschäftigte. Laut Matthias vertrat eine Reihe von Medizinerinnen die Ansicht, «dass sich die Frau wohlgemut und ohne besondere Rücksichtnahme Höchstleistungen zumuten dürfe.» Die vorhandenen Leistungsunterschiede zwischen Mann und Frau würden sie in erster Linie auf kulturelle Einflüsse zurückführen und behaupten, dass sich diese «unter geeigneten äussern Reizwirkungen» wieder ausgleichen liessen. Demgegenüber würden die meisten Gynäkologen die «ganz anders geartete konstitutionelle Eigenart» der Frau hervorheben, die auf den «ursprünglichen Beruf der Frau», die Mutterschaft, zurückzuführen sei. Ihrer Ansicht nach würden übertriebene sportliche Leistungen, welche diese Eigenart nicht berücksichtigten, zu einer «Schädigung der Frau und damit des Volkes» führen.[158]

Wenn Matthias im Vorwort seines Buches von 1929 schrieb, er werde eine wissenschaftliche Antwort geben auf die Frage, ob die Frauen an Wettkämpfen teilnehmen könnten und sollten oder nicht, so meinte er damit, dass er eine «objektive», von biologischen Gesetzen abgeleitete und damit von jeglicher Ideologie freie Antwort geben werde. Bereits die Ansichten der Verfasserin und des Verfassers der beiden Vorworte zu seinem Buch, strafen diesen Anspruch jedoch Lügen. Dr. med. Sophie Lützenkirchen, Fachärztin für Frauenheilkunde aus München, die das erste Vorwort verfasst hat, rühmte Matthias' Werk als erstes Lehrbuch, das aufgrund «umfassender anatomischer, physiologischer und psychologischer Studien» eine «erschöpfende Darstellung der besonderen arteigenen Übungsnotwendigkeiten des weiblichen Körpers» biete. «Die Gynäkologen werden dankbar begrüssen, dass ihre Anschauung über die Notwendigkeit geschlechtsdifferenzierter Leibesübungen vom Verfasser geteilt und die Forderung der Frauenheilkunde nach einer die arteigene Besonderheit der Frau in jeder Beziehung berücksichtigenden Grundgymnastik verwirklicht wurde.»[159]

---

157 Gertrud Pfister hat dies für die deutschen Verhältnisse gut aufgearbeitet, vgl. z. B. die Quellentexte, die Pfister 1980 herausgegeben hat. Auch in der Schweiz meldeten sich Ärztinnen zu Wort, auf vergleichbar fortschrittliche Voten wie in Deutschland bin ich jedoch nicht gestossen. Vgl. dazu auch Schütz 1984, S. 72/73.
158 Matthias 1929, S. 15.
159 Vorwort von S. Lützenkirchen, in: Matthias 1929, S. XV.

Einer der prominentesten Frauenärzte jener Zeit verfasste das zweite Vorwort: Dr. med. Hugo Sellheim, Direktor der Universitäts-Frauenklinik Leipzig.[160] Sellheim war der Überzeugung, da der Sport ganz auf den männlichen Körper zugeschnitten sei, hätte er bei den Frauen fatale Folgen. So behauptete er, dass sportliche Aktivitäten «straffe Fasern» des Beckenbodens und damit Schwierigkeiten bei der Geburt zur Folge hätten. Sport führe zu einer Verengung des weiblichen Beckens, Sprünge oder auch Speerwerfen hätten Gebärmutterverlagerungen zur Folge, und Schwangerschaften seien ohnehin die besten «Leibesübungen» für Frauen.[161] Allgemein warnten er und andere Gleichgesinnte vor der Vermännlichung der Frau durch den Sport: «Durch zuviel Sport nach männlichem Muster wird der Frauenkörper direkt vermännlicht ... Die weiblichen Unterleibsorgane verwelken, und das künstlich gezüchtete Mannweib ist fertig.»[162] Ein weiterer Kommentar Sellheims zum Frauensport, gemeint waren wohl leichtathletische Übungen, offenbart nicht nur, was er von der Leistungsfähigkeit der Frauen hielt, sondern vor allem auch seine männlichen Wunschvorstellungen: «Frauen hingegen mit runden Formen und breitem Becken scheitern fast regelmässig an diesen Übungen. Ihr Lauf ist, wie man mit tieferem Grunde sagt, darauf eingerichtet, eingeholt zu werden.»[163] Auguste Hoffmann, die in den 30er Jahren als Sportärztin tätig war, urteilte über Sellheim, seine Schriften über den Frauensport zeigten, dass er von der praktischen Arbeit nicht viel Ahnung gehabt habe. Er habe nie Beweise vorlegen können für seine theoretischen Überlegungen, er habe auch nie eigene experimentelle Untersuchungen durchgeführt, um seine Aussagen zu stützen.[164] Es waren Ärztinnen, die in den 20er Jahren die ersten empirischen Untersuchungen über den Einfluss sportlicher Aktivität auf den Frauenorganismus anstellten. Hoffmann tat dies ihrerseits in den 30er Jahren[165] und kam in etwa zu denselben Resultaten wie ihre Vorgän-

160 Pfister bezeichnet ihn als einen der am häufigsten zitierten Frauenärzte (Pfister, in: Medau/Nowacki 1988, S. 49).
161 Sellheims Ansichten stiessen bis zum Zweiten Weltkrieg auf breite Zustimmung, vgl. zu Sellheim: Pfister, in: Klein 1983, S. 57; dies., Biologie als Schicksal, in: S. Kröner/G. Pfister (Hg.), Frauen-Räume, Pfaffenweiler 1992, S. 50/51 sowie Gertrud Pfister/Hans Langenfeld, Vom Frauenturnen zum modernen Sport – Die Entwicklung der Leibesübungen der Frauen und Mädchen seit dem Ersten Weltkrieg, in: H. Ueberhorst (Hg.), Geschichte der Leibesübungen, Band 3/2, Berlin 1982, S. 980.
162 Hugo Sellheim, Auswertung der Gymnastik der Frau für die ärztliche Praxis, Medizinische Klinik, Berlin/Prag/Wien 27 (1931) 48, S. 1740. Zitiert nach Pfister, in: Medau/Novacki 1988, S. 46.
163 Ebd.
164 Hoffmann 1965, S. 81/82.
165 Ebd., S. 91ff. Zusammen mit Edith von Lölhöffel. Pfister bezeichnet die beiden als die bekanntesten Sportärztinnen der 30er Jahre (Pfister, in: Kröner/Pfister 1992, S. 52).

gerinnen, nämlich, dass Sport den Frauen überhaupt nicht schade, sondern im Gegenteil gesund für sie sei. Die Ärztinnen der 20er und 30er Jahre widerlegten nicht nur die Behauptungen von Sellheim über die negativen Folgen des Frauensports, sondern stellten auch positive Auswirkungen fest, gerade bei Menstruationsbeschwerden oder bei der Rückbildung nach der Schwangerschaft. Sie befürworteten den Wettkampfsport für Frauen, wenn sie auch dafür hielten, dass er nicht einziges Ziel des Frauensports sein sollte. Ob und wieviel Sport eine Frau während der Menstruation treiben wolle, solle sie selber entscheiden. Bei sportgeübten Frauen sahen sie keinen Grund für ein Verbot.[166] Erwähnenswert ist in diesem Zusammenhang eine Arbeit von Elisabeth Hörnicke, welche 1924 nachwies, dass der sogenannt weibliche Atemtypus, das heisst die flache Brustatmung, eben nicht typisch weiblich sei, vielmehr würden Korsette, welche die Atmung beeinträchtigten, und häufiges Sitzen Beschwerden verursachen.[167]
Die radikalste Verfechterin eines selbstbestimmten Frauensports war laut Pfister die Berliner Ärztin Alice Profé. Sie gehörte zu den ersten Frauen, die Medizin studiert hatten. Als Mitglied von Frauenausschüssen, auf Tagungen, in der Fachliteratur und als ärztliche Beraterin bei Frauenwettkämpfen setzte sie sich ihr ganzes Leben lang für den Frauensport ein. Schon vor dem Ersten Weltkrieg vertrat sie zum Beispiel auf einem Kongress die Ansicht, dass die «weibliche Schwäche» auf viele äussere Faktoren zurückzuführen sei, unter anderem auf die Erziehung, die Vernachlässigung des Körpers und die Frauenkleidung. Sie forderte die absolute Gleichstellung der Geschlechter in Turnen, Spiel und Sport, da sie der Meinung war, dass die gleichen Übungen auf den männlichen und den weiblichen Organismus auch die gleiche Wirkung hätten.[168] Im Gegensatz zu ihren männlichen Kollegen, die der Entfaltung des Frauensports enge Grenzen setzen wollten, indem sie vor allem auf die Unterschiede zwischen Mann und Frau hinwiesen, betonte Profé die Gemeinsamkeiten der Geschlechter:

«Es gibt keinen weiblich gebauten und arbeitenden Muskel, der in ganz besonderer Weise auf die Anstrengungen durch Leibesübungen antwortet; es

166 Hoffmann 1965, S. 83–97, über ihre eigenen Untersuchungen und diejenigen der 20er Jahre. Vgl. dazu auch Pfister, in: Medau/Nowacki 1988, S. 48/49.
167 Hoffmann 1965, S. 94/95. Eine besonders schlechte Atemfähigkeit hatten nach dieser Studie Postbeamtinnen, die ein Korsett trugen. Vgl. auch Pfister, in: Medau/Nowacki 1988, S. 48.
168 Pfister, in: Pfister 1980, S. 47; Pfister, in: Medau/Nowacki 1988, S. S. 43 und 49.
169 Alice Profé, Frauensport aus ärztlicher Sicht, [1928], zitiert nach: Pfister, in: Pfister 1980, S. 114.

gibt kein anders geartetes Blut, keine weibliche Atmung, die besonders zu schwunghaften Übungen befähigt. Keine der Behauptungen ist wissenschaftlich belegt. So wenig Frauen anderes essen als die Männer, um zu Kräften zu kommen, so wenig brauchen sie zu ihrer Kräftigung eine andere Art und einen anderen Betrieb von Leibesübungen.»[169]

In erster Linie forderte Profé, dass Frauen selber über Art und Umfang ihrer Leibesübungen sollten entscheiden können.[170] Ihre Überzeugung, dass nicht «natürliche» und damit unveränderliche körperliche Unterschiede zwischen den Geschlechtern für die vorhandenen Leistungsunterschiede verantwortlich seien, sondern geschlechtsspezifische Erziehung und Umwelteinflüsse, war nicht nur für die 20er Jahre, aus denen obiges Zitat stammt, revolutionär. Laut Pfister zeigten Profé und ihre Mitstreiterinnen schon damals auf, dass es im Interesse der Männer und der patriarchalen Gesellschaft lag, die Tendenz der Frauen, eigenverantwortlich und selbständig zu handeln, auch im Sport zu bekämpfen. Die progressiven, engagierten Ärztinnen hätten auch darauf hingewiesen, «dass die Drohung mit der ‹Vermännlichung›, dem Verlust der physischen Attraktivität, der ‹alten Jungfer›, eines der wichtigsten Instrumente der Unterdrückung war.»[171] Die Frauen hatten die Wahl: entweder wurde ihnen die Leistungsfähigkeit oder die Weiblichkeit abgesprochen.[172] Die Drohung mit dem Verlust der «Weiblichkeit» ist bis heute weit über den Sport hinaus ein beliebtes Instrument, um Frauen den Zugang zu neuen – von Männern besetzten – Bereichen zu verwehren.[173]

Frauen wie Alice Profé nahmen in den 20er Jahren eine Diskussion vorweg, wofür erst seit den 70er Jahren, im Zug der Neuen Frauenbewegung, das theoretische Rüstzeug erarbeitet wurde. Mit ihrer Betonung der gesellschaftlichen Einflüsse auf die Entwicklung des Frauenkörpers und die daraus abgeleiteten Wesensmerkmale der Frauen, verwendete Profé im Grunde das Konzept von «sex» und

170 Pfister, in: Medau/Nowacki 1988, S. 49/50.
171 Pfister, in: Pfister 1980, S. 49/50, Zitat S. 50. Vgl. auch Schütz 1984, S. 79/80. Schütz erwähnt in diesem Zusammenhang, dass von deutschen Frauen eine Beziehung zwischen Leistungssport und Emanzipation hergestellt wurde, was in der Schweiz damals noch kaum der Fall war.
172 Vgl. dazu Pfister, in: Pfister 1980, S. 50; Pfister, in: Medau/Nowacki 1988, S. 50; wie auch Kröner 1976.
173 Naomi Wolf hat diese Strategie in ihrem Buch «The Beauty Myth» beschrieben. In den 80er Jahren sei mit Hilfe des «Mythos Schönheit» versucht worden, die Errungenschaften der Frauenbewegung zunichte zu machen. Indem sie auch Beispiele aus früheren Zeiten aufzählt, versucht Wolf zu zeigen, dass den Frauen immer wieder nach demselben Muster ein Platz in der Öffentlichkeit verwehrt wurde: Man erklärte ihre Forderungen als mit weiblichen Werten nicht vereinbar (N. Wolf, The Beauty Myth. How images of beauty are used against women, New York 1991).

«gender», wie es Joan W. Scott Mitte der 80er Jahre formuliert hat[174], ohne dass Profé dieses begriffliche Instrumentarium zur Verfügung stand. Die vehemente Ablehnung Profés von körperlichen Unterschieden zwischen den Geschlechtern («es gibt keinen weiblich gebauten und arbeitenden Muskel») könnte sie sogar in die Nähe von Judith Butler bringen, welche die neueste Debatte innerhalb der feministischen Wissenschaft ausgelöst hat.[175] Diese dreht sich in etwa um Butlers Behauptung, dass die Kategorie Geschlecht aufzuheben sei, da es keine eindeutigen biologischen Unterschiede zwischen den Geschlechtern gebe (keine zwei «sexes»), sondern alle biologischen Geschlechtsbestimmungsmethoden letzlich auf kulturellen Praktiken beruhten.[176]

Doch zurück zum Frauensport. Die widersprüchlichen Aussagen, die dazu seitens der «objektiven» Naturwissenschaften beigesteuert wurden, und der fortlaufende Wandel der medizinischen Lehrmeinungen hätten ihre Abhängigkeit von dahinter stehenden Interessen, Zeitströmungen und weltanschaulichen Positionen eigentlich längst deutlich machen müssen. Die «medizinischen Argumente für und gegen den Frauensport [widerspiegelten] die jeweils herrschenden Weiblichkeitsmythen und Frauenrollen, d. h. auch die (Macht-)Beziehungen zwischen den Geschlechtern».[177]

Auch für Frauen, welche die Behauptungen der Frauensportgegner als abstrus und wissenschaftlich nicht haltbar zurückwiesen und die sich für einen selbstbestimmten Frauensport einsetzten, war es nicht immer einfach zu formulieren, was denn nun im Frauensport erlaubt sein sollte und was nicht. Ein gutes Bespiel dafür gibt die Sportärztin und Sportwissenschaftlerin Auguste Hoffmann ab, wie

174 Joan W. Scott, Gender: A Useful Category of Historical Analysis?, in: The American Historical Review 91, 1986, S. 1053–1075.
175 Judith Butler, Das Unbehagen der Geschlechter, Frankfurt a. M. 1991.
176 Eine Reihe interessanter Ausätze dazu findet sich in: Feministische Studien, 1993, Nr. 2, vor allem die Aufsätze von Hilge Landweer, Carol Hageman-White und Barbara Duden; weitere in: Seyla Benhabib et al. (Hg.), Der Streit um Differenz, Frankfurt a. M. 1994 (2. Auflage). Diese Sammlung umfasst auch Artikel von Judith Butler; vgl. auch Barbara Hey, Die Entwicklung des gender-Konzepts vor dem Hintergrund poststrukturalistischen Denkens, in: L'homme, 1994, Heft 1, S. 7–27.
177 Pfister, in: Medau/Novacki 1988, S. 51. Teilweise mag es auch lediglich um den persönlichen Geschmack der Mediziner gegangen sein, die ihre Schönheitsideale einfach mit medizinischen Argumenten untermauerten. So kommentierte der Vorsitzende des Deutschen Sportärztebundes eine Rede des Reichssportführers 1933 folgendermassen: «Bei dieser Kritik [am Wettkampfsport der Frauen, gpf] musste man als Arzt und alter Sportler voll auf seiner Seite stehen. . . . eines muss doch bleiben, nämlich der weibliche Reiz, und dieser wörtlich genommen, der körperliche Anreiz, ein so hübsches, gesundes Weib zur ehelichen Gemeinschaft zu begehren.» (Aus der Münchner Medizinischen Wochenzeitschrift, 80, 1933, S. 1231, zitiert nach: Pfister, in: Kröner/Pfister 1992, S. 54, Anm. 39.)

ich anhand ihres Buches «Frau und Leibesübungen im Wandel der Zeit» von 1965 zeigen möchte. Auf der einen Seite stellt sie darin die Kategorien «männlich» und «weiblich» grundsätzlich in Frage und schliesst sich soziologischen Studien an, welche die verschiedenen Verhaltensweisen und sozialen Rollen der Geschlechter in einer Gesellschaft weniger auf angeborene Unterschiede zurückführen, sondern behaupten, dass «jede Kultur eine bestimmte Formung und Standardisierung dieser Rollen» entwickle.[178] Auf der andern Seite geht sie davon aus, dass es «männliche» und davon unterscheidbare «weibliche» Bewegungsformen gibt: «Sportliches Tun, das auf Leistung und Wettkampf gerichtet ist, bedeutet immer die Überwindung eines Hindernisses...», und diese Bewegungsform bezeichnet sie als männlich. Sie vertritt auch die Ansicht, dass sich geschlechtsspezifische Bewegungsabläufe schon in der Kindheit andeuteten.[179] Erstaunlich ist ausserdem ihre Begründung, warum man in der Gymnastik andere Frauentypen finde als im Sport. Nicht etwa deswegen, weil Gymnastik weniger anstrengend sei:

«Vielmehr kommen diese Übungen der psychischen Veranlagung der Frau entgegen. Die Bevorzugung von rhythmischen, schwungvollen Bewegungsformen, wie sie sich heute auch im Sport und Turnen vielfach durchgesetzt haben, haben sicher zur Leistungssteigerung der Frau in den sportlichen Disziplinen beigetragen. Wenn die Frauenleistung im Diskuswurf 96,3%, im Speerwurf dagegen nur 66,4% der männlichen Höchstleistung beträgt, so dürfte das nicht zuletzt an der besseren Eignung der Frau für den Schwungwurf als für den Schlagwurf liegen.»[180]

Darüber hinaus behauptet sie sogar, dass Frauen durch Training und Wettkampf psychisch mehr belastet würden als Männer: «Sie sind labiler und viel stärker von einer guten persönlichen Betreuung abhängig. Die menschliche Führung ist für die Leistung der Frau oft entscheidender als die Trainingsmethode.»[181]

Mit solchen Voten kommt sie den Ansichten eines Sellheim oder Matthias gefährlich nahe, obwohl sie eigentlich gegen deren Behauptungen antreten will. Letzteres tut sie dann wieder mit Feststellungen wie dieser, dass Männer und Frauen Eigenschaften des anderen Geschlechts in sich trügen, und mit ihrer Forderung, dass sie auch beides sollten zeigen dürfen.[182] Am Beispiel von Hoffmann

178   Hoffmann 1965, S. 126.
179   Ebd., S. 127/128, Zitat S. 127.
180   Ebd., S. 129.
181   Ebd.
182   Ebd., S. 134/135.

wird deutlich, wie tief verwurzelt traditionelle Vorstellungen von «Weiblichkeit» und «Männlichkeit» auch in den Köpfen von Frauen waren, die Leistungssport für Frauen befürworteten und sich vor allem auch dafür einsetzten, dass Frauen selber sollten bestimmen können, welchen Sport sie treiben wollten.
Eine nachhaltige Abwendung von biologisch determinierten Ansätzen und eine Hinwendung zu Theorien, welche der geschlechtsspezifischen Sozialisierung grösseres Gewicht beimessen, brachten auch im Sport erst die 70er Jahre:

«Die allgemein akzeptierte Ansicht, dass Frauen sich nur für geschmeidige, harmonische und rhythmische Bewegungen eignen […] geriet erst im Zuge der Liberalisierungstendenzen zu Beginn der 70er Jahre ins Wanken. Seither fanden empirische Untersuchungen, die Geschlechtsunterschiede im motorischen und psychischen Bereich sowie in den sportlichen Aktivitäten und Einstellungen als weitgehend sozialisations- und umweltbedingt erwiesen, wachsende Beachtung.»[183]

Gesellschaftliche Veränderungen waren notwendig, damit sich vermehrt durchsetzten konnte, was Profé schon vor dem Ersten Weltkrieg vertreten hatte. Dasselbe gilt für die wissenschaftlichen Lehrmeinungen der Medizin: «Während die medizinische Wissenschaft früher in Abhängigkeit von den damaligen historischen Bedingungen eher Argumente gegen den Frauensport lieferte, lässt sich in den gewandelten heutigen Situationen, parallel zum Umschwung der öffentlichen Meinung, die umgekehrte Tendenz beobachten: Die Medizin stellt sich häufig geradezu in den Dienst der abstrakten Leistung (Anabolika).»[184]
Mit anderen Worten: Genau wie die Leibesübungen sind auch die Erkenntnisse der Wissenschaft, hier der Medizin, zu einem hohen Grad abhängig vom gesellschaftlichen Umfeld. Statt «objektiv» zu sein, werden sie oft dazu verwendet, bestehende Ansichten in einer Sache wissenschaftlich zu untermauern und damit für viele Leute glaubhafter zu machen. Ansichten wie die von Matthias oder Sellheim dürften damals dem Empfinden einer Mehrheit entsprochen haben, weshalb ihnen viel Gehör geschenkt wurde. Und die Wissenschafter trugen ihrerseits dazu bei, dass dieses Denken noch lange Bestand hatte.

---

183 Pfister/Langenfeld, in: Ueberhorst 1982, S. 995.
184 Ebd., S. 999.

4.5.2 Statt Wettkampf Rumpfmuskelgymnastik

«Sorgfältig gewähltes Rumpfturnen – Lendenkräftigung und Abdominalgymnastik – muss […] die Grundlage jedes naturgemässen weiblichen Gymnastiksystemes sein.»[185] «Eine echte Frauengymnastik ... [muss] in aller erster Linie eine Rumpfmuskelgymnastik sein.»[186]
Das erste Zitat stammt aus der Antrittsvorlesung von Eugen Matthias im Jahr 1920, das zweite aus seinem Buch von 1929. In letzterem beschrieb er nach einer wissenschaftlichen Einführung, wie die ideale Gymnastik für die Frauen aussehen sollte. Die Übungen waren grossenteils schon bekannt, seit Anfang der 20er Jahre war Matthias daran, sie in verschiedenen Schriften zu veröffentlichen. Schon 1923 sprach man im «Frauen-Turnen» vom «Prinzip Matthias». Matthias habe grundlegend neue Akzente gesetzt im Frauenturnen. Er habe nicht einfach ein paar neue Übungen geschaffen, sondern den Übergang vom Stellungsturnen zum Bewegungsturnen vollbracht. Ausgangshaltung für alle Übungen sei nicht mehr die militärische Achtungsstellung, sondern eine «blosse Bereitschaftsstellung»! Die Muskeln würden durch einen konstanten Wechsel von Auslösung und Spannung geübt.[187]
Matthias ordnete die Übungen, die er für die Frauen vorsah, im weiten Feld der Leibesübungen der Gymnastik zu. Er erachtete die Gymnastik als geeigneter für die Frauen als Turnen (worunter er vor allem Geräteturnen verstand) und Sport, was bis heute einer weitverbreiteten Ansicht entspricht.[188] Mit seiner Gymnastik (ich werde dem heutigen Sprachgebrauch folgend trotzdem auch von Turnen sprechen) wollte er den Frauenorganismus für seine «natürliche» Aufgabe kräftigen, ihn vor Schaden bewahren oder be-

---

185 Matthias Worte laut O. H., in: FT, Nr. 2, vom 6. Mai 1921.
186 Matthias 1929, S. 75.
187 Eugen Zehnder, «Das neue Prinzip für den Betrieb der Freiübungen», FT, Nr. 8, 12. Okt. 1923. Schütz hat diese Einschätzung übernommen: Aufgrund physiologischer Erkenntnisse habe Matthias ein neues System von Freiübungen entwickelt, das auf neuen Prinzipien beruhte. Sie zitiert aus 25 Jahre SFTV 1934, S. 51: «Das statische, das Stellungsturnen wurde durch den steten Wechsel von Lockerung und Spannung in Muskeln und Gelenken in fliessende Bewegungsformen umgeleitet.» (Schütz 1984, S. 126).
188 Matthias 1929, S. 16. Vgl. Schütz 1984, S. 68 oder auch Leimgruber, in: Schader/Leimgruber, S. 148. Es gab in der damaligen Zeit nur wenige Stimmen, die sich mit noch heute üblichen Argumenten gegen die Gymnastik stellten: Die einseitige Festlegung der Frau auf die Gymnastik entspreche den bestehenden Geschlechterrollen und verstärke diese noch, indem sie nicht Kraft und Stärke, sondern Anmut und Eleganz, das Ausführen von schönen Bewegungen verlange. Zu den wenigen Gegnerinnen in den 20er Jahren gehörte Alice Profé (Pfister, in: Pfister 1980, S. 32). Auch Barbara Freckmann unterstützt die Ansicht, dass die

reits eingetretenen Schaden wieder gutmachen – deshalb die grosse Bedeutung, die er Übungen für den Beckenbereich zumass.

In den 20er Jahren gab es eine Vielzahl verschiedener Gymnastiksysteme nebeneinander. Matthias teilte sie grob in zwei Richtungen auf, in rationale und irrationale Gymnastik. Als wichtigste Vertreterin der ersten Richtung nannte er Bess Mensendieck[189]. Ihre Gymnastik sei rein funktional, einerseits auf die Förderung der Schönheit der Frau ausgerichtet, andererseits auf ihre Gesundheit. Vor allem solle sie Abhilfe bringen bei sogenannten Frauenkrankheiten (erschlaffte Bauchdecken, Unterleibsstörungen, Unregelmässigkeit der Monatsperiode, Nervosität, Gemütsbedrückungen usw). Mensendiecks Zielsetzung bleibe rein im Physiologischen stecken, und es sei eigentlich unbegreiflich, wie sie als Frau «ein Geheimnis des ewig Weiblichen, die Fähigkeit der Frau zum rhythmischen Einfühlen und Gestalten, die Neigung zu Reigen und Tanz nicht anerkennen» wolle.[190] Die Erklärung für diese «rein materiell rationale Einstellung» sah er in den gesellschaftlichen Verhältnissen: Mensendieck sei eben ein Kind ihrer Zeit, der Zeit vor dem Ersten Weltkrieg, als «der Materialismus in Technik und Wissenschaft seine Triumphe feierte» und die Menschen sich davon Grosses erhofft hätten.[191] Der Weltkrieg habe diese Erwartungen zerstört, und die Menschen hätten begonnen, sich wieder mehr der Innenwelt zuzuwenden. Dies habe wiederum Folgen für die Entwicklung der Leibesübungen gehabt, indem die irrationale Gymnastik entstanden sei, die sich hauptsächlich dem seelischen Erleben widme, als deren wichtigster Vertreter Rudolf Bode[192] zu betrachten sei. Der Körper

---

Gymnastik der 20er Jahre das traditionelle Frauenbild fortgeschrieben habe und ihr keine emanzipatorische Bedeutung zukomme. Den Wert der Gymnastik sieht sie allerdings darin, dass durch sie viele Frauen aus allen Schichten und Altersgruppen erst die Möglichkeit erhalten hätten, sich sportlich zu betätigen (vgl. B. Freckmann, Wesen und Formen der Gymnastik, in: H. Ueberhorst, Geschichte der Leibesübungen, Bd. 3/2, Berlin 1982, S. 1008–1010). Noch heute würden die Frauen das Feld dominieren, insbesondere der rhythmischen Gymnastik. Freckmann hält es aber nicht für sinnvoll, dass Frauen deswegen auf Gymnastik verzichten sollten, da Gymastik eine ganz besondere Art der Körpererfahrung ermögliche; vielmehr fordert sie eine Körpererziehung, die auch die männliche Jugend frühzeitig mit Gymnastik vertraut macht (ebd., S. 1021).

189 Bess Mensendieck wurde 1864 als Tochter eines Amerikaners und einer Schweizerin in Holland geboren und lebte und wirkte bis zum Ersten Weltkrieg in Europa, v. a. in Deutschland. Mensendieck ging es nicht um «Ausdruck, Seele und Anmut, sondern um Kraft, Gesundheit und Funktionsfähigkeit des durch Zivilisation und Mode verkrüppelten weiblichen Körpers. [...] Ihr Ziel war die körperlich wohlgebaute und wohlgebildete Frau. Ihre Methode war daher statisch, rational und rein funktional». (Günther, in: Ueberhorst 1980, S. 572/573).

190 Matthias 1929, S. 17/18.

191 Ebd., S. 19.

192 Rudolf Bode gilt als Begründer der sogenannten «Deutschen Gymnastik». Er war Schüler des Genfer Musikprofessors Emile Jacques-Dalcorze, der die «Bedeutung

sei bei den Anhängern dieser Richtung nicht mehr Selbstzweck, sondern nur noch Mittel zum Zweck, um ihrem seelischen Empfinden Ausdruck zu verleihen. Verstand und Willen würden ausgeschaltet und weder Anatomie noch Physiologie berücksichtigt. Matthias sah darin eine an sich nachvollziehbare Gegenreaktion auf die zu mechanistische Auffassung der vorausgegangenen Zeit.[193]
Dies entspricht der Darstellung auch in der neueren Literatur.[194] Die Gymnastikbewegung, insbesondere die rhythmische oder «irrationale» Gymnastik, wird als Teil der Lebensreformbewegung[195] dargestellt. Diese sei als Reaktion auf Industrialisierung, Verstädterung und die Rationalisierung aller Lebensbereiche entstanden, sie habe ein neues Körpergefühl, die Einheit von Geist und Körper angestrebt und sei zum Teil von einem starken Anti-Intellektualismus geprägt gewesen. Die Gymnastikbewegung habe sich insbesondere gegen den rekordorientierten Sport gerichtet, der den Körper auf die gleiche Weise instrumentalisiere wie die Arbeitswelt.[196]
Die ideale Gymnastik sah Matthias in einer Synthese der rationalen und der irrationalen Richtung. In seinen Augen ging es nicht an, ein Gymnastiksystem zu konzipieren, ohne sich zuerst damit zu befassen, wie der Körper gebaut ist und wie er funktioniert. Nur unter dieser Voraussetzung sei eine optimale Wirkung garantiert und die Gefahr allfälliger Schäden ausgeschlossen. Matthias war zu sehr Naturwissenschaftler und am Körper und dessen Funktionieren inter-

des körperlichen Rhythmus für die musikalische Erziehung» entdeckte (Günther, in: Ueberhorst 1980, S. 576). 1911 wandte er sich von Dalcroze ab und gründete in München eine eigene Schule für Rhythmische Gymnastik. Für Bode bedeutete Rhythmus «Hingabe an die den Menschen tragenden Rhythmen der Natur, ja des Kosmos. [...] Die Lehre von der völligen Irrationalität des Rhythmus und des Lebens machte Bode später anfällig für die Blut- und Boden-Mystik des Nationalsozialismus» (Günther, in: Ueberhorst 1980, S. 581).

193 Ebd., S. 19–22.
194 So z. B. bei Freckmann, in: Ueberhorst 1982, S. 1010ff. Als dritte Richtung nennt Freckmann die tänzerische Gymnastik, die Matthias bewusst weggelassen hat, weil er sie eher zu Tanz oder Theater zählt (Matthias 1929, S. 22). Freckmann nennt die auf Mensendieck aufbauende Gymnastik die anatomisch orientierte, die von Bode die rhythmische – dies sind die allgemein üblichen Bezeichnungen. Wie Matthias spricht auch Freckmann von der Hinwendung zu inneren Werten nach dem Ersten Weltkrieg, in deren Folge die rhythmische Gymnastik entstanden sei (Freckmann, in: Ueberhorst 1982, S. 1008). Nach Günther liegen die Wurzeln allerdings in der Zeit vor dem Ersten Weltkrieg (vgl. Günther, in: Ueberhorst 1980, 576ff.).
195 Die Lebensreformbewegung gehört zu den Reformbewegungen der Jahrhundertwende, einen Überblick gibt Corona Hepp: Moderne Kunst, Kulturkritik und Reformbewegungen nach der Jahrhundertwende, München 1987. Vgl. auch die Literaturangaben in Kap. 9.
196 Vgl. dazu: Günther, in: Ueberhorst 1980; Bernett 1982, S. 103ff.; Eike Emrich, Zum Einfluss lebensphilosophischer Kulturkritik auf Wandlungen des Sport- und Körperverständnisses, in: SZGS, 5. Jg., Heft 2, 1991, S. 67–76.

essiert, als dass er sich für eine Gymnastik hätte erwärmen können, der es nur um das seelische Erleben und nicht um den Körper an sich ging. Ausserdem wollte er mit seinem Turnen in erster Linie die Gesundheit der Frauen erhalten oder verbessern. Wenn er seiner Gymnastik auch rhythmische Elemente beigab und sich auch über das seelischen Erleben beim Turnen Gedanken machte, so waren dies Konzessionen an die «Eigenart» der Frauen, die in seinen Augen nur auf diese Weise zu körperlicher Ertüchtigung motiviert werden konnten. Bei den Männern erachtete er es offenbar als ausreichend, Tabellen über Körpermessungen aufzustellen, die den Erfolg körperlicher Betätigung ausgewiesen – ganz der Vorstellung folgend, dass der Mann die Welt mit dem Geist erfasst, die Frau mit dem Gemüt.[197]

Matthias bezeichnete seine Gymnastik als «Grundgymnastik», weil sie eine Gymnastik für «jedermann, für das Pubertätsmädchen, die Jungfrau und Frau jeder Altersstufe, jeder sozialen Schichtung, jeder Berufsart, jeder Neigung und Eigenart» sein sollte. Allerdings seien gezielte Leibesübungen gerade in der Pubertät, die er auch als «Reifezeit» oder «Schonphase» bezeichnete, von allergrösster Bedeutung. In dieser Zeit, in der sich die sexuellen Organe entwickelten und zum erstenmal die Menstruation auftrete, sei besondere Vorsicht geboten hinsichtlich körperlicher Betätigung. «Weder völlige Ruhe noch dauernde Beanspruchung ist das Richtige. Das Pubertätsmädchen braucht dosierte Leistungsbeanspruchung.»[198]

In der «Reifezeit» wurden «neutrale» Kinder zu Frauen, und auf ihnen lastete aus Matthias' Sicht die Hauptverantwortung für das Fortbestehen des ganzen Volkes. Deshalb war gerade während der Adoleszenz besonders darauf zu achten, dass sie keine körperlichen Schäden erlitten.

Matthias betrachtete seine Gymnastik als Grundlage für jede weitere körperliche Betätigung, gleichzeitig stelle sie selber eine vollwertige Form körperlicher Ertüchtigung dar, und viele Frauen würden sich allein mit dieser Gymnastik begnügen.[199]

Zum Schluss soll Matthias selber zu Worte kommen:

«Ausgangspunkt unserer Gymnastik ist die Wesenart des weiblichen Körpers in allen seinen verschiedenen Altersstufen. Das daraus ableitbare Übungsbedürfnis wird mit den Gesetzen der Bewegungsphysiologie in Einklang gebracht. Die Gymnastik ist deshalb eine der Frau und ihren verschiedenen

---

[197] Körpermessungen waren seine Spezialität beim Turnen der Männer, vgl. Kap. 4.1.
[198] Matthias 1929, S. 48–51, Zitat S. 51.
[199] Ebd., S. 2.

Altersstufen physiologisch angepasste Gymnastik. Sie ist also vorab organisch begründet. [...] Wir mussten auch versuchen, die dem weiblichen Rhythmus, sowohl dem körperlichen, wie dem seelischen, angepassten Bewegungsformen zu finden. Physiologisch bestimmte Bewegung versuchten wir durch gefällige Bewegungsbahnen in angenehm empfundene Formen zu kleiden.«[200]

Bei den Vertreterinnen und Vertretern anderer Gymnastiksysteme sah Matthias durchaus Verbindungen mit gesellschaftlichen Entwicklungen. Diese Einsichten fehlten ihm jedoch bezüglich seiner eigenen Lehre, womit er sich allerdings in guter Gesellschaft befand, wie ich im vorangehenden Kapitel ausgeführt habe. Er war der festen Überzeugung, nicht einen neuen Modetrend, sondern die einzig richtige, mit wissenschaftlichen Instrumenten ermittelte Frauengymnastik ausgearbeitet zu haben, und er benutzte den wachsenden Glauben an die Gültigkeit naturwissenschaftlicher Begründungen, um seine Gymnastik an die Frau zu bringen.

200   Ebd.

Kapitel 5
Der Schweizerische Frauenturnverband

5.1 Zürcher Bürgerstöchter turnen zuerst

Im Jahr 1893 wurde in Zürich der erste Damenturnverein der Schweiz, die Damenturngesellschaft Zürich, gegründet. In der Jubiläumsschrift des SFTV aus dem Jahre 1934 heisst es dazu:

«*Die Erkenntnis der Notwendigkeit körperlicher Übungen für das ganze weibliche Geschlecht war schon in vielen jungen ‹Damen› lebendig geworden. Es war einer jungen, eben aus dem Ausland zurückgekehrten Zürcherin vorbehalten, diese Bereitschaft klug und weitsichtig auszunützen. Sie sammelte einen Kreis gleichgesinnter, bewegungsfreudiger Töchter um sich und suchte ihnen Gelegenheit zu turnerischen Übungen zu schaffen.*»

Für die Leitung habe Major J. J. Müller, Turnlehrer an der Kantonsschule Zürich, gewonnen werden können.[1]
Die Initiative für die Gründung wird unmissverständlich den Frauen – oder gar einer Frau – zugesprochen. In der Verbandszeitschrift «Frauen-Turnen» wurde in den 20er Jahren dasselbe Bild heraufbeschworen. Die Argumentationsweise lautete stets in etwa so, dass die gesamtgesellschaftlichen Veränderungen um die Jahrhundertwende, besonders die zunehmende Berufstätigkeit der Frauen vorab in den Städten, zum einen das Bedürfnis nach körperlichem Ausgleich geweckt und zum anderen das Selbstbewusstsein der Frauen gestärkt hätten.[2]
Die Darstellung hat sich auch in der Jubiläumsschrift des SFTV aus dem Jahr 1983 nicht geändert: «Das erwachende und umsichgreifende Selbstbewusstsein der Frauen am Ende des letzten und zu Beginn dieses Jahrhunderts vermochte schliesslich doch, nach und

---

[1] 25 Jahre SFTV 1934, S. 6.
[2] Pius Jeker, «Schweiz. Damenturnvereinigung und Eidg. Turnverein», FT, Nr. 10, 3. Okt. 1924. Jeker war von 1921 bis 1942 Redaktor der Zeitschrift. Von einem neuen Selbstgefühl und wachsendem Selbstbewusstsein der Frauen, das die gesellschaftlichen Veränderungen zu Anfang des 20. Jahrhunderts begleitete, schrieb er in einem weiteren Artikel zwei Jahre später: ders., «Die Bedeutung der körperlichen Erstarkung des Frauengeschlechtes», FT, Nr. 4, 2. April 1926.

nach der mannigfaltigen Widerwärtigkeiten Herr zu werden. So kam es 1893 in Zürich zur Gründung des ersten Turnerinnenvereins, der Damenturngesellschaft Zürich.»[3]
Einen direkten Bezug zur Frauenbewegung stellte Alice Freund, eine der Pionierinnen im SFTV, in einem Artikel aus dem Jahr 1921 her: «Das Frauenturnen steht wohl im engsten Zusammenhang mit der ganzen Frauenbewegung.»[4] Und Susanne Arbenz, ebenfalls eine der ersten Frauen in führender Position im SFTV[5], erwähnte mehrfach, dass die Gegner des Frauenturnens die ersten Turnerinnen als «emanzipierte, moderne Weiber»[6] beschimpft hätten und ihr Turnen als «Eseleien der städtischen Weibervölker»[7].
Die Interpretation von Begriffen wie «Emanzipation», «Frauenbewegung» oder auch «fortschrittlich» ist heikel, weil sich Bedeutungen und Inhalte über die Jahrzehnte geändert haben. Es droht die Gefahr, die damaligen Inhalte als widersprüchlich zu bezeichnen oder ihnen gar jeglichen emanzipatorischen Gehalt abzusprechen, weil sie von heute aktuellen Definitionen und Positionen abweichen. Aus obigen Zitaten kann nicht viel mehr abgeleitet werden, als dass ein Bild von starken, selbständigen und selbstbewussten Frauen heraufbeschworen wurde und dass dies positiv besetzte Werte waren. Sie lassen jedoch im dunkeln, wofür sich die Frauen konkret einsetzten, wie dieses Turnen aussah und welche ihrer Vorstellungen sie tatsächlich in die Tat umsetzen konnten. Zudem wird der Umstand, dass es anfänglich Männer waren, die den SFTV sowohl als Leiter wie als Verbandsfunktionäre dominierten, einfach beiseite gelassen – auch von den betreffenden Männern selber. Die Basler Turnlehrerin Karin Schütz kommt in ihrer Diplomarbeit von 1984 zum Schluss, der SFTV habe mit seinem Frauenturnen keinen Beitrag zur Emanzipation der Schweizer Frauen geleistet, und nimmt damit eine Gegenposition zur verbandsinternen Darstellung ein.[8]

3 Verena Scheller/Ernst Gerber, 75 Jahre Schweizerischer Frauenturnverband 1908–1983, o. O. 1983 (zit.: 75 Jahre SFTV 1983), S. 10.
4 Alice Freund, «Allerhand Einflüsse und Erscheinungen auf dem Gebiete des Frauenturnens», FT, Nr. 4, 25. Nov. 1921. Die St. Gallerin Alice Freund war von 1908–1924 Mitglied des Zentralvorstandes des SFTV und sass 1923/24 auch in der TK des Verbandes. Von 1910 bis 1927 erteilte sie schweiz. Leiterkurse für das Frauenturnen (25 Jahre SFTV, S. 109–111).
5 Die Zürcherin Susanne Arbenz war von 1908–1915 Mitglied des Zentralvorstandes des SFTV, und von 1925 bis 1933 Mitglied der TK des Verbandes, die letzten fünf Jahre als Vize-Präsidentin. 1913–1927 erteilte sie schweiz. Leiterkurse für das Frauenturnen (ebd.).
6 Susanne Arbenz, «Unser Frauenturnen», Propagandanummer des FT, 18. April 1924.
7 25 Jahre SFTV 1934, S. 7.
8 Vgl. die Resultate von Schütz 1984.

Diese Sicht erscheint mir aber ebenfalls zu einseitig, wie ich im Verlauf dieser Arbeit zeigen möchte.
Allen Anfeindungen zum Trotz wuchs die junge Bewegung um die Jahrhundertwende rasch weiter an. Bis zum Jahr 1906 war die Zahl der Damenturnvereine in der ganzen Schweiz schon auf 32 gestiegen.[9] In diesem Jahr wurde zum erstenmal ein Kurs für die Leiterinnen und Leiter von Damenturnvereinen durchgeführt, der einen speziell auf die Frauen zugeschnittenen Turnstoff vermitteln sollte. Die ersten Damenturnvereine wurden mangels Alternativen oft von einem älteren Turner oder dem Oberturner des Turnvereins geleitet. Dadurch lief das Frauenturnen Gefahr, sich zu einem «verwässerten» Männerturnen zu entwickeln, bei dem die Übungen der Turner einfach übernommen wurden und die einzige Veränderung darin bestand, dass weniger Leistung verlangt wurde.[10]
Am dritten Damenturnkurs, der am 10./11. Oktober 1908 in Zürich stattfand, referierte einer der Kursleiter über die Vor- und Nachteile eines Zusammenschlusses der bestehenden Damenturnvereine. Anlass zu diesen Überlegungen gab vor allem die Frage, wie die Kurse für Leiterinnen, Leiter und Vorturnerinnen[11] zu finanzieren seien. Da die Bewegung sich stetig ausbreitete, musste das Kurswesen ausgebaut werden. Dessen Finanzierung war langfristig nicht gesichert, da der ETV, also der Turnverband der Männer, der vorläufig für die Kosten aufkam, dafür keine Bundessubventionen erhielt. Ausserdem benötigte der SFTV eigene Mittel, um gezielt für das Frauenturnen zu werben, um finanziell schwache Sektionen zu unterstützen, um Neugründungen zu fördern und um – analog zu den «Turnschulen» für Knaben – eigene Übungsanleitungen herauszugeben.[12]
Nach dem Referat und der anschliessenden Diskussion verabschiedeten die Anwesenden eine Resolution, worin sie die «Gründung einer schweizerischen Damenturnvereinigung[13] zum Zwecke der Förderung und Verbreitung des Turnens für das weibliche Geschlecht» beschlossen, und sie beauftragten eine Kommission von zwei Frauen

---

9   Nach Angaben des «Schweizerischen Turnerkalenders», zitiert aus: 25 Jahre SFTV 1934, S. 12.
10   25 Jahre SFTV 1934, S. 7/8.
11   Vorturnerinnen wurden ausgebildet, um den Leiter oder die Leiterin zu vertreten oder in der Leitung zu unterstützen oder auch, um später vielleicht einmal die Leitung eines Vereins zu übernehmen.
12   Vgl. 25 Jahre SFTV 1934, S. 7ff.
13   Der erste Name war «Schweizerische Damenturnvereinigung», im Jahr 1928 wurde er geändert in «Schweizerischer Frauenturnverband». Um Missverständnisse zu vermeiden, benutze ich in meinen Texten nur den zweiten Namen, in Zitaten taucht natürlich auch der erste Name auf.

und drei Männern mit der Ausarbeitung der ersten Statuten.[14] 30 Vereine bildeten den neuen Verband, unter ihnen war auch der 1906 gegründete Damenturnverein Liestal. Haupteinnahmequelle des SFTV waren die Mitgliederbeiträge, die Hoffnung auf Bundessubventionen ging nicht so schnell in Erfüllung. Das Kurswesen finanzierte weiterhin der ETV. Dieser wiederum erhielt seine Subventionen vom Militärdepartement, welches eine finanzielle Unterstützung des Frauenturnens aber ablehnte. Vom Departement des Innern erhielt der SFTV vorerst auch keine Finanzhilfe, mit der Begründung, dass bereits der Schweizerische Turnlehrerverein für seine Förderung des Mädchenturnens unterstützt werde. Im Jahr 1918 änderte das EMD seine Meinung und sprach dem SFTV erstmals eine finanzielle Unterstützung zu, im Jahr darauf folgte dann auch das Departement des Innern. Von 1921 an übernahm letzteres die gesamte Subventionierung des Frauenturnens, von 2000 Franken stieg der ausbezahlte Betrag bis 1929 auf 7500 Franken. In den 30er Jahren wurde der Zuschuss wieder gekürzt und das Subventionswesen neu geregelt: Der Verband der Turnerinnen erhielt fortan einen Teil der Gelder, die das Militärdepartement an den ETV entrichtete. Der SFTV konnte damit in den ersten Jahren offenbar leben.[15]

Die ersten Statuten der Vereinigung aus dem Jahr 1909 waren sehr knapp gehalten. Zweck des Verbandes war nach Paragraph 1: «Die Schweiz. Damenturnvereinigung bezweckt die Hebung der Volkskraft und Volksgesundheit durch Förderung und Verbreitung des Turnens beim erwachsenen weiblichen Geschlecht, insbesondere durch Veranstaltung von Turnkursen, durch Herausgabe von geeignetem Turnstoff, durch Belehrung über den Wert und die Durchführung des Frauenturnens, durch Gründung und Unterstützung neuer Sektionen.»[16] Hervorgehoben sei ausserdem die Bestimmung, dass dem fünfköpfigen Vorstand immer mindestens zwei Frauen angehören sollten.[17] Mit der Statutenrevision von 1916 wurde der Vorstand auf sieben Mitglieder erweitert, fortan sollten drei von ihnen Frauen sein.[18] In der nächsten Revision von 1922 wurden die

---

14 25 Jahre SFTV 1934, S. 9. Die Namen der Kommissionsmitglieder: Susanna Arbenz, Zürich; Alice Freund, St. Gallen; J. Otto Frischknecht, Zürich; Niklaus Michel, Winterthur; Fritz Staub, Glarus.
15 25 Jahre SFTV 1934, S. 32ff., zum Thema «Kassawesen». S. 33 heisst es: «... der alljährlich günstige Rechnungsabschluss sicherte bald den Grundstock zu einem Verbandsvermögen, das 1915 schon Fr. 2000 überschritten hatte.»
16 Statuten der Schweiz. Damenturnvereinigung von 1908, § 1, abgedruckt in: 25 Jahre SFTV 1934, S. 107.
17 Ebd., § 3. Der erste Vorstand setzte sich aus der Kommission zusammen, welche die Statuten ausgearbeitet hatte.

Aufgaben des Verbandes auf vielseitigen Wunsch erweitert, fortan sollte er sich auch um das Mädchenturnen kümmern.[19]
Die erste Bestandesliste der Vereinigung aus dem Jahr 1909 weist auf eine Häufung der Damenturnvereine im östlichen Teil der Schweiz hin: Von den 30 Gründungssektionen waren fünf allein in der Stadt Zürich zu Hause, drei in St. Gallen, zwei in Bern, je eine in Basel, Aarau, Glarus, Schaffhausen, Winterthur, Liestal und anderen kleineren Städten, hauptsächlich in den Kantonen Aargau, Zürich, Bern und in der Ostschweiz.[20] Als erste Sektion aus der französischen Schweiz trat Lausanne 1911 der Vereinigung bei, bald darauf folgten Genf, Neuenburg, Freiburg und 1916 Waadt. 1912 stiess Lugano als erster und bis 1923 einziger Tessiner Verein dazu. Konfessionelle Widerstände zögerten die Ausbreitung in der Innerschweiz hinaus, 1910 trat der erste Luzerner Verein dem Verband bei, 1916 folgte Zug, erst 1927 Uri, 1931 Schwyz und 1932 Unterwalden. Damit waren alle Kantone vertreten.[21]
In den ersten Jahren des Frauenturnens wurden mehrheitlich selbständige Vereine gegründet, die sich «Damenturnverein», vereinzelt auch «Damenturnclub» oder «Damen-turngesellschaft» nannten. Die überwiegende Mehrheit der Gründungssektionen des SFTV waren Damenturnvereine gewesen.[22] Die unselbständigen Vereine, die Untersektionen von Turnvereinen, nannten sich – und nennen sich bis heute – «Damenriegen».
Der SFTV wuchs in den ersten Jahrzehnten seines Bestehens rasch: von 30 Sektionen mit 1500 Mitgliedern bei der Gründung auf 156 Sektionen mit knapp 7000 Mitgliedern im Jahr 1920. Zehn Jahre später waren es dann bereits 436 Sektionen mit rund 23 000 Mitgliedern.[23] Ein kleiner Teil des Zuwachses zwischen 1920 und 1930 hatte strukturelle Gründe: Nicht alle Vereine schlossen sich von Anfang an dem SFTV an, sondern waren über den Turnverein, dem sie als Untersektion angehörten, Mitglieder des ETV. 1924 waren

18 Statuten der Schweiz. Damenturnvereinigung vom 9. April 1916, Art. 13 (zu finden im Archiv des STV in Aarau). In der Jubiläumsschrift des SFTV von 1934 heisst es gar, drei von sieben mussten Frauen sein (25 Jahre SFTV 1934, S. 16). Die Quoten wurden in den folgenden Jahren weitgehend eingehalten.
19 25 Jahre SFTV 1934, S. 16. In Art. 1 der Statuten vom 26. Nov. 1922 (zu finden im Archiv des STV in Aarau) wurde nur noch vom «weiblichen» und nicht mehr vom «erwachsenen weiblichen Geschlecht» gesprochen, was eine Ausdehnung auf das Mädchenturnen erlaubte.
20 25 Jahre SFTV 1934, S. 105.
21 Ebd., S.14. Der Anteil der französischen und Tessiner Sektionen machte im Jahr 1932 ein Sechstel der Vereine aus und ein Neuntel der turnenden Mitglieder. Als einziger Verein aus dem Grenzgebiet Deutschschweiz–Westschweiz war Biel (gegr. 1899) bei den Gründungsvereinen des SFTV.
22 Ebd., S. 105: 24 der 30 Vereine waren selbständig.
23 25 Jahre SFTV 1934, S. 106.

dies 34 Vereine, während 139 beiden Verbänden angehörten und 82 ausschliesslich demjenigen der Frauen angeschlossen waren.[24] Mit dem Anschluss des SFTV an den ETV, auf den ich im folgenden Kapitel eingehe, wurde die Verbandszugehörigkeit vereinheitlicht: Fortan durfte der Verband der Männer nur noch Damenturnvereine als Mitglieder anerkennen, die dem Verband der Frauen angehörten, was dem SFTV ein paar neue Sektionen brachte.[25]

5.2 Schweizerischer Frauenturnverband contra Eidgenössischer Turnverein

Im Jahr 1893 war der erste Damenturnverein gegründet worden, 1908 schloss sich die Mehrheit der bis dahin gegründeten Vereine zum SFTV zusammen, und bereits aus dem Jahr 1911 datiert der erste Vorstoss des ETV, der Verband der Frauen möge sich ihm anschliessen. Die folgenden Grafiken zeigen, wie sich die Mitgliederzahlen der beiden Verbände entwickelten. Grafik 6 vergleicht die Mitglieder (Turnende[26], Passiv- und Ehrenmitglieder) der beiden Verbände, Grafik 7 die Turnenden. Während der SFTV hinsichtlich seiner Mitgliederzahl bis in die Gegenwart deutlich hinter dem ETV zurückbleibt, überholte er den ETV bei der Anzahl Turnenden im Jahr 1980.[27] Seither gibt es in der Schweiz somit mehr aktive Turnerinnen als Turner, während die Turnvereine der Männer mehr Passiv- und Ehrenmitglieder haben als Damenriegen oder -turnvereine.[28]

Im SFTV nahm man den Wunsch des ETV, ihm beizutreten, durchaus ernst, vor allem, weil man sich dem ETV verpflichtet fühlte: «Der Eidg. Turnverein hat nun seit einer Reihe von Jahren namhafte Opfer für Veranstaltung von Frauenturnkursen gebracht, wofür wir ihm zu grossem Danke verpflichtet sind.» Es sei aber zu früh, über einen solchen Beitritt zu entscheiden, noch sei nicht klar, ob es letztlich nicht sinnvoller wäre, neben dem ETV einen selbständigen grossen Verband darzustellen.[29] Im Jahr 1915 hatte die Leitung des

---

24 Ebd., S. 12.
25 Pius Jeker, «Die Verbreitung des Frauenturnens in der Schweiz», FT, Nr. 10, 3. Okt. 1924.
26 Zu den «Turnenden» gehören beim SFTV die «Damen», also die jüngeren, und die «Frauen», ursprünglich die verheirateten oder die älteren, später die weniger leistungsorientiert turnenden Mitglieder. Beim ETV heissen diese Kategorien analog: «Aktive» und «Männer». «Aktive» kann auch als Oberbegriff wie «Turnende» verwendet werden.
27 Vgl. die Zahlen am Ende der Arbeit.
28 Dies wird sich auch bei den Baselbieter Verbänden zeigen, vgl. dazu Kap. 6.1.
29 25 Jahre SFTV, S. 60/61.

Schweizerischer Frauenturnverband contra Eidgenössischer Turnverein **129**

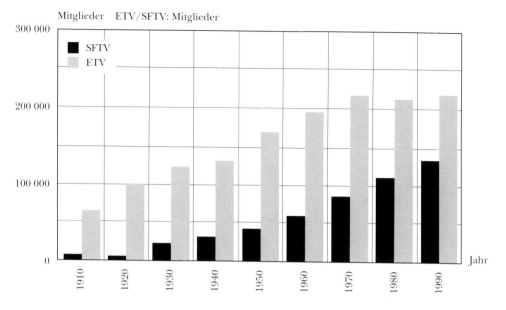

Grafik 6
Der Eidgenössische Turnverein verfügte stets über mehr Mitglieder.

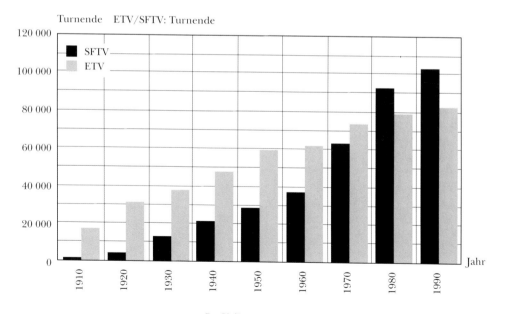

Grafik 7
Bei den effektiv Turnenden haben die Frauen die Männer überholt.

SFTV den wiederholten Anfragen des ETV bereits soweit nachgegeben, dass sie sich prinzipiell als einverstanden erklärte: «Grundsätzlich sind wir mit dem Beitritt zum Eidg. Turnverein einverstanden, denn wir haben schon seit langer Zeit seine finanzielle Unterstützung genossen...».[30] Man wolle aber noch zuwarten, zumindest bis der Krieg zu Ende sei und wieder normale Zeiten eingekehrt seien.

Das System mit zwei Dachverbänden war unübersichtlich und konnte auf Dauer nicht befriedigen. Die einen Vereine gehörten dem Verband der Männer an, die anderen demjenigen der Frauen und die dritten beiden. Dies zog Doppelspurigkeiten nach sich, insbesondere im Kurswesen, da beide Verbände Leiterinnen- und Leiterkurse durchführten. Im Jahr 1922 konnte für das Kurswesen eine vorläufige Lösung gefunden werden, die Beitrittsfrage blieb allerdings ausgeklammert und das Problem der Doppelmitgliedschaften ungelöst. Im Jahr 1924 machte der SFTV im «Frauen-Turnen» erste Vorschläge, wie die bei allen Parteien ungeliebte Struktur vereinfacht werden könnte:

«1. Zusammenschluss sämtlicher Frauenturnvereine und -Riegen[31] unseres Landes in einen Verband unter Aufhebung der bis jetzt bestehenden Doppelspurigkeit in der Mitgliedschaft;
2. Vereinheitlichung des Kurswesens;
3. Regelung des Subventionswesens durch den Bund.»[32]

Offenbar bedeuteten die Doppelmitgliedschaften, dass weniger Bundessubventionen in die Verbandskasse flossen. Damit hatte der SFTV zu wenig Geld, um ein eigenes, leistungsfähiges Kurswesen aufzubauen und blieb auf die Hilfe des ETV angewiesen, was es diesem wiederum ermöglichte, auf den Verband der Frauen Druck auszuüben, ihm doch beizutreten. Warum aber musste die Lösung in einem Beitritt des SFTV zum ETV liegen und dies als «selbständiger Unterverband»?[33] Hätte die Bildung von zwei eigenständigen Verbänden die bestehenden Probleme nicht auch lösen können? Die beiden Turnverbände standen sich in ihren Zielsetzungen sehr

30 Ebd., S. 61.
31 Dass hier der Begriff «Frauenturnvereine» und nicht «Damenturnvereine» verwendet wird, könnte bedeuten, dass sowohl Damen- wie auch die ersten Frauenturnvereine gemeint waren, «Frau» somit als Oberbegriff für die verschiedenen Kategorien verwendet wurde. Es könnte aber auch ein Hinweis auf die Neuinterpretation des Begriffs «Frau» sein, der 1928 dann zur Namensänderung des Verbandes führte, vgl. weiter unten in diesem Kapitel.
32 Pius Jeker, «Die Verbreitung des Frauenturnens in der Schweiz», FT, Nr. 10, 3. Okt. 1924.
33 75 Jahre SFTV 1983, S. 72.

nahe, dies wurde noch verstärkt durch die vielen personellen Verflechtungen – die meisten männlichen Verbandsfunktionäre des SFTV waren nämlich auch Mitglieder des ETV.[34] Eine partnerschaftliche Lösung wurde aber nicht gesucht. Es ging nur um die Frage: Beitritt ja oder nein?
Auch beim SFTV gab es starke Befürworter eines Anschlusses. Zu ihnen gehörte der Redaktor des «Frauen-Turnens», Pius Jeker. Er versuchte, die Ängste und Zweifel derjenigen zu zerstreuen, die fürchteten, dass «unser Frauenturnen mehr und mehr unter den Einfluss von Männern komme», und die nicht davon überzeugt waren, dass sich der ETV immer für die Sache der Turnerinnen einsetzen würde.[35] Im Vorfeld der Abstimmung über den Beitritt schrieb er 1924 im «Frauen-Turnen»: «Gemeinsam mit dem mächtigen Eidgenössischen Turnverein und durch ihn wird die Vertretung nach aussen, mit dem Landesverband und den eidgenössischen Behörden vor sich gehen. Das Einbüssen einer gewissen Selbständigkeit ist nicht so gefährlich, die Vereinigung bewahrt ihre eigene Verwaltung, erhält die ganze Leitung des Kurswesens, hofft auf vermehrte Subventionen, kann damit tiefer und sicherer eindringen, ihre Richtlinien verwirklichen, eine Geschlossenheit schaffen.»[36] Diese Darstellung entsprach nicht ganz den Tatsachen. Erstens erhielt der SFTV die Leitung des Kurswesens nur nach längeren Auseinandersetzungen mit dem ETV, und zweitens konnte auch nicht verhindert werden, dass dieser die Oberaufsicht behielt – was Jeker etwas weiter unten selbst anmerkte.[37]
Den wichtigsten Punkt seiner Liste von Vorteilen, die ein Zusammengehen bringen würde, nannte Jeker am Schluss: «Geschlossenheit» werde der Anschluss bringen. Diese Hoffnung erachte ich als eigentliche Triebkraft hinter der ganzen Sache. Aus anderen Artikeln Jekers, ebenfalls aus dem Jahr 1924, geht dies deutlicher hervor: «Ein einheitliches Kurswesen wird ein schweizerisches Frauenturnen zu schaffen vermögen.»[38] «Sie [die Schweizerische Damenturnvereinigung, eh] erwartet mit diesem Schritt ein geeinigtes und

---

34 Karl Michel, «Vom Frauenturnen», STZ, Festausgabe Nr. 2, 5. Juli 1932, über Nähe und Distanz der beiden Verbände und über die Vorgeschichte des Anschlusses. Vgl. auch 25 Jahre SFTV 1934, S. 60ff.
35 Ebd., S. 65. Jeker und Karl Michel traten an der Abgeordnetenversammlung vom 30. Nov. 1924, an der über den Beitritt abgestimmt wurde, nochmals vehement für den Anschluss ein.
36 Jeker, FT, 3. Okt. 1924.
37 Ebd. Zur Auseinandersetzung über die Organisation des Kurswesens, vgl. 25 Jahre SFTV 1934, S. 63/64. Der ETV wollte dem SFTV ursprünglich nur Mitsprache gewähren.
38 Pius Jeker, «Schweiz. Damenturnvereinigung und Eidg. Turnverein», FT, Nr. 11, 31. Okt. 1924.

geschlossenes Schweizerfrauenturnen, eine Stärkung ihrer Reihen…»[39]
Vereinheitlichung des Frauenturnens, Stärkung der Bewegung – bisher war stets vom Wachstum die Rede gewesen, welches eine Reorganisation erforderlich mache. Doch nicht um die Stärkung des Frauenturnverbandes allein ging es. In einem weiteren Artikel im «Frauen-Turnen», den er im Hinblick auf die Abstimmung über den Beitritt verfasst hatte, schrieb Jeker:

«Einsichtige Frauen und Männer gründeten die Schweiz. Damenturnvereinigung, eine Organisation, die ihr Netz über das ganze Land gespannt und trotz ihrer schwachen Mittel recht fruchtbringend wirkte. Neben diese Förderer trat vor einigen Jahren der Schweiz. Arbeiterturnverband und bildete in seinen meisten Turnvereinen sogenannte Damenriegen. Ebenso leben noch eine Reihe Korporationen, die gar keiner Organisation angehören. […] Zugleich aber sind Nebenströmungen entstanden, die auch das Gute wollen, aber extrem der sportlichen oder überhaupt der rein den Männern zugedachten Betätigung huldigen, wieder andere suchen neue Wege, die in ihrer Art der Gesamtheit noch nicht dienen können. […] Die Pflicht, das Geeignetste zu vermitteln, gebietet also heute den beiden eng verwandten Organisationen, sich zusammenzuschliessen …».[40]

Unmissverständlich kommt in Jekers Worten die Angst vor den konkurrierenden Turn- und Sportvereinen zum Ausdruck, die in den 20er Jahren in immer grösserer Zahl entstanden: die Arbeiterturn- und -sportvereine, die verschiedenen Sportvereine, die auch Frauenwettkämpfe durchführten und schliesslich diejenigen, die «neue Wege» suchten, womit wohl die verschiedenen Gymnastikschulen gemeint waren, die in privaten Instituten gelehrt wurden.
Keinen Zweifel daran, dass Angst vor der Konkurrenz hinter dem Zusammenschluss gestanden hatte, liess ein weiterer SFTV-Funktionär der ersten Stunde, Karl Michel, in einem Artikel, den er Anfang der 30er Jahre in der Schweizerischen Turnzeitung veröffentlichte:

«… und wenn man bedenkt, dass ausserhalb der beiden Verbände noch eine Reihe von Korporationen existierte, die nach irgendeinem festen, vom Auslande stammenden System turnten, und dass ferner andere Verbände ihren Sektionen Damenriegen angliederten, die auch turnerisch auf ganz andern Boden standen und noch stehen, so ist es erklärlich, wenn wenigstens die

---

39 Pius Jeker, «Zur Anschlussfrage», FT, Nr. 12, 12. Dez. 1924.
40 Jeker, FT, 3. Okt. 1924.

von grundsätzlich gleichen Ideen geleiteten Organisationen sich zusammenschlossen.»[41]

Welche Argumente die Delegierten des SFTV an der Versammlung vom 30. November 1924 schliesslich überzeugten, lässt sich nicht mehr ausmachen, jedenfalls sagten sie mit 69 zu 2 Stimmen klar ja zum Anschluss, und auf den 1. Januar 1925 trat die neue Organisation in Kraft.[42]

Eine weitere, interne Umstrukturierung hatte der SFTV schon mit der Statutenrevision von 1922 eingeleitet. Es sollten über die ganze Schweiz verteilt Kantonal- oder Regionalverbände gebildet werden, um die vielfältigen Aufgaben, welche bis anhin die schweizerische Zentrale erfüllt hatte, zu dezentralisieren. Dazu gehörten die Verwaltung, das Kurs- und das Propagandawesen[43]. Die Dezentralisierung sollte mehr Effizienz, finanzielle Einsparungen und eine bessere Anpassung an die jeweiligen lokalen Verhältnisse bringen. Nach einer Übergangszeit sollten die Einzelmitgliedschaften beim schweizerischen Verband aufgelöst werden, der Kontakt zwischen den lokalen Vereinen und dem schweizerischen Dachverband würde dann ausschliesslich über die Kantonalverbände laufen. Laut den Statuten von 1922 mussten Einzelmitglieder noch zugelassen werden, da es erst wenige Kantonalverbände gab: 1923 waren es vier, 1925 dann bereits 14 und 1928 schon 19 an der Zahl.[44]

Nicht alle Vereine waren vom Vorhaben der Verbandsleitung begeistert, es gab auch Einzelsektionen, welche sich dem kantonalen Verband nicht anschliessen wollten, «sei es aus Gewohnheit oder aus persönlichen oder eigenbrödlerischen Gründen», wie Karl Michel 1923 im «Frauen-Turnen» schrieb.[45] Zu diesen gehörte auch der Damenturnverein Liestal, wie ich noch zeigen werde.

Mit der Statutenrevision von 1928 wurden die Umstrukturierungen vorläufig besiegelt. Im Rahmen der in diesem Jahr stattfindenden Saffa, der ersten Schweizerischen Ausstellung für Frauenarbeit, trat der SFTV zum erstenmal geschlossen mit turnerischen Vorfüh-

---

41 Karl Michel, «Vom Frauenturnen», STZ, Festausgabe Nr. 2, 5. Juli 1932. Weder in der Jubiläumsschrift des SFTV von 1934, worin der Anschluss ausführlich behandelt wird, noch von Karin Schütz, die nur kurz darauf eingeht, wird auf diesen Zusammenhang hingewiesen.
42 25 Jahre SFTV 1934, S. 65.
43 Zum Begriff Propaganda vgl. das Kap. 5.3.
44 Karl Michel, «Die Schweizerische Damenturnvereinigung», FT, Nr. 2, 16. März 1923, worin er für die Umstrukturierung warb, indem er all ihre Vorteile aufzählte. Vgl. dazu auch 25 Jahre SFTV 1934, S. 16 und 106 (Statistik der Kantonalverbände). Vgl. ausserdem die Statuten der Schweizerischen Damenturnvereinigung vom 26. Nov. 1922.
45 Michel, in: FT, 16. März 1923.

rungen an die Öffentlichkeit. Am Vorabend des Turntages hielt er seine jährliche Delegiertenversammlung ab, die ganz der Beratung und Abstimmung über die neuen Statuten gewidmet war. Neben einer Reihe von Änderungen, die durch den Beitritt zum ETV erforderlich geworden waren, verfügten die neuen Statuten die Abschaffung der Einzelmitgliedschaft beim schweizerischen Dachverband und damit «die Überleitung der Vereinigung zu einem Verband von Unterverbänden»[46], die 1922 in die Wege geleitet worden war. Ausserdem benannte sich die «Schweizerische Damenturnvereinigung» um in «Schweizerischer Frauenturnverband» (SFTV).[47] Die Redaktion der Schweizerischen Turnzeitung beglückwünschte die Delegierten zu diesem Entschluss:

«In erster Linie haben die Vertreter eine zeitgemässe Namensänderung vollzogen. Die ‹Schweizerische Damenturnvereinigung› hat sich zum ‹Schweizerischen Frauenturnverband› gewandelt und damit einer Gesinnungsrichtung Rechnung getragen, welche den Namen ‹Frau› als die treffendste und edelste Bezeichnung für das andere Geschlecht beansprucht. Gut so! Wie das Wort ‹Dame› damals eine eigentliche Konzession an die öffentliche Meinung darstellte, so heute der neue Name an ein neues, logischer und wärmer fühlendes Geschlecht. Er hat den Vorzug volkstümlicher zu sein und jeder, auch nur scheinbaren, Geziertheit zu entbehren.»[48]

Auch in der Jubiläumsschrift des SFTV von 1934 ist zu lesen, dass man in den Anfängen «aus Klugheits- und Schicklichkeitsgründen» gezwungen war, nicht vom Frauen-, sondern vom Damenturnen zu reden.[49] Weiter heisst es in dieser Schrift: «Je mehr im Laufe der Zeiten dem Worte ‹Frau› wieder die ursprüngliche Bedeutung zukam, desto bessern Klang hatte es wieder, und auch in den Reihen der Turnerinnen gab man dem bodenständig-deutschen Wort mit der umfassenderen Bedeutung mehr und mehr den Vorzug.»[50] In den Zitaten werden dieselben Frauenbilder heraufbeschworen, welche das benachbarte Deutschland jener Jahre prägten. Die engen Beziehungen zwischen der deutschschweizerischen und der deutschen Turnbewegung waren zumindest in der ersten Hälfte der 30er Jahre noch intakt, und die Schweizer Turner zeigten sich be-

---

46 Pius Jeker, «Zum Frauenturntag an der Saffa», FT, Nr. 12, 7. Sept. 1928. Zum Auftreten des SFTV an der Saffa, vgl. die ausführliche Darstellung bei Schütz 1984, S. 14–25.
47 25 Jahre SFTV 1934, S. 16.
48 [Redaktioneller Beitrag], «Der 1. Schweiz. Frauenturntag in Bern. 23. September 1928», STZ, Nr. 39, 28. Sept. 1928.
49 25 Jahre SFTV 1934, S. 6.
50 Ebd., S. 17.

eindruckt ob der Entwicklung auf dem Gebiet der Leibesübungen unter den Nationalsozialisten.[51] Die Frauen jener Zeit sollten wieder natürlich, einfach und bescheiden sein, die Emanzipationsbestrebungen und Experimente der 20er Jahre waren verpönt, und für berufstätige Frauen gab es keinen Platz mehr angesichts der zunehmenden Arbeitslosigkeit. Die Frauen sollten sich wieder auf ihre eigentliche Rolle als Gattin und Mutter besinnen und an den Herd zurückkehren.[52]

Die einzelnen Vereine hiessen aber weiterhin «Damenturnverein» und «Damenriege». Eine Namensänderung an der Basis gestaltete sich schwieriger, da es inzwischen auch Frauenturnvereine und Frauenriegen gab, worin ursprünglich die verheirateten Frauen und mit den Jahren einfach diejenigen turnten, die weniger Leistung erbringen wollten als die jüngeren Frauen. Dies ist bis heute so geblieben, Bestrebungen, den Begriff «Damenriege» durch «Turnerinnenriege» zu ersetzen, war kein grosser Erfolg beschieden.

Seit 1925 war der SFTV also ein selbständiger Unterverband des ETV. Der Autor der Jubiläumsschrift des SFTV von 1958 umschrieb diese technische Bezeichnung so:

«Der ETV ist der grösszügige, verständnisvolle Vater, der sein Kind selbständig handeln lässt und nur einschreitet, wenn er dies für nötig erachtet. Das schliesst nicht aus, dass manchmal die Tochter eine andere Meinung hat als der Vater. Dann muss man eben miteinander reden, und bei gutem Willen beiderseits wird sich immer ein gangbarer Weg finden.»[53]

Ob die Leitung des Frauenturnverbandes (die ja zum Teil immer noch aus Männern bestand) tatsächlich so ehrfurchtsvoll zu ihrem «Vater» aufsah, möchte ich allerdings bezweifeln. Über die angetönten Meinungsverschiedenheiten ist in der Schrift aus den 50er Jahren nicht viel zu erfahren – im Gegensatz zur Jubiläumsschrift des SFTV von 1983. Hier stehen sie im Zentrum der Ausführungen

---

51 Als Beispiel: Im Zusammenhang mit der Darstellung der Beziehungen des SFTV zum Ausland wird in der Jubiläumsschrift von 1934 vermerkt: «Der Vollständigkeit halber möge hier Erwähnung finden, dass die beiden Präsidenten K. Michel und A. Kündig auf besondere Einladung hin 1933 am grossen Deutschen Bundesturnfest in Stuttgart die Gastfreundschaft der Deutschen Turnerschaft genossen und Zeugen grossen Geschehens waren.» (25 Jahre SFTV 1934, S. 68).
52 Vgl. z. B. Frei, in: 100 Jahre SPS 1988, S. 261–266. Ihre Ausführungen beziehen die Frauenbilder der bürgerlichen Frauen mit ein. Für die 30er Jahre vgl. auch Landschoof/Hüls 1985, insb. S. 38–43. Sehr anschaulich werden die verschiedenen Frauenbilder vermittelt im Sammelband: Hart und Zart: Frauenleben 1920–1970, Berlin 1990; und im Ausstellungskatalog: Frauenalltag und Frauenbewegung in Frankfurt 1890–1980, Historische Dokumentation 20. Jahrhundert, Frankfurt a. M. 1981.
53 50 Jahre SFTV 1958, S. 44.

über das Verhältnis zwischen «Tochter SFTV» und «Vater ETV», ein Verhältnis, das ausserdem auch als eine Beziehung zwischen «Schwester SFTV» und «Bruder ETV» beschrieben wird.[54] Rechtlich hatte sich am Status des Frauenturnverbandes nichts geändert, er war weiterhin Unterverband. Die Formulierung bringt in erster Linie den Wandel im Umgang der Geschlechter miteinander zum Ausdruck, in zweiter Linie signalisiert sie aber auch gewisse Veränderungen in Teilbereichen. 1974 gingen zum Beispiel die Verantwortung und alle Rechte an der «Frauenturnzeitung», der Nachfolgerin des «Frauen-Turnens», in die Hände des SFTV über. Bis zu diesem Zeitpunkt wählte immer noch der ETV den bisher stets männlichen Redaktor und kontrollierte Budget und Jahresrechnung.[55]

Aufschlussreich für den Grad von Unabhängigkeit des «selbständigen Unterverbandes» ist folgendes Zitat aus der Schrift von 1983: «Die Tatsache, dass der Entscheid über Teilnahme oder Nichtteilnahme an den Eidg. Turnfesten bei den Frauen lag, zeigt auf, dass die Stellung des SFTV innerhalb des ETV doch eine gewisse Selbständigkeit aufwies.»[56] Offensichtlich war es also nicht selbstverständlich, dass der SFTV selber entschied, ob er an den Turnfesten des ETV teilnehmen wollte oder nicht.

Gegen Ende der 60er, Anfang der 70er Jahre akzeptierten die Mitglieder des SFTV ihre untergeordnete Position immer weniger, die zaghaften Schritte in Richtung rechtliche Besserstellung der Frau scheinen auch den Turnerinnen Mut zur Rebellion gegeben zu haben. Sie opponierten mehrfach gegen Finanzbeschlüsse, gegen ihre Beteiligung an Ausgaben für Dinge, von denen sie selber kaum profitierten wie zum Beispiel gegen den «Spitzensportfranken». Der ETV wollte im Jahr 1970 einführen, dass jedes beitragzahlende Mitglied jährlich einen Franken an den Spitzensport zahle. Davon hätten die Frauen des SFTV nicht viel gehabt, da Wettkampf in ihren Reihen erst seit 1966 zugelassen war, sie hätten also in erster Linie die männlichen Spitzensportler finanziert. Ihr Stimmenanteil in der Abgeordnetenversammlung war zu gering, als dass sie den Beschluss hätten verhindern können; doch sie konnten offenbar genügend Druck ausüben, dass für ihren Verband eine spezielle Lösung gesucht werden musste.[57] Die Auseinandersetzung schürte in den

---

54 75 Jahre SFTV 1983, S. 46.
55 Ebd. Pius Jeker war von 1921 bis 1942 Redaktor des «Frauen-Turnen», ihm folgte von 1943 bis 1973 Ernst Grieder nach.
56 Ebd., S. 46/47. Zur Auseinandersetzung über die Teilnahme an den Turnfesten des ETV vgl. Kap. 5.6.
57 75 Jahre SFTV 1983, S. 47.

Reihen des SFTV den Unmut über seine Position als Unterverband des ETV:

«Einerseits garantierten ihm [dem SFTV, eh] die Statuten des ETV die Souveränität, seinen Verband so zu führen, wie es ihm gut schien, andererseits konnte er, wie im Falle [...] des Spitzensportfrankens, durch den ETV zu Verpflichtungen gezwungen werden, die er ablehnte. Dazu kam, dass er als Unterverband in verschiedenen für ihn wichtigen Verbänden und Gremien nicht Mitglied werden konnte und immer auf die Vermittlung durch den ETV angewiesen war.»[58]

An einer Sitzung im Februar 1971, die für die Lösung des Problems «Spitzensportfranken» einberufen worden war, wurde dann zum erstenmal über eine Änderung der Organisationsstruktur diskutiert. Allerdings stand nicht eine Trennung der beiden Verbände zur Diskussion, sondern die Gründung eines Gesamtverbandes aus beiden schweizerischen Dachverbänden, eine Idee, die von Vertretern des ETV vorgebracht wurde. Die Abgeordneten des SFTV konnten sich für diesen Vorschlag nicht recht begeistern, ihre Ziele lagen in jenen Jahren «eher in vermehrter Selbständigkeit und partnerschaftlicher Zusammenarbeit», was in der Jubiläumsschrift des SFTV von 1983 mit der politischen und gesellschaftlichen Entwicklung begründet wird; die Frauen hätten eben erst das eidgenössische Stimm- und Wahlrecht erhalten.[59] Offenbar stritten sich die Vertreterinnen und Vertreter der beiden Verbände an dieser Versammlung tüchtig, und ein offener Bruch konnte nur vermieden werden, indem ein Antrag auf Vertagung der Frage gutgeheissen wurde. So konnten im Sommer 1972 das Eidgenössische Turnfest und die Schweizerischen Frauenturntage in Aarau weitgehend unter normalen Bedingungen durchgeführt werden, die Beratungen gingen erst im Oktober jenes Jahres weiter. Aber auch in den folgenden Jahren sollen die Gespräche von gegenseitigem Misstrauen und starken Spannungen getragen gewesen sein.[60]

Erst im Jahre 1979 fanden die beiden Verbände zu einer gemeinsamen Linie zurück. Eine genauere Untersuchung der 60er und 70er Jahre wäre sehr aufschlussreich, vor allem im Hinblick auf die Frage, wie weit die «Neue Frauenbewegung» eine Rolle spielte für das deutlich wachsende Selbstvertrauen der Turnerinnen. In all den Jahren lief die Planung zur Bildung eines Gesamtverbandes weiter, und 1982 war es dann soweit, dass über die Grundlagen eines Zu-

58 Ebd., S. 48.
59 Ebd., S. 48/49, Zitat S. 49.
60 Ebd., S. 49/50.

sammenschlusses der beiden Verbände abgestimmt werden konnte. Während die Männer ja sagten, lehnten die Frauen jedoch knapp ab. Nachdem den Bedenken der Frauen Rechnung getragen worden war, stimmten auch sie im März 1983 der Schaffung eines Gesamtverbandes zu, und 1985 fusionierten die beiden Turnverbände schliesslich zum Schweizerischen Turnverband (STV).[61]
Die letzten Sätze der Jubiläumsschrift von 1983 klingen vertraut: Gemeinsam müssten ETV und SFTV als grösste polysportive Verbände der Schweiz den Weg in die Zukunft suchen: «Nur das beste Angebot vermag in der heutigen Vielfalt im Sport zu bestehen ... In einem neuen gemeinsamen Verband von Turnerinnen und Turnern wird diese Aufgabe leichter zu lösen sein.»[62] Damit schliesst sich der Kreis. Schon in den 20er Jahren hatte die zunehmend stärkere Konkurrenz anderer Sportarten und -verbände bewirkt, dass die beiden Turnverbände näher zusammenrückten. Die 60er und 70er Jahre hatten einen Umbruch im gesamten Sportgeschehen mit sich gebracht. Die männliche Jugend war je länger, desto weniger bereit, sich in die autoritären Führungsstrukturen des ETV zu fügen[63], und die jungen Frauen hatten es satt, an Wettbewerben des SFTV ihr Bestes zu geben, ohne danach in Ranglisten erscheinen zu dürfen. Das Angebot an Sportmöglichkeiten hatte seit dem Zweiten Weltkrieg massiv zugenommen, und der Individualsport begann dem Vereinssport zunehmend das Wasser beziehungsweise die Mitglieder abzugraben. Kein Wunder, dass die beiden Turnverbände ihre Kräfte bündeln und gemeinsam vorgehen wollten – dem Trend der Zeit entsprechend nicht mehr im Rahmen eines patriarchalen Verhältnisses, sondern als gleichberechtigte Partner.
In einem weiteren wichtigen Punkt hatten sich die Zeiten geändert: Das Turnen der Männer und Frauen, vor allem aber der Jugend beider Geschlechter, wurde sich immer ähnlicher. Dieser Entwicklung trug das Bundesgesetz über die Förderung von Turnen und Sport von 1972 Rechnung und trieb sie gleichzeitig weiter voran. Das Gesetz brachte die überfällige Gleichstellung der Geschlechter. Knaben und Mädchen hatten inskünftig gleich viele Schulturnstunden, und die Mädchen erhielten durch die Schaffung der Institution «Jugend & Sport» Zugang zu ausserschulischen Sportmöglich-

---

61 Ebd., S. 52/53. Die Jubiläumsschrift endet mit der Hoffnung, der Gesamtverband werde bald Wirklichkeit.
62 Ebd., S. 55.
63 Zur Krise des ETV in den 60er/70er Jahren, vgl. Leimgruber, in: Schader/Leimgruber 1993, S. 48–56.
64 Vgl. dazu Kap. 2.4. In der Jubiläumsschrift des SFTV von 1983 wird versucht, die Frauen für das Gesetz von 1972 mitverantwortlich zu machen: «Mit grossem Mehr stimmten 1972 – ein Jahr nach der Einführung des Frauen-Stimm- und

keiten, welche bisher den Knaben – im Rahmen des Vorunterrichts – vorbehalten gewesen waren.[64] Auch das Turnen der Erwachsenen in SFTV und ETV war sich mit den Jahren immer ähnlicher geworden, und so machte es immer weniger Sinn, in zwei Verbänden dieselben Kurse durchzuführen, was als weiteres Argument für den Zusammenschluss vorgebracht wurde.

5.3 **Propaganda für das Frauenturnen**

Bis zum Zusammenschluss des Schweizerischen Frauenturnverbandes und des Eidgenössischen Turnvereins zum Schweizerischen Turnverband im Jahre 1985 war in beiden Verbänden jeweils eine «Presse- und Propagandakommission» (PPK) zuständig für die Öffentlichkeitsarbeit. Mit der Fusion wurde diese umstrukturiert und in «Abteilung Information» umbenannt. Sie steht heute gleichrangig neben anderen Sparten wie zum Beispiel der technischen Abteilung. Sie ist unterteilt in verschiedene Ressorts; im Ressort «Propaganda» werden Werbeartikel wie T-Shirts, Bälle, Hüte usw. kreiert. Ein anderes Ressort ist zuständig für den Kontakt mit den Medien.[65] Mit der Schaffung des basellandschaftlichen Gesamtverbandes der Turnerinnen und Turner im Jahre 1992[66] erfolgte auch hier die Umbenennung der PPK in «Abteilung Information», auch «Informations-Kommission» genannt.

Die jahrzehntelange Verwendung des Begriffes «Propaganda» mag erstaunen. Die Geschichte seiner Inhalte und seiner Verwendung ist sehr bewegt, geprägt hat ihn in Deutschland im 20. Jahrhundert die Zeit des Nationalsozialismus. Nach dem Niedergang des Dritten Reiches war es in der BRD unmöglich geworden, ihn weiter zu verwenden, auch weil er in der DDR weiterhin zum Begriffsrepertoire der Sozialistischen Einheitspartei (SED) gehörte. Statt «Propaganda» verwendete man die Bezeichnung «Öffentlichkeitsarbeit» für politische und ideologische Werbung.[67]

    Wahlrechts – Bürgerinnen und Bürger der entsprechenden Gesetzesvorlage zu.» (75 Jahre SFTV 1983, S. 28) Tatsächlich waren es noch ausschliesslich die Bürger, die 1970 dem Verfassungsartikel zustimmten, auf welchem das Gesetz von 1972 beruht.

65   Telefonische Auskunft von Frau Venturi vom Sekretariat des STV in Aarau vom 14. Juni 1993.
66   Vgl. am Schluss von Kap. 6.1.
67   Vgl. Geschichtliche Grundbegriffe. Historisches Lexikon zur politisch-sozialen Sprache in Deutschland, hg. v. O. Brunner/W. Conze/R. Koselleck, Bd. 5, Stuttgart 1984 (zit.: Geschichtliche Grundbegriffe 1984), S. 112. Zur «Wiederentdeckung des Propagandabegriffs um 1900», vgl. S. 69ff. Nachdem der Begriff im 19. Jahrhundert in Misskredit geraten war, drang er über den wirtschaftlichen Bereich wieder in den politischen ein, geographisch von Frankreich her allmählich wieder nach Deutschland.

Innerhalb der schweizerischen Turnbewegung wurde der Begriff «Propaganda» nie ernsthaft in Frage gestellt, nicht einmal in den 30er und 40er Jahren. Bis in die jüngste Vergangenheit wurden «Propaganda» und «Werbung» weitgehend synonym verwendet. So wurde gleichwertig von Propaganda- oder Werbeschriften, von Propaganda- oder Werbetätigkeit gesprochen; es gab die schweizerische Presse- und Propagandakommission und die kantonalen WerbeleiterInnen, die in den kantonalen Verbänden für die Öffentlichkeitsarbeit zuständigen Personen. Ein Unterschied in der Verwendung der beiden Begriffe bestand allenfalls darin, dass «Propaganda» eher für den offiziellen Gebrauch verwendet wurde wie zum Beispiel für die Namensgebung der entsprechenden Kommission. Oder für Werbeschriften des «Frauen-Turnen»: Offiziell hiessen sie «Propagandanummern», im allgemeinen Sprachgebrauch wurden sie dann aber auch «Werbenummern» genannt.

Es ist erstaunlich, dass sich der Begriff so lange hielt, dass sich die Frauenturnbewegung nicht spätestens nach dem Zweiten Weltkrieg davon distanziert hat, gerade weil ihr meiner Ansicht nach inhaltlich eigentlich nicht vorgeworfen werden kann, eine Art von Propaganda betrieben zu haben, wie dies die Nationalsozialisten taten. Die Verantwortlichen des SFTV wollten möglichst viele Frauen von ihren Zielen überzeugen und zum Beitritt in einen ihrer Vereine bewegen. Ihre Propaganda war jedoch nicht «eine besondere Methode der Massenbeeinflussung», die nicht «gründliche Aufklärung und Belehrung, sondern eine Beeinflussung mit möglichst einfachen Mitteln»[68] zum Ziel hatte, wie im Falle der Nazionalsozialisten. Der SFTV vertrat nicht die Haltung, dass «jede wirkungsvolle Propaganda sich auf nur sehr wenige Punkte beschränken» und diese «schlagwortartig» so lange wiederholen müsse, «bis auch bestimmt der letzte unter einem solchen Worte das Gewollte sich vorzustellen vermag.»[69]

Natürlich standen hinter der Propagandatätigkeit des SFTV klare Interessen: Er wollte neue Mitglieder werben. Entsprechend brachte er sicher keine Schriften oder anderes Informationsmaterial in Umlauf, das beispielsweise vor den Gefahren des Frauenturnens warnte. Aber er ging nicht so vor, den Leuten die Vorteile des Turnens mit möglichst einfachen Schlagworten einzuhämmern, sondern unter-

---

68   Geschichtliche Grundbegriffe 1984, S. 108. Dem Buch von F. Schönemann, Die Kunst der Massenbeschaffung in den Vereinigten Staaten von Amerika, Stuttgart 1924, S. 197, entnommen. Schönemann regte Hitler zu seinem Verständnis von Propaganda an, das er 1925 in «Mein Kampf» niederlegte (Geschichtliche Grundbegriffe 1984, S. 108/109).

69   Adolf Hitler, Mein Kampf, 1925, S. 183, zitiert nach: Geschichtliche Grundbegriffe 1984, S. 110.

nahm grosse Anstrengungen für eine aufwendige Aufklärungsarbeit über den Wert des Turnens: Zeitungsartikel, Vorträge an Versammlungen und im Radio, Filme und praktische Vorführungen, Schauturnen und andere Anlässe sollten für das Frauenturnen werben. Oft wurde eine gemischte Form gewählt, zum Beispiel zeigte nach einem Vortrag eine Gruppe von Turnerinnen ein paar Übungsfolgen. Erklärtes Ziel war es, durch gute Argumente immer weitere Kreise für die Sache des Turnens zu gewinnen. Heute würde man dies als Öffentlichkeitsarbeit bezeichnen. Ich werde in meiner Darstellung nach Möglichkeit von Werbung oder von Öffentlichkeitsarbeit sprechen, in festen Wendungen aber das Wort Propaganda stehen lassen.

Das Jahr 1921 wird von der Verbandsgeschichtsschreibung als Beginn einer «planmässigen Propagandatätigkeit» bezeichnet, da von nun an immer ein Mitglied des Zentralvorstandes des SFTV mit dieser Aufgabe betraut war. Nach dem Anschluss an den ETV und der Statutenänderung im Jahr 1928 wurde dieser «Propagandachef»[70] Mitglied der Propagandakommission des ETV. Anfang der 30er Jahre wurde dann auch im SFTV eine eigene Presse- und Propagandakommission gegründet.[71] Ein Ziel der schweizerischen PPK war es, in allen Kantonalverbänden solche Kommissionen zu gründen, was in Baselland spätestens 1946 erreicht war, nachdem vorher Vorstandsmitglieder abwechselnd mit dieser Aufgabe betraut gewesen waren.[72]

Eine der wichtigsten Aufgaben der schweizerischen PPK war die Herausgabe der Verbandszeitschrift «Frauen-Turnen»[73], die erstmals 1921 als Beilage der «Schweizerischen Turnzeitung»[74], dem Verbandsorgan der Turner, erschien. Sie diente der Leitung des SFTV

70 Es war noch lange Zeit ein Mann.
71 25 Jahre SFTV 1934, S. 73/74.
72 An der Delegiertenversammlung des FTV vom 14. Januar 1945 sollten die Mitglieder einer PPK gewählt werden, und zwar mit Vertretung aller Bezirke des Kantons. Aus den Protokollen geht nicht hervor, ob die PPK an sich neu war oder nur, dass alle Bezirke vertreten sein sollten. Da letzteres offenbar Probleme machte, wurde ein Antrag gutgeheissen, dem Vorstand des FTV die Suche nach geeigneten Mitgliedern zu überlassen und den Riegen bis Ende Januar 1945 Zeit zu geben, ihrerseits Vorschläge zu machen. An der Vorstandssitzung vom 9. März 1945 hiess es, dass von den Riegen keine Vorschläge eingegangen seien. Dann schweigen die Protokolle in dieser Frage bis Herbst 1946: Im Protokoll der Vorstandssitzung vom 6. September 1946 wird Erich Roth als Mitglied der PPK bezeichnet und angekündigt, dass mit der geplanten Statutenrevision der Präsident der PPK Mitglied des Kantonalvorstandes werde (FTV-Protokolle).
73 «Frauen-Turnen» (zit.: FT). Organ des Schweizerischen Frauenturnverbandes. 1921–1937 als Beilage der Schweiz. Turnzeitung, dem Verbandsorgan des ETV.
74 «Schweizerische Turnzeitung» (zit.: STZ). Offizielles Organ des Eidgenössischen Turnvereins, 1866–1966; 1967–1973 «Schweizer Turnen»; 1974–1987 «Schweizer Turnen und Leichtathletik»; seit 1988 «Sport aktiv».

in erster Linie dazu, Mitteilungen aller Art an die ihm angeschlossenen Verbände und Vereine weiterzugeben, was bis dahin mittels Zirkularen bewerkstelligt worden war.[75] Schon im Jahr 1922 musste die Zahl von anfänglich vier Nummern verdoppelt und schliesslich auf 18 Beilagen pro Jahr erhöht werden. Im Jahr 1938 wurde die Beilage in eine eigenständige Zeitung umgewandelt und hiess fortan «Schweizerische Frauenturnzeitung».[76] Die Verbreitung der Zeitschrift in Turnerinnenkreisen wurde seit 1922 mittels Pflichtabonnementen gewährleistet.[77] Das Pendant in der Westschweiz hiess «L'Education Physique et Sportive Féminine» und erschien ebenfalls als Beilage zum Organ der Turner.[78]

Das «Frauen-Turnen» sollte aber nicht nur ein Mitteilungsblatt sein, es sollte auch als Plattform dienen, um die verschiedenen Richtungen im Frauenturnen vorzustellen, und es sollte helfen zu entscheiden, welchen der möglichen Wege das schweizerische Frauenturnen einschlagen sollte.[79] Die Zeitschrift sollte auch für das Frauenturnen werben und der Bewegung neue Mitglieder gewinnen. Von Anfang an waren die Turnerinnen dazu aufgerufen, für die Verbreitung der Zeitschrift zu sorgen, sie sollte in Wartezimmern von Ärzten, in Kaffeehallen, Teestuben usw. aufgelegt werden.[80] Zusätzlich erschienen – erstmals 1924 – eigentliche Propagandanummern des «Frauen-Turnen», die noch expliziter als Werbeschriften konzipiert waren, das heisst ausschliesslich Hintergrundartikel über den Wert des Frauenturnens enthielten und beispielsweise keine Berichte über Verbandsgeschäfte.

Darüber hinaus forderte die Verbandsleitung die Turnerinnen auch immer wieder dazu auf, die Tagespresse und vor allem die Frauenzeitschriften für die Ziele der Turnbewegung zu gewinnen.[81]

75 25 Jahre SFTV 1934, S. 70.
76 1938–1955 «Schweizerische Frauenturnzeitung»; 1956–1987 «Frauenturnen». Nach der Fusion von SFTV und ETV im Jahre 1985 wurde ihr Erscheinen 1987 eingestellt. Seither besitzen Turnerinnen und Turner ein gemeinsames Organ: «Sport aktiv».
77 25 Jahre SFTV 1934, S. 72.
78 Der Kopf der Zeitschrift hiess: Bulletin des Sociétés Féminines de Gymnastique et Sports de la Suisse Romande. Organ officiel obligatoire de l'Association Suisse de Gymnastique de Dames. Supplément au «Gymnaste Suisse». Seit 1926. Die DR Liestal hatte die Beilage z. B. abonniert.
79 Pius Jeker, «Rück- und Ausblick», FT, Nr. 1, 1. Jan. 1927.
80 Karl Michel, «Propaganda», FT, Nr. 2, vom 3. März 1922.
81 Die Präsenz des Frauenturnens in den Zeitungen würde ich als schlecht bezeichnen. Warum es bis auf die frühesten Anfänge nicht interessant war für die Zeitungen, über das Frauenturnen zu berichten, werde ich in den Kap. 8.1. und 8.2. besprechen. Frauenzeitschriften habe ich nicht durchgesehen. – Im Jahr 1924 stellte Pius Jeker fest, dass die wichtigsten Frauenzeitungen und Frauenblätter gewonnen seien. Sie würden von schreibgewandten Turnerinnen «bedient», und illustrierte Zeitungen würden Bilder von Turnerinnen bringen (Pius Jeker, «Die

Weitere Werbemittel waren Vorträge. Im Jahr 1913 sprach in Zürich zum Beispiel Eugen Matthias «Über die Notwendigkeit der Leibesübungen für das weibliche Geschlecht», was «auf die Teilnehmer des Damenturnkurses 1913 und die vielen weitern Zuhörer tiefen Eindruck machte.»[82] Die Vorträge wurden nachträglich oft gedruckt und an die Sektionen abgegeben. Seit den 20er Jahren hielten Mitglieder der Verbandsleitung auch verschiedentlich Radiovorträge, die anschliessend im «Frauen-Turnen» abgedruckt wurden. Für die Präsentation des Frauenturnens an der Saffa wurde 1928 erstmals ein Frauenturnfilm produziert. Er zeigte Ausschnitte aus dem Turnen der Rheinfelder und Basler Turnerinnen sowie vom aargauischen Kantonalturnfest in Baden. Auch das Turnen an der Saffa wurde im Film festgehalten, mit dem «Saffa-Film» wurden anschliessend an vielen Orten der Schweiz Werbeabende gestaltet.[83]

Zu den Hauptaufgaben der kantonalen PPKs gehörte die «Bedienung der Presse», das heisst, Mitglieder der Turnvereine schrieben Berichte über Turnfeste und andere grössere Anlässe für lokale und regionale Zeitungen. Schon vor der offiziellen Gründung der PPK des Frauenturnverbandes Baselland waren stets einzelne Mitglieder mit dieser Aufgabe betraut worden, wenn ein Turn- oder Spieltag ins Haus stand. Zeitungen wurden zwar auch eingeladen, es scheint aber üblicher gewesen zu sein, gleich selbst für die Berichterstattung zu sorgen.[84]

Die Presse mit «pfannenfertigen» Artikeln über turnerische Anlässe zu beliefern, ist eine bis heute übliche Praxis, wie auf dem Sekretariat des STV zu erfahren war. Turnen sei eben nicht so attraktiv wie andere Sportarten, die Zeitungen seien dankbar für fertige Berichte.[85]

Das «Frauen-Turnen» war Mitteilungsblatt des SFTV und Werbeschrift zugleich, ausserdem sollte es eine Plattform darstellen, wo die Mitglieder des Verbandes die Entwicklungen auf dem Gebiet des Frauenturnens verfolgen konnten. Die Hintergrundartikel soll-

---

DV der SDTV vom 2. Dez. 1923 in Brugg», FT, Nr. 1, 4. Jan. 1924). 1930 klagte Jeker allerdings wieder, dass die Präsenz in der Presse noch ungenügend sei (Pius Jeker, «Presse und Frauenorganisation im Dienste des Frauenturnens», FT, Nr. 17, 21. Nov. 1930).

82   25 Jahre SFTV 1934, S. 73. Es dürften tatsächlich mehrheitlich Männer gewesen sein, da hier nicht Turnerinnen teilnahmen, sondern Leiter von Damenturnvereinen, damals noch weitgehend Männer.
83   Ebd., S. 74.
84   Dies ist den Sitzungsprotokollen des FTV-Vorstandes zu entnehmen.
85   Telefonische Auskunft von Frau Venturi vom Sekretariat des STV in Aarau vom 14. Juni 1993. Auf die Probleme bei der Berichterstattung über das Frauenturnen im allgemeinen und die Schwierigkeiten mit Berichten von «Aussenstehenden» gehe ich in Kap. 8.1 ein.

ten nicht nur neue Kreise für das Turnen erschliessen, sondern auch das Wissen der Mitglieder vertiefen. Die – oft illustrierten – Übungsfolgen, die ebenfalls abgedruckt wurden, boten zudem praktische Hilfeleistungen für die Vereine. Darüber hinaus war das «Frauen-Turnen» bis zu einem gewissen Grad auch das Organ der kantonalen Verbände und ihrer Riegen. Weniger, weil auch Berichte über Spieltage oder Turnfahrten einzelner Vereine Eingang fanden, dabei ging es wohl eher darum, anderen Riegen Ideen zu liefern, sondern vor allem deswegen, weil die wenigsten Vereine ein eigenes Organ besassen. Interne Mitteilungen verbreiteten die Riegen an sogenannten «Turnständen», kurzen Versammlungen vor oder nach der Turnstunde, oder sie verschickten Zirkulare. Auch der Frauenturnverband Baselland besass keine eigene Zeitung. Informationen wurden an kantonalen Kursen weitergegeben, ein kantonaler Spieltag konnte sogar im «Frauen-Turnen» ausgeschrieben werden.[86] Den Vorschlag der Turner aus dem Jahr 1955, eine gemeinsame kantonale Zeitung herauszugeben, lehnte der FTV ab, so dass der 1956 erstmals erschienene «Baselbieter Turner» zum ausschliesslichen Verbandsorgan des KTV wurde. Als Begründung führten die Turnerinnen die eben erfolgte Abonnementserhöhung des «Frauen-Turnen» an, eine weitere finanzielle Belastung könne den Turnerinnen zurzeit nicht zugemutet werden. Die schweizerische Zeitschrift hatte weiterhin Priorität als Verbandsorgan.[87] Seit 1974 ist die kantonale Zeitung das Verbandsorgan beider Verbände und heisst «baselbieter turnen».[88]

5.4 Auf der Suche nach einem «Schweizerfrauenturnen»

Nach dem Ersten Weltkrieg erlebte der Sport einen grossen Aufschwung. An der Sportbegeisterung der 20er Jahre nahmen auch die Frauen in immer grösserer Zahl teil. Mit Turnen, Spiel, Sport und Gymnastik als unterschiedlichen Formen von Leibesübungen hatte das Spektrum an Möglichkeiten für beide Geschlechter bereits ein beträchtliches Ausmass angenommen. Die Artikel im «Frauen-Turnen» vermitteln den Eindruck, dass es in den 20er Jah-

---

86   Letzteres beschloss man z.B. im Jahr 1934, vgl. VS vom 2. März 1934. Die Einladung an die Riegen sollte ausserdem auf dem Zirkularweg erfolgen, vgl. VS vom 9. Mai 1934 (FTV-Protokolle).
87   VS, 22. Nov. 1955. Es wird von «unserer Frauenturnzeitung» gesprochen. Der KTV hatte eine Probenummer des «Baselbieter Turner» geschickt. Ob dieser Name geblieben wäre, ob er allenfalls ein Grund für die Ablehnung war, geht aus dem Protokoll nicht hervor.
88   «baselbieter turnen» (zit.: bt). Seit 1992 offizielles Organ des Baselbieter Turnverbandes (BLTV), vgl. dazu Kap. 6.1.

ren kaum noch umstritten war, ob die Frauen turnen sollten: «Die heutige Zeit misst der körperlichen Ertüchtigung grosse Bedeutung bei. Das Frauenturnen besonders hat rasch recht weite Kreise erfasst»[89], schrieb Pius Jeker im Jahre 1925. Die Diskussionen drehten sich jetzt darum, wie die Frauen turnen sollten.[90] Während es den ersten Damenturnvereinen noch an eigenen Übungen mangelte und sie deshalb anfänglich viel aus dem Turnen der Männer übernahmen, existierte in den 20er Jahren bereits eine derartige Vielfalt von Systemen, auch innerhalb der schweizerischen Frauenturnbewegung, dass bereits von einer «Zersplitterung» des Frauenturnens die Rede war: «Entweder werden noch Gerät- und Freiübungen nach alter Schule durchgeführt, oder es wird irgend eine der neuen Richtungen zum Steckenpferd genommen. Rhythmische Gymnastik, Laban- und Duncan-Schule haben sich bereits in weiten Kreisen Eingang verschafft. Daneben bestehen wieder Damenabteilungen, die fast ausschliesslich Sport, das heisst leichtathletische Übungen betreiben. Namentlich im Ausland hat diese sportliche Richtung in den letzten Jahren eine gewaltige Werbekraft entwickelt.»[91]

Die Leitung des SFTV verfolgte die Entwicklung des Frauenturnens in anderen Ländern und informierte darüber in ihrer Zeitschrift. Bücher und Aufsätze, die von den einzelnen Schulen und ihren Begründerinnen und Begründern herausgegeben wurden, fanden auch in der Schweiz grossen Anklang. An internationalen Turnfesten konnte schliesslich das Turnen der verschiedenen Länder miteinander verglichen werden. Offenbar schnitt das schweizerische Frauenturnen dabei nicht sehr gut ab, wie in der Diskussion zum Ausdruck kam, ob die Schweizer Turnerinnen an der Olympiade von 1924 in Paris ihr Turnen innerhalb des Rahmenprogramms zeigen sollten oder nicht. Karl Michel fragte im «Frauen-Turnen»: «Was ist das Charakteristische des schweizerischen Frauenturnens? Wir stehen in einer Periode des Suchens nach einem System, nach einer Einheitlichkeit; wir können unsere Arbeit nicht vergleichen mit derjenigen des eidgenössischen Turnvereins, der in seinem Sektionsturnen etwas typisch Schweizerisches, Bodenständiges be-

89 Pius Jeker, «Turnsysteme», FT, Nr. 7, 3. Juli 1925.
90 Dieselbe Beobachtung macht Pfister für die deutschen Verhältnisse, vgl. Pfister, in: Medau/Nowacki 1988, S. 44.
91 P. Schalch, «Übungsstoff im Frauenturnen», FT, Nr. 6, 15. Sept. 1922. Zu Isadora Duncan (1877 in San Francisco geboren, mit ihr soll die moderne Tanzrevolution begonnen haben) und Rudolf von Laban (geboren 1879 in Pressburg, er arbeitete mit der Ausdruckstänzerin Mary Wigman zusammen) vgl. Günther, in: Ueberhorst 1980, S. 583/584 bzw. S. 589–591, wie auch allg. zu den verschiedenen Gymnastikschulen, S. 569–593; ebenso Freckmann, in: Ueberhorst 1982, S. 1008–1025.

sitzt.»[92] In der Verbandszeitschrift wurde nicht verschwiegen, dass andere Länder im Frauenturnen eigene Systeme hervorgebracht hatten[93], während die Schweiz diesbezüglich nichts aufzuweisen hatte und im Ausland auch keinen besonders guten Ruf besass: «Es ist ein offenes Geheimnis, dass unser schweizerisches Frauenturnen im Ausland kein allzugrosses Ansehen geniesst, ja, es sind von dorther schon Stimmen laut geworden, die für uns nichts weniger als schmeichelhaft geklungen haben. Sind wir wirklich die Hinterwäldler, für die man uns ausgeben will?»[94]
Natürlich war der Autor dieser Zeilen nicht dieser Ansicht. Er forderte dazu auf, das bisherige Fehlen eines eigenen Systems nicht als Rückständigkeit zu betrachten, vielmehr spiegle sich darin das Wesen «des Schweizers» wieder, stets bedächtig vorzugehen. Mit anderen Worten: Man schaut zuerst, wie sich die verschiedenen Richtungen in den Nachbarländern entwickeln, wartet ab, was sich bewährt und übernimmt dies dann für sein eigenes Turnen.
Pius Jeker versuchte in einem schon etwas früher erschienenen Artikel, dieses Vorgehen gar als Eigenleistung der schweizerischen Turnbewegung zu verkaufen:

«Die Schweiz ist in der körperlichen Ertüchtigung der Frau ziemlich selbständig vorgegangen. Heute sind günstige Aussichten vorhanden, dass wir ein unsern allgemeinen Verhältnissen entsprechendes und der Eigenart des Frauengeschlechtes angepasstes Turnsystem erhalten, das sich teilweise auf das Hergebrachte gründet, vom Geeigneten der verschiedenen oben skizzierten Richtungen profitierte, daneben aber eigene und hoffen wir, sicherere und gute Wege ging. [...] Die Schweiz. Damenturnvereinigung wird mit offenen Augen und klugem Sinn die Neuerungen und Errungenschaften im In- und Auslande verfolgen, sich nicht starr an das Augenblickliche halten, dabei niemals die Naturbestimmung der Frau ausser acht lassen und auf diese Weise in fortwährendem Aufbau ein Turnsystem schaffen, das in seiner Art und in seiner Bestimmung zum eigentlichen Schweizerfrauenturnen sich entwickeln kann und auswachsen wird.»[95]

---

92   Karl Michel, «Von der Olympiade», FT, Nr. 5, 22. Juni 1923. Das Sektionsturnen der Männer scheint im internationalen Vergleich tatsächlich etwas Einzigartiges gewesen zu sein, vgl. dazu Kap. 2.3.
93   In einem Artikel von 1925 beschreibt Pius Jeker das Turnen in Deutschland, der Tschechoslowakei, Dänemark, Schweden, Norwegen, Finnland und Frankreich. Ausserdem verschiedene Gymnastik- und Turnschulen (Pius Jeker, «Turnsysteme», FT, Nr. 7, 3. Juli 1925).
94   Jakob Moser, «Wie werben wir mit Erfolg für unser Frauenturnen?», FT, Nr. 12, 1926.
95   Jeker, in: FT, Nr. 7, 3. Juli 1925.

In Turnerkreisen glaubten offenbar nicht alle an diese eigenständige Entwicklung des Frauenturnens. Im Bericht über das erste öffentliche Auftreten der Schweizer Turnerinnen anlässlich der Saffa von 1928 in Bern schrieb die Redaktion der Schweizerischen Turnzeitung, es habe sich gezeigt, «dass wir wohl einen starken schweizerischen Frauenturnverband, aber kein schweizerisches Frauenturnen besitzen, keine Eigenart, kein einheitliches Merkmal, viel zu viel Zersplitterung, weil Durchsetzung mit fremdem Aufputz, fremder Kultur und reichlich örtlichem und persönlichem Prophetentum.»[96]

Welch vernichtendes Urteil von ihren männlichen Kollegen, nachdem man innerhalb des SFTV meinte, mit dem 1924 erschienenen Büchlein «Anleitung und Übungsstoff für das Mädchenturnen» aus den Federn von Alfred Böni und Eugen Matthias, einen grossen Schritt weitergekommen zu sein. Jekers Euphorie, mit der er das neue Lehrmittel im «Frauen-Turnen» vorstellte, kannte keine Grenzen:

«Damit ist für das schweizerische Mädchenturnen der neue Weg klar gezeichnet ... [...] Es brauchte der Pionierarbeit eines Dr. Matthias, unseres geistigen Führers. Was er als Wissenschaftler unzweideutig bewiesen, in seiner ihm eigenen Art wie eine siegreiche Lehre verkündete, pflanzte sich in die Herzen jener ein, die einen guten Willen haben. [...] Der Rheinfelder-Turnkenner und -Künstler, der alle jene Eigenschaften eines idealen Freundes der Jugend und der Körperübungen in sich vereinigt, hat in jahrelangem Studium das Wesen des Kindes und der Frau belauscht, ein System geschaffen, das Körper und Gemüt in harmonischer Weise beeinflusst ... [...] Somit ist nun ein Lehrgang entstanden, der das gesamte Turnen des weiblichen Geschlechtes in seiner Grundlage berücksichtigt. [...] Die Freunde Böni und Matthias haben dem Mädchenturnen Grundlage, Weg und Ziel geschaffen, auch die schweizerische Frauenturnbewegung anerkennt sie restlos als ihre geistigen Führer.»[97]

Die Anleitung bildete in den folgenden Jahren denn auch die Grundlage für das Frauenturnen.

Das Zitat zeigt eindrücklich, wie wichtig es damals offenbar war, ein eigenständiges Turnen vorweisen zu können. Dahinter steckte sicher auch das Bedürfnis, den bestehenden und noch zu gründenden Vereinen mit klaren Richtlinien zur Seite stehen zu können und der Öffentlichkeit ein konkretes Bild davon zu vermitteln, wor-

---

96 [Red. Beitrag], in: STZ, Nr. 39, 28. Sept. 1928.
97 Pius Jeker, «Ein neues Lehrmittel für das Mädchen- und Frauenturnen», FT, Nr. 9, 5. Sept. 1924. Vgl. dazu auch Kap. 4.1.

um es der jungen Bewegung ging. Hauptsächlich dürfte die beschworene Eigenständigkeit aber ein Ausdruck des in jener Zeit in ganz Europa wachsenden Nationalismus sein, der – nicht erstaunlich, bedenkt man die Ursprünge der Turnbewegung – auch nicht vor dem Turnen, weder der Männer noch der Frauen, halt machte. War das Ziel, ein schweizerisches Frauenturnen zu kreieren, mit der Veröffentlichung der Übungssammlung von 1924 offenbar noch nicht erreicht, so beseitigte Eugen Matthias mit seinem Buch von 1929 «Die Frau, ihr Körper und dessen Pflege durch die Gymnastik» die letzten Identitätsprobleme der schweizerischen Turnbewegung – oder zumindest ihrer Leitung: «Es ist nicht irgendein Buch, das hier eine einlässliche Würdigung erfahren soll», schrieb ein SFTV-Funktionär darüber im «Frauen-Turnen», «sondern *das Buch*, das Buch, welches für alles Frauenturnen aufklärend, führend und ratend werden soll».[98] Matthias sei es gelungen, «ein dem weiblichen Geschlecht wesenseigenes Turnsystem zu schaffen».[99]

5.5 Hartnäckiges Sträuben gegen den Wettkampf

Der grösste Unterschied zwischen den Eidgenössischen Turnfesten der Männer und den Schweizerischen Frauenturntagen bestand bis Mitte der 60er Jahre darin, dass die Frauen offiziell keine Wettkämpfe durchführten. Der Wettkampf, sei es der Sektions- oder der Einzelwettkampf, war von jeher ein zentrales Element der Turnfeste der Männer. Nicht so bei den Frauen. Neben gymnastischen Vorführungen trugen sie zwar auch Spiel- und leichtathletische Wettkämpfe untereinander aus; aber noch 1963 in Luzern gab es weder Ranglisten noch Preise oder Auszeichnungen. «Zwar mass man die Resultate und gab sie auch bekannt, sagte aber nicht, wer sie erbracht hatte!»[100]
Schon in den 20er Jahren war die Frage, ob Frauen Wettkämpfe austragen sollten, Thema Nummer eins innerhalb der interessierten Kreise. Auch im «Frauen-Turnen» wurde das Thema immer wieder zur Sprache gebracht. Die Leitung des SFTV sprach sich deutlich gegen die Austragung von Wettkämpfen aus und nutzte die Verbandszeitschrift als Plattform, um die Turnerinnen und Riegenleitungen von der Richtigkeit dieser Haltung zu überzeugen. Frauenwettkämpfe stiessen damals auch in Deutschland in der Öffentlichkeit noch nicht auf breite Zustimmung, obwohl sich bereits am

---

98   Eugen Zehnder, «Die Frau, ihr Körper und dessen Pflege durch die Gymnastik. Das Grund- und Leitbuch des Frauenturnens», FT, Nr. 6, 4. April 1930.
99   Ebd., vgl. Kap. 4.1.
100   Walter Leimgruber, «Das Fest der weiblichen Anmut»: Die Schweizerischen Frauenturntage, in: Schader/Leimgruber 1993, S. 234.

Münchner Turnfest von 1923 auch 2600 Turnerinnen an den Wettkämpfen beteiligten und damit 22% aller Wettkampfteilnehmenden stellten.[101] Doch wurde dieser Schritt auch in Turnkreisen bei weitem nicht von allen Seiten begrüsst. In der Deutschen Turnzeitung und auch auf Fachtagungen überwogen negative Äusserungen zur Wettkampfteilnahme, wurden «Warnungen vor physischen und psychischen Schäden, ästhetischen und moralischen Verirrungen» geäussert – trotz der starken Beteiligung und des hohen Leistungsstandes der Turnerinnen, wie das Münchner Turnfest gezeigt hatte.[102]

Das deutsche Frauenturnen wurde vom SFTV am genauesten beobachtet, da es dem schweizerischen inhaltlich am nächsten stand. Aus schweizerischer Sicht lehnte sich das deutsche Frauenturnen aber zu sehr ans Turnen der Männer an, insbesondere die Beteiligung an Wettkämpfen wurde kritisiert. Vermutlich nicht zuletzt unter dem Eindruck des Münchner Turnfestes stellte Pius Jeker 1924 im «Frauen-Turnen» erleichtert fest, dass das Schweizer Frauenturnen früh genug «unter entscheidenden Einfluss geraten [sei], der es verhüten konnte, dass die Frau auf den Wettkampfplatz tritt wie die Männer.»[103] Doch auch Jeker hätte sich wohl nicht träumen lassen, dass es noch 40 Jahre dauern würde, bis die Schweizer Turnerinnen erstmals richtige Wettkämpfe austragen würden. Damit standen sie nicht nur gegenüber dem Ausland, sondern auch in der Schweiz alleine da, denn bereits 1934 fanden in Basel die ersten Leichtathletik-Meisterschaften für Frauen statt.[104] Auch Turnerinnen des SFTV interessierten sich dafür, von seiten des Verbandes wurde ihnen aber von einer Teilnahme «abgeraten», wie es in der Jubiläumsschrift des SFTV von 1958 heisst. Die Abgeordnetenversammlung des SFTV von 1945 in Basel sprach sich dann explizit ge-

101 Gertrud Pfister, Vom Männerbund zur Frauenmehrheit, in: Lämmer 1988, S. 74. Es war nicht das erstemal, dass sie an einem Turnfest an die Öffentlichkeit traten, dies hatten sie schon 1894 gewagt.
102 Pfister hebt neben den kritischen Stimmen insbesondere auch die guten Leistungen hervor (ebd., S. 76). Gisela Bentz erwähnt vor allem die kritischen Stimmen (G. Bentz, Vom Fischbein-Korsett zum Gymnastikanzug. Die Rolle der Frau in der Turnbewegung, in: H. Neumann (Red.), Deutsche Turnfeste. Spiegelbild der deutschen Turnbewegung, Bad Homburg 1985, S. 31–38.
103 Pius Jeker, «Grundsätzliches in der Frauenturnbewegung», FT, Nr. 2, 1. Feb. 1924.
104 50 Jahre SFTV 1958, S. 13. Zur Frauenleichtathletik in der Schweiz vgl.: Roman Bussmann (Hg. u. Red.), Menschen, Meter und Minuten, Bd. 3, Luzern 1977, S. 5–8. Nach dieser Quelle fanden die ersten Meisterschaften von 1934 in Zürich auf dem Letzigrund statt (ebd., S. 7). Für die 60er und frühen 70er Jahre vgl. auch: Jack Müller, Meta Antenen, Schaffhausen 1972. Die Erfolge von Meta Antenen hatten einen wichtigen Einfluss auf die Breitenentwicklung der Frauenleichtathletik in der Schweiz Ende der 60er und vor allem in den 70er Jahren (Bussmann 1977, S. 8).

gen eine Teilnahme von SFTV-Turnerinnen an Schweizerischen Damenleichtathletik-Meisterschaften aus. An den Schweizerischen Frauenturntagen, die seit ihrer ersten Durchführung in Aarau im Jahr 1932 jeweils eine Woche vor einem Eidgenössischen Turnfest der Männer stattfanden, wurden fortan Wettkämpfe ohne Ranglisten ausgetragen, seit 1947 in Bern auch in leichtathletischen Disziplinen.[105] Noch 1958 zeigte sich die Verbandsleitung überzeugt von dieser Lösung: «Damit nahmen wir von Anfang an einer ungesunden Übersteigerung des Wettkampfgedankens die Spitze. Mit dieser Einstellung haben wir im Volk viel Anerkennung und Hochachtung erworben...».[106] Dies war nicht nur eine Rechtfertigung der Vergangenheit, sondern vor allem auch der Gegenwart: 1958 führte der SFTV immer noch keine eigentlichen Wettkämpfe durch und erlaubte es seinen Mitgliedern auch nicht, sich unter dem Namen einer dem SFTV angehörenden Sektion oder Gruppe an Wettkämpfen anderer Verbände zu beteiligen («Glarner Resolution» von 1950).[107] In der Jubiläumsschrift von 1958 werden die Themen Leichtathletik und Wettkampf ausführlich behandelt, die Haltung des SFTV war keineswegs unbestritten, hielt der Kritik aber vorerst noch stand. Auch in Deutschland war in Sachen Wettkampf noch keine Ruhe eingekehrt. In den 50er Jahren kam es zu einer Rückwärtsbewegung, indem die Frauenführung des Deutschen Turnerbundes 1954 beschloss, die Turnerinnen nicht mehr an internationalen Wettkämpfen teilnehmen zu lassen. Widerstände auf Vereinsebene und in der Presse zwangen sie allerdings 1960 dazu, den Boykott wieder aufzuheben.[108]

In den 60er Jahren begann der Widerstand gegen das Wettkampfverbot auch in der Schweiz zu wachsen, Medien und Öffentlichkeit waren zunehmend der Meinung, dass der SFTV auf dem falschen Weg sei. Das Bild und die Rolle der Frauen in der Gesellschaft hatten sich allmählich geändert, ausserdem drohte sich der Frauenturnverband mit seiner Haltung international zunehmend zu isolieren. Im Gegensatz zum ETV und zum SFTV förderte der SATUS bereits ein wettkampfmässig betriebenes Frauenkunstturnen und schickte 1966 auch Turnerinnen an die Weltmeisterschaften. Als er sich um die Mitgliedschaft beim Internationalen Turnerbund bewarb, löste dies bei den bürgerlichen Verbänden Alarm aus, da pro

105 50 Jahre SFTV 1958, S. 14. Vgl. dazu auch Leimgruber, in: Schader/Leimgruber 1993, S. 242. Schon 1932 in Aarau wurden gewisse leichtathletische Disziplinen angeboten, die offizielle Aufnahme der Leichtathletik ins Programm der Turntage erfolgte aber erst 1947. Mehr zu den Turnfesten in Kapitel 5.6.
106 50 Jahre SFTV 1958, S. 15.
107 Ebd., S. 15/16.
108 Pfister, in: Lämmer 1988, S. 81.

Land nur ein Verband Mitglied sein konnte. Dies gab beim SFTV letztlich den Anstoss, selber ein Frauenkunstturnen auf Wettkampfniveau aufzubauen.[109] Es ist also weitgehend auf Druck von aussen zurückzuführen, dass die Abgeordnetenversammlung des SFTV von 1966 in Bulle schliesslich beschloss, Wettkämpfe mit anschliessender Herausgabe von Ranglisten zuzulassen. Zwei Jahre zuvor war eine erste Lockerung des Verbotes erfolgt, indem den Turnerinnen des SFTV zugestanden wurde, sich an Leichtathletik-Meetings anderer Verbände zu beteiligen, allerdings noch nicht im Namen des SFTV. 1972 fanden schliesslich in Aarau die ersten Schweizerischen Frauenturntage statt, an denen auch die Resultate der Wettkämpfe offiziell verkündet wurden. «Still und ohne grosses Aufsehen, verstand es der SFTV, die neuen Strömungen zu nutzen und sich ihnen unter ausserordentlichem und zielstrebigem Einsatz seiner verantwortlichen Techniker anzupassen.»[110] Dies die Darstellung in der Jubiläumsschrift von 1983, die den betulichen SFTV fortschrittlich erscheinen lassen will. Dass die Turnerinnen Wettkämpfe austragen wollten, zeigen die nach Aarau massiv ansteigenden Beteiligungszahlen der Frauen an den Frauenturntagen.[111]

Die negative Haltung des SFTV gegenüber Leistungs- und Wettkampfsport und die Argumente, mit denen er diese untermauerte, veränderten sich bis in die 60er Jahre nicht grundsätzlich. Für ihre Gesundheit und um gesundem Nachwuchs das Leben zu schenken, sollten die Frauen turnen: «Frauen und Turnen waren einzig im Kontext der Reproduktion aufeinander bezogen.»[112]

Mit biologistischen Argumenten versuchte man(n), die Frauen von der Richtigkeit dieser Ansichten zu überzeugen: «Es ist ganz begreiflich, dass ernsthaft denkende Menschen sich abgestossen fühlen, wenn da und dort noch Frauen es den Männern gleichtun wollen in Höchstleistungen, in Kraft- und Gipfelübungen an den Geräten. Bau, Veranlagung und Zweckbestimmung des weiblichen Körpers beweisen, dass die Frau es nie dem Manne gleichtun soll, weil sie es nicht kann.» Dies schrieb der SFTV-Funktionär Karl Michel 1924 im «Frauen-Turnen».[113]

Den Frauen wurde aber nicht nur die physische Eignung für Wettkämpfe abgesprochen, sondern auch die psychische. Dabei schien

109   Leimgruber, in: Schader/Leimgruber 1993, S. 249–251.
110   75 Jahre SFTV 1983, S. 30.
111   Leimgruber, in: Schader/Leimgruber 1993, S. 253. Vermehrten Zulauf erfuhren auch die Verbandsmeisterschaften des SFTV, die seit 1979 durchgeführt werden (75 Jahre SFTV 1983, S. 30).
112   Leimgruber, in: Schader/Leimgruber 1993, S. 234–236, Zitat S. 235.
113   Karl Michel, «Vom Turnbetrieb im Damenturnverein», Propagandanummer, Beilage FT, 18. April 1924.

nicht zu stören, dass die Argumentation widersprüchlich war: Einerseits wurde den Frauen jeglicher Kampfgeist abgesprochen, mehrheitlich hiess es jedoch, dass sie sich aus Geltungssucht überfordern würden. So zeigte sich ein J. A. 1923 im «Frauen-Turnen» überzeugt davon, dass Frauen nur an Wettkämpfen teilnehmen wollten, um sich so in der Öffentlichkeit zu produzieren: «Wenn übrigens die Läufe ohne Publikum vor sich gehen würden, so würde ohne Zweifel ein grosser Teil der Teilnehmerinnen hübsch ruhig bei Mama bleiben.»[114] Auch Alfred Böni glaubte, dass Mädchen «unter den Augen der Zuschauer bereit sind, sich um des Erfolges willen zu übertun, auch wenn ihnen Masshalten und Anpassung an ihre Kräfte empfohlen wird.»[115] Man(n) traute den Frauen nicht zu, ihr Leistungsvermögen selbst einschätzen zu können. Durch ihre stärker von Gefühlen bestimmte Art seien sie viel anfälliger für die Auswüchse des Sports. Davor müssten sie bewahrt werden, am besten durch ein allgemeines Wettkampfverbot.[116]

Auch Mitte des 20. Jahrhunderts waren es die Frauenärzte, die sich für besonders kompetent hielten, über die geeignete Art von Frauensport zu urteilen. «Haus-Gynäkologe» des SFTV in den 40er und 50er Jahren war Prof. Dr. Guggisberg, Chef des kantonalen Frauenspitals in Bern. In einem Vortrag zum Thema «Frau und Sport», der 1946 im «Frauen-Turnen» abgedruckt wurde, erläuterte er mit denselben Argumenten, die schon Eugen Matthias in den 20er Jahren vorgebracht hatte, weshalb Frauen nicht Wettkampfsport treiben sollten. Guggisbergs Ansichten hatten wesentlichen Anteil an der Erneuerung des Wettkampfverbotes im Jahre 1945.[117]

Seit den 20er Jahren wurde vor einer Vermännlichung der Frauen durch den Leistungssport gewarnt und wurden ästhetische Bedenken geäussert, indem etwa von den verzerrten Gesichtern der Wettkämpferinnen gesprochen wurde. «Finden wir in den Zügen dieser Frauen jene Anmut und jenes innere Gleichgewicht widergespiegelt, welche die Haupttugenden der Frau zu allen Zeiten sein sol-

---

114 J. A., «Frauensport», FT, Nr. 10, 30. Nov. 1923 (vermutlich J. Ammann aus Gais).
115 Alfred Böni, «Richtlinien im Frauenturnen», FT, Nr. 6, 30. Mai 1924.
116 Leimgruber, in: Schader/Leimgruber 1993, S. 238/239; vgl. auch das Beispiel, das ich in Kap. 4.5 referiert habe: ein Vergleich von Matthias zwischen einem Wettspiel von Mädchen bzw. von Knaben. Matthias behauptete, dass eine Mädchenabteilung sogar bei technischer Überlegenheit durch einen kleinen Fehler so irritiert werden könne, dass sie den Gegnerinnen unterliege. Vgl. auch Pfister, in: Kröner/Pfister 1992, S. 54.
117 50 Jahre SFTV 1958, S. 12; vgl. auch Leimgruber, in: Schader/Leimgruber 1993, S. 239. Zu Matthias' Ansichten vgl. Kap. 4.5.1.
118 Susanne Arbenz, «Unser Frauenturnen», FT, 18. April 1924.
119 Leimgruber, in: Schader/Leimgruber 1993, S. 243/244.

len, oder können wir den Ausdruck der Mütterlichkeit aus solchen Zügen herauslesen?» fragte Susanne Arbenz 1924 angesichts von Bildern, die Teilnehmerinnen an einer Weltmeisterschaft zeigten.[118] Weiblich und anmutig sollten die Frauen wirken, ihre Bewegungen, auch beispielsweise bei einem Stafettenlauf, sollten gelöst und natürlich sein.[119] Höchstleistungen von Frauen, wie sie schon in den 20er Jahren erbracht wurden, wurden nicht nur als Ausnahmeerscheinungen abgetan, sondern in einer Weise als anormal bezeichnet, die abschreckend wirken musste: «Gerade Höchstleistungen bei den Frauen zeigen, wie diese von einer besondern bis abnormalen Veranlagung abhängig sind, und so sehr sie immer für die gewaltigen Möglichkeiten der menschlichen Kräfte zeugen, doch nicht verallgemeinert werden dürfen.»[120]

Durchaus positiv klingt aufs erste, dass der SFTV seine Kräfte für möglichst viele Frauen einsetzen wollte, wie Pius Jeker zum Beispiel 1930 im «Frauen-Turnen» zu verstehen gab: «...seine Aufgabe [die des SFTV, eh] liegt auf dem Gebiete der Allgemeinertüchtigung einer möglichst grossen Masse. Dadurch vermag er als Förderer und Mehrer der Volkskraft und Volksgesundheit viel mehr zu leisten, als durch das Grossziehen vereinzelter, veranlagter Frauen.»[121] Das eine tun und das andere nicht lassen: In den Turnvereinen der Männer hatten Breiten- und Spitzensport von Anfang an nebeneinander Platz. Dass dies bei den Frauen nicht möglich sein sollte, dürfte weniger an fehlenden Kapazitäten als an ästhetischen Bedenken der Männer oder einer diffusen Angst vor starken Frauen gelegen haben.[122]

Bei den Diskussionen um Wettkampfsport ging es von Anfang an vor allem um leichtathletische Wettkämpfe. Bis in die 60er Jahre wehrte sich der SFTV gegen Leichtathletik als eigenständige, im Einzelwettkampf betriebene Sportart. Das gleiche gilt für das wettkampfmässig betriebene Geräteturnen, das Kunstturnen.[123] Leichtathletische oder «volkstümliche» Übungen als Vorübungen insbesondere für die Spiele akzeptierte und förderte der Verband aber schon lange. Laufen, Springen und Werfen wurden im «Frauen-Turnen» schon in den 20er Jahren als «natürliche» Übungen bezeichnet. Insbesondere der Wert des Laufes war allgemein aner-

---

120 Alfred Böni, «Die Wettkämpfe und Höchstleistungen in der Frauenleichtathletik», FT, Nr. 8, 1. Juli 1927.
121 Pius Jeker, «Die Frauenolympiade in Prag», FT, Nr. 15, 3. Okt. 1930, wo er erklärt, weshalb der SFTV nicht vertreten war. Vgl. auch Leimgruber, in: Schader/Leimgruber 1993, S. 236; 50 Jahre SFTV 1958, S. 9/10 und 15.
122 Dies betont Pfister immer wieder in ihren Arbeiten, vgl. Kap. 4.5.1.
123 Vgl. dazu Leimgruber, in: Schader/Leimgruber 1993, S. 256.

kannt, und Stafetten gehörten von Anfang an zum Programm von Turn- und Spieltagen.[124]
Was die Turnerinnen seit dem Zweiten Weltkrieg an den Schweiz. Frauenturntagen de facto durchführten, waren Wettkämpfe. Indem die Ranglisten nicht veröffentlicht wurden, versuchte der SFTV zu vertuschen, dass an diesen Anlässen Frauen gegeneinander kämpften. In der offiziellen Berichterstattung sollte hervorgehoben werden, dass die Frauen einfach aus Freude an der Bewegung und um ihrer Gesundheit willen turnten. Auf diese Weise sollte «einer ungesunden Übersteigerung des Wettkampfgedankens» die Spitze genommen und der Wettkampf in seine «ursprünglichen gesunden Schranken» verwiesen werden, wie es in der Jubiläumsschrift von 1958 heisst.[125] «Gesunde» Turnerinnen und «gesunder» Wettkampf mit «gesundem» Ehrgeiz – was das eigentlich bedeutete, hätte wohl niemand genau definieren können. Konkret ausmachen lässt sich höchstens die Tendenz, dass die Verbandsleitung eher Wettkämpfe in kleinerem, kantonalem oder regionalem Rahmen befürwortete.[126] Im ETV verstand man die Haltung des SFTV immer weniger. Mit Unverständnis reagierten die Turner auf den Beschluss der Abgeordnetenversammlung des SFTV von 1945, worin die Einführung von Wettkämpfen erneut abgelehnt wurde.[127]
In ihrer Verbandszeitschrift verbreitete die Leitung des SFTV ihre Ansichten, gegenläufige Meinungen wurden kaum abgedruckt oder dann versehen mit einer Anmerkung der Redaktion, die den Leserinnen und Lesern helfen sollte, die Orientierung wiederzu-

124 Vgl. dazu aus dem FT: P. Schalch, «Der Übungsstoff im Frauenturnen», FT, Nr. 6, 15. Sept. 1922: «Laufen, Springen, Wurfübungen und Parteispiele finden leider noch lange nicht die gebührende Berücksichtigung.» Pius Jeker war der Ansicht, dass leichtathletischen Übungen v. a. im Sommer eine grosse Bedeutung zukomme («Grundsätzliches in der Frauenturnbewegung» (Schluss), FT, Nr. 4, 4. April 1924); auch Jakob Moser kam zum Schluss, dass leichtathletische Übungen durchaus natürlich seien (Jakob Moser, Bruggen-St. Gallen, «Leichtathletische Übungen im Frauenturnen», FT, Nr. 7, 4. Juli 1924); und Ernst Hirt schrieb: «Die natürlichste aller Leibesübungen ist der Lauf.» (Ernst Hirt, «Das Laufen», FT, Nr. 14, 5. Sept. 1930).
125 50 Jahre SFTV 1958, S. 15.
126 Jeker formulierte dies 1926 z. B. so: «Unsere Vereine haben deshalb von Zeit zu Zeit kleinere Wettkämpfe nötig. Wir wollen aber sofort feststellen, dass wir dabei nicht meinen, dass da Meisterschaften ausgetragen werden sollen, sondern Anlässe auf kantonalem oder regionalem Boden. Höchstens alle Jahre einmal abgehalten, dienen sie der Sache viel besser. […] Ranglisten soll es hier keine geben, nicht die technische Spitzenleistung ist unbedingt die beste, sondern die allseitig bildende Arbeit soll die Qualität der Gruppen bezeichnen.» (Pius Jeker, «Das Spiel im Frauenturnbetrieb», FT, Nr. 7, 4. Juni 1926).
127 Die SFTV-Funktionärin Alice Freund war am Münchner Turnfest von 1923 ganz erstaunt, als ihr ein schweizerischer Oberturner erklärte, «dass er das hier Gesehene für das einzig richtige Frauenturnen» halte. Sie meinte dazu im FT: «Sie konnten schon blenden, diese Leistungen!» (Alice Freund, «Eindrücke vom

finden.[128] So erfuhren diese zwar, dass es Standpunkte gab, die von demjenigen ihres Verbandes abwichen, es wurde ihnen aber gleich anschliessend gesagt, was falsch daran war. Im Jahr 1925 wurde zum Beispiel ein Artikel eines Prof. Fritz Mink aus Budweis über wettkampfmässig betriebenes Geräteturnen abgedruckt. Dem Artikel folgte in derselben Nummer eine Stellungnahme von Alfred Böni aus Rheinfelden und in der nächsten noch eine von J. Ammann aus Gais.[129]

Mink befürwortete grundsätzlich, dass «die gesunde Frau wetturnen darf». Er war der Ansicht, dass gesunde Mädchen denselben Bewegungsdrang hätten wie Knaben und auch dieselben Übungen ausführen könnten. Es liege ihm fern, alle Mädchen zu Wetturnerinnen erziehen zu wollen, denjenigen, die dies wollten, solle man es aber nicht verwehren. Dem oft gehörten Argument, Frauen und Mädchen wollten gar keine Wettkämpfe treiben, hielt er die Begeisterung entgegen, die sie dabei an den Tag legten, wie er immer wieder habe beobachten können. Ausserdem würden die Turnerinnen auch bei schweren Geräteübungen durchaus nicht männlich wirken.[130]

Ammann schrieb in seiner Stellungnahme, dass es wohl Mädchen und Frauen geben möge, die auf die von Mink geschilderte Weise turnen könnten, die meisten jedoch nicht. Im allgemeinen sei die «weibliche Konstitution» nicht für Gerätewetturnen geschaffen. Minks Beweisführung mit der Begeisterung der Turnerinnen kam ihm dabei sehr zupass, lieferte ihm gerade ein schlagkräftiges Argument: «Nun muss aber nicht alles gut sein, was begeistert. Kinder und unvoreingenommene Erwachsene fragen sich nicht, ob etwas, was ihnen gefällt, gut ist für sie.»[131]

Böni machte es sich noch einfacher, indem er in erster Linie anführte, dass für Schweizer Turnerinnen noch lange nicht gelten müsse, was vielleicht auf ihre deutschen Kolleginnen zutreffe. Er ging subtil, aber unmissverständlich vor, indem er seinen Artikel

Münchner Turnfest», FT, Nr. 9, 2. Nov. 1923). Und in 50 Jahre SFTV 1958, S. 15, ist zu lesen, dass das Durchführen von Wettkämpfen ohne Ranglisten, das der SFTV 1945 beschloss, in Turnerkreisen kaum verstanden werden konnte, dass der ETV den SFTV einerseits zu einer vermehrten Festtätigkeit drängte, aber auch zur Einführung richtiger Wettkämpfe.

128 Dies ist auch die Ansicht von Leimgruber, trifft also nicht nur für die 20er Jahre zu, die ich angeschaut habe (Leimgruber, in: Schader/Leimgruber 1993, S. 248).
129 Fritz Mink, Budweis, «Soll die Frau wetturnen?», FT, Nr. 3, 6. März 1925; ihm folgte in derselben Nummer: Alfred Böni, «Soll die Frau wetturnen?»; und schliesslich J. Ammann, Gais, «Ist Turnlust ein Beweis für den Übungswert?», FT, Nr. 4, 3. April 1925.
130 Mink, in: FT, Nr. 3, 6. März 1925.
131 Ammann, in: FT, Nr. 4, 3. April 1925.

mit den Worten einleitete, er wolle keine Gegendarstellung bringen, sondern einfach die schweizerischen Verhältnisse beschreiben.[132] D. Mischol aus Schiers hatte diesen Gedanken schon kurz vor Böni im «Frauen-Turnen» formuliert: «Der Gedanke, die Frau in die grossen Wettkämpfe hineinzuziehen, ihren Ehrgeiz um die Siegespalme, um das Championat aufzustacheln, ist nicht schweizerischen Ursprungs.»[133]
Auf dieselbe Weise ging die Redaktion des «Frauen-Turnens» bei einem weiteren Artikel vor, den sie der Deutschen Turnzeitung entnommen und 1926 abgedruckt hatte. Hildegard Reinking aus Bielefeld äusserte sich darin zum Thema «Unterschiede der Leibesübungen beider Geschlechter».[134] Auf den Abdruck des dritten Teils folgte ein redaktioneller Zusatz: «Wir haben den Aufsatz vollinhaltlich aufgenommen. Er zeigt die Verhältnisse in Deutschland. Unsere Leserinnen werden beim Studium zum Schluss kommen, dass wir in der Schweiz sicherere Grundlagen haben.»[135] Dies, obwohl Reinkings Ansichten gar nicht so weit weg waren von der Doktrin des SFTV, sie hatte nur weniger Berührungsängste mit dem Thema Wettkampf für Frauen. Sich auf Alice Profé berufend, betonte sie zwar die physischen Gemeinsamkeiten der Geschlechter stärker als die Unterschiede. Daraus leitete sie jedoch nicht ab, dass genau die gleichen Übungen gemacht werden sollten, sondern den Geschlechtern angepasste; physiologische und biologische Gesetze dürften nicht ausser acht gelassen werden. Ferner war sie der Meinung, dass der Erziehung ein wichtiger Anteil an den zu beobachtenden Unterschieden zwischen den Geschlechtern zukomme. Es sei bisher nicht erwiesen, welche Anlagen weitervererbt würden. Obwohl sie die Frauen als psychisch etwas labiler als die Männer zu betrachten schien, sprach sie sich dafür aus, dass Frauen und Männer Höchstleistungen anstreben sollten, und zwar ihre persönlichen

---

132   Böni, in: FT, Nr. 3, 6. März 1925. Auch Leimgruber weist auf diese Argumentationsweise hin: je nach Situation werde aus der «Phrasenkiste» statt des Etikettes «unweiblich» eben «unschweizerisch» herausgeholt. «Nun war plötzlich nicht mehr die weibliche Konstitution, sondern die schweizerische Einstellung zur weiblichen Konstitution ausschlaggebend.» (Leimgruber, in: Schader/Leimgruber 1993, S. 246/247).
133   D. Mischol, Schiers, «Frauenturnen und Öffentlichkeit», FT, Nr. 2., 6. Feb. 1925.
134   Hildegard Reinking, «Die Unterschiede der Leibesübungen beider Geschlechter», aus der Deutschen Turnzeitung übernommen, abgedruckt im FT in drei Teilen, in: Nr. 8, 2. Juli 1926; in: Nr. 9, 23. Juli 1926 und in: Nr. 10, 6. Aug. 1926.
135   Nach dem dritten Artikel von Reinking, in: FT Nr. 10, 6. Aug. 1926.
136   Dies eine knappe Zusammenfassung des Artikels von Reinking im FT. Vgl. auch Schütz 1984, S. 87–89. Schütz hebt die fortschrittlichen Passagen aus Reinkings Artikel hervor, wo diese sich gegen eine zu grosse Bevormundung der Frauen wehrt oder den Frauen mehr zutraut, als dies im SFTV der Fall war. Pfister hingegen kommentiert die Position Reinkings so, dass diese eine Ausrichtung von

Höchstleistungen. Darüber hinaus zu gehen, sei für beide Geschlechter schädlich.[136]
Neben diesen Artikeln, die letztlich genauso der Verbreitung der Verbandsdoktrin dienten, liefert das «Frauen-Turnen» – wohl eher unfreiwillig – auch ein paar Beispiele dafür, in welches Dilemma sogar altgediente Funktionärinnen geraten konnten, wenn sie ausländische, insbesondere deutsche, Turnanlässe besuchten. Alice Freund berichtete 1923 im «Frauen-Turnen» über das Münchner Turnfest, an dem erstmals auch Turnerinnen Wettkämpfe austrugen.[137] Das Turnfest muss sie tief beeindruckt haben, ihr Bericht zeigt sie hin- und hergerissen zwischen einer grossen Begeisterung über die Leistungen der Frauen und der Doktrin ihres Verbandes, der solche Leistungen ablehnte. «Da konnte man oft wahre Meisterleistungen sehen, sowohl bei Geräten wie auch bei Freiübungen, und ich konnte nicht genug staunen, dass die Frauen oft die gleichen Übungen wie die Männer ausführten.» Der hohe Leistungsstand und ihre Beobachtung, dass die Frauen zum Teil die genau gleichen Übungen absolvierten wie die Männer, musste sie besonders verwirren. Als getreues Mitglied des SFTV fühlte sie sich verpflichtet, ihren euphorischen Beschreibungen immer auch die offizielle Doktrin ihres Verbandes folgen zu lassen:

«Besonders interessant waren natürlich die Kürübungen, und mich verblüfften wieder die Frauen. Die schwierigsten Gerätübungen wurden da mit wunderbarer Elastizität ausgeführt, und wenn ich auch vollständige Gegnerin dieser Art Turnen beim weiblichen Geschlecht bin, konnte ich dem Fleiss und Mut sowie der Ausdauer, die dazu gehört, solche Leistungen auszuführen, meine Anerkennung nicht versagen. Gleichzeitig konnte ich immer bei dem stundenlangen Zuschauen nie ein Gefühl des Mitleids mit meinen lieben Turnschwestern losswerden. Wie können sich Frauen so vermännlichen lassen? Warum setzen sie nicht ihren Frauenstolz darein, zu zeigen, dass sie gleichwertig, aber nicht gleichartig turnen wollen?»[138]

Nicht anders erging es Susanne Arbenz, als sie zwei Jahre später die «Tagung für die körperliche Erziehung der deutschen Frau» in Leipzig besuchte:

«Unsere Auffassung, der Barren eigne sich wenig als Gerät für das Frauenturnen, schien glänzend widerlegt zu sein. Diese deutschen Turnerinnen

Übungen und Wettkämpfen auf die weibliche Wesensart gefordert hätte, während Profé und andere eine geschlechtsspezifische Differenzierung im Sport abgelehnt hätten (Pfister, in: Pfister 1980, S. 49).
137 Alice Freund, «Eindrücke vom Münchner Turnfest», FT, Nr. 9, 2. Nov. 1923.
138 Ebd.

müssen ‹aus anderm Holz› sein als wir Schweizerinnen. Wundervolle Übungen in tadelloser Ausführung wurden geboten, von den einfachern bis zu den schwierigsten Übungsfolgen. Wieder waren es die Münchnerinnen, welche Höchstleistungen boten, die Anstrengung machte sich allerdings nicht nur in der veränderten Gesichtsfarbe, sondern auch in starkem Herzklopfen fühlbar.»[139]

Auch sie schwächt die Wirkung ihrer begeisterten Beschreibung mit ästhetischer Kritik ab und zieht sich mit dem wohlbekannten Argument aus der Affäre, dass die deutschen Turnerinnen offensichtlich eine andere Konstitution hätten als ihre Schweizer Kolleginnen. Einen Patzer leistete sich Arbenz allerdings mit ihrem Bericht über den Vortrag von Alice Profé. Der Vortrag lautete: «Körperliches Übungsbedürfnis und Leistungsfähigkeit des weiblichen Geschlechtes». Arbenz war beeindruckt von der Referentin, diese habe mit grosser Lebhaftigkeit und viel Humor vorgetragen. Dabei hätten Profés Ansichten eigentlich Anlass zur Gegenrede geben müssen: «Sie [Profé, eh] warnt in humorvoller Weise vor einer Überschätzung des Unterschiedes zwischen männlichem und weiblichem Körper. Der Turnlehrer brauche keine übermässige Rücksicht zu nehmen auf den Unterschied zwischen ‹männlichen und weiblichen Übungen›, so lange es keine selbständige wissenschaftliche Anatomie, Physiologie und Biologie der beiden Geschlechter gebe.»[140] Arbenz referierte die Ansichten Profés ohne jeglichen Kommentar, der die SFTV-Linie wiedergegeben hätte. Zu ihrer «Entlastung» kann nur angeführt werden, dass das Buch von Eugen Matthias, worin dieser die Existenz biologischer Unterschiede zwischen Mann und Frau «wissenschaftlich nachwies» und die schwerwiegenden Folgen dieser Tatsache für das Frauenturnen erläuterte, erst im Jahre 1929 erschienen ist. Matthias erklärte dort unter anderem, warum Profé mit ihren Ansichten irrte – wie er meinte.[141]

Explizit gegen Ansichten, wie sie Matthias und andere vertraten, wandte sich Konrad Meier im Jahr 1929 im «Frauen-Turnen». Meier war in der ersten Hälfte der 30er Jahre Mitglied des Zentralvorstandes und anschliessend Vizepräsident der Technischen Kommission des SFTV. Er war aus Basel, leitete die Damenriege des Bürgerturnvereins Basel und von 1918 bis 1920 auch den Damenturnverein

---

139   Susanna Arbenz, «Tagung für die körperliche Erziehung der deutschen Frau», FT, Nr. 8, 7. Aug. 1925.
140   Ebd.
141   Gemeint ist: «Die Frau, ihr Körper und dessen Pflege durch die Gymnastik» von 1929. Vgl. Kap. 4.5.1.

Binningen.[142] Meier setzte sich nicht direkt mit Matthias, sondern mit dem weit berühmteren Arzt Dr. med. Hugo Sellheim auseinander, dessen Ansichten auch Matthias verpflichtet war. Unter Beizug diverser Literatur widerlegte Meier die Ansicht Sellheims, dass «durch männliche Übungen, soll wohl heissen Sport- und Geräteübungen, eine ‹Frau von der straffen Faser› erzogen werde.»[143] Er argumentierte auch mit der ganz neu erschienenen ersten zahlenmässigen Erhebung über den Geburtsverlauf bei Sportlerinnen von Hildegard Casper.[144] Caspers Umfrage bei 50 Sportlerinnen hatte ergeben, dass eine Erschwerung des Geburtsvorgangs durch früher betriebene Leibesübungen in keinem Falle vorlag. Meier zitierte in seinem Artikel Caspers Folgerungen: «Dafür, dass die Einflüsse des Sports auf den Körper der Frau wesentlich anders sind als beim Mann, sind bisher keine ausreichenden Nachweise beigebracht. Halten wir uns daher fern von übertriebener Ängstlichkeit und vor Warnungen, denen die Grundlage der Erfahrung fehlt. Die Frau bedarf der körperlichen Erziehung ebenso wie der Mann. Sie soll all die Sportarten treiben dürfen, die ihr einen Gewinn an Lebensfreude und Gesundheit bringen. ‹Unweibliche› Sportarten wird sie auch ohne Anleitung vermeiden.»[145] Meiner Ansicht nach hebt der letzte Satz das Vorhergehende nicht auf. Wichtig ist vor allem der erste Satz, die Behauptung, dass bisher nicht bewiesen werden konnte, dass der Einfluss des Sports auf den Körper der Frau wesentlich anders sei als beim Mann.

Ein Artikel von Pius Jeker aus dem Jahr 1930 verstärkt den Eindruck, dass gegen Ende der 20er Jahre auch im schweizerischen Frauenturnen eine gewisse «Versportlichung» stattfand, das heisst, dass auch im schweizerischen Frauenturnen ein stärkeres Gewicht auf Technik und Leistung, wenn auch noch nicht auf Wettkämpfe

---

142 In den frühen 20er Jahren erteilte Konrad Meier schweizerische Leiterkurse. Von 1931 bis 1942 war er Mitglied des Zentralvorstandes des SFTV, u. a. als Vizepräsident. Ausserdem sass er von 1937 bis 1949 in der PPK des SFTV und war von 1933 bis 1942 Mitglied der TK des SFTV, u. a. auch als Vizepräsident (25 Jahre SFTV 1934, S. 108–111; 50 Jahre SFTV, im Anhang). Zu seiner Tätigkeit in Binningen vgl. Kap. 6.3.2.
143 Konrad Meier, «Buntes Allerlei», FT, Nr. 5, 5. April 1929. Der Titel bedeutet, dass Meier in diesem Artikel verschiedene, nicht miteinander zusammenhängende Themen berührte, sein Beitrag ist nicht etwa ironisch gemeint. Einer der Frauenärzte, auf dessen Ansichten er Bezug nahm, war F. Kirchberg, den Pfister zu den wenigen Ärzten zählt, die einem leistungsorientierten Frauensport grundsätzlich positiv gegenüberstanden (vgl. Pfister, in: Medau/Nowacki 1988, S. 48).
144 Meier, in: FT, Nr. 5, 5. April 1929. Vgl. dazu Hoffmann 1965, S. 85/86: H. Casper, Sporttraining und Geburtsverlauf, 1928; vgl. auch Pfister, in: Medau/Nowacki 1988, S. 48.
145 Meier, in: FT, Nr. 5, 5. April 1929.

gelegt wurde. Jeker setzte sich in seinem Artikel für die Förderung der Leichtathletik und eine allgemeine Erweiterung des Tätigkeitsgebietes des Verbandes ein.[146] Die Art, in der er einzelne leichtathletische Übungen beschrieb, war neu: er sprach nicht von hinter dem Frauenturnen stehenden höheren Zielen wie Gesundheit und Mutterschaft, sondern ganz direkt von der idealen körperlichen Ausbildung der Turnerin – der Sportlerin: «Der Lauf mit seiner trefflichen Schulung ist für die allseitige Körperbildung selbstverständlich.» Neben Stafetten und Einzellauf sollten auch Hoch- und Weitsprung geübt werden, welche man bisher weitgehend vernachlässigt habe, und auch den Speerwurf wollte er ins Programm aufnehmen. Als Vorbildung sah er eine «Grundgymnastik» vor, welche den ganzen Körper schule: «Körperbeherrschung und Geschmeidigkeit sind die Grundlagen des Erfolges, der durch die Technik gesteigert wird.»[147] Hier klingen neue Töne an, im Frauenturnen in dieser Form von «Technik» zu sprechen, war Anfang der 20er Jahre noch nicht üblich.

Aber dann verwickelte er sich wieder in die alten Widersprüche. Seine Ausführungen darüber, wie Technik und Leistungen der Turnerinnen verbessert werden könnten, würden eigentlich nahelegen, dass er auch die Resultate dieser Bemühungen feststellen möchte. Aber dies war eben nicht so einfach:

«Beim Spiel kommen wir nicht um den Wettkampf herum, doch soll er nicht zur Austragung von Meisterschaften führen, wohl aber zu wertvollen Wettkämpfen zwischen Vereinen und auch Verbänden. Der Wert eines flott ausgetragenen Wettspieles zwischen gut vorgebildeten Gruppen ist unbestreitbar. Wohl können Spielwettkämpfe zu Auswüchsen führen, daran wären aber die Vereine selber schuld, die durch völlige Verkennung des Wettkampfgedankens einen schädlichen Siegesgeist züchten wollen. Richtige Spielerinnen sehen im Sieg eine ehrenvolle Frucht der Leistungsmessung und in der Niederlage ein Werturteil zur Verbesserung der eigenen Leistung. Die Rekordsucht, aufgepeitscht durch eine unverantwortliche Presse und unverantwortliche Vereinsleitungen, darf im Frauenturnen nicht aufkommen.»[148]

Wie konnte Jeker den Vereinen vorwerfen, sie würden den Wettkampfgedanken verkennen, wenn ihnen die Verbandsleitung auf derart verwirrende Weise erklärte, was Wettkampf war und was nicht? Worin unterschieden sich die «wertvollen Wettkämpfe»

---

146 Pius Jeker, «Zukunftsaufgaben im schweizerischen Frauenturnen», FT, Nr. 1, 3. Jan. 1930.
147 Ebd.
148 Ebd.

unter Vereinen von Meisterschaften? In der «flotten» Ausführung?
Vielleicht hätte der SFTV seine konservative Position ohne den Einschnitt, den die Krise der 30er Jahre und der Zweite Weltkrieg bedeuteten, schon früher aufgegeben, doch muss dies Spekulation bleiben. So kam es nach dem Zweiten Weltkrieg eher zu einem Rückschlag, möglicherweise zurückzuführen auf die allgemein herrschende Tendenz, die Frauen, die während des Krieges gezeigt hatten, dass sie «ihren Mann stehen» konnten, wieder in ihren «angestammten» Bereich zurückzudrängen.[149]
Wie die Praxis aussah, das heisst wie Verbände und Vereine auf regionaler und lokaler Ebene und wie schliesslich die Turnerinnen mit der offiziellen Verbandsdoktrin in Sachen Wettkampf umgingen, werde ich weiter unten thematisieren.[150]

5.6 Seilziehen um öffentliche Auftritte – Eidgenössische Turnfeste und Schweizerische Frauenturntage

Turnfeste waren von Anfang an ein wesentlicher Bestandteil der Turnbewegung der Männer. Offiziell sollte dabei nicht nur das Vergnügen im Vordergrund stehen, die Turnfeste des 19. Jahrhunderts hatten auch die Aufgabe, Turner aus den verschiedenen Landesteilen zusammenzubringen und nationales Gedankengut zu fördern.
Die Frauen waren in einer ganz anderen Lage, als sie zu Beginn des 20. Jahrhunderts zu turnen begannen. Politische Ziele konnte ihre Bewegung keine haben, und öffentliches Auftreten von Frauen galt als unschicklich.[151] Die Turnfeste der Männer waren ein wichtiges Werbemittel, und auch in der Frauenturnbewegung war man sich im klaren darüber, dass sich die turnenden Frauen in der Öffentlichkeit zeigen mussten, sollten neue Mitglieder gewonnen werden. Seit ihrer Gründung waren Damenturnvereine an Turn- und anderen Festen aufgetreten, das Wie und oft auch das Ob waren aber sehr umstritten. Die Verbandszeitschrift «Frauen-Turnen» legt beredtes Zeugnis davon ab. Auch in den Jubiläumsschriften des SFTV wird dem Thema viel Raum gewidmet. Auf schweizerischer Ebene

---

149 Dies vermutet Leimgruber, in: Schader/Leimgruber 1993, S. 239.
150 Vgl. Kap. 8.1, 8.2 und 10.1.
151 Zu den Schwierigkeiten der Frauen damit, in der Öffentlichkeit aufzutreten vgl. z. B. Sara Janner, Mögen sie Vereine bilden... Frauen und Frauenvereine in Basel im 19. Jahrhundert, Basel 1994; sowie Mireille Othenin-Girard et al., Frauen und Öffentlichkeit. Beiträge der 6. Schweizerischen Historikerinnentagung, Zürich 1991.

ging es vor allem um die Beteiligung der Turnerinnen an den vom ETV organisierten Eidgenössischen Turnfesten, was während vieler Jahre zu Auseinandersetzungen zwischen den beiden Verbänden führte und schliesslich mit der Durchführung eigener Schweizerischer Frauenturntage gelöst wurde.[152]
An der ordentlichen Abgeordnetenversammlung des SFTV im November 1921 wurde unter anderem die Beteiligung von Damenturnvereinen und Damenriegen an öffentlichen Anlässen behandelt. Laut Bericht im «Frauen-Turnen» überwogen dabei die Stimmen, die eine «weise Zurückhaltung» empfohlen. «Durch unpassende Übungen, ungeschickt arrangierte Wettkämpfe, mangelhafte organisatorische Massnahmen sind häufig Fehler vorgekommen, die unserer Sache nur geschadet haben.»[153] Trotzdem beschloss der Verband bald darauf, dass am Eidgenössischen Turnfest in St. Gallen von 1922 einige hundert Turnerinnen auftreten sollten. Jakob Moser begründete dies im «Frauen-Turnen» mit propagandistischen Motiven. Gut gewählte Vorführungen könnten durchaus werbewirksam sein.[154] Der Auftritt war sehr kurz, lediglich eine Viertelstunde dauerten die allgemeinen Freiübungen, welche 470 Turnerinnen aus St. Gallen und Umgebung vorführten. Möglicherweise war dies zu wenig, in der Presse wurde jedenfalls «herzlich wenig» darüber berichtet, wie in der Verbandszeitschrift anschliessend ernüchtert festgestellt wurde. Den Grund dafür sah man darin, dass die Turner gleichzeitig zu den Allgemeinen Übungen aufmarschiert waren, dies stelle an einem Turnfest immer alles andere in den Schatten.[155] Der Organisation und dem Dargebotenen selber erteilte die Leitung des SFTV aber gute Noten.[156] Gänzlich zufrieden mit ihrer Teilnahme am Turnfest war die Damen-

---

152 Vgl. dazu auch die Ausführungen von Walter Leimgruber, in: Schader/Leimgruber 1993, S. 225–256; sowie den Beitrag von Waltraut Bellwald, Frauen am Männerfest. Weibliche Partizipation und Rezeption eidgenössischer Verbandsfeste, in: ebd., S. 257–289. Treffend ist Bellwalds Charakterisierung des Männerfestes als «öffentliches Kommunikationsforum» sowie als «patriotisches Gesamtkunstwerk mit einer hohen integrativen Wirkung auf die ‹Festbrüderschaft›» (ebd., S. 257).
153 «Aus dem Protokoll der ordentl. Abgeordnetenvers. der Schweiz. Damenturnvereinigung vom 27. Nov. 1927», FT, Nr. 2, 3. März 1922.
154 Jakob Moser, «Propaganda und öffentliche Produktionen», FT, Nr. 3, 14. April 1922.
155 Karl Michel, «Das Eidg. Turnfest in St. Gallen», FT, Nr. 6, 15. Sept. 1922. Dass nur eine Viertelstunde geturnt wurde, schrieb Jakob Moser: «Zum Frauenturnen am eidg. Turnfest in St. Gallen», FT, Nr. 5, 21. Juli 1922.
156 25 Jahre SFTV 1934, S. 77/78. Dass den Turnerinnen zu wenig Beachtung geschenkt wurde, wird auch hier vermerkt.

turnvereinigung des Kantons St. Gallen, sie hätten vor und nach dem Anlass neue Mitglieder gewonnen.[157] Neben fünf Genfer Sektionen und einer aus dem Berner Jura nahmen drei Jahre später auch je eine aus Zürich und St. Gallen am Eidgenössischen Turnfest in Genf teil. Fast zwei Stunden dauerte diesmal das Programm, da statt gemeinsam durchgeführten Freiübungen freie Vorführungen der einzelnen Sektionen gezeigt wurden. Laut «Frauen-Turnen» war der Publikumsandrang nicht gross. Waren Ort und Zeit zu wenig bekannt, oder hatten die Wettkämpfe der Turner mehr Anziehungskraft? fragte sich Jeker in seinem Bericht.[158] Über die Qualität des Gezeigten konnte man seiner Ansicht nach verschiedener Meinung sein, in der Jubiläumsschrift von 1934 wurde positiv darüber geurteilt. Verdankenswert sei vor allem, dass die Teilnehmerinnen den damaligen Stand des Frauenturnens in der Schweiz gerade in seiner damals noch herrschenden grossen Vielfalt dargestellt hätten.[159]

Mit der Statutenänderung von 1928, die vor allem den Anschluss des SFTV an den ETV regelte, veränderte sich die Situation hinsichtlich öffentlicher Auftritte auf verschiedenen Ebenen. Alle Damenturnvereine und -riegen waren fortan über Kantonal- oder Regionalverbände Mitglieder des SFTV, die Doppelmitgliedschaften (bei ETV und SFTV), die Mitgliedschaft nur beim ETV und auch die Einzelmitgliedschaften beim SFTV waren abgeschafft worden.[160] Einerseits ging es dabei um eine Dezentralisierung, andererseits ermöglichten die gestrafften Strukturen auch eine bessere Kontrolle der Aktivitäten der einzelnen Vereine. Ein Ziel der Verbandsleitung war es, Turnprogramm und andere Aktivitäten der Vereine zu vereinheitlichen, um der Öffentlichkeit ein klareres Bild des Frauenturnens zu präsentieren und um die Gesamtbewegung zu stärken. Zu diesem Zweck musste das Wirken der Vereine kontrolliert werden. Eine Massnahme sah vor, dass die Vereine fortan für Auftritte im Ausland eine Bewilligung einholen mussten.[161] Ausserdem scheinen die lokalen Vereine unter einem gewissen Druck gestanden zu haben, sich an einem schweizerischen Anlass zu beteiligen, wenn die Abgeordnetenversammlung des SFTV einmal dessen

---

157   K., «Damenturnvereinigung des Kantons St. Gallen», FT, Nr. 4, 18. Mai 1923.
158   Pius Jeker, «Das Frauenturnen am Eidg. Turnfest in Genf», FT, Nr. 9, 4. Sept. 1925. «Freie Vorführungen» bedeutet, dass jeder Verein selber wählte, was er zeigen wollte, einen Reigen oder Freiübungen usw.
159   25 Jahre SFTV 1934, S. 78.
160   Vgl. Kap. 5.2.
161   Zur Bewilligungspflicht, vgl.: 25 Jahre SFTV 1934, S. 67/68; sowie: 50 Jahre SFTV 1958, S. 62.

Durchführung beschlossen hatte – obwohl kein Verein dazu gezwungen werden konnte.[162] Nachdem sich der SFTV im Jahr 1925 an den ETV angeschlossen hatte, stellte sich für den Verband der Frauen die Frage, ob er an den Eidgenössischen Turnfesten teilnehmen wollte, in anderer Weise. Als Unterverband drängte es sich für den SFTV eher auf mitzumachen, eine Verpflichtung bestand jedoch nicht. Auf jeden Fall musste die Frage einer Beteiligung jetzt ernsthafter geprüft werden, und es ging auch nicht mehr darum, ob sich nur die Vereine der Festregion in irgendeiner Form zeigen sollten, sondern ob der SFTV geschlossen als Verband mitmachen wollte.

Entsprechend eröffnete Jeker im «Frauen-Turnen» die Diskussion über die Teilnahme am Eidgenössischen Turnfest in Luzern von 1928 schon im März 1926. Sollte sich der Verband dazu entschliessen, müsse die Sache gut geplant werden, meinte der Redaktor der Verbandszeitschrift. Entweder machten sie richtig mit oder gar nicht. Statt der Beteiligung am Fest der Männer verwies er ausserdem auf die Möglichkeit, dass die Frauen einen eigenen Turntag durchführen könnten, eine Idee, die von der Verbandsleitung favorisiert werde.[163]

Im Vorfeld der Abgeordnetenversammlung des SFTV vom November 1926 in Winterthur, welche über die Teilnahme entscheiden sollte, erschien in der Verbandszeitschrift eine Stellungnahme der Verbandsleitung zum Thema öffentliches Auftreten. Gegen das Mittun der Damenriegen an Vereinsvorführungen in lokalem Rahmen sei nichts einzuwenden, hiess es da, eine totale Isolation sei kontraproduktiv. Eine andere Sache sei hingegen das Auftreten der Turnerinnen ausserhalb der eigenen Ortschaft, also an Festen, Turnfahrten usw. Der SFTV wolle «ein Schweizerfrauenturnen für die Frau, ... kein Festleben und keinen Wettkampf, lassen wir das Frauengeschlecht in seiner Eigenart. Die Turner ziehen an die Feste, die Turnerinnen bleiben als solche zu Hause.» Ausserdem sei es unklug, «Stückwerk» an Festen der Turner zeigen zu wollen, damit könne der gewünschte Eindruck nicht erreicht werden.[164] Letzteres bezog sich auf die Aufführungen an den beiden letzten Eidgenössischen Turnfesten. Die Durchführung eines eigenen Turntages wurde offenbar nicht ernsthaft in Betracht gezogen.

162 Pius Jeker, «Das Auftreten der Schweiz. Damenturnvereinigung am Eidg. Turnfest oder an einer eigenen Veranstaltung», FT, Nr. 3, 5. März 1926. Nach Jeker konnte der Vorstand vor dem Anschluss an den ETV «noch nicht so» über seine Sektionen verfügen.
163 Ebd.
164 «Die Turngemeinde», FT, Nr. 11, 3. Sept. 1926 (nicht gezeichnet, die Autorenschaft geht aus dem Artikel hervor).

Ähnlichen Inhaltes war das Referat, mit dem die Delegierten des Verbandes in Winterthur davon überzeugt werden sollten, dass aus einer Teilnahme am Eidgenössischen Turnfest in Luzern dem Frauenturnen mehr Schaden als Nutzen erwachsen würde. Die wichtigsten Argumente gab Jeker im «Frauen-Turnen» wieder.[165] Hauptargument war, das schweizerische Frauenturnen sei noch nicht so weit, sich einer grossen Öffentlichkeit zu zeigen. Die Bewegung sei noch zu jung und zu heterogen, als dass eine grosse gemeinsame Demonstration der einzelnen Vereine möglich wäre. Es sei fraglich, ob der gewünschte Werbeeffekt erzielt werden könne. «Endlose Drillerei» müsste einem vergleichsweise kurzen Auftritt vorausgehen, und selbst dann bestünde die Gefahr, dass die Turnerinnen am Fest der Turner gar nicht zur Geltung kämen. «Wir wollen doch unser Frauenturnen in erster Linie den Frauen zeigen. Wie wenige kommen aber an das eidg. Fest.» Im übrigen werde jede Beteiligung an Festen zur «Schaustellung». Abschliessend empfahl der Redner der Versammlung des SFTV, gegen ein Mitmachen in Luzern zu stimmen. Mit 93 zu 3 Stimmen kamen die Delegierten dieser Aufforderung nach.[166] Um das Verhältnis zum ETV, der eine Beteiligung der Turnerinnen sehr gerne gesehen hätte, nicht zu sehr zu belasten, stellte die Leitung des SFTV in Aussicht, möglicherweise beim 100jährigen Jubiläum des ETV im Jahr 1932 in irgendeiner Form mitzuwirken.[167]

Der ETV konnte sich mit dem Entscheid nur schwer abfinden. Er setzte durch, dass an der Delegiertenversammlung des SFTV des folgenden Jahres nochmals abgestimmt wurde – das Ergebnis war dasselbe.[168] Dafür beschlossen die Delegierten, dass sich die Turnerinnen andernorts der Öffentlichkeit zeigen sollten: Mit 100 zu 2 Stimmen beschlossen sie die Teilnahme an der Saffa von 1928.[169] Damit kamen sie der SFTV-Doktrin nach, das Frauenturnen vor allem den Frauen zu zeigen.

Diverse Artikel erläuterten in der Folge im «Frauen-Turnen» Sinn, Zweck und Ablauf des ersten schweizerischen Frauenturntages. Über 6000 Turnerinnen nahmen daran teil, und der Jubiläumsschrift von 1934 nach zu schliessen, war der SFTV mit dem Ergebnis vollauf zufrieden: «Der erste Frauenturntag in Bern hat uns klar und

---

165 Pius Jeker, «Die Schweiz. Damenturnvereinigung und das Eidg. Turnfest 1928 in Luzern», FT, Nr. 15, 3. Dez. 1926.
166 Ebd.
167 Ebd., vgl. auch 25 Jahre SFTV, S. 77ff.
168 Pius Jeker, «Die Delegiertenversammlung der Schweiz. Damenturnvereinigung in Langenthal», FT, Nr. 14, 2. Dez. 1927; vgl. auch 25 Jahre SFTV, S. 80.
169 Jeker, in: FT, Nr. 14, 2. Dez. 1927.

unzweideutig gezeigt, auf welchem Weg erfolgreiche Propaganda einzusetzen hat, und hat es kraftvoll bestätigt, dass wir unsere Bewegung am besten fördern können, wenn wir sie vor unserm eigenen Geschlecht sinnvoll ausbreiten.»[170] Stolz wird in derselben Schrift auch von der Weigerung des SFTV berichtet, am Eidgenössischen Turnfest der Männer in Luzern teilzunehmen, und dafür an der Saffa einen Frauenturntag durchzuführen.

Der – auch nach Meinung der Turner[171] – grosse Erfolg des eigenständig durchgeführten Grossanlasses an der Saffa verschaffte dem SFTV mehr Selbstbewusstein. An der Abgeordnetenversammlung von 1929 in Luzern beschloss der Verband beinahe einstimmig, sich an der Jubiläumsfeier des ETV von 1932 zu beteiligen, da man sich als Unterverband des ETV in gewisser Weise dazu verpflichtet fühle. Gleichzeitig sprachen sich die Delegierten aber mit «voller Einmütigkeit» dafür aus, eine eigene grosse Veranstaltung durchzuführen.[172] Im «Frauen-Turnen» wurde dies mit den guten Erfahrungen begründet, die man anlässlich der Saffa gemacht habe. Selbstbewusst wurde ausserdem festgehalten: «Daneben darf nicht mehr vergessen werden, dass die Frau heute nicht nur geführt werden will, dass sie selber stark genug ist, um ein eigenes Werk zu schaffen.»[173] Dabei wurde offenbar vergessen, dass der SFTV noch weitgehend von Männern geleitet wurde...

Verschiedene Kantonalverbände – zu ihnen gehörte auch der Frauenturnverband Baselland (FTV) – hatten ursprünglich ein gemeinsames Fest mit den Turnern befürwortet.[174] Auch der ETV hatte

170   25 Jahre SFTV 1934, S. 82. Das Programm an der Saffa umfasste einen gemeinsamen Aufzug, um die Grösse der Bewegung zu zeigen; verschiedenste Vorführungen der Sektionen, um die Vielfalt und den Stand des Frauenturnens in der Schweiz zu zeigen; Referate, einen eigens produzierten Film, Werbeschriften sowie statistisches Material. Vgl. dazu 25 Jahre SFTV 1934, S. 79ff., sowie Schütz 1984, S. 14ff.

171   In der STZ war zu lesen: «Sucht man den Frauenturntag des 23. September mit einer Note zu qualifizieren, dann kann es unter einer sehr guten nicht abgehen. Eine Veranstaltung zur rechten Zeit, in glücklichem Rahmen, mit prächtigem Verlauf! Sie schaffte zum ersten Mal einen Einblick in den Stand der Frauenturnbewegung, einen Einblick, der eigentlich nichts zu wünschen übrig lässt, was seine informatorische Seite anbetrifft.» ([Redaktioneller Beitrag], «Der 1. Schweiz. Frauenturntag in Bern. 23. September 1928», STZ, Nr. 39, 28. Sept. 1928.) Dies, obwohl auch gerügt wurde, dass noch zuviel Zersplitterung bestehe, es noch kein schweizerisches Frauenturnen gebe (vgl. Kap. 5.4).

172   Pius Jeker, «Von der Abgeordnetenversammlung in Luzern», FT, Nr. 1, 3. Jan. 1930.

173   Ebd. Vgl. auch 25 Jahre SFTV 1934: auf den Seiten 86ff. wird die langwierige Diskussion um die Jubiläumsfeier in Aarau dargestellt.

174   An der Vorstandssitzung vom 19. Nov. 1930 schlug Hedy Ammann vor, die Sache nochmals zu überdenken, «trotzdem unser Verband beschlossen hat, dem Antrag, mit den Turnern das eidg. Turnfest in Aarau zu besuchen, zuzustimmen.» (FTV-Protokolle).

sich nach der Abstimmung des SFTV von 1929 in Luzern noch nicht damit abgefunden, dass Turnerinnen und Turner das Jubiläumsfest von 1932 getrennt feiern sollten und veranlasste den SFTV, an seiner Abgeordnetenversammlung von 1930 in Basel nochmals darüber abzustimmen. Zur Parolenfassung für die schweizerische Zusammenkunft berief der FTV eine ausserordentliche Delegiertenversammlung ein.[175] Hedy Ammann, Vorstandsmitglied und Mitglied der technischen Kommission des FTV, orientierte die Vertreterinnen und Vertreter der Baselbieter Riegen einleitend über die Probleme, welche die Mitglieder des Zentralkomitees an der letzten Präsidentenversammlung in bezug auf ein gemeinsames Turnfest in Aarau vorgebracht hatten.

Sie nannte drei Punkte: die «Quartierfrage», die «Schlechtwetterfrage» und die «Konfessionsfrage». Zum ersten Punkt führte sie aus, dass am Turnfest ungefähr 8000 Turner untergebracht werden müssten, «so dass für uns Turnerinnen in Aarau und Umgebung keine Möglichkeit sein wird, irgendwelche Quartiere zu bekommen.» Den Baselbieterinnen würde also nichts anderes übrigbleiben, als am Samstag wieder nach Hause zu fahren und am Sonntag erneut nach Aarau zu reisen, was zu teuer kommen würde. Zum zweiten, für den Fall, dass schlechtes Wetter herrschen würde: «An ein Auftreten wäre mit Turnerinnen gar nicht zu denken, und die Turnhallen wären mit Turnern besetzt.» Der letzte Punkt schliesslich möge für Baselland unbedeutend erscheinen, sei aber für die katholischen Kolleginnen eine sehr schwierige Angelegenheit. «Alle in kath. Kantonen bestehenden Verbände würden auf Widerstand mit ihrem Glauben stossen, und es ist anzunehmen, dass sie überhaupt vom Fest fernbleiben würden. Sollten wir da nicht als Frauen Rücksicht nehmen auf unsere Schwestern?»[176]

Aus organisatorischem Blickwinkel erscheint einleuchtend, was Ammann zu den ersten beiden Punkten vorbrachte. Erstaunlich ist allerdings, mit welcher Selbstverständlichkeit sie davon ausging, dass die Turner keinen Millimeter beiseite rücken würden für die Turnerinnen. Letztere hätten sich einfach mit den von den Turnern vorgegebenen Bedingungen zu arrangieren. Der dritte Punkt weist darauf hin, dass sittliche Bedenken zumindest für Turnerinnen aus katholischen Gegenden von entscheidender Bedeutung sein konnten. Ammann schloss ihre Erläuterungen, mit denen sie die Delegierten – in Übereinstimmung mit den Ansichten der schweizerischen Verbandsleitung – für die Idee eines eigenständi-

175 A. o. DV, 29. Nov. 1930.
176 Ebd.

gen Frauenturntages gewinnen wollte, mit den Worten: «Was ist uns Frauen daran gelegen, wenn nur Turner unsere Arbeit sehen, wollen wir nicht vielmehr unsere Arbeit der Frau und Mutter zeigen. *Oder gehen wir mit den Turnern nach Aarau und setzen uns damit den bereits erwähnten Gefahren aus.*»[177] Ihren Ausführungen folgte eine rege Diskussion, im Protokoll erwähnt werden nur die Voten von drei Männern. Zwei, unter ihnen der technische Leiter Ernst Erzinger, redeten einem eigenen Turntag das Wort, Willi Hägler, Präsident des FTV, wollte gemeinsam mit den Turnern nach Aarau gehen. Mit 22 zu 8 Stimmen entschied sich die Versammlung schliesslich für einen eigenen Frauenturntag eine Woche vor dem Fest der Männer, und in diesem Sinne sollten dann anderntags die Delegierten des FTV auch an der schweizerischen Versammlung in Basel stimmen.[178] An dieser Versammlung setzte sich neben dem Vertreter des ETV auch der Frauenturnverband Zürich für einen gemeinsamen Turntag ein. Sie unterlagen jedoch in der Abstimmung erneut: mit 63 zu 29 Stimmen bestätigte die Versammlung den in Luzern gefassten Entscheid.[179]

Vor der zweiten Abstimmung in Basel im November 1930 kam es in der «Schweizerischen Turnzeitung» zu einem kleinen Schlagabtausch zwischen einem Turner und einem Mitglied des SFTV. In einem Leserbrief kritisierte ein Turner, der mit «D.» zeichnete, den Entscheid des SFTV, einen eigenen Turntag durchzuführen. Verständnis äussert D. einzig dafür, dass es an Unterkünften für Turnerinnen und Turner mangeln könnte. Trotzdem begreife er die Zweiteilung nicht und mit ihm wohl viele Turner und auch Turnerinnen. «Eine silberne oder goldene Hochzeit wird doch auch nicht nach Geschlechtern getrennt gefeiert.»[180] Ausserdem würden in Deutschland und in weiteren Ländern Turnerinnen und Turner sogar gemeinsam Wettkämpfe treiben, warum sollte dies in der Schweiz nicht möglich sein? Habe der SFTV etwa Angst, dass die Turner den Turnerinnen nicht die nötige Achtung zollen oder dass sich Ungebührlichkeiten zutragen würden? Dies wäre heute doch für beide Teile beschämend. Die meisten Damenriegen und Damenturnvereine seien wohl von Männern gegründet worden,

---

177 Ebd. Im Original unterstrichen.
178 Ebd.
179 25 Jahre SFTV 1934, S. 90. Die Protokolle des FTV enthalten keine weitere Notiz zum Entscheidungsprozedere, die Abstimmung ging ja auch in ihrem Sinne aus. Bei den folgenden Eintragungen geht es dann um die konkreten turnerischen Vorbereitungen für Aarau (Vgl. dazu: VS, 14. Nov. 1931; DV, 13. Dez. 1931; VS, 28. Juni 1932).
180 D., «Frauenturnverband und Eidg. Turnfest», STZ, Nr. 42, 17. Okt. 1930.

und er glaube nicht, meinte D. weiter, dass der SFTV künftig auf diese Mitarbeit der Turner verzichten wolle. Heute wüssten Turner und Turnerinnen gegenseitig viel zu wenig, wie die Arbeit des bzw. der anderen aussähe. Gerade für die Gründung von Landsektionen wäre es doch nützlich, wenn die Turner sehen würden, was die Turnerinnen machten. Als weiteres Argument führte er an, dass ans Fest der Turner sicher viel mehr Zuschauer kommen würden, was der Verbreitung des Frauenturnens weiter förderlich wäre. Und überhaupt zögen Sängerinnen und Sänger auch gemeinsam an ihre Feste. Er könne überhaupt nicht verstehen, weshalb die Führung des SFTV sich so sträube, zusammen mit den Turnern aufzutreten. Als Hauptgrund vermutete er sittliche Bedenken, die seiner Ansicht nach völlig veraltet waren:

«Heute im Zeitalter des Sportes haben die Anschauungen denn doch gewaltig geändert. 15–20 Jahre zurück hat man fein säuberlich getrennt nebeneinander gebadet. Nun tauchen die Strandbäder fast wie Pilze aus dem Boden und kein Mensch stösst sich mehr daran, dass Frau und Mann, Jungfrau und Jüngling, Mädel und Bub miteinander baden, springen und spielen und einträchtig nebeneinander ‹sünnelen›. Ich meine, die Turnerinnen, die ja allgemein auch die reinsten Wasserratten sind, machen sich auch nichts draus, mit dem andern Geschlecht sich im kühlen Element und auf der Spielwiese zu tummeln. Warum sollen sie ausgerechnet beim Eidg. Turnwettkampf und der Feier des 100jährigen Bestehens ihres grossen ‹Bruders› die Spröden hervorkehren? Regt sich vielleicht jemand auf, wenn eine Schar Jungvolk beiderlei Geschlechts miteinander auf eine Berg- oder Skitour auszieht und abends lebensfreudig und sonnverbrannt, aber kein bisschen schlechter, heimkehrt? Kein Mensch.»[181]

Eine Woche später antwortete ihm unter dem Kürzel «H.» eine Turnerin[182] des SFTV. Als erstes warf sie dem Turner vor, die Beschlüsse des SFTV nicht zu verstehen, schon die früheren betreffend der Saffa; implizit warf sie ihm auch vor, diese Beschlüsse nicht zu akzeptieren. Den Vergleich mit den Nachbarstaaten liess sie nicht gelten, die Situation sei nicht dieselbe, auch die Ziele seien andere. Ausserdem turnten die Schweizer Turnerinnen mehrheitlich – von Ausnahmen abgesehen – «um der Sache willen und begehren kein Festgetümmel und keinen Wettkampf, wie er in Turnerkreisen vielleicht gern gesehen würde. Er könnte vielen mehr schaden als nützen. Die Turnerin braucht das nicht, sie arbeitet gleichwohl ruhig und

181   Ebd.
182   Ich vermute, dass es eine Frau war, konnte es aber nicht herausfinden.

zielbewusst.» Aus der Tatsache, dass viele Damenriegen von Turnvereinen gegründet worden seien, könne zudem nicht das Recht abgeleitet werden, die Turnerinnen nach Aarau zu beordern. Im übrigen habe sie die Erfahrung gemacht, dass Damenriegen, welche mit den männlichen Turnvereinen eng verbunden seien, «immer den schwereren Stand haben, sich in der breiten Öffentlichkeit durchzusetzen.»[183] Die Vertreterin des SFTV bezog keine Stellung dazu, ob die Turnerinnen nun spröde seien oder nicht und ob ihr Verhalten altmodisch sei. Gerade der zuletzt zitierte Satz zeigt aber, dass sie einen engen Kontakt zwischen Turnerinnen und Turnern durchaus als problematisch und als für das Frauenturnen eher hinderlich erachtete. Doch machte sie dies nicht zu ihrem Hauptargument. Sie pochte vor allem auf das Selbstbestimmungsrecht der Turnerinnen und behauptete ausserdem, dass diesen generell gar nicht viel an Festen und Wettkämpfen liege.

Sowohl im Baselbiet wie auch bei der Leitung des SFTV war man sehr zufrieden mit dem Frauenturntag in Aarau. Dies, obwohl insgesamt weit weniger Turnerinnen teilnahmen als ursprünglich angenommen, keine 8000, sondern nur knapp 4500. Als Gründe dafür werden in der Jubiläumsschrift von 1934 die wirtschaftliche Krise, grundsätzliches Ablehnen öffentlicher Auftritte oder auch einfach Gleichgültigkeit vermutet. Bei den Turnerinnen, die dabei waren, habe jedoch grosse Freude und Begeisterung geherrscht. Auch die Presse habe dem «restlosen Gelingen» der Veranstaltung volle Anerkennung gezollt. Nun seien sicher alle davon überzeugt, dass es richtig gewesen sei, den Turntag nicht zusammen mit den Turnern durchzuführen.[184] Die Trennung wurde in der Folge beibehalten, und als beide Veranstaltungen an Umfang immer mehr zunahmen, erschien eine Zusammenlegung schon aus organisatorischen Gründen immer unmöglicher.[185]

Nun hatte es sich zwar eingespielt, dass Turnerinnen und Turner getrennte Feste durchführten, damit waren aber noch nicht alle Differenzen verschwunden – ein weiteres Problem war der Festturnus: In den ersten Jahrzehnten des 20. Jahrhunderts feierten die Turner

---

183 H., «Frauenturnverband und Eidg. Turnfest», STZ, Nr. 43, 24. Okt. 1930.
184 25 Jahre SFTV 1934, S. 92ff, wo auch ausführlich über die einzelnen Disziplinen, die absolviert wurden, berichtet wird; zum Echo in der Presse, vgl. ebd., S. 99/100. Vgl. zum Turntag auch den JB pro 1930–32 des FTV.
185 In der Jubiläumsschrift des SFTV von 1958 wird auf die organisatorischen Vorteile verwiesen (50 Jahre SFTV 1958, S. 69). Auch nach der Verschmelzung der beiden Verbände zum STV im Jahre 1985 wurden die beiden Anlässe vorerst getrennt weitergeführt, erst nach einer gewissen Redimensionierung soll 1996 erstmals ein gemeinsames Fest stattfinden.

ihre nationalen Feste alle drei Jahre, mit dem Jubiläumsturnfest in Aarau von 1932 gingen sie zu einem vierjährigen Rhythmus über.[186] Doch auch das war den Turnerinnen noch zu häufig. Während ihre Nichtteilnahme am Fest in Winterthur von 1936 und an der Landesausstellung von 1939 offenbar noch hingenommen wurde, entspannen sich nach dem Zweiten Weltkrieg nicht enden wollende und spannungsgeladene Diskussionen zwischen den zwei Verbänden um einen für beide Seiten befriedigenden Festturnus. 1949 beschloss die Abgeordnetenversammlung des SFTV, nur alle acht Jahre Schweizerische Frauenturntage zu veranstalten.[187] Dieser Entscheid konnte aber nicht durchgezogen werden. Weil man die welschen Sektionen nicht enttäuschen wollte, war der SFTV nach dem Turnfest in Bern von 1947 schon 1951 in Lausanne wieder dabei, was aber explizit als Ausnahme verstanden werden sollte. Ihre negative Einstellung einem vierjährigen Turnus gegenüber begründeten die Mitglieder der Zentralbehörden im Vorfeld von «Lausanne» mit folgenden Argumenten: An den Frauenturntagen würden sich verhältnismässig wenig Turnerinnen beteiligen, diese Grossanlässe brächten keinen grösseren Zuwachs an Mitgliedern, und durch die «Festarbeit» werde der «innere Ausbau in Verein und Verband in der gesunden methodischen Entwicklung» gehemmt.[188]

Da sich der ETV weigerte, auf den Kompromiss eines sechsjährigen Turnus einzugehen, musste der SFTV in der Folge vor jedem Eidgenössischen Turnfest neu diskutieren und entscheiden, ob er sich beteiligen wollte oder nicht. In Basel im Jahr 1959 und in Bern im Jahr 1967 war der SFTV nicht dabei, vor den Eidgenössischen Turnfesten von 1963 in Luzern wie auch 1972 in Aarau (gleichzeitig mit dem 150jährigen Jubiläum des ETV), 1978 in Genf und 1984 in Winterthur führte er aber Frauenturntage durch.[189] Der Wechsel vom vierjährigen zum sechsjährigen Turnus nach 1972 wird in der Jubiläumsschrift von 1983 nicht kommentiert. Einmal mehr wird hingegen gerechtfertigt, warum die Leitung des SFTV so viele Jahre gegen den vierjährigen Festturnus gekämpft hatte: «Die Männer brauchten die Wettkämpfe, das Sichmessen mit ihren Kameraden,

---

186 Eugen Zehnder, Eidgenössischer Turnverein 1832–1932. Jubiläumsschrift hrsg. anlässlich seines 100jährigen Bestehens. Eine Rückschau auf die Jahre 1907–1932, Zürich 1933 (zit.: 100 Jahre ETV 1933), S. 125.
187 50 Jahre SFTV 1958, S. 71.
188 Ebd.
189 75 Jahre SFTV 1983, S. 18 und 46. Wie schon 1972, als das Turnfest um ein Jahr verschoben wurde, um im Jubiläumsjahr des ETV abgehalten zu werden, wurde dann das Luzerner Fest von 1990 auf 1991 verschoben, um eine der Attraktionen im Jubiläumsjahr der 700-Jahr-Feier der Schweizerischen Eidgenossenschaft darzustellen.

um ihren Turnstunden Anreiz und Ziel zu geben; den Frauen stand kaum genügend Zeit zur Verfügung, um das ständig wachsende Kurswesen und die Leiterinnenausbildung auf- und auszubauen.»[190] Letzteres mag nicht ganz falsch sein, die Bewegung der Frauen war jünger, musste sich erst noch konsolidieren. Hingegen könnte das schwächere Interesse der Turnerinnen an Turnfesten auch so gedeutet werden, dass es die Frauen nicht reizte, die aufwendigen Vorbereitungen für einen Anlass auf sich zu nehmen, wenn gar keine richtigen Wettkämpfe stattfanden.

Öffentliche Auftritte stellten für den SFTV offensichtlich ein grosses Problem dar. Warum dies so war, ist allerdings nicht ganz einfach nachzuvollziehen, die Argumentation ist nicht frei von Widersprüchen. So wurde bei den ersten nationalen Auftritten gerade als positiv hervorgehoben, dass das Frauenturnen in seiner herrschenden Vielfalt gezeigt worden sei, so am Turnfest in Genf von 1925 oder an der Saffa von 1928. Bei anderer Gelegenheit wurde hingegen argumentiert, die Frauenturnbewegung sei noch zu wenig weit, das Frauenturnen noch zu heterogen, um an einem schweizerischen Anlass einheitlich auftreten zu können. Dem Argument, das viel zu wenige Frauen an die Eidgenössischen Turnfeste kommen würden und bei solchen Grossanlässen nicht wirksam Werbung für das Frauenturnen gemacht werden könne, stehen die Resultate der modernen Geschichtsforschung gegenüber, dass die Turner-, Sänger- und Schützenfeste seit der Jahrhundertwende zu richtigen Volksfesten geworden seien, an denen sich Frauen und Männer aus allen sozialen Schichten, an denen sich das ganze Dorf beteiligt habe.[191] Und tatsächlich konnte die Damenturnvereinigung des Kantons St. Gallen rund um das Eidgenössische Turnfest in St. Gallen von 1922 einen Mitgliederzuwachs feststellen. Natürlich konnte nicht erwartet werden, dass viele Frauen aus anderen Kantonen als Zuschauerinnen anreisen würden, aber für die Region, in der das Turnfest stattfand, sind Werbeeffekte nicht gänzlich von der Hand zu weisen.

Als Argument gegen gemeinsame Turnfeste mit den Männern wurde weiter angeführt, die Turnerinnen würden neben den Männern nicht zur Geltung kommen. Diese Angst ist verständlich, schon wegen des zahlenmässigen Übergewichts der Turner. Ausserdem lassen Hedy Ammanns Ausführungen zur «Schlechtwetterfrage» und zur «Quartierfrage» den Verdacht aufkommen, dass die Turnerin-

---

190 Ebd., S. 46.
191 Vgl. Elisabeth Joris/Heidi Witzig, Brave Frauen, aufmüpfige Weiber. Wie sich die Industrialisierung auf Alltag und Lebenszusammenhänge von Frauen auswirkte (1820–1940), Zürich 1992, S. 94.

nen auch nicht gerade den besten Turnplatz erhalten würden. Aber auch diese Argumentation ist wackelig: Ein anderer Einwand gegen öffentliches Auftreten lautete, dass sich die Turnerinnen nicht zur Schau stellen wollten. Wenn sie aber zur Geltung kommen wollten, war dies bis zu einem gewissen Grad unvermeidbar.

Aufgrund dieser Widersprüche fällt es schwer, an die technischen oder organisatorischen Bedenken zu glauben, die von seiten des SFTV angeführt werden. Es scheinen eher – oder zumindest auch – solche moralischer Art dahintergestanden zu haben. Dies kommt in verschiedenen Voten indirekt zum Ausdruck. Im genannten Schlagabtausch in der «Schweizerischen Turnzeitung» im Vorfeld des Turnfestes in Aarau von 1932 warf der Turner den Turnerinnen vor, altmodisch zu sein, völlig veraltete sittliche Bedenken zu haben, «spröde» zu sein. Auf diese Vorwürfe ging die antwortende Turnerin nicht ein. Ihre Bemerkung, dass eine enge Verbindung zu den Turnern einem Damenturnverein eher schade als nütze, weist aber darauf hin, dass sie die Einschätzung des Turners darüber, wie locker das Verhältnis zwischen den Geschlechtern geworden sei und wie sehr dies von der Gesellschaft akzeptiert werde, nicht teilte.

In der Argumentation gegen gemeinsame Feste von Turnerinnen und Turnern wurde immer wieder die Gefahr heraufbeschworen, die Anlässe könnten «ausarten». Es wird jedoch nie präzisiert, was damit gemeint war. Weder in Protokollen noch Jahresberichten, im «Frauen-Turnen» oder in Jubiläumsschriften finden sich konkrete Aussagen. Auch von meinen Interviewpartnerinnen habe ich dazu nichts erfahren. Trotzdem oder vielleicht gerade deswegen denke ich, dass die Bedenken des SFTV mit dem schicklichen Umgang zwischen den Geschlechtern zu tun hatten. Dieser war im Wandel begriffen, was stets von Unsicherheit begleitet ist. Die Durchführung getrennter Anlässe mit dem Hauptargument, die Frauen wollten ihr Turnen den Frauen zeigen, bestätigt diese Vermutungen. Weniger Arbeit bedeutete es keineswegs, die Anlässe alleine organisieren zu müssen.[192]

---

192 Zum Thema öffentliches Auftreten, vgl. ausserdem die Kap. 8.4 und 9.

Kapitel 6
Frauenturnen im Kanton Baselland

6.1 Eine Bewegung breitet sich aus

«Erfreulich ist vor allem die stetig zunehmende Ausdehnung des Frauenturnens auf dem Lande, wo es naturgemäss mit viel mehr Widerständen zu kämpfen hat als in den Städten.»[1]
Auch im Kanton Baselland fasste das Frauenturnen später Fuss als etwa im städtischen Nachbarkanton, aber deutlich früher als in ländlichen Gebieten der Innerschweiz, auf die der 1932 getätigte Ausspruch von SFTV-Funktionär Karl Michel hauptsächlich gemünzt gewesen sein dürfte. Der im Jahre 1906 gegründete Damenturnverein Liestal gehörte gar zu den ersten Vereinen der Schweiz und war auch Gründungsmitglied des SFTV im Jahr 1908. Bis zur Gründung des zweiten Vereins, des Damenturnvereins Münchenstein-Neuewelt, dauerte es dann allerdings bis zum Jahr 1913. Der nächste Damenturnverein wurde 1915 in Binningen ins Leben gerufen, auf ihn folgten ausschliesslich Damenriegen, das heisst Untersektionen von Turnvereinen: Birsfelden 1916, Gelterkinden 1919, Pratteln Alte Sektion 1920, Frenkendorf 1921 und Muttenz 1923. Diese Riegen und Vereine – mit Ausnahme Liestals – schlossen sich im Jahr 1924 zum Frauenturnverband Baselland zusammen. Die Gründungsgeschichten dieser ersten Damenturnvereine und -riegen Basellands werde ich im folgenden vorstellen. Mich interessiert vor allem, wie es zur Gründung kam, von wem die Initiative ausging, wie der Gründungsakt abgewickelt wurde und welche Ziele formuliert wurden. Auf die Darstellung der Damenriege Birsfelden musste ich leider verzichten, da mir über die ersten Jahre kein Quellenmaterial vorliegt.[2]
Den Daten, die ich im folgenden präsentieren werde, möchte ich noch ein paar allgemeine Bemerkungen vorausschicken. Ich habe ausschliesslich die Damenriegen und -turnvereine gezählt, die in den Bestandeslisten des FTV auftauchen. Es war üblich, aber durchaus nicht immer so, dass die Vereine nach ihrer Gründung gleich der kantonalen Vereinigung beitraten und im darauffolgenden Jahr

---

1 Karl Michel, «Vom Frauenturnen», STZ, Festausgabe Nr. 2, 5. Juli 1932.
2 Vgl. Kap. 1.1.

in den Etats des FTV auftauchen. Um eine einigermassen kohärente Datenerhebung durchführen zu können, musste ich die Mitgliedschaft im FTV zum Kriterium für die Erfassung der Vereine machen, da ich zwar die Gründungsjahre der einzelnen Vereine kenne, aber keine Angaben über ihre Mitgliederzahlen habe, bevor sei dem FTV beitraten.[3] Dieses Vorgehen hat zur Folge, dass in meiner Darstellung zwischen 1950 und 1960 zum Beispiel ein Zuwachs von sieben Vereinen zu verzeichnen ist. In Wirklichkeit wurden in den 50er Jahren aber nur vier Vereine gegründet, die restlichen drei stammen aus den 40er Jahren, traten aber erst nach 1950 dem FTV bei. Streng genommen müsste ich also immer von der Entwicklung des Frauenturnverbandes Baselland sprechen und nicht von derjenigen des Frauenturnens in Baselland. Doch so markant sind die Unterschiede nun auch wieder nicht.

Die ersten Damenriegen und -turnvereine entstanden mehrheitlich in Gemeinden der Agglomeration Basel, vor allem in aufstrebenden Industriegemeinden, oder dann in regionalen Zentren des mittleren und oberen Kantonsteils wie dem Kantonshauptort Liestal und Gelterkinden. Dies entsprach der schweizerischen Entwicklung: ausgehend von Städten und grösseren Gemeinden mit städtischem Charakter oder von in Stadtnähe liegenden Dörfern breitete sich die Bewegung allmählich auch in ländlichen Gebieten aus.

In der zweiten Hälfte der 20er Jahre, nach der Gründung des FTV, stieg die Zahl der Damenriegen und -turnvereine sprunghaft an, von neun im Jahr 1925 auf 20 im Jahr 1930. Etwa im Verhältnis zwei zu eins überwogen weiterhin die Gründungen im Unterbaselbiet.[4] Nicht mitgezählt sind dabei fünf Vereine, deren Bestehen in den 20er Jahren nicht von Dauer war.[5] In den 30er Jahren breiteten sich

---

3 An den FTV mussten die Riegen und Vereine einerseits Mitgliedschaftsbeiträge entrichten, andererseits hing von der Mitgliederzahl ab, wie viele Leiterinnen und Leiter sowie Vorturnerinnen kostenlos die kantonalen Leitungskurse besuchen konnten – dafür wurden die Bestandeslisten erstellt, wie ich in Kapitel 1.1 bereits ausgeführt habe.

4 Nach der Gründung des FTV im Jahr 1924 entstanden im Unterbaselbiet folgende Riegen (es handelt sich im folgenden um die tatsächlichen Gründungsjahre): Allschwil 1926; Füllinsdorf und Lausen 1927; Augst 1928; Muttenz Freidorf 1928 (ab 1978 bei Muttenz); Aesch 1929 und Oberwil 1929. Im Oberbaselbiet: Niederdorf 1926; Buus 1927 und Waldenburg 1928.

5 Oberdorf: 1921 gegründet, ein Jahr später von der Bildfläche verschwunden, 1942 neu gegründet; Arlesheim: 1922 gegründet ohne grosses Echo, 1925 nochmal, diesmal hielt es bis 1938, 1940 oder 1943 nochmals gegründet; Maisprach: verschiedene Etappen, von 1924 bis 1935, von 1938 bis 1941 und von 1967 schliesslich bis heute – ein Grenzfall, könnte vielleicht auch zur oberen Gruppe gezählt werden; Pratteln Neue Sektion: 1924 gegründet, ohne Bestand zu haben, 1930 nochmals gegründet; Therwil: 1928 gegründet und wieder verschwunden, 1969 wieder gegründet.

Eine Bewegung breitet sich aus

die Vereine im ganzen Kantonsgebiet aus[6]; doch überlebten bei weitem nicht alle[7]. Auflösungen und Neugründungen waren in den Anfangszeiten häufig. Bei den Männern war dies im 19. Jahrhundert ähnlich gewesen, wenn auch nicht so krass, was auf die grösseren Widerstände hinweist, die das Frauenturnen zu überwinden hatte. Trotzdem wuchs die Bewegung stetig an, zwischen 1930 und 1980 wurde durchschnittlich etwa jedes Jahr ein neuer Verein gegründet, 1980 waren es 62, den Höhepunkt erreichte ihre Zahl im Jahr 1981 mit 65 Damenriegen und -turnvereinen. Damit war der Sättigungsgrad auch im Frauenturnen erreicht, fast jede Gemeinde besass nun eine Damenriege oder einen Damenturnverein.[8]

Grafik 8 zeigt die Anzahl der Baselbieter Damenriegen und -turnvereine (DR/DTV) von 1906 bis 1990 im Vergleich mit der Zahl der Turnvereine (TV). Die Grafik beruht auf den Bestandeslisten von Kantonalturnverein (KTV) und Frauenturnverband (FTV), zeigt also alle diesen kantonalen Verbänden angeschlossenen Vereine.

In den frühen 20er Jahren, als die Zahl der Damenriegen und -turnvereine richtig anzusteigen begann, gab es bereits in fast jeder Gemeinde einen Turnverein. Der Durchbruch des Frauenturnens erfolgte also, als sich das Turnen der Männer bereits etabliert hatte. Auch in den einzelnen Gemeinden war es so, dass immer schon ein Turnverein der Männer bestand, wenn ein Damenturnverein oder eine Damenriege gegründet wurde.[9]

Nach einem ziemlich konstanten Wachstum kam es bei den Frauen in der ersten Hälfte der 60er Jahre erstmals zu einer Stagnation. Im

6   Neben den Gründungen in Pratteln (DR der NS 1930) und Bottmingen (1935), zwei weiteren Gemeinden in Stadtnähe, standen die Gründungen von Ormalingen und Hemmiken 1930; Buckten 1931; Sissach 1932; Bubendorf 1934; Hölstein und Läufelfingen 1935.
    In den 40er Jahren wurden im Unterbaselbiet Arlesheim neu gegründet (1940) und Reinach gegründet (1941), der Rest fällt auf den oberen Kantonsteil: Tecknau 1940; Wenslingen 1941; Bennwil, Oberdorf, Oltingen und Zeglingen 1942; Diegten und Zunzgen 1945; Langenbruck 1946; Arisdorf 1947 und Rothenfluh 1949.

7   Neuallschwil: 1933 gegründet und verschwunden, bestand erneut von 1938 bis 1943, dann nochmal von 1953 bis 1984; Wintersingen wurde 1934 gegründet, erneut 1947; doch erst die Gründung von 1967 war von Dauer; Reigoldswil bestand von 1938 bis 1954 und wurde 1957 nochmal neu gegründet, könnte auch zur oberen Gruppe gezählt werden. Das heute offizielle Gründungsdatum 1931 für Rünenberg ist mir ein Rätsel. Es taucht in den Etats seit 1974 auf, aufgrund meiner Recherche besteht die Riege erst seit 1951.

8   Seit den 60er Jahren kamen neu hinzu: Thürnen 1962; Seltisberg 1964; Böckten, Ramlinsburg und Tenniken 1965; Biel-Benken 1967; Pfeffingen 1968, allerdings ein Frauenturnverein; Rickenbach 1968; Titterten 1970; Schönenbuch 1972; Bretzwil 1979 und Giebenach 1982. Vgl. die Übersicht der Vereine und ihrer Gründungsjahre in der Statistik am Ende der Arbeit.

9   Dies zeigen die Bestandeslisten, auf denen die Zahlenreihen und Grafiken beruhen.

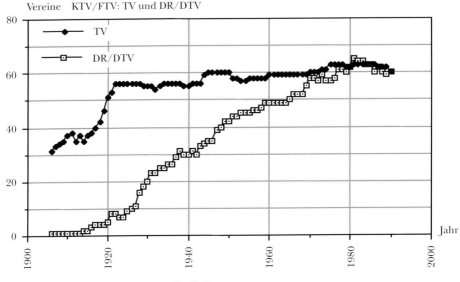

Grafik 8
Vergleich der Turnvereine der Männer (TV) und der
Frauen (DR/DTV).

Jahre 1966 wurde das – verglichen mit dem übrigen sportlichen Umfeld – anachronistisch gewordene Wettkampfverbot aufgehoben. Der erneute Wachstumsschub der zweiten Hälfte der 60er Jahre könnte durchaus damit im Zusammenhang stehen. Durch diese Zunahme holte die Bewegung der Frauen diejenige der Männer am Anfang der 70er Jahre fast und zu Beginn der 80er Jahre ganz ein. Beide erreichten in den frühen 80er Jahren ihren Höhepunkt, dem seither eine stagnierende, leicht rückläufige Bewegung folgte.

Die Anzahl Vereine sagt jedoch nicht alles aus über die tatsächliche Grösse einer Bewegung. In den Grafiken 9 bis 11 werden die Anzahl Turnende (Aktive und Männer sowie Damen und Frauen), die Zahl der Mitglieder (Turnende, Passiv- und Ehrenmitglieder) sowie die der Passiv- und Ehrenmitglieder des KTV und des FTV miteinander verglichen.

Die Gegenüberstellung der Turnenden beider Verbände (Grafik 9) zeigt, dass die Frauen die Männer schon Anfang der 70er Jahre einholten, mit ihnen gleichzogen und sie dann Ende der 70er Jahre deutlich überholten, bis die Männer 1990 wieder aufholen konnten.

Der Vergleich der Mitgliederzahlen (Grafik 10) würde dies nicht vermuten lassen. Die beiden Kurven verlaufen sehr ähnlich, die Frauen haben nicht die geringste Chance, die Männer einzuholen.

Eine Bewegung breitet sich aus 179

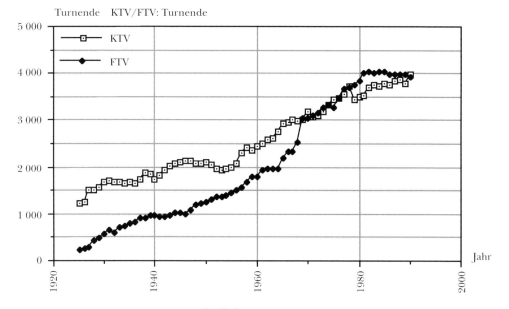

Grafik 9
Zeitweise haben mehr Frauen (FTV) als Männer (KTV) geturnt.

Der Grund liegt bei den Passiv- und Ehrenmitgliedern, wie Grafik 11 deutlich macht. Die Anzahl Passivmitglieder des KTV war bis 1990 stets drei- bis viermal so hoch wie diejenige des FTV.[10]

Über die Hintergründe dieser unterschiedlichen Entwicklung möchte ich lediglich ein paar Vermutungen anstellen. Ein Turnverein hat einen anderen gesellschaftlichen und politischen Stellenwert als eine Damenriege, eine Passivmitgliedschaft bei ersterem kann deshalb bei Ambitionen in der Lokalpolitik durchaus hilfreich sein, im Fall der Damenriegen ist dies bis heute nicht so. Die meisten Männer, die aufhören, aktiv zu turnen, werden Passivmitglied, bei den Frauen ist dies offenbar weit seltener der Fall. Eine Passivmitgliedschaft trägt keine Früchte ein – verheiratete und nicht berufstätige Frauen verfügen zudem über weniger eigene Geldmittel als Männer. Passivmitglieder bringen Geld – in dieser Hinsicht spürten die Turnerinnen des FTV die geringe Zahl an Passiven, ihre Mitgliederbeiträge waren höher als diejenigen der Männer.[11] Für die Präsenz des Verbandes in der Öffentlichkeit und für sein Verhältnis

10   Vgl. die Zahlen am Ende der Arbeit.
11   Auskunft von Erna Tschopp, von 1980 bis 1990 Präsidentin des FTV, vom 5. Feb. 1992.

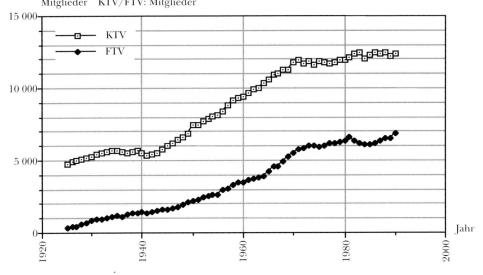

Grafik 10
An Mitgliederzahlen gemessen wiesen die Turnvereine der Männer (KTV) gegenüber jenen der Frauen (FTV) immer einen Vorsprung von etwa 5000 Personen auf.

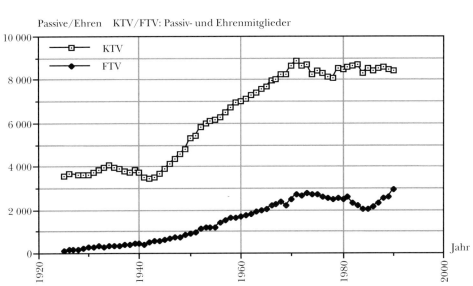

Grafik 11
Der Anteil der Passiv- und Ehrenmitglieder war bei den Männern (KTV) immer viel höher als bei den Frauen (FTV).

zu anderen Verbänden erachte ich jedoch die Zahl seiner Aktiven als wesentlich. Für das Selbstbewusstsein der Frauen innerhalb der Turnbewegung und für ihr Verhältnis zum Verband der Männer war die starke Zunahme an aktiven Turnerinnen zweifellos von grosser Bedeutung – gerade auch bei den Verhandlungen mit dem KTV über eine Fusion der beiden Turnverbände seit Mitte der 80er Jahre, die im Jahr 1992 Wirklichkeit wurde.

6.1.1 Fusion zum Baselbieter Turnverband

Nachdem sich im Jahr 1985 der SFTV und der ETV zum STV zusammengeschlossen hatten, griff die Diskussion um die Gründung von Gesamtverbänden auf die kantonale Ebene über. Fusionen erfolgten vorerst in St. Gallen, Freiburg und Appenzell, im Tessin waren Frauen und Männer schon längere Zeit im selben Kantonalverband.[12] Im Kanton Baselland begann bereits 1986 eine Projektgruppe aus Vertreterinnen und Vertretern von FTV und KTV die Vor- und Nachteile eines basellandschaftlichen Gesamtverbandes zu diskutieren. Beweggründe waren auch hier die zunehmende Annäherung des Turnens beider Geschlechter und Doppelspurigkeiten im Kurswesen, die angesichts der immer grösseren Knappheit an Leiterinnen und Leitern sowie ehrenamtlichen Funktionärinnen und Funktionären immer untragbarer wurden. Ein krasses Beispiel für diesen Sachverhalt stammt aus dem Herbst 1990, als im «baselbieter turnen», dem Verbandsorgan der Baselbieter Turnerinnen und Turner ein Artikel erschien mit dem Titel «Ist der Frauenturnverband 1991 ohne Präsidentin?»[13] Keine drei Monate vor der Delegiertenversammlung, an der die amtierende Präsidentin Erna Tschopp zurücktreten wollte, hatten alle denkbaren Bemühungen noch keine Kandidatin hervorgebracht. Yvonne Huber, die sich schliesslich zur Verfügung stellte, war dann auch eine starke Befürworterin der Fusion.[14] Was die finanzielle Seite anging, so meinten die einen, die Fusion würde das Turnen verteuern, die andern, vor allem für die Frauen würde es billiger werden.[15]

Wie beim Zusammenschluss auf schweizerischer Ebene standen die Frauen der Sache auch in Baselland misstrauischer gegenüber als die Männer und lehnten den Gesamtverband bei der ersten Abstim-

---

12 Thomas Lüthi, Turnerinnen setzen wichtigen Meilenstein, BZ, 6. Dez. 1991; telefonische Auskunft von Erna Tschopp vom 5. Feb. 1992.
13 bt, Nr. 10, Okt. 1990.
14 Mit Yvonne Huber telefonierte ich am 11. Feb. 1992.
15 Vgl. Lüthi, in: BZ, 6. Dez. 1991; telefonische Auskunft von Erna Tschopp vom 5. Feb. 1992.

mung im Jahr 1989 ab, während die Männer zustimmten.[16] Unstimmigkeiten innerhalb des Vorstandes des FTV sollen eine Rolle gespielt haben, ausserdem hätten sich die Turnerinnen noch zu wenig informiert gefühlt, wurde etwa angeführt.[17] In der Sache lehnten sie zudem gewisse Bestimmungen des Vertrags ab.[18] Bezeichnenderweise waren es eher die älteren Turnerinnen, die den Zusammenschluss ablehnten, wofür Yvonne Huber ein gewisses Verständnis aufbrachte. Opposition gegen den Gesamtverband bestehe vor allem bei älteren Ehrenmitgliedern, die viel für den Frauenturnverband getan, für seine Selbständigkeit gekämpft und in ihrer Familie um Freiraum gerungen hätten für ihre Tätigkeit in Verein und Verband. Sinngemäss brachte sie zum Ausdruck, dass die jüngeren Frauen ihrer Generation dies nicht mehr erlebt hätten und mit den Männern schon lange zusammenarbeiteten, weshalb sie nicht fürchteten, in einem Gesamtverband unter die Räder zu kommen.[19] Was letztlich auch die Gründe dafür waren, dass die Frauen den Gesamtverband zuerst ablehnten, ob es kleinliche Zwistigkeiten innerhalb oder zwischen den Verbänden waren oder ob auch frauenkämpferische Motive eine Rolle spielten – die Frauen mussten den Zusammenschluss mit den Männern jedenfalls nicht aus einer Schwächeposition heraus suchen. Gemessen an der Zahl der Turnenden war ihr Verband in den 80er Jahren grösser, intern wurden immer mehr Funktionen von Frauen übernommen, und auch finanziell standen sie auf eigenen Beinen. Seit 1945 erhielt der FTV vom Sport-Toto eigene Subventionen, während er vorher auf Zuwendungen des Verbandes der Männer angewiesen war, auf die der FTV aber kein Anrecht hatte, weil er – im Gegensatz zum Status des SFTV beim ETV – kein Unterverband des KTV war, sondern ausschliesslich ein Unterverband des SFTV.[20] Ab 1950 stiegen diese Beiträge markant an, da der Zuteilungsmodus geändert worden war: Neu wurde auch die Anzahl Mitglieder eines Verbandes berücksichtigt, was für den stetig wachsenden Verband der Frauen ein grosser Vorteil war.[21]

16 Die Delegierten des KTV stimmten dem Gesamtverband am 25. Nov. 1989 zu («Schritt für Schritt zum Gesamtverband», bt, Nr. 12, Dezember 1989); diejenigen des FTV verwarfen den Vorschlag eine Woche später wuchtig («Der Gesamtverband ist in weite Ferne gerückt», bt, Nr. 1, Januar 1990).
17 Aus ebd.; wie auch aus den Gesprächen mit Erna Tschopp vom 5. und 11. Feb. 1992 und mit Yvonne Huber vom 11. Feb. 1992.
18 Vor allem den obligatorischen Beitritt zu den Bezirksturnverbänden und einzelne weitere Punkte der Verbandsorganisation. Aus: «Auszug aus dem Protokoll der DV des KTV vom 1. Dez. 1990 in Buus», bt, Nr. 10, Oktober 1991.
19 Telefongespräch mit Yvonne Huber vom 11. Feb. 1992.
20 VS, 17. Dez. 1943 (FTV-Protokolle).
21 Zu einem Kostenanteil an die subventionsberechtigten Auslagen der Verbände von 20% kamen neu sog. «Kopfquoten», d. h. ein Franken pro Aktiv- und

Trotzdem überwogen offenbar auch für die Frauen die Vorteile eines Gesamtverbandes. Ein Jahr später, nachdem ihren Beanstandungen Rechnung getragen worden war, hiessen auch sie den Zusammenschluss – einstimmig – gut.[22] Nun stand der «Hochzeit», wie die Gründungsversammlung oft genannt wurde, nichts mehr im Wege. Sie fand am 22. Februar 1992 in Ziefen statt. Die Genehmigung der neuen Statuten und die Wahl des Vorstandes konnten im Schnellverfahren durchgezogen werden. Präsident des Verbandes wurde mit Kurt Schaub ein Mann, technische Leiterin mit Yvonne Huber eine Frau. Zu reden gab einzig die Namensgebung des Verbandes. Drei Vorschläge standen zur Diskussion: «Basellandschaftlicher Turnverband», «Kantonalturnverband Baselland» und «Baselbieter Turnverband». Gegen den zweiten Vorschlag gab es vor allem Opposition seitens der Frauen, da der Name demjenigen des bisherigen kantonalen Verbandes der Männer, dem «Kantonalturnverein», zu ähnlich sei. Vor allem die Abkürzung «KTV» könnte den Eindruck erwecken, dass der Verband der Frauen im Verband der Männer aufgegangen sei. Der erste Vorschlag erschien zu amtlich, so wählte die Versammlung schliesslich den dritten, «Baselbieter Turnverband», und legte als Kürzel «BLTV» fest, in Abgrenzung zu den BTV, den Bezirksturnverbänden.[23]

6.2 Liestal geht voran
6.2.1 Der Damenturnverein Liestal (1906–1917)

Im Jahre 1906 wurde in Liestal der erste Damenturnverein des Kantons Baselland gegründet.[24] Dem damaligen Trend folgend, war es ein eigenständiger, vom Turnverein unabhängiger Verein, und es deutet alles darauf hin, dass die Initiative für die Gründung von

---

Mädchenturnerin (VS, 6. März 1951). Während der FTV für 1949 noch 700 Franken erhalten hatte, erhöhte sich der Beitrag für 1950 mit einem Schlag auf 2550 Franken und wuchs in den folgenden Jahren kontinuierlich an.

22 «Endgültig grünes Licht für den Gesamtverband», bt, Nr. 12, Dezember 1990. Der Beitritt zu den Bezirksturnverbänden wurde als freiwillig erklärt, und die Verbandsorganisation war in einzelnen Punkten überarbeitet worden («Auszug aus dem Protokoll der DV des KTV vom 1. Dez. 1990: 10. Gesamtverband KTV/FTV», bt, Nr. 10, Oktober 1991).

23 Eva Herzog, «Nach ihrer Emanzipation wagen die Baselbieter Turnerinnen heute die Fusion mit den Turnern», BaZ, 22. Feb. 1992, als Vorschau, und: Jürg Gohl, «Baselbieter Turnverband gegründet», BaZ, 25. Feb. 1992. Am 16. Mai 1992 fusionierten auch FTV und KTV Basel-Stadt zu einem Gesamtverband.

24 Quellenlage: Sowohl für den Damenturnverein wie für die 1918 gegründete Damenriege Liestal standen mir weder Protokollbücher noch Jahresberichte zur Verfügung, dafür eine Schachtel mit Korrespondenz der Jahre 1906–1937. Beigezogen habe ich ausserdem das «Turnerbanner» (zit.: TB), das seit 1929 erscheinende Vereinsorgan des TV Liestal, sowie verschiedene Jubiläumsschriften, die ich im folgenden nennen werde.

einigen turnfreudigen Liestalerinnen ausging. In der Jubiläumsschrift zum 75jährigen Bestehen des Vereins ist zu lesen, dass «junge begeisterte Töchter» im Oktober 1906 den Beschluss fassten, einen Damenturnverein zu gründen und in Lehrer Heinrich Tschudin einen geeigneten Leiter fanden.[25] Tschudin, Mitglied des Turnvereins Liestal, war früher Kantonaloberturner gewesen und war damals Präsident des KTV.[26] Offenbar stellte er sich also dem jungen Verein auf Anfrage als Leiter zur Verfügung, war aber nicht Hauptinitiant des ganzen Unternehmens. Die Darstellung im «Turnerbanner», dem Organ des Turnvereins Liestal, deutet ebenfalls in diese Richtung: «Am 10. Oktober fand bereits die erste Turnstunde statt. Die Leitung übernahm der leider allzufrüh verstorbene Lehrer Tschudin.»[27] Hätte Tschudin bei der Gründung eine aktivere Rolle gespielt, so wäre dies im Vereinsorgan bestimmt geschrieben worden. 32 junge Frauen – eine stattliche Zahl – besuchten die erste Turnstunde.[28]
Weitere Indizien für eine aktive Rolle der Frauen liefert ein Brief des Damenturnclubs Glarus von Ende Oktober 1906 an Frieda Strübin, erste Präsidentin des DTV Liestal. Strübin hatte offensichtlich um Zusendung der Glarner Statuten gebeten. Bertha Brändli, Präsidentin der Glarnerinnen, antwortete ihr: «Es freut mich, zu vernehmen, dass sich auch in Liestal die Töchter regen, einen Damenturnverein zu gründen und sende ich ihnen mit grösstem Vergnügen unsere Statuten zu gefl. Einsichtnahme.»[29] Die Glarner Statuten wurden dann auch fast wörtlich übernommen.
Doch ganz ohne männliche Unterstützung konnten die Frauen die Unternehmung nicht durchziehen. Frauen, welche die turnerische Leitung hätten übernehmen können, gab es noch nicht viele. Nach Paragraph sechs der ersten Statuten von 1906 wurde die Leitung denn auch in männliche Hände gelegt.[30] Für die Zusammensetzung

---

25 Max Schäfer, Der Turnerinnenriege zum 75jährigen Bestehen, Liestal 1981 (getipptes Manuskript; zit.: 75 Jahre DR Liestal 1981), S. 1. Aus einem Ordner mit anderen Unterlagen, die der Vorbereitung des Jubiläums von 1981 dienten. Die Damen- oder Turnerinnenriege gibt es zwar erst seit 1918, offenbar wird der 1906 gegründete Damenturnverein aber als ihr zugehörig betrachtet.
26 Heinrich Tschudin war von 1885 bis 1891 Kassier, von 1891 bis 1904 Kantonaloberturner und von 1904 bis 1915 Präsident des KTV (50 Jahre KTV 1914, S. 61).
27 TB., Nr. 6, November 1938, S. 106.
28 75 Jahre DR Liestal 1981, S. 1; Werner Schnyder, Der Frauenriege zum 50jährigen Bestehen, Liestal 1976 (zit.: 50 Jahre FR Liestal 1976), unn.
29 Brief des DTC Glarus an den DTV Liestal vom 26. Okt. 1906. Beigelegt die Statuten des Damenturnclubs Glarus vom 12. April 1904.
30 In § 3 wird zwar die geschlechtsneutrale Bezeichnung «Lehrkraft» verwendet, die in der «Methodik des Turnens» gebildet sein sollte, in § 6 wird dann allerdings vom «Leiter des Vereins» gesprochen. Da bei den andern Funktionen die weibli-

des Vorstandes, der den Verein nach aussen vertreten sollte, waren ausschliesslich Frauen vorgesehen, eine Präsidentin, eine Aktuarin und eine Kassierin (§ 5). Der Leiter war nicht Mitglied des Vorstandes, sollte aber «zur Behandlung aller das Turnen betreffenden Fragen beigezogen» werden (§ 6). Die Person des Leiters oder der Leiterin ist bis heute allerdings wichtiger für das Gedeihen eines Vereins als diejenige der Präsidentin oder des Präsidenten. Sind die Turnstunden langweilig oder schlecht organisiert, so bleiben die Mitglieder weg, da kann sich die Präsidentin noch so Mühe geben. Die Präsidentin vertritt den Verein nach aussen, verfasst den Jahresbericht und führt Korrespondenz – Aufgaben, die damals den wenigsten Frauen vertraut waren. Dass die Liestalerinnen diese Pflichten – anfänglich – nicht ihrem Leiter überliessen, sich auch selber um ein Statutenvorbild kümmerten und den Leiter nicht zum Vorstandsmitglied machten, zeugt von einem Willen zur Selbstbestimmung, den spätere Vereine vermissen liessen.

Die Trennung von administrativer und technischer Leitung konnte in den folgenden Jahren allerdings nicht aufrechterhalten werden. Von 1911 bis zu seinem Tod im Jahre 1915 war Tschudin Leiter und Präsident in einer Person. Über die Hintergründe konnte ich nichts in Erfahrung bringen. Nach Ausbruch des Ersten Weltkriegs konnten keine Turnstunden mehr stattfinden, da die Turnhalle mit Militär belegt war. Der Tod von Tschudin im Jahre 1915 bedeutete dann das Aus für den Damenturnverein. Trotz den Bemühungen des Turnvereins, wie die Turnerinnen zu Protokoll gaben, liess sich kein neuer Leiter finden. Die Übungen konnten nicht wieder aufgenommen werden, und am 23. Dezember 1917 beschlossen die sechs übriggebliebenen Turnerinnen im Gasthaus «Zur Sonne» die Auflösung des Vereins.[31]

Bis 1913 war der DTV Liestal der einzige Verein seiner Art im Kanton Baselland. Wollten die Liestalerinnen Umgang mit Gleichgesinnten pflegen, mussten sie über die Kantonsgrenze hinausschauen. Für die Abfassung der ersten Statuten war der Damenturnclub Glarus um Rat angegangen worden. Bei der Wahl des geeigneten Turn-

---

chen Bezeichnungen verwendet werden, nehme ich dies wörtlich und betrachte «Leiter» nicht als Bezeichnung, welche die Frauen mitmeint (Statuten des Damenturnvereins Liestal vom 19. Nov. 1906).

31   75 Jahre DR Liestal 1981, S. 1/2; 50 Jahre FR Liestal 1976. Im «Turnerbanner» wird offenbar – aus dem Kontext zu schliessen – ein Auszug aus dem Beschlussprotokoll zitiert: «Da seit dem Hinschied unseres verdienten Präsidenten und Leiters Herrn Tschudin unser Verein keinen Leiter mehr besitzt und sich ein solcher trotz den Bemühungen des Turnvereins Liestal nicht finden liess, haben wir beschlossen, den Damenturnverein aufzulösen, die Kasse bleibt einstweilen in Verwahrung der Kassierin.» (TB, November 1938, Nr. 6, S. 109).

kleides holten die Liestalerinnen 1907 Ratschläge bei den Damenturnvereinen Olten und Aarau ein.[32]
Im Jahr 1911 bat der Damenturnclub Konkordia Bern seinerseits um ein Exemplar der Liestaler Statuten, da sie im Begriff seien, die ihren zu revidieren.[33] Kontakte, die über blosse Korrespondenz hinausgingen, scheinen vor allem zu den Aargauer Vereinen bestanden zu haben. Im Jahre 1909 luden die Oltnerinnen zu ihrer Abendunterhaltung ein, zu der «wie üblich» nur Damen Zutritt hatten, mit dem Ziel, «unsere Vereine miteinander in Fühlung zu bringen und sich gegenseitig Anregungen zu geben und zu empfangen.»[34] Die Damenriege Zofingen nahm die Liestalerinnen 1909 auf ihre Turnfahrt nach Zeglingen mit, wo es den Aargauerinnen ausnehmend gut gefiel, weshalb sie schon 1910 wieder etwas mit Liestal unternehmen wollten. So luden sie die Vereine von Liestal und Olten zu einer Turnfahrt mit anschliessendem gemütlichen Zusammensein ein, «wobei ein guter Kaffee noch Anregung zu einem Tänzchen gäbe.»[35]
Über Kontakte mit dem 1913 gegründeten Damenturnverein Münchenstein gibt die Liestaler Korrespondenz keine Hinweise. Einzig ein Exemplar der Münchensteiner Statuten ist vorhanden, die offensichtlich nach dem Liestaler Vorbild gestaltet worden waren. Über die 1915 beziehungsweise 1916 gegründeten Damenriegen von Binningen und Birsfelden liegt gar nichts vor. Der DTV Liestal existierte damals allerdings nur noch formal, Turnstunden fanden bereits keine mehr statt.[36]
Erst die im Jahr 1918 gegründete Damenriege Liestal begann Kontakte mit anderen Turnerinnen des Kantons Baselland zu pflegen.

6.2.2 Die Damenriege Liestal (1918)

Die Initiative zur Gründung der Damenriege Liestal ging eindeutig vom Turnverein Liestal aus, wobei die Turnerinnen des sanft entschlafenen Damenturnvereins ebenfalls eine Rolle spielten. In einem Aufruf vom 28. März 1918 «an die hiesigen Töchter zum Beitritt zur

---

32   Brief des DTV Aarau an den DTV Liestal vom 24. Aug. 1907; Brief des DTV Olten an den DTV Liestal vom 25. Aug. 1907.
33   Brief des DTC Konkordia Bern an den DTV Liestal vom 10. März 1911.
34   Brief des DTV Olten an den DTV Liestal vom 19. Nov. 1909.
35   Brief der DR Zofingen an den DTV Liestal vom 6. März 1910.
36   Der DTV Liestal führte nur noch Korrespondenz. So wurden die Liestalerinnen 1916 an den Kantonal-Turntag in Lausen eingeladen (Brief vom OK des Kantonal-Turntages in Lausen an den DTV Liestal, vom 4. Juli 1916), was sie allerdings abschlagen mussten mit der Begründung: «Wir halten schon seit Kriegsausbruch keine Turnstunden mehr ab, und die Wiederaufnahme derselben wird noch einige Zeit nicht stattfinden.» (Brief des DTV Liestal an das OK des Kantonal-Turntages in Lausen, vom 9. Juli 1916.)

Damenriege des Turnvereins» hiess es: «Nachdem sich der Damenturnverein auflöste, hat der Turnverein Liestal in seiner Jahressitzung beschlossen, eine Damenriege zu gründen. Die Organisation dieser Riege ist einem interimistischen Vorstande, bestehend aus Fräulein A. Madörin, F. Bucher und H. Strecker, sowie dem Riegenleiter Herrn P. Crétin-Stutz übertragen worden.»[37] Der Aufruf pries die Vorteile des Damenturnens und forderte die Liestaler «Töchter» auf, am 4. April 1918 ins Restaurant «Zur Sonne» zur konstituierenden Sitzung zu kommen. Absender war der Turnverein Liestal, im Namen des Vorstandes unterschrieben hatten Fanny Bucher und Anna Madörin. Fanny Bucher war schon Mitglied des Damenturnvereins gewesen, sie amtete in den letzten Jahren seines Bestehens als Aktuarin.[38] Anna Madörin gehörte zur Wirtefamilie des Restaurants «Zur Sonne», wo 1917 die Auflösung des Damenturnvereins beschlossen worden war; sehr wahrscheinlich gehörte auch sie zu den letzten Mitgliedern des Damenturnvereins. Paul Chrétin[39], während zweier Jahre Präsident und damals Oberturner des Turnvereins Liestal, sollte Leitung und Präsidium der Damenriege übernehmen. Neben diesem Aufruf liess der Vorstand am Tag der Gründungsversammlung in der «Basellandschaftlichen Zeitung» und im «Landschäftler» ein «Eingesandtes» ähnlichen Inhalts sowie ein Inserat mit der Traktandenliste der Versammlung erscheinen.[40] Am 5. April schickte Paul Chrétin den beiden Zeitungen auch gleich den Bericht über die Sitzung, mit der höflichen Bitte um Veröffentlichung.[41]

Der Aufruf war ein Erfolg: 37 junge Frauen erklärten an der Gründungsversammlung vom 4. April 1918 ihre Bereitschaft, Aktivmitglied der neuen Damenriege zu werden.[42] In den gleich darauf vorgenommenen Wahlen machten die neuen Mitglieder den interimistischen zum festen Vorstand und verabschiedeten die er-

37 «Aufruf an die hiesigen Töchter zum Beitritt zur Damenriege des Turnvereins vom 28. März 1918».
38 Sie zeichnete den Brief an das OK des Kantonal-Turntages in Lausen vom 9. Juli 1916, worin die Einladung an den Turntag abgelehnt wurde, als Aktuarin des DTV Liestal.
39 Die Schreibweise seines Namens ist nicht einheitlich. In heutigen Schriften hat sich Chrétin durchgesetzt. Er war 1906–1908, 1911/12 und 1916–1919 Oberturner und 1909/1910 Präsident des TV Liestal (100 Jahre TV Liestal 1959, S. 88/89).
40 Brief an die Zeitungen vom 2. April 1918. Das «Turnerbanner» Nr. 6 vom November 1938, S. 109 bestätigt den Abdruck.
41 Schreiben von P. Chrétin, namens der DR des TV Liestal an die Redaktion der BZ und des Landschäftlers vom 5. April 1918.
42 Ob alle sechs Turnerinnen, die 1919 den Damenturnverein beerdigt hatten, der Damenriege beitraten, weiss ich nicht, zwei waren es ziemlich sicher. Vollständige Mitgliederlisten sind nur von der Damenriege erhalten. Für den Damenturnverein liegen mir nur einige Austrittsgesuche vor. Wer also bis zum Schluss dabei war und dann übertrat, ist mir nicht bekannt. So oder so waren es etwa 30 junge Frauen, die sich neu fürs Turnen begeistern liessen.

sten Statuten.⁴³ Bereits zwei Tage später richtete die Damenriege ein Aufnahmegesuch an den SFTV, dem Ende April entsprochen wurde.⁴⁴ Jetzt fehlte nur noch ein Übungslokal. Die alte Turnhalle war in lamentablem Zustand und vorläufig noch belegt durch das Militär, die neue Turnhalle war noch nicht bezugsbereit.⁴⁵ Ende April konnte der Vorstand der Damenriege den Mitgliedern die erfreuliche Mitteilung machen, dass mit dem grossen Saal des Hotels Engel eine Übergangslösung gefunden worden war. Die erste Turnstunde sollte am Donnerstag, 2. Mai, um viertel nach 8 Uhr abends stattfinden. Die Turnerinnen waren aufgefordert, im vereinbarten Turnkostüm und in Turn- oder Hausschuhen – «pünktlich» – zu erscheinen.⁴⁶ Alternierend mit Gesangsstunden wurde fortan alle zwei Wochen geturnt. Am 16. Juli konnte die Damenriege ihre erste Turnstunde in der neuen Turnhalle Rotacker durchführen.⁴⁷
Quellen und Jubiläumsschriften geben keine Aufschlüsse darüber, warum 1918 eine Damenriege gegründet wurde und die Frauen nicht versuchten, den Damenturnverein zu neuem Leben zu erwecken. Vielleicht hatte sich Chrétin geweigert, einen selbständigen Verein zu leiten, oder der Turnverein sagte seine Hilfe nur zu, wenn sich die Frauen unter seine Obhut begäben. Möglicherweise waren die Frauen auch auf die finanzielle Unterstützung angewiesen, die der Turnverein einer zugehörigen Riege würde zukommen lassen. Oder die Turnerinnen brauchten den Turnverein als Schutz gegenüber Vorurteilen, denen turnende Frauen damals noch begegneten, vielleicht war die Zeit noch nicht reif für einen selbständig geführten Damenturnverein. Solche und ähnliche Fragen werde ich später aufnehmen.⁴⁸
In den ersten Statuten der Damenriege von 1918 kommen die Unterschiede zum früheren Damenturnverein deutlich zum Ausdruck.⁴⁹ War beim Damenturnverein Liestal der Turnleiter nicht einmal Mitglied des Vorstandes gewesen, so war er bei der Damenriege Turnlei-

---

43   Brief der DR Liestal an J. O. Frischknecht in Zürich, Präsident der Schweiz. Damenturnvereinigung, vom 6. April 1918; TB, Nr. 6, November 1938, S. 109; 100 Jahre TV Liestal 1959, S. 41 (hier wird allerdings die Gründungsversammlung mit 1916 falsch datiert).
44   Aufnahmegesuch: Brief der DR Liestal an J. O. Frischknecht vom 6. April 1918. Am 24. April 1918 bestätigte Frischknecht der DR Liestal ihre Aufnahme in den SFTV.
45   Aus dem Bericht über die konstituierende Sitzung der DR Liestal, den P. Chrétin am 5. April 1918 an die BZ und den Landschäftler schickte; TB, November 1938, S. 109; 50 Jahre FR Liestal, 1976.
46   Brief der DR Liestal an sämtliche Mitglieder vom 27. April 1918.
47   Propagandaschreiben «an die Turnfreundinnen von Liestal» vom 10. Mai 1918, worin zur zweiten Turnstunde vom 16. Mai eingeladen wird; 50 Jahre FR Liestal, 1976; TB, Nr. 6, November 1938, S. 109.
48   Vgl. die Kap. 8.3ff.

ter und Präsident in einer Person (§ 9) und hatte damit die Fäden in der Hand: «Der Präsident besorgt die Leitung der Geschäfte, sorgt für Ausführung der Beschlüsse, überwacht alle Vorstandsarbeiten, verfasst den Jahresbericht und ist gleichzeitig Turnleiter» (§ 11). Formal war eindeutig ein Mann vorgesehen, er war Mitglied des Vorstandes, welchem ausserdem eine Kassierin, einer Aktuarin und zwei Beisitzerinnen angehören sollten. In der Regel war der Turnleiter auch Mitglied des Turnvereins Liestal, Chrétin war dort bis 1919 auch Oberturner. Die Jahresrechnung wurde von Revisoren des Turnvereins geprüft (§ 11), und bei einer Auflösung der Riege sollte das gesamte vorhandene Vermögen dem Turnverein zufallen (§ 13). Die Statuten lehnten sich stark an diejenigen der Damenriege des Bürgerturnvereins Basel an, welche sich unter den Akten der Damenriege Liestal befinden und mit vielen Notizen versehen sind.[50]

Im Jahr 1926 kam es zur Gründung einer Frauenriege, in der sich schon etwas ältere oder verheiratete Frauen sammelten, viele wohl ehemalige Mitglieder der Damenriege. Sie bildeten keinen eigenen Verein, sondern schlossen sich der Damenriege an. Dies machte eine Statutenrevision notwendig.[51] Im gemeinsamen Vorstand musste die Frauenriege fortan immer mit mindestens einem Mitglied vertreten sein. Für das Präsidium war jetzt in erster Linie eine Frau vorgesehen.[52] Und es wurde auch nicht mehr vom Übungsleiter gesprochen, sondern die geschlechtsneutrale Formulierung «Übungsleitungen» verwendet.[53] Für die restlichen Ämter des Vorstandes waren ausschliesslich Frauen vorgesehen. Die Jahresrechnung wurde weiterhin vom Turnverein geprüft, neben seinen Rechnungsrevisoren amtete aber auch eine Revisorin der Damenriege[54], neu war jedoch, dass das Vermögen der Riege nach einer allfälligen Auflösung nicht mehr einfach an den Turnverein fallen, sondern diesem nur zur Verwahrung übergeben werden sollte bis zur Gründung einer neuen Riege (§ 16).

In einer weiteren Statutenrevision von 1933 wurde nur noch von Rechnungsrevisorinnen gesprochen, und für Leitung und Präsi-

---

49 Statuten der Damenriege des Turnvereins Liestal vom 4. April 1918.
50 Statuten der Damenriege des Bürgerturnvereins Basel vom 8. Mai 1915.
51 Statuten der Damenriege des Turnvereins Liestal vom 5. Feb. 1927, § 9. Mir lag ein mit Maschine geschriebenes Manuskript vor, dem von Hand Korrekturen angefügt worden sind.
52 In Klammer war angefügt, dass auch ein Mann das Amt übernehmen konnte.
53 Diese sollten «zu Beratungen aller das Turnen betreffenden Fragen beigezogen» werden und konnten Mitglied des Vorstandes sein, mussten aber nicht (§ 9). Es ist anzunehmen, dass die Frauenriege eher von einer Frau geleitet wurde. Aus Schicklichkeitsgründen, aber auch, da das Programm weniger streng war, die Frauenriegen noch lange nicht an Spieltagen usw. teilnahmen.
54 § 6 legte fest, dass an der Jahresversammlung zwei Rechnungsrevisoren und eine Ersatzrevisorin (letzteres ist von Hand hinzugefügt worden) gewählt werden sollten.

dium waren in erster Linie ausdrücklich Frauen vorgesehen.[55] Die Bestimmungen über die Verwaltung des Vereinsvermögens bei Auflösung der Riege enthielten neu den Zusatz, der Turnverein sei zur Herausgabe des Vermögens an eine Nachfolgeriege nur verpflichtet, wenn «sich diese dem Frauenturnverband Baselland und zugleich dem Schweizerischen Frauenturnverband anschliesst» (§ 16).

Im Jahr 1928 war auch Liestal dem FTV beigetreten, der 1924 gegründet worden war. Seine Gründungsmitglieder sollen im folgenden vorgestellt werden.

6.3 Das Beispiel macht Schule

6.3.1 Der Damenturnverein Münchenstein-Neuewelt (1913)

Als zweiter Verein im Kanton wurde im Jahre 1913 der Damenturnverein Münchenstein-Neuewelt gegründet. Bis auf ein Exemplar der Statuten von 1915 ist aus den Anfangszeiten keinerlei schriftliches Material erhalten. Die folgenden Ausführungen über die Gründung des Vereins beruhen weitgehend auf den Angaben zweier langjähriger Mitglieder des Damenturnvereins.[56]

Der Damenturnverein Münchenstein-Neuewelt wurde im Januar 1913 von Primarlehrer Reinhard Plattner gegründet. Plattner war seit 1908 Lehrer in Münchenstein, vorher war er in Reigoldswil tätig gewesen. Neben seiner Arbeit als Lehrer scheint er sich ganz dem Turnen gewidmet zu haben. Er war Mitbegründer des Bezirksturnverbandes Waldenburg im Jahre 1903[57], und von 1901 bis 1926 belegte er die höchsten Ämter des KTV.[58]

Er war bereits 42 Jahre alt, als er 1913 den Damenturnverein Münchenstein-Neuewelt gründete, leitete den Verein aber noch bis 1930, dann musste er aus gesundheitlichen Gründen zurücktreten.

---

55 Statuten der Damenriege des Turnvereins Liestal vom 28. Jan. 1933. In § 9 hiess es: «Präsidentin (Präsident)» und «Übungsleiterin (-leiter)».

56 Ich sprach am 19. Mai 1992 mit Frau B. und Frau S., ehemaligen Turnerinnen des DTV Münchenstein-Neuewelt, beide über 70 Jahre alt. Sie verfassten für das 75jährige Jubiläum des Vereins eine kurze Chronik, die aber nicht gedruckt wurde, da das Geld fehlte. Auch sie konnten sich erst von 1929 an auf Protokolle stützen, ihre Angaben zur Gründung und zu den ersten Jahren des Vereins beruhen auf mündlicher Überlieferung. Die frühesten Jahrgänge der Protokolle sind in der Zwischenzeit auch noch verschwunden. Mir standen zur Verfügung: zwei Bände mit Jahresberichten von 1936 bis 1974, ein Band mit Protokollen von 1942 bis 1956. Ausserdem ein Photoalbum mit Bildern seit 1913.

57 Er war dessen erster Vize-Präsident und Oberturner (vgl.: 75 Jahre Bezirksturnverband Waldenburg 1903–1978, Hölstein 1978, S. 3).

58 Von 1901-1911 sass er im Vorstand, von 1912-1926 war er Oberturner, 1919/20 war er ausserdem Präsident des KTV (75 Jahre KTV 1939, S. 14/15, mit Photo; 100 Jahre KTV 1964, S. 133ff.).

Dass Plattner den Verein gründete, steht für meine Informantinnen ausser Frage, er sei Leiter und Präsident des Vereins gewesen. Möglicherweise habe es in den ersten Jahren gar keinen Vorstand gegeben. Es war Krieg, ein geregelter Turnbetrieb sei wohl ohnehin nicht möglich gewesen.[59] Statuten hatte der Verein allerdings, diejenigen von 1915 werden gar als «revidierte» Statuten bezeichnet, und unterschrieben hat auch eine Ida Huggel als Aktuarin.[60] Betrachtet man die ersten Photos des Damenturnvereins, kann man sich allerdings gut vorstellen, dass in erster Linie Plattner den Verein regierte und nicht ein Vorstand. Die Turnerinnen sehen aus wie Schülerinnen von Plattner, was sie wahrscheinlich vorher auch waren, da Plattner in Münchenstein die 5. bis 8. Primarklasse unterrichtete und auch Turnunterricht erteilte (vgl. v. a. Abb. 2).[61]
Bei allen Vorbehalten aufgrund der Quellenlage erscheint der DTV Münchenstein in einem sehr anderen Licht als sein Vorgänger in Liestal, er gleicht eher einer Damenriege, also einer Untersektion eines Turnvereins. Dass er selbständig war, liegt wohl lediglich daran, dass es in Münchenstein zwei bürgerliche Turnvereine gab, den TV Münchenstein, gegründet 1893, und den TV Neuewelt, gegründet 1902. Letzterer hatte sich vom TV Münchenstein abgespalten, und die beiden Vereine standen offenbar nicht in einem sehr harmonischen Verhältnis zueinander. Im 1893 gegründeten Verein sollen die «Dörfler» gewesen sein, die alteingessenen Münchensteiner, viele Bauern sowie Arbeiter von Brown Boveri, während der neuere von meinen Gewährspersonen als «Herrenverein» bezeichnet wurde.[62] Eine weitere Abspaltung vom TV Münchenstein fand 1919 mit der Gründung eines Arbeiterturnvereins statt.[63]

59 Gespräch mit Frau B. und Frau S. vom 19. Mai 1992.
60 § 10 lautet: «Diese revidierten Statuten treten sofort nach ihrer Genehmigung in Kraft. Genehmigt in der Versammlung des Damenturnvereins Münchenstein-Neuewelt vom 27. September 1915.» Vorbild der Statuten waren diejenigen des DTV Liestal von 1906, unter dessen Akten ich sie auch gefunden habe.
61 Mündliche Information von Lehrer und Turner G. aus Muttenz, der Plattner kannte (Gespräch vom 21. Mai 1992, als ich bei G. Akten über die DR Muttenz holte).
62 Aus dem Gespräch mit Frau B. und Frau S. vom 19. Mai 1992, sowie nach Aussagen von Herrn G. aus Muttenz vom 21. Mai 1992. Hinweise auf die schwierigen Verhältnisse zwischen den Bewohnerinnen und Bewohnern der verschiedenen Teile Münchensteins liefert auch: «Münchensteiner Mosaik». Beiträge zur Geschichte von Münchenstein, hg. v. der Arbeitsgruppe Publikation (B. Huggel et al.), etwa 1982 (anlässlich des Jubiläums 150 Jahre Kanton Baselland). Vielleicht könnte am Beispiel von Münchenstein ein ebenso interessanter Artikel über zwei sich konkurrierende Vereine in derselben Gemeinde geschrieben werden, wie dies Gertrud Hüwelmeier-Schiffauer getan hat: «Konflikt und Integration – Zwei konkurrierende Männergesangvereine in einem hessischen Dorf», in: G. Völger/K. v. Welck (Hg.), Männerbande – Männerbünde. Zur Rolle des Mannes im Kulturvergleich, Köln 1990, Bd. 2, S. 125–130.
63 Thomas Kohler/Andreas Blattner, 100 Jahre TV Münchenstein 1893–1993, Münchenstein 1993 (zit.: 100 Jahre TV Münchenstein 1993), S. 6.

Abb. 2
Die Turnerinnen des DTV Münchenstein kurz nach seiner Gründung im Jahr 1913.
Ihr Leiter Reinhard Plattner ist oben links im Bild.
Photo DTV Münchenstein

Abb. 3
Die erste Turnfahrt des DTV Münchenstein führte auf den Kleinen Blauen.
Rechts der Leiter Reinhard Plattner (1913).
Photo DTV Münchenstein

Plattner soll in beiden bürgerlichen Vereinen tätig gewesen sein[64], war aber auf jeden Fall Mitglied des TV Münchenstein: Im Jahr 1911 präsidierte er das Organisationskomitee des Kantonalen Turnfestes in Münchenstein, das der TV Münchenstein organisierte, und 1913 wurde er Ehrenmitglied des Vereins. Er verfasste auch dessen Jubiläumsschrift zum 50jährigen Jubiläum.[65] Plattner war offenbar daran gelegen, dass Frauen aus dem Umfeld beider Turnvereine beitreten konnten, deshalb gründete er einen selbständigen Verein, statt einem der beiden Turnvereine eine Damenriege anzugliedern. Die Turnerinnen arbeiteten in der Folge auch immer mit beiden Turnvereinen zusammen, nahmen an den Abendunterhaltungen beider Vereine teil.[66]

Dass die Münchensteinerinnen so früh in den Genuss von Turnstunden kamen, hatten sie meiner Ansicht nach hauptsächlich der Initiative Plattners zu verdanken, der seine gesamte Freizeit für das Turnen – beider Geschlechter – hergegeben haben muss. Neben seiner Tätigkeit als Kantonaloberturner der Männer erteilte er schon vor der Gründung des FTV kantonale Kurse für Leiterinnen und Leiter von Damenturnvereinen und war dann auch der erste technische Leiter des kantonalen Verbandes.[67]

6.3.2 Vom Damenturnverein (1915) zur Damenriege Binningen (1920)

Die heutige Damenriege Binningen war im Jahre 1915 ebenfalls als Damenturnverein gegründet worden, schloss sich aber schon 1920 dem Turnverein Binningen als Untersektion an. Auf die kurze Zeit der Selbständigkeit wird in den Jubiläumsschriften kein grosser Wert gelegt[68] oder sie wird gar unterschlagen, wie in derjenigen des

---

64 Nach den Angaben von Herrn M., mit dem ich am 12. Sept. 1993 ein kurzes Gespräch führte anlässlich der Ausstellung 100 Jahre TV Münchenstein 1893–1993 in der «Trotte» in Münchenstein. Meine Informantinnen konnten sich nicht erinnern, in welchem Turnverein Plattner selber gewesen war (Gespräch mit Frau B. und Frau S. vom 19. Mai 1992).
65 100 Jahre TV Münchenstein 1993, S. 4, 23 und 52.
66 Gespräch mit Frau B. und Frau S. vom 19. Mai 1992.
67 Mimi und Willy Eggenberger, 50 Jahre Frauenturnverband Baselland 1924–1974, o. O. 1974 (zit.: 50 Jahre FTV 1974), unn. Plattner war von 1924–1927 technischer Leiter des FTV.
68 Ivy Keel et al., 75 Jahre Damenriege Binningen 1915–1990, o. O. 1990 (zit.: 75 Jahre DR Binningen 1990), unn. Am Rande wird von einer Fusion des DTV mit dem TV Binningen gesprochen, die im Jahre 1919 stattgefunden haben soll. Laut Jahresberichten war der zeitliche Ablauf so, dass am 20. Dez. 1919 die Fusion beschlossen wurde (JB des DTV Binningen pro 1919, 2. Hälfte) und diese dann an der Jahressitzung vom 13. März 1920 vollzogen wurde. Deshalb habe ich als Geburtsjahr der Damenriege das Jahr 1920 gewählt. In Tat und Wahrheit war es keine Fusion, sondern eine Angliederung als Untersektion (JB der DR Binningen pro 1920).

Turnvereins Binningen von 1966, worin es heisst: «Die Abwesenheit der Männer im Militärdienst begünstigte mitten im Ersten Weltkrieg die Gründung einer Damenriege als Untersektion des Turnvereins Binningen.»[69] Der Grund für solche Ungenauigkeiten kann im Fall von Binningen nicht in der Quellenlage gesucht werden.[70] Auf der einen Seite wird die Existenz des Damenturnvereins unterschlagen, auf der anderen Seite könnte das Zitat den Eindruck erwecken, dass die Frauen die Gründung ganz alleine vornahmen, «in Abwesenheit der Männer im Militärdienst». Die Gründung des selbständigen Vereins erfolgte aber keineswegs so eigenständig. Im ersten Jahresbericht des Damenturnvereins heisst es:

«Auf Anregung des Hr. H. Jundt, Präsident des kantonalen Turnverbandes, vereinigten sich vor Jahresfrist einige Töchter, um den hiesigen Damenturnverein zu gründen. Am 11. Juni 1915 hielt Hr. Lehrer Kaetterer einen Vortrag über den Zweck u. Ziel des Mädchenturnens im hiesigen Kettiger-Schulhaus. Der zahlreiche Besuch des letzteren liess auf grosses Interesse für unsere Sache schliessen. [...] Herr Kaetterer war so gütig, sich uns als Leiter unserer Turnstunden zur Verfügung zu stellen.»[71]

Sicher wusste Kaetterer schon vor seinem Vortrag, dass er dies tun würde, falls genug Frauen Interesse hätten. An Jundts aktiver Rolle zweifle ich auch keineswegs, allerdings konnte ich nicht bestätigt finden, dass er je Präsident des Kantonalturnvereins gewesen wäre. Er sass damals in dessen Vorstand, jedoch nur als Beisitzer.[72] Karriere hatte er hingegen im Turnverein Binningen gemacht, dort war er von 1900 bis 1909 Vorstandsmitglied, zuerst als Kassier, dann als Oberturner und schliesslich als Präsident.[73] Er übernahm keine aktive Rolle im Damenturnverein, während Kaetterer als Leiter zu wirken begann. Allerdings nicht für lange. Kurz nach der Gründung im Jahr 1915 wurde Kaetterer in den Militärdienst eingezogen. Wenn die Turnstunden nicht ganz ausfielen, weil die Turnhalle belegt war, übernahm hie und da ein Kollege von Kaetterer die Vertretung. Es waren schwierige Zeiten, die auch mit dem Ende des Krieges nicht vorbei waren.[74]

69 Fritz Rudin, 100 Jahre TV Binningen 1866–1966, o. O. 1966. Es sind drei Seiten im A3-Format, aufgemacht wie eine Zeitung.
70 Bis auf ein Jahr sind die Jahresberichte seit der Gründung von 1915 bis heute erhalten. Ausserdem standen mir Protokolle von Vorstandssitzungen, Turnständen und Jahresversammlungen von 1930 bis 1940 zur Verfügung.
71 JB des DTV Binningen vom Juni 1915 bis Juni 1916.
72 Er war lediglich 1925 Vizepräsident, seit 1914 war er Beisitzer im Vorstand des KTV, 1915–1924 war er Mitglied des Technischen Komitees des KTV (vgl.: 100 Jahre KTV 1964, S. 133ff.; 50 Jahre KTV 1914, S. 32 und 36).
73 100 Jahre TV Binningen 1966.

Eine geeignete Lokalität zu finden, blieb ein Problem, und auch die häufige Abwesenheit Kaetterers bereitete dem Verein Mühe. Im Jahr 1918 kam noch die Grippeepidemie dazu, und der Turnbetrieb musste eingestellt werden. Das Versammlungsverbot, das wegen der Grippe herrschte, verunmöglichte gar eine Krisensitzung, als der Damenturnverein im Herbst dieses Jahres erfuhr, dass Kaetterer den Verein ganz verlassen werde, da er in Frauenfeld eine neue Stelle angenommen hatte.[75]

Als Nachfolger amtete ein «Herr Meier» aus Basel, der auch vorher schon für Kaetterer eingesprungen war.[76] Sein Vorname wird in den Jahresberichten zwar nie genannt, es muss sich aber um Konrad Meier aus Basel gehandelt haben, Verbandsoberturner des Frauenturnverbandes Basel-Stadt und stark engagiert im SFTV, wo er es vom schweizerischen Kursleiter bis zum Vizepräsidenten brachte.[77] Meier wurde in derselben Sitzung vom März 1920 verabschiedet, in welcher sich der Damenturnverein offiziell auflöste und dem Turnverein als Damenriege und Untersektion beitrat. Die Entlassung Meiers wurde damit begründet, dass der Verein die fünf Franken, die er Meier pro Stunde zahlen musste, nicht mehr aufbringen könne, und seine «vorzügliche Leitung» wurde verdankt.[78] Die fünf Franken spielten sicher eine Rolle, und mit der turnerischen Leitung Meiers waren die Binningerinnen möglicherweise tatsächlich zufrieden gewesen. Den Hauptgrund für seine Entlassung sehe ich darin, dass Meier ein auswärtiger Turnlehrer war, der nur für die Turnstunden oder hin und wieder für eine Turnfahrt nach Binningen kam, aber nicht im Dorf wohnte und so auch nicht im Vereinsgeschehen verankert war. Die Turnerinnen brauchten aber nicht nur eine turnerische Leitung, sondern auch jemanden, der ihr «Vereinsschiff» durch die geselligen Anlässe der Gemeinde steuerte. Die Leiterfrage spielte deshalb bei der Entscheidung des Damenturnvereins, auf das Angebot des Turnvereins einzugehen und sich ihm als Untersektion anzugliedern, eine wichtige Rolle. Die Frauen sollten auch mit dem Argument für den Anschluss gewonnen werden,

---

74   Jahresberichte des DTV Binningen bis 1918.
75   JB vom 24. Jan. 1918 bis 29. Jan. 1919.
76   Ebd. Wann Meier dies evtl. früher schon getan hatte, ist mir nicht bekannt (er war nicht die oben genannte Vertretung), gerade der Bericht über das Jahr 1917 fehlt. Er wurde aus dem Buch herausgeschnitten.
77   In den Jahren 1919–1922 erteilte Meier schweizerische Leiterkurse (vgl. 25 Jahre SFTV 1934, S. 110/111). Über den Kurs in Liestal von 1919 berichtete die Aktuarin des DTV Binningen, er sei unter anderem von «unserm Herr Meier» geleitet worden (JB des DTV Binningen pro 1919, 1. Hälfte). Von 1931 bis 1942 war Meier Mitglied des Zentralvorstandes des SFTV und verschiedener Kommissionen, vgl. Kap. 5.5.
78   JB der DR Binningen pro 1920.

der Turnverein werde «für einen Turnleiter aus Binningen sorgen, sofern das in seiner Macht stehe».[79] Dieses Versprechen wurde eingelöst. Schon für die Abendunterhaltung des Turnvereins vom November 1919 übte Fritz Glaser, ehemaliger Oberturner des TV Binningen[80], mit den Mitgliedern des Damenturnvereins zwei Nummern ein: ein Glühlampenschwingen und einen Chinesentanz.[81] An der Jahressitzung vom 13. März 1920, an der die Turnerinnen die Auflösung ihres Vereins und den Anschluss an den Turnverein beschlossen, wählten sie Fritz Glaser, «der schon immer grosses Interesse für das Damenturnen zeigte», zu ihrem neuen Leiter.[82] Vom Anschluss an den Turnverein versprachen sich die Frauen, «eine Stütze nach aussen hin gewonnen zu haben», und sie hofften, dass der Turnverein sein Interesse an ihrem Verein auch beibehalten werde.[83] Laut Jahresbericht von 1919 muss man sich darunter die vergnügliche Seite des Turnens vorstellen: «An geselligen Anlässen fehlte es nicht in diesem verflossenen Halbjahr zwischen Turnverein und Damenturnverein.» Neben einer Abendunterhaltung im November fanden ein «Tanzbummel» am Neujahrstag und ein Familienabend mit «Katerbummel» am darauffolgenden Tag statt.[84] Der Anschluss an den Turnverein scheint insgesamt auf gutes Echo gestossen zu sein und zu einem kurzfristigen Aufschwung geführt zu haben.[85]

Ein anderes, wichtiges Versprechen, das der Turnverein den Turnerinnen im Fall eines Anschlusses machte, war, dass er den Turnerinnen einen Abend in der Turnhalle einräumen würde. Dieses löste er aber erst 1922 ein.[86]

---

79 JB des DTV Binningen pro 1919, 2. Hälfte.
80 Er war von 1909 bis 1917 und dann noch einmal 1922 Oberturner des TV Binningen (100 Jahre TV Binningen 1966).
81 JB des DTV Binningen pro 1919, 2. Hälfte.
82 JB der DR Binningen pro 1920.
83 JB des DTV Binningen pro 1919, 2. Hälfte, und JB der DR Binningen pro 1920, von hier stammt das Zitat.
84 JB des DTV Binningen pro 1919, 2. Hälfte.
85 Im JB der DR Binningen pro 1920 ist zu lesen, dass Kasse und Mitglieder zugenommen hätten. Von 1923 an stagnierte die Mitgliederzahl allerdings wieder, und von 1925 an nehmen die Klagen über rückläufige Mitgliederzahlen in den Jahresberichten wieder zu.
86 JB der DR Binningen pro 1922. In den Sommermonaten hatte die DR auf der Turnwiese des Turnvereins turnen dürfen, im Winter war sie weiterhin auf den Saal des Restaurants Hirschen angewiesen, der aber oft besetzt war. Nachdem ein Gesuch der Damenriege an den Gemeinderat «um Überlassung einer Schulstube oder sonst eines Lokals zur Abhaltung unserer Turnstunde» von diesem «rundweg abgeschlagen» wurde, bequemte sich der Turnverein endlich dazu, am Montag jeweils von neun bis zehn Uhr abends die Turnhalle mit der Damenriege zu teilen (ebd).

Bereits im Jahr 1922 reichte Fritz Glaser wegen «Arbeitsüberlastung» seine Demission ein, und die Riege musste mit einer Frau Lehmann aus Basel wieder eine auswärtige Lehrkraft engagieren, der sie pro Stunde fünf Franken bezahlen musste.[87] Bereits 1923 verkrachten sich Riege und Leiterin, da die Mitglieder nach Ansicht von Frau Lehmann zu wenig Interesse für das Turnen zeigten.[88] Damit begann eine Zeit dauernder Leitungswechsel und stagnierender bis rückläufiger Mitgliederzahlen. Einen Grund für die Schwierigkeiten der Riege sah die Autorin des Jahresberichts von 1928 in der Nähe zu Basel. Viele gute Kräfte würden die Riege verlassen und in Basel Turnunterricht besuchen, und die verbleibenden Mitglieder stellten dieselben Anforderungen an die Riege wie an einen Stadtverein – was jene offenbar nicht durchwegs einlösen konnte.[89]

Nach sehr kurzer Zeit hatte die Damenriege Binningen ihre Selbständigkeit aufgegeben, nach eigenem Bekunden, weil sie auf Unterstützung «nach aussen hin» angewiesen war. Die Frauen anderer Gemeinden, die sich in der Folge für das Turnen interessierten, versuchten gar nicht mehr, einen eigenen Verein auf die Beine zu stellen, oft ging auch die Idee zur Gründung einer Damenriege von den Turnvereinen aus.

6.3.3 Die Damenriege Gelterkinden (1919)

Die im Jahre 1919 gegründete Damenriege Gelterkinden war die erste ihrer Art im oberen Kantonsteil – sieht man einmal von der Liestaler Riege ab.[90] Ihre Geschichte ist gut dokumentiert.[91]

---

87 Ebd.
88 JB der DR Binningen pro 1923.
89 JB der DR Binningen pro 1928. Hinter diesen Worten stand ein neuerlicher Konflikt der Riege mit ihrer Leitung, einem Herrn Hafner, der in seinem Turnen – laut Jahresbericht – die «seelische Beschaffenheit» der Frau nicht berücksichtigt hatte…
90 Seltsamerweise ist im Protokoll der Gründungsversammlung zu lesen, dass Gelterkinden die dritte Damenriege im Kanton sei nach Münchenstein und Liestal: «Als Pioniere sind uns da vorangegangen die Gemeinden Münchenstein und Liestal, wo heute Damenriegen existieren. Wir Gelterkinder sind stolz darauf, dass es uns vergönnt ist, das Damenturnen in unserm Bezirk als erste Sektion einzuführen.» (Protokoll der Gründungsversammlung vom 7. Juni 1919) Die erste Riege im Bezirk Sissach waren sie, aber warum wurden diejenigen von Binningen und Birsfelden nicht zur Kenntnis genommen?
91 Die Protokollbücher sind von 1919 bis heute erhalten. Von 1926 an wird die Quellenlage etwas schlechter, da die Jahresberichte der Präsidentin oder des Präsidenten nicht mehr ins Buch eingeklebt wurden und auch sonst nicht mehr vorhanden sind. Die Protokolle von Sitzungen und Turnständen sind sehr knapp, praktisch reine Beschlussprotokolle. Die wertenden, mahnenden und im ganzen umfangreicheren Jahresberichte liefern für die ersten Jahre wertvolle Informationen.

Nach dem Ersten Weltkrieg scheint bei den Turnvereinen die Idee der Gründung von Damenriegen allmählich Mode geworden zu sein, und selbständige Damenturnvereine wurden vorläufig nicht mehr gegründet.

Innerhalb des Turnvereins Gelterkinden war schon seit längerer Zeit über die Gründung einer Damenriege gesprochen worden. Die Feier zum 50jährigen Jubiläum des Turnvereins im Jahre 1919 bot dann einen willkommenen Anlass. Eigentlich hätte das Jubiläum schon 1914 angestanden, es musste aber wegen des Ausbruchs des Ersten Weltkrieges und der anschliessenden Grippeepidemie bis 1919 verschoben werden. Erst im Februar jenes Jahres konnten die Männer den Turnbetrieb wieder aufnehmen, und auch eine Gruppe von zwölf jungen Frauen machte sich daran, unter Leitung von Hans Grieder, einem Mitglied des Turnvereins, «Produktionen» für die Jubiläumsfeier vom 31. Mai einzuüben.[92]

Die Vorführung der Frauen an der Jubiläumsfeier stiess beim Publikum auf Anklang, was die Initianten in ihrer Idee bestärkte:

«Ermutigt durch dieses Resultat glaubte daher der Turnverein Gelterkinden den Moment als gekommen, um die im Schosse seines Vorstandes schon vielmals besprochene Damenriege zu gründen, und es wurde daher nach kaum 8tägiger Ruhe auf den 7. Juni 1919 eine diesbezügliche Versammlung angeordnet, welchem Rufe denn auch 16 Damen Folge leisteten.»[93]

Eingeladen hatte Jakob Bürgin, damals Präsident des Turnvereins Gelterkinden und Primarlehrer in Gelterkinden.[94] Anwesend waren neben den zukünftigen Turnerinnen der Vorstand des Turnvereins und Ehrenmitglied Hans Sozin. Bürgin erläuterte Zweck und Ziel der zu gründenden Riege:

«… heute sitzen wir hier zusammen, um den Grundstein zu legen zu einem Werke, das den Turnverein weiter ausbauen soll und das dazu berufen ist, die körperliche Ertüchtigung des weibl. Geschlechts zu fördern. War die Ausbildung des Körpers bis vor kurzem noch ein Vorrecht der Männer gewesen,

---

92   JB der DR Gelterkinden pro 1919. Vgl. auch: Jakob Bürgin/Kurt Wirz, 100 Jahre Turnverein Gelterkinden 1864–1964, Gelterkinden 1964 (zit.: 100 Jahre TV Gelterkinden 1964), S. 21. Im Jahre 1939 passierte den Gelterkindern dasselbe, diese Feier wurde aber später nicht nachgeholt (Kurt Wirz et al., 125 Jahre Turnverein Gelterkinden 1864–1989, Liestal 1989 [zit.: 125 Jahre TV Gelterkinden 1989], S. 53).
93   JB der DR Gelterkinden pro 1919.
94   125 Jahre TV Gelterkinden 1989, S. 87; BZ vom 31. Dez. 1954: «Schulinspektor Jakob Bürgin». Diesem Artikel ist zu entnehmen, dass Bürgin von 1910 bis 1924 Primarlehrer in Gelterkinden war, von 1924 an Lehrer an der Bezirksschule Böckten und von 1943 bis 54 zusätzlich Schulinspektor.

so hat durch das Schulturnen die körperliche Erziehung bei den Mädchen eingesetzt. Sie darf aber nicht auf dem schulpflichtigen Alter stehenbleiben, sondern muss auch gepflegt werden in den spätern Jahren.»[95]

Die Anwesenden mussten nicht lange überredet werden, die Gründung einer Riege wurde einstimmig beschlossen. Der Gründungsakt bestand in der Unterzeichnung einer Erklärung durch die turnwilligen jungen Frauen, worin als Zweck der Riege eine «freie, turnerische Betätigung zu harmonischer Ausbildung des Körpers» bezeichnet wurde.[96]

Die Turnstunden mussten fürs erste im Tanzsaal des Restaurant Rössli abgehalten werden, aber schon im ersten Jahresbericht wurde der Hoffnung Ausdruck verliehen, das Jahr 1920 werde die schon lange geplante Turnhalle bringen.[97]

An der Vereinssitzung vom 13. November 1919 wurden die Statuten verabschiedet und der Vorstand gewählt. Als Präsident und Leiter in einer Person wurde der bereits wirkende Hans Grieder bestätigt, neben ihm walteten drei Frauen als Aktuarin (gleichzeitig Vizepräsidentin), Kassierin und Beisitzerin.[98]

Von den ersten Statuten ist kein Exemplar erhalten. Gewisse Bestimmungen, vor allem über die Stellung gegenüber dem Turnverein, lassen sich den Jubiläumsschriften und Protokollen entnehmen. An der Gründungsversammlung war diskutiert worden, ob ein eigenständiger Damenturnverein oder eine Damenriege als Untersektion des Turnvereins gegründet werden sollte. Es obsiegte die Argumentation von Ehrenmitglied Hans Sozin, der sich für eine Riege aussprach, «da dadurch eine Verbindung mit dem Turnverein besser ermöglicht wird».[99]

Im Jahre 1921 übernahm der damalige Präsident des TV Gelterkinden, Jakob Bürgin, Präsidium und Leitung der Riege.[100] Kurze Zeit nach seinem Rücktritt im Jahre 1929 wurde es üblich, nicht mehr ein und dieselbe Person die beiden höchsten Funktionen ausüben zu lassen, 1933 übernahm erstmals eine Turnerin das Präsidium, und 1945 war es auch bei der Leitung so weit. Beide Ämter wurden

---

95   Protokoll der Gründungsversammlung vom 7. Juni 1919.
96   Das Original der Erklärung mit der Liste der Gründerinnen wurde unter dem Jahresbericht pro 1919 ins Protokollbuch eingeklebt.
97   JB der DR Gelterkinden pro 1919. Dieser Wunsch ging 1921 in Erfüllung.
98   Protokoll der Vereinssitzung vom 13. Nov. 1919.
99   Protokoll der Gründungsversammlung vom 7. Juni 1919.
100 Bürgin war von 1913 bis 1922 Präsident des TV Gelterkinden, von 1927 bis 1936 sass er auch im Vorstand des KTV, im letzten Jahr als Präsident. Ausserdem war er von 1930 bis 1935 Präsident des BTV Sissach sowie Präsident des Schützenverbandes (125 Jahre TV Gelterkinden 1989, S. 87/88).

aber in den folgenden Jahren auch immer wieder von Männern versehen.[101] Als Rechnungsrevisorinnen amteten seit 1920 jeweils zwei Mitglieder der Damenriege. Dass die Rechnung noch vom Turnverein geprüft wurde, ist nirgends vermerkt.[102] Neben Reinhard Plattner aus Münchenstein gehörten auch die beiden ersten Leiter der Damenriege Gelterkinden zu den treibenden Kräften bei der Gründung des FTV, und Bürgin war dann auch dessen erster Präsident (1924–1931). Die Gelterkinder standen damit in der Tradition ihrer Vorgänger im 19. Jahrhundert, die beim Turnen der Männer eine Pionierrolle gespielt hatten: In Gelterkinden war 1864 einer der ersten vier Turnvereine des Kantons gegründet worden. Keine zwei Wochen nach der Gründung trafen sich die Gelterkinder mit den drei anderen Turnvereinen in Waldenburg zu einem gemeinsamen Turnen, in dessen Anschluss der KTV aus der Taufe gehoben wurde. Arnold Baader, Gründer und Präsident des TV Gelterkinden, wurde dessen erster Präsident.[103]

6.3.4 Die Damenriege Pratteln Alte Sektion (1920)

Auch in Pratteln waren schon seit längerer Zeit Bemühungen im Gange, eine Damenriege zu gründen. Seit 1918 wurde innerhalb des Turnvereins Pratteln Alte Sektion (AS) darüber diskutiert und dafür Werbung gemacht: «Der Förderung des Turnwesens in der Gemeinde stets die grösste Aufmerksamkeit schenkend, hat unterzeichnete Sektion seit längerer Zeit eifrige Propaganda getrieben, um in hiesiger Ortschaft einen Damenturnverein ins Leben zu rufen, wie solche schon seit Jahren in den grössern Gemeinden des Kantons bestehen», schrieben die Initianten im Februar 1920 an den Gemeinderat von Pratteln. Letzteres war zwar etwas übertrieben, doch ging es schliesslich auch darum, den Gemeinderat davon zu überzeugen, der Damenriege einen Abend in der Turnhalle einzuräumen, «... sobald die Rücksichten auf die Grippen-Epidemie dies gestatten».[104] Die politisch unruhigen Zeiten nach dem Ersten

---

101 Hans Nef, 50 Jahre Damenriege Gelterkinden 1969, mit einem Vorwort von Jakob Bürgin, Gelterkinden 1969 (zit.: 50 Jahre DR Gelterkinden 1969), im Anhang.
102 Die ersten Revisorinnen wurden an der Jahressitzung vom 20. März 1920 gewählt. Auch in den folgenden Jahren waren es stets zwei Turnerinnen.
103 125 Jahre TV Gelterkinden 1989, S. 9–11; vgl. auch Kap. 2.5.
104 Durchschlag eines Briefes an den Gemeinderat von Pratteln vom 11. Februar 1920, worin um die Bewilligung der Turnhallenbenutzung durch die Damenriege nachgefragt wurde. Der Brief findet sich unter einer Reihe von Dokumenten, die Traugott Pfirter, der erste Leiter der Riege gesammelt und z. T. auch verfasst hat und die von 1918 bis 1927 datieren. Es sind dieselben, die ich in Kap. 4.3 verwendet habe, um die Argumentationskette zu zeigen, mit der für das Frauenturnen

Weltkrieg und vor allem die Grippeepidemie wurden dafür verantwortlich gemacht, dass die jungen Frauen Prattelns bis 1920 auf ihre Damenriege warten mussten.[105]
Im Januar 1920 erging ein Aufruf an die «Töchter» von Pratteln, einem Damenturnverein beizutreten:

«Bis jetzt war es in Pratteln dem weibl. Geschlecht nicht vergönnt, allseitige und daher einzig richtige Leibesübungen zu pflegen. Vorurteile und falsches Schamgefühl mögen der Hauptgrund der allzulangen Hintansetzung gewesen sein. Allein die Einsicht ringt sich durch, dass das Turnen Allgemeingut und nicht nur für die Männer bestimmt ist. [...] Darum alle Vorurteile beiseite und begrüsst die Bildung eines Damenturnvereins, indem Sie freudig als Mitglied unterzeichnen.»[106]

Der Aufruf entstammte der Feder von Traugott Pfirter, dem ersten Leiter der Riege. Neben ihm zeichneten zwei weitere Mitglieder des Turnvereins Pratteln AS verantwortlich für die Initiative zur Gründung der Damenriege: Oberturner Jean Frick und Max Sax.[107]

105 geworben wurde. Als weiteres Quellenmaterial dienten mir die Jahresberichte der DR Pratteln AS, die von 1921 bis heute erhalten sind, also alle bis auf das Gründungsjahr 1920. Zur Verfügung standen mir ausserdem: Protokolle der Jahressitzungen 1935–1968; Protokolle der Vorstandssitzungen 1959–1973; Korrespondenz von 1950 bis 1966. Nützlich war auch ein Ordner mit Sitzungsprotokollen und div. Korrespondenz des Organisationskomitees für das 50jährige Jubiläum der DR Pratteln AS von 1970.
Vgl. den von Hans E. Keller verfassten Rückblick über die Anfänge der Damenriege: «Damenriege ASP 1920–1970» im Vereinsorgan des Turnvereins Pratteln Alte Sektion vom Herbst 1970, S. 6/7 (zit.: 50 Jahre DR Pratteln AS 1970). Dass die Bemühungen um die Gründung einer Damenriege schon seit längerem im Gang waren, zeigen auch die von Pfirter seit 1918 gesammelten Dokumente, vgl. vorhergehende Anmerkung.

106 Meine Quelle ist ein mit Schreibmaschine verfasster Entwurf eines Artikels mit dem Vermerk: «Eingesandt Januar 1920», verfasst von Traugott Pfirter. Wie der Aufruf publik gemacht wurde, ist mir nicht bekannt. Den «Prattler Anzeiger» gab es damals noch nicht. Erst im Jahr 1925 erschien die erste Nummer der Lokalzeitung unter dem Namen «Basellandschaftliche Volkszeitung» (vgl. Kap. 8.2). – In den Anfängen wurde oft von Damenturnvereinen gesprochen, auch wenn es sich um eine Damenriege handelte, in der Art eines Oberbegriffs. Dass die Damenriege der AS von Anfang an eine Riege, also eine Unterabteilung des Turnvereins war, steht ausser Zweifel.

107 So wird es von Hans E. Keller dargestellt in seinem Rückblick, 50 Jahre DR Pratteln AS 1970; wie auch bei: Heinrich Koch, 100 Jahre Turnverein Pratteln Alte Sektion 1880–1980, Pratteln 1980 (zit.: 100 Jahre TV Pratteln AS 1980), S. 39. Ausserdem in einem Brief von Max Sax selber anlässlich der Jubiläumsfeier der Damenriege im Jahre 1970 an die damalige Präsidentin Ruth Zittel, Vevey, 17. Nov. 1970. Pfirter leitete die Riege bis 1928. Jean Frick war von 1915 bis 1920 Oberturner der AS; Max Sax unterschrieb die Statuten des Turnvereins von 1920 als Sekretär (vgl. Walter Iseli, Jubiläumsschrift zum 75jährigen Bestehen des Turnvereins Pratteln Alte Sektion 1880–1955, Pratteln 1955 [zit.: 75 Jahre TV Pratteln AS 1955], S. 13).

Obwohl wegen der Grippeepidemie noch keine Turnstunden stattfinden konnten – auch der Turnverein hatte die Wiederaufnahme des Turnbetriebs noch einmal verschieben müssen –, wurde am 28. Januar 1920 die Gründungsversammlung abgehalten und ein provisorischer Vorstand gewählt. Mit dem Turnen sollte so bald als möglich begonnen werden.[108] Am 4. März 1920 war es schliesslich soweit, mit 27 Teilnehmerinnen wurde die erste Turnstunde durchgeführt.[109]

Am 27. August 1920 wurden die ersten Statuten verabschiedet. Entworfen hatte sie der Leiter Traugott Pfirter. Sie weisen einige grundlegende Unterschiede auf gegenüber den Statuten der früher gegründeten Damenriegen, etwa derjenigen von Liestal, die ihrerseits weitgehend eine Kopie der Statuten der Damenriege des Bürgerturnvereins Basel waren.[110] Die Riegen von Liestal und Basel bezeichneten sich als Glieder des SFTV, die Prattler Riege hingegen als Glied des Turnvereins Pratteln AS.[111] Alle drei Riegen schrieben hingegen vor, dass ihre Mitglieder das 16. Altersjahr zurückgelegt haben und einen guten Leumund aufweisen mussten.[112] Dies wurde in den folgenden Jahren allgemein üblich.

Nach § 2 der Prattler Statuten konnten Damenriege und Stammsektion (wie der Turnverein meist genannt wurde) die Vorstandsitzungen des anderen jeweils mit Delegierten beschicken, die jedoch nur beratende und orientierende Funktion haben sollten. Die Damenriege war dem Turnverein aber nicht etwa gleichgestellt. Eine andere Bestimmung markiert ihre Stellung als Untersektion deutlich: Der Leiter der Damenriege («Oberturner» genannt) musste

108 100 Jahre TV Pratteln AS 1980, S. 39; sowie: Brief der DR an den Gemeinderat von Pratteln vom 11. Feb. 1920. Zur Gründungsversammlung war auch Reinhard Plattner aus Münchenstein eingeladen worden. In einem Schreiben «An unsere werten Mitglieder» vom 11. Feb. 1920 bat Pfirter die Mitglieder im Namen des provisorischen Vorstandes noch um etwas Geduld.

109 Ich stütze mich auf: 100 Jahre TV Pratteln AS 1980, S. 39. Im Ordner mit Sitzungsprotokollen und div. Korrespondenz des OK für das 50jährige Jubiläum der Damenriege von 1970 finden sich auch zwei Mitgliederlisten: Die erste ist (laut Protokoll der OK-Sitzung vom 24. Sept. 1970) eine Beitrittserklärung, die 24 Frauen anlässlich des Endturnens des Turnvereins von 1919 unterschrieben hatten; die zweite soll nach derselben Quelle die Präsenzliste der ersten Turnstunde vom 4. März 1920 sein. Datiert ist sie allerdings vom 3. Februar 1920. Hier haben 30 Frauen unterschrieben, bis auf zwei Frauen sind es andere als 1919.

110 Auch bei den Akten aus Pratteln findet sich ein Exemplar der Basler Statuten, es wurde aber nur wenig übernommen. Dies, obwohl zwischen den beiden Riegen durchaus Kontakte bestanden, indem die Schauturnen in Basel besucht wurden (belegt 1918, auf der Einladung ist vermerkt, dass Frick und Pfirter dort waren).

111 Jeweils § 1 der Statuten der Damenriege Pratteln AS vom 27. Aug. 1920, der Statuten der Damenriege des Bürgerturnvereins Basel vom 8. Mai 1915 und der Statuten der Damenriege Liestal vom 4. April 1918.

112 Bei Pratteln AS: «Mitgliedschaft», § 5.

der Stammsektion angehören und wurde von dieser gewählt. Die Riege hatte nur die Kompetenz, ihn zu bestätigen. Neben dem Leiter waren Frauen vorgesehen für die Ämter der Präsidentin, Kassierin, Aktuarin, Beisitzerin und Kassarevisorin.[113]
Im ersten, provisorischen Vorstand war Traugott Pfirter Leiter und Präsident in einer Person gewesen. Als der Turnbetrieb aufgenommen werden konnte, übernahm die bereits gewählte Präsidentin ihr Amt. Trotzdem verfasste Pfirter noch bis 1925 den Jahresbericht der Riege, was laut Statuten zu den Aufgaben der Präsidentin gehörte hätte.[114] Die Wahl einer Kassarevisorin bedeutete nicht, dass die Riege allein für ihre Kasse verantwortlich gewesen wäre. Die Statuten enthielten auch die Weisung, dass die Revisoren der Stammsektion die Rechnung der Damenriege prüfen und darüber an der Jahressitzung der Riege einen schriftlichen Bericht erstatten mussten (§ 8). Eine noch krassere Bevormundung stellte die Bestimmung dar, wonach ein Auflösungsbeschluss der Riege nur Gültigkeit haben sollte, wenn die Stammsektion damit einverstanden war (§ 12). Nach einer allfälligen Auflösung der Riege sollte ihr Vermögen dem Turnverein zufallen (§ 13).
Die Statutenrevision von 1927 brachte eine minime Stärkung der Position der Damenriege gegenüber dem Turnverein, an ihrer Stellung als Untersektion veränderte sich aber nichts.[115] Der Leiter musste fortan nicht mehr Mitglied der Stammsektion sein, er wurde aber weiterhin von dieser gewählt.[116] Aus welchen Gründen das Beitrittsalter auf das vollendete 15. Lebensjahr herabgesetzt wurde, wird

113 § 8 bestimmte: «Die Riege wählt an der Jahressitzung, welche ordnungsgemäss im Laufe des Monats Februar stattfinden soll, einen Vorstand, bestehend aus: Präsidentin, Bestätigung des Oberturners, Kassierin, Aktuarin, Beisitzerin, 1 Kassarevisorin. [...] Der Oberturner leitet einen geordneten Turnbetrieb und sorgt für ständigen Kontakt mit der Stammsektion, aus der er zu wählen ist.»
114 Ebd. Die von Pfirter abgefassten Berichte unterscheiden sich stark von den späteren. Während diese im allgemeinen sachlicher formuliert sind, aber auch viele immer wiederkehrende feststehende Wendungen benutzen, lässt es sich Pfirter nicht nehmen, dem Jahresrückblick in blumige Worte gefasste lebensphilosophische Betrachtungen voranzustellen und den Turnerinnen immer wieder den «moralischen Erziehungswert» des Turnens in Erinnerung zu rufen.
115 Statuten der Damenriege Pratteln AS vom 27. Januar 1927: So sollte die Jahresrechnung fortan von der Revisorin der Damenriege zusammen mit den Revisoren der Stammsektion geprüft werden (§ 12). Weiterhin musste die Stammsektion mit einem Auflösungsbeschluss einverstanden sein (§ 13). Wie in Liestal wurde hingegen neu verfügt, dass das Vermögen der Riege nach einer Auflösung nur zur Verwaltung an den Turnverein gehen sollte, bis eine neue Riege gegründet würde (§ 14).
116 Auch nach den Statuten von 1927, § 8, «bestätigte» der Vorstand der Damenriege den Leiter lediglich. Dass dies noch etliche Jahre so war, zeigt der Jahresbericht der Damenriege für das Jahr 1944: «An der Jahressitzung vom 19. Februar 1944 wurde uns der neue Leiter, Herr Schaub, der an der Generalversammlung der Stammsektion gewählt worden war, vorgestellt.»

nirgends erläutert. Als Hauptbedingung für die Mitgliedschaft wurde zudem neu die Konfirmation genannt (§ 5a) – nebenbei ein Hinweis darauf, dass nicht mit katholischen Mitgliedern gerechnet wurde. Neu war schliesslich der Vermerk, dass auch Männer die Passivmitgliedschaft erwerben konnten (§ 5b).
Die Prattler Riege erscheint enger mit dem Turnverein verbunden als die bisher vorgestellten Riegen, die mehr Wert darauf legten, Mitglieder der Frauenturnbewegung zu sein. Der Kontakt mit dem Turnverein, wie er aus den Jahresberichten hervorgeht, war offenbar von Anfang an weitgehend spannungsfrei und recht eng.

6.3.5 Die Damenriege Frenkendorf (1921)

Wie in Gelterkinden debütierten die Turnerinnen auch in Frenkendorf, bevor sie sich offiziell zu einer Damenriege zusammengeschlossen hatten: «Es war dies am 16. Januar 1921 die alljährliche Aufführung des Turnvereins Frenkendorf, in der wir mit einem von unserm Leiter sehr gut einstudierten Stabwinden das Publikum für einige Zeit fesselten», schrieb die erste Präsidentin der Riege, Frieda Herzog, im ersten Jahresbericht. Für ihren Auftritt erhielten die Turnerinnen 50 Franken, wovon sie sich eine Langbank anschafften.[117]
Die Anregung für die Gründung der Riege sei von Turnerseite gekommen: «Es kostete zwar viel Mühe und Geduld, bis nur eine kleine Anzahl Mitglieder sich fanden. Doch der Grund war gelegt, und die Wenigen, die sich zusammengethan hatten, waren recht in Begeisterung und hatten Arbeitslust...».[118] Immerhin 17 Turnerinnen waren es, die den Aufruf des Turnvereins zur Gründung einer Damenriege unterschrieben, vermutlich anlässlich der Gründungsversammlung, die im Februar 1921 stattfand.[119] Der Aufruf lässt keinen Zweifel an der Rolle des Turnvereins bei der Gründung der Riege:

«Der Turnverein Frenkendorf, von dem Bestreben geleitet, zur körperlichen Erziehung der Jugend nach Kräften beizutragen, gedenkt durch Gründung einer Damenriege auch dem weiblichen Geschlecht Turngelegenheit zu bieten.

---

117 JB der DR Frenkendorf pro 1921. Mir standen die Jahresberichte 1921–1957 zur Verfügung, Protokolle von 1921 bis 1966 und Korrespondenz von 1921 bis etwa 1950. Zudem ein Ordner mit Unterlagen zum Jubiläum von 1981. Ausserdem habe ich ein paar Gespräche geführt, dazu später.
118 JB der DR Frenkendorf pro 1921.
119 Laut JB der DR Frenkendorf pro 1921 fand die Gründungsversammlung am 18. Feb. 1921 statt, nach den Protokollen fand die erste Sitzung der Riege bereits am 12. Feb. 1921 statt. Fest steht, dass die Riege im Februar 1921 gegründet wurde.

Es ergeht deshalb der Aufruf an die hiesigen Töchter zur Erhaltung und Förderung der Gesundheit der Damenriege Frenkendorf beizutreten.»[120]

An der ersten Sitzung des Vereins wurden die Statuten verabschiedet und der Vorstand gewählt. Die Statuten hatte der «Leiter und Gründer» der Riege, August Nebiker, verfasst. Sie wurden «bis auf eine kleine Abänderung genehmigt und traten sofort in Kraft». Nebiker übernahm neben der Leitung auch das Vizepräsidium der Riege, zur Präsidentin wurde Frieda Herzog gewählt. Drei weitere Frauen sollten als Aktuarin, Kassierin und Beisitzerin amtieren. Im ganzen waren elf turnwillige Frauen anwesend.[121] Die ersten Statuten sind nicht erhalten. Diejenigen von 1934 unterscheiden sich aber nicht wesentlich von denen anderer Riegen. Erwähnenswert ist vielleicht die Bestimmung, die Damenriege sei eine Untersektion des Turnvereins, ihre Mitglieder seien aber nicht Mitglieder desselben, sondern des FTV und des SFTV. Ansonsten zeichnen sich die Statuten durch dieselbe Mischung von Selbständigkeit und Bevormundung durch den Turnverein aus wie die anderen, bereits besprochenen Statuten.[122]

Der Leiter der Damenriege Frenkendorf, August Nebiker, war auch einer jener Männer, die damals ihre ganze Freizeit der Turnbewegung opferten. Er war aktiver Turner und sass während etlichen Jahren im Vorstand des Turnvereins Frenkendorf, von 1919 bis 1921 und noch einmal 1929 als Präsident.[123] Von 1924–1927 war er zudem Präsident des Bezirksturnverbandes Liestal.[124] Neben seinem Engagement bei den Turnern war er auch einer der Pioniere des Frauenturnens. Er gründete die Damenriege Frenkendorf und war ausserdem Mitbegründer des FTV, dessen technische Leitung er von 1924 bis 1929 innehatte.[125] Neben ihm amtete auch die Präsidentin der Damenriege Frenkendorf, Frieda Herzog, im kantonalen Verband, sie war von 1924 bis 1931 dessen erste Aktuarin.[126]

---

120   Der Aufruf liegt als loses Blatt den ersten Jahresberichten bei und ist nicht datiert. Es ist das Original mit den Unterschriften der Frauen, mit ihrem Geburtsdatum und bei einigen auch mit einer Berufsangabe.
121   Erster Eintrag im Protokollbuch über die «erste Sitzung vom neugegründeten Verein» vom 12. Februar 1922.
122   Statuten der Damenriege Frenkendorf vom 15. Mai 1934, denjenigen des TV Frenkendorf beigefügt.
123   Ernst Gysin, 50 Jahre Turnverein Frenkendorf 1899–1949, Basel 1949 (zit.: 50 Jahre TV Frenkendorf 1949), S. 34/35. Dazwischen war er einfaches Vorstandsmitglied und auch Aktuar.
124   100 Jahre KTV 1964, S. 120.
125   Aus den FTV-Protokollen. Die Angaben in: 50 Jahre FTV 1974 sind nicht korrekt, Nebiker leitete nicht bis 1930.
126   Aus den FTV-Protokollen.

Völlig überraschend starb Nebiker im August 1929 an den Folgen einer Bruchoperation. Damit war der Turnverein Frenkendorf ohne Präsident und die Damenriege ohne Leiter. Die Regelung der Nachfolge Nebikers mündete in einen grösseren Konflikt innerhalb der Damenriege. Zwei Wochen nach seinem Tod Mitte August teilte die damalige Präsidentin, Nanny Müller, den Turnerinnen mit, dass die Turnstunden am 28. August wieder aufgenommen würden. Lehrer Willy Hägler, Oberturner des Turnvereins Frenkendorf und Leiter der Männerriege, habe sich bereit erklärt, in die Lücke zu treten. «Ich glaube im Sinne von Herrn Nebiker gehandelt zu haben, wenn ich Herrn Lehrer Hägler, als sein bester Freund und Mitturner zu Rate gezogen habe.»[127] Sie glaubte dies nicht nur, sie wusste, dass sie im Sinne Nebikers handelte. Dieser hatte ihr vor seiner Operation explizit geraten, falls ihm wider Erwarten etwas zustossen sollte, «den Willy Hägler zu holen».[128] Nanny Müller tat also wie geheissen, doch in der Riege stiess sie damit nicht nur auf Wohlwollen:

«Durch den Umstand, dass von der Präsidentin Nanny Müller eine Turnstunde mit Herrn Hägler angeordnet worden ist, sind zwischen einzelnen Mitgliedern Meinungsverschiedenheiten entstanden, über die einlässlich diskutiert wurde. Bei diesem Anlasse erklärte Nanny Müller den Rücktritt als Präsidentin, und es wurde hierauf Friedy Herzog gewählt. Dieselbe erhielt den Auftrag, mit Herrn Hägler zu unterhandeln betreffend definitive Übernahme unserer Vereinsleitung.»[129]

Dies sollte sich als schwierig erweisen, denn, wie sich zeigen wird, war Frieda Herzog gegen die Wahl von Hägler. An der Sitzung vom 4. September 1929 berichtete Frieda Herzog der Damenriege über ihre Besprechung mit Lehrer Hägler, bei er es um die Übernahme der Vereinsleitung ging. Es wurde beschlossen, eine gemeinsame Sitzung mit dem Turnverein abzuhalten, um die Angelegenheit zu besprechen und zu erledigen. Doch so einfach war die Sache nicht: «Friedy Herzog war mit dieser Besprechung nicht befriedigt und glaubte von andern Mitgliedern schlecht angeschrieben worden zu sein. Sie fand sich deshalb veranlasst, als Präsidentin wiederum zurückzutreten.»[130] Am 14. September fand die Sitzung mit dem Turnverein statt, an der auch Frieda Herzog teilnahm. Zuerst informierte der Turnverein über die Abrechnung des kantonalen Leicht-

127 Schreiben der Präsidentin Nanny Müller an die Turnerinnen vom 27. Aug. 1929.
128 Telefonisches Gespräch mit Annemarie (Nanny) Emch-Müller vom 3. Aug. 1992.
129 Protokoll der Vereinssitzung der DR Frenkendorf vom 29. Aug. 1929.
130 Protokoll der Vereinssitzung vom 4. Sept. 1929.

athletentages in Frenkendorf vom Juni jenes Jahres und überreichte der Damenriege 50 Franken für ihre Mitwirkung am Abendprogramm. Anschliessend wurde die Frage der Leitung der Damenriege besprochen. Es «fand hierüber eine rege Diskussion statt, in welcher Friedy Herzog ihren Standpunkt [in] etwas hartnäckiger Weise vertrat. Beschluss wurde keiner gefasst.»[131] Kein Beschluss, aber Folgen für Frieda Herzog: An der Vorstandssitzung vom 20. September erklärte Hägler,

«dass er die Leitung des Vereins nicht übernehme, solange Friedy Herzog, die sich in der letzten Sitzung etwas ungebührlich benommen hat, noch aktiv mitwirkt. Von Herrn Traug. Salathe, welcher unsere Sitzungen vorübergehend leitete, wurde der Friedy Herzog diese Sachlage nahegelegt und ihr empfohlen, im Interesse des Vereins auf weiteres Mitwirken zu verzichten. Friedy Herzog weigerte sich jedoch, diesem Rate Folge zu leisten.»[132]

Dies musste sie schliesslich doch tun, da die übrigen Turnerinnen sie mehrheitlich nicht unterstützten. In der Vereinssitzung vom 1. Oktober notierte die Aktuarin:

«Von Friedy und Sofie Herzog liegen Begehren vor, von den Aktiv- zu den Passivmitgliedern hinüberzutreten. Nachdem sich Nanny Müller bereit erklärt hat, die Wahl als Präsidentin wieder anzunehmen, wird dieselbe einstimmig gewählt. Hierauf wird die Wahl des Turnleiters vorgenommen. Als solcher wird gewählt, Herr Willy Hägler, Lehrer, der in verdankenswerter Weise die Übernahme dieses Postens zugesagt hat.»[133]

Frieda Herzog hatte kapituliert. Ende Jahr trat sie ganz aus dem Verein aus, ebenso ihre Schwestern Sophie und Elisabeth Herzog.[134] Frieda Herzog scheint eine temperamentvolle Person gewesen zu sein, die sich nicht scheute, die Dinge beim Namen zu nennen und die ihre Interessen hartnäckig vertreten konnte – offensichtlich nicht immer mit Erfolg. Ein eindrückliches Beispiel dafür, dass sie sich auch vom Turnverein nicht einschüchtern liess, stammt aus dem Gründungsjahr der Riege, als sie als erste Präsidentin amtierte. Der Turnverein liess der Damenriege 20 Franken zukommen als Gewinnanteil für die Aufführung des Theaters, an dem sich die Turnerinnen beteiligt hatten. Im selben Brief liess er auch verlau-

---

131 Protokoll der gemeinschaftlichen Sitzung mit dem Turnverein vom 14. Sep. 1929.
132 Protokoll der Vorstandssitzung vom 20. Sept. 1929.
133 Protokoll der Vereinssitzung vom 1. Okt. 1929.
134 JB der DR Frenkendorf pro 1929.

ten, dass einige seiner Passivmitglieder gerügt hätten, «dass der Verkauf der Tombolalose nicht durch die Damenriege vertrieben wurde, wäre doch dadurch voraussichtlich eine beträchtliche Mehreinnahme erfolgt. Es wurde allgemein der Wunsch geäussert, dass bei kommenden Anlässen ein besseres Einvernehmen herrschen sollte.»[135]
Statt sich über diese – heute würde frau sagen: sexistische – Bemerkung aufzuregen und entsprechend zu reagieren, bedankte sich Frieda Herzog im Namen der Riege für das Geld, mit dem sie gar nicht gerechnet hätten wegen der grossen Unkosten des Anlasses, und sie fügte gelassen hinzu,

«auch hätten wir ja nach Ihrer Auffassung mehr dazu beitragen können, den Reingewinn zu heben, wenn wir intensiver am Losverkauf teilgenommen hätten. Nun, das mag sein, doch müssen Sie begreifen, dass wir auch lieber nach dem Takte der Musik uns bewegten, als von einem Tisch zum andern zu spazieren und Lose anzutragen. Ich glaube, dass wir uns in diesem Punkte nichts vorzuwerfen haben.»[136]

So ruhig und überlegen konnte sie bei Kritik oder Konflikten offenbar nicht immer reagieren, wie ihr Verhalten in der Angelegenheit um die Nachfolge Nebiker gezeigt hat. Der Grund dafür wird sein, dass sie in dieser Sache zu persönlich betroffen war. Was nicht in den Protokollen oder Jahresberichten steht, erzählte mir Annemarie (Nanny) Emch-Müller, bei Ausbruch des Konflikts Präsidentin der Damenriege: Frieda Herzog hätte statt Willi Hägler den Lehrer Thommen aus Füllinsdorf zum Leiter machen wollen. Sie sei mit ihm «bekannt gewesen» damals, und sie heiratete ihn wenige Jahre darauf.[137] Diese persönliche Beziehung von Frieda Herzog zu einem zukünftigen Leiter gefiel den übrigen Turnerinnen vielleicht nicht oder machte sie misstrauisch bezüglich seiner turnerischen Fähigkeiten.

Für Frieda Herzog war die Zeit in Frenkendorf mit diesem Konflikt vorbei. 1930/31 turnte sie in der Damenriege Liestal, und nach ihrer Heirat, vermutlich im Jahr 1931, zog sie nach Füllinsdorf. Während der ganzen Dauer des Konfliktes war sie Aktuarin des FTV.[138]

135 Brief des TV Frenkendorf an die DR Frenkendorf vom 26. Okt. 1921, unterschrieben von August Nebiker als Präsident des Turnvereins – gleichzeitig Leiter der Damenriege.
136 Brief der DR Frenkendorf an den TV Frenkendorf vom 29. Okt. 1921.
137 Telefonisches Gespräch mit Annemarie Emch-Müller vom 3. Aug. 1992.
138 Aus den Mitgliederlisten der DR Liestal. Aus den FTV-Protokollen geht hervor, dass sie 1931 als Aktuarin des FTV zurücktrat.

In der Damenriege Frenkendorf kehrte nach dem Austritt von Frieda Herzog wieder Ruhe ein, in ihrem Rückblick auf das Jahr 1930 lobte die Präsidentin Nanny Müller das gute Einvernehmen zwischen Leiter und Turnerinnen, das Gefühl der Zusammengehörigkeit habe sich wieder gefestigt.[139]
Was die turnerischen Qualitäten ihres Leiters betraf, durften die Turnerinnen zweifellos zufrieden sein. Auch Willi Hägler hatte sich ganz dem Turnen verschrieben. Die Aufzählung seiner Funktionen wirkt schon fast unglaubhaft: von 1914 bis 1918 und von 1927 bis 1929 war er Oberturner des Turnvereins Frenkendorf. 1920 gründete er die Männerriege und leitete sie bis zu seinem frühen Tod 1945. Daneben engagierte er sich auch auf Bezirks- und eidgenössischer Ebene.[140] 1923 folgten die Gründungen einer Knaben- und auch schon einer Mädchenriege, beide leitete er über zehn beziehungsweise über 20 Jahre. Von 1929 bis 1934 leitete er die Damenriege und von 1930 bis 1945 auch die Frauenriege, die er gegründet hatte. Ausserdem war er von 1931 bis 1945 Präsident des FTV. Er war seit 1940 in zweiter Ehe mit Hedy Ammann aus Liestal verheiratet, einer der führenden Frauen im basellandschaftlichen Frauenturnen, mit der er schon jahrelang im kantonalen Verband zusammengearbeitet hatte. Hedy Ammann gehörte dem Vorstand des FTV seit 1924 an, war seit 1929 Mitglied der technischen Kommission des FTV, die sie von 1936 bis 1945 auch präsidierte. Im Jahr 1945 verstarb Willi Hägler völlig überraschend nach kurzer schwerer Krankheit.[141]
Durch ihre Leiter war auch die Damenriege Frenkendorf stark eingebunden in das turnerische Leben der Gemeinde, von Bemühungen um mehr Selbständigkeit ist nichts zu merken.

6.3.6 Die Damenriege Muttenz (1923)

Herr G. seit 1932 als Primarlehrer in Muttenz tätig, war ein weiterer Förderer des Frauenturnens. In unserem Gespräch erzählte er mir, dass die Mädchen in Muttenz damals zwei Stunden Turnen gehabt hätten, die Knaben drei Stunden. Die Mädchen hätten das nicht gerecht gefunden, so habe er 1933 die Mädchenriege gegründet, als

---

139   JB der DR Frenkendorf pro 1930, die Protokolle unterstützen ihre Aussage.
140   Er war 1916 Bezirksoberturner und sass von 1934–1945 auch in der Männerturnkommission des ETV.
141   50 Jahre TV Frenkendorf 1949, S. 33ff.; sowie «Ehrung von Hedy Hägler-Ammann und Willi Hägler an der DV des FTV vom 14. Jan. 1945 (FTV-Protokolle); ausserdem: 50 Jahre FTV 1974, unn., wo die Zeit von Häglers Präsidentschaft beim FTV mit 1931–1946 angegeben wird – derselbe peinliche Fehler wie bei August Nebiker. Den FTV-Protokollen ist ein Nachruf auf Willi Hägler beigelegt, allerdings ohne Angabe der Zeitung, in der er erschien.

Ersatz für die dritte Stunde. Von verschiedenen Leiterinnen unterstützt, stand er ihr bis 1974 vor.[142] Im Jahre 1934 übernahm er auch die Leitung der Damenriege, die bereits 1923 gegründet worden war. Was heute an Quellenmaterial noch vorhanden ist, beginnt mit seiner Leitertätigkeit.[143] Wie es damals zur Gründung der Damenriege kam, entnehme ich seinen Erzählungen und verschiedenen von ihm verfassten Schriften[144], ausserdem einem Gespräch mit Frau G. aus Muttenz, die der Damenriege 1926 beitrat und deren Schwester ein Gründungsmitglied war.[145]

Wie in Gelterkinden und Frenkendorf stand am Anfang der Geschichte der Damenriege Muttenz eine Aufführung. Für das Unterhaltungsprogramm des Kantonalen Turnfestes von 1923 in Muttenz studierte eine Gruppe von jungen Frauen mit Mitgliedern des Turnvereins einen gemischten Reigen ein (Abb. 4). Die Schwester von Frau G. war eine von ihnen, Frau G. gehörte zu den Schülerinnen der Sekundarschule, die ebenfalls einen Reigen aufführten.[146] Da die jungen Frauen «hinfort nicht mehr auf die Wohltat turnerischer Betätigung verzichten» wollten, gründeten sie am 23. August desselben Jahres eine Damenriege als Untersektion des Turnvereins.[147]

Die Initiative für die Gründung der Damenriege lag zu gleichen Teilen beim Turnverein und bei den turnfreudigen Frauen. Die Hauptinitianten auf seiten des Turnvereins waren der Präsident und der Oberturner, auf seiten der Frauen waren es unter anderen

142 Interview mit Herrn G. vom 6. März 1992. Vgl. auch Paul Gysin/Fritz Guldenfels/Ferdinand Honegger, 100 Jahre Turnverein Muttenz 1878–1978, Muttenz 1978 (zit.: 100 Jahre TV Muttenz 1978), S. 49.
143 Als er anfing in Muttenz, sei nichts dagewesen, sagte mir Herr G. am 21. Mai 1992, als ich bei ihm Akten holte. Als er 1943 einen Rückblick über die DR schrieb (vgl. weiter unten), stand ihm aber zumindest ein Gründungsprotokoll zur Verfügung, wie er dort selber vermerkte.
144 Er übergab mir verschiedene mit Schreibmaschine abgefasste Manuskripte, u. a.: Ein kleiner Rückblick. 20 Jahre Damenriege Muttenz, Muttenz 1943 (zit.: 20 Jahre DR Muttenz 1943), unn.; Damenriege Muttenz jubiliert. 50 Jahre Vereinsgeschehen, Muttenz 1973 (zit.: 50 Jahre DR Muttenz 1973), unn. Ein Abschnitt über die Damen- und Frauenriege Muttenz findet sich ausserdem in: 100 Jahre TV Muttenz 1978, S. 48–50. Neben div. Aktenstücken stand mir weiter zur Verfügung: eine Chronik der Damen- und Frauenriege von 1932 bis 1964, mit Berichten über Turnfahrten und Turnfeste, illustriert durch viele Photos; Protokolle von Vorstands- und Jahressitzungen von 1944 bis 1964; Jahresberichte von Damen-, Frauen- und Mädchenriege 1934–1968; sowie Mitgliederstatistiken seit den 30er Jahren.
145 Gespräch mit Frau G. vom 26. Juni 1992. Ihre Schwester war leider zu krank, um mit mir sprechen zu können, liess mir aber über Frau G. einige Informationen zukommen.
146 Aus dem Gespräch mit Frau G. vom 26. Juni 1992. Vgl. auch 100 Jahre TV Muttenz 1978, S. 28.
147 20 Jahre DR Muttenz 1943, unn.; sowie 50 Jahre DR Muttenz 1973, unn.

die Schwester des Oberturners und die Tochter des Präsidenten. Die Leitung der Riege übernahm vorerst ein Herr Schaub aus Basel, mit dem die Frauen bereits den Reigen für das Turnfest einstudiert hatten. Schaub wurde jedoch bald von Rudolf Gloor, einem Mitglied des Turnvereins abgelöst, der die Riege zehn Jahre lang leitete.[148] Im Jahre 1934 folgte ihm Herr G. nach, er leitete die Riege bis 1958. Während einiger Jahre war er auch gleichzeitig Präsident, wie es schon unter Gloor teilweise der Fall gewesen war.[149]

Einziges erhaltenes Dokument aus der Gründungszeit ist ein Durchschlag der ersten Statuten, vermutlich von 1923.[150] Sie unterscheiden sich kaum von denjenigen anderer Riegen jener Zeit. Ein Kuriosum stellt die Wahl eines Weibels in den Vorstand dar, der die Kassierin beim Eintreiben der Beiträge und Bussen unterstützen sollte (§ 12). Die Revision der Jahresrechnung sollte von zwei Mitgliedern der Damenriege und einem Mitglied des Turnvereins vorgenommen werden (§ 13). Eine Auflösung der Riege musste von zwei Dritteln der Mitglieder beschlossen werden, und ein allfälliges Vermögen sollte dem Turnverein zufallen (§ 15).

Die Gründung einer Frauenabteilung im Jahre 1936 machte eine Statutenrevision notwendig.[151] Der Weibel ist nun aus dem Vorstand verschwunden, dafür ist viel von Ordnung und Disziplin die Rede. Von Revisoren des Turnvereins ist nicht mehr die Rede, es wird nur von der Revisorin gesprochen, die an der Jahresversammlung zu wählen sei (§ 10). Wie in anderen Statutenrevisionen jener Zeit wurde auch hier festgelegt, dass der Turnverein das Vermögen der Damenriege nach einer Auflösung nur verwalten solle und es einer neu gegründeten Riege wieder aushändigen müsse, unter der Bedingung, dass sich diese dem Turnverein, dem FTV und dem SFTV anschliesse (§ 16).

Auch Herr G. war auf kantonaler Ebene aktiv, nach vielen Jahren als Mitglied der technischen Kommission des FTV übernahm er 1945 für zwölf Jahre auch dessen Präsidium.[152]

148 50 Jahre DR Muttenz 1943, unn.; Gespräch mit Frau G. vom 26. Juni 1992.
149 100 Jahre TV Muttenz 1978, S. 49. Die Personalunion von Leiter und Präsident wird als «glücklicher Umstand» bezeichnet (ebd., S. 48).
150 Ein Datum fehlt, es wird aber von der Genehmigung durch die «1. Damenriege-Versammlung» gesprochen.
151 Statuten der Damenriege Muttenz vom 25. Januar 1936.
152 100 Jahre TV Muttenz 1978, S. 54. Dort sind noch eine Reihe weiterer Funktionen aufgelistet, erwähnen möchte ich hier nur noch die technische Leitung des Lehrerturnvereins Baselland von 1955 bis 1963 und das Präsidium desselben von 1963 bis 1971. Er war auch im Vorstand des Leichtathletikverbandes gewesen, entschied sich aber nach dem Zweiten Weltkrieg, seine Kräfte in erster Linie für das Frauenturnen einzusetzen, da der Bedarf dort seiner Ansicht nach grösser war (Interview mit Herrn G. vom 6. März 1992).

Abb. 4
Die Mitwirkenden am gemischten Reigen
am Kantonalturnfest 1923 in Muttenz.
Kurz darauf kam es zur Gründung der Damenriege
Muttenz. Photo 100 Jahre TV Muttenz 1978

Die Damenriege Muttenz war von Anfang an, nicht zuletzt durch verwandtschaftliche Bande, die schon bei der Gründung eine Rolle gespielt hatten, eng mit dem Turnverein verbunden. Eine solche Nähe zwischen Damenriege und Turnverein scheint damals weit verbreitet gewesen zu sein.

Mit der Damenriege Muttenz ist die Liste der Gründungssektionen des FTV, der 1924 aus der Taufe gehoben wurde, vollständig.[153]

6.4 Die Gründung des Frauenturnverbandes Baselland (1924)

«Auf Anregung der Section Liestal hatten sich die Turnvereine von Liestal, Gelterkinden und Waldenburg durch Abgeordnete in Liestal vertreten lassen und beschlossen, vorerst eine cantonale Turnfahrt abzuhalten. So zogen dann die Liestaler und Sissacher, die sich nun auch entschlossen, am 26. Juni 1864 direct nach Waldenburg, während die Gelterkinder auf bedeutendem Umwege (Belchen) ihr Ziel erreichten. Gastlicher Empfang durch die Waldenburger. Organisation eines 1. canton. Schauturnens, das unter der Leitung Kronsbergs trefflich gedieh und die Theilnehmer so begeisterte,

---

153   Ich möchte nochmals darauf hinweisen, dass auch die DR Birsfelden dazugehörte, die ich wegen ungenügender Quellenlage nicht behandelt habe, vgl. Kap. 1.1.

Die Gründung des Frauenturnverbandes Baselland (1924) **213**

dass sofort die Gründung des Cantonal-Turnvereins beschlossen und die Vereine beauftragt wurden, Abgeordnete zur Statutenentwerfung nach Liestal zu senden.»[154]

So feierlich wie bei der Gründung des kantonalen Verbandes der Turner ging es beim Zusammenschluss der basellandschaftlichen Damenriegen und -turnvereine im Jahr 1924 nicht zu. Gemeinsame Turnfahrten hatte es bis dahin schon einige gegeben, die erste im Jahre 1919 auf die Sichtern oberhalb Liestals.[155] Auch 1921 und 1922 fanden kantonale Turnfahrten statt[156], und die Mehrzahl der bestehenden Vereine trat 1920 und 1923 an den Kantonalturnfesten in Liestal und Muttenz mit gemeinsamen Übungen auf[157]. Auch ihre Übungen «gediehen trefflich», was aber noch nicht dazu gereichte, sich zu einem Verband zusammenzuschliessen. Der Anstoss hiezu kam von einer anderen Seite und hatte ganz praktische Gründe.

Neben den eidgenössischen Leiterkursen wurden seit 1921 unter der Leitung von Reinhard Plattner aus Münchenstein auch kantonale Kurse für die Leiterinnen und Leiter von Damenturnvereinen durchgeführt.[158] Am 27. Januar 1924 fand ein solcher Kurs in Münchenstein statt. Im Anschluss orientierte Plattner die Anwesenden über eine Sitzung des Vorstandes des SFTV mit den Kantonaloberturnern[159]; mit dem bevorstehenden Beitritt des SFTV zum ETV

154 Aus dem ersten Protokollbuch des «Baselbieter Cantonal-Turnvereins» 1864–1876, Eintrag von 1865 (StA BL, PA 042, Kantonalturnverein Baselland, 1864–).
155 JB des DTV Binningen pro 1919, 2. Hälfte.
156 1921 ging es auf den Farnsberg und 1922 auf die Sissacherfluh (aus den Protokollen der DR Gelterkinden).
157 In Liestal führten sie 1920 Gesamtübungen auf (aus den Protokollen der DR Gelterkinden). Es waren nicht alle dabei, Binningen konnte zum Beispiel nicht teilnehmen, da zu viele Mitglieder in den Ferien waren (JB der DR Binningen pro 1920). Nach anfänglichem Zögern beteiligte sich auch Liestal an den Gesamtübungen (mit Schreiben an Reinhard Plattner vom 29. Juni 1920 sagten sie zuerst ab, da sie bereits am Abendprogramm des Festes auftreten würden, am 10. Juli sagten sie zu). Nach den Jahresberichten der DR Frenkendorf nahmen in Muttenz 1923 alle Damenturnvereine des Kantons an den «Gesamt-Freiübungen» teil (JB der DR Frenkendorf pro 1923). Ob Liestal wirklich dabei war, steht für mich nicht fest, in einem Schreiben an das OK des Festes vom 27. April 1923 lehnten sie die Teilnahme noch ab.
158 Für frühere Jahre habe ich keine Hinweise gefunden. Die gemeinsamen Turnfahrten, wo auch zusammen geübt wurde, können in gewisser Weise auch als Kurse betrachtet werden. 1921 und 1922 fanden die Kurse unter der Leitung von Plattner in Pratteln statt (JB der DR Binningen pro 1921; sowie «Einladung zum Damenturnkurs» vom 25. Mai 1922, Schreiben von Plattner an die DR Liestal). Im Jahr 1923 wurde die Vorführung für das Kantonalturnfest in Muttenz gemeinsam eingeübt.
159 Dies waren die Kantonaloberturner der Männer, Plattner übte diese Funktion in Baselland aus.

werde auch das Kurswesen neu organisiert werden. Vorgesehen sei die Bildung kantonaler Verbände, die einen Teil der Kurse übernehmen sollten, die bisher zentral angeboten wurden – eine Notwendigkeit angesichts der stetig zunehmenden Mitgliederzahlen. Ausserdem erhoffe man sich durch kantonale, mit den jeweiligen Verhältnissen vertraute Verbände eine wirkungsvollere Propaganda.[160]

Turnkurse wollten finanziert sein. An einer Sitzung des Kantonalvorstandes der Baselbieter Turner vom 2. Februar 1924 informierte Plattner die Turner über die Pläne des SFTV. Er schlug vor, die kantonale Kasse der Turner solle 50 Franken für die Kurse der Frauen zur Verfügung stellen, «jedoch nur unter dem Vorbehalte, dass sich unsere Damenriegen zu einem Kant. Verbande zusammenschliessen».[161] Der Vorstand des KTV nahm den Antrag an, und damit war der kantonale Verband der Frauen beschlossene Sache. Die Zustimmung der Baselbieter Damenturnvereine wirkt als reine Formalität. Korrekterweise hielten die Leiterinnen und Leiter noch Rücksprache mit ihren Riegen, welche dem Projekt zustimmten. «Einstimmig wurde hierauf die Gründung eines Verbandes beschlossen» – ohne Feierlichkeiten, in einer «Arbeitspause» eines weiteren Kurses am 10. Februar 1924 in Münchenstein.[162] Wie damals noch üblich, nannte man sich «Verband der basellandschaftlichen Damenturnvereine» oder auch «Basellandschaftliche Damenturnvereinigung». Die Umbenennung in «Frauenturnverband Baselland» (FTV) erfolgte mit der Namensänderung des schweizerischen Verbandes im Jahr 1928.[163] Plattner hatte am 10. Februar gleich einen Statutenentwurf mitgebracht, der mit einer kleinen Änderung genehmigt wurde. Anschliessend wurde der erste Vorstand gewählt: Präsident wurde Jakob Bürgin aus Gelterkinden, Traugott Pfirter aus Pratteln

---

160   Aus dem Protokoll der Gründungsversammlung vom 10. Feb. 1924 (FTV-Protokolle, vgl. dazu weiter unten) und aus einem Brief von Plattner an die DR Liestal vom 3. Nov. 1925. In diesem Brief ist es offensichtlicher, dass es praktische Gründe waren, dass es insbesondere um die Verbesserung des Kurswesens ging, während im Gründungsprotokoll noch eher betont wird, dass man gemeinsam für eine gute Sache einstehen wolle usw. Vgl. zum Anschluss des SFTV an den ETV Kap. 5.2.

161   Protokoll der Sitzung des Kant. Vorstandes vom 2. Feb. 1924, aus den Protokollbüchern des KTV (StA BL, PA 042, Kantonalturnverein Baselland, 1864–).

162   Protokoll der Gründungsversammlung vom 10. Feb. 1924. Die Protokolle der Vorstandssitzungen und Delegiertenversammlungen des FTV sind seit der Gründung im Jahre 1924 bis heute erhalten. Ich habe die ersten vier Bücher verwendet, 1924–1953, Quellenangabe: FTV-Protokolle. Von den Jahresberichten liegen lediglich 1930–1935 vor. Die Akten befinden sich derzeit auf dem Sekretariat des BLTV in Liestal, werden später möglicherweise in die Bestände des Staatsarchivs BL aufgenommen.

163   Vgl. Kap. 5.2.

amtete als Kassier und Frieda Herzog aus Frenkendorf als Aktuarin.[164] Die technische Leitung des Verbandes übernahm erwartungsgemäss Reinhard Plattner.[165]
Die ersten Statuten von 1924 sind sehr kurz gehalten. Ziel und Zweck des Verbandes sollte sein: «Der Verband der basellandschaftlichen Damenturnvereine bezweckt eine engere Fühlungnahme der letztern speziell zur Förderung des Kurs- & Propagandawesens.»[166] Zur Besorgung der Verbandsgeschäfte wurde von der Delegiertenversammlung für die Dauer von zwei Jahren ein dreiköpfiger Vorstand gewählt (§ 2). Nach dem Anschluss des SFTV an den ETV und nach Ablauf der Übergangsfrist für die Umstrukturierung, das heisst, der Aufhebung der Einzelsektionen und ihrer Zusammenfassung in kantonalen Verbänden, wurden auch in Baselland die Statuten revidiert. Die neuen Statuten von 1929 sind viel ausführlicher, lehnen sich eng an diejenigen des schweizerischen Verbandes an und enthalten beispielsweise auch die Bestimmung, dass der Vorstand aus fünf Mitgliedern bestehen sollte, «welchem mindestens 2 Damen angehören sollen».[167] Die dreiköpfige technische Leitung des Verbandes und eigentlich das wichtigste Gremium sollte neben dem Vorstand bestehen. Ein Frauenanteil war hier nicht vorgeschrieben (§ 15).
Aus Gelterkinden war der Ruf nach einem kantonalen Zusammenschluss bereits seit einigen Jahren zu hören gewesen. Schon der erste Leiter der Damenriege Gelterkinden, Hans Grieder, wünschte sich in seinem Bericht über das Jahr 1920 «eine Vereinigung der Landschäftler und Basel-Städter-Damenriegen, damit einmal mit den sehr notwendigen Vorturner- und Leiterkursen begonnen werden könnte».[168] Ein Zusammengehen mit Basel-Stadt hätte aber

---

164 Protokoll der Gründungsversammlung vom 10. Feb. 1924. Die offizielle Konstituierung des Vorstandes fand allerdings erst in der VS vom 25. Jan. 1925 statt (FTV-Protokolle).
165 Protokoll der 1. DV vom 15. Nov. 1924. Plattner wurde erst an dieser Versammlung offiziell gewählt, obwohl er längst als technischer Leiter wirkte. Er wird zwar nicht als Vorstandsmitglied bezeichnet, an dessen Sitzungen nahm er in der Folge aber immer teil.
166 Statuten des Verbandes basellandschaftlicher Damenturnvereine vom 10. Feb. 1924, § 1.
167 Statuten des Frauenturnverbandes Baselland vom 24. Feb. 1929, genehmigt vom Zentralvorstand des SFTV am 7. Mai 1929, § 14. Als Zweck des Verbandes wurde in § 1 festgehalten: «Der Frauenturnverband Baselland bezweckt die Hebung der Volksgesundheit und Volkskraft durch Förderung und Verbreitung des Turnens beim weiblichen Geschlecht. Er sucht diesen Zweck zu erreichen durch: a) Propaganda zur Belehrung über den Wert und die Bedeutung des Turnens für das weibliche Geschlecht. b) Veranstaltung von Kursen zur Ausbildung der Vereinsleiter und Vorturnerinnen. c) Gründung neuer Riegen. d) Durchführung gemeinsamer Anlässe.»
168 JB der DR Gelterkinden pro 1920.

kaum die Zustimmung aller Baselbieter Vereine gefunden. Auch der Nachfolger von Grieder, Jakob Bürgin, welcher dann erster Präsident des FTV wurde, war schon lange von der Notwendigkeit eines kantonalen Zusammenschlusses überzeugt, weil er sich davon Verbesserungen für das Kurswesen erhoffte.[169] In den Protokollen und Jahresberichten der andern Damenturnvereine sind keine derartigen Bemerkungen zu finden. Nicht einmal die Gründung der kantonalen Vereinigung wird bei allen vermerkt, und wenn, dann bloss als knappe Mitteilung. Dies unterstreicht den technischen oder organisatorischen Hintergrund der Verbandsgründung. Dass die Vertreter der Damenriege Gelterkinden ein vergleichsweise grosses Interesse an einem Kantonalverband zeigten, lag möglicherweise daran, dass die Riege stärker auf Unterstützung angewiesen war als diejenigen des Unterbaselbietes, da im oberen Kantonsteil noch mehr Vorurteile gegen das Frauenturnen bestanden.[170]

Gänzlich auf eine Unterstützung durch die anderen Vereine wie auch auf kantonale Kurse verzichten zu können, glaubte einzig die Damenriege Liestal. Sie trat dem Verband vorerst nicht bei.

6.4.1 Liestal hält sich so lange wie möglich abseits

Obwohl die Damenriege Liestal zur Zeit ihrer Gründung im Jahre 1918 nicht mehr die einzige Riege war im Kanton Baselland, pflegte auch sie die ausserkantonalen Beziehungen weiter, die sich ihr Vorgänger, der Damenturnverein Liestal – nicht zuletzt mangels Möglichkeiten im Baselbiet – aufgebaut hatte. Die Kontakte zu auswärtigen Riegen unterhielt die Damenriege Liestal mit Freude, während sie sich im Umgang mit den Riegen ihres eigenen Kantons etwas schwer tat.

Sie erneuerte die Kontakte ihres Vorgängers zu den Aargauer Vereinen, besonders zum Damenturnverein Olten[171], und nahm auch Beziehungen auf zur Damenriege des Bürgerturnvereins Basel. Die Liestalerinnen nahmen sich die Statuten der Basler Riege zum Vorbild, und die beiden Riegen luden sich in den folgenden Jahren

---

169   Im JB der DR Gelterkinden pro 1922 schrieb er: «Ein kantonaler Verband der Damenriegen könnte in Hinblick auf das Kurswesen viel mehr tun, als dies gegenwärtig der Fall ist. Damit könnte das Damenturnen am kräftigsten gefördert werden.»

170   Dem Bericht über die Kantonalturnfahrt auf den Farnsberg von 1921 ist der Wunsch angefügt, sich bald wieder einmal zu treffen, auch um «die vielen Vorurteile, deren es hauptsächlich in unserm obern Kantonsteil über genug gibt, zu bekämpfen.» (Bericht über die Kantonal-Turnfahrt vom 28. August 1921, aus den Protokollen der DR Gelterkinden.) Vgl. auch Kap. 8.4.

171   Briefe vom 20. März 1918, 15. April 1920 und 4. Mai 1920 (aus der Korrespondenz der DR Liestal, wie auch das folgende weitgehend).

Die Gründung des Frauenturnverbandes Baselland (1924) 217

auch gegenseitig zu ihren Schauturnen ein.[172] Im Jahre 1920 organisierte die Damenriege des Bürgerturnvereins eine gemeinsame Zusammenkunft der baselstädtischen Damenriegen auf der Sichtern, wozu sie auch die Damenriege Liestal einlud und ausserdem anfragte, ob es möglich wäre, anschliessend in Liestal noch ein paar gemütliche Stunden gemeinsam zu verbringen.[173] Weitere Kontakte bestanden Ende der 20er, Anfang 30er Jahre zur 1926 gegründeten Damenriege des Turnvereins Stadt Solothurn, um deren Gunst sich die Liestalerinnen sehr bemühten.[174]

Zu den Liestaler Schauturnen wurden von 1920 an schliesslich auch die Baselbieter Riegen eingeladen, welche Liestal ihrerseits zu Gegenbesuchen aufforderten.[175] Wie rege die gegenseitige Teilnahme war, ist schwer abzuschätzen.[176]

Gut dokumentiert ist hingegen die Haltung Liestals gegenüber kantonalen Veranstaltungen der Baselbieter Damenturnvereine und gegenüber der Gründung eines basellandschaftlichen Frauenturnverbandes. Am 21./22. August 1920 fand in Liestal das Kantonalturnfest statt. Es hätte eigentlich im Sommer 1914 über die Bühne gehen sollen, musste aber wegen des Ausbruchs des Ersten Weltkriegs verschoben werden. Reinhard Plattner organisierte für diesen Anlass mit den bestehenden Damenturnvereinen des Kantons Gesamtvorführungen (eine Art Allgemeine Übungen) und lud Ende April 1920 auch die Damenriege Liestal dazu ein.[177] Diese liess ihn Ende Juni wissen,

---

172 Der Brief der DR Liestal an die DR des BTV Basel vom 4. Juni 1919 belegt den Besuch des Schauturnens, der Brief vom 30. Nov. 1920 den eines weiteren; 1922 und 1924 liegen nur die Einladungen der Baslerinnen vor. Vgl. auch weiter unten.
173 Brief der DR des BTV Basel an die DR Liestal vom 22. Sept. 1920.
174 Vgl. dazu die Ausführungen am Ende dieses Kapitels. Zu erwähnen wäre hier noch der Briefkontakt zum DTV Burgdorf (Briefe des DTV Burgdorf an die DR Liestal vom 19. April und vom 26. Nov. 1926). Eine Anfrage der DR des Stadt-Turnvereins Luzern vom November 1924 über das Verhältnis der DR zu ihrer Stammsektion ging offenbar an alle Damenriegen, die Untersektionen von Turnvereinen waren.
175 Einladungen seitens der DR Liestal vom 15. Nov. 1920, vom 14. Mai 1921, vom 24. April 1922 und vom 4. April 1923; Einladungen aus Frenkendorf vom 1. April 1924 und aus Pratteln vom 27. Mai 1924.
176 Nur Absagen wurden schriftlich formuliert; zum Teil war allenfalls auf der Einladung selber vermerkt, ob der Einladung Folge geleistet wurde oder nicht. Wie vollständig die Korrespondenz ist, bleibt ohnehin ungewiss. Mir liegen auf der einen Seite vor: eine Absage der DR Liestal an die DR Pratteln auf die Einladung zu einer Aufführung vom Nov. 1920 und eine Absage auf die Einladung zum Schauturnen vom 16. April 1923. Auf der anderen Seite: eine Absage der DR Pratteln an die DR Liestal auf die Einladung zum Schauturnen vom 18. Nov. 1920, ebensolche Absagen aus Gelterkinden vom 15. April 1923 und vom 20. April 1926. Beide Seiten führten Zeitmangel und anderweitige Verpflichtungen als Entschuldigung an, wenn sie eine Absage erteilten.
177 Karte von R. Plattner an die DR Liestal vom 22. April 1920 (Poststempel).

dass sie sich bereits am Abendprogramm beteilige, weshalb sie nicht noch mehr Arbeit auf sich nehmen könne.[178] Mitte Juli erhielt Plattner allerdings nochmals Post aus Liestal, worin ihm die Damenriege mitteilte, dass sie sich nun doch entschlossen habe, an der Gesamtvorführung der Turnerinnen teilzunehmen.[179]
Die Gründe für dieses Hin und Her gehen aus der Korrespondenz nicht hervor. Bekannt ist jedoch, weshalb die Damenriege Liestal die Einladung, am Kantonalturnfest von 1923 in Muttenz mitzumachen, ausschlug. Die Liestalerinnen begründeten ihre Absage zwar zuerst damit, dass die Riege prinzipiell gegen öffentliches Auftreten sei, fügten dann aber hinzu: «Ferner sind die Verhältnisse des Turnvereins Liestal dem Kantonal-Verband gegenüber zur Zeit so unaufgeklärt, dass es uns auch in dieser Hinsicht nicht möglich ist, dem Anlasse beizuwohnen.»[180] Dabei handelte es sich um einen Konflikt zwischen dem Turnverein Liestal und dem KTV wegen der Deckung des Defizits, das den Liestalern entstanden war, weil das Kantonalturnfest von 1914 kurzfristig hatte abgesagt werden müssen. Nach langen Verhandlungen kam eine Einigung zustande, und der Turnverein Liestal erklärte sich bereit, im Jahr 1920 das Kantonalturnfest zu übernehmen. Bei der Festabrechnung kam es erneut zu einem Streit, der dazu führte, dass Liestal aus dem KTV ausgeschlossen wurde. Der Konflikt konnte erst Ende des Jahres 1923 gelöst werden, so dass der Turnverein Liestal am Kantonalturnfest in Muttenz nicht dabeisein konnte – und die Damenriege Liestal auch nicht.[181]
Die Schwierigkeiten ihrer Stammsektion in jenen Jahren mögen die isolationistischen Tendenzen der Damenriege Liestal noch verstärkt haben. Ihr lag wenig an gemeinsamen Turnfahrten mit den anderen Baselbieter Riegen.[182] Noch weniger interessierte sich die Liestaler Riege für die kantonalen Leiterkurse, die unter der Ägide von Plattner seit 1921 durchgeführt wurden.[183] Sie wurde aber stets eingeladen, auch zum Kurs vom 10. Februar 1924, an dem über den

178 Brief der DR Liestal an R. Plattner vom 29. Juni 1920.
179 Brief der DR Liestal an R. Plattner vom 10. Juli 1920. Auf dem Arbeitsplan des Turnfestes ist die DR Liestal dann auch aufgeführt, mit Bleistift ist vermerkt, dass 40 Turnerinnen angemeldet wurden.
180 Brief der DR Liestal an das OK des Kantonalturnfestes vom 27. April 1923.
181 100 Jahre TV Liestal 1959, S. 38-46.
182 Ob sie die Einladung für die Kantonal-Turnfahrt vom 28. Aug. 1921, die R. Plattner am 9. Aug. 1921 an sie schickte, ablehnte, ist nicht belegt, jedenfalls nahm nur die Hälfte der Damenturnvereine daran teil (aus den Protokollen der DR Gelterkinden). Die Einladung Plattners vom 15. Sept. 1922 zur Turnfahrt des folgenden Jahres lehnte Liestal jedenfalls ab (Brief der DR Liestal an R. Plattner vom 23. Sept. 1922).
183 Auf der Einladung zum Damenturnkurs vom Mai 1922 durch R. Plattner hatte der Leiter von Liestal, Paul Chrétin, noch vermerkt, dass eine Teilnahme in Er-

Zusammenschluss der Baselbieter Damenturnvereine abgestimmt werden sollte. Der Leiter der Damenriege Liestal, Paul Chrétin, liess Reinhard Plattner in seinem Antwortschreiben wissen, dass keine Turnerin abkömmlich sei und «dass die Turnerinnen nicht für einen kant. Verband eingenommen sind».[184] So wurde der FTV am 10. Februar 1924 eben ohne Liestal aus der Taufe gehoben.

Trotzdem wurde Liestal weiterhin zu den kantonalen Leiterkursen eingeladen.[185] Daraufhin schrieb die Riege an Kursleiter Plattner, er möge bitte zur Kenntnis nehmen, dass sie nicht verpflichtet seien, die Kurse der kantonalen Vereinigung zu besuchen, da sie ihr nicht angehörten.[186] Daraufhin setzte Jakob Bürgin, Präsident des FTV, der Damenriege Liestal in einem längeren Schreiben auseinander, weshalb man es sich erlaube, auch Liestal jeweils zu den Kursen einzuladen. Mit dem Beitritt des SFTV zum ETV sei Baselland zu einem Kurskreis geworden, der nun für die Organisation der bereits früher durchgeführten Kurse zuständig sei. Die Oberaufsicht liege beim ETV, ihnen sei lediglich die Ausführung übertragen worden. Deshalb gingen die Einladungen an alle Sektionen des SFTV, ob sie nun den Kantonalverbänden angehörten oder nicht.[187]

Die Damenriege Liestal stellte sich jedoch taub und begründete ihr Fernbleiben vom nächsten Kurs im März 1926 wieder auf dieselbe Weise: «Da, wie Ihnen bereits bekannt, unsere Riege der kantonalen Damenturnvereinigung nicht angehört, sind wir nicht genötigt, den am 14. ds. stattfindenden Kurs zu besuchen. Wir bitten Sie höfl. davon Kenntnis zu nehmen und zeichnen…».[188]

Plattner sah sich dadurch dazu gezwungen, den Liestalerinnen nochmals zu versichern, dass der kantonale Verband nur den Pflichten nachgekommen sei, die ihm der schweizerische Verband auferlege. «Ohne diesen Druck von Oben würden wir Sie selbstverständlich nicht schon wieder mit einer Einladung behelligt haben.»[189] Dessen ungeachtet liess sich Liestal im Oktober desselben Jahres wiederum mit derselben Begründung entschuldigen und

wägung gezogen werden sollte, ob seine Riege teilnahm, ist nicht mehr überprüfbar. Ihrem Verhalten in den folgenden Jahren nach zu schliessen, eher nicht.

184 Unter den Liestaler Akten findet sich die Einladung zum Kurs vom 10. Februar 1924 und die Antwort von Leiter P. Chrétin-Stutz an R. Plattner vom Februar 1924.
185 Einladung zum Damenturnkurs, halbtägig, Sonntag, den 27. Sept./11. Okt. 1925 in Birsfelden. Für die Kursleitung: R. Plattner.
186 Brief der DR Liestal an R. Plattner vom 25. Sept. 1925.
187 Brief des Verbandes basellandschaftlicher Damenturnvereine an die DR Liestal vom 3. Nov. 1925, unterschrieben vom Präsidenten J. Bürgin und der Akturarin F. Herzog.
188 Brief der DR Liestal an R. Plattner, basellandschaftliche Damenturnvereinigung, vom 13. März 1926.
189 Brief von R. Plattner an die DR Liestal vom 18. März 1926.

fügte hinzu, dass sie stets die eidgenössischen Kurse besuchen würden.[190] Da sie die Qualität der kantonalen Kurse für ihre Bedürfnisse offenbar als ungenügend erachteten, nahmen sie nach wie vor lieber die weiteren Wege zu den schweizerischen Kursorten auf sich.
Ohne jeden Zweifel hatten beide Seiten Kenntnis von den Umstrukturierungen, die im Kurswesen gesamtschweizerisch im Gange waren. Die sture Haltung der Damenriege Liestal und die immer gleiche Begründung, mit der sie die Kurseinladungen ablehnte, waren wohl zu guten Teilen auch eine Reaktion auf die Hartnäckigkeit, mit welcher der FTV die grösste Riege des Kantons seit seiner Gründung im Jahr 1924 zu einem Beitritt zu bewegen suchte.[191] Nachdem der FTV im März 1926 beschlossen hatte, seine Bemühungen vorerst einzustellen, da Liestal einfach nicht zu einem Beitritt zu bewegen war[192], wurde im Februar 1928 ein neuer Versuch gestartet.
In einem ausgesucht höflichen Schreiben setzte Jakob Bürgin den Liestalerinnen auseinander, dass sie doch die gleichen Ziele hätten und dass der Verband seine Aufgaben um so besser erfüllen könne, je stärker er sei. «Zürnen Sie uns daher nicht, wenn wir uns auch jetzt wieder gestatten, Sie zum Beitritt in unsern Verband turnfreundlich einzuladen.» Bürgin versicherte, es bestehe keinerlei Verpflichtung, an kantonalen Veranstaltungen teilzunehmen, dies sei den Riegen von jeher freigestellt gewesen. Er schloss mit den Worten, die übrigen Riegen würden sich über einen Beitritt Liestals sehr freuen, und gab seiner Hoffung Ausdruck, dass Liestal die Sache nochmals ernstlich prüfen werde.[193]
Bereits drei Tage später erhielt er aus Liestal ein Aufnahmegesuch, worin ihm sachlich mitgeteilt wurde, die Damenriege habe an ihrer Jahresversammlung beschlossen, dem kantonalen Verband beizutreten. Damenriege und Frauenriege inklusive Passivmitglieder zählten zusammen 135 Mitglieder, während es die 15 bisherigen Mitglieder der kantonalen Vereinigung zusammen auf knapp 500 Mitglieder brachten.[194] Ihren Beitritt knüpften die Liestalerinnen an die Bedin-

190 Brief der DR Liestal an R. Plattner vom 12. Okt. 1926.
191 FTV-Protokolle: In der Vorstandssitzung vom 25. Jan. 1925 wurde angeregt, sich nochmals mit Liestal in Verbindung zu setzen bezüglich Beitritt. Am 21. Feb. 1925 wurde beschlossen, das Drängen aufzugeben. Dieser Beschluss wurde an der kantonalen DV vom 21. März 1926 wiederholt: «Durch wiederholte mündliche sowie auch schriftliche Einladung zum Beitritt in unsern Verband an die Damenriege Liestal gelang es uns immer noch nicht, sie zu diesem Beitritt zu bewegen, und es ist zum Beschluss gekommen, die Sache bis auf weiteres ruhen zu lassen.»
192 DV vom 21. März 1926.
193 Brief von J. Bürgin, Präs. des Verbandes Basellandschaftlicher Damenturnvereine an die DR Liestal vom 22. Feb. 1928.
194 Gemäss Etat des ETV und des SFTV pro 1928.

gung, dass sie zu keinerlei Turnanlässen (Turnfesten, Turnfahrten, Aufführungen usw.) gezwungen werden könnten.[195] Mit warmen Worten – die Bedingungen der Liestalerinnen scheinen ihn nicht beleidigt zu haben – teilte Bürgin der Damenriege Liestal Anfang März mit, sie sei an der letzten Delegiertenversammlung einstimmig in den Verband aufgenommen worden, und versicherte ihr nochmals, alle Veranstaltungen hätten freiwilligen Charakter, was auch in Zukunft so bleiben werde.[196]
Die abrupte Kehrtwendung Liestals ist allerdings nicht auf Bürgins zuvorkommendes Schreiben zurückzuführen, diese Mühe hätte er sich sparen können. Hintergrund des Entscheides war, dass der SFTV von 1928 an keine Einzelmitgliedschaften mehr akzeptierte. Die Übergangsfrist der Umstrukturierung war abgelaufen, fortan mussten alle Sektionen einer kantonalen oder regionalen Vereinigung angehören, welche allein für den Kontakt zum schweizerischen Dachverband zuständig war.[197]
Obwohl die Damenriege Liestal dem FTV nicht freiwillig beigetreten war, verbesserte sich ihr Verhältnis zu den anderen Baselbieter Vereinen in den nächsten Jahren. 1930 nahmen die Liestalerinnen an der kantonalen Turnfahrt auf die Waldweid bei Waldenburg teil, und anschliessend luden sie die Damenriege Frenkendorf sogar zum Schlussturnen nach Liestal ein, da man auf der Waldweid so «flott» zusammengespielt habe.[198] An der kantonalen Turnfahrt des folgenden Jahres auf die Schauenburgerfluh beteiligten sie sich ebenfalls.[199]
Offenbar bedeutete der Liestaler Riege aber eine gemeinsame Unternehmung mit einem Damenturnverein eines anderen Kantons immer noch mehr als ein Anlass im Baselbiet: Die Damenriege Pratteln AS hatte die Damenriege Liestal auf den 28. August 1932 zu einem Spieltag eingeladen. Am 27. Juli mahnten die Prattlerinnen, sie warteten noch immer auf eine Antwort.[200] Am 5. August reagierten die Liestalerinnen:

«Auf Ihre Anfragen vom 18. April und 27. Juli a. c. teilen wir Ihnen höfl. mit, dass es uns leider nicht möglich ist, an Ihrem Spieltag teilzunehmen. Wir stehen schon seit längerer Zeit mit der Damenriege Solothurn wegen

---

195 Brief der DR Liestal an J. Bürgin, Präs. der Kant. Damenturnvereinigung vom 25. Feb. 1928.
196 Brief der Kant. Damenturnvereinigung an die DR Liestal vom 3. März 1928. Die DV hatte gleichentags stattgefunden.
197 Vgl. Kap. 5.2.
198 Brief der DR Liestal an die DR Frenkendorf vom 5. Sept. 1930.
199 Brief der DR Liestal an Willi Haegler, Frenkendorf, vom 28. Aug. 1931.
200 Brief der DR Pratteln an die DR Liestal vom 27. Juli 1932.

eines Freundschaftstreffens in Unterhandlungen, das nun sehr wahrscheinlich ebenfalls auf 28. August zustande kommt und das wir, schon im Hinblick auf unsere alten, freundschaftlichen Beziehungen zur Damenriege Solothurn, nicht mehr absagen können.»[201]

Diese Darstellung entsprach nicht ganz den Tatsachen. Am 2. August hatte die Damenriege Liestal erstmals an Solothurn geschrieben und eine Zusammenkunft vorgeschlagen:

«Erinnert Ihr Euch noch an jenen schönen Sonntag vom 29. September 1929, an dem wir uns oberhalb der Bechburg bei Langenbruck trafen und ein paar recht fröhliche Stunden miteinander verlebt haben? Was meint Ihr, wollen wir nicht wieder einmal so ein Zusammentreffen veranstalten, vielleicht Ende August oder anfangs September? Wir würden sehr gerne unsere alten freundschaftlichen Beziehungen zur Damenriege Solothurn erneuern und festigen. Falls Ihr mit einem Zusammentreffen einverstanden seid, sind wir gerne bereit, Euch ein gutes Stück Weges entgegenzukommen. Über den Treffpunkt könnten wir uns dann schon noch einigen. Indem wir bald Euern werten Bericht erwarten, entbieten wir Euch die freundschaftlichsten Turnerinnengrüsse...».[202]

Das Schummeln lohnte sich nicht. Die Damenriege Solothurn antwortete erst Ende August und teilte mit, dass sie dieses Jahr leider keine Zeit hätte und die Zusammenkunft auf nächstes Jahr verschieben möchte.[203] Als der Brief eintraf, war auch der Spieltag in Pratteln schon vorbei...
Mit der steigenden Zahl an Damenriegen im Kanton Baselland gewann das kantonale Geschehen zunehmend an Gewicht, wurden die Kontakte einzelner Riegen über die Kantonsgrenzen hinaus eher seltener. Die «Aussenbeziehungen» wurden auf die Ebene der Kantone verlagert, beispielsweise wurden Vertretungen aus den Kantonen Basel-Stadt, Aargau und Solothurn an kantonale Turntage eingeladen.[204]

---

201 Brief der DR Liestal an die DR Pratteln vom 5. Aug. 1932.
202 Brief der DR Liestal an die DR Solothurn vom 2. Aug. 1932.
203 Brief der DR Solothurn an die DR Liestal vom 30. Aug. 1932.
204 Aus den FTV-Protokollen. Mit den Turnerinnen aus Basel-Stadt wurde an Turnfesten «beider Basel» teilweise auch zusammen geturnt.

Kapitel 7
Sozialstruktur von Damenriegen und Damenturnvereinen

Die theoretische Begründung des Frauenturnens insbesondere nach Eugen Matthias hatte den Eindruck entstehen lassen, dass es den Förderern des Frauenturnens zu Beginn des 20. Jahrhunderts vor allem um die Frauen ihrer eigenen Schicht ging: der Mittelschicht, deren Gesundheit sie durch zunehmende Berufstätigkeit bedroht sahen. Dass Frauen der Unterschichten seit Beginn der Industrialisierung in Fabriken und durch Heimarbeit grosse physische Belastungen auf sich nehmen mussten, hatte sie bis anhin nicht gekümmert.[1] Neben dieser Beobachtung steht der immer wieder geäusserte Anspruch des Eidgenössischen Turnvereins und damit auch des ihm zugehörigen Schweizerischen Frauenturnverbandes, eine für alle Schichten, religiösen und politischen Bekenntnisse offene Vereinigung zu sein.[2] In den Interviews, die ich mit ehemaligen Turnerinnen geführt habe, erhielt ich auf die – sehr offene – Frage, was denn das für Frauen gewesen seien, die in den Damenriegen turnten, immer wieder die Antwort: «Ja, aus allen Schichten!» – genau der offiziellen Doktrin entsprechend. Im Verlauf der Gespräche fielen dann jedoch Bemerkungen, die dieser Feststellung widersprachen, etwa, dass Bauerntöchter nicht mitgemacht hätten oder dass die Arbeiterinnen nicht beitraten, da sie gedacht hätten, die Riege sei etwas für die «Besseren».

Bis heute behauptet die Turn- und Sportbewegung, für alle Bevölkerungsgruppen offen zu sein und zur Integration aller gesellschaftlichen Gruppen beitragen zu können. Aktuelle Erhebungen zeigen aber, dass neben Geschlecht und Alter auch Ausbildung, Erwerbssituation und berufliche Stellung einen Einfluss haben auf das individuelle Sportengagement, auf seinen Umfang und auf die Wahl der Sportart. Zum einen kann man davon ausgehen, dass es nach wie vor gesellschaftliche Barrieren gibt, die gewisse Bevölkerungsgruppen vom Beitritt zu bestimmten Vereinen abhalten. Zum anderen suchen Menschen, je nach ihrer Einstellung gegenüber ihrem Körper, zu Krankheit und Gesundheit im Sport unterschiedli-

---

1 Vgl. dazu Kap. 4.4.
2 Eine sehr anschauliche Analyse von Rhetorik und Politik des ETV liefert Walter Leimgruber, in: Schader/Leimgruber 1993, S. 11–104.

che Dinge. Wie für den Bereich des Sports vor allem die Untersuchungen von Pierre Bourdieu und Luc Boltanski gezeigt haben, spielt hierbei die jeweilige Schichtzugehörigkeit auch heute noch eine wichtige Rolle.[3]
Gertrud Pfister hat in ihrer Arbeit über die Mitgliederstruktur von Berliner Turn- und Sportvereinen in der Weimarer Republik[4] die wichtigsten Resultate über die Verbindung zwischen sozialer Herkunft und sportlicher Aktivität zusammengefasst:

- «Mit steigender Soziallage nimmt die Zahl der Sportaktiven sowie Umfang und Intensität des Sportengagements zu.
- Unter den Mitgliedern von Sportvereinen sind die Angehörigen mittlerer und oberer Schichten überrepräsentiert.
- Sportvereine lassen sich u. a. in Abhängigkeit von der betriebenen Sportart in eine Rangfolge einordnen.
- Bei Frauen ist der Einfluss der Soziallage auf die sportliche Aktivität von grösserer Bedeutung als bei Männern.
- Mit steigendem Alter (etwa ab 20 Jahren) nimmt das Interesse am Sport bei Angehörigen unterer Schichten stärker ab als das Sportinteresse der Angehörigen oberer Soziallagen.»[5]

Weitere Ergebnisse, insbesondere der Untersuchungen von Bourdieu und Boltanski besagen, dass in unteren Schichten Mannschaftssportarten am populärsten sind, während mittlere und obere Schichten Individualsportarten stärker bevorzugen. Die Sportarten, die erstere betreiben, zeichnen sich durch engeren Körperkontakt aus, durch männliche Körperideale und hohen körperlichen Einsatz, während letztere geringeren Körperkontakt und Harmonie der Bewegung su-

---

3   Pierre Bourdieu, Die feinen Unterschiede, Frankfurt a. M. 1989 (3. Auflage, frz. 1979). Insbesondere Kapitel 3: «Der Habitus und der Raum der Lebensstile» (S. 277–354), das viele Beispiele aus der Welt des Sports enthält; Luc Boltanski, Die soziale Verwendung des Körpers, in: D. Kamper/V. Rittner (Hg.), Zur Geschichte des Körpers, München/Wien 1976, S. 138–177. Die beiden haben auch zusammengearbeitet.
4   Gertrud Pfister, Quantitative Analysen in der sporthistorischen Forschung – Untersuchungen zur Sozialstruktur Berliner Turn- und Sportvereine, in: G. Pfister (Red.), Alltags- und regionalhistorische Studien zum Turnen und Sport, Clausthal-Zellerfeld 1989, S. 80–100.
5   Ebd., S. 83. Laut Pfister gab es damals in Deutschland 20 bis 25 empirische Untersuchungen zu diesem Thema. Als jüngste Studie nannte sie diejenige von Horst W. Opaschowski, Sport in der Freizeit, Hamburg 1987. Anregend ist nach wie vor die Studie von Karl Schlagenhauf, Sportvereine in der Bundesrepublik Deutschland. Teil I: Strukturelemente und Verhaltensdeterminanten im organisierten Freizeitbereich, Schorndorf 1977. Zur Schichtzugehörigkeit von Frauen vgl. z. B. Marie-Luise Klein, Frauen und Sport in der Bundesrepublik, in: Ch. Peyton/G. Pfister (Hg.), Frauensport in Europa, Ahrensburg bei Hamburg 1989, S. 16–36.

chen und eher um ihrer Gesundheit – oder körperlichen Schönheit – willen Sport treiben. Mit steigender Soziallage wächst ausserdem der Anteil der Frauen und neigen die physischen Verhaltensweisen von Männern und Frauen dazu, sich einander anzunähern.[6]
Die neueste Erhebung zum Freizeitverhalten der Schweizer Bevölkerung – und damit auch zu ihrem sportlichen Engagement – stammt aus dem Jahr 1988 und wurde vom Bundesamt für Statistik durchgeführt.[7] Wie bei den deutschen Studien zeigte sich unter anderem der Einfluss von Geschlecht, Alter, Ausbildung, Erwerbssituation und Berufsposition auf das Sportengagement. Insgesamt wurde die Untersuchung nach folgenden Kategorien durchgeführt: Geschlecht, Nationalität, Alter, Konfession, Ausbildung[8] und Stellung im Beruf[9]. «Ausbildung» und «Stellung im Beruf» wurden anschliessend zusammengefasst zur Kategorie «Berufsposition» und in drei Kategorien eingeteilt: tief, mittel und hoch.[10]
Personen mit höherer Ausbildung und Berufsposition treiben nach dieser Erhebung durchwegs häufiger Sport, Männer noch beinahe immer häufiger als Frauen, und die Gruppen, die am meisten Sport treiben, möchten auch noch mehr Zeit dafür haben.[11] Interessant ist der Vergleich zwischen Turnvereinen und Sportclubs. Hier zeigt sich klar, dass mehr Frauen als Männer in Turnvereinen Mitglieder sind und sich auch aktiv betätigen, hingegen mehr Männer als Frauen in Sportclubs. Klare Unterschiede zeigen sich auch bei der sozialen Schichtung von Turnvereinen bzw. Sportclubs (wobei nicht nach Geschlechtern unterschieden wird). Die Mehrzahl der Mitglieder von Turnvereinen hat eine Berufslehre absolviert, an zweiter Stelle folgen Personen mit obligatorischer Schulbildung und erst an dritter Stelle solche mit höherer Bildung. Insgesamt machen Mitglieder mit tiefer Berufsposition die grösste Gruppe aus. Anders sieht dies bei den Sportclubs aus. Hier stellen Personen mit höherer Bildung

6 Bourdieu 1989, S. 277–354; Boltanski, in: Kamper/Rittner 1976, S. 138–177; wie auch Pfister, in Pfister 1989, S. 83.
7 Freizeit und Kultur. Mikrozensus 1988, hg. v. Bundesamt für Statistik, Bern 1990 (zit.: Mikrozensus 1988). 50 000 Personen aus der ganzen Schweiz wurden zu Alltag, Freizeit und Kultur befragt. Ziel der Erhebung war es, «Gemeinsamkeiten und Vielfalt im Kultur- und Freizeitverhalten der Bevölkerung in der heutigen Schweiz zu erfassen». Neben der Kultur im engeren Sinne (Literatur, Malerei Theater usw.) wurde auch die sogenannte Alltagskultur erfasst (ebd., S. 5).
8 Unterteilt in: obligatorische Schule, Berufslehre, höhere Ausbildung.
9 Unterteilt in: Selbständigerwerbende, Direktorinnen und Direktoren, leitende Angestellte, untere Angestellte, gelernte Arbeiterinnen und Arbeiter, angelernte und ungelernte Arbeiterinnen und Arbeiter, Heimarbeiterinnen und -arbeiter sowie Lehrlinge.
10 Mikrozensus 1988, S. 130. Dort werden die Kategorien aufgelistet; eine grobe Zusammenfassung der Resultate erfolgt S. 10ff.
11 Ebd., S. 90.

und hoher Berufsposition deutlich die grösste Gruppe dar. Ausserdem haben die Turnvereine in Grossstädten deutlich weniger Mitglieder und Aktive als in ländlichen Regionen oder auch in Klein- und Mittelstädten. Bei den Sportclubs sind in dieser Hinsicht keine markanten Unterschiede feststellbar.[12]
Bis in die Gegenwart spielen also soziale Herkunft und Position eine wichtige Rolle für das individuelle Sportengagement. Mich interessierte, aus welchen Schichten die Frauen kamen, die in den ersten Damenriegen und Damenturnvereinen Basellands turnten. Im folgenden Kapitel werde ich zuerst die Quellenlage beschreiben und das Schichtenmodell vorstellen, nach dem ich die Zuordnung vorgenommen habe.[13]

7.1 Quellenlage und methodisches Vorgehen

Im Rahmen eines grösseren Forschungsprojektes unternahm Gertrud Pfister mit einer Gruppe von Mitarbeitenden in den 80er Jahren den Versuch, die Sozialstruktur von Berliner Turn- und Sportvereinen der Weimarer Republik zu bestimmen. Von den über 1000 Vereinen, die es in Berlin nach dem Ersten Weltkrieg gegeben hatte, war es schliesslich im Falle von sechs Vereinen möglich, für den Zeitraum zwischen 1913 und 1932 eine aussagekräftige Analyse durchzuführen.[14] Pfister hat 1989 in einem Artikel nicht nur die Resultate der Analyse vorgelegt, sondern auch das methodische Vorgehen von der Erfassung der Daten über die Kategorienbildung bis zur Auswertung beschrieben.
Wie Pfister werde ich auch für meine Analyse von sozialen Schichten und nicht etwa von Klassen sprechen. Auf die grundsätzlichen Diskussionen und verschiedenen Definitionen des Begriffs «Schicht» in den Sozialwissenschaften möchte ich an dieser Stelle nicht eingehen, sondern mich der Ansicht von Pfister anschliessen, die für die Analyse von Vereinsstrukturen einen relativ abstrakten und allgemeinen Schichtbegriff für sinnvoll hält:

«Soziale Schichtung beschreibt [...] die wertmässige, vertikale Gliederung einer Gesellschaft und bezeichnet Personen bzw. Gruppen mit gleichem oder

---

12 Ebd., S. 110.
13 Vgl. dazu Eva Herzog, Frauenturnen in einer ländlichen Region der Schweiz: Die soziale Zusammensetzung der ersten basellandschaftlichen Damenturnvereine, in: P. Giess-Stüber/I. Hartmann-Tews (Hg.), Frauen und Sport in Europa, Sankt Augustin 1993, S. 110–118.
14 Pfister, in: Pfister 1989, S. 80–100. Bearbeitet wurden: Ruderklub am Wannsee; Berliner Schwimm-Club 1899; Berliner Fussball-Club Preussen; Berliner Sport-Club 1895; Fechtriege TSV GutsMuths 1861; Turngemeinde in Berlin 1848.

ähnlichem Status bzw. Statusprofil. Der soziale Status setzt sich aus positionalen Merkmalen zusammen, die einer Bewertung unterliegen und in eine hierarchische Ordnung eingebunden sind.»[15]

Bei der Festlegung der «positionalen Merkmale» und dem daraus resultierenden Schichtenmodell werde ich mich allerdings stärker auf das Modell von Ruedi Epple abstützen, das er für seine Sozialstrukturanalyse der Unterzeichner von zwei Initiativen im Kanton Baselland in den 1890er und 1930er Jahren ausgearbeitet hat.[16] Ausgangspunkt sind in beiden Modellen die Berufsangaben der betrachteten Gruppe. Die soziale Zuordnung aufgrund der Berufe ist zumindest im Falle von Männern einer der wichtigsten Schichtindizes, bei den Frauen müssen Einschränkungen gemacht werden, auf die ich weiter unten eingehe. Pfister standen zum Teil Mitgliederlisten mit Berufsangaben zur Verfügung, teilweise konnten die Berufe auch über das Berliner Adressbuch ermittelt werden. Bei den wenigen weiblichen Mitgliedern fehlten meist jegliche Berufsangaben, weshalb vorerst auf ihre Erfassung verzichtet wurde.[17]

Vergleichbar ist die Quellenlage für die Baselbieter Turnvereine. Bei den Turnern gibt es – zum Teil als separate Büchlein gedruckte – Mitgliederlisten mit Berufsangaben, oft allerdings nur bei den Passiv- und Ehrenmitgliedern, hingegen nicht bei den Aktiven, den jüngeren Turnern. Bei den Turnerinnen gibt es so etwas nicht. Die einzigen Listen mit Berufsangaben stellen in ihrem Fall Versicherungslisten der Turnerhilfskasse dar. Sie erfassen alle Mitglieder einer Riege in einem bestimmten Jahr. Die Angaben dürften auf der Selbstdeklaration der Frauen beruhen. Leider sind sie nur sehr selten erhalten.[18]

Sehr nützlich sind ausserdem Appellbücher mit Namen, Adressen und Dauer des Verbleibs der einzelnen Mitglieder im Verein; andere interne Mitgliederlisten mit Angabe der Adressen; Korrespondenz mit Ein- oder Austrittsgesuchen, ebenfalls mit Angabe der Adresse oder auch Verlobungs- und Heiratskarten mit dem Namen des künf-

---

15   Pfister, in: Pfister 1989, S. 81. Auf den Seiten 80–89 setzt sich Pfister mit dem Problem des Schichtbegriffs auseinander und erläutert ihr methodisches Vorgehen, ihr Schichtmodell und die verwendeten Schichtindizes. Vgl. dazu auch Stefan Hradil, Sozialstrukturanalyse in einer fortgeschrittenen Gesellschaft, Opladen 1987; sowie weitere Literaturangaben bei Pfister.
16   Das Modell habe ich einem Arbeitspapier von Ruedi Epple des Jahres 1994 entnommen, das im Rahmen von Epples Tätigkeit für die «Neue Baselbieter Geschichte» entstanden ist.
17   Pfister, in: Pfister 1989, S. 85–87 über die Quellenlage.
18   Bei einzelnen Riegen fand ich solche Listen. Die Nachfrage auf dem Sekretariat des STV brachte keine weiteren zum Vorschein, da die Listen nach Ablauf ihrer Gültigkeit fortlaufend vernichtet wurden.

tigen Ehemannes. Über die Adressbücher des Kantons Baselland lässt sich mit diesen Angaben oft der Beruf des Vaters, manchmal auch derjenige der Turnerin oder des Ehemannes herausfinden. Die Adressbücher geben meist die Berufe an, teilweise aber auch die Stellung im Beruf.

Da mir nur wenige schriftliche Quellen zur Verfügung standen, führte ich auch gezielte Befragungen durch, meist telefonisch, indem ich älteren Turnerinnen Namen von früheren Kolleginnen in der Damenriege nannte und sie bat, mir zu sagen, was deren Väter oder die Frauen selber für Berufe ausgeübt hätten. Oder ich besuchte die Frauen und versuchte über alte Photos zu diesen Informationen zu gelangen. Die Angaben aus den Interviews, die ich mit einer Reihe von Frauen führte, habe ich ebenfalls beigezogen. Auch wenn sie in gewisser Weise unpräziser sind als die schriftlichen Quellen – wir sprachen selten über konkrete Berufe – stellen sie in einzelnen Fällen eine fruchtbare Ergänzung dar. Die Interviews gaben insbesondere Auskunft über das Verhältnis zwischen den verschiedenen sozialen Gruppen in einer Gemeinde, über Vorurteile und Abgrenzungen wie auch darüber, wo die befragten Personen sich und andere innerhalb der sozialen Hierarchie einordneten. Natürlich mussten diese Quellen mit der üblichen Vorsicht verwendet werden[19], und es musste zum Beispiel auch die soziale Position der befragten Personen zur Zeit des Interviews berücksichtigt werden.

Insgesamt ist meine Datenbasis sehr heterogen. Ich werde bei der Analyse der einzelnen Vereine im Detail angeben, welche Quellen mir zur Verfügung standen. Bei Münchenstein und Birsfelden hatte ich keinerlei Angaben und bei Binningen eine so geringe Zahl, dass ich schliesslich auf eine Auswertung verzichtet habe.

Wie Pfister und Epple gehe ich von Berufsangaben aus, um die Mitglieder der ersten basellandschaftlichen Damenriegen und -turnvereine sozial zu verorten. Berufe sind jedoch bei Frauen kein idealer Schichtindex: Alle Nicht-Berufstätigen, also auch die Hausfrauen, fallen bei diesem Vorgehen aus dem Raster. Gelöst wird dies in Erhebungen bis heute im allgemeinen dadurch, dass unverheiratete Frauen nach ihrem Beruf, verheiratete hingegen nach demjenigen ihres Mannes zugeordnet werden, letzteren also ein abgeleiteter sozialer Status zugeschrieben wird.[20] Aber auch bei den berufstätigen Frauen stellen sich zusätzliche Probleme. Bis heute erhalten Frauen

19 Zu den Problemen der «Oral History» vgl. Kap. 1.1.
20 So wurde z. B. auch in einer neuen flämischen Studie vorgegangen, einer vergleichenden Analyse der Sportbeteiligung von Frauen für die Jahre 1969, 1979 und 1989: Marijke Taks et al., Shifts in the Sport Participation of Flemish Women: 1969, 1979 and 1989, in: P. Giess-Stüber/I. Hartmann-Tews (Hg.), Frauen und Sport in Europa, St. Augustin 1993, S. 98–109.

mehrheitlich noch nicht den gleichen Lohn für dieselbe Arbeit. Wird die Höhe des Einkommens zur exakteren Bestimmung der sozialen Position beigezogen, ergeben sich somit Verzerrungen, falls Männer und Frauen nach dem gleichen Raster eingeordnet werden. Für die Zeit um die Jahrhundertwende kommt schliesslich ein weiterer Faktor hinzu: Den Frauen standen nur eine begrenzte Anzahl Berufe offen, zudem solche von geringem sozialen Ansehen. Das Eindringen der Frauen in den Dienstleistungssektor bedeutete beispielsweise weitgehend die Übernahme von Arbeiten auf den untersten Stufen der Hierarchie. Es besteht also die Gefahr, dass Frauen sozial zu tief eingestuft werden.[21]

Um die soziale Zuordnung junger, lediger Frauen zu bestimmen – die den Grossteil der Mitglieder einer Damenriege ausmachten –, eignen sich deshalb die Berufe der Väter besser als diejenigen der Turnerinnen. Wo es von der Quellenlage her möglich war, habe ich dies berücksichtigt, ich habe aber auch die Berufe der Frauen in die Auswertung miteinbezogen.

Die Verwendung der Berufe als Kriterium der Schichtzuweisung bringt jedoch – auch im Falle der Männer – weitere Probleme mit sich: Heutige Schichtenmodelle können nicht einfach auf frühere Zeiten übertragen werden. Viele Berufe von damals gibt es heute nicht mehr, bei anderen hat sich das mit ihnen verbundene soziale Ansehen entscheidend verändert, ausserdem sind in der Zwischenzeit neue Berufe entstanden.

Die Gruppe um Gertrud Pfister suchte deshalb nach einem Schichtenmodell, das sich an den ökonomischen und sozialen Gegebenheiten zu Beginn des 20. Jahrhunderts orientierte. Diese Arbeit wurde von einem Arbeitskreis Bielefelder und Berliner Sozialhistorikerinnen und -historiker geleistet.[22] Es wurden Berufe gesammelt und Informationen über die notwendige Qualifikation, das Tätigkeitsfeld, den durchschnittlichen Verdienst, das Sozialprestige, die Sicherheit des Arbeitsplatzes und die Arbeitsbedingungen zusammengetragen. Mit Hilfe von Handbüchern, Lexika und statistischen Jahrbüchern gelang es, über 5000 Berufe aufzulisten und nach der sozialen Schicht, der Stellung im Beruf und dem wirtschaftlichen Sektor einzuordnen. Aufgrund der erarbeiteten Resultate wurden sechs Schichten gebildet:

21   Pfister, in: Pfister 1989, S. 97/98. Zur Öffnung des Dienstleistungssektors für Frauen vgl. z. B.: Mario König/Hannes Siegrist/Rudolf Vetterli, Warten und Aufrücken. Die Angestellten in der Schweiz 1870–1950, Zürich 1985, S. 67ff. und 169ff.; König, in Barben/Ryter 1988, S. 89–100; Joris/Witzig 1991, S. 199ff.; Pesenti 1988, S. 123ff.
22   Reinhard Schüren, Soziale Mobilität. Muster, Veränderungen und Bedingungen im 19. und 20. Jahrhundert. Abschlussbericht DFG, Bielefeld 1988.

Oberschicht	Grossunternehmer, akademisch ausgebildete Angestellte, Beamte und Selbständige
Obere Mittelschicht	Kleinunternehmer, Ingenieure, Angestellte und Beamte mit höherer Bildung, Vollbauern
Untere Mittelschicht	Selbständige, Angestellte und Beamte ohne höhere Bildung, Meister
Obere Unterschicht	Gelernte manuell Arbeitende, Kleinsthändler, untere Angestellte, Beamte
Mittlere Unterschicht	Angelernte manuell Arbeitende
Untere Unterschicht	Ungelernte manuell Arbeitende

Dieses Modell[23] konnte ich nicht eins zu eins übernehmen für die Verhältnisse im Kanton Baselland zu jener Zeit. Der Grund dafür ist bei den wirtschaftlichen und sozialen Unterschieden zwischen Deutschland und der Schweiz zu suchen, die sich auch so auswirken, dass unter denselben Berufsbezeichnungen nicht dasselbe verstanden werden kann. Zu den Differenzen zwischen dem deutschen und dem schweizerischen Bürgertum liegt ein Aufsatz von Albert Tanner aus dem Jahr 1988 vor, der mir weitere Anregungen geliefert hat.[24] Das Schichtenmodell, das Ruedi Epple – ebenfalls für eine Analyse der Verhältnisse im Kanton Baselland – ausgearbeitet hat, ist auch für meine Zwecke zutreffender, ich habe es denn auch weitgehend übernommen.

Als Ausgangspunkt dienten Epple ebenfalls Berufsangaben. Er hat die Berufe einerseits nach Wirtschaftsbranchen geordnet, andererseits nach Berufsstellung. Für letztere hat er 15 Kategorien gebildet und sie den von ihm unterschiedenen fünf Schichten (bei Pfister sind es sechs) zugeordnet. Die soziale Zuordnung erfolgte also aufgrund der «Stellung im Beruf», die Epple als «adäquates Schichtungskriterium» erachtet.[25] Ich gebe dieses Modell im folgenden wieder und füge den einzelnen Kategorien auch einige Beispiele von Berufen an, die Epple gibt:

23 Pfister, in: Pfister 1989, S. 89.
24 Albert Tanner, Bürgertum und Bürgerlichkeit in der Schweiz. Die «Mittelklassen» an der Macht, in: J. Kocka (Hg.), Bürgertum im 19. Jahrhundert. Deutschland im europäischen Vergleich, München 1988, S. 193–223.
25 Mündliche Auskunft im November 1994. Epple hat die Zuteilung aufgrund seiner wissenschaftlichen Forschung wie auch seiner persönlichen beruflichen Erfahrungen in verschiedensten Bereichen vorgenommen.

Oberschicht	Unternehmer: alle, die sich als Unternehmer und Direktoren bezeichnen
Obere Mittelschicht	Obere Beamte: Pfarrer, Lehrer, Statthalter, Gemeindeschreiber
	Selbständige: Landwirte, Handwerksmeister, Händler aller Art, Ärzte, Advokaten, Künstler
	Technische Leiter: Meister in grösseren Betrieben, also Werkmeister, Baumeister, Ingenieure
	Administrative Leiter: Verwalter, Prokuristen, Chefs
Untere Mittelschicht	Kader in der Produktion: Vorarbeiter, Aufseher, Chefmonteur, Oberheizer
	Kader in der Vorbereitung: Techniker aller Art, Maschinenzeichner, Konstrukteur
	Kader in der Administration: gelernte Berufe wie Kaufmann, Buchhalter, Bankangestellter
	Gelernte Handwerker: solche, die selbständig arbeiten wie Coiffeur, Gärtner, Küfer, Maler, Schneider, Schuhmacher, Zimmermann, Wagner
Obere Arbeiterschicht	Gelernte Handwerker im Betrieb: Mechaniker, Dreher, Färber, Giesser, Werkzeugmacher
	Angelerntes administratives Hilfspersonal: Comis, Kanzlist, Korrespondent
	Untere Beamte: Bahnarbeiter, Wegmacher, Briefträger, Bahnwärter
Untere Arbeiterschicht	Ungelernte Berufe: Fabrikarbeiter, Handlanger, Auslader
	Angelernte Berufe: ohne Berufslehre wie Magaziner, Ziegler, Anschläger, Schleifer, Schweisser
	Ungelerntes administratives Hilfspersonal: Ausläufer, Boten.[26]

Der Unterschied zwischen den beiden Modellen besteht im wesentlichen darin, dass Epple die Unterschicht nur zweiteilt, Pfister hingegen drittelt. Die Untere Unterschicht und die Mittlere Unterschicht bei Pfister hat Epple zur unteren Arbeiterschicht zusammengefasst. Für eine ländliche, wenn auch industrialisierte Region wie den Kanton Baselland scheint mir Epples Einteilung richtig zu sein. In einer Stadt wie Berlin war zu Beginn des 20. Jahrhunderts die Arbeiterschicht zahlenmässig viel grösser und in sich differen-

26 Aus dem Arbeitspapier von Ruedi Epple von 1994.

zierter. Hingegen verwende ich für meine Analyse wie Pfister die Bezeichnung «Unterschicht» statt «Arbeiterschicht», da auch untere Beamte und Angestellte dabei sind, und diese würden sich selber nicht als Arbeiter bezeichnen.[27]

Die anderen Abweichungen zwischen den beiden Modellen sind auf die angesprochenen Unterschiede zwischen dem Bürgertum in Deutschland und in der Schweiz im 19. Jahrhundert zurückzuführen. Laut Tanner war in der Schweiz zu Beginn des 20. Jahrhunderts das Grossbürgertum klein, es dominierten die mittelständisch-kleinbürgerlichen Schichten. Es habe kein «Defizit an Bürgerlichkeit» geherrscht wie in Deutschland.[28] Zu den Mittelklassen zählt Tanner kleinstädtische und ländliche Unternehmer, die im 19. Jahrhundert das wirtschaftliche Wachstum getragen hätten, Händler und andere gutgestellte Gewerbetreibende, Grossbauern, Intellektuelle, Beamte und Offiziere.[29] In Deutschland gehörte ein Teil dieser Bevölkerungsgruppen der Oberschicht an, neben den Akademikern auch hohe Beamte. Laut Tanner war in der Schweiz die Formalisierung der Bürokratie im 19. Jahrhundert noch nicht so weit fortgeschritten wie in Deutschland und war auch die Ausbildung der Beamten geringer. Die Beamten hätten keine eigene Gruppe, keinen eigenen Stand gebildet wie in Deutschland.[30] Tanners Darstellung stützt die Einteilung von Epple, Ärzte und andere Akademiker zur oberen Mittelschicht und nicht zur Oberschicht zu rechnen, obwohl dies meiner Ansicht nach nicht ganz falsch wäre (vgl. dazu weiter unten). Doch ich halte mich auch hier an Epples Einteilung. Völlig einverstanden bin ich mit seiner Zuweisung der «Meister» zur oberen Mittelschicht und damit zur selben Gruppe wie die Landwirte und Händler, und nicht zur unteren Mittelschicht, wie dies Pfister tut. Zur unteren Mittelschicht rechne ich ebenfalls die gelernten Handwerker ohne Meistertitel. In dieser Differenz spiegelt sich das Problem der Zuordnung der Selbständigen. Dies ist eine sehr heterogene Gruppe, wie in beiden Modellen zum Ausdruck kommt und worauf auch Tanner hinweist.[31] Einen Teil, bei Epple als selbständige Handwerker bezeichnet, ordnen beide der unteren Mittelschicht zu, einen anderen Teil der oberen Mittelschicht und der Oberschicht. Gross- wie Kleinunternehmer sind Selbständige, Vollbauern

27 Bourdieu hat darauf hingewiesen, dass untere Angestellte gleich viel verdienen mögen wie Arbeiter, aber ein anderes soziales Selbstverständnis haben (vgl. Bourdieu 1989, z. B. S. 289). Es gehört gerade zu Bourdieus Habitus-Konzept, dass nicht nur «harte» Faktoren wie z. B. der Verdienst das Verhalten der einzelnen Schichten bestimmen.
28 Tanner, in: Kocka 1988, S. 193/194.
29 Ebd., S. 197/198 und S. 211/212.
30 Ebd., S. 215/216.
31 Ebd., S. 202–205.

und Handwerksmeister auch, aber ebenso Händler oder der Besitzer eines Kramladens. Wichtig wäre hier der Einbezug der Vermögensverhältnisse.[32] Beim Bielefelder Schichtenmodell wurde den Berufen unter anderem ein durchschnittlicher Verdienst zugeordnet. Dies ist eine Annäherung, die aber den Einzelfällen nicht gerecht werden kann. Der Aufwand, anhand der Steuerregister die Vermögensverhältnisse aller aufgelisteten Personen zu bestimmen, wäre jedoch immens. Ich habe diese Arbeit nicht geleistet, sondern beschränke mich darauf, die Schichtzugehörigkeit aufgrund der Stellung im Beruf zu bestimmen, wie Epple dies tut. Von Bedeutung wären die Vermögensverhältnisse ausserdem vor allem für die Unterscheidung zwischen den Mittelschichten und der Oberschicht, einerseits zwischen der oberen Mittelschicht und der Oberschicht (ein Arzt oder Advokat könnte je nachdem auch der Oberschicht zugeordnet werden), andererseits innerhalb der Mittelschicht: ob ein selbständiger Handwerker der oberen oder unteren Mittelschicht zuzurechnen ist. Bei letzteren bin ich so vorgegangen, dass ich diejenigen, die sich als Meister bezeichnen, zur oberen, die ohne diesen Titel zur unteren Mittelschicht gezählt habe – analog dem Modell von Epple.

Denselben Berufsgattungen kam in städtischen Verhältnissen nicht dieselbe Bedeutung zu wie in ländlichen, darauf haben Elisabeth Joris und Heidi Witzig in ihrer Studie über das Zürcher Oberland hingewiesen.[33] Das Buch liefert auch nützliche Hinweise für den Kanton Baselland, da die Verhältnisse bis zu einem gewissen Grad vergleichbar sein dürften, beide Regionen wurden früh industrialisiert.[34]

32 Auch Tanner ist der Ansicht, dass die Vermögens- und Einkommensverhältnisse weiteren Aufschluss geben über die innere Struktur des Bürgertums, über die Bedeutung und Gewichtung der einzelnen Berufsgruppen (ebd., S. 205–207).
33 Joris/Witzig Zürich 1992.
34 Zur Wirtschaftsstruktur Basellands vgl. Martin Meier, Grundzüge der Industrialisierung im Kanton Basel-Landschaft. Die Entwicklung der Fabrikindustrie von der Kantonsgründung bis zum Zweiten Weltkrieg, in: A. C. Fridrich (Red.), Schappe. Die erste Fabrik im Baselbiet. Ein Porträt, Arlesheim 1993, S. 36–54; Fritz Grieder, Glanz und Niedergang der Baselbieter Heimposamenterei im 19. und 20. Jahrhundert, Liestal 1985; Adolf Ballmer, Die gewerbliche und industrielle Gütererzeugung im Wandel der Zeiten, in: Beiträge zur Entwicklungsgeschichte des Kantons Basel-Landschaft, Liestal 1964; Blum 1977; Ruedi Epple, Die demokratische Bewegung im Baselbiet um 1860. Ein Beitrag zur Geschichte der direktdemokratischen Institutionen im politischen System der Schweiz (unveröffentlichte Magisterarbeit), Konstanz 1979.
Ein wichtiger Unterschied zum Zürcher Oberland, wo die Protoindustrialisierung ebenfalls sehr früh einsetzte, liegt aber darin, dass die fabrikmässige Produktion schon etwa 100 Jahre früher einsetzte als in Baselland, nämlich schon kurz nach 1800 (Meier 1992, S. 36–38). Zur Protoindustrialisierung vgl.: Peter Kriedte/Hans Medick/Jürgen Schlumbohm, Industrialisierung vor der Industrialisierung: Gewerbliche Warenproduktion auf dem Land in der Formations-

Im Gefolge der Textilindustrie, schreiben Joris und Witzig, habe sich in der zweiten Hälfte des 19. Jahrhunderts in den Dörfern des Zürcher Oberlandes eine neue Mittelschicht etabliert: Zu den Wirten und wohlhabenden Bauern seien Gewerbetreibende wie Schreiner, Kleinhändler, Metzger und Bäcker sowie Angestellte der Behörden gestossen. Ausserdem sei einzelnen Arbeitern der Aufstieg zum Aufseher oder Meister oder gar zum technischen und kaufmännischen Angestellten gelungen. Mit ihnen habe sich das Dorfbild verändert: Coiffeurläden, Schneiderinnen- und Schneiderateliers, Läden verschiedenster Art u. a. m. hätten die neuen Dorfzentren gekennzeichnet.[35] Zur Mittel- und Oberschicht hätten auch die Aufsteiger der ersten Hälfte des 19. Jahrhunderts gehört, die Fabrikanten, Lehrer und Ärzte. Zusammen mit den alten dörflichen Magnaten wie Wirten, Müllern und wohlhabenden Bauern hätten sie damals die wirtschaftliche, politische und bildungsmässige Führungsschicht gebildet und sich noch weitgehend derselben Schicht zugeordnet.[36] Gegen Ende des 19. Jahrhunderts hätten sich die Fabrikantenfamilien zunehmend abgeschlossen und fortan vor allem Umgang mit Akademikern, Ärzten und eventuell noch Pfarrern gepflegt, aber nicht mehr mit Lehrern, Wirten, Müllern und anderen Gewerbetreibenden – was dafür sprechen würde, Ärzte und andere Akademiker doch zur dörflichen Oberschicht zu zählen.[37] Gleichzeitig weisen Joris und Witzig darauf hin, dass eine zu starke Abgrenzung zwischen den verschiedenen Schichten wegen der Kleinräumigkeit der Dörfer nicht stattfinden konnte. Alle seien sich an den jährlichen Dorffesten sowie den Festen der Turner, Sänger und Schützen begegnet, die mit dem Aufkommen einer ausgedehnten Festkultur um die Jahrhundertwende zu Anlässen wurden, an denen das ganze Dorf teilnahm.[38]

Mein Schichtenmodell brauche ich nicht extra aufzulisten, es entspricht bis auf die Namensänderung von «Arbeiterschicht» in «Unterschicht» dem Modell von Epple. Bei der Interpretation der Resultate werde ich die genannten Vorbehalte miteinbeziehen.

Die bisherigen Ausführungen betreffen die soziale Zuordnung der Väter der Turnerinnen aufgrund ihres Berufes und insbesondere

---

periode des Kapitalismus, Göttingen 1977; Rudolf Braun, Industrialisierung und Volksleben: Die Veränderung der Lebensformen in einem ländlichen Industriegebiet vor 1800 (Zürcher Oberland), Erlenbach-Zürich 1960.

35 Joris/Witzig 1992, S. 84/85.
36 Ebd., S. 26, 59 und 72.
37 Ebd., S. 116. Epple rechnet sie in seinem Modell zur oberen Mittelschicht, was ich trotz gewisser Bedenken auch tue.
38 Zur Festkultur vgl. Joris/Witzig 1992, S. 94; zum Kontakt zwischen den einzelnen Schichten z. B. S. 92, 154 und S. 256/257. Vgl. auch Tanner 1988, S. 219ff., insbesondere den Schlussabschnitt S. 223.

ihrer Stellung im Beruf. Ich habe bereits darauf hingewiesen, dass sich Berufe als Schichtindex für Frauen nur begrenzt eignen. Trotzdem will ich versuchen, auch die Berufsangaben der Frauen, die mir zur Verfügung stehen, für die Bestimmung ihrer Schichtzugehörigkeit zu nutzen.
Die wenigen Untersuchungen, die sich mit der Erwerbsarbeit der Frauen beschäftigen, beschreiben eher die Entwicklung in den Städten. Auch der Quellenband von Joris und Witzig: «Frauengeschichte(n)» ist eher auf städtische Verhältnisse zugeschnitten. Darin ist zu lesen, dass Töchter der Mittelschicht nach Möglichkeit im Büro gearbeitet hätten, da die Arbeit als Verkäuferin einen geringeren sozialen Status hatte. Besonders attraktiv sei die Tätigkeit im Verkauf hingegen für Töchter aus Arbeiterfamilien gewesen. Für diese habe sie einen Aufstieg dargestellt, verglichen mit der Arbeit in der Fabrik. Verkäuferinnen hätten verschiedenen Schichten angehört, man könne sie zwischen den Arbeiterinnen und dem Büropersonal einstufen. Gewerbliche Arbeit, vor allem als Schneiderin, Näherin oder Modistin, habe vor allem für Frauen aus weniger bemittelten Schichten auch im 20. Jahrhundert eine hohe Anziehungskraft behalten. In den Wirtshäusern hätten ursprünglich Familienangehörige mitgearbeitet. Im Zuge der Verstädterung sei die Zahl der Wirtschaften und mit ihr die der Serviertöchter und Kellnerinnen angestiegen und im gleichen Zug deren gesellschaftliches Ansehen gesunken. Im 20. Jahrhundert seien hauptsächlich Frauen der Unterschichten in diesem Beruf tätig gewesen.[39]
In ihrem Buch über das Zürcher Oberland gehen die beiden Historikerinnen auf ländliche Verhältnisse ein. Hier bezeichnen sie die Schneiderin als den Frauenberuf der ländlichen Mittelschicht seit Ende des 19. Jahrhunderts. Daneben hätten die Berufe der Ladentochter und der Büroangestellten an Bedeutung gewonnen.[40] In ländlichen Verhältnissen gelten also Schneiderin, Verkäuferin und Büroangestellte als Berufe für junge Frauen der Mittelschicht. Die Frauen aus den Unterschichten arbeiteten laut Yvonne Pesenti in der Fabrik oder als Dienstboten und Kellnerinnen. Büroberufe seien ihnen verwehrt gewesen, diese seien nur Töchtern aus dem Mittelstand offengestanden, Töchtern von Beamten, Handwerkern, selbständigen Gewerbetreibenden und Kaufleuten.[41]
Diese – weniger präzisen – Kategorien werde ich verwenden, um aufgrund der Berufe der Frauen weitere Hinweise für ihre Schichtzugehörigkeit zu erhalten.

39 Joris/Witzig 1991, S. 187 und 195–200.
40 Joris/Witzig 1992, S. 169.
41 Pesenti 1988, S. 126.

7.2 Ergebnisse

Da die Quellenlage bei den einzelnen Riegen sehr verschieden ist und die Resultate entsprechend auf sehr unterschiedlichen Wegen zustandegekommen sind, halte ich es für notwendig, eine Riege nach der anderen zu besprechen und zum Schluss die Resultate zusammenzufassen. Da die Menge der quantitativen Angaben von Verein zu Verein stark variiert und die Daten nicht überall denselben Zeitraum umfassen, ist es auch nicht möglich, eine Übersichtstabelle mit den Daten aller Vereine aufzustellen.

7.2.1 Damenturnverein und Damenriege Liestal

Über die Mitglieder des 1906 gegründeten Damenturnvereins Liestal konnte ich nicht viel in Erfahrung bringen. Die Korrespondenz ist nicht ergiebig (meist nur Namen, keine Adressen), Appellbücher mit Adressangaben sind keine erhalten. Nur gerade acht Frauen konnte ich identifizieren, zum Teil weil sie auch Mitglieder der Damenriege Liestal waren. Zwei von ihnen hatten 1918 den Aufruf zur Gründung der Damenriege unterschrieben. Die eine stammte aus dem Wirtshaus «Zur Sonne»[42], wo die Auflösung des Damenturnvereins wie auch die Gründung der Damenriege stattfanden. Die andere war die Tochter eines Fuhrhalters. Zwei weitere Frauen gehörten beiden Vereinen an, ihr Vater war Maurer. Von den restlichen vier Mitgliedern des Damenturnvereins, über die ich etwas herausfinden konnte, heiratete eine einen Bezirksschreiber, der Vater einer weiteren hatte ein Geschäft für Buchbinderei, Scheibenfabrikation und Cartonage, und der Vater der letzten zwei war Schuster.[43] Alle können zur Mittelschicht gerechnet werden, zur oberen und unteren Mittelschicht. Auffallend ist ausserdem, dass es sich weitgehend, vielleicht auch ausschliesslich, um Selbständige handelte, um selbständige Gewerbetreibende.

Im Fall der Damenriege Liestal ist das Quellenmaterial bedeutend reichhaltiger. Es liegt ein Appellbuch vor, begonnen bei der Gründung 1918 und geführt bis 1925. Es enthält Namen, Adressen, Datum des Eintritts und teilweise des Austritts von 163 Frauen. Weitere Namen und nähere Angaben zu den im Appellbuch aufgeführten Frauen lieferte mir Korrespondenz der Damenriege aus den Jahren

---

42 Vgl. dazu: Otto Rebmann, Das Gasthaus «Zur Sonne» in Liestal im Spiegel der Geschichte. Landschäftler, 17. Juli 1954. Vor der «Sonne» hielten die Postkutschen und wurden die Pferde gewechselt (Heimatkunde von Liestal, Liestal 1970, S. 219).

43 Die Angaben entstammen hauptsächlich der Korrespondenz und den Adressbüchern.

1918 bis 1937, unter anderem auch Namen von Verlobten oder Ehemännern. Ich habe die Angaben aus der Korrespondenz verwendet, um mehr über die im Appellbuch aufgeführten Frauen zu erfahren, habe aber keine zusätzlichen Namen aufgenommen, um mit einer einheitlichen Datenbasis zu operieren. Der Korrespondenz war die Dauer der Mitgliedschaft der Frauen in der Damenriege nur sehr ungenau zu entnehmen, was die Verwendung dieser Quellen weiter erschwerte und zu viele Unsicherheitsfaktoren ins Spiel gebracht hätte, während das Appellbuch eine exaktere Quelle darstellt.

Auf die 163 Frauen kommen wegen der Schwesternpaare 130 Väter (oder Mütter: im Fall von Witwen). Mit Hilfe der Adressbücher des Kantons Baselland konnte ich für 85 der Väter (oder Mütter) eine Berufsangabe finden. Sie sind folgenden Schichten zuzuordnen:

Schicht	1918–1925	%	Beruf
Oberschicht	4	3%	(Direktoren, Fabrikbesitzer)
Obere Mittelschicht	55	42%	(v. a. selbst. Gewerbetreibende)
Untere Mittelschicht	18	14%	(v. a. Handwerker, Beamte)
Obere Unterschicht	4	3%	(Schulabwart, Briefträger u. a.)
Untere Unterschicht	4	3%	(Fabrikarbeiter u. a.)
nicht gefunden	45	35%	
Total	130	–[44]	

Auffallend gross ist in Liestal die Zahl der selbständigen Gewerbetreibenden, die ich der oberen Mittelschicht zugeordnet habe. Dazu gehören neben vier Landwirten vor allem 13 Handwerkersmeister (Metzger-, Schuhmacher-, Bäcker-, Schlosser-, Wagnermeister usw.), 14 Kleinunternehmer und Händler (Fuhrhalterei, Bierdepot, Buchbinderei, Drogerie, Baugeschäft, chemische Waschanstalt), drei Wirtinnen (Witwen) und fünf Wirte. Unter den zehn Handwerkern, die ich zur unteren Mittelschicht gerechnet habe, da sie keinen Meistertitel angeben, könnten noch mehr Selbständige sein. Es ist auch möglich, dass einzelne der Gewerbetreibenden der oberen Mittelschicht von ihren Vermögensverhältnissen her zur Oberschicht gerechnet werden müssten. Zur oberen Mittelschicht gehören auch acht Advokaten, Ärzte und Lehrer, klein ist mit vier die Anzahl Beamter, die ich zur unteren Mittelschicht gerechnet habe.[45] Schwach ist aber insbesondere die Vertretung der Unter-

---

44   Die Summe der Prozentzahlen muss infolge von Rundungsfehlern aufgrund der kleinen Stichproben nicht 100% ergeben. Gilt auch für alle folgenden Tabellen.
45   Zur unteren Mittelschicht gehören ausserdem: Oberaufseher, Kaufmann.

schichten, obwohl diese einen grösseren Anteil der Bevölkerung Liestals ausmachten als etwa die Akademiker.[46] Liestal wies seit dem ausgehenden Mittelalter ein vielfältiges Gewerbe auf und war auch noch zu Beginn des 20. Jahrhunderts ein Gewerbestädtchen. Allerdings begannen die selbständigen Handwerker damals den Druck der immer zahlreicheren Fabrikunternehmungen zu spüren. Viele handwerkliche Berufe fielen der Konkurrenz der industriellen Produktion zum Opfer, während sich andere dadurch halten konnten, indem sie teilweise auf maschinelle Produktion umstellten. Im Jahr 1910 arbeiteten 60% der Erwerbstätigen in Industrie und Gewerbe.[47] Die Arbeiterinnen und Arbeiter schlossen sich offenbar nicht dem Turnverein Liestal an. Für die Männer gab es seit 1911 einen Arbeiterturnverein, der 1929 auch eine Damenabteilung eröffnete. Vorher verzichteten die Töchter aus Arbeiterfamilien offenbar weitgehend auf das Turnen.

Die Korrespondenz der Damenriege Liestal umfasst auch knpap ein Dutzend Verlobungs- und Heiratskarten, welche teilweise Auskunft geben über Berufe und Schicht der (zukünftigen) Ehemänner. 24 von 34 konnte ich mit Hilfe der Adressbücher identifizieren: zehn (29%) gehörten der oberen Mittelschicht an[48], zehn der unteren Mittelschicht[49] und vier der oberen Arbeiterschicht (12%)[50]. Die geringe Gesamtmenge an Karten lässt keine weitreichenden Schlüsse zu. Die Dominanz der Mittelschicht entspricht aber der Schichtzugehörigkeit der Väter der Turnerinnen.

Nur bei insgesamt 14 Turnerinnen konnte ich den Beruf ausfindig machen. Darunter sind:

---

46 Zur oberen Unterschicht habe ich gerechnet: Schulabwart, Heizer, Briefträger, Ferger; zur unteren Unterschicht: Konsumarbeiter, Putzerin, Fabrikarbeiter.
47 HK Liestal 1970, S. 157 und S. 193–198. Liestal wies bis 1940 am meisten Fabrikbetriebe im Kanton auf, dann wurde es von Pratteln überflügelt. 1929 waren es 29 mit insgesamt 1781 Arbeiterinnen und Arbeitern (Ergebnisse der Schweizerischen Fabrikstatistik von 1929, abgedruckt in der HK Liestal 1970, S. 205). Die Volkszählung von 1930 weist für Liestal 1576 in Handel und Industrie Beschäftigte aus, ausserdem die schon damals hohe Zahl von mehr als 1400 Zupendlerinnen und Zupendlern (alle Berufszweige). Den Anteil der in Liestal wohnenden Arbeiterinnen und Arbeiter zu bestimmen, ist nicht möglich. Die Zahl der im zweiten Sektor Beschäftigten weist nicht aus, wie viele von ihnen in eigentlichen Fabrikbetrieben arbeiteten, angesichts der hohen Zahl von Industriebetrieben kann ihre Zahl aber nicht allzu gering gewesen sein.
48 Darunter sind ein Pfarrer, diverse Akademiker und Lehrer.
49 Zu ihnen gehören selbständige Gewerbetreibende, ausgebildete Techniker, Angestellte und Beamte.
50 Es sind zwei Mechaniker, ein Briefträger und ein Tuchweber.

Ergebnisse

1 Arbeitslehrerin
6 Büroangestellte (darunter 2 Telefonistinnen)
3 Verkäuferinnen
1 Coiffeuse
2 Schneiderinnen (eine der beiden ist Weissnäherin)
1 Serviertochter
1 (Haustochter)

Als «Haustöchter» wurden Frauen bezeichnet, die im elterlichen Haus oder Betrieb mithalfen, also keiner ausserhäuslichen Erwerbsarbeit nachgingen, weshalb sie streng genommen nicht mitgezählt werden dürfen. Die Mutter der oben genannten führte als Witwe ein Wirtshaus.

Angesichts der geringen Zahl von Frauen, deren Beruf ich in Erfahrung bringen konnte, verbietet sich eigentlich eine Interpretation. Es fällt aber trotzdem auf, dass keine einzige Fabrikarbeiterin vertreten ist. Am ehesten der Unterschicht zugerechnet werden kann die Serviertochter, wobei anzumerken ist, dass dieser Beruf in ländlichen Verhältnissen (und auch Liestal war keine Grossstadt) noch höheres Ansehen genoss als in grossen Städten. Die Frauen sind also der oberen und unteren Mittelschicht zuzurechnen.

Da auch bei den Vätern und den Ehemännern Angehörige der Unterschicht sehr schlecht vertreten sind, ist die Auswahl vielleicht doch kein Zufall, und Arbeiterinnen turnten wirklich nicht in der Damenriege Liestal.

Nicht von der Hand zu weisen im Fall der Damenriege Liestal ist jedenfalls die erdrückende Mehrheit von Frauen aus der oberen Mittelschicht und insbesondere von Töchtern selbständiger Gewerbetreibender, die vielleicht auch der Oberschicht zugeordnet werden könnten. Und bei allen Vorbehalten gegenüber den Daten lässt sich auch feststellen, dass die Unterschichten deutlich untervertreten sind.

7.2.2 Die Damenriege Gelterkinden

Ganz anders als in Liestal ist die Quellenlage im Fall der Damenriege Gelterkinden, die 1919 gegründet wurde. Schriftliche Quellen konnte ich keine finden, meine Informationen beruhen ausschliesslich auf zwei Interviews sowie telefonischer Befragung. Meine beiden Interviewpartnerinnen, Frau H. und Frau S., wohnten beide schon lange nicht mehr in Gelterkinden, als ich mit ihnen sprach, sie hatten aber als junge Frauen in der dortigen Damenriege geturnt.[51] Da die Interviews nur sehr oberflächliche Informationen zu

---

51 Interview mit Frau H. (geb. 1912) vom 1. April 1992 und Interview mit Frau S. (geb. 1920) vom 13. Feb. 1992.

diesem Thema lieferten, wandte ich mich anschliessend telefonisch an zwei Frauen in Gelterkinden, die der dortigen Damenriege in der zweiten Hälfte der 20er Jahre beigetreten und etliche Jahre aktiv gewesen waren. Ich fragte sie ganz konkret nach den Berufen der Frauen, die in den 20er/30er Jahren in der Damenriege turnten. Aufgrund eines Photos der Damenriege von Anfang der 30er Jahre machte mir Frau E. die unten folgende Aufstellung.[52] Ergänzende Angaben erhielt ich von Frau F.[53]
Nach den Angaben von Frau E. übten Anfang der 30er Jahre Turnerinnen der Damenriege Gelterkinden folgende Berufe aus:

6	Bürolistinnen
	(etwa die Hälfte davon in der Schuhfabrik Bally)
4–5	Damenschneiderinnen
3	Modistinnen
3	Verkäuferinnen
1–2	Fabrikarbeiterinnen
	(Bally und Seidenbandfabrik).

Bei den restlichen, laut Bestandeslisten noch etwa zehn, wusste sie es nicht mehr. Frau E. ihrerseits besuchte in Basel die Handelsschule und arbeitete anschliessend bei ihrem Vater, der in Gelterkinden ein Baugeschäft hatte, im Büro.[54]
Frau F. bestätigte diese Aufstellung und fügte ihr noch eine Arzttochter bei. Schneiderinnen habe es immer dabeigehabt, viele hätten bei «Hauri» (Stoffladen und Stoffschneiderei) gearbeitet. Frau Hauri sei auch eine der Gründerinnen der Frauenriege im Jahr 1928 gewesen. «Büro» habe es auch gehabt, «Fabrik» weniger, wie sie sich ausdrückte. Ich fragte weshalb, ob die weniger Zeit gehabt hätten. – Oh, nein, meinte sie, aber die seien eben der Ansicht gewesen, in die Damenriege gingen die «Besseren» turnen – obwohl das doch gar nicht so gewesen sei! – Und auf meine Frage, wer denn die «Besseren» gewesen seien: «Ja, die, die nicht in die Fabrik mussten.» Frau F. war in der Uhrenbranche tätig gewesen, sie hatte als junge Frau in einem kleinen Atelier in Gelterkinden gearbeitet.

52 Am 8. Juli 1992 rief ich Frau E. erstmals an und schilderte ihr mein Anliegen. Darauf machte sie die Aufstellung und gab sie mir am 13. Juli 1992 telefonisch durch. Frau E. wurde 1912 geboren, war etwa von 1928 bis 1938 Mitglied und von 1934 bis 1937 ausserdem Präsidentin der DR Gelterkinden.
53 Telefon mit Frau F. vom 13. Juli 1992. Frau F. wurde 1908 geboren, trat der Damenriege Mitte der 20er Jahre bei und turnte später auch in der Frauenriege. Sie war von 1928 bis 1936 Beisitzerin im Vorstand, seit 1932 als verheiratete Frau. Ihr Mann leitete die Damenriege von 1933 bis 1944.
54 Telefonische Auskünfte von Frau E. vom 8. und vom 13. Juli 1992.

Nicht im Büro, in der Herstellung, aber dies war nach ihren Worten keine Fabrikarbeit.[55] Sie arbeitete bis zu ihrer Heirat, dann nicht mehr. «Wissen Sie, das war damals nicht üblich.»[56] Keine der Frauen erwähnte von sich aus Töchter von Bauern. Frau H. erinnerte sich auf meine Nachfrage an eine Bauerntochter, die aber nicht lange dabeigewesen sei. Als Gründe für das Abseitsstehen der Bauerntöchter führte sie an:

«Ich glaube, die hatten eben noch Vorurteile... Und die Zeit mussten sie sich stehlen. [...] Ich begreife das. Für die Bauern war das etwas..., wenn man das Verständnis nicht hat, die Mutter etwas altmodisch ist, ist das verlorene Zeit, die man auf dem Feld oder was weiss ich nicht alles...»[57]

Auch Frau H. erwähnte die Turnerinnen, die in der Schneiderei (Hauri) arbeiteten. Es seien vier oder fünf gewesen, die seien wie Kletten aneinander gehangen, hätten die Damenriege beherrscht.[58] Damenschneiderin und Glätterin, das seien damals beliebte Berufe gewesen. Ja, es sei damals normal gewesen, dass die jungen Frauen bis zur Heirat arbeiteten. Die Tochter des Arztes, die habe nirgends gearbeitet, die habe wohl zu Hause in der Praxis geholfen.[59] Zur Mitgliedschaft der Arzttochter in der Damenriege meinte sie, wenn es etwas Besseres gegeben hätte, etwas mit einem besseren Namen als eine Damenriege, zum Beispiel einen Gymnastikclub, dann wäre jene sicher dorthin gegangen. Aber es habe ja keine anderen Möglichkeiten gegeben.[60] Frau H. absolvierte in Gelterkinden eine Lehre als Telefonistin. Eigentlich wollte sie im Konsum Verkäuferin lernen; aber sie erhielt die Stelle nicht. Im nachhinein sei sie froh darüber, sie habe gute Zeugnisse gehabt und so eine Stelle als Telefonistin bekommen.[61]
Die Aussagen meiner verschiedenen Gesprächspartnerinnen bestätigen die Schichtzuteilung der Frauenberufe in ländlichen Verhältnissen, die Elisabeth Joris und Heidi Witzig vorgeschlagen haben. Der Beruf der Schneiderin war sehr beliebt, und die Frauen,

---

55 Mit Fabriken meinten meine Gesprächspartnerinnen aus Gelterkinden stets die Schuhfabrik Bally (gegründet 1925) und die Seidenbandfabriken (seit 1832).
56 Telefonische Angaben von Frau F. vom 13. Juli 1992.
57 Aus dem Interview mit Frau H. vom 1. April 1992. Meine zweite Interviewpartnerin, Frau S., behauptete, es habe schon Bauern gehabt (ich hatte selber die männliche Form verwendet...). Ihre Ergänzung, «viele Bauern hatte es dann noch in Gelterkinden», lässt mich allerdings daran zweifeln, ob sie wirklich von Mitgliedern der Damenriege sprach (aus dem Interview vom 13. Feb. 1992).
58 Interview mit Frau H. vom 1. April 1992.
59 Ebd.
60 Ebd.
61 Ebd.

die ihn ausübten, müssen der dörflichen Mittelschicht angehört haben: In den Augen der Fabrikarbeiterinnen gingen die «Besseren» des Dorfes in die Damenriege, und die Schneiderinnen dominierten diese Riege, den Ort, wo auch die Arzttochter turnte und sei es aus Mangel an anderen Möglichkeiten – was allerdings eine Spekulation von Frau H. aus heutiger Sicht ist, die sie nicht mit einem Ereignis aus der damaligen Zeit zu belegen suchte. Und auch die Bürolistinnen, die eindeutig der Mittelschicht zuzurechnen sind, hätten die Schneiderinnen in der Riege nicht den Ton angeben lassen, wenn diese sozial schlechter gestellt gewesen wären. Im Gegensatz zu städtischen Verhältnissen entsprach neben dem Beruf der Schneiderin offenbar auch derjenige der Verkäuferin dem Standesbewusstsein junger Frauen aus der Mittelschicht. Der Vater von Frau H. war Postillon, mit dem Aufkommen der Eisenbahn wurde er Bahnangestellter. Ich würde ihn der unteren Mittelschicht zuordnen. Frau H. wollte ursprünglich Verkäuferin werden und wurde Telefonistin, weil sie die Lehrstelle nicht bekam. Mit dem Hinweis auf ihre guten Zeugnisse macht sie deutlich, dass Telefonistin ein anspruchsvollerer Beruf war als Verkäuferin, trotzdem wäre sie sich nicht zu schade gewesen, Verkäuferin zu werden. – Oder ganz einfach: Wenn die Fabrikarbeiterinnen der Damenriege mehrheitlich nicht beitraten, weil sie fanden, dort turnten die «Besseren», so standen sie nicht auf derselben sozialen Stufe wie die Bürolistinnen, Damenschneiderinnen, Modistinnen und Verkäuferinnen.

Nicht minder deutlich als in Liestal kommt in Gelterkinden die Dominanz der Mittelschicht zum Ausdruck, für Frauen der Unterschichten war die Schwelle, der Damenriege beizutreten, offenbar zu hoch. Verglichen mit der Damenriege Liestal scheint das Schwergewicht stärker auf Angehörigen der unteren als der oberen Mittelschicht gelegen zu haben, und Vertreterinnen einer Oberschicht fehlten fast gänzlich. Diese Schicht sei auch nicht gross gewesen, meinte Frau H.: «Aber wissen Sie, in Gelterkinden, da gab es ja nicht so Leute, die ... zwei, drei Ärzte und Geschäftsleute [...], eine so grosse Differenz gab es nicht, es sind wenige oben raus...».[62]
Die obere Mittelschicht und Oberschicht Gelterkindens war vielleicht tatsächlich nicht gross. Dass auch die Frauen der Unterschichten in der Damenriege fehlten, kann aber nicht auf ihren Anteil an der Bevölkerung zurückgeführt werden. In der Posamentergemeinde Gelterkinden mit der typischen Verbindung von

62   Aus dem Interview mit Frau H. vom 1. April 1992.

Ergebnisse

Bauerngewerbe, Handwerk und Posamenterei entstanden seit den 1830er Jahren Bandfabriken, und in den 1870er Jahren hatte die fabrikmässige Produktion über die Heimarbeit gesiegt. Gelterkinden und Sissach waren schon im 19. Jahrhundert Bandfabrikdörfer.[63] Wenn die Damenriege Gelterkinden auch nicht so «vornehm» wirkt wie diejenige von Liestal, so war sie doch ebensowenig offen für Frauen der Unterschichten, für die Fabrikarbeiterinnen, deren Anteil am Total der Bevölkerung nicht so gering gewesen sein kann. Zur Gründung eines Arbeiterturnvereins kam es aber nicht, die Arbeiterinnen und Arbeiter mussten also weitgehend aufs Turnen verzichten.

7.2.3 Die Damenriege Frenkendorf

In Frenkendorf ist die Quellenlage sehr heterogen. Mir stand eine Namenliste mit den Beitrittserklärungen der ersten Mitglieder von 1921 zur Verfügung, teilweise mit Berufsangaben; ausserdem eine Versicherungsliste der «Turnerhülfskasse» von 1932, worauf die Berufe der Turnerinnen vermerkt sind. Dazu kommt ein Mitgliederverzeichnis der Damenriege, mit Namen und Adressen der Turnerinnen, allerdings erst von 1947. Da nur auf der Liste von 1947 auch die Adressen der Turnerinnen aufgeführt sind, konnte ich nur in diesem Fall versuchen, mit Hilfe der Adressbücher die Berufe der Väter der Turnerinnen herauszufinden. Ergänzende Informationen sowohl über die berufliche Tätigkeit der Frauen wie auch ihrer Väter verschaffte ich mir durch gezielte Befragung von zwei Frauen aus Frenkendorf, Frau A. und Frau E.[64]

Die folgende Tabelle zeigt die Berufe der Frauen in den Jahren 1921, 1932 und 1947, die sich aufgrund dieser verschiedenen Informationen ergaben:

---

63 Grieder 1985, S. 89, 163 und S. 224/225. Vgl. auch: Heimatkunde von Gelterkinden, Liestal 1966, S. 76ff. und S. 93ff.; Schweizerische Fabrikstatistik 1929, in: Statistische Quellenhefte der Schweiz, Heft 3, 1930, S. 150. Von einer Bevölkerung von 2528 im Jahre 1930 waren 1202 erwerbstätig, 772 davon im zweiten Sektor. Zupendlerinnen und Zupendler in allen Berufszweigen wurden für dieses Jahr 351 gezählt (Volkszählung von 1930).

64 Mit Frau A. (geb. 1924) sprach ich erstmals am 30. April 1992. Weitere Auskünfte erteilte sie mir telefonisch am 3. Aug. 1992. Sie lebt seit ihrem sechsten Lebensjahr in Frenkendorf. Sie hat selber nie geturnt, jedoch ihre ganze Familie. Sie half aber stets hinter den Kulissen mit (Kostüme schneidern u. a.) und kennt Frenkendorf in- und auswendig. Sie gab mir auch den Hinweis mit Frau E. zu sprechen. Diese wurde 1908 geboren und trat der Damenriege im Jahr 1927 bei, 1929–1931 war sie Präsidentin derselben. In diese Zeit fiel der Konflikt mit Frieda Herzog (vgl. Kap. 6.3.5). Mit Frau E. telefonierte ich am 3. Aug. 1992.

Beruf	1921	%	1932	%	1947	%
Büroangestellte	3	18%	4	19%	4	12%
Schülerin/Lehrtochter	–	–	2	10%	–	–
Schneiderin u. ä.	1	6%	3	14%	–	–
Verkäuferin	1	6%	4	19%	2	6%
Dienstmädchen	–	–	1	5%	–	–
Fabrikarbeiterin	4	24%	4	19%	7	21%
(Haushaltung	4	24%	3	14%	–	–)
nicht gefunden	4	24%	–	–	20	61%
Total	17		21		33	

Trotz aller Vorbehalte, die dem Datenmaterial gegenüber gemacht werden müssen, lässt sich feststellen, dass die Fabrikarbeiterinnen in Frenkendorf offenbar keine Hemmungen hatten, der Damenriege beizutreten. Dies kommt schon bei der Namenliste der Beitrittserklärungen von 1921 zum Ausdruck: sie enthält auch die Rubrik «Beruf», vier der 17 Frauen gaben ihn an, es waren vier Fabrikarbeiterinnen. Die restlichen Informationen für das Jahr 1921 stammen von Frau A. und Frau E. In den Jahren 1921 und 1947 gab es in etwa gleich viele Fabrikarbeiterinnen wie Frauen, die in Berufen arbeiteten, die der Mittelschicht zuzurechnen sind; 1932, dem Jahr, wofür ich die vollständigsten Angaben habe (alle Daten entstammen der Versicherungsliste der Turnerhilfskasse) sind letztere allerdings fast dreimal so stark vertreten wie die Fabrikarbeiterinnen und Dienstmädchen.

Einzig für das Jahr 1947 konnte ich mit Hilfe der Adressbücher auch Rückschlüsse auf die Berufe der Väter ziehen. Ich habe nur die Aktivmitglieder berücksichtigt, wie bei den anderen Riegen auch, obwohl hier für einmal auch Passiv- und Ehrenmitglieder aufgeführt wurden. Die 34 Frauen hatten 32 Väter (Schwesternpaare). Für 18 Väter konnte ich eine Berufsangabe ausfindig machen. Es ergibt sich folgende Aufstellung:

Schicht	1947	%	
Oberschicht	–	–	
Obere Mittelschicht	2	6%	(Landwirt und Besitzer einer Gärtnerei)
Untere Mittelschicht	5	16%	(Kaufm., Zeichner, Giesser, Schlosser)
Obere Unterschicht	1	3%	(Mechaniker)
Untere Unterschicht	10	31%	(Fabrik- und Hilfsarbeiter, Handlanger)
nicht gefunden	14	44%	
Total	32		

Auch wenn mir nur für etwa die Hälfte der Väter Berufsangaben vorliegen: Der hohe Anteil an Arbeitern, zum Teil auf der untersten Stufe der Hierarchie ist eine Tatsache. Ich nehme nicht an, dass in den Adressbüchern gerade die Angehörigen höherer Schichten fehlen, kann mir folglich nur schwer vorstellen, dass der Anteil der Arbeiter bei Vollständigkeit der Daten stark sinken würde. Für eine echte Vergleichbarkeit mit den Daten der anderen Riegen sollte ich natürlich Angaben für die 20er und 30er Jahre haben. Ohne die Adressen der Turnerinnen ist dies aber ein zu aufwendiges Vorhaben.[65]

Bei einer Turnerin wurde ich auf ein Problem aufmerksam, das noch bei weiteren bestehen könnte: Rosa Weber, geboren 1908, war laut Versicherungsliste von 1932 Schneiderin. Frau E. bezeichnete sie als Fabrikarbeiterin in der Florettspinnerei Ringwald, Frau A. erzählte, besagte Turnerin hätte in der «Hanro» in Liestal gearbeitet.[66] Rosa Weber arbeitete also möglicherweise zuerst in Ringwald, dann als Schneiderin in einer andern Fabrik, nämlich der Hanro. Ich habe sie trotzdem nicht als Fabrikarbeiterin gezählt, sondern als Schneiderin, da dies die Berufsbezeichnung ist, die sie sich auf der Versicherungsliste selber gegeben hat und die mir schriftlich vorliegt. Ich gehe davon aus, dass sie eine Lehre als Schneiderin gemacht hat, wenn sie sich als solche bezeichnet, und dass sie nicht nur einfache Zuschneidearbeiten in der Fabrik gemacht hat. Trifft dies zu, unterscheidet sie sich tatsächlich von den Arbeiterinnen zum Beispiel in Ringwald, die in der Regel nur angelernt wurden.[67] Die Fabrikarbeiterinnen waren in der Damenriege Frenkendorf in all den Jahren gut vertreten, offenbar ohne dass dies zu Konflikten führte mit den Frauen, die der Mittelschicht zugerechnet werden müssen und die teilweise eine Berufsausbildung erhielten. Unter den Büroangestellten gab es welche, die eine kaufmännische Lehre gemacht hatten, Frau E. hatte sogar eine Handelsschule in der französischen Schweiz besucht und arbeitete anschliessend im Geschäft ihres Vaters in Basel. Neben der Damenriege pflegte sie auch zu reiten, was damals für eine Frau sehr exklusiv war.[68] Die Schülerin, die auf der Liste von 1932 aufgeführt ist, muss eine höhere Schule be-

---

65   Mit Hilfe von Genealogien könnte auf die Familie der Turnerinnen geschlossen werden. Dies wäre in denjenigen Fällen noch relativ einfach, bei denen ich das Geburtsjahr kenne. Der Aufwand wäre jedoch unverhältnismässig hoch.
66   Telefongespräche mit Frau E. und Frau A. vom 3. Aug. 1992.
67   Vgl. Therese Schaltenbrand, «Mir si ebe in d'Fabrik». Leben in der Arbeitersiedlung «Schönthal», Basel 1989 (unveröffentlichte Lizentiatsarbeit), S. 47.
68   Aus dem Telefongespräch mit Frau E. vom 3. Aug. 1992. Ihr Bruder war Präsident des Kavallerievereins, nur so sei dies möglich gewesen, erklärte sie.

sucht haben, denn sie war schon 18 Jahre alt.[69] Die vier Haustöchter, die 1921 aufgeführt sind, müssen ebenfalls der Mittelschicht zugerechnet werden: Zwei waren Bauerntöchter, deren Vater einen grossen Pachthof bewirtschaftete, der zum Hotel «Wilden Mann» gehörte, die anderen beiden stammten aus einer Gärtnerei, ihre dritte Schwester arbeitete als Sekretärin.[70]
Durch den hohen und konstanten Anteil an Fabrikarbeiterinnen unterscheidet sich die Damenriege Frenkendorf markant von den Riegen Liestals und Gelterkindens. Mit Sicherheit arbeiteten die Frauen in der Florettspinnerei Ringwald in Niederschönthal. Fabrikarbeit war bis Ende der 20er Jahre in dieser Gegend fast gleichbedeutend mit Arbeit in der Florettspinnerei.[71] Frau E. erzählte, dass es in den 20er/30er Jahren geheissen habe, die neugeborenen Kinder hätten schon den Stempel der «Floretti» auf dem Hintern. Entsprechend schätzte sie, dass etwa 80% der Turnerinnen in der «Floretti» gearbeitet hätten, in der Produktion wie auch im Büro.[72] Vor allem die Frauen arbeiteten in der Spinnerei, während die Männer in grosser Zahl unter anderem nach Pratteln pendelten, in die Betriebe der Metallindustrie, der Chemie und in die Saline. Zu den Pendlern aus Frenkendorf gehörten auch Angestellte, die in Liestal oder Basel arbeiteten.[73]
Das Bild des typischen Frenkendörfers, das mir meine Gesprächspartnerinnen zeichneten, ist das der «Fabriklerbauern». Die hätten ein bis zwei Kühe gehabt und etwas Land, das ihnen – wenn sie Bürger waren – von der Gemeinde zugewiesen worden sei. Tagsüber hätten sie in der Fabrik gearbeitet, abends Land und Vieh besorgt oder noch bei den wenigen grossen Bauern ausgeholfen. Manchmal hätten sich auch Frau und Kinder um die Landwirtschaft gekümmert, meist hätten aber auch diese in der Fabrik gearbeitet.[74]

69 Laut Versicherungsliste der «Turnerhülfskasse» von 1932. Sie war die Tochter von Willi Hägler, Lehrer und engagierter Turner in Frenkendorf, vgl. Kap. 6.3.5.
70 Bei letzterer handelte es sich um Frieda Herzog, die ich in Kap. 6.3.5 vorgestellt habe. Die Informationen entstammen den Adressbüchern, ergänzt durch Angaben von Frau E. vom 3. Aug. 1992.
71 Vgl. Schaltenbrand 1989, S. 81. Schaltenbrand konnte nicht herausfinden, wieviel Prozent der Einwohnerinnen und Einwohner von Frenkendorf und Füllinsdorf in Ringwald arbeiteten. Der Prozentsatz war aber ohne Zweifel sehr hoch.
72 Telefongespräch mit Frau E. vom 3. Aug. 1992.
73 Heimatkunde von Frenkendorf, Liestal 1986, S. 152. Schaltenbrand gibt für die Florettspinnerei einen geschätzten Anteil Frauen/Männer von 60 zu 40 Prozent an (Schaltenbrand 1989, S. 47).
74 Nach übereinstimmenden und sich ergänzenden Informationen von Frau E. und Frau A. vom 3. Aug. 1992. Die Arbeiterfamilien, die in der fabrikeigenen Siedlung in Niederschönthal wohnten, erhielten von der Spinnerei Land zugewiesen, das im Mietvertrag inbegriffen war (Schaltenbrand 1989, S. 43). Laut Schaltenbrand arbeiteten die Frauen nur bis zur Geburt des ersten Kindes in der Fabrik, dann besorgten sie Haus und Garten und verrichteten meist noch Heimarbeit

Ergebnisse

Die Florettspinnerei Ringwald war die wichtigste Arbeitgeberin für Frenkendorf und Füllinsdorf. Sie scheint diese Dörfer so dominiert zu haben, dass es nicht dazu kam oder auch gar nicht möglich war, dass sich eine Bevölkerungsgruppe von denjenigen distanzierte, die in der «Floretti» arbeiteten. Dies widerspiegelt sich in der sozialen Zusammensetzung der Damenriege Frenkendorf und wird im weiteren dadurch bestätigt, dass es nicht zur Gründung eines Arbeiterturnvereins kam.

7.2.4 Die Damenriege Pratteln Alte Sektion

Bei der Damenriege Pratteln AS präsentiert sich die Quellenlage noch einmal anders. Die einzigen schriftlichen Quellen stellen Mitgliederlisten aus den Gründungszeiten dar, die anlässlich des 50jährigen Jubiläums der Riege im Jahre 1970 von Frau M., einem langjährigen Mitglied, erstellt wurden. Sie geben die damals aktuellen Namen und Adressen der Frauen wieder, da die meisten verheiratet waren also ihren eigenen Namen und den ihres Ehemannes. Da es sehr aufwendig gewesen wäre, die Berufe der Väter herauszufinden, habe ich mich in diesem Fall an diejenigen der Ehemänner und der ehemaligen Turnerinnen gehalten und habe ihnen mit Hilfe der Adressbücher nachgespürt.[75] Ergänzende Informationen habe ich von der genannten Frau M.[76] und ausserdem von Frau D.[77] erhalten, beides ehemalige Turnerinnen der Damenriege in den 20er bzw. 30er Jahren, mit denen ich je ein Interview geführt habe. Zwei Mitgliederlisten habe ich separat ausgewertet. Da sind zum einen 40 Frauen, die in verschiedener Form an der Gründung der Riege im Jahr 1920 beteiligt waren[78], und zum anderen 13 Frauen, die «im Laufe der Jahre dem Verein beigetreten sind und etliche

---

für die Fabrik oder gingen einem andern Nebenverdienst nach. Kaum waren die Kinder aus der Schule, kamen sie in die Fabrik (ebd., S. 36–46).

75 Ich habe vor allem das Adressbuch von 1968 verwendet, wenn die Frauen schon verwitwet waren, ging ich weiter zurück, um Angaben über die Berufe ihrer Ehemänner zu erhalten.

76 Frau M. (geb. 1904) wohnt heute noch in Pratteln. Sie trat der Prattler Riege kurz nach der Gründung bei. Ich habe am 3. Dez. 1991 ein Interview mit ihr geführt. Leider war ihr Erinnerungsvermögen schon stark eingeschränkt.

77 Mit Frau D. (geb. 1917) führte ich am 12. Nov. 1991 ein Interview. Sie trat der Damenriege Mitte der 30er Jahre bei, trat aber kurz vor Beginn des Zweiten Weltkriegs wieder aus. Sie turnte später auch in der Frauenriege. Sie entstammt einer «Turner(innen)dynastie», und auch ihr Ehemann und ihre Kinder waren und sind aktiv bei Pratteln AS.

78 Es sind 18, «die im Gründungsjahr 1918 den Grundstein legten», drei, die «nachträglich dazugekommen» sind und 19, «die nur mit ihrer Unterschrift zur Gründung beigetragen haben» (Liste, die für das Jubiläum im Jahre 1970 erstellt wurde, Akten der DR Pratteln AS).

Jahre geturnt haben».[79] Von den insgesamt 53 Frauen haben sieben nicht geheiratet, bei ihnen und bei einer weiteren verheirateten Frau konnte ich den Beruf ausfindig machen, sie gehören alle zur Gruppe der Gründerinnen der Riege. Da die Berufe dieser Frauen nicht nur eine vorübergehende Tätigkeit bis zur Heirat darstellten[80], sondern von ihnen über mehrere Jahre und zum Teil sicher bis zur Pensionierung ausgeübt wurden, habe ich sie als Schichtindex analog zu den Berufen der Männer verwendet. Ich habe auch dieselben Schichtzuweisungen vorgenommen. Da auch Frauen in übergeordneten Positionen dabei sind, nehme ich der Einfachheit halber an, dass die Frauen auf diese Weise nicht durchweg sozial zu tief eingestuft werden.[81] In der folgenden Darstellung habe ich die sieben ledigen Frauen mitgezählt (bei der verheirateten habe ich den Beruf des Ehemannes genommen), hier ihre berufliche Tätigkeit im einzelnen: eine Meisterin, eine Vorsteherin, eine Angestellte, eine Verkäuferin, eine Pflegerin und zwei Fabrikarbeiterinnen.

Von den 33 Ehemännern habe ich für 22 einen Berufsangabe gefunden. Die Ehemänner und die ledigen Frauen zusammengenommen, sieht das Schichtenmodell der Gründerinnen der Damenriege Pratteln AS wie folgt aus:

Schicht	um 1920	%	
Oberschicht	–	–	
Obere Mittelschicht	5	13%	(ein Landwirt und Meister im Betrieb)
Untere Mittelschicht	14	35%	(Handwerker, Vorarbeiter, Kaufmann)
Obere Unterschicht	6	15%	(Mechaniker, Wegmacher, Verkäuferin)
Untere Unterschicht	4	10%	(Fabrikarbeiterinnen und -arbeiter)
nicht gefunden	11	28%	
Total	40		

In dieser Riege dominierten Angehörige der unteren Mittelschicht, auffallend ist ausserdem vor allem der geringe Anteil Selbständige. Auch die «Meister» waren keine selbständigen Handwerksmeister, sondern solche, die in Industriebetrieben arbeiteten (Rangier-, Betriebs- und Maschinenmeister). Wie viele der Handwerker der unteren Mittelschicht einen eigenen Betrieb hatten, ist nicht feststellbar. Vergleichsweise stark vertreten waren in dieser Schicht auch Berufe wie der des Kaufmanns, des Kalkulators oder des Zeichners – es ist anzu-

---

79 Beide Listen stammen von Frau M., mit der ich am 3. Dez. 1991 ein Interview geführt habe.
80 Auch bei der Verheirateten nicht, bei ihr steht «pens. Bürolistin» (Adressbuch von 1968).
81 Zum Problem, bei Frauen den Beruf als Schichtindex zu verwenden, vgl. Kap. 7.1.

Ergebnisse **249**

nehmen, dass sie ebenfalls in grösseren Betrieben ausgeübt wurden. Pratteln wandelte sich in den ersten Jahrzehnten des 20. Jahrhunderts aus einem Bauerndorf in eine der grössten Industriegemeinden des Kantons. Vorerst Vorortgemeinde mit Arbeiterreservoir für die Basler Industrie, wurde nach dem Ersten Weltkrieg in grossem Mass die Ansiedlung eigener Industrien vorangetrieben. Mitte der 20er Jahre wies Pratteln unter den Vorortgemeinden von Basel die grösste Anzahl industrieller Unternehmungen, vor allem der Chemie- und auch schon der Metallindustrie auf. 1940 hatte Pratteln Liestal an Zahl der Industriebetriebe überflügelt.[82]
Chemie, Metall- und Maschinenindustrie sind im Gegensatz zur Textilindustrie Männerindustrien, von Anfang an waren die Löhne höher und die Aufstiegschancen besser.[83] In der Textilindustrie, wie zum Beispiel in der Florettspinnerei, die das wirtschaftliche Leben Frenkendorfs bestimmte, arbeiteten mehrheitlich Frauen, und der Lohn eines Mannes reichte nicht aus, um eine Familie zu ernähren, Frauen und Kinder mussten mithelfen.[84]
Nun zur zweiten Liste, zu den Ehemännern der Turnerinnen, die «im Laufe der Jahre dem Verein beigetreten sind und etliche Jahre geturnt haben» – zugegebenermassen keine sehr genaue Datierung! Bei 11 der 13 Männer fand ich eine Berufsangabe:

Schicht	spätere Jahre	%	
Oberschicht	1	8%	(Direktor)
Obere Mittelschicht	5	39%	(Lehrer, Siegrist, Verwalter, Meister)
Untere Mittelschicht	3	23%	(Handwerker und Vorarbeiter)
Obere Unterschicht	2	15%	(Mechaniker und Chauffeur)
Untere Unterschicht	–	–	
nicht gefunden	2	15%	
Total	13		

82 Heimatkunde von Pratteln, Liestal 1968, S. 130–132. Einige wichtige Industriebetriebe wurden schon im 19. Jh. gegründet. Grundlegend für die wirtschaftliche Entwicklung Prattelns war die Entdeckung der Salzlager in Schweizerhalle im Jahre 1836. Zum Vergleich mit Liestal siehe HK Liestal 1970, S. 205.
83 Joris/Witzig 1992, S. 87 und 137.
84 Schaltenbrand weist mehrfach darauf hin, dass das Einkommen des Mannes allein keine Familie ernähren konnte (Schaltenbrand 1989, S. 43–46). Der Anteil der Frauen an der Zahl der Erwerbstätigen von 1910 reflektiert die unterschiedliche Industriestruktur in den beiden Gemeinden: In Pratteln machten die Frauen weniger als ein Viertel aus (316 von 1335), in Frenkendorf ein Drittel (204 von 617), (Volkszählung von 1910). Noch krasser sind die Zahlen der Fabrikstatistik von 1929: In Pratteln standen 1120 Arbeitern 95 Arbeiterinnen gegenüber, während es in Füllinsdorf (Standort der Florettspinnerei) 181 Frauen und 122 Männer waren (Schweizerische Fabrikstatistik von 1929). Das Total der Arbeiterinnen und Arbeiter in Füllinsdorf ist sehr tief. In den frühen 20er Jahren arbeiteten bis zu 1200 Personen in Ringwald. Die Weltwirtschaftskrise setzte der Blütezeit Ende der 20er Jahre ein Ende (Schaltenbrand 1989, S. 17/18).

Die Angaben zeigen eine Verlagerung nach oben auf der sozialen Hierarchie, von der unteren zur oberen Mittelschicht, die Unterschicht ist gar nicht mehr vertreten. Dieser Gruppe ist allerdings mit Vorsicht zu begegnen, da sie eine sehr spezielle Auswahl aus dem Kreis der Turnerinnen darstellen könnte. Langjährige Mitglieder, also Frauen, die auch nach der Heirat weiterturnten, waren kaum Frauen aus den Unterschichten. Diese fanden neben Haushalt und Familie und allfälliger Erwerbsarbeit wohl kaum noch die Zeit, turnen zu gehen. Langjährige Miglieder – das sind wohl auch Frauen, die einmal ein Amt innehatten im Verein, dies braucht noch mehr Zeit und genügend Selbstvertrauen, um sich auch in der Öffentlichkeit zu exponieren. Ich denke deshalb, dass diese Liste tendenziell eine Auswahl der besser gestellten Frauen der Damenriege repräsentiert. Sie zeigt aber auf jeden Fall, dass Frauen von Direktoren, Verwaltern oder Lehrern in der Damenriege Pratteln AS turnten.

Letzteres bestätigte mir auch Frau D. in unserem Gespräch. Zusammen mit einer Freundin trat Frau D. mit ungefähr 17 Jahren der Damenriege bei. Da es in Pratteln Mitte der 30er Jahre noch keine Frauenriege gab, waren die Altersunterschiede zwischen den Turnerinnen gross. Sie und ihre Freundin gehörten zu den jüngsten, es hatte Frauen, die 20 Jahre älter waren als sie. Sie sei «nie so ganz warm» geworden in der Damenriege, meinte sie. «Es hatte viele ältere, und da sagte man einander noch nicht ‹du› in der Damenriege, das haben nur die Männer gemacht. Die Männer schon, aber die Frauen, da habe ich also mit welchen geturnt, mit denen ich nie per ‹du› war.»[85] Im Verlauf des Gesprächs kam sie nochmals darauf zurück und machte deutlich, dass es nicht nur der Altersunterschied war, der die Distanz zwischen den Frauen schuf, wie sie in der gegenseitigen Anrede zum Ausdruck kam:

Heute ist es anders. Wenn eines frisch kommt, wird es gerade mit dem Vornamen vorgestellt. Heute sagen einfach alle einander ‹du›. Auch wenn es eine Frau Doktor ist oder eine Frau ‹was weiss ich›, nicht. Früher hatte man ja so einen Respekt vor solchen Dingen. Oder eine Lehrerin oder so. Oder eine Frau eines Lehrers... Es hat mir einmal eines gesagt, diese Frau sei nicht mehr turnen gekommen, weil man einander jetzt ‹du› sage. Und es ist eine Lehrersfrau.»[86]

85 Interview mit Frau D. vom 12. Nov. 1991. Dies erzählte sie mir gleich am Anfang unseres Gesprächs, als erste Beschreibung der Damenriege. Gleich anschliessend kam sie auf ihren Austritt zu sprechen, vgl. weiter unten. Über den Altersunterschied sprachen wir später noch einmal (ebd.).
86 Ebd.

Ergebnisse

Als es um 1939 auch noch zu Auseinandersetzungen um die Person des Leiters kam, hatte Frau D. genug und gab den Austritt. Darauf angesprochen, wo denn die Arbeiter Prattelns geturnt hätten, meinte sie: «Man hätte nicht sagen können, in der AS habe es nur Bessergestellte. Es war ganz gemischt. Mein Vater war auch Arbeiter, mein Vater war Schlosser.»[87] In meinem Schichtenmodell gehören die Schlosser zu den gelernten Handwerkern, die ich der unteren Mittelschicht zugeordnet habe. Dass Frau D. den Begriff «Arbeiter» wählte, sagt etwas aus über ihre persönliche Haltung und über die sozialen Verhältnisse in Pratteln, wo es viele Arbeiter gab. Es waren aber nicht nur ungelernte Arbeiter auf der untersten Stufe der Hierarchie, sondern auch gelernte Arbeiter sowie Vorarbeiter und Aufseher. Aus den Worten von Frau D. klang eine Distanzierung zu den «Bessergestellten», zu Leuten, die «Kopfarbeit» leisteten. Sie zeigte sich aber nicht unterwürfig, ihre Ausdrucksweise war eher von einem «Arbeiterstolz» durchdrungen. Frau D. und ihr Mann wohnten zur Zeit unseres Gesprächs in einem Zweifamilienhaus oberhalb von Pratteln, sie hatten es zu einem bescheidenen Wohlstand gebracht, weshalb sie auch keine Minderwertigkeitsgefühle zu haben brauchten.

Eine Aussage aus der Prattler Heimatkunde von 1968 zeichnet ein Bild des Turnvereins AS, das noch weiter weg ist von einem Verein der Arbeiterschaft: «Früher hatte der Turnverein Alte Sektion offensichtlich einen Einfluss auf die Besetzung von Stellen im Gemeindebetrieb, heute scheint dies nicht mehr so der Fall zu sein; auch andere Vereinsmitglieder haben eine Chance bei Ausschreibungen.»[88]

Ein weiterer Mosaikstein ist die Tatsache, dass sich im Jahr 1917 ein Teil der Turner von der Alten Sektion abspaltete und den Turnverein Pratteln Neue Sektion (NS) gründete. Hinter den «Unstimmigkeiten bei den Vorstandswahlen», die in der Heimatkunde von Pratteln als Anlass für die Spaltung angeführt werden[89], standen politische Gründe, wie mir der Ehemann von Frau D., ebenfalls Mitglied bei Pratteln AS, erzählte. Die Abtrünnigen hätten sich überlegt, einen Arbeiterturnverein zu gründen, hätten es dann aber dabei belassen, einen eigenen Verein zu bilden und sich ebenfalls dem ETV, also dem bürgerlichen Dachverband, anzuschliessen.[90] Obwohl es sich also formal um zwei bürgerliche Turnvereine handelte, gab es offenbar deutliche Unterschiede zwischen den beiden Vereinen.

87 Ebd.
88 HK Pratteln 1968, S. 119.
89 Ebd., S. 212.
90 Informationen von Herrn D., Ehemann von Frau D., anlässlich des Interviews mit Frau D. vom 12. Nov. 1991.

Herr G. aus Muttenz, der auch für kurze Zeit in der AS turnte, meinte dazu, dass die Arbeiter mehr «auf NS-Seite waren und die Bürgerlichen bei der AS».[91] Alle Befragten verneinten die Frage, ob zwischen AS und NS Kontakte bestanden hätten.

In den Interviews mit den beiden Frauen aus Pratteln kam auch zum Ausdruck, dass Bauerntöchter im allgemeinen nicht turnen gingen, meine Gesprächspartnerinnen erinnerten sich nur an wenige Einzelfälle. «Die waren nicht so eingestellt aufs Turnen, die Bauern», meinte Frau M.[92] Sie hätten keine Zeit gehabt oder sich die Zeit nicht so einteilen können, erklärte Frau D., fügte aber hinzu, Bäuerinnen und Bauern hätten irgendwie nicht dazugehört, sie seien etwas zu konservativ gewesen. Sie seien in den gemischten Chor gegangen, in die Trachtengruppe und ähnliches.[93] Als ich daraufhin fragte, ob Turnen also etwas Modernes gewesen sei, erzählte mir Frau D. eine kleine Geschichte: Der Arbeitermännerchor habe manchmal ein Theaterstück aufgeführt. Vor einer solchen Vorführung habe eine Bauerntochter einmal eine andere gefragt, ob sie auch hingehe. Jene habe geantwortet: «‹Jä nei›, dort gehen wir doch nicht hin, das sind Arbeiter!» – Ja, diese Einstellung sei bei den Bauern schon noch verbreitet gewesen, dabei hätten die Arbeiter deren Kartoffeln schliesslich auch gegessen... Auch gegenüber dem Bauernstand verteidigte Frau D. die Arbeiterschaft. Im Gegensatz zu den Bauerntöchtern seien die Bauernsöhne schon turnen gegangen – und schwingen. Es habe ja noch keine separaten Schwingclubs gegeben, Schwingen habe zum Programm der Turnvereine gehört.[94]

Bei der Antwort von Frau D. auf die Frage, ob Arbeiterinnen in der Damenriege der AS geturnt hätten, zeigt sich noch einmal die Schwierigkeit, für soziale Gruppen eindeutige Definitionen zu finden: «Frau D.: Es hatte auch Arbeiter[95], ja, solche, die gearbeitet haben, im Konsum oder im Lagerhaus... [...], die auf einem Büro gearbeitet haben, also es waren alles solche, die irgendwo gearbeitet haben und einen Beruf hatten, oder die in der ‹Persil› gearbeitet haben oder Handlangerinnen waren, die hatten keinen Beruf. Es hatten früher noch viele keinen Beruf, also einen Beruf gelernt. Sie wurden einfach irgendwo angelernt und haben das dann gemacht.
E. H.: Und haben gearbeitet, bis sie geheiratet haben...
Frau D.: Bis sie geheiratet haben, und dann war meistens..., ja,

91 Interview mit Herrn G. vom 6. März 1992.
92 Interview mit Frau M. vom 3. Dez. 1991.
93 Interview mit Frau D. vom 12. Nov. 1991.
94 Ebd.
95 Wir redeten von Bauern und Arbeitern, weshalb auch sie zuerst die männliche Form verwendete, es wird aber bald klar, dass sie von Frauen sprach.

konnten sie nachher nicht mehr arbeiten gehen. Das kam erst nachher wieder, dass die Frauen wieder arbeiten gingen – als man sie brauchte.»[96]

Mit der Heirat gaben die Frauen ihre Arbeit in der Regel auf. Dies bestätigt meine Vermutung, dass die Arbeiterinnen und Arbeiter, von denen Frau D. spricht, weitgehend der unteren Mittelschicht zugeordnet werden dürften. Eine Bemerkung von Frau M. über die Mitglieder der Damenriege unterstützt diese Annahme ebenfalls: «Das war früher nicht so Mode wie heute, dass alle noch verdienen gehen. Wenn man heiratete, war man halt Hausfrau, nicht.»[97]

Das Zitat aus dem Interview mit Frau D. weist ausserdem auf die Schwierigkeiten hin, Frauen aufgrund ihrer Berufstätigkeit einer Schicht zuzuordnen. Es gab wenige Frauenberufe, dass Frauen eine Lehre machen konnten, kam erst allmählich auf, und die meisten arbeiteten nach Möglichkeit ohnehin nur bis zur Heirat, eine Investition in einen Beruf lohnte sich nicht wirklich. Frau D. gehörte allerdings zu den Frauen, die eine Ausbildung gemacht hatten. Sie absolvierte eine zweijährige Lehre als Damenschneiderin und war anschliessend ein halbes Jahr fort, vermutlich im Welschland.[98] Frau M. begann 1920 mit 16 Jahren als Bürohilfe zu arbeiten. Sie wurde angelernt, nach ihren Worten gab es damals noch keine Lehrlinge. Ihr Gehalt sei dann mit jedem Zahltag gestiegen.[99] Ausserdem bestätigen die Aussagen von Frau D., dass die meisten jungen Frauen einer ausserhäuslichen Erwerbsarbeit nachgingen.

Im Jahre 1917, als Meinungsdifferenzen innerhalb des Vereins auftauchten, war Pratteln bereits gross genug, um zwei Vereine zu tragen. Interessant wäre es zu wissen, warum es nicht zur Bildung eines Arbeiterturnvereins kam, obwohl die Spaltung politische Gründe hatte.

Die Mitglieder der Damenriege des Turnvereins Pratteln AS stammten also eher aus den «besseren» Familien Prattelns, aus der oberen und unteren Mittelschicht, teilweise auch aus der Oberschicht. Dies heisst nicht, dass Töchter von Arbeitern fehlten. Aber es waren an-

---

96   Interview mit Frau D. vom 12. Nov. 1991.
97   Interview mit Frau M. vom 3. Dez. 1991. Wie ich früher angemerkt habe, stellt Schaltenbrand in ihrer Arbeit über die Florettspinnerei fest, dass die Frauen nach der Geburt des ersten Kindes nicht mehr in der Spinnerei arbeiteten. Sie verrichteten aber Heimarbeit oder gingen putzen – ich glaube, meine Interviewpartnerinnen hätten dies erwähnt, schliesslich war dies auch Arbeit, die über die Tätigkeit in Haushalt und Familie hinausging.
98   Interview mit Frau D. vom 12. Nov. 1991.
99   Sie habe mit 50 Franken im Monat angefangen, sei bis auf 350 Franken gekommen, das sei damals das Maximum gewesen bei den Büroangestellten. Als Beleg fügte sie hinzu: «Sie haben immer gesagt, meine Freundinnen, ‹du chönsch scho plagiere mit dim grosse Lohn›.» (Interview mit Frau M. vom 3. Dez. 1991).

dere Arbeiter als in Frenkendorf, sie verdienten besser, und es waren auch solche dabei, die eine übergeordnete Tätigkeit ausübten (Vorarbeiter). Als früheres Bauerndorf und dann Industriegemeinde fehlte eine Oberschicht wie zum Beispiel in Liestal, aber wer im Dorf das Sagen hatte oder etwas zu sagen haben wollte, turnte auf jeden Fall eher in der AS als in der NS.

7.2.5 Die Damenriege Muttenz

Für die im Jahre 1923 gegründete Damenriege Muttenz stütze ich mich hauptsächlich auf drei Versicherungslisten der Turnerhilfskasse von 1934, 1938 und 1943. Ausserdem befragte ich Herrn G., Leiter der Damenriege von 1934 bis 1958,[100] und Frau G., ein ehemaliges Mitglied.[101] Es liegt auch eine Mitgliederstatistik der Damenriege der Jahre 1938–1945 vor, die Namen, Adresse und Geburtsdatum der Mitglieder aufführt sowie Eintritts- und teilweise Austrittsdatum. Da sie keine neuen Erkenntnisse bringt, habe ich ihre Angaben lediglich als Ergänzung für die Analyse der Versicherungslisten benutzt.[102]
Die Auswertung der Versicherungslisten ergibt folgendes Bild:

Beruf	1934		1938		1943	
Bürolistin	1	4%	4	10%	8	15%
Schülerin	–	–	–	–	2	4%
Schneiderin u. ä.	7	28%	7	18%	10	18%
Coiffeuse	–	–	–	–	1	2%
Verkäuferin	8	32%	15	39%	11	20%
Fabrikarbeiterin	3	12%	5	13%	8	15%
(Haushaltung	6	24%	8	21%	15	27%)
Total	25		39		55	

100 Herr G. (geb. 1911) kam Anfang der 30er Jahre als Lehrer nach Muttenz. Seine Frau war auch in der Damenriege, sie war Verkäuferin und ist nicht zu verwechseln mit der im folgenden genannten «Frau G.» Ich habe mit Herrn G. am 6. März 1992 ein Interview und am 21. Mai 1992 ein weiteres Gespräch geführt, das ich lediglich stichwortartig festgehalten habe.
101 Frau G. aus Muttenz (geb. 1909) trat der Damenriege 1926 bei. Ihre Schwester war eine der Gründerinnen der Damenriege. Ich befragte sie gezielt zur Sozialstruktur und zur Gründungsgeschichte der Riege, da über die Anfangszeiten kein schriftliches Material erhalten ist (Gespräch mit Frau G. vom 26. Juni 1992).
102 Sie enthält die Namen von 138 Frauen. Diese haben 103 Väter, für 83 konnte ich über die Adressbücher den Beruf herausfinden. Das Resultat ist im wesentlichen dasselbe, das ich aufgrund der Versicherungslisten erhalten habe. Interessant wäre eine Aufteilung des Zeitraums gewesen; doch sind die Daten zu unpräzis (die Austrittsdaten sind nur teilweise angegeben), um Stichjahre festlegen zu können.

Als erstes fällt der hohe Anteil Verkäuferinnen auf, vorab in den 30er Jahren. Daran erinnerte sich auch Herr G.: Zweitägige Reisen habe er nur an Pfingsten durchführen können, da der Montag frei war. Die Verkäuferinnen hätten eben am Samstag gearbeitet.[103] Die Liste von 1943 weist deutlich weniger Verkäuferinnen auf. Von einem Anteil von fast einem Drittel im Jahr 1934 ist ihre Zahl auf ein Fünftel zurückgegangen. Noch stärker abgenommen hat die Zahl der Schneiderinnen, Näherinnen usw., in ihrem Fall ist ein Rückgang bereits 1938 festzustellen. Zugelegt haben hingegen die Büroangestellten, deren Anteil innerhalb der betrachteten zehn Jahre deutlich angestiegen ist. Neu dabei waren 1943 zwei Schülerinnen, sie waren 16 beziehungsweise 17 Jahre alt. Verhältnismässig hoch war stets der Anteil Frauen, die «Haushaltung» als Beruf angaben. Dies konnten sogenannte «Haustöchter» sein, also ledige Frauen, die zu Hause halfen, es konnten aber auch verheiratete Frauen sein, die nicht (mehr) ausser Haus arbeiteten. 1934 war eine von sechs verheiratet, 1938 waren es zwei von acht. Gerade 1943, als 15 Turnerinnen «Haushaltung» angaben, fehlen auf den Versicherungslisten Hinweise auf den Zivilstand der Frauen. Es könnten mehr verheiratet gewesen sein als in den 30er Jahren, weil es üblicher wurde, nach der Heirat weiterhin oder bald wieder zu turnen. Der Anteil der Fabrikarbeiterinnen blieb im beobachteten Zeitraum in etwa konstant.

Mit Hilfe der Mitgliederstatistik und den Adressbüchern des Kantons habe ich anschliessend nach den Berufen der Väter der Turnerinnen gesucht. Für das Jahr 1934 war es nicht möglich, da nur noch drei Turnerinnen in der Mitgliederstatistik auftauchten. Gut sah es bei den folgenden zwei Stichjahren aus. Von den 39 Turnerinnen der Liste aus dem Jahr 1938 mit ihren 35 Vätern (Schwesternpaare) konnte ich 29 Väter identifizieren. Bei der Liste aus dem Jahr 1943 habe ich von 55 Frauen und ihren 46 Vätern für deren 37 die Berufe herausfinden können. Sie lassen sich folgenden Schichten zuordnen:

Schicht	1938	%	1943	%
Oberschicht[104]	1	2,9%	–	–
Obere Mittelschicht[105]	4	11,4%	7	15,2%
Untere Mittelschicht[106]	11	31,5%	8	17,4%
Obere Unterschicht[107]	7	20,0%	11	23,9%
Untere Unterschicht[108]	6	17,1%	11	23,9%
nicht gefunden	6	17,1%	9	19,6%
Total	35		46	

103 Interview mit Herrn G. vom 6. März 1992 und Gespräch vom 21. Mai 1992.

Als erstes fällt die geringe Vertretung beziehungsweise das Fehlen der Oberschicht auf. Interessant ist aber vor allem, dass sich Mittel- und Unterschicht fast die Waage hielten, dass letztere im Jahr 1943 sogar mehr Mitglieder stellten. In Falle von Muttenz könnte man getrost von «Arbeiterschicht» sprechen, die der unteren Unterschicht zugeordneten bezeichneten sich fast alle als Arbeiter, zur oberen Unterschicht gehörten die Bahnarbeiter. Auffällig ist der hohe Anteil von Vätern, die in verschiedenen Funktionen bei der Bahn arbeiteten, vom Rangierarbeiter bis zum Stationsvorstand: 1938 waren es sechs, 1943 deren zehn. Darauf hatte mich auch Frau G. hingewiesen, deren Vater selber bei der Bahn war.[109] «Bei der Bahn» bedeutete in Muttenz wohl vor allem, auf dem Rangierbahnhof Muttenz zu arbeiten, der zwischen 1927 und 1932 dem Betrieb übergeben wurde.[110]

Die Entwicklung vom Bauerndorf zur Industriegemeinde Muttenz setzte vergleichsweise spät ein. Bis zum Zweiten Weltkrieg mussten sich viele Muttenzerinnen und Muttenzer ausserhalb der Gemeinde einen Verdienst suchen, bei Brown-Boveri in Münchenstein, in der Seidenbandfabrik De Bary in Basel oder in der Seilerei Schweizerhalle. In Muttenz siedelten sich dann Betriebe der Nahrungs- und Genussmittelindustrie, der Metallindustrie, vor allem aber der Chemie an. Der Beginn der eigenen Industrialisierung wird 1937 angesetzt, mit dem Spatenstich für das Geigy-Werk Schweizerhalle.[111]

Bis zum Zweiten Weltkrieg scheint auch in der Agglomerationsgemeinde Muttenz eine ähnliche Verbindung zwischen erstem und zweitem Sektor bestanden zu haben wie in Frenkendorf. In Muttenz war es auf der einen Seite aber kein Industriebetrieb, sondern die Bahn. «Eisenbahnerkühe» hiessen die Geissen der Bahnarbeiter oder Bahnbeamten. Viele Muttenzer Familien hätten ein paar Schweine, Hühner oder Geissen besessen, erzählte mir Frau G. Und viele Väter arbeiteten eben bei der Bahn.[112] Dies könnte der Grund dafür sein, dass die Ar-

---

104 Die folgenden Berufsangaben gelten für 1938 und 1943: Bauunternehmer.
105 Wirt, Sattlermeister, Landwirt, Schlosserei, Handlung/Händler, Stationsvorstand.
106 Vorarbeiter, Zeichner, Lokomotivführer, Gärtner, Küfer, Zimmermann, Schlosser, Buchbinder, Bauwart, Beamte (z. T. bei der Bahn), Güterschaffner, Telefonmonteur.
107 Bahn- und Telefonarbeiter, Kanzlist, Spediteur, Briefträger, Chauffeur, Mechaniker.
108 Lager-, Erd-, Gruben-, Rangier- und Fabrikarbeiter, Käsesalzer, Zuschneider, Bohrer, Magaziner, Hilfsarbeiter.
109 Gespräch mit Frau G. vom 26. Juni 1992.
110 Muttenz – Gesicht einer aufstrebenden Stadtsiedlung, Liestal 1968, 229ff.
111 Heimatkunde von Muttenz, Liestal 1968, S. 217–219. Im Jahr 1929 gab es in Muttenz 10 Fabrikbetriebe mit insgesamt 273 Arbeiterinnen und Arbeitern, in Pratteln waren es 20 Betriebe mit 1215 Arbeitnehmenden (Schweiz. Fabrikstatistik von 1929).
112 Aus dem Gespräch mit Frau G. vom 26. Juni 1992.

beiterturnbewegung auch in Muttenz keinen Erfolg hatte. Im Jahr 1925 wurde zwar ein Arbeiterturnverein gegründet, er stiess aber auf geringes Echo und wurde vier Jahre später bereits wieder aufgelöst.[113] Der gemeinsame Arbeitsort «Bahn», verstärkt durch die geläufige Verbindung mit der Landwirtschaft, schuf offenbar eine gewisse Nähe und ermöglichte auch das gemeinsame Turnen in einem Verein von – immer laut Schichtmodell – Angehörigen der Mittel- und Unterschicht. Töchter der Oberschicht nutzten vielleicht schon damals die Gelegenheit, im nahen Basel einen Gymnastikclub oder einen vornehmeren Verein anderer Art zu besuchen.

7.3 Auf dem Land machen auch Arbeiterinnen mit

An den Anfang meiner Analyse über die Sozialstruktur der ersten Baselbieter Damenriegen und -turnvereine habe ich den Anspruch des Eidgenössischen Turnvereins und des Schweizerischen Frauenturnverbandes gestellt, eine für alle sozialen Schichten, politischen und religiösen Bekenntnisse offene Bewegung zu sein.

Was der ETV seit seiner Gründung als Tatsache hinstellte, worauf er aber angesichts der zunehmenden Klassengegensätze seit Anfang des 20. Jahrhunderts eine stärkere Betonung legte, behauptet die Sportbewegung heute noch von sich, in der Schweiz ebenso wie in Deutschland. Pfisters Ziel bei ihrer Untersuchung der sozialen Zusammensetzung von Berliner Turn- und Sportvereinen der Weimarer Republik war es ebenfalls herauszufinden, ob die Vereine verschiedene Bevölkerungsschichten unter einem Dach vereinten.[114] Ihre Analyse zeigte vor allem zwei Tendenzen: zum einen eine deutliche Mittelschichtsorientierung. Die Rubrik «untere Mittelschicht» war in allen Vereinen am stärksten besetzt, während Angehörige der beiden untersten Schichten fast völlig fehlten. Zum anderen wiesen die Vereine aber auch deutliche Unterschiede in der Sozialstruktur ihrer Mitglieder auf: insbesondere der «Ruderklub am Wannsee» hob sich von den anderen Vereinen mit einem überdurchschnittlich hohen Anteil an Angehörigen der Oberschicht und oberen Mittelschicht ab (20% bzw. 17%). Aber auch hier dominierte mit rund 50% die untere Mittelschicht.[115]

---

113 Vgl. die Daten über den Satus in der Statistik am Ende der Arbeit.
114 Vgl. Pfister, in: Pfister 1989, S. 80ff.
115 Ebd., S. 89/90. Pfister weist an diesem Beispiel auf ein Problem der Zuordnung hin: Nach dem Bielefelder Schichtmodell wurden Kaufleute und Bankbeamte, wenn keine genauere Differenzierung vorlag, der unteren Mittelschicht zugerechnet. Gerade bei der Berufsbezeichnung «Kaufmann» ist nach Pfisters Ansicht aber ein breiter Interpretationsspielraum gegeben. Kaufleute und Beamte

Pfister verglich anschliessend die Resultate ihrer Analyse mit der Sozialstruktur Berlins, und zwar hauptsächlich mit Hilfe einer Lohnsteuerstatistik. Danach gehörten 1928 etwa 60% der Lohnsteuerpflichtigen und ihre Familien der unteren und mittleren Unterschicht an, etwa 17% der oberen Unterschicht, 18% den Mittelschichten und knapp 4% der Oberschicht. Dies führte zum Schluss, dass unter den Vereinsmitgliedern Angehörige der Mittelschichten erheblich überrepräsentiert waren. Rechnete man ausserdem die Studenten zur Oberschicht, so war in einzelnen Vereinen auch die Oberschicht vergleichsweise übervertreten. Demgegenüber waren die beiden untersten Schichten, über die Hälfte der Bevölkerung, so gut wie nicht vertreten. Pfister zog aus ihrer Untersuchung das Fazit: Es fand zur Zeit der Weimarer Republik keine Integration der untersten Schichten in die bürgerlichen Vereine statt. Die bürgerlichen Vereine waren wirklich «bürgerlich» und standen nicht allen Bevölkerungskreisen offen. Der Sport trug seinerseits dazu bei, die Ausgrenzung der unteren Schichten zu verstärken.[116]

Der Vergleich mit einer Liste des Kantonalturnvereins Baselland aus dem Jahr 1914[117], worauf die Berufe seiner Mitglieder festgehalten sind, zeichnet ein etwas anderes Bild:

Berufe KTV	1914	%
Kaufleute	110	15%
Lehrer, Studenten	23	3%
Landwirte	50	7%
Angestellte	48	7%
Handwerker u. Heimarbeiter	267	37%
Fabrikarbeiter	217	30%
Total	715	

Es ist mir unverständlich, weshalb Handwerker und Heimarbeiter unter einer Rubrik zusammengefasst worden sind, meiner Ansicht nach sind es zu verschiedene Berufsgattungen. Auffällig – und darum geht es mir hier – ist aber der hohe Anteil derer, die sich als Fabrikarbeiter bezeichnen, nämlich ein knappes Drittel aller Mitglieder. Könnte dies bedeuten, dass doch etwas dran war am Selbstbild der bürgerlichen Turnbewegung, dass in ihr alle Schichten vertreten waren?

machten fast die Hälfte der Mitglieder des Ruderklubs aus – es könnte also auch sein, dass die soziale Lagerung der Ruderer noch höher anzusetzen wäre. Bei diesem Verein gab es auch einen relativ hohen Prozentsatz von Mitgliedern, die sich nicht zuordnen liessen. Meist waren es Studenten, die nach Abschluss ihres Studiums in der Regel der Oberschicht zuzurechnen sind.

116 Ebd., S. 94–99.
117 Aus: 100 Jahre KTV 1964, S. 12.

Dieser Frage bin ich am Beispiel der Damenriegen von Liestal, Gelterkinden, Frenkendorf, Pratteln und Muttenz nachgegangen. Mich interessierten vor allem die 20er und 30er Jahre, teilweise – vor allem wenn ich für diese Zeit keine Daten fand – bezog ich auch die 40er Jahre mit ein.

Ganz allgemein lässt sich feststellen, dass die meisten Frauen, die in den untersuchten Damenriegen turnten, einer ausserhäuslichen Erwerbsarbeit nachgingen. Eine weitere Beobachtung ist, dass die Mitgliederstruktur der einzelnen Riegen sehr unterschiedlich war. Am stärksten hob sich die Damenriege Liestal mit ihrem hohen Anteil von Frauen aus der oberen Mittelschicht von den anderen ab. Auch wenn ich keinen exakten Vergleich mit der Bevölkerungsstruktur Liestals durchgeführt habe, lässt sich für diese Riege sagen, dass die obere Mittelschicht gemessen an ihrem Anteil an der Bevölkerung wohl überrepräsentiert war, während Frauen aus den Unterschichten kaum vertreten waren – analog den Resultaten von Pfister für die Berliner Vereine. Seit Ende der 20er Jahre hatten die Liestaler Arbeiterinnen die Möglichkeit, im Arbeiterturnverein zu turnen, vorher (die Liestaler Daten umfassen den Zeitraum von 1918 bis 1925) verzichteten sie offenbar weitgehend darauf.

Auch die Damenriege Gelterkinden war nicht offen für Frauen der Unterschichten. Nach Aussagen von Zeitzeuginnen gingen die Fabrikarbeiterinnen nicht in die Damenriege turnen, da sie fanden, dass diese etwas für die «Besseren» sei. Damit meinten meine Gewährspersonen jene, die nicht in der Fabrik arbeiten mussten. Gelterkinden war schon im 19. Jahrhundert ein «Bandfabrikdorf», seine Mittel- und Oberschicht war zweifellos kleiner als in Liestal. Das Missverhältnis zwischen Vereinsstruktur und Bevölkerungsstruktur könnte demnach noch grösser sein als in Liestal. Es war wohl keine obere, sondern eine untere Mittelschicht, welche die Riege dominierte, die sich aber offenbar genauso abgrenzte von der Unterschicht, wie dies in Liestal der Fall war. Die Möglichkeit, auf einen Arbeiterturnverein auszuweichen, gab es in Gelterkinden nicht.

Ganz anders stellte sich die Situation in Frenkendorf dar. Hier zeigten die Fabrikarbeiterinnen keinerlei Hemmungen, der Damenriege beizutreten. Frenkendorf lebte bis in die 20er Jahre hauptsächlich von der Florettspinnerei Ringwald, und ihre Arbeiterinnen machten auch einen grossen Teil der Turnerinnen aus. In den 30er Jahren war ihr Anteil zurückgegangen, was hauptsächlich mit der Krise der Spinnerei zu erklären sein dürfte, es dominierten Frauen, die Berufe ausübten, welche in ländlichen Verhältnissen eher der Mittelschicht zuzurechnen sind. Dabei ist nicht auszuschliessen, dass Frauen aus denselben sozialen Verhältnissen, die zuvor in die Fabrik gingen, jetzt vermehrt Hilfsarbeiten im Büro übernahmen, was in der Tabelle dann nach einer Zunahme von Frauen aus der Mittelschicht aussieht. Zweifellos gab es aber auch in den 20er Jahren Angehörige der Mittelschicht in dieser Riege: Die beiden Hauptfiguren im Konflikt um die Nachfolge von Leiter August Nebiker stammten zweifellos aus dieser Schicht.[118] Für Frenkendorf gilt offenbar, dass Angehörige der Mittel- und Unterschichten im selben Verein turnten. Eine wichtige Rolle spielte hierbei wohl, dass die Arbeiterschicht nicht vergleichbar war mit derjenigen von grossen Städten. «Fabriklerbauern» seien die Frenkendörfler gewesen. Die Verbindung von Landwirtschaft und Heimarbeit, später dann Fabrikarbeit, stellte in Frenkendorf offenbar noch immer die am meisten verbreitete Wirtschaftsform dar, eine Wirtschaftsform, die für den Kanton Baselland des 18. und 19. Jahrhunderts typisch war.[119] Damit stellten die Unterschichten Frenkendorfs weder eine eigentliche Arbeiterschicht dar, da sie mehr als nur ihre Arbeitskraft zu verkaufen hatten, noch gehörten sie zum Bauernstand, weil sie nur wenig oder nur gepachtetes Land besassen, das allein nicht zum Leben reichte. Die Arbeiterinnen und Arbeiter Frenkendorfs scheinen kein Bedürfnis verspürt zu haben, sich der Arbeiterturnbewegung anzuschliessen, man könnte spekulieren, dass ihre Integration im Dorf so schlecht nicht war.

Die Arbeiterschaft der Industriegemeinde Pratteln machte einen anderen Eindruck als diejenige von Frenkendorf. Als Hauptgrund dafür nannte ich die unterschiedliche Art der Industrialisierung, Pratteln war nicht von der Textilindustrie beherrscht worden, im 20. Jahrhundert siedelten sich vor allem Betriebe der Chemie und der Metallindustrie an. Diese Industrien boten in erster Linie Arbeitsplätze für Männer, darunter auch qualifizierte Arbeitsplätze mit Aufstiegsmöglichkeiten. In der Damenriege Pratteln AS überwogen Frauen der unteren Mittelschicht, Angehörige der oberen Mittelschicht waren ebenso vertreten, und nach den Erzählungen eines ehemaligen Mitglieds bestimmten sie die Atmosphäre in der Riege. In Pratteln gab es einen zweiten Turnverein, den Turnverein Neue Sektion, dessen Mitglieder sozial tiefer gestellt waren als diejenigen der Alten Sektion. In Pratteln hatte es also eine Aufteilung nach sozialer Herkunft – und/oder politischer Einstellung – gegeben, auch wenn sich die NS nicht der Arbeiterturnbewegung anschloss.

118 Die Eltern von Frieda Herzog hatten eine Gärtnerei, bei ihnen zu Hause verkehrten Lehrer; der Vater von Nanny Müller hatte eine leitende Position bei der heutigen Miba inne, ihr Bruder war im Kavallerieverein, vgl. Kap. 6.2.5 und 7.2.
119 Vgl. insbesondere Grieder 1985.

Im Jahr 1925 wurde hingegen in Muttenz ein Arbeiterturnverein gegründet, doch ohne Erfolg, vier Jahre später wurde er bereits wieder aufgelöst. Dies mag daran liegen, dass auch im Turnverein Muttenz und seiner Damenriege Arbeiterinnen und Arbeiter turnten. Für den Zeitraum von 1938 bis 1943 bot sich das erstaunliche Bild, dass sich Angehörige der Mittel- und der Unterschicht in etwa die Waage hielten. Auch in der Agglomerationsgemeinde Muttenz gab es in den ersten Jahrzehnten des 20. Jahrhunderts noch die Verbindung von Landwirtschaft und Gewerbe beziehungsweise Industrie, die ich im Falle Frenkendorfs beschrieben habe, was sich an Begriffen wie «Eisenbahnerkühe» manifestiert. Viele Muttenzer arbeiteten Anfang des 20. Jahrhunderts auf dem Rangierbahnhof Muttenz und hielten daneben Kleinvieh. Vielleicht war es wiederum diese Verbindung, die hauptsächlich dafür verantwortlich war, dass sich die Angehörigen der Unterschicht nicht dauerhaft zu einem eigenen Verein zusammenschlossen. Vertreterinnen der Oberschicht fehlten fast völlig in der Damenriege. Vielleicht nutzten die Angehörigen höherer sozialer Schichten schon damals die Nähe der Stadt Basel, um sich einem exklusiveren Sportclub anzuschliessen.

Gesamthaft betrachtet wiesen die Vereine im untersuchten Zeitraum eine vielfältige Sozialstruktur auf, die teilweise die Wirtschafts- und Bevölkerungsstruktur der einzelnen Gemeinden widerspiegelte. Wo die Gemeinde gross genug war, organisierten sich die einzelnen Bevölkerunggruppen in verschiedenen Vereinen. Wo dies nicht der Fall war, verzichteten wahrscheinlich die einen aufs Turnen, gleichzeitig gab es aber auch eine stärkere soziale Durchmischung als etwa in einer Grossstadt wie Berlin. Dies liegt sicher nicht zuletzt an dieser auch im 20. Jahrhundert noch fortbestehenden, für Baselland typischen Verbindung von Landwirtschaft und Gewerbe bzw. Industrie, welche für viele Baselbieterinnen und Baselbieter nur in gegenseitiger Ergänzung ein ausreichendes Einkommen ergaben. Aus diesem Grund können viele Angehörige der Unterschichten weder der Arbeiterschicht noch dem Bauernstand zugerechnet werden, was sich auch auf ihre politische Haltung auswirkte. Sozialistische Parolen stiessen bei der Arbeiterschaft auf vergleichsweise geringes Echo, allen voran die Heimarbeiterinnen und Heimarbeiter waren nur schwer zu organisieren, schreibt Grieder.[120] Deshalb verspürten sie wohl auch nicht das Bedürfnis, sich der Arbeiterturnbewegung anzuschliessen.

Joris und Witzig kamen am Beispiel des Zürcher Oberlands zum Schluss, dass die Kleinräumigkeit der Dörfer eine starke Abgren-

---

120   Ebd., S.117ff.

zung zwischen den verschiedenen Schichten nicht zuliess. Alle seien sich an den jährlichen Dorffesten sowie den Festen der Turner, Sänger und Schützen begegnet, die mit dem Aufkommen einer ausgedehnten Festkultur um die Jahrhundertwende zu Anlässen wurden, an denen Männer und Frauen, Angehörige aller Schichten – das ganze Dorf teilnahm.[121] Der dörflich-kleinstädtischen Enge der Schweiz, dem Vereinswesen, dem gemeinsamen Besuch der Volksschule und anderem mehr misst auch Tanner eine grosse Bedeutung bei für das vergleichsweise spannungsfreie Verhältnis der Klassen oder Schichten. Es seien nicht die gleichen Klassengegensätze entstanden wie in Deutschland, mit dem er die schweizerischen Verhältnisse vergleicht. Was Tanner als bürgerlich-freisinnige Ideologie des 19. und auch noch des 20. Jahrhunderts bezeichnet, entspricht genau der Haltung des ETV: Die bürgerliche Ideologie sei das Beste für alle, auch in Zeiten, in denen sich die Klassengegensätze verschärften, wie zu Beginn des 20. Jahrhunderts. Volk und Bürgertum seien eins, dessen wirtschaftliche und politische Aktivitäten seien zum Besten aller, die Demokratie verhindere einen Klassenstaat, und deshalb seien Sozialismus und Arbeiterbewegung überflüssig. Laut Tanner verfehlte diese «Integrationsideologie» ihre Wirkung auf die Arbeiterklasse keineswegs.[122]

Das Resultat meiner Analyse gibt Tanner recht. Die Arbeiterinnen und Arbeiter gründeten in grösseren Gemeinden zwar teilweise eigene Vereine, liess die Bevölkerungszahl dies nicht zu, turnten sie aber durchaus auch in einem bürgerlichen Verein.[123] Überhaupt war die Mehrheit der Baselbieterinnen und Baselbieter offenbar nur schwer bis gar nicht für die Arbeiterbewegung zu mobilisieren.[124]

Obwohl ich zu behaupten wage, dass in einzelnen Vereinen eine gewisse Durchmischung der sozialen Schichten stattfand, gehörte doch der weitaus grösste Teil der Turnerinnen – wie auch der Turner – der Mittelschicht an: Die typische Turnerin der 20er und 30er Jahre war ledig, berufstätig und entstammte dem Mittelstand. Die Familien der Oberschichten schickten ihre Töchter eher in einen exklusiveren Verein, wenn die Möglichkeit dazu bestand, und für Angehörige der Unterschichten war die Schwelle für einen Beitritt oft zu hoch. In Kapitel 4.4 habe ich die Vermutung geäussert, dass sich Leute wie Eugen Matthias, welche sich in den 20er und 30er

121 Joris/Witzig 1992, zur Festkultur vgl. S. 94; zum Kontakt zwischen den einzelnen Schichten z. B. S. 92, 154 und S. 256/257.
122 Tanner, in: Kocka 1988, S. 222/223.
123 Laut Joris und Witzig taten sie dies kaum, dem kann ich nicht ganz zustimmen (1992, S. 257).
124 Vgl. dazu Grieder 1985 und Epple 1979.

Jahren für das Frauenturnen stark machten, vor allem um die Frauen des Mittelstandes sorgten – offenbar taten sie dies mit Erfolg. Ich denke jedoch nicht, dass es in erster Linie die Bemühungen der Turnväter waren, die eine Frau zum Eintritt in eine Damenriege bewegten. «Töchter» der Mittelschicht verfügten ohne Zweifel über mehr freie Zeit als Angehörige der Unterschichten. Zudem haftete dem Turnen wie dem Sport damals noch etwas Elitäres und im Grunde Unnützes an. Auf weitere mögliche Gründe, sich einer Damenriege anzuschliessen, gehe ich in Kapitel 10. ein.

In einigen Fällen reflektierten die Riegen die Bevölkerungsstruktur ihrer Gemeinde, in anderen nicht. Interessant wäre es zu untersuchen, seit wann aus der elitären Turnbewegung der Anfänge (bei den Männern im 19. Jahrhundert, bei den Frauen im 20. Jahrhundert) immer stärker eine Massenbewegung wurde, wie sie sich in schweizerischen Erhebungen unserer Tage darbietet.

Kapitel 8
Die Umsetzung der Theorie in Verband und Verein

Drei Hauptthemen prägen die Auseinandersetzung um das Frauenturnen: Wettkampf, öffentliches Auftreten und Geselligkeit. Über die ersten zwei Themen wurden lange Debatten geführt, sie sorgten für Diskussionen von den Anfängen bis in die 60er/70er Jahre. Über das dritte Thema wird weniger explizit gesprochen, unterschwellig ist es aber immer vorhanden, und in meinen Augen ist es ein ganz zentrales Element des Frauen- wie auch des Männerturnens und des Vereinswesens überhaupt.
Die folgenden Kapitel sind der kulturellen Praxis des Frauenturnens gewidmet, das heisst der Frage, wie die Vereine und Verbände die offizielle Doktrin im Turnalltag umsetzten. Dazu gehört, wie Kantonalverbände und lokale Vereine mit dem Wettkampfverbot umgingen, wo sie öffentlich auftraten und wie sie diese Auftritte gestalteten. Informationen lieferte mir hier neben Vereinsprotokollen und Jahresberichten auch die Berichterstattung in den Zeitungen. Letztlich interessiert mich aber die Haltung der einzelnen Turnerinnen: Ob es ihnen gleichgültig war, dass ihre Leistungen nicht publik gemacht werden durften, ob sie Hemmungen hatten, sich im Turnkleid auf einer Bühne zu exponieren und welches eigentlich die Gründe waren, weshalb sie einer Damenriege oder einem Damenturnverein beitraten. Neben indirekten Hinweisen aus Protokollen, Jahresberichten usw. werde ich zur Annäherung an diese Fragen auch die Interviews verwenden, die ich mit ehemaligen Turnerinnen geführt habe.

8.1 Wettkampf: Frauenturnverband bleibt linientreu

Die Kantonal- und Regionalverbände waren vom Schweizerischen Frauenturnverband aus organisatorischen und administrativen Gründen ins Leben gerufen worden. Sie sollten die Entscheide des schweizerischen Dachverbandes ausführen und an die lokalen Vereine weitervermitteln. Wenn ich im folgenden unter anderem anhand von Presseberichten untersuche, ob sich der Frauenturnverband Basalland an die ihm vorgegebenen Richtlinien hielt, so steht mir damit keine unabhängige, verbandsfremde Quelle zur Verfügung. Die Mehrheit der Zeitungsartikel über Turnfeste, Turntage usw. wurde von Verbandsmitgliedern verfasst, ich erhalte also weitgehend ein Bild darüber, welche Verhaltensnormen sich der FTV selber auferlegte und einmal mehr nur gefilterte Informationen darüber, was bei diesen Anlässen tatsächlich vor sich ging. Am interessantesten wird es jeweils, wenn bei der Berichterstattung «Unfälle» passieren, meist, wenn eine verbandsfremde Person einen Bericht veröffentlicht, der dann in den Vorstandssitzungen des FTV kritisiert wird.

Im August 1926 klagte Pius Jeker im «Frauen-Turnen», einzelne Damenturnvereine hielten sich in Sachen Wettkampf nicht immer an die offiziellen Weisungen. Er warnte davor, dass all die Arbeit für das Frauenturnen zunichte gemacht werde, wenn solche «Entgleisungen» nicht unterblieben:

«Der diesjährige Sommer brachte nun, so weit uns bekannt, schon an zwei Festen einen Wettkampf von Damenturnvereinen, in dem Sinne, dass Damenturnvereine vor das Kampfgericht traten und sich taxieren liessen. [...] Wir müssen uns fragen, wo denn bei der Aufstellung der Programme und während der Sommerarbeit unsere Vertrauensleute aus jenen Landesgegenden bleiben, dass sie solche Entgleisungen nicht unterbinden konnten. Grundsätze, die an den Zentralkursen, an den Kreis- und andern Kursen gelehrt werden, müssen von den verantwortlichen Leitern auch restlos befolgt werden, sonst nützt die beste Arbeit und die allergrösste Aufopferung nicht viel.»[1]

Eine selten klare Stellungnahme über die Gehorsamspflicht der Vereine gegenüber dem Zentralverband. Offenbar hielten sich die Vereine nicht immer an die offizielle Verbandsdoktrin. Einen Monat später druckte Jeker im «Frauen-Turnen» eine Stellungnahme der Verbandsleitung zum selben Thema ab:

«Über das Auftreten der Turnerinnen ausserhalb der Ortschaft, also an Festen, Turnfahrten etc., hat die Schweiz. Damenturnvereinigung grundsätzlich Stellung bezogen. Sie will ein Schweizerfrauenturnen für die Frau, sie will kein Festleben und keinen Wettkampf, lassen wir das Frauengeschlecht in seiner Eigenart.»[2]

Mich interessiert nun, ob auch Baselbieter Damenriegen zu den Sünderinnen gehörten oder ob gar der FTV von der offiziellen Politik abwich.

1 J. [Jeker], «Verschiedenes. Was wir nicht wollen», FT, Nr. 10, 6. Aug. 1926.
2 Pius Jeker, «Die Turngemeinde», FT, Nr. 11, 3. Sept. 1926.

In der Zeit bevor der FTV die Veranstaltung von Turnfesten wagte, versammelte er die ihm angehörenden Riegen zu Turnfahrten und Spieltagen. In den 20er Jahren waren dies eher Propagandaveranstaltungen: Man wanderte durch den Kanton und zeigte in Gemeinden, in denen es noch keine Damenriege gab, Übungen aus dem Frauenturnen. Wichtig war dabei auch, die Kontakte unter den bestehenden Riegen enger zu knüpfen.

Schon bei der ersten Turnfahrt des jungen Verbandes – sie führte im Jahr 1925 nach Maisprach – wurde darauf hingewiesen, dass «ein Wettkampf unter den einzelnen Riegen vermieden werden» sollte.[3] Die meisten zeigten dann Freiübungen. Mit von der Partie waren auch die Riegen von Rheinfelden und Möhlin.[4]

Der Siegeszug der Spielbewegung seit den frühen 30er Jahren zwang die Verantwortlichen, die Turnfahrten dem neuen Zeitgeist anzupassen. Aus den Kantonalturnfahrten wurden Spieltage, gewandert wurde unabhängig davon.[5] Schon für die Turnfahrt von 1930 wurde beschlossen, keine Gesamtfreiübungen zu zeigen, sondern ausschliesslich Freundschaftsspiele durchzuführen. Vorgesehen waren Korbball, Faustball, Schnurball und Pendelstafette.[6] In jenem Jahr wurde in Pratteln bei sehr grosser Beteiligung auch der erste Spielkurs durchgeführt.[7] Korbball dominierte während vieler Jahre die Spielszene, die Zahl der Faustballmannschaften wuchs vorerst nur langsam.[8]

Der erste kantonale Spieltag fand 1933 in Pratteln statt.[9] Die zunehmende Beliebtheit der Spiele wurde vom Vorstand des FTV begrüsst und unterstützt, eines stellte der Präsident des Verbandes, Willi Hägler, aber klar:

---

3   VS, 25. Mai 1925 (FTV-Protokolle).
4   Bericht über die Turnfahrt vom 30. Aug. 1925 nach Maisprach durch die FTV-Aktuarin F. Herzog. Bei der Turnfahrt von 1927 nach Bottmingen wird dann auch vom «ersten Propagandaturnen im Birsigtal» gesprochen (undatierter Eintrag im Protokollbuch nach der Turnfahrt vom 4. Sept. 1927), es endete mit einem gemütlichen Beisammensein im Gasthaus «Zur Sonne» in Bottmingen (VS, 2. Juli 1927).
5   1935 wurden Turnfahrt und Spieltag wieder zusammengelegt (VS, 26. Juni 1935), was aber zu Lasten der Turnfahrt ging. 1937 wurde beschlossen, neben dem Spieltag einen Wandertag einzuführen, den die Riegen alleine oder mit anderen zusammen durchführen konnten (VS, 3. Dez. 1937 und DV, 9. Jan. 1938).
6   VS, 7. Aug. 1930. Den Riegen war es freigestellt, zusätzlich freie Vorführungen zu zeigen.
7   Angekündigt an der VS vom 24. Jan. 1930, ein Eintrag im Protokollbuch bestätigt die Durchführung am 5. Juli 1930.
8   An der DV vom 11. April 1931 wurde noch die Befürchtung geäussert, dass Faustball für die jungen Frauen ein zu hartes Spiel sei.
9   DV, 26. Feb. 1933 und JB des FTV pro 1933–1935.

«Wie den Turnern soll auch den Turnerinnen Gelegenheit gegeben werden, miteinander zu spielen. Ich füge aber sofort bei, ohne Becherverteilung und Rangverkündigung. Die Turnerinnen spielen aus lauter Freude, dass ihnen der Herrgott einen gesunden Körper und ich hoffe auch eine gesunde Seele schenkte.»[10]

Diese Einstellung vertrat die Leitung des FTV auch in den folgenden Jahren, und so ist es leicht verständlich, dass der Bericht der Basellandschaftlichen Zeitung (BZ) über den Spieltag des Jahres 1936 verbandsintern nicht auf Wohlwollen stiess. Der Artikel lobte die Veranstaltung insgesamt sehr, ging auf Stärken und Schwächen der einzelnen Spielgruppen ein, kritisierte technische Mängel und lobte Fortschritte – und nannte Siegerinnen und Resultate: «Den Höhepunkt bildeten die Stafettenläufe über 2 x 60 m. Obwohl auch hier der Boden einigen zum Verhängnis wurde, zeigten die 23 Laufgruppen prächtige Läufe, die auf gutes Training schliessen lassen. Die beste Tageszeit lief Muttenz und wurde Sieger.»[11] Gutes Training und Bestzeiten, Muttenz als Sieger – das ist übliche Sportberichterstattung. An der Vorstandssitzung des FTV wurde der Artikel in der Folge als «unerwünschte Berichterstattung» gerügt.[12] Widersprüchliche Angaben liegen mir darüber vor, auf welche Weise die Spielwettkämpfe durchgeführt wurden. Der Korrespondent der BZ beschrieb den Ablauf so:

«Die Zusammenstellung für das erste Spiel wurde durch das Los entschieden, die Sieger traten zum zweiten Spiel an, während die Verlierer unter sich um die letzten 6 Ränge kämpften. [...] Durch gutes Zusammenspiel zeichneten sich besonders die Riegen Lausen, Pratteln AS und Arlesheim aus, diese Gruppen konnten sich auch in den Endspielen gut plazieren und stellten auch den Tagessieger im Faustball. Im Korbball konnte Sissach 1 – Frenkendorf 1 mit 4 : 0 besiegen ...»[13]

Den Worten der technischen Leiterin Hedy Ammann nach zu schliessen, konnte es jedoch gar keine richtigen Sieger und damit keine richtigen Ranglisten geben, da eben keine Ausscheidungen gemacht wurden. An einer Vorstandssitzung im November 1936 bemerkte sie zum Spieltag jenes Jahres: «Viel zu reden gab die Rangliste, welche eigentlich gar keine ist. Um eine richtige Rangliste auf-

10   JB des FTV pro 1930–32.
11   (Korr.), «Spieltag des Frauenturnverbandes Baselland auf der Farnsburg», BZ, 14. Sept. 1936.
12   VS, 13. Nov. 1936.
13   BZ vom 14. Sept. 1936.

stellen zu können, müsste man Ausscheidungen machen; aber dies würde unserer Auffassung der Turnfahrt und Spieltage nicht entsprechen.» Und sie fügte hinzu, dass von der Veröffentlichung einer Rangliste auch weiterhin abgesehen werden solle.[14] Allerdings gab es eine interne Rangliste, die an den Vorstandssitzungen verlesen und den Riegen nach einem Spieltag auf Wunsch zugestellt wurde.[15] Aufgrund der Sitzungsprotokolle des FTV-Vorstandes wurden die Spiele folgendermassen abgehalten: Jede Gruppe sollte dreimal spielen, und nach jedem Spiel sollte neu ausgelost werden.[16] Die Sache bleibt ein Rätsel. Die Zeitungsberichterstattung erweckt den Eindruck, dass richtige Ausscheidungen stattfanden und dies nach Meinung des FTV einfach nicht öffentlich werden sollte.[17]

Nach dem Spieltag von 1938 beanstandete Vorstandsmitglied Paul Gysin einen Artikel im «Landschäftler», «wonach die Damenriege Hölstein ‹siegekrönt› mit dem kant. ‹Meisterschaftstitel› vom kant. Spieltag heimgekehrt sei.» Er ersuchte den Vorstand, bei den Zeitungsredaktionen «dahinzuwirken, dass solche Zeitungsnotizen unterbleiben».[18] An der ausserordentlichen Delegiertenversammlung im November desselben Jahres liess die Damenriege Hölstein mitteilen, der Bericht sei ohne ihr Wissen, «von einem ihrer Sache fernstehenden gemacht worden.»[19] Die Versammlung sprach sich dafür aus, weiterhin auf Ausscheidungen zu verzichten, und nahm den Vorschlag des Vorstandes an, um Zeit zu sparen, die Spielgruppen künftig vor dem Spieltag zuzuteilen, natürlich ohne diese Zuteilung vorher bekanntzugeben. Aufschlussreich ist die Begründung für diesen Beschluss: Würden richtige Ausscheidungen durchgeführt, würden sich die Turnerinnen in der Turnstunde zu sehr auf das Spiel konzentrieren.[20] Mit anderen Worten, die Turnerinnen würden derjenigen Disziplin am meisten Aufmerksamkeit schenken, worin sie zum Wettstreit antreten konnten. – Diese Beschlüsse sprechen wieder eher dafür, dass tatsächlich keine richtigen Wettkämpfe stattfanden, dass die Gruppen einzelne Spiele gewinnen konnten, sich aber keine Riege als Gesamtsiegerin fühlen konnte.

14 VS, 13. Nov. 1936.
15 Ebd., oder auch: DV, 17. Jan. 1943.
16 VS, 10. Juni 1938. Es wird explizit vermerkt, dass die Spieltage von 1937 und 1938 nach diesem Muster durchgeführt wurden, und auch darauf hingewiesen, dass dies schon 1936 so gehandhabt worden sei.
17 Vgl. Kap. 8.2.
18 VS, 5. Okt. 1938.
19 A. o. DV, 13. Nov. 1938. Die DV war einberufen worden, um über die Teilnahme am Kant. Turnfest in Sissach des folgenden Jahres abzustimmen.
20 VS, 5. Okt. 1938 und a. o. DV, 13. Nov. 1938.

Leistung und Wettkampf schlichen sich durch die Hintertüre ein. Am Spieltag von 1931 konnte erstmals auch Leichtathletik als freie Vorführung gezeigt werden[21], und 1934 tauchte sie auch im Kursprogramm auf[22]. Am Spieltag von 1938 wurde als Propagandavorführung zum erstenmal eine Rundbahnstafette gezeigt.[23] Dies löste an der nächsten Delegiertenversammlung eine Diskussion darüber aus, ob die Rundbahnstafette für Frauen nicht zu anstrengend sei. Ein Delegierter betrachtete sie als körperliche Überforderung, da die Turnerinnen kein genügendes leichtathletisches Vortraining hätten. Ein anderer erachtete gerade die traditionelle Pendelstafette als anstrengender. Mehrfach wurde betont, die Teilnahme sei ja freiwillig gewesen, ausserdem seien nur 5 x 60 m gelaufen worden statt der vorgesehenen 5 x 80 m. Hedy Ammann beendete die Diskussion mit der Bemerkung, dass die meisten Riegen ohnehin keine Gelegenheit hätten, diese Art Stafette zu üben.[24]

Trotz Bedenken gegenüber den leichtathletischen Disziplinen begannen sich diese allmählich ihren Platz zu erobern, durchaus auch gefördert durch die Verbandsleitung. So wurde die 1939 erfolgte Wahl von Paul Gysin aus Muttenz in die technische Kommission des FTV unter anderem deshalb begrüsst, weil er selber Leichtathlet war. Dieser Umstand werde für das Frauenturnen sehr nützlich sein, da die Frage leichtathletischer Wettkämpfe in den obersten Behörden des SFTV geprüft werde.[25] Was allerdings noch geraume Zeit in Anspruch nehmen sollte...

Merklich vorwärts in Sachen Wettkampf ging es erst nach dem Zweiten Weltkrieg. Für die Schweizerischen Frauenturntage in Bern von 1947 waren erstmals «Ausscheidungen» notwendig, da sich für die Spielwettkämpfe zu viele Gruppen angemeldet hatten.[26] Im Jahr 1950 absolvierten dann an einem Spieltag von insgesamt über 550 Baselbieter Turnerinnen erstmals auch deren 100 einen «turnerischen Wettkampf» in der Leichtathletik.[27] Der Spieltag von 1951 diente explizit den Ausscheidungen für die Schweizerischen Frau-

---

21 Zumindest wurde Leichtathletik als Möglichkeit zum erstenmal erwähnt (VS, 21. Aug. 1931).
22 VS, 2. März 1934.
23 VS, 10. Juni 1938.
24 A. o. DV, 13. Nov. 1938.
25 DV, 8. Jan. 1939.
26 DV, 26. Jan. 1947. Während des Krieges wurde der Betrieb aufrechterhalten, wenn auch in reduziertem Mass. Bis auf das Jahr 1940 fanden aber die meisten Anlässe im üblichen Rahmen statt (aus den FTV-Protokollen dieser Jahre).
27 Der Spieltag fand erstmals an zwei Orten, in Muttenz und in Gelterkinden, statt. Am Morgen sollte Leichtathletik betrieben werden, am Nachmittag standen Spiele, Stafetten, freie Vorführungen und Allgemeine Übungen auf dem Programm (DV, 22. Jan. 1950 und VS, 23. Juni 1950).

Wettkampf: Frauenturnverband bleibt linientreu

Abb. 5. Pendelstafette am 1. Kantonalen Frauenturntag im Jahr 1939 in Sissach. Die Turnerinnen beschäftigt im Moment nur Sieg oder Niederlage. Photo DR Muttenz

enturntage in Lausanne.[28] Dies klingt alles schon sehr «sportlich» oder wettkampfmässig, die Ranglisten blieben aber weiterhin unter Verschluss.
Im Jahr 1932, anlässlich des 100jährigen Jubiläums des Eidgenössischen Turnvereins, konnte sich die Leitung des SFTV erstmals dazu durchringen, Schweizerische Frauenturntage durchzuführen – allerdings an einem eigenen Anlass eine Woche vor dem Fest der Turner.[29] Auch die Baselbieterinnen waren mit dabei, sie beteiligten sich an den Allgemeinen Übungen, den Pendelstafetten, spielten Korbball und Faustball, eine Riege zeigte eine Vereinsvorführung.[30] Ob sie die Gelegenheit ergriffen, auch in anderen Disziplinen, im Lauf, Schwimmen, Speer- oder Diskuswerfen sich «im Wettkampf [zu] messen, ohne natürlich irgendwelche Rekorde herauszuholen»[31], ist nirgends vermerkt. Im Jahresbericht für 1930–32, dem einzigen Ort, wo die Frauenturntage in Aarau überhaupt kommentiert werden, wird nur die «machtvolle» Wirkung der Allgemeinen Übungen beschrieben.[32]

28 DV, 28. Jan. 1951.
29 Vgl. dazu Kap. 5.6. Weniger von Begeisterung als von Pflicht sprach Hedy Ammann anlässlich der eigens einberufenen a. o. DV vom 29. Nov. 1930.
30 VS, 28. Juni 1931.
31 Worte des technischen Leiters Ernst Erzinger an der DV vom 13. Dez. 1931.
32 JB des FTV pro 1930–32.

Wegen des Zweiten Weltkriegs fanden die zweiten Schweiz. Frauenturntage erst 1947 statt, diesmal in Bern und wiederum eine Woche vor dem Eidgenössischen Turnfest. Neben den Spielen wurde jetzt auch «Leichtathletisches Einzelturnen» durchgeführt, woran sich auch die Baselbieter Turnerinnen beteiligten.[33] Die leichtathletischen Disziplinen bei den folgenden Frauenturntagen in Lausanne von 1951 waren im einzelnen: 80-m-Lauf, Hoch- und Weitsprung, Diskus- und Speerwerfen, Kugelstossen, Schleuderball und Schlagballweitwurf. Turnerinnen aus dem Baselbiet hatten sich bei allen Disziplinen angemeldet. Weiter gab es Spielwettkämpfe, Stafetten und freie Verbandsvorführungen.[34] In ähnlicher Weise gingen auch die Schweizerischen Frauenturntage von 1955 in Zürich und von 1963 in Luzern über die Bühne. Trotz dieser inhaltlichen Angleichung an den zeitgenössischen Sportbetrieb gab es immer noch keine offiziellen Ranglisten und keine Ehrung der Siegerinnen. Dies änderte sich erst 1972 in Aarau.[35]

Für den FTV war die Teilnahme an den Schweizerischen Frauenturntagen Pflicht. Hatte der SFTV deren Durchführung einmal beschlossen, so wurde nach Kräften darauf hingearbeitet.[36] Zugunsten der schweizerischen Anlässe wurde auch hin und wieder auf die Teilnahme an einem Kantonalturnfest verzichtet.[37] Schon vor der Gründung des FTV lud der KTV die bestehenden Baselbieter Damenriegen an seine Turnfeste ein, so zum Beispiel im Jahr 1920 nach Liestal, wo die Turnerinnen Freiübungen zeigten[38], oder auch 1923 nach Muttenz[39]. Schon die Teilnahme am Muttenzer Fest war unter den Riegen nicht unbestritten gewesen, und im Jahr 1926

---

33 An der VS vom 1. Juli 1947 wird vermerkt, dass in dieser Disziplin nur wenige Turnerinnen ausgeschieden werden mussten, weil sie den Anforderungen nicht genügten. Daneben gab es Korbball- und Faustballmannschaften, alle beteiligten sich an den Allgemeinen Übungen.
34 VS, 24. Okt. 1950 mit den provisorischen und VS, 6. März 1951 mit den definitiven Anmeldungen.
35 Vgl. Kap. 5.6.
36 Die Teilnahme des FTV an den Schweizerischen Frauenturntagen (SFTT) in Aarau von 1932 begründete der technische Leiter Erzinger mit den Worten: «Da der SFTV beschlossen hat, dieses Fest durchzuführen, wollen auch wir nach besten Kräften mit turnerischen Leistungen mithelfen.» (DV, 13. Dez. 1931).
37 Wegen der SFTT in Aarau 1932 wurde die Teilnahme am Kantonalturnfest (KTF) beider Basel in Birsfelden des Jahres 1931 abgelehnt (DV, 11. April 1930); auch am KTF beider Basel 1950 wurde wegen der Teilnahme an den SFTT in Lausanne von 1951 nicht mitgemacht. Der techn. Leiter Gysin erklärte zwar, der Entscheid sei noch nicht gefallen, über das Fest wird im folgenden aber nicht mehr gesprochen (DV, 30. Jan. 1949).
38 Aus den Protokollen der DR Gelterkinden, nicht genau datierter Eintrag: Kantonal-Turnfest in Liestal vom 22. August 1920.
39 JB der DR Gelterkinden pro 1923.

lehnten die Riegen – jetzt vereinigt zum FTV – die Teilnahme am Kantonalturnfest in Gelterkinden ab.[40]
Das erste eigene kantonale Turnfest – oder wie sie bei den Frauen hiessen: die ersten kantonalen Frauenturntage – führte der FTV im Jahr 1939 in Sissach durch, acht Tage vor dem Kantonalturnfest beider Basel der Turner.[41] Die Turnerinnen zeigten Korbball, Faustball und Schlagball, Pendelstafetten, freie Vorführungen und Allgemeine Übungen.[42] Auch Basler Turnerinnen nahmen daran teil, gemeinsam wurden Allgemeine Übungen gezeigt, als Gäste hatte man Vertretungen der Frauenturnverbände Solothurn und Aargau geladen.[43]
Im Vorfeld des Festes verlangte der Leiter der Damenriege Pratteln AS nochmals in aller Deutlichkeit, dass keine Resultate der Spiele, keine Punkte und Ränge in den Zeitungen veröffentlicht werden sollten. «Wir wollen auf unserem Grundsatz beharren, dass wir nicht um Rang und Rekorde turnen, sondern nur für die Gesundheit unseres Körpers.»[44] (Es entbehrt nie einer gewissen Komik, wenn sich die Riegenleiter auf diese Weise miteinschliessen.)
Der Bericht in der BZ entsprach diesen Forderungen. Darin hiess es, dass Korbball und Faustball gespielt sowie Stafettenläufe ausgetragen worden seien, aber nicht, wer gewonnen hatte. Namen der Riegen wurden nur bei den freien Vorführungen genannt, also dort, wo kein Kräftemessen stattfand. Der Berichterstatter schwärmte vor allem von den Allgemeinen Übungen, die von 800 Turnerinnen aus Baselland und Basel-Stadt gezeigt worden seien, das Erstlingswerk der beiden Frauenturnverbände sei «über alle Massen» gelungen.[45]
Der zweite basellandschaftliche Frauenturntag fand 1946 in Aesch statt, wiederum eine Woche vor dem Kantonalturnfest beider Basel der Männer. 300 Turnerinnen aus Basel-Stadt und 400 aus Baselland bestritten das Fest, geboten wurde in etwa dasselbe wie in Sissach, und zu den Gästen gehörten wiederum Vertreterinnen der Frauen-

40   Die Einladung zum KTF in Gelterkinden wurde an der DV vom 21. März 1926 diskutiert und abgelehnt. Einzig die DR Gelterkinden zeigte dann an der Abendunterhaltung ein paar Reigen mit (Eintrag im Protokollbuch der DR Gelterkinden vom 16. Juli 1927. Wegen einer Unwetterkatastrophe hatte das Fest um ein Jahr verschoben werden müssen).
41   Beschluss an der a. o. DV vom 13. Nov. 1938 (FTV-Protokolle).
42   Das definitive Programm wurde an der DV vom 8. Jan. 1939.verkündet.
43   Ob und wie die Baslerinnen teilnehmen würden, gab zu einigen Diskussionen Anlass, vgl. VS, 10. Juni 1938; DV, 13. Nov. 1938; VS, 3. Dez. 1938. Am 10. Mai 1939 in Basel und am 17. Mai 1939 in Liestal fanden dann gemeinsame Sitzungen statt. Über die Vorproben der «Allgemeinen» und die Gästeliste, vgl. VS, 16. Juni 1939.
44   DV, 8. Jan. 1939.
45   -o-, «1. Frauenturntag beider Basel in Sissach, BZ, 4. Juli 1939.

turnverbände Solothurn und Aargau.[46] Mit der Berichterstattung war man im FTV jedoch nicht ganz zufrieden, kritisiert wurde, dass die Arbeit einzelner Riegen besonders hervorgehoben worden sei.[47] Die BZ konnte diesmal nicht gemeint sein. Nicht ein Riegenname taucht auf, insgesamt gab der Berichterstatter der Veranstaltung gute Noten, bemängelte in Einzelfällen lediglich das technische Niveau, allerdings ohne Namen zu nennen.[48] Wahrscheinlich ging es um einen Bericht in einer Basler Zeitung, da der Verfasser Mitglied des baselstädtischen Frauenturnverbandes war.[49] Das Missgeschick war passiert, weil der vom FTV beauftragte Berichterstatter dem Anlass im letzten Moment ferngeblieben war, so dass nicht rechtzeitig für Ersatz gesorgt werden konnte.[50] Auch der Bericht im «Baselbieter», den jemand anders verfasst hatte, entsprach nicht der offiziellen Devise. Er bringt die seltsame Form von Wettkämpfen, die im Frauenturnen durchgeführt wurden, gut zum Ausdruck. Der Verfasser schrieb, dass der technische Leiter «den ungezwungenen und nicht nach Preis ringenden spielerischen ‹Wettkampf› in Korb- und Faustball» eröffnet habe, um dann aufzuzählen, welche Spiele unentschieden ausgingen, wo speziell «rassig» gespielt wurde und welches die Sieger dieser «Freundschaftsspiele» waren.[51] Namentlich erwähnte er die Riegen, die seiner Ansicht nach besonders gute freie Vorführungen gezeigt hatten, er nannte auch die Siegerinnen der Rundbahnstafette, nämlich die Stadtturnerinnen, inklusive der gelaufenen Zeit; und er berichtete, dass Münchenstein, Muttenz und Liestal bei der Hindernisstafette «in guter Form und Zeit» gewesen seien.[52]

Beim dritten kantonalen Frauenturntag in Muttenz von 1954[53] galten für die Berichterstattung in der Presse immer noch dieselben Regeln: «Für die Berichterstattung sind keine Bekanntgabe von Ranglisten und Einzelturnerinnen-Resulate erwünscht.»[54] Jetzt wurde

46 VS, 22. Mai 1946 mit dem definitiven Programm. Spiele, verschiedene Formen von Stafetten, Allgemeine Übungen. Von Anfang an wollte man das Programm zusammen mit den Baslerinnen aufstellen, vgl. DV, 27. Jan. 1946, sowie VS, 5. Feb. 1946.
47 Dies wurde an der DV vom 26. Jan. 1947 beanstandet.
48 E., «Der 2. Kant. Frauenturntag beider Basel in Aesch», BZ, 22. Juli 1946.
49 DV, 26. Jan. 1947, der kritisierte Verfasser hiess A. Degen.
50 VS, 6. Sept. 1946. Auch die Vorbesprechungen seien ungenügend gewesen.
51 E., «2. Kantonaler Frauenturntag beider Basel in Aesch», Baselbieter, 23. Juli 1946.
52 Ebd.
53 Das Fest von 1954 war keines «beider Basel», weshalb auch keine Turnerinnen aus BS dabei waren, aber auch keine Vertretungen aus SO oder AG. Zu den Kantonalturnfesten beider Basel, vgl. 75 Jahre KTV 1939, S. 27/28; sowie 100 Jahre KTV 1964, S. 18).
54 VS, 29. Juni 1954.

diese anachronistische Haltung aber in der BZ thematisiert. Nach dem Gottesdienst sei mit der «Wettkampfarbeit» begonnen worden,

«deren einzelne Disziplinen keine offizielle – mindestens nicht für die Öffentlichkeit – Bewertung erfuhr. Das ‹Wettkampfprogramm› umfasste Faustball, Korbball, Volleyball, Übungen in der Leichtathletik und Rundbahnstafetten. Obwohl keine Preise und Kränze winkten, wurde mit Ehrgeiz und Begeisterung gespielt, gelaufen, gesprungen und gestossen, Spielfreudigkeit und Wettkampfeifer beherrschte das turnerische Geschehen, das bereits von zahlreichen Zuschauern verfolgt wurde.»[55]

Es war das erstemal, dass an einem kantonalen Spieltag Leichtathletik-Wettkämpfe im 80-m-Lauf, Hoch- und Weitsprung und Kugelstossen durchgeführt wurden.[56] Wegen starken Regens mussten die Wettkämpfe frühzeitig abgebrochen werden, die BZ druckte die «Bestleistungen» ab, die bis dahin in den einzelnen Dispziplinen erreicht worden waren – ohne die Namen der Turnerinnen zu nennen. Bekanntgegeben wurde einzig, dass die Damenriege Muttenz die Rundbahnstafette gewann, sowie aufgezählt, was die einzelnen Riegen bei den freien Vorführungen boten.[57]

Die Berichterstattung der folgenden Frauenturntage blieb im wesentlichen gleich, immer deutlicher brachten jedoch die Berichterstatter ihr Unverständnis für die widersprüchliche Haltung, die der SFTV dem Wettkampf gegenüber immer noch einnahm, zum Ausdruck. Anlässlich des Frauenturntages in Basel von 1962 wurden in der BZ wiederum lediglich die Siegermannschaften in den Spielen und Stafetten veröffentlicht. Im Gegensatz zu den Baselbieterinnen traten die Baslerinnen auch zum Einzelturnen an, sie zeigten Übungen am Balken, Stufenbarren, auf dem Boden und in der Gymnastik. Auch hier wurden keine Namen genannt.[58]

Der kantonale Frauenturntag des Jahres 1966 in Münchenstein war der letzte ohne Ranglisten und Siegerinnenehrung, an der Abgeordnetenversammlung des SFTV desselben Jahres wurde dann das Wettkampfverbot aufgehoben. Die Berichterstattung in der BZ macht deutlich, dass es Zeit dafür war. Schon am Anfang seines Artikels schrieb der Berichterstatter: «Die Turnerinnen haben ja be-

55 Sp., «Verregneter Basellandschaftlicher Frauenturntag in Muttenz», BZ, 5. Juli 1954.
56 DV, 24. Jan. 1954; zur definitiven Zahl der Anmeldungen in Spielen, Stafetten, Leichtathletik und Allgemeinen Übungen, vgl. VS, 4. Juni 1954.
57 BZ, 5. Juli 1954.
58 sch., «Der Ehrentag der Turnerinnen beider Basel. Würdiger Auftakt zum 7. Kantonalturnfest beider Basel», BZ, 18. Juni 1962.

kanntlich nicht so oft Gelegenheit, ihr Können zu messen. Darum wird denn auch diese Möglichkeit rege ausgenützt.» Über 1000 Turnerinnen nahmen daran teil und gaben ihr Bestes: «Die Turnerinnen waren mit Leib und Seele dabei und zeigten einen Einsatz, wie wenn es um Rang und Punkte ging. Dabei sind bekanntlich im Frauenturnverband die Ranglisten verpönt.»[59] Dennoch sei die turnerische Arbeit der Frauen nicht weniger vielfältig als die der Männer. Der Berichterstatter besprach die Spielwettkämpfe, liess sich über Einsatz und Technik aus und nannte auch die Siegesmannschaften. Dann kam er zur Leichtathletik: «Es ist im Frauenturnverband verpönt, dass in den leichtathletischen Wettkämpfen Ranglisten erstellt werden. Trotzdem haben sich 86 Turnerinnen in Lauf, Sprung oder Wurf gemessen. Dies zeugt von einem guten Geist. Dass es einige ausgezeichnete Leistungen zu sehen gab, vermögen die von uns festgestellten Spitzenresultate zu bezeugen.» Doch dann blieb ihm nichts anderes übrig als fortzufahren: «So benötigte die schnellste Turnerin im 80-m-Lauf 11,1 Sekunden. [...] Im Hochsprung übersprang eine Turnerin 1,40 m und zwei folgten mit 1,35 m.» Zu den Bestresultaten von 4,60 bis 4,70 m im Weitsprung meinte er: «Dies sind beachtliche Weiten, wenn man bedenkt, dass von den stellungspflichtigen Baselbietern nicht einmal die Hälfte auf 4,50 m kommt.»[60]

Am kantonalen Frauenturntag von 1970 in Pratteln war es dann so weit: Esther Strähl von Pratteln AS wurde die «erste Turnfestsiegerin von Baselland an einem kantonalen Turnfest».[61] Erstaunlich zurückhaltend kommentierte der Journalist in der BZ die Aufhebung des Wettkampfverbotes: «Erstmals wurden an einem kantonalen Frauenturntag Ranglisten erstellt. Es kann festgestellt werden, dass sich diese Neuerung sehr günstig ausgewirkt hat.»[62] Der Bericht unterscheidet sich nun nicht mehr von solchen über die Anlässe der Männer, auch vom Umfang her.

Am Samstag vor dem Frauenturntag erschien in der BZ ein Beitrag mit dem Titel: «Die Frau als Turnerin», allerdings ohne einen Bezug zum Turntag herzustellen. Der Artikel beschwor revolutionäre Vorgänge herauf:

59 sch., «Basellandschaftlicher Frauenturntag als Auftakt zum 24. Kantonalturnfest in Münchenstein», BZ, 6. Juni 1966.
60 Ebd. Weitere Disziplinen waren Diskuswerfen, mit dem die Turnerinnen noch nicht so vertraut seien, und Ballwurf. Bei den Stafetten durfte er dann wieder Riege und gelaufene Zeit nennen.
61 Sp., «8. Kantonal-Turnfest beider Basel in Pratteln»; sch., «Wohlgelungener Frauenturntag beider Basel», BZ, 15. Juni 1970.
62 Ebd.

«Turnen und Sport begeistern immer mehr Frauen. Für Mädchen und Frauen ist hier eine Welle der Bewegung aufgebrochen. Momentan stehen wir mitten drin im Wandel bisheriger Vorstellungen des Frauenturnens. Neue Möglichkeiten sportlicher Betätigung eröffnen sich dem weiblichen Geschlecht in verschiedenen Disziplinen und in jedem Lebensabschnitt. Für die meisten Frauen stellt diese neue Welle im Sport eine Riesenüberraschung dar.»[63]

So gross kann die Überraschung nun auch nicht gewesen sein. Neu waren für Turnerinnen weniger die Sportarten oder deren wettkampfmässige Durchführung als vielmehr die Förderung seitens des SFTV, gerade der Leichtathletik und des Kunstturnens. Dass es für Mädchen und Frauen immer noch nicht selbstverständlich war, nach Lust und Laune Sport zu treiben, ohne damit «höhere» Zwecke zu verfolgen, zeigt auch die Bemerkung: «Man muss kein schlechtes Gewissen haben, wenn man die Zeit für Turnstunden oder Gymnastikkurse opfert.»[64]

Am Samstag vor dem neuartigen Frauenturntag wurde darüber hinaus der erste «Tag der Jugend» durchgeführt, der Wettkämpfe für die Kategorien Jugend sowie Schülerinnen und Schüler brachte. Dass Mädchen mit dabei waren, wurde in der BZ speziell vermerkt und gleichzeitig Werbung gemacht für den Verfassungsartikel über die Förderung von Turnen und Sport, der im Herbst 1970 zur Abstimmung kommen sollte.[65] Die Annahme dieses Artikels und das darauf beruhende Bundesgesetz von 1972 schufen für Frauen und Mädchen im Sport endlich die gleichen Voraussetzungen wie für ihre männlichen Kollegen.

Der FTV erscheint bezüglich Turnfeste und Wettkampf als gehorsames Mitglied des schweizerischen Dachverbandes. Er suchte nach Möglichkeit zu vermeiden, dass Zeitungen Ranglisten veröffentlichten oder gute Leistungen einzelner Riegen hervorhoben. Dies glückte allerdings nie vollständig, und mit den Jahren bürgerte es sich offenbar ein, dass Riegennamen genannt werden durften, auch Spielresultate oder gelaufene Zeiten bei den Stafetten – nie hingegen die Namen der Frauen, welche die Leistungen vollbracht hatten. Sie durften sich nicht aus der anonymen Masse der aus purer Freude und nicht um des Sieges willen spielenden und laufenden Turnerinnen herausheben… Dies wurde erst nach 1966 möglich, und der Unterschied zur früheren Berichterstattung ist eindrücklich. Plötzlich hat man Einzelpersonen vor Augen, die um ihren

---

63 «Die Frau als Turnerin», BZ, 13. Juni 1970.
64 Ebd.
65 Sp., «8. Kantonal-Turnfest beider Basel in Prattelns»; «Beglückendes Turnen unserer Jugend», BZ, 15. Juni 1970.

persönlichen Sieg kämpfen. Dies wird auch dadurch nicht gemindert, wenn in den Festansprachen die alten Phrasen aufgewärmt werden: Noch für den Frauenturntag von 1970 verwendete Mimi Eggenberger, die Präsidentin des FTV, den alten Leitspruch: «Gesunde Mädchen, gesunde Frauen, gesunde Mütter, gesundes Volk».[66]

8.2 Wurstsalat statt Kränze in Pratteln

Bei der Damenriege Pratteln AS fanden Leichtathletik und Spiele vergleichsweise früh Eingang, weshalb sich am Beispiel dieser Riege gut untersuchen lässt, wie gerade in früheren Jahren mit der eigenartigen Form von Wettkampf, wie sie den Vereinen des SFTV vorgeschrieben war, umgegangen wurde.
Die Jahresberichte der Riege erwecken den Eindruck, als ob sich ihre Stellung als Untersektion eines Turnvereins für sie positiv auswirkte – einmal abgesehen von den gemeinsamen geselligen Anlässen, die offenbar bei beiden Geschlechtern sehr beliebt waren. Es scheint darüber hinaus so, dass der Turnverein, der während vieler Jahre die Leitung der Damenriege wählte[67], nicht ein zaghaftes, ängstliches Frauenturnen förderte, sondern eher eines, in dem auch Leistung und Wettkampf ihren Platz haben sollten. Des weiteren lässt sich anhand der Jahresberichte der Damenriege der Prozess der allmählichen «Versportung» des Frauenturnens gut verfolgen.
Neben den Jahresberichten von Pratteln AS habe ich den seit 1925 erscheinenden «Prattler Anzeiger»[68] darauf hin durchgesehen, wie über die Damenriege und ihre Veranstaltungen berichtet wurde. Für die Berichterstattung dürfte auch hier gelten, dass die meisten Berichte aus dem Umkreis der Riege oder des Turnvereins stammten.[69]

66 Ebd.
67 Vgl. Kap. 6.3.4.
68 Als Anzeigeblatt für Pratteln und Umgebung erschien im Jahr 1925 die erste Nummer der Lokalzeitung unter dem Namen «Basellandschaftliche Volkszeitung». Von 1928 an hiess sie «Neue Basellandschaftliche Volkszeitung», von 1956 an «Prattler Anzeiger». Um Missverständnisse zu vermeiden, werde ich auch für die Zeit vor 1956 vom Prattler Anzeiger (PA) sprechen.
69 Es sind meist keine richtigen Artikel, der Name der Autorin oder des Autors fehlt ohnehin, manchmal stehen die Initialen, öfter (Einges.) für «Eingesandt» oder (Korr.) für «Korrespondent» oder auch gar nichts. Auch Titel fehlen meist, die Artikel sind meist bei den Meldungen aus den Ortschaften, es steht also fettgedruckt «Pratteln», dann beginnt der Bericht oder die Ankündigung eines Anlasses. Aus diesen Gründen gebe ich in der Regel einfach die entsprechende Nummer des «Prattler Anzeigers» an.

Häufiger als Berichte waren im allgemeinen Ankündigungen von Anlässen. In den ersten Jahren ihres Bestehens schaffte es die Damenriege sogar auf die Frontseite des «Prattler Anzeigers». Im Jahr 1925 wurde dort das jährliche Schauturnen der Riege angekündigt, zusätzlich zu einem weiter hinten abgedruckten Inserat mit dem genauen Programm.[70] Im Jahr darauf wurde ein längerer Artikel abgedruckt, nicht mehr auf der ersten Seite, worin die Bevölkerung zum erstmals durchgeführten Spieltag der Damenriege eingeladen wurde. Der Leiter der Riege, Traugott Pfirter, legte darin dar, dass das «traditionelle» Schauturnen nicht mehr befriedige. Er wolle mit seiner Riege nicht mehr «das auf systematischem Drill aufgebaute Sektionsturnen in Form von Freiübungen, Reigen oder Gerätturnen» zeigen, sondern unter Beteiligung der Damenriege Muttenz einen Spieltag veranstalten,

«wo im Gegensatz zur strammen und disziplinierten Sektionsarbeit, im freien Spiel die individuelle Beweglichkeit und Gewandtheit der Turnerin mehr zur Geltung kommen wird. Das bisher in den Schauturnen gezeigte Arbeitsprogramm eines Damenturnvereins, in der Hauptsache aus in langen Übungsstunden vorbereiteten Übungen bestehend, mag dieses oder jenes Mädchen, das sich solchen Übungen nur widerwillig unterziehen würde, vom Beitritt abgehalten haben. Der bevorstehende Spieltag verfolgt daher den Zweck, einem weitern Kreise die Vielgestaltigkeit des Damenturnens auch im freien Spiel vor Augen zu führen, um dadurch noch mehr Freunde und Mitglieder zu gewinnen.»[71]

Die Turnerinnen scheinen die Spiele dem früheren «Arbeitsprogramm» tatsächlich vorgezogen zu haben. Im Jahr 1930 wurde der Übungsbetrieb modernisiert, «od. besser gesagt nach den verlangenden Verhältnissen umgestaltet», wie es im Jahresbericht heisst. Dies bedeutete, dass den Spielen mehr Raum gegeben wurde, denn: «Die Turnerinnen v. heute finden im grossen u. ganzen hauptsächlich nur an den Partei- und Unterhaltungsspielen ihre Begeisterung.»[72]
Im selben Jahr wurden bei einem Ausflug auf die Waldweide ob Waldenburg unter anderem auch 80-m-Lauf, Ball-, Speer- und Ringwerfen geübt – also leichtathletische Disziplinen.[73] Im Jahr darauf

---

70 PA, 20. Mai 1925.
71 PA, 19. Juni 1926. Der Entwurf zu diesem Artikel findet sich auch bei den Jahresberichten der Damenriege. Der Spieltag fand am Sonntag, den 20. Juni 1926 statt, ein Bericht darüber erschien im PA nicht.
72 JB der DR Pratteln AS pro 1930.
73 Ebd.

beteiligte sich die Damenriege erstmals am End- oder Schlussturnen des Turnvereins, mit dem alljährlich die Freiluftsaison beschlossen wurde, und zwar mit einem Sechskampf.[74] Zum Abschluss der Veranstaltung gab es einen Stafettenlauf zwischen den Aktiven, der Damenriege und der Jugendriege. Und man höre und staune: «Nach hartem Ringen gelang es der Damenriege, als erste ‹Mannschaft› durchs Ziel zu laufen.»[75] Eine Rangliste über den Sechskampf der Turnerinnen wurde im Prattler Anzeiger nicht abgedruckt, Einzelresultate liegen nur für die Turner vor. Hier hielt man sich offenbar an die offiziellen Weisungen, was im Jahresbericht auch explizit vermerkt wurde: «Da die Preisverteilung natürlich nur den Turnern galt, wurden die Turnerinnen zum Ausgleich mit einem guten Znüni versorgt.»[76] Die Beteiligung der Turnerinnen am Schluss- oder Endturnen des Turnvereins geriet von da an zur Institution.[77]
Damit konnten die Sticheleien, welche die konkurrenzierende Prattler Damenriege, diejenige des Turnvereins Neue Sektion, im «Prattler Anzeiger» veröffentlichte, die Damenriege der AS nicht mehr treffen. Im Jahr 1930 – dem Jahr seiner Gründung – hatte der Damenturnverein der NS[78] im «Prattler Anzeiger» verlauten lassen, dass er anlässlich des Schlussturnens seiner Stammsektion ein Propagandaturnen durchführen werde. Dieses werde nicht in der Turnhalle, sondern draussen stattfinden, da auch Kugelstossen, Weitsprung, Schnellauf, Stafettenlauf usw. «zur Konkurrenz» kommen sollten. Damit wolle man zeigen, «dass im Frauenturnen nicht nur Freiübungen und Reigen, wie es vielfach in einzelnen Riegen gehandhabt wird, geübt werden.»[79] Dies ist eine leicht verzerrte Darstellung und in erster Linie die Kritik einer Damenriege, die der Arbeiterturnbewegung nahestand, an den bürgerlichen Vereinen. Arbeiterturnerinnen führten in den 30er Jahren leichtathletische

74 Im PA vom 17. Okt. 1931 wurde das Programm des Endturnens abgedruckt. Aufgrund des Jahresberichts der Damenriege pro 1931 beteiligte sie sich schon 1930 mit einem Sechskampf am Schlussturnen des Turnvereins. Laut Prattler Anzeiger nahm sie damals nur an der Abendunterhaltung teil, und anlässlich der Preisverteilung im «Ochsen» traten einige Turnerinnen und Turner als gemischter Chor auf (PA, 27. Sept. 1930 und 1. Okt. 1930). Aufgrund der Einsendungen im PA von seiten der NS, die ich gleich bespreche, halte ich es für wahrscheinlicher, dass die DR der AS 1930 noch keinen leichtahtletischen Wettkampf absolvierte.
75 PA, 21. Okt. 1931.
76 JB pro 1931. Dies blieb auch in den folgenden Jahren so.
77 Nur 1964 und 1965 mussten sie wegen mangelnder Beteiligung darauf verzichten (JB pro 1964 und 1965).
78 Im PA nannten sich die Turnerinnen der NS schon 1930 «Damenturnverein», in den Etats des SFTV werden sie zuerst als «Damenriege» und erst seit 1935 (bis heute) als «Damenturnverein» geführt.
79 PA, 1. Okt. 1930.

Wettkämpfe durch, während die bürgerlichen Damenriegen erst zaghaft die Leichtathletik in ihr Programm zu integrieren begannen. Freiübungen und Reigen waren neben den Spielen nach wie vor ein wichtiger Teil des Turnprogramms bürgerlicher Riegen[80] und nicht nur der Damenriege Pratteln AS, auf welche die Bemerkung zweifellos gemünzt war. Die Distanz zwischen den beiden Riegen kommt auch darin zum Ausdruck, dass die Damenriege der NS bei diesem Anlass mit der befreundeten Riege Frenkendorf Spiele durchführte und nicht etwa mit Pratteln AS. Auch die beiden Turnvereine publizierten im «Prattler Anzeiger» immer wieder Seitenhiebe dieser Art.[81]

Der Damenturnverein Pratteln NS war freizügiger in der Berichterstattung über seine eigenen Erfolge. So liess er 1930 einen Artikel erscheinen über seine erstmalige Teilnahme an einer kantonalen Turnfahrt. Im Stafettenlauf hätten seine Turnerinnen den Sieg davongetragen, während sie in Faustball Sieg und Niederlage hätten verzeichnen müssen.[82] Wie der Turnverein Pratteln NS gehörten aber auch die Turnerinnen der NS der bürgerlichen Turnbewegung an, allzu sehr durften sie deshalb nicht von den vorgegebenen Richtlinien abweichen.

Die Jahresberichte der Damenriege Pratteln AS präsentieren die Riege als wichtiges kantonales Zugpferd bei der Förderung der Spiele. Auch die Leichtathletik wurde vergleichsweise früh gefördert. Sicher spielte hier auch die Konkurrenz zum Damenturnverein Pratteln NS eine Rolle. Bereits 1931 führte die Damenriege der AS mit sechs anderen Riegen einen Spieltag durch, der im «Prattler Anzeiger» als «grosse Demonstration für das Frauenturnen» bezeichnet wurde. Ein «vielseitiges turnsportliches Programm» mit

---

80 Aus einem Gespräch mit Frau Oe. aus Allschwil vom 5. Okt. 1994. Sie turnte in den 30er Jahren in der Damenriege des ATV Allschwil, kannte aber auch Frauen aus der Damenriege des TV Allschwil. Ihr Mann wechselte dann vom ATV zum TV, sie wollte aber nicht plötzlich mit den anderen Frauen turnen und ging deshalb gar nicht mehr turnen. Eine Geschichte des Frauensports in Satus-Vereinen der Schweiz steht meines Wissens noch aus.

81 Einen kurzen Schlagabtausch zwischen den Turnvereinen der AS und der NS gab es bezüglich der «Gaben», also der Preise bei den Schlussturnen. Die NS liess am 27. Sept. 1930 im PA verlauten, sie würden ab sofort auf die Vergabe von Preisen verzichten, wie dies im Leichtathletenverband schon einige Jahre gehandhabt werde. Am 1. Okt. 1930 berichtete ein Mitglied der AS im PA über das Endturnen unter anderem auch, dass der Gabentempel sehr schön gewesen sei. Ausserdem stellte er klar, dass sie nicht der Gabe zuliebe turnten, sondern der Gesundheit und des Körpers wegen. «Wenn andere anderer Auffassung sind, dann bedaure ich sie, dann mögen sie bei ihrer Auffassung bleiben.» (ebd.) Die Durchsicht des PA macht deutlich, wie spannend die Geschichte des Verhältnisses zwischen den beiden Turnvereinen wäre, angefangen natürlich bei der Spaltung im Jahr 1917.

82 PA, 13. Sept. 1930.

befreundeten Riegen des Ober- und Unterbaselbietes sei gezeigt worden.[83] Für den Spieltag im Jahr darauf meldete die Lokalzeitung in einer Vorschau die Teilnahme von zehn Riegen, die sich in Korbball, Faustball, Schnurball und Pendelstafette messen würden. Der Ablauf wurde so geschildert: Am Morgen sollten die «Vorkämpfe» stattfinden. Die siegenden Gruppen würden dann in die «Zwischenspiele» gelangen, und deren beste würden dann am Abend die «Endspiele» austragen. Und dann, wie in jeder Sportberichterstattung: «Als Hauptfavoriten gelten die sieggewohnten Gruppen Frenkendorf und Gelterkinden [in Korbball, eh], während im Faustball Arlesheim, Birsfelden und Pratteln AS an der Spitze zu suchen sind.»[84] Ausscheidungen, Favoriten und sieggewohnte Mannschaften! Das war mehr, als sich die BZ zu jener Zeit erlaubte. Der «Prattler Anzeiger» druckte in seinem Bericht über den Spieltag auch die Namen der siegreichen Riegen ab: Frenkendorf gewann das Endspiel in Korbball, «das dank des Schiedsrichters nicht in den allzuharten Nahkampf ausartete»; Pratteln 1 gewann in Faustball, nach Ansicht des Schreibenden in einem Spiel von noch nie dagewesenem Niveau (er verwies zum Beispiel auf das geschickte Spiel der rechten Hinterspielerin); in Schnurball gewann ebenfalls Frenkendorf. Im gesamten hatte der Spieltag auf den Korrespondenten einen «überaus günstigen Eindruck» gemacht, es sei mit viel Begeisterung gespielt worden und das, «ohne auf Rang und Auszeichnung hoffen zu dürfen.»[85] Auch die Stafettenläufe lobte er. Wer etwa gemeint habe, die Turnerinnen verstünden nichts von Geh- und Lauftechnik, hätte sich getäuscht gesehen. Ruhig und sicher, aber so schnell wie möglich, hätten sie jeweils den Stab an die Kameradin übergeben, «die lauernd, gespannt hinter der Fahne wartet.» Pratteln AS 1 habe mit etwa 50 m Vorsprung gewonnen, gefolgt von Birsfelden und Gelterkinden.[86] Der Bericht ist nicht weit entfernt von üblicher Sportberichterstattung – ob er nun von der Damenriege selber stammte oder von einem Journalisten, spielt keine Rolle. Wichtig ist, dass auf diese Weise berichtet wurde und offenbar ohne dass dies von jemandem offen kritisiert worden wäre. Eine Rangliste gab es offensichtlich, die vorderen Ränge wurden in der Zeitung veröffentlicht, was dem Anlass fehlte, waren Auszeichnungen, auch wurde nie der Name einer einzelnen Spielerin genannt.

Angesichts der Spielbegeisterung der Turnerinnen wurde 1933 in Pratteln der erste kantonale Spieltag durchgeführt, organisiert von

83 PA, 7. Okt. 1931.
84 PA, 27. Aug. 1932,
85 PA, 31. Aug. 1932.
86 Ebd.

der Damenriege der AS.[87] Zusammen mit der Voranzeige erschien im «Prattler Anzeiger» ein Hintergrundartikel über den grundsätzlichen Wert des Frauenturnens. Fröhlichkeit und Bewegung sollte das Turnen bringen, Gesundheit und natürliche Schönheit fördern, die Ansammlung von Fett verhindern und das Altern hinausschieben – um nur die wichtigsten Ziele zu nennen.[88] Später folgte ein sehr ausführlicher Bericht über den Spieltag. Der Autor des Artikels gab sich als Pionier des Frauenturnens im Kanton aus, als einer, der dazu beigetragen habe, trotz der vielen aktiven und passiven Widerstände gegen die Einführung des Frauenturnens, «das Pflänzlein dennoch zum Blühen und Gedeihen» zu bringen.[89] Seiner Ansicht nach war der Anlass ein Erfolg, sowohl in sportlicher wie in propagandistischer Hinsicht, angefangen bei der Organisation, die ausgezeichnet geklappt habe. Das Leistungsniveau sei sehr unterschiedlich gewesen, er habe mittelmässige bis sehr gute Leistungen gesehen, auf dieses und jenes sollten die Leiterinnen und Leiter in Zukunft vermehrt schauen. Zum Schluss nannte er die besten «Mannschaften»: in Faustball die Damenriege der AS; als «Spitzenmannschaften» in Korbball: Frenkendorf, Aesch und Liestal, die in Sachen Technik einiges geboten hätten, und er druckte auch die Rangliste ab, wie sie der technische Leiter des FTV bekanntgegeben hatte: die Plätze eins bis acht in Faustball, Korbball und Stafetten, bei letzteren inklusive gelaufene Zeiten.[90]

Im Sommer 1938 war Pratteln erneut Gastgeberin des kantonalen Spieltages. In der Vorankündigung im «Prattler Anzeiger» hiess es, dass rund 300 Turnerinnen erwartet würden, zur Austragung würden Korbball, Faustball, Pendel- und Rundbahnstafette kommen. Und offenbar musste wieder einmal deutlich gemacht werden: «Obschon es hier bei den Frauen nicht in erster Linie um Preis und Rang geht, dürften interessante Momente bei den Spielen […] zu sehen sein…»[91] Unerwartet viele Zuschauer seien gekommen, konnte das Lokalblatt anschliessend berichten. Über die Korbballspiele hiess es: «Das Spiel war in einzelnen Gruppen etwas hart, dürfte für Damen dämlicher gezeigt werden.» Als Beispiele guter Zusammenarbeit wurden die Riegen Liestal, Frenkendorf und Gelterkinden speziell hervorgehoben. In Faustball hätten Pratteln und Lausen die besten Propagandaspiele gezeigt – dies bedeutete wohl,

87 JB pro 1933.
88 PA, 23. Aug. 1933.
89 PA, 30. Aug. 1933. Ein Name fehlt zwar, dass es ein Mann war, geht aus dem Artikel hervor, indem der Autor sich als «den Sprechenden» und «den Berichterstatter» bezeichnet.
90 Ebd.
91 PA, 24. Aug. 1938.

dass sie gewonnen hatten. Auch bei der Rundbahnstafette, die erstmals durchgeführt worden war[92], wurden nur die Teilnehmerinnen aufgezählt. – Die Rangliste wurde nicht veröffentlicht, die siegreichen Riegen wurden nicht genannt – oder nicht als solche bezeichnet –, und begründet wurde dies damit, dass dies zu weit führen würde.[93] Die Berichterstattung ist deutlich zurückhaltender als diejenige über den Spieltag von 1933. Vielleicht standen Weisungen des FTV dahinter, dem die Artikel der frühen 30er Jahre zu weit gegangen waren.

Der Ablauf der Spielwettkämpfe wird im «Prattler Anzeiger» gleich beschrieben wie in der BZ und damit im Widerspruch zur Darstellung in den Protokollen des FTV. Für die erste Spielrunde sei ausgelost worden, heisst es zum Beispiel über den Spieltag von 1938, für die zweite und dritte Runde seien dann die erreichten Resultate ausschlaggebend gewesen.[94] Den Vorstandsprotokollen gemäss wurde nach jedem Spiel neu ausgelost. Es fällt schwer, den Zeitungen in dieser Frage nicht zu glauben. Erstens wäre diese seltsame Praxis, die es verhinderte, dass eine Riege zur Gesamtsiegerin wurde, vermutlich erwähnt worden. Zweitens wurde 1938 seitens des FTV kritisiert, dass der «Landschäftler» veröffentlichte, die Damenriege Hölstein sei sieggekrönt vom Spieltag zurückgekehrt, es wurde nicht darauf hingewiesen, dass Hölstein den Titel einer Gesamtsiegerin gar nicht tragen konnte.[95] Die Sache bleibt unklar.

Über den ersten kantonalen Frauenturntag in Sissach vom 2. Juli 1939 wurde im «Prattler Anzeiger» äusserst kurz berichtet, man betrachtete ihn vor allem als Auftakt zur grossen «Turnerheerschau» vom 8. und 9. Juli, also dem Kantonalturnfest der Männer. Am Tag der Frauen seien recht gute Partien in Korb- und Faustball gespielt worden, «trotzdem es hier nicht um den Rang oder gar um Lorbeeren ging.»[96] Über oberflächliche Feststellungen geht der Bericht nicht hinaus: der Gesamteindruck sei vorzüglich gewesen, sicher habe der Frauenturntag einen wesentlichen Beitrag geleistet zur Weiterentwicklung des Frauenturnens.[97] Weniger schöne, dafür direktere Worte sind im entsprechenden Jahresbericht der Damenriege Pratteln AS nachzulesen. Dort wurde über den Frauenturntag stolz vermerkt: «… bei den Spielwettkämpfen Korb- und Faustball waren besonders unsere ersten Garnituren den favorisierten Städterinnen

---

92   Im PA vom 27. Aug. 1938 wurde noch extra auf die Rundbahnstafette hingewiesen.
93   PA, 31. Aug. 1938.
94   Ebd.
95   Vgl. Kap. 8.1.
96   PA, 5. Juli 1939.
97   Ebd.

glatt überlegen. Und wir freuen uns heute noch über deren Erfolge…»[98] Dieser Eintrag weist darauf hin, dass ein allfälliger Wandel in der Berichterstattung der Zeitungen nicht mit Veränderungen im Spieleifer oder der sportlichen Haltung der Turnerinnen einhergehen muss. In den folgenden Jahren waren Berichte im Ton üblicher Sportberichterstattung weitgehend den Jahresberichten vorbehalten. So hiess es beispielsweise 1943 über das Endturnen: «Wir konnten dort unsere Bestleistungen vor einem ziemlich grossen Publikum präsentieren. Solche Anlässe sind für uns das beste Werbemittel. Nach Schluss der Wettkämpfe versammelten wir uns zur Entgegennahme der den Zeiten entsprechenden Auszeichnungen im Gasthaus zum Ochsen. Im Kreise einer fröhlichen Schar von Turnerinnen und Turnern fand dieser Anlass um Mitternacht sein Ende.»[99] Bestleistungen als bestes Werbemittel und Auszeichnungen entsprechend den gelaufenen Zeiten? Leider habe ich keine weiteren Hinweise in dieser Richtung gefunden. Von einer Preisverteilung nach Leistung ist in den folgenden Jahren offiziell noch nichts zu lesen.

Die Berichterstattung über den zweiten kantonalen Frauenturntag in Aesch von 1946 ist dürftig. Im Jahresbericht der Damenriege wurde nur vermerkt, dass die Beteiligung von Turnerinnen aus Pratteln gut und dass der Anlass trefflich organisiert war.[100] Im «Prattler Anzeiger» wurde überhaupt nicht darüber berichtet, einzig über das eine Woche später stattfindende Kantonalturnfest der Männer.[101] Aufgrund der Jahresberichte durchlebte die Damenriege der AS schwierige Jahre, was sicher mit ein Grund dafür ist, weshalb in der Lokalzeitung in jenen Jahren nur wenig über sie zu lesen war. Im Jahresbericht von 1949 stellte die Präsidentin erleichtert fest, dass die Beteiligung der Riege am kantonalen Spieltag in Liestal endlich wieder hoch gewesen sei, und sie fügte an: «Hoffen wir, das Interesse am Wettkampf halte auch in weiteren Jahren an, dass wir am Eidgenössischen Turnfest in Lausanne unser Können unter Beweis stellen können, damit die Prattler Musikgesellschaft nicht vergebens auf dem Bahnhof sich aufstellen muss.»[102]

Die Gründe für die Krise der Damenriege kenne ich nicht, vielleicht standen sie im Zusammenhang mit dem Rückschlag, den die Frauenturnbewegung laut Walter Leimgruber in der Nachkriegszeit

---

98   JB pro 1939/40.
99   JB pro 1943.
100 JB pro 1946.
101 PA, 23. Juli 1946. Der Ausblick auf das Turnfest der Männer enthielt keinerlei Hinweis auf den bereits abgehaltenen Turntag der Frauen.
102 JB pro 1949.

durchmachte.[103] Bemerkenswert ist, dass sich die Präsidentin für die Zukunft Interesse an Leistung und Wettkampf wünschte, was offenbar auch die Gemeinde Pratteln würdigte, verkörpert durch die Dorfmusik, welche die Turnerinnen am Bahnhof abholte, wenn sie von einem Turnfest nach Hause kamen.

Allzu schwer kann die Krise jedoch nicht gewesen sein, denn in der Leichtathletik, welche immer populärer wurde, lief die Damenriege der AS ganz vorne mit. Als sich die Baselbieter Turnerinnen 1950 am kantonalen Spieltag in Gelterkinden erstmals auch in leichtathletischen Disziplinen massen, nahmen aus Pratteln fünf Turnerinnen teil und belegten die ersten drei Ränge! Nicht zu Unrecht sprach man intern nun von «unseren Sprintern».[104]

Nach aussen hin war es nach wie vor der Damenturnverein der NS, der viel offener über Wettkämpfe berichtete. In den Jahren 1946 und 1947 liess der Turnverein der NS neben den Resultaten seiner Aktiven auch die Namen der Turnerinnen abdrucken, die in den Einzelwettkämpfen die ersten drei Plätze erobert hatten.[105]

In den 50er Jahren war die Berichterstattung sehr unterschiedlich. Knappe Mitteilungen über erbrachte Leistungen standen neben den mit steter Regelmässigkeit wiederholten Phrasen, dass es den Turnerinnen nicht um Rang und Auszeichnung gehe. Die Diskrepanz zwischen der Berichterstattung und der turnerischen Realität scheint mir in jenen Jahren stetig zugenommen zu haben. In den Jahresberichten wurde noch eher offen über die tatsächlichen turnerischen Aktivitäten gesprochen als in den Zeitungen. An beiden Orten wurde aber versucht, die widersprüchliche Situation durch einen ironischen, witzelnden Stil wettzumachen, wie auch dadurch, dass mehr über den vergnüglichen Teil der Anlässe berichtet wurde. In den Jahresberichten der Damenriege der AS ist diese Tendenz teilweise dadurch zu erklären, dass die Trennung zwischen Jahresbericht und technischem Bericht immer stärker vollzogen wurde, in den Zeitungen wohl damit, dass eben nach wie vor nicht wie über andere Sportanlässe berichtet werden konnte.

In den 50er Jahren wurde sogar der Damenturnverein der NS «domestiziert». Im «Prattler Anzeiger» kündete der Verein 1958 seine Teilnahme am kantonalen Frauenturntag in Liestal an und fügte der Meldung bei, dass jede Turnerin sich darüber im klaren sei, «dass sie nicht am Fest teilnimmt, um mit einer möglichst hohen Punktzahl nach Hause zurückzukehren», sondern dass es um die Förderung der Turnerei und um die Pflege der Kameradschaft

---

103 Vgl. Leimgruber, in: Schader/Leimgruber 1993, S. 239.
104 JB pro 1950.
105 PA, 18. Okt. 1946 sowie PA, 17. Okt. 1947.

gehe.[106] Und in einem Bericht über die Turntage in Basel von 1959 machten sie sogar denjenigen Vorwürfe, welche Ranglisten veröffentlichten – wie sie es früher selber getan hatten: «Turnerinnen im Wettkampf ist nicht das gleiche wie beim Turner. Turnerinnen spielen und laufen miteinander und gegeneinander ohne Rang und Auszeichnung. Und doch gibt es hie und da Vereine, die in den Zeitungen sich mit Ranglisten brüsten.»[107] Dass es aber auch ihnen nicht völlig egal war, wer in den so speziellen Wettkämpfen der Frauen gewann, zeigt die im selben Artikel geäusserte Kritik an der Zuteilung der Spielgegnerinnen in Faustball. Die Basler Turnerinnen hätten die stärkste Mannschaft gestellt, und gerade ihnen habe man die schwächsten Gegnerinnen zugewiesen.[108]

Ebenso wichtig wie der turnerische Teil war an den Schlussturnen zweifellos immer auch der anschliessende «Hock», meist im Hotel «Ochsen», wo die Aktiven des Turnvereins und die Damenriege zusammensassen und auch das Tanzbein geschwungen wurde. Dies war in den 50er Jahren nicht anders, und den Turnerinnen lag offenbar viel an diesem Anlass. Seinetwegen verzichteten sie 1952 zum Beispiel auf die Teilnahme am Spiel- und Wandertag der Baselbieter Damenriegen. Schon beim Wettkampf des Endturnens ging es lustig zu und her: «Nicht nur turnerisch, sondern musikalisch, geographisch sowie ortskundig und haushaltkundig wurden wir ausgequetscht, was allen viel Vergnügen und Spass bereitete. Das nächste Jahr wird 14 Tage vor dem Endturnen nur noch Schweizergeographie studiert, damit es keine Versager mehr gibt.» Am Abend wurde im Restaurant «Ochsen» die Rangverkündigung durchgeführt, um die «wohl verdienten Wienerli» in Empfang zu nehmen. «Bei rassiger Tanzmusik gab es noch einige gemütliche Stunden des Beisammenseins.»[109] Die Rangverkündigung galt wie üblich nur den Leistungen der Turner, dies, obwohl die Damenriege am Endturnen zahlenmässig am besten vertreten war. Auch im «Prattler Anzeiger» wurden keine Resultate abgedruckt, es war nur zu lesen, dass jede Abteilung ihr eigenes Wettkampfprogramm durchgeführt habe und zum Abschluss wie üblich alle zusammen eine Pendelstafette gelaufen seien.[110]

Veröffentlicht wurden im «Prattler Anzeiger» hingegen die Gruppenresultate des gemischten Wettkampfes von Turnerinnen und

106   PA, 20. Juni 1958.
107   PA, 10. Juli 1959.
108   Ebd.
109   JB pro 1952.
110   PA, 12. Sept. 1952 und 19. Sept. 1952. Der Wettkampf der Damenriege bestand aus Hochsprung, Kugelstossen, Schnell-Lauf, Zielwurf und Hindernislauf, erwähnt wurden auch die Quizfragen.

Turnern am Endturnen des darauf folgenden Jahres. Vier Turnerinnen und sechs Turner bildeten eine Gruppe, wer zusammenkam, wurde ausgelost, zu bewältigen waren: Kugelstossen, Hochsprung, Weitsprung aus dem Stand, Schleuderballwurf, 60 m Pendelstafette und ein Hindernislauf.[111] Nach übereinstimmenden Zeugnissen war der Anlass ein Erfolg. Mit Begeisterung hätten sich alle an die Arbeit gemacht, war in der Lokalzeitung zu lesen. «Ritterlich halfen die Turner dem zarten Geschlecht beim Hindernislauf, um gemeinsam eine gute Zeit herausholen zu können. Bei der 60-m-Stafette hatte manchmal ein Läufer Mühe und musste alles herausgeben, um nicht von einer flinken Turnerin überholt zu werden.»[112] «Der gemischte Wettkampf war beiden Seiten willkommen», heisst es auch im Jahresbericht der Damenriege, «erstens war viel mehr Begeisterung, da halt das starke Geschlecht sich doch sehr viel auf seine Leistungen einbildet. Am Abend wurde im Rest. Ochsen die Rangliste verlesen, und da kam es zu etlichen Überraschungen. Aber ich glaube, bis heute haben sich alle wieder erholt von ihrem Wurstsalat spezial mit Zwiebeln.»[113] Wieder diese Anspielungen, dieser gewollt lustige Stil. Beziehen sich die Überraschungen auf die erzielten Resultate? Bestimmten diese die Grösse des Wurstsalates? War den Turnerinnen nun Leistung weniger wichtig als den Turnern, oder kämpften sie, angespornt durch die Turner, auch mit mehr Begeisterung? – Wie dies bei diesem Anlass auch gewesen sein mag, ob der «Plausch» dominierte oder nicht: Dass die Turnerinnen auch ernsthaft trainierten in diesen Jahren, bezeugt die Tatsache, dass sie an den Schweizerischen Frauenturntagen in Basel im Jahr 1959 das «Baselbieter Bestresultat der Sprinter» erzielten.[114]

In den Jahresberichten und technischen Berichten der Damenriege Pratteln AS kann man sich über die sportliche Entwicklung und die Erfolge der Riege orientieren, dies gilt sowohl für die 50er wie auch für die 60er Jahre. Gleichzeitig dauerte in den 60er Jahren die Situation fort, dass sich die Riege zum Beispiel im Jahresbericht von 1964 damit brüstete, dass in der «kant. Elite-Gruppe», die auf das 100jährige Jubiläum des KTV hin zusammengestellt wurde, gleich vier Turnerninnen der AS zu finden seien[115]; während dann im technischen Bericht zwei Jahre später wieder die altbekannte Dok-

111 PA, 4. Sept. 1953.
112 PA, 11. Sept. 1953. Auch die Resultate der Gruppen wurden abgedruckt. Diese hatten sich Phantasienamen gegeben, wie sie heute etwa an Grümpelturnieren üblich sind.
113 JB pro 1953.
114 JB pro 1959. Im PA ist dazu nichts nachzulesen.
115 JB pro 1964.

trin heruntergebetet wurde: «Da wir Turnerinnen mit grosser Hingabe und Begeisterung unsere Wettkämpfe abhalten, spielen die Ränge auch keine so grosse Rolle.»[116] Genau in diesem Jahr aber, 1966, hob die Abgeordnetenversammlung des SFTV das längst anachronistisch gewordene Wettkampfverbot auf. Sicher spielten jedoch die Turnerinnen der AS nicht erst jetzt so, wie es über das Endturnen des Vereins im Jahr 1967 berichtet wurde: «Beim Korbball wurde gekämpft um Sieg oder Niederlage. Manche blaue Flecken wurden als ‹Andenken› mit nach Hause getragen.»[117] Der Unterschied in der Berichterstattung vor und nach Aufhebung des Wettkampfverbotes ist markant. Zum Endturnen von 1968 wurde der Turnverein Oberdorf eingeladen. Im Jahresbericht wurde der Ausgang der Veranstaltung so kommentiert: «Die Damenriege und die Turnerinnen vom TV Oberdorf bestritten einen 5-Kampf. Überlegene Siegerin wurde Erika Schmutz aus Oberdorf, gefolgt von unsern Leichtathletinnen.»[118] Noch nie vorher, auch in den Jahresberichten nicht, war bei den Wettkämpfen der Name einer einzelnen Turnerin genannt worden.

In der zweiten Hälfte der 60er Jahre begannen Teile der Turnerinnen in Spezialgruppen zu trainieren, in der Leichtathletik und im Geräteturnen.[119] Eine Änderung erfuhr auch das Endturnen, 1969 wurde es erstmals als Orientierungslauf durchgeführt, was bei allen Beteiligten, dem Turnverein mit seinen Untersektionen, offenbar auf gutes Echo stiess.[120]

Nach 1966 ging die Entwicklung sehr schnell in Richtung Leistung und Wettkampf. 1972 nahm mit Doris Bisang auch ein Mitglied der AS an den Olympischen Spielen in München teil.[121] Der Tonfall in den Jahresberichten ist viel sachlicher geworden, meiner Ansicht nach schwingt auch Erleichterung darüber mit, endlich offen über das berichten zu können, was zum Teil schon lange Usus ist, obwohl man sich keineswegs strikt an die Anordnungen des FTV gehalten hatte. Seit den 30er Jahren, einmal mehr und einmal weniger, wurden im «Prattler Anzeiger» Namen von siegreichen Riegen an Spieltagen veröffentlicht und zum Teil auch ihr Einsatz oder ihre Technik kommentiert, obgleich diese Art von Berichterstattung vom FTV noch nach dem Zweiten Weltkrieg scharf kritisiert wur-

---

116 Techn. Bericht pro 1966.
117 Techn. Bericht pro 1967.
118 JB pro 1968.
119 JB pro 1968 und 1969. Im Jahresbericht pro 1971 wurden diese Gruppen und die Sportart, die sie betrieben, näher vorgestellt.
120 JB pro 1969 und 1970.
121 JB pro 1972.

de.¹²² Hingegen hielt sich die Damenriege der AS an die Weisung, keine Resultate von Einzelturnerinnen unter Nennung ihres Namens abzudrucken – was der Damenturnverein der NS Mitte der 40er Jahre tat, in den 50er Jahren allerdings nicht mehr, vielleicht war er von «oben» zurückgepfiffen worden.

Im «Prattler Anzeiger» wurde in den 50er Jahren insgesamt immer weniger über die Aktivitäten der Turnerinnen berichtet. Einerseits war das Frauenturnen keine Sensation mehr, andererseits ist es auch nicht interessant, immer wieder den in etwa gleichen Ablauf eines Spieltages oder Endturnens zu beschreiben, wenn nicht darüber berichtet werden darf wie über andere Sportanlässe, also keine Namen und Resultate bekanntgegeben und einzelne Leistungen kommentiert werden dürfen. Die widersprüchliche Haltung des SFTV gegenüber dem Wettkampf kommt in der Berichterstattung gut zum Ausdruck, dies macht es gleichzeitig schwierig herauszufiltern, wie der Turnbetrieb tatsächlich aussah. Sicher wurde aber schon viel länger wettkampfmässig geturnt, als dies der SFTV nach aussen dringen lassen wollte. Man liess die Turnerinnen gegeneinander antreten; aber sie durften ihre Siege nicht feiern, sich nicht in der Öffentlichkeit mit ihren Leistungen brüsten, da dies ihren Ehrgeiz anstacheln und sie zu gesundheitsschädigendem Einsatz antreiben würde. Das geistige Erbe von Turnideologen wie Eugen Matthias aus den 20er Jahren hatte lange Zeit Bestand.

Von den Anfängen des Frauenturnens war es ein langer Weg, bis die Präsidentin und die Leiterin der Damenriege Prattelm AS im Jahresbericht von 1974 schreiben konnten: «Über das erfolgreiche Abschneiden unserer Einzelturnerinnen an Schweizerischen, Regionalen und Kantonalen Meisterschaften wurde laufend in der Tagespresse berichtet. Auch an dieser Stelle gratulieren wir den Leichtathletinnen und Kunstturnerinnen herzlich.»¹²³

8.3 Nach der Turnfahrt ein Tänzchen wagen – Geselligkeit wird grossgeschrieben

Geselligkeit ist ein konstitutives Merkmal des Sports wie zum Beispiel Gesundheit und Leistung, stellten Wilhelm Kleine und Wolfgang Fritsch 1990 fest.¹²⁴ Für viele Leute stelle sie sogar die Hauptmotivation dar, einem Sportverein beizutreten. Um so erstaunlicher

---

122 Z. B. nach dem kantonalen Frauenturntag in Aesch von 1946, vgl. Kap. 8.1.
123 JB pro 1974.
124 Wilhelm Kleine/Wolfgang Fritsch (Hg.), Sport und Geselligkeit. Beiträge zu einer Theorie von Geselligkeit im Sport, Aachen 1990.

sei es deshalb, dass bisher eine systematisierende Betrachtung des Themas fehle.[125]

In diesem Kapitel beschäftige ich mich mit einem ausgewählten Aspekt dessen, was man allgemein als «Geselligkeit» bezeichnet: mit dem Umgang von Männern und Frauen miteinander innerhalb des Rahmens, den die vereinsmässig organisierte Turnbewegung bot. Es ist nicht einfach, den vorhandenen Quellen Aussagen zu diesem Thema zu entlocken, Protokolle und Jahresberichte widmen sich den Vereinsgeschäften und technischen Aspekten des Turnens und nicht dem vergnüglichen Rahmen. Dies ist sicher einer der Hauptgründe dafür, dass dieser Bereich bisher nur sehr ungenügend erforscht ist.

Seit den Anfängen der Frauenturnbewegung gab es einerseits selbständige Vereine, die Damenturnvereine oder auch Damenturnclubs, und andererseits die Damenriegen, welche als Untersektionen einem Turnverein angeschlossen waren. Die Mehrheit der Vereine, 24 von 30, die sich 1908 zum Schweizerischen Frauenturnverband zusammenschlossen, waren selbständige Damenturnvereine.[126] In den folgenden Jahren gründeten immer mehr Turnvereine Damenriegen als Untersektionen. Der älteren Tradition folgend, wurden auch im Kanton Baselland zuerst Damenturnvereine gegründet: in Liestal im Jahre 1906, in Münchenstein 1913 und in Binningen 1915. Offenbar hatten sie aber keinen leichten Stand als selbständige Vereine. Der Damenturnverein Liestal löste sich 1917 auf, und schon 1918 wurde vom Turnverein eine Damenriege gegründet, der auch Mitglieder des alten Damenturnvereins angehörten.

---

125   Ebd., S. 7/8. Kleine und Fritsch betrachten das Thema aus pädagogischer und soziologischer Perspektive, historische Bezüge fehlen fast ganz. Wertvoll ist insbesondere das Literaturverzeichnis, daraus nur drei Titel: Schlagenhauf 1977; Waldemar Timm, Sportvereine in der Bundesrepublik Deutschland, Teil II, Schorndorf 1979; Richard Sennett, Verfall und Ende des öffentlichen Lebens. Die Tyrannei der Intimität, Frankfurt a. M. 1983. Eine historische Aufarbeitung des Themas hat bisher vor allem in der Volkskunde stattgefunden. Äusserst anregend ist die Lektüre von Wolfgang Kaschuba/Carola Lipp, Dörfliches Überleben. Zur Geschichte der materiellen und sozialen Reproduktion ländlicher Gesellschaft im 19. und frühen 20. Jahrhundert, Tübingen 1982. Für den Kanton Baselland immer noch wertvoll ist das Buch von Eduard Strübin: Baselbieter Volksleben. Sitte und Brauch im Kulturwandel der Gegenwart, Basel 1967 (2. Auflage), worin die Geselligkeit einen eigenen Oberabschnitt umfasst, S. 133ff. Vgl. auch Ruedi Epple-Gass, Basel-Landschaft in historischen Dokumenten, 4. Teil: Eine Zeit der Widersprüche 1915–1945, Liestal 1993, Kap. 10: Kultur im Alltag, S. 210–233, das auf einem alltagsgeschichtlichen Ansatz beruht; wie auch Eva Herzog, Turnen, Kränze und Vergnügen. Der Turnverein Allschwil, in: S. Chiquet/P. Meyer/Irene Vonarb (Hg.), Nach dem Krieg/Après la guerre. Grenzen in der Regio 1944–1948, Zürich 1995, S. 198–204.

126   Die Gründervereine des SFTV sind aufgeführt in: 25 Jahre SFTV 1934, S. 105; vgl. auch Kap. 5.1.

Der Damenturnverein Binningen schloss sich 1920 als Untersektion dem Turnverein an. Dass der Damenturnverein Münchenstein-Neuewelt selbständig blieb, liegt wohl an der speziellen turnerischen Konstellation in dieser Gemeinde, die zwei bürgerliche Turnvereine beherbergte. Der Damenturnverein wirkte von Anfang an bei den Abendunterhaltungen beider Vereine mit, hätte er dem einen angehört, wäre dies nicht möglich gewesen. In den folgenden Jahren wurden auch im Baselbiet fast ausschliesslich Damenriegen gegründet.[127]

Warum? Waren die Turnerinnen aus turntechnischen oder gesellschaftlichen Umständen plötzlich auf den Rückhalt eines Turnvereins angewiesen? Oder hatten die Frauen selber kein Interesse an einem selbständigen Verein, da ihnen ohnehin am engen Kontakt mit der Aktivriege des Turnvereins gelegen war?

Herr G., langjähriger Riegenleiter in Muttenz und technischer Leiter des FTV, präsentierte mir in unserem Gespräch eine bestechend einfache Antwort auf diese Fragen. Wir sprachen darüber, dass in den Anfängen hauptsächlich Männer die Geschicke des Frauenturnens lenkten, und wir waren uns einig darin, dass man sich dies heute kaum noch vorstellen könne. Es habe eben noch keine Frauen gegeben, die «pioniermässig» das Frauenturnen fördern konnten, meinte Gysin und fuhr fort: «Es waren einfach Männer, die sagten, das Frauenturnen muss auch kommen, und sich eingesetzt haben für das Frauenturnen.»[128] Auf meine Frage, wieso die Männer denn zu dieser Einsicht gelangt seien, ob die Zeit einfach reif gewesen sei, meinte er: «Weil die Frauen überall... ja, hervorkamen. Vorher standen sie einfach im Hintergrund.» Dieser erste Teil seiner Antwort könnte von meiner Frage beeinflusst sein, die suggerierte, allgemeine gesellschaftliche Veränderungen hätten quasi automatisch auch das Frauenturnen hervorgebracht. Dies gilt aber nicht für den anschliessenden zweiten Teil seiner Antwort: «Und dann brauchte man die Frauen manchmal eben auch bei den Turnfesten, für Abendunterhaltungen oder so... – und warum sollten sie nicht auch turnen.»[129] Soll das etwa heissen, dass nicht in erster Linie die vielgepriesenen gesundheitlichen und pädagogischen Ziele dem Frauenturnen zum Durchbruch verhalfen, sondern ganz eigennützige Motive der Turner? Für Pius Jeker war dies keine Frage, 1924 schrieb er im «Frauen-Turnen»: «Viele Turnvereine riefen der Damenriege des Selbstzwecks wegen, die freien Damenturnvereine und -Klubs aber turnten einzig und allein im Interesse der Gesund-

---

127 Vgl. dazu Kap. 6.
128 Aus dem Interview mit Herrn G. (geb. 1911) vom 6. März 1992.
129 Ebd.

heit und des körperlichen Wohlbefindens ihrer Mitglieder.»[130] Dieselben Gründe werden in der Jubiläumsschrift des SFTV von 1934 für die Entstehung von Damenriegen angegeben: «... oder auch angeregt durch das Beispiel benachbarter Turnvereine, welche durch die ihnen angegliederten Turnerinnen eine erfreuliche Stärkung des Vereins und eine willkommene Möglichkeit zur Bereicherung ihrer Unterhaltungsprogramme erfahren hatten.»[131] Mit entwaffnender Offenheit schrieb auch ein Mitglied des Turnvereins Liestal 1938 im Vereinsorgan über die jährlich stattfindenden Turnerabende:

«Damen- und Jugendriege gehören nun einmal zum eisernen Bestand eines Turnerabends [...]. Speziell die Damenriege durfte sich nie über Mangel an Beifall beklagen, und die Turner selbst sind immer sehr zufrieden, wenn schon aus programmtechnischen Gründen die Damen anwesend sind und dann als Tanzpartnerinnen zur Verfügung stehen.»[132]

Diese Begründung hat sich gehalten. In einer Jubiläumsschrift aus den 70er Jahren wird die Neugründung der Damenriege Liestal im Jahr 1918, die kurz auf die Auflösung des 1906 gegründeten Damenturnvereins Liestal folgte, so kommentiert: «Im Turnverein sah man wohl, wie nützlich für ihn die Turnerinnen waren, und das besonders bei ihren jährlichen Aufführungen zur Bereicherung des Programms.»[133] Einerseits «bereicherten» und «verschönerten» die Turnerinnen also die Aufführungen der Turner; in der Regel taten sie dies mit sogenannten «Reigen», einer Mischung aus Schrittfolge und Tanz, daneben wurden auch Freiübungen gezeigt.[134] Andererseits garantierte ihre Teilnahme den Turnern für den folgenden gemütlichen Teil des Abends Tanzpartnerinnen. Einen weiteren Aspekt brachte Frau B., eine langjährige Riegenleiterin und auch technische Leiterin des FTV, in unserem Gespräch ein: Der Einsatz von Turnern für das Frauenturnen war offenbar auch eine Prestigesache. In spöttischem Ton erzählte sie, wie es in den 30er Jahren zur

130 Pius Jeker, «Grundsätzliches in der Frauenturnbewegung», FT, Nr. 2, 1. Feb. 1924.
131 25 Jahre SFTV 1934, S. 12.
132 «Turnerbanner» (zit.: TB), Offizielles Vereinsorgan des TV Liestal, 10. Jg., Nr. 6, Nov. 1938, S. 103.
133 50 Jahre FR Liestal 1976, unn.
134 Die Jahresberichte der DR Pratteln AS zeigen, wie lange sich diese Art von Vorführungen hielten. Am «Familienabend» von 1948 z. B. zeigten die Turnerinnen einen Putzfrauenreigen, Freiübungen, einen Zigeunerreigen und einen Cowboyreigen (JB der DR Pratteln AS pro 1948), und noch 1965 führten sie einen «Phosphor-Reigen» auf (JB pro 1965), ausserdem einen Cancan und 1969 dann einen Kasatschok (JB pro 1969).

Gründung der Damenriege in ihrer Gemeinde kam: «Das ist ganz typisch. Das war einer im Turnverein, eben dieser Oberturner. Er hatte ein bisschen Ambitionen, er hat auch noch die Mädchenriege gegründet später, ist auch Ehrenmitglied geworden, klar.»[135]
Die Gründungsgeschichten von drei weiteren Riegen scheinen das bisher Gesagte über die Interessen der Turnvereine zu bestätigen: Die Damenriegen von Gelterkinden (1919), Frenkendorf (1921) und Muttenz (1923) wurden auf eine öffentliche Aufführung hin gegründet, die Riegen zeigten sich zum erstenmal in der Öffentlichkeit, bevor noch die offizielle Gründungsversammlung stattgefunden hatte.[136] In Gelterkinden wurde nach dem Auftritt, als man zur offiziellen Gründung schritt, noch diskutiert, ob man eine Damenriege als Untersektion des Turnvereins oder einen eigenständigen Damenturnverein gründen wolle. Es obsiegte die Argumentation von Ehrenmitglied Hans Sozin, der sich für eine Damenriege aussprach, «da dadurch eine Verbindung mit dem Turnverein besser ermöglicht wird.»[137] Bei den andern beiden Riegen war offenbar von vornherein klar, dass diese Verbindung erwünscht war, sie stand gar nicht zur Debatte.
Obwohl Herr G. den Turnvereinen ihr egoistisches Verhalten in gewisser Weise vorwarf, war er deshalb nicht generell für die Gründung von unabhängigen Damenturnvereinen, sondern stellte sich auf den Standpunkt, es hänge von der jeweiligen Situation ab, ob eher eine Damenriege oder ein Damenturnverein gegründet werden solle. Es habe aber schon Riegen gegeben, die «vollständig unter dem Daumen des Turnvereins» gewesen seien.[138]
Pius Jeker, der im oben zitierten Artikel auch Kritik am Eigennutz der Turner übte, hatte sich zwei Jahre später auf die Seite derjenigen geschlagen, welche die Gründung von Damenriegen befürworteten, die Turnerinnen also dem Turnverein unterstellen wollten. Alle Untersektionen von Turnvereinen, auch die Damenriege, sollten sich durchaus selber «regieren» dürfen, meinte er 1926 in einem Artikel im «Frauen-Turnen». Präsident des Gesamtvereins sollte aber doch ein Mann sein. Interessant ist seine Begründung:

«Jeder Turnverein einer grösseren Ortschaft kann sich heute auf keinen Fall mehr mit seiner Aktivsektion allein zufrieden geben. Er ist schon durch die verschiedenartige Konkurrenz gezwungen, alle ihm einmal angehörenden Glieder zusammenzuhalten zu suchen, er ist auch gezwungen, möglichst

135 Aus dem Interview mit Frau B. (geb. 1912) vom 21. Okt. 1991.
136 Vgl. ihre Gründungsgeschichten in Kapitel 6.2.
137 Aus dem Protokoll der Gründungsversammlung vom 7. Juni 1919.
138 Aus dem Interview mit Herrn G. vom 6. März 1992.

neue Organisationen anzugliedern, damit ihm durch das Ganze in erster Linie für seine Aktivsektion Nutzen erwachse, dann aber auch muss er sich durch einen möglichst grossen Interessenkreis verstärkten Einfluss im Leben und Treiben der Ortschaft zu verschaffen suchen.»[139]

Angesichts der zunehmenden Konkurrenz der Spiel- und Sportbewegung, nicht zu vergessen auch der Arbeiterturnbewegung in den 20er Jahren, vertrat Jeker, als einer der führenden Köpfe der Frauenturnbewegung, die Ansicht, dass die Frauen ihre Selbständigkeit aufgeben sollten, um die Turnbewegung der Männer zu stärken. Von seiten der Turnvereine könnte in den 20er Jahren ein gewisser Druck ausgegangen sein, Damenriegen zu gründen und für die eigenen Zwecke nutzbar zu machen. Als Erklärung dafür, dass sich überhaupt Frauen fanden, die in diesen Riegen mitmachten, wie auch dafür, dass sie keine eigenständigen Vereine gründeten, reicht dies aber nicht aus. Die Frauen müssen ihrerseits ein Interesse an dieser Organisationsform gehabt haben.

In der Jubiläumsschrift des TV Liestal von 1910 wird ein sogenanntes «Kränzchen» des Turnvereins beschrieben:

«Nach des Jahres Mühen und Lasten gibt sich der Turner auch gerne einigen Stunden der Gemütlichkeit hin und ist es in unserm Verein Usus geworden, jährlich einmal ein Kränzchen abzuhalten, wo Gelegenheit ist, das schöne Geschlecht, das sich den Turnern gegenüber immer so sympatisch zeigt, zu Ehren zu ziehen. [...] Auch dieses Jahr wieder, es war am 29. Januar, wanderte mit fröhlichen Gesichtern die Turnerschar, begleitet von ihren Schönen, dem Hotel Engel zu, um hier die Gemütlichkeit zu pflegen. Die rühmlichst bekannte Kapelle Schreiber [...] hat auch diesmal wieder ihr möglichstes getan, die Gelüste der Tänzer, die, man darf es von den Turnern schon sagen, nicht allzukleine sind, zu befriedigen.»[140]

Da das Jahr des Ausflugs nicht angegeben wird, ist nicht klar, ob es sich schon um Turnerinnen des Damenturnvereins (gegr. 1906) handelte oder um andere junge Frauen Liestals. Obwohl die Beschreibung aus der Sicht von Turnern für Turner geschrieben ist, ist schwer vorstellbar, dass die Frauen sich an diesem Kränzchen weniger amüsiert haben sollen als die Männer. Es gab auch Tanzveranstaltungen ohne Turnvereine, sie innerhalb eines Vereins zu veran-

---

139 Pius Jeker, «Die Turngemeinde», FT, Nr. 11, 3. Sept. 1926.
140 Zitiert nach Karl Weber et al., Festschrift zum 50jährigen Jubiläum des Turnvereins Liestal 1859–1909, Liestal 1910 (zit.: 50 Jahre TV Liestal 1910), S. 32. Aus der Schrift geht nicht hervor, wann das «Kränzchen» stattfand.

stalten, hatte aber klare Vorteile: Vereine bildeten einen gesellschaftlich legitimierten Rahmen, der gerade den Frauen eine Teilnahme an geselligen Anlässen erleichterte. Elisabeth Joris und Heidi Witzig haben dies am Beispiel des Zürcher Oberlandes beschrieben: Im Zuge der gesamtgesellschaftlichen Veränderungen um die Jahrhundertwende wandelten sich auch die Formen und Möglichkeiten geselligen Zusammenseins. Eine spezifische Jugendöffentlichkeit etablierte sich, zum Teil nach Schichten getrennt, zum Teil gemischt. Neue Vereine entstanden, und bereits bestehende öffneten sich für Frauen oder Angehörige anderer Schichten. Diese Vereine gaben den ledigen jungen Frauen und Männern Gelegenheit für ungezwungenes Zusammensein, frei von elterlicher oder familiärer Kontrolle. Die Eltern ihrerseits akzeptierten die Teilnahme der jungen Frauen am Vereinsleben, da dieses die verlorengegange traditionelle Kontrolle durch das Dorf ersetzte.[141] Laut Joris und Witzig trieben die jungen Frauen im Gegensatz zu den Männern noch kaum Sport, kehrten jedoch zusammen mit diesen ein, tanzten und tranken Bier, allerdings weniger als die Männer. Wichtige Stätten der Begegnung seien Theater- und Gesangsvereine gewesen, nur die Töchter der Oberschicht hätten Sport getrieben.[142]

Die schichtspezifische Unterscheidung, die Joris und Witzig vornehmen, ist richtig, Sportarten wie Tennis, Reiten und Autofahren, die sie konkret aufzählen, waren tatsächlich Frauen der Oberschicht vorbehalten. Sie erwähnen auch, dass sich Sport und Turnen für Mädchen in allen Schichten der Bevölkerung allmählich verbreitet hätten, gefördert insbesondere durch den Turnunterricht in der Schule.[143] Vom Turnen der erwachsenen Frauen in den Damenriegen und -turnvereinen sprechen die beiden Historikerinnen jedoch nicht. Meiner Ansicht nach übersehen sie damit die Rolle, welche Turnvereine und Damenriegen in ländlichen – reformierten – Ge-

---

141 Joris/Witzig 1992, S. 92/93, 105/106 und 155. Auch Pierre Bourdieu weist darauf hin, dass sich Eltern und Gesellschaft von Sportvereinen eine Kontrolle über die Jugendlichen erwarteten und erwarten (vgl. Pierre Bourdieu, Historische und soziale Voraussetzungen modernen Sports, in: G. Hortleder/G. Gebauer, Sport – Eros – Tod, Frankfurt 1986, S. 104. Dass Jugendliche sich noch in unseren Tagen vom Beitritt zu einem Sportverein gleichzeitig mehr Freiraum erhoffen, da sie sich in einem gesellschaftlich sanktionierten Raum bewegen, der aber der direkten elterlichen Kontrolle entzogen ist, zeigt eine zeitgenössische Studie. Im Mikrozensus «Freizeit und Kultur» von 1988 ist zu lesen, dass bei den über 20jährigen die Teilnahme an Vereins- und Clubanlässen zurückgehe. Als Erklärung wird vermutet, dass dies vor allem Aktivitäten für Jugendliche seien, die noch unter der Kontrolle der Eltern stünden (Mikrozensus 1988, S. 13, Anm. 1).
142 Joris/Witzig 1992, S. 155–167.
143 Ebd., S. 166. Sie erwähnen Turnen, Schwimmen und Skifahren, das nicht länger ein Privileg der Knaben gewesen sei.

bieten bereits vor dem Zweiten Weltkrieg für Frauen der Mittel- und teilweise auch der Unterschicht spielten. Es ist schwer vorstellbar, dass die Verhältnisse im Zürcher Oberland, die denjenigen im Kanton Baselland sehr ähnlich waren, sich gerade in dieser Hinsicht grundlegend unterschieden.[144] In Baselland stieg die Zahl der Damenriegen und -turnvereine in den 20er Jahren kontinuierlich an. Gab es 1920 erst fünf solche Gruppierungen, so betrug ihre Zahl 1930 bereits 20, und vor dem Zweiten Weltkrieg bestanden schon 30 Vereine, das heisst, fast in jeder zweiten Ortschaft. Die Übersichtstabellen in den Bestandeslisten von ETV und SFTV weisen für den Kanton Zürich mit der Region Basel vergleichbare Zuwachsraten auf.[145] Neben anderen Vereinen boten sicher auch im Zürcher Oberland schon vor dem Zweiten Weltkrieg Turnvereine und Damenriegen Gelegenheit für Körperertüchtigung und Vergnügen.

Der Zusammenschluss zu einem Verein erleichterte den Frauen nicht nur den Kontakt zum anderen Geschlecht, er eröffnete ihnen auch Möglichkeiten, selbständig, das heisst ohne männlichen Schutz – allenfalls mit der männlichen Riegenleitung – Ausflüge zu unternehmen. Seine erste Turnfahrt machte der Damenturnverein Liestal 1907 nach Zeglingen. Laut «Turnerbanner» nahm dieser Ausflug «den denkbar günstigsten Verlauf», so dass beschlossen wurde, jedes Jahr mindestens zwei Ausflüge durchzuführen.[146] Was unter dem «denkbar günstigsten Verlauf» des Ausfluges verstanden werden muss, erhellt eine Postkarte aus Zeglingen vom Mai 1907, gerichtet an den «Tit. Lieblichen Frauen-Turnverein Liestal»:

---

144   Joris und Witzigs einzige Quelle über das Frauenturnen ist die Diplomarbeit von Karin Schütz von 1984, die aber nicht der Ausbreitung des Frauenturnens in der Schweiz gewidmet ist, sondern hauptsächlich einer Analyse der offiziellen Verbandsdoktrin (vgl. Schütz 1984).
145   Übersichtstabellen gibt es in den Etats von ETV und SFTV seit 1926. Sie listen die Kantone auf, weshalb ich als Vergleich Baselland und Basel-Stadt zusammengenommen habe. Auch sind nicht die Sektionen gezählt, sondern die Anzahl Vorturnerinnen, was aber bis etwa 1935 der Anzahl Vereine entspricht, wie ich anhand der Zahlen für Baselland überprüfen konnte. 1939 sind es dann durchschnittlich zwei Vorturnerinnen pro Verein. Die Zahlen im einzelnen:
1926: BL/BS: 27 Vorturnerinnen und 976 Turnende / ZH: 77 Vort. und 1499 Turn.
1930: BL/BS: 40 Vort. und 1500 Turn. / ZH: 110 Vort. und 2703 Turn.
1935: BL/BS: 59 Vort. und 1996 Turn. / ZH: 144 Vort. und 4469 Turn.
1939: BL/BS: 108 Vort. und 2328 Turn. / ZH: 252 Vort. und 4735 Turn.
(Quelle: Etats des ETV und SFTV.) Ich halte es für unwahrscheinlich, dass der Löwenanteil dieses Wachstums auf die Stadt Zürich fällt und das Kantonsgebiet turnerisch völlig «unterentwickelt» blieb.
146   TB, 10. Jg., Nr. 6, November 1938, S. 107. Die Berichte im Turnerbanner über den Damenturnverein beruhen auf dessen Protokollen, wurden also nicht von Mitgliedern des Turnvereins geschrieben.

*«Die herzlichsten Wünsche vom Zeglinger Jura-Verein im Rössli.
Behüt' Euch Gott,
Es war so schön gewesen.
Behüt' Euch Gott,
Es hätt' nur länger sollen sein.
Ihre galanten Tänzer!!! Verehrer? Auf baldiges Wiedersehen.»*[147]

Die Zeglinger sahen ihre Tänzerinnen wieder. Im September 1912 bat der Rössli-Wirt aus Zeglingen die Präsidentin des Damenturnvereins Liestal um Mitteilung darüber, ob die Damen zum Kaffee auch Kuchen wünschten, wie es bei früheren Besuchen der Fall gewesen sei. Im übrigen stehe der Saal zur Verfügung, ebenso geeignete Tanzmusik.[148] Aber auch den Liestaler Turnverein liessen die Turnerinnen nicht im Stich. Der Korrespondenz des Damenturnvereins ist zu entnehmen, dass die Turnerinnen an Anlässen des Turnvereins auftraten[149], dass sie mit diesem zusammen Turnfahrten oder Maibummel durchführten[150] und auch an den Turner-Kränzchen teilnahmen[151]. Die Briefe sind ausgesucht höflich, man hält sich an einen formalen Umgangston, der Turnverein gibt sich den Anschein, als ob er es keineswegs als selbstverständlich erachte, dass der Damenturnverein dazu bereit sei, seine Veranstaltungen zu «verschönern». Dies änderte sich auch nicht, als die 1918 gegründete Damenriege den selbständigen Damenturnverein ablöste. Die Einladungen des Turnvereins, in denen sie die verehrte Damenriege um Mithilfe bei Abendunterhaltungen und anderen Anlässen baten, sie zu Turnfahrten, Schauturnen oder dem jährlichen Schlussturnen luden, erfolgten weiterhin schriftlich, ebenso die Antworten der Damenriege. Als Untersektion des TV Lie-

---

147 Postkarte des Zeglinger Jura-Vereins an den DTV Liestal, abgestempelt am 28. Mai 1907 (Akten von DTV und DR Liestal).
148 Brief des Wirtes des Rest. Rössli in Zeglingen an den DTV Liestal vom 12. Sept. 1912.
149 Schon am 15. Dez. 1907, vgl. Briefe des TV Liestal an den DTV Liestal vom 9. Okt. 1907 und vom 18. Dez. 1907; auch 1908, vgl. Briefe des TV vom 9. Okt. 1908 und vom 24. Dez. 1908; für 1909 liegt nur die Einladung vor, aber auch keine Absage des DTV, vgl. Brief des TV vom 6. Okt. 1909; Einladung für 1910, vgl. Brief des TV vom 6. Okt. 1910; Dank für Auftritt, vgl. Brief des TV vom 14. Feb. 1912; weiterer Auftritt 1912, vgl. zwei Briefe des TV vom 28. Okt. 1912 und einen vom 16. Nov. 1912; Einladung für einen Auftritt am Kantonalturnfest 1914, vgl. Brief des TV vom 18. April 1914, das nicht stattfinden konnte.
150 Mir liegen zwar nur Einladungen vor, gleichzeitig aber auch keine Absagen des DTV, eine schriftliche Zusage war wohl auch nicht nötig, vgl. Brief des TV Liestal an den DTV Liestal vom 30. April 1908, vom 14. Feb. 1912 und vom 2. Okt. 1912. Letzteres war eine Einladung zum gemütlichen Zusammensitzen nach der Turnfahrt des Turnvereins.
151 Brief des TV Liestal an den DTV Liestal vom 5. Jan. 1914. Das Kränzchen erscheint im Brief als Institution:»… unser Kränzchen abhalten…», vgl. auch weiter oben im Text.

stal, was ihr eine gewisse moralische und finanzielle Unterstützung sicherte, hatte die Damenriege auch – mehr implizite als explizite – Pflichten gegenüber dem Turnverein. Der Druck, den Einladungen Folge zu leisten, war sicherlich grösser als beim Damenturnverein; doch sind in der Bereitwilligkeit, den Einladungen des Turnvereins Folge zu leisten, keine Unterschiede auszumachen zwischen Damenturnverein und Damenriege.[152]

Im Januar 1923 führte der Turnverein mit den ihm angeschlossenen Riegen den ersten «Familienabend» durch, mit dem erklärten Ziel, die Tradition der «vorkriegszeitlichen Turnerkränzchen» wiederaufzunehmen.[153] Die Turnerinnen «bereicherten» auch stets das jährliche «Konzert», das heisst die turnerische Vorstellung des Turnvereins, mit einer oder mehrerer Nummern. «Hoffen wir, dass das gute Verhältnis und das Vertrauen der Riege zum Gesamtverein in alle Zukunft so bleiben möge, dass wir auch in den nächsten Jahren in voller Harmonie gemeinsam dem Publikum den Wert der Leibesübungen vor Augen führen können», schrieb der Präsident des Turnvereins in seinem Dankesschreiben vom Dezember 1924 an die Damenriege.[154] Für die folgenden Jahre gingen diese Wünsche in Erfüllung.[155]

152 Aus der Korrespondenz der Damenriege: Beteiligung am Schauturnen vom 6. Feb. 1919, vgl. Brief des TV Liestal an die DR Liestal vom 1. März 1919; Tombola an der Abendunterhaltung, vgl. Briefe der DR an den TV vom 22. März 1919 und vom 25. April 1919; Beteiligung am Schauturnen laut Einladung vom 29. Sept. 1919 an die Mitglieder des TV, Brief des TV vom 1. Okt. 1919 mit Einladung zur anschliessenden Jubiläumsfeier, Brief der DR vom 3. Okt. 1919, sie werden in corpore erscheinen; Beteiligung am Schauturnen vom 11. März 1921, vgl. Brief des TV vom 9. März 1921 und Brief der DR vom 4. April 1921; DR lädt TV an ihr eigenes Schauturnen ein, vgl. Brief vom 14. Mai 1921; DR übernimmt Patenstelle bei der Fahnenweihe vom 25. Sept. 1921, vgl. Brief des TV vom 14. Sept. 1921; Übergabe der Kantonalfahne anlässl. Turnfest in Muttenz 1923, vgl. Briefe des TV vom 13. Juli 1923 und vom 16. Juli 1923; Beteiligung am Schauturnen vom 7. Okt. 1923, vgl. Brief des TV vom 29. Aug. 1923 und Brief der DR vom 17. Sept. 1923; Beteiligung an turnerischer Veranstaltung im Februar 1924, vgl. Brief des TV vom 23. Feb. 1924.
153 Brief des TV Liestal an die DR Liestal vom 9. Jan. 1923, vgl. auch Brief des TV vom 24. Dez. 1922.
154 Brief des TV Liestal an die DR Liestal vom 15. Dez. 1924. Die DR erhält als Dank wiederum einen finanziellen Zustupf von Fr. 50.–, vgl. Brief des TV vom 8. Jan. 1925.
155 Im Begleitbrief, den der Turnverein der Damenriege mit dem Programm der turnerischen Aufführung vom 16. Nov. 1929 schickte, schrieb er: «Wie Sie daraus ersehen rechnen wir damit, dass auch Sie wie immer an diesem Anlass mitmachen. Betrachten Sie daher dieses Schreiben als offiz. Einladung.» (Brief des TV vom 16. Sept. 1929). Mit Brief vom 26. Sept. 1929 gab die Damenriege ihre Zusage. Auch an der turnerischen Aufführung von 1930 nahm sie teil, vgl. Brief des TV vom 21. Aug. 1930; in den 30er Jahren war dies kaum anders, vgl. Brief der DR an den TV vom 20. Jan. 1934; Programm der Jubiläumsfeier vom 24. Nov. 1934. In einem Brief des Turnvereins vom 27. Juli 1932 ist auch von kleinen Reibereien die Rede; aber sie hätten doch ein gemeinsames Ziel, überhaupt besitze der Turnverein in der Damenriege eine Perle...

Eine weitere Gelegenheit zusammenzukommen, boten die Jahressitzungen der Damenriege, wozu sie laut Statuten eine Vertretung des Turnvereins einzuladen hatte. Allmählich bürgerte es sich ein, der Sitzung einen gemütlichen Teil folgen zu lassen, zu dem alle Aktivmitglieder eingeladen wurden.[156]

Über die Gestaltung ihres eigenen Auftritts hinaus konnte die Damenriege offenbar auch bei der Gesamtplanung der gemeinsamen Anlässe ein Wort mitreden. Als Antwort auf die Einladung zum Schauturnen vom 23. September 1928 liessen die Turnerinnen den Turnverein wissen, dass sie den Anlass im «Rotacker», das heisst auf dem Turnplatz vor dem Schulhaus Rotacker, abhalten wollten und nicht im «Gitterli», wie vom Turnverein vorgesehen, da ihnen die Sportanlage zu gross und zu wenig «heimelig» vorkomme. Im «Rotacker» seien ausserdem schon alle Einrichtungen und Geräte vorhanden.[157] Die Antwort des Turnvereins ist nicht erhalten, hingegen ist belegt, dass sich die Turnerinnen zwei Jahre später in derselben Sache durchsetzen konnten.[158]

Es ist eine alte Tradition, dass die Turner bei der Rückkehr von einem Turnfest von den anderen Vereinen des Dorfes empfangen, in neuerer Zeit am Bahnhof abgeholt werden und dass anschliessend gefeiert wird. Seit ihrem Bestehen nahm auch die Damenriege an diesem Brauch teil. Im Jahr 1932 konnten die Turner ihrerseits die Turnerinnen erstmals von einem «Eidgenössischen», vom Turnfest in Aarau, abholen.[159]

Wie der Damenturnverein Liestal wusste auch die Damenriege Gelterkinden die Turnfahrten zu nutzen, um sich unabhängig vom Turnverein zu amüsieren. Bei grosser Hitze führten die Turnerinnen am Auffahrtstag des Jahres 1920 ihre erste Turnfahrt durch. Auf der Froburg wurde gerastet und

«dem Durst Gegenwehr geleistet [...]. Trotz der Müdigkeit konnten wir den lockenden Tönen der Tanzmusik nicht widerstehen. Nur zu schnell rückte

156 Einladung zur Jahressitzung vom 7. Feb. 1925, vgl. Brief der DR Liestal an den TV Liestal vom 6. Feb. 1925; Einladung zur Jahressitzung vom 28. Jan. 1933, vgl. Brief der DR vom 19. Jan. 1933; in der Einladung von 1937 werden alle Aktiven des TV zu einem «fröhlichen zweiten Teil der Sitzung (Beginn ca. 22.30 Uhr)» eingeladen, vgl. Brief der DR vom 2. Feb. 1937.
157 Einladung des TV Liestal vom 16. Aug. 1928, Antwortschreiben der DR Liestal vom 17. Sept. 1928.
158 Brief des TV Liestal vom 5. Sept. 1930, Brief der DR Liestal vom 12. Sept. 1930, Brief des TV vom 2. Okt. 1930. Auf der Einladung zum anschliessenden gemütlichen Teil nannte der Turnverein als Durchführungsort den Spiel- und Turnplatz beim Rotackerschulhaus.
159 Dankesbrief der DR Liestal an den TV Liestal vom 11. Juli 1932. Eine Woche später taten die Turnerinnen dasselbe, wie sie es ihrerseits schon gewohnt waren, vgl. Dankesbrief des TV an die DR vom 27. Juli 1932.

die Zeit vor und mussten wir aufbrechen. Gemütlich legten wir die letzte Strecke zu Fuss zurück. Zwischen Trimbach und Olten gesellte sich der Brittnauer Turnverein, ebenfalls auf einer Turnfahrt begriffen, zu uns, und gemeinsam marschierten wir bei Trommelklang im schneidigen Marschtempo dem Bahnhof Olten zu.»[160]

Die Turnerinnen waren aber auch stark am Kontakt mit den Gelterkinder Turnern interessiert, anfänglich offenbar mehr als am Turnen selbst. Im Oktober 1920 mussten die Turnstunden für einige Zeit sistiert werden, da der Saal des Restaurant Rössli dauernd durch andere Vereine belegt war, die für Theateraufführungen probten. «Freudig begrüsst» wurde von der Damenriege daraufhin der Vorschlag des Präsidenten des Turnvereins, Jakob Bürgin, eine gemischte Gesangssektion zu gründen, «es sollen statt Turnstunden Gesangstunden einsetzen und hofft man so den Kontakt des Turnvereins und Damen-Riege zu wahren.»[161] Als weitere Stütze dieses Kontaktes wurde noch im selben Jahr, es war inzwischen November geworden, eine gemeinsame Turnfahrt unternommen. Die Turner zu Fuss, die Damen mit der Bahn – Treffpunkt war die «Sonne» in Liestal. Anschliessend spazierten alle zum Aussichtsturm auf der Sichtern. Der Nebel war so dick, dass man die Hand vor den Augen kaum sehen konnte; doch störte dies wohl niemanden wirklich: «Deshalb wird die Wirtstube lebhafter besucht als der Turm.» Den Abschluss fand der Ausflug in Gelterkinden mit dem Besuch der Theateraufführung des Orchestervereins.[162]

Im Jahr 1922 nahm die Gelterkinder Damenriege an der kantonalen Turnfahrt der Baselbieter Damenriegen auf die Sissacher Fluh teil. Jakob Bürgin, der 1921 auch das Präsidium der Damenriege übernommen hatte, schrieb über den Abschluss des Anlasses:

«Die Riegen rüsteten sich zum Aufbruch. ‹Wohin gehen wir?› fragte man sich. Da tönte irgendwoher das Wort Rünenberg, es fand Widerhall bei unsern Turnerinnen und so wurde beschlossen, die Turnfahrt dorthin noch auszudehnen. Zur Ehre der Wahrheit muss aber gesagt werden, dass weniger

---

160 Turnfahrt am Auffahrtstag 1920, Eintrag im Protokollbuch der DR Gelterkinden.
161 VS der DR Gelterkinden vom 30. Okt. 1920.
162 Turnfahrt vom Sonntag, 7. Nov. 1920. Das gesellige Leben der DR Gelterkinden unterschied sich im übrigen nicht von demjenigen anderer Riegen. Die Turnerinnen holten die Turner auch vom Bahnhof ab, so z. B. nach dem Kantonalturnfest in Liestal vom 22. Aug. 1920, als die Turner mit «lorbeergeschmücktem Vereinsbanner» heimkehrten (Eintrag im Protokollbuch); oder führten mit diesen zusammen nach den Jahresversammlungen einen gemütlichen Teil durch (schon an der Jahressitzung vom 20. März 1920; an der von 1921 gemäss VS vom 15. Jan. 1921; sicher auch an der Turnhalle-Einweihung vom 10. Juli 1921; an der Jahressitzung vom 13. Jan. 1923; an denjenigen vom 19. Jan. 1924 und vom 14. Feb. 1925).

das heimelige Dörfchen auf der Hochebene als vielmehr die Turner, die dort oben ihren Bezirksschwingertag abhielten, die Stimmung zu beeinflussen vermochten. So nahmen wir denn Abschied von den übrigen Vereinen und stiegen talwärts.»

Ein Gewitter zog auf, in Rünenberg suchten sie Schutz vor dem Regen, die Wirtschaft war überfüllt, «so verlor sich das eine dahin, das andere dorthin.» Schliesslich trafen sie sich wieder am vereinbarten Ort und machten sich auf nach Gelterkinden. Vom Zusammentreffen mit den Turnern in Rünenberg ist in Bürgins Bericht nicht die Rede, obwohl es stattgefunden haben muss. Die Wirtschaft war überfüllt – zweifellos mit den schwingenden Turnern, die ebenfalls Schutz suchten vor dem Regen. Bürgins abschliessender Kommentar erfasst wohl nicht ganz, wie die einzelnen Turnerinnen diese Turnfahrt erlebten: «Das schlechte Wetter hat diese Turnfahrt sehr beeinträchtigt, dazu auch die Unmöglichkeit, in Rünenberg gemeinsam zusammenzusitzen.»[163] Den Frauen lag wohl bei dieser Gelegenheit nicht in erster Linie daran, als Riege unter sich sein zu können. Beliebt waren in allen Vereinen die sogenannten «Katerbummel». Auf eine Jahresfeier oder eine andere Veranstaltung der Turnfamilie am Samstag folgte am Sonntag nachmittag eine kurze Wanderung zu einer Wirtschaft, wo dann bis zum Abend getanzt wurde.[164] Die Damenriegen der 20er und 30er Jahre hatten im Verlauf eines Jahres immer wieder Gelegenheit, turnerische Aktivitäten mit geselligen zu verbinden. Dazu gehörten unter anderem:

- Turnfahrten, alleine oder mit dem Turnverein;
- Jahresversammlungen, alleine oder mit dem Turnverein;
- Schauturnen: entspricht in etwa dem Vorführen einer Musterturnstunde, alleine oder mit dem Turnverein;
- Produktionen an Veranstaltungen des Turnvereins, am jährlichen Turnerabend und an dessen Jahresversammlung, oft mit Katerbummel am folgenden Tag;
- Beteiligung am Schlussturnen des Turnvereins;
- Aufführen von Produktionen an Turnerabenden und Abendveranstaltungen anderer Vereine;
- Mitwirken an der 1.-August-Feier und evtl. anderen Feiern in der Gemeinde.

In der Regel folgte diesen Anlässen anschliessend ein gemütlicher Teil, meist mit Tanz.

163 Bericht über die kantonale Turnfahrt auf die Sissacher Fluh vom 24. Sept. 1922, verfasst von Jakob Bürgin (Akten der DR Gelterkinden).
164 Dies wurde bei allen von mir untersuchten Riegen immer wieder erwähnt.

Obwohl die Geselligkeit für Mitglieder von Damenriegen und Turnvereinen einen hohen Stellenwert hatte, wird sie in Protokollen und Jahresberichten nur selten direkt angesprochen, diese Dokumente sind turnerischen Inhalten gewidmet. Etwas mehr Informationen enthalten Berichte über Turnfahrten; doch auch dort wird eher oberflächlich und nur in Andeutungen – insbesondere über den Kontakt zwischen den Geschlechtern – gesprochen. Ohne die Turnvereine auf die Funktion der Eheanbahnung reduzieren zu wollen: Die vielen «Turnerehen» zeigen, dass dies durchaus ein nicht unbedeutender Aspekt war. Die berühmteste Ehe zwischen einer Turnerin und einem Turner in Baselland wurde zwischen Willi Hägler aus Frenkendorf und Hedy Ammann aus Liestal geschlossen. Er war von 1931 bis 1945 Präsident des FTV, sie war von 1936 bis 1945 Präsidentin der technischen Kommission des Verbandes. Die beiden heirateten im Jahr 1940, und als sie 1945 die Ehrenmitgliedschaft des FTV erhielten, hiess es in der Laudatio: «Und wir freuten uns, als wir erfuhren, dass unsere technische und unsere administrative Leitung in Zukunft noch enger zusammenarbeiten [wollten] als bisher. In aller Stille haben sie im Kirchli von Arosa den Bund fürs Leben geschlossen...»[165] Der Rücktritt von Hedy Hägler im Januar 1945 und der überraschende Tod von Willi Hägler am Ende desselben Jahres erscheinen in den Protokollen des FTV beinahe als stärkere Zäsur für das Leben des Verbandes als das Ende des Zweiten Weltkrieges.[166]

Meine Interviewpartnerinnen und -partner sprachen selten offen über dieses Thema, vielleicht fragte ich zu direkt, vielleicht meinten sie der «Turnsache» Abbruch zu tun, wenn sie die Bedeutung dieses Aspekts zu sehr hervorheben würden. Herr G., Hedy Häglers Nachfolger als technischer Leiter, meinte auf meine in eine Frage gekleidete Feststellung, dass offenbar viele Leute ihre Lebenspartnerinnen beziehungsweise -partner über das Turnen kennengelernt hätten: «Das hat es gegeben, gibt es heute auch wieder. Heute noch fast mehr eigentlich, da man zusammenarbeitet.»[167] Noch weniger Bereitschaft, darüber zu sprechen, bekundete Frau S., eine ehemalige Turnerin aus Pratteln, deren Mann kein Turner war. Sie meinte nur lakonisch: «Irgendwo musste man sich ja kennenlernen.»[168] Natürlich gab es noch andere Orte, wo Männer und Frauen sich kennen-

---

165   Ehrung von Hedy und Willi Hägler-Ammann an der DV vom 14. Jan. 1945.
166   Der Tod von Willi Hägler wird in der VS des FTV vom 18. Dez. 1945 bekanntgegeben.
167   Aus dem Interview mit Herrn G. vom 6. März 1992. Mit Zusammenarbeit meinte er die aktuelle Tendenz der Gründung von Gesamtvereinen und -verbänden aus Turnerinnen und Turnern.
168   Aus dem Interview mit Frau S. (geb. 1920) vom 13. Feb. 1992. Bei ihr gibt es noch andere Gründe, dass sie so kurz angebunden reagierte: Ihr Mann habe sehr

lernen konnten. Mir geht es nur darum, zu sagen, dass der Kontakt zum anderen Geschlecht, den die Vereine ermöglichten, für die Beteiligten neben dem Turnen eine gewisse Bedeutung hatte, wenn auch sicher nicht für alle dieselbe. Jedenfalls ging es in Damenriegen und Turnvereinen zu offensichtlich nicht nur ums Turnen. Eine wichtige Rolle spielten in diesem Zusammenhang offenbar die «gemischten» Reigen, also Reigen, welche Turnerinnen und Turner gemeinsam aufführten. Welche Bedeutung diesen neben der rein turnerischen zukam, musste Traugott Pfirter, Leiter der Damenriege Pratteln, schon 1921, im ersten Vereinsjahr der Riege feststellen:

«Als 4. Anlass hatten wir die letztjährige Vorstellung mit gut gelungenen Freiübungen und dem gemischten Reigen «Vingäckertans». Der Applaus, den wir ernteten, zeugte dafür, dass unsere Arbeit gut und als solche auch gewertet wurde. Wenn ich hiezu trotzdem eine Bemerkung mache, so ist es eine Rüge, die ich mir selber erteilen muss: Leider habe ich bei der Auswahl der Turnerinnen für diesen Tanz nur auf das turnerische und rhythmische Können geschaut und nicht mit der Turnlust jedes einzelnen Mitgliedes gerechnet. Leider haben dies einzelne Turnerinnen als persönliche Nichtachtung empfunden. Es soll, wenn immer möglich, in Zukunft vermieden werden und bitte ich, mit dem neuen Jahr noch allfällig vorhandenen Groll fahren zu lassen.»[169]

Ob es ausschliesslich um die Turnlust der jungen Frauen ging, möchte ich aufgrund einer Bemerkung einer anderen ehemaligen Turnerin aus Pratteln bezweifeln. Frau D. sprach zwar über die 30er Jahre; doch dürfte dies hier nicht von Belang sein. Sie erinnerte sich an einen gemischten Reigen, Ende der 30er Jahre, an dem ihr damaliger Freund, ein Turner von Pratteln AS, ebenfalls mitmachte. Sie hätte nicht mitgemacht, sie sei noch – sie lachte dazwischen – zu jung gewesen. In amüsiertem Tonfall fuhr sie fort: «Ich kann mich noch so gut erinnern: Mein Freund damals hat mitgemacht an dem gemischten [Reigen], und ich bin ja nur ein Jahr jünger, und dann durfte man sich melden, eben um mitzumachen an dem ... Tessinerreigen, so etwas haben sie gemacht. Ich hätte natürlich auch gerne mitgemacht; doch dann hiess es, ich sei noch zu jung.» – Ich äusserte ein fragendes, missbilligendes «hm», und sie lachte schallend, voller Genuss. – «Ich weiss es noch so gut!» Auf meine Frage, ob dies denn einfach eine faule Ausrede gewesen sei, senkte

169 wenig Verständnis fürs Turnen gehabt, sie habe es durchsetzen müssen, dass sie gehen konnte. Sie war auf dieses Thema nicht sehr gut zu sprechen.
169 JB der DR Pratteln AS pro 1921.

sie die Stimme zu einem beschwörenden Flüstern: «He nei, die älteren wollten doch mit den Männern am Arm...» Aha, machte ich, sie flüsterte weiter: «Hatten doch noch keine Männer.» Worauf wir beide in schallendes Gelächter ausbrachen. «Es war schon ein bisschen so [...], wenn ein jüngeres schon Bekanntschaft hatte, und sie hatten noch keinen...»[170]
Frau D. hatte am Anfang unseres Gesprächs bemerkt, dass ihre Mutter es nicht so gerne hatte, dass sie turnen ging. Ich fragte später noch einmal nach, warum dies so war:
«E. H.: Mich würde noch interessieren, warum es Ihre Mutter nicht so gern hatte, dass Sie gingen...
Frau D.: Sie hat nie geturnt [laut und wie aus der Pistole geschossen]. Sie ging nie turnen. Und sie fand, das brauchte ich nicht. Ich weiss es auch nicht. Wenn ich vielleicht gesagt hätte, ich wollte singen gehen, da wäre sie eher einverstanden gewesen. Turnen, da ist man einfach... [...] mit den Turnern auch noch mehr in Kontakt gekommen. Man hat ja auch zusammen den Turnerabend gestaltet.
E. H.: Das hat man immer zusammen gemacht?
Frau D.: Das hat man immer zusammen gemacht, ja. Wir sind..., also in der Damenriege war man ja auch eine Untersektion des Gesamtvereins, nicht. [...]
E. H.: Ja, also, zu nahe bei den Turnern, meinen Sie, das könnte ein Hauptgrund ...
Frau D.: Vielleicht [gedehnt]. Ich hatte dann natürlich auch bald Bekanntschaft mit einem Turner, und... [Pause]
E. H.: Sonst wäre es jemand anderes gewesen! [Beide lachen.] Aber Sie haben keinen Turner geheiratet?
Frau D.: Doch, doch, ja.»[171]
Sie heiratete diesen Turner, und es war derselbe, von dem sie auch im Zusammenhang mit dem gemischten Reigen gesprochen hatte, was mir aber erst im nachhinein klar wurde.

In der ersten Hälfte der 20er Jahre erschienen im «Frauen-Turnen» mehrere Artikel, welche die Nähe von Turnerinnen und Turnern kritisierten und zur Verselbständigung der Damenriegen aufriefen.
Ein K. Giger aus Teufen vertrat 1923 die Ansicht, die Damenriegen sollten sich von den Turnvereinen lösen. Insbesondere in ländlichen Verhältnissen sei die Nähe zwischen Turnverein und Damenriege problematisch: «Auf dem Lande herrscht oft die Auffassung, Damenriege und Turnverein stehen ein wenig in zu engem Verhält-

---

170   Aus dem Interview mit Frau D. (geb. 1918) vom 12. Nov. 1991.
171   Ebd.

nis zueinander; gemeint ist da hauptsächlich das persönliche Verhältnis zwischen Turnern und Turnerinnen.» Dass die Beteiligten diese Nähe vielleicht gerade suchten, konnte er sich zwar vorstellen, allerdings sah er Gefahren damit verbunden – und dies nun insbesondere für die Turnerinnen:

«*Die Zusammengehörigkeit zu einem Verein mag unter Umständen ein Lockmittel sein für beide Teile. Verschiedene Vereine und Riegen erbrachten aber den bestimmten Beweis, dass man sich da bös ins eigene Fleisch schneidet. Die Achtung – hauptsächlich vor den Turnerinnen – schwindet...*»[172]

Wenn zwei dasselbe tun... Wenn Männer und Frauen einem Verein beitreten, um sich nicht zuletzt auch mit dem anderen Geschlecht zu vergnügen, so ist dies im Falle der Frauen verwerflich. Anständige Frauen tun so etwas nicht, dies ist die Botschaft, die Giger vermittelte. Derselben Ansicht war ein anderer Einsender, J. Ammann aus Gais, in einem Artikel aus dem Jahr 1924. Im Gegensatz zu Giger schwieg er sich über die Motivation der Männer tunlichst aus. Da gebe es also Frauen und Mädchen,

«*die einer Damenriege beitreten, um an diesem oder jenem Vergnügungsanlass teilnehmen zu können, es gibt andere, denen es allein um das eigentlich gymnastische Ziel zu tun ist. Die ersteren werden ein Abhängigkeitsverhältnis vom Aktivverein begrüssen und auch jeden Anlass, der die Damenriege mit dem Aktivverein zusammenbringt. Die letzteren aber werden in diesem Zustand eine Beschränkung ihrer Vereinsselbständigkeit und ihrer persönlichen erblicken*»

und würden irgendwann austreten.[173] Er betonte, dass dies «sehr lebensfrohe Mädchen» seien, «die einem gesellschaftlichen Vergnügen gar nicht abhold sind, die aber eben nicht in eine Art gesellschaftlicher Ausschliesslichkeit hineinkommen wollen, die es vorziehen, überall ein wenig mitzumachen, die aber nicht sozusagen für den Turnverein da sein wollen.» Oder die Eltern erlaubten den Beitritt zur Damenriege aus eben diesen Gründen nicht. Viele Mitglieder würden der Sache auf diese Weise verlorengehen.

«*Es trägt dabei gar nichts ab, über die Leute zu schimpfen, die so rückständig sind, ihre Tochter der Damenriege nicht anzuvertrauen, weil sie mit dem Turnverein zusammengeht. Die Allgemeinheit lässt sich ihr Verhalten nicht*

172 K. Giger, Teufen, «Stellung der Damenturnvereine», FT, Nr. 6, 27. Juli 1923.
173 J. Ammann, Gais, «Damenriegen oder Damenturnvereine?», FT, Nr. 3, 7. März 1924.

vom Turnverein diktieren, sondern die Damenriege muss sich den Anschauungen der Allgemeinheit anpassen, wenn sie prosperieren will.»

Er plädierte folglich für die Gründung von Damenturnvereinen.[174] Noch dramatischer formulierte im Jahr darauf in zwei Artikeln ein D. Mischol aus Schiers, die Folgen, welche eine zu grosse Nähe zwischen Turnerinnen und Turnern haben könne. Noch gebe es in der Öffentlichkeit nur wenig Sympathie für das Frauenturnen, meinte er, und sie dürfte seiner Ansicht nach noch sinken, wenn Männer- und Damenturnvereine miteinander verschmolzen würden: «... der Giftpfeil der Verleumdung findet überall seine Bahn, und es sind Fälle bekannt, wo ein Teil der Damenriege, verärgert durch die schelen Blicke und anzüglichen Bemerkungen Aussenstehender, sich zurückzog und einen selbständigen Damenturnverein gründete.» Die Damenriege sei gezwungen, bei den Vorstellungen des Aktivturnvereins aufzutreten, wofür sie, nach seinen Worten zu schliessen, nur negative Kritik ernten konnte. Mancherorts würden auch gemeinschaftliche Turnfahrten, gemeinsame Sitzungen usw. abgehalten, «alles Tatsachen, die da und dort für das Frauenturnen wenig schmeichelhafte Aussprüche zur Folge haben.» Und was schaue für die Frauen dabei heraus? «Beim Ball dürfen dann die Turnerinnen den Aktivturnern als ‹Besen› dienen.»[175] Diese verächtliche Art, über die Frauen zu sprechen, obwohl er eigentlich das Verhalten der Männer kritisierte, macht aus seinem Votum, das auf den ersten Blick als Verteidigung der Frauen vor dem Egoismus der Männer daherkommt, eine weitere Schuldzuweisung an die Frauen. Ein spezieller Dorn im Auge waren Mischol die gemeinsamen Turnfahrten. «Es zeugt von wenig Verständnis für unsere Sache und von sehr mässigem Weitblick, wenn immer noch gemeinsame Turnfahrten von Turnern und Turnerinnen ausgeführt werden. Tatsächlich gibt es vielleicht nichts, was dem Ansehen des Frauenturnens einen derartigen Abbruch tut, wie solche unglückliche Kombinationen.» Er konnte sich kaum Schlimmeres vorstellen,

«als wenn ‹Männlein› und ‹Weiblein› einträchtig über Land wandern und womöglich mit Trommel und flatternder Fahne durch Dorf und Stadt ziehen, dem Volke ein möglichst verkehrtes Bild über die Ziele unserer Turnbestrebungen einimpfen. Und wenn gar – wie dies schon vorgekommen ist – am Ziele angelangt, Handorgel und Tanzbein zu funktionieren beginnen, so sind das Dinge, welche die Frauenturnbewegung bei der öffentlichen Meinung in Misskredit bringen, wie kaum etwas anderes. Die ganze Fahrt wird

174 Ebd.
175 D. Mischol, Schiers, «Frauenturnen und Öffentlichkeit», FT, Nr. 1, 2. Jan. 1925.

in 90 von 100 Fällen gewiss ganz in Ordnung und das Tänzchen in Ehren und harmlos verlaufen, aber der Aussenstehende urteilt anders. Und sein Urteil darf nicht als quantité négligeable behandelt werden.»[176]

Deshalb sollten die Turnerinnen alleine wandern. Allgemein bringe die Zugehörigkeit zum Turnverein kaum etwas für die eigentliche Aufgabe der Damenriegen, nämlich für die Ertüchtigung der weiblichen Jugend. Deshalb sollten sich die Damenriegen selbständig machen.[177] Für öffentliche Auftritte empfahl Mischol, der offenbar selber einen Damenturnverein leitete, zum Beispiel ein Zusammengehen mit dem Kirchenchor, wie es bei ihnen üblich sei. Diese «glückliche Lösung» sei auch bei der Bevölkerung auf Anklang gestossen: «Es werden ihnen [den Turnerinnen, eh] viel mehr Sympathien entgegengebracht, als wenn sich Turnerinnen und Turner abwechselnd auf der Bühne zeigen. Denn mancher Zuschauer wird sich dann, zu Recht oder Unrecht, fragen: ‹Was geschieht hinter den Kulissen?›»[178]

Mischol ging die Kontrolle, welche die Vereine über den Umgang der Geschlechter miteinander ausüben sollten, offenbar zu wenig weit. Dies bestätigt die Feststellung von Joris und Witzig, dass sich der Umgang von Männern und Frauen miteinander in der Zwischenkriegszeit in allen Schichten zunehmend entkrampfte. In der Mittel- und Unterschicht hätten sich die jungen Frauen am Abend und Wochenende nun sogar von der Familie entfernt.[179] Hervorzuheben ist an der Kritik von Mischol insbesondere, dass er nicht beiden Geschlechtern, sondern nur den Frauen ins Gewissen redete, sie allein waren es, die seiner Ansicht nach negative Folgen zu gewärtigen hatten. Mischols beschwörende und warnende Frage: «Was geschieht hinter den Kulissen?» war an die Frauen gerichtet, sie mussten um ihren Ruf bangen.

Möglicherweise zog die Lockerung im Umgang der Geschlechter miteinander für die Frauen tatsächlich auch gewichtige Nachteile mit sich. Eine Art Vorläuferin der Vereine mit vergleichbaren Funktionen war vom 16. bis 19. Jahrhundert und teilweise darüber hinaus die «Spinnstube» oder «Stubete», wie sie in der Schweiz ge-

---

176 Ebd.
177 Ebd. Mischol war nicht der einzige, der die gemeinsamen Turnfahrten kritisierte, weitere Einsendungen im «Frauen-Turnen» bemängelten dasselbe (vgl. dazu: Kritikus, «Verschiedenes. Wie es nicht sein soll!» FT, Nr. 6, 15. Sept. 1922; P. Jeker, «Grundsätzliches in der Frauenturnbewegung», FT, Nr. 2, 1. Feb. 1924). Spezielle Kritik rief hervor, wenn die Turnfahrten im Turnkostum durchgeführt wurden, vgl. dazu Kap. 9.3.
178 D. Mischol, Schiers, «Frauenturnen und Öffentlichkeit», FT, Nr. 2, 6. Feb. 1925.
179 Joris/Witzig 1992, S. 155.

nannt wurde. Die Spinnstuben fanden in den weniger arbeitsintensiven Wintermonaten statt und waren dem Verspinnen von Wolle oder Flachs oder anderen Handarbeiten gewidmet. Laut Hans Medick war die Geselligkeit dabei aber mindestens ebenso wichtig wie die Arbeit. Für die Ledigen des Dorfes hätten die Spinnstuben eine gesellschaftlich anerkannte Möglichkeit dargestellt, sich mit dem anderen Geschlecht zu vergnügen und auch zukünftige Heiratspartnerinnen und -partner zu finden.[180] Die Halböffentlichkeit, in der sich die Kontakte abspielten, stellte einen Schutz dar für die Beteiligten und ihren Ruf. Dies war insbesondere für die Frauen wichtig, wie Gitta Beuker in einem Aufsatz über voreheliche Sexualität auf dem Lande am Ende des 18. Jahrhunderts betont. Sie geht sogar so weit, die Kontrolle über die Spinnstuben und die darin sich anbahnenden «Liebeshändel» den Frauen des Dorfes zuzusprechen.[181] Nach Joris und Witzigs Ausführungen boten die Vereine den Frauen tatsächlich nicht mehr denselben Schutz. Zwar stellten auch die Vereine eine Halböffentlichkeit her, die für den Kontakt der Geschlechter notwendig war. Aber die frühere Kontrolle des Dorfes über voreheliche Sexualbeziehungen war offenbar verschwunden. Wenn es nun durch diese fehlende Kontrolle für die Frauen zunehmend unmöglich wurde, den Schwängerer «zu Ehren» zu ziehen, also seine Vaterschaft zu beweisen, so stellten diese Beziehungen insbesondere für die Frauen eine grosse Gefahr dar. Schwangerschaft führte nicht mehr selbstverständlich zur Heirat.[182] Über den tatsächlichen Stellenwert der Sexualität im geschützten Rahmen dieser neuen Jugendöffentlichkeit sei wenig bekannt, schreiben Joris und Witzig, sicher sei hingegen, dass sich die «rituell brauchmässige» Eheeinleitung durch Schwangerschaft in der Zwischenkriegs-

---

180 Hans Medick, Spinnstuben auf dem Dorf. Jugendliche Sexualkultur und Feierabendbrauch in der ländlichen Gesellschaft der frühen Neuzeit, in: G. Huck (Hg.), Sozialgeschichte der Freizeit, Wuppertal 1982 (2. Auflage), S. 19–22. Es gab auch Zusammenkünfte der Verheirateten. Eine Quelle über den möglichen Ablauf des Brauchs unter den Unverheirateten bringt Medick S. 46/47: Die Mädchen versammelten sich um eine Handarbeit, und die jungen Burschen gingen von Haus zu Haus und statteten Besuche ab, bis sie im Haus ihrer Auserwählten anlangten. Medick spricht von einer kollektiven «Regelung der Liebeswahl» durch die Ledigen des Dorfes (ebd., S. 29).
181 Gitta Beuker, «Ehre und Schande» – voreheliche Sexualität auf dem Lande im ausgehenden 18. Jahrhundert, in: J. Geyer-Kordesch/A. Kuhn (Hg.), Frauenkörper – Medizin – Sexualität, Düsseldorf 1986, S. 10–27, über die Spinnstuben speziell S. 19–25. Mit Pierre Bourdieu gesprochen, erwarben sich die Frauen in den Spinnstuben «symbolisches Kapital», das ihr soziales Ansehen innerhalb der dörflichen Öffentlichkeit bestimmte (vgl. P. Bourdieu, Entwurf zu einer Theorie der Praxis auf der ethnologischen Grundlage der kabylischen Gesellschaft, Frankfurt 1976, Teil 2, Kap. 5: «Symbolisches Kapital und Herrschaftsformen», S. 335–377).
182 Joris/Witzig 1992, S. 106.

zeit verloren habe. Die Verantwortung für uneheliche Kinder oder anders betrachtet: für sittliches Verhalten sei damit allein den Frauen aufgebürdet worden. In weit stärkerem Masse als früher hätten Eltern und Vorgesetzte Mädchen und junge Frauen auf der Ebene ihres Gewissens angesprochen, sie persönlich für ihr zukünftiges Glück verantwortlich gemacht, hätten sie ermahnt, keine Dummheit zu machen, für die sie ihr Leben lang würden büssen müssen. Den Frauen sei die moralische Schuld für ein Verhalten zugeschoben worden, «für das sie von der Sache her gar nicht einseitig verantwortlich sein konnten», wie Joris und Witzig mit leiser Ironie schreiben.[183]

Genau dies lese ich aus den zitierten Artikeln im «Frauen-Turnen». Ein weiterer Schlüsselsatz bei Joris und Witzig ist folgender: «Die Begegnung zwischen den Geschlechtern wurde nur so lange als unproblematisch erlebt, als sich diese im überblickbaren oder bekannten Rahmen abspielte.»[184] Er gilt sowohl für das bisher Ausgeführte und noch konkreter für die langwierigen Diskussionen über das richtige Verhalten der Turnerinnen bei öffentlichen Auftritten, die ich in Kapitel 5.6. am Beispiel der schweizerischen Feste bereits angeschnitten habe und die in den folgenden Kapiteln aus anderem Blickwinkel noch einmal zur Sprache kommen. Das mysteriöse «Ausarten», vor dem stets gewarnt, das aber nie näher beschrieben wird, steht meiner Ansicht nach ebenfalls für Sexualbeziehungen, die für Frauen verhängnisvoll enden können.

Doch soll dieses Kapitel nicht damit enden, die Frauen einmal mehr nur als Opfer männlicher Sexualität darzustellen. Eigentlich ging es ja um die Frage, welcher Stellenwert der Geselligkeit, verstanden als Kontakt zwischen den Geschlechtern, in Turnvereinen und Damenriegen zukam. Eingangs habe ich vom Eigennutz der Turnvereine gesprochen, von den Vorteilen, die sie sich von der Gründung von Damenriegen erhofften. Wie lange die beitretenden Frauen schon auf eine Damenriege gewartet oder sich aktiv dafür eingesetzt hatten, ist aus meinen Quellen nicht ersichtlich. Dass sie die Idee gut fanden, sollte dieses Kapitel gezeigt haben. Ausserdem meldeten sie sich ja freiwillig. Sie werden sich von den Turnvereinen kaum ausgenützt gefühlt haben, zumindest nicht in den Anfängen. Es scheint mir plausibler, dass ihnen der Eigennutz der Männer zupass kam: Sie wollten turnen und/oder sich mit dem anderen Geschlecht vergnügen – hätten die Männer daran nicht ihrerseits ein ganz egoistisches Interesse gehabt, hätten sie die Frauen die «Männerbastion» Turnen nicht stürmen lassen.

183 Ebd., S. 156.
184 Ebd.

8.4 «…weil das Frauenturnen kein Festleben erträgt und leicht ausarten könnte.»[185] – Turnerinnen in der Öffentlichkeit

Anfang der 30er Jahre versandte der Turnverein Frenkendorf einen «Werbe-Ruf» an seine Mitbürgerinnen und Mitbürger. Unter dem Motto: «Alt an Jahren, jung geblieben!» war unter anderem folgendes zu lesen:

«Wer möchte nicht gern jung bleiben bis ins Alter hinein? – Jedermann! Wie alles seinen Grund hat, so auch dieses grosse Lebensgeheimnis.»
«Früher galt Turnen und Sport rein nur als Zeitvertreib und Vergnügen; heute wird ein weit höheres Ziel gesteckt.»[186]

In diesem «Werbe-Ruf» wird behauptet, das Turnen der Anfangszeiten sei eher eine lockere, vergnügliche Angelegenheit gewesen, und inzwischen habe eine Entwicklung zu einer ernsthaften Sache stattgefunden. Turnvereine und Damenriegen massen der Geselligkeit einen hohen Stellenwert zu, wie das letzte Kapitel gezeigt hat. Öffentliche Auftritte von Damenriegen und -turnvereinen und ihre Teilnahme an Vereinsanlässen des Turnvereins oder anderer Vereine lieferten von Anfang an Diskussionsstoff. Ob sich in diesem Bereich Verhaltensänderungen, sei es auf Wunsch der Beteiligten oder auf Druck von aussen, feststellen lassen, möchte ich in diesem Kapitel am Beispiel von Damenturnverein und Damenriege Liestal sowie der Damenriege Gelterkinden untersuchen und dies anschliessend mit der Position des FTV vergleichen.

Die ersten Turnstunden des im Jahre 1906 gegründeten Damenturnvereins Liestal, dem ersten seiner Art in Baselland, stiessen laut vereinsinterner Überlieferung auf übergrosses Interesse. Die Turnerinnen hätten sich gar gezwungen gesehen, die Fenster der alten Turnhalle mit Tüchern zu verhängen, um vorerst ohne neugieriges Publikum üben zu können.[187] Auch der erste öffentliche Auftritt der Liestalerinnen an der jährlichen turnerischen Aufführung des Turnvereins vom Dezember 1907 im Schillersaal des Hotels Engel erregte – insbesondere beim männlichen Geschlecht – grosse Aufmerksamkeit. Gemäss dem Bericht der Aktuarin liessen sich die Turnerinnen ihre Premiere aber nicht vermiesen:

«Am 15. Dezember traten wir zum ersten Mal auf mit einem Kreis- und einem Stabreigen. Das letzte Plätzchen des Schillersaales war besetzt, denn

---

185 VS, 5. Juni 1926 (FTV-Protokolle).
186 «Werbe-Ruf» des TV Frenkendorf an die Mitbürger vom 10. Okt. 1934, gefunden unter der Korrespondenz der DR Frenkendorf, weshalb ich denke, dass sich auch die Damenriege an der Aktion beteiligte.
187 TB, Nr. 6, November 1938, S. 106.

jedermann wollte die flotten Turnerinnen sehen. Sogar verschiedene ‹gluschtige› Herren sollen die Operngläser gebraucht haben, um ja alles genau sehen zu können; ob sie auf ihre Rechnung gekommen sind, weiss ich nicht, doch darf man es bezweifeln. Unter der tüchtigen Leitung von Herrn Tschudin gingen unsere Reigen tadellos vonstatten. Obschon es nicht gerade grossartige Leistungen waren, fand doch jedermann Gefallen daran und war begeistert davon.»[188]

Auch die Turner waren des Lobes voll: «Sie haben am letzten Sonntag durch Ihr erstes Auftreten an unserm Konzerte wesentlich zum Gesamterfolg unseres Vereins beigetragen, und wir sind Ihnen dadurch zu grösstem Danke verpflichtet.»[189] Die Teilnahme des Damenturnvereins wurde in den folgenden Jahren zur Tradition.[190] Die Turnerinnen traten nicht nur an Anlässen auf, die der Turnverein organisiert hatte. Im Jahr 1911 zeigten sie am Kantonalturnfest in Münchenstein als erster und immer noch einziger Damenturnverein des Kantons Übungen aus dem Frauenturnen.[191] Ausserdem wirkten sie bei Anlässen anderer Vereine mit. Im Frühjahr 1914 fand in Liestal die Delegiertenversammlung des Schweizerischen Militär-Sanitäts-Vereins statt. Die organisierende Sektion Liestal bat den Damenturnverein, die Abendunterhaltung mit Produktionen zu «verschönern», «denn überall, wo sich Damenturnvereine an solchen Veranstaltungen präsentierten, haben sie durchschlagenden Erfolg errungen.»[192] Die Turnerinnen gingen darauf ein, und die Veranstalter dankten ihnen anschliessend für ihre «gediegenen» Leistungen, die viel dazu beigetragen hätten, «dass unsere Gäste einen äusserst angenehmen Eindruck aus Liestal mit nach Hause genommen haben.»[193]
Der Damenturnverein zeigte sich auch an den jährlichen Waldfesten des Verkehrs- und Verschönerungsvereins Liestal beim Aussichtsturm auf der Sichtern.[194] Sicher hätten sie an der Abendunterhaltung des Kantonalturnfestes, das von 1. bis 3. August in Liestal

188 Zitiert nach ebd., S. 107.
189 Brief des TV Liestal an den DTV Liestal vom 18. Dez. 1907 (Akten von DTV und DR Liestal).
190 Laut 75 Jahre DR Liestal 1981, S. 3, fehlten die Turnerinnen seit dem ersten Auftritt 1907 an keiner turnerischen Aufführung und «durften sich nie über den verdienten Applaus beklagen.» Die vorliegende Korrespondenz mit dem Turnverein bestätigt die Teilnahme des Damenturnvereins nur für 1907, 1908 und 1912 durch Dankesbriefe des Turnvereins. In den Einladungsschreiben zeigte sich der Turnverein bis 1914 überzeugt davon, dass der Damenturnverein teilnehmen wird. Ab 1914 nahmen dessen Schwierigkeiten zu, weshalb eine Teilnahme unwahrscheinlicher wird.
191 TB, Nr. 6, November 1938, S. 107.
192 Brief des Schweiz. Militär-Sanitäts-Vereins, Sektion Liestal und Umgebung, an den DTV Liestal vom 13. April 1914.
193 Brief des Schweiz. Militär-Sanitäts-Vereins, Sektion Liestal und Umgebung, an den DTV Liestal vom 29. Mai 1914.

stattfinden sollte, ebenfalls etwas aufgeführt[195], wegen des Ausbruchs des Ersten Weltkrieges musste das Turnfest jedoch bis 1920 verschoben werden. Dann gab es den Damenturnverein jedoch schon nicht mehr, nach einigen Jahren der Agonie löste er sich 1917 offiziell auf – jetzt war die Damenriege an der Reihe.
Anfang April 1918, nur wenige Wochen nach der Gründung der Damenriege Liestal, lud der Turnverein die Turnerinnen zur Bezirksturnfahrt nach Lupsingen ein, um den vor dem Krieg gepflegten Kontakt auch mit dem neuen Verein weiterzuführen, wie er erklärte. In Lupsingen sei ein kurzes turnerisches Programm vorgesehen mit anschliessender «turnerischer Geselligkeit».[196] Die Turner bekamen einen Korb. Die Damenriege teilte den Herren mit, dass der Vorstand eine Teilnahme nicht für zweckmässig erachte, denn: «Wir haben die Auffassung, dass diese Veranstaltung, mit Rücksicht auf die erst kürzlich ins Leben gerufene Riege, die Turnerinnen zu sehr beanspruchen würde, und gingen dabei vom Grundsatz aus, vorerst durch tüchtige turnerische Arbeit die Riege zu einem festen Gefüge zu bilden.»[197] Eine gewisse Berechtigung ist diesem Einwand nicht abzusprechen, hatte doch die Damenriege, als sie die Einladung des Turnvereins erhielt, noch keine einzige Turnstunde abgehalten. Trotzdem sind dies erste Anzeichen einer Veränderung. Auch in den folgenden Jahren lehnte es die Damenriege immer wieder ab, öffentlich aufzutreten, mit der Begründung, dass dies der «turnerischen Arbeit» der Damenriege nicht zuträglich sei – ein Argument, das vom Damenturnverein Liestal nie vorgebracht worden war.
Im Mai 1919 lud der Bezirksturnverband Liestal die Damenriege als immer noch einzige Damenriege in seinem Bezirk zum Bezirksturntag in Pratteln ein. Man hoffe, auf diese Weise Sympathien für das Frauenturnen zu wecken und die Gründung weiterer Riegen anzuregen.[198] Die Damenriege lehnte wieder dankend ab:

194 «Wir hatten bis anhin das Vergnügen, jedes Jahr einmal die Liestaler Vereine zur Verschönerung unserer Waldfeste beim Aussichtsturm begrüssen zu können und hoffen zuversichtlich, dass wir auf Ihre Teilnahme auch dieses Jahr, da wir die Feier des 25jährigen Bestehens unseres Vereins begehen, rechnen zu dürfen.» (Brief des VVV Liestal an den DTV Liestal vom 6. Mai 1914.)
195 Im Brief des Unterhaltungskomitees für das KTF 1914 an den DTV Liestal vom 28. April 1914 wurden sie dazu eingeladen.
196 Brief des TV Liestal an die DR Liestal vom 28. April 1918. Die Bezirksturnfahrt sollte am 12. Mai 1918 stattfinden.
197 Brief der DR Liestal an den TV Liestal vom 6. Mai 1918.
198 Brief des BTV Liestal an die DR Liestal vom 17. Mai 1919: «In der letzten Sitzung hat der Vorstand beschlossen, in unserm Bezirk das Damenturnen so viel als möglich zu heben. Es ergeht somit an Sie, als einzige Damenriege in unserm Bezirk die freundliche Einladung, an unserm Bezirks-Turntag in Pratteln mit einer freien Vorführung aufzutreten. Wir glauben hiebei, dass dieses die beste Lösung wäre, andernorts für das Damenturnen mehr Sympathie zu pflanzen.»

«Das Arbeiten auf einen Festanlass zerstört unsern nach bestimmten physiologischen Grundsätzen aufgebauten Turnbetrieb. [...] Wir bieten Ihnen gerne Hand, Sie in Ihren Bestrebungen zur Hebung des Damenturnens im Banne unseres Bezirkes nach Kräften zu unterstützen, wir erachten den uns zu diesem Zwecke angedeuteten Weg auch aus moralischen Gründen als verfehlt, wirkungsvoller wäre, die Vorführung von Musterturnstunden an denjenigen Orten, wo die Gründung einer Damenriege ernsthaft in Frage käme.»[199]

Neben ihren prinzipiellen und moralischen Bedenken führte die Damenriege auch Mängel des Aufführungsortes ins Feld. Die Damenriege würde nur einen kleinen Ausschnitt aus ihrem Schaffen zeigen können, ausserdem würde sie nicht richtig zur Geltung kommen: «Mit einer solchen Vorführung erreicht eine einzelne Riege, auf einem vom Publikum umrahmten Platze, durchaus keinen Effekt.»[200] Damit wollte man sich auf Turnerseite nicht zufriedengeben; doch selbst eine Intervention des Turnvereins Liestal fruchtete nichts. Die Riege antwortete ihm, dass sie bei ihrem früher gefassten Entschluss bleibe und am Fest nicht offiziell teilnehme. Den Turnerinnen sei es hingegen freigestellt, die Turner ans Fest zu begleiten.[201] Es wird sich zeigen, dass die in diesem Zusammenhang geäusserten Vorbehalte immer wieder auftauchen.

Die Damenriege machte sich auch in den nächsten Jahren rar. Im Jahre 1920 lehnte sie die Einladung des TV Bubendorf ab, dem es in diesem Jahr oblag, die Bezirksturnfahrt zu organisieren.[202] Nicht besser erging es dem TV Seltisberg, der die Liestalerinnen 1921 zum Bezirksturnfest einlud und sie damit zu locken versuchte, dass alles aufs Sorgfältigste vorbereitet sei für eine würdige Aufnahme der Damen, insbesondere sei auch eine «tolle» Festmusik engagiert worden.[203] Die Antwort auf den euphorischen Brief aus Seltisberg fiel kurz und bündig aus: Die Damenriege teilte lediglich mit, dass sie in der letzten Turnstunde beschlossen hätten, «vom Besuch dieses Anlasses abzusehen.»[204] Auch der erfolgsgewohnte Verkehrs- und Verschönerungsverein Liestal, der zu Zeiten des inzwischen eingegangenen Damenturnvereins die turnenden Frauen jeweils für das jährliche Waldfest auf der Sichtern zu engagieren vermocht

---

199 Brief der DR Liestal an den BTV Liestal vom 24. Mai 1919.
200 Ebd.
201 Brief des TV Liestal an die DR Liestal vom 24. Juni 1919 und die Antwort der DR an den TV vom 11. Juli 1919.
202 Brief des TV Bubendorf an die DR Liestal vom 19. April 1919 und Ablehnung der DR Liestal vom 30. April 1920.
203 Brief des TV Seltisberg an die DR Liestal vom 7. Juni 1921.
204 Brief der DR Liestal an den TV Seltisberg vom 24. Juni 1921.

hatte, erntete Absagen, da «weitaus die grössere Anzahl unserer Mitglieder gegen das öffentliche Auftreten ist.»[205] Eine Ausnahme machte die Riege bei der Bundesfeier von 1921, an der sie Stab-, Keulen- und Freiübungen aufführte.[206] Dabei blieb es vorerst einmal. In den folgenden Jahren sagte die Damenriege jeweils mit der Begründung ab, die Feier falle in die Ferienzeit, während der kein Turnbetrieb stattfinde, eine Teilnahme sei somit unmöglich.[207] Abschlägig war auch die Antwort an den Militär-Sanitäts-Verein, der die Riege 1924 um Mitwirkung an seiner Abendunterhaltung bat: «Im Princip suchen wir ein öffentliches Auftreten unseres Vereins nach Möglichkeit zu umgehen.»[208]

Ganz unter Ausschluss der Öffentlichkeit fand das Frauenturnen dennoch nicht statt. Offenbar führte die Damenriege Liestal jedes oder fast jedes Jahr ein Schauturnen durch, alleine oder zusammen mit dem Turnverein.[209] Hier sah sie ihre Anliegen wohl besser berücksichtigt: Ein Schauturnen war eine Art Musterturnstunde, in der Ausschnitte aus der ganzen Palette des Frauenturnens gezeigt wurden. Es waren deklarierte Propagandaveranstaltungen, die breite Kreise «von der Wichtigkeit des Damenturnens und der gesundheitsfördernden Tätigkeit desselben» überzeugen sollten[210] und die «Freunden und Gegnern des Damenturnens» Gelegenheit bieten sollten, eine Turnstunde miterleben zu können[211], mit dem Ziel, «die immer noch bestehenden Vorurteile gegen das Turnen des weiblichen Geschlechtes abzuschwächen»[212].

Ende Mai 1919 fand in Liestal ein eidgenössischer Damenturnkurs statt. Die Damenriege Liestal führte bei diesem Anlass eine Abendunterhaltung durch, zu der auch Gemeinderat und Schulpflege eingeladen wurden.[213] Einen Höhepunkt der Propaganda in Sachen

205 Aus dem Brief der DR Liestal an den VVV Liestal vom 4. Juni 1921. Für 1920: Brief des VVV Liestal an die DR Liestal vom 20. Sept. 1920 und Ablehnung der DR Liestal vom 24. Sept. 1920.
206 Brief des VVV Liestal an die DR Liestal vom 23. Juli 1921. Mit Bleistift ist auf der Einladung vermerkt: «Damenriege des TV. Stab-, Keulen- und Freiübungen. telephon. erledigt.»
207 Belegt in der Korrespondenz der DR Liestal für die Jahre 1924, 1929 und 1931.
208 Brief der DR Liestal an den Militär-Sanitäts-Verein vom 7. März 1924, Antwort auf dessen Einladung vom 3. März 1924.
209 Belegt in der Korrespondenz der DR Liestal für die Jahre 1919 (zweimal), 1921, 1923, 1928, 1930–1933, 1935, 1936.
210 Offizielles Einladungsschreiben der DR Liestal zum Schauturnen vom 6. Feb. 1919.
211 Offizielles Einladungsschreiben der DR Liestal zum Schauturnen vom 27. April 1922.
212 Offizielles Einladungsschreiben der DR Liestal zum Schauturnen vom 7. Mai 1925.
213 Briefe der DR Liestal an den Gemeinderat Liestal vom 26. Mai 1919 und von der Schulpflege Liestal an die DR Liestal vom 31. Mai 1919. Nach dem Kurs bedankte sie sich beim Gemeinderat für die «flotte Aufnahme», die er den Behörden des ETV, der Kursleitung sowie den Teilnehmerinnen und Teilnehmern hatte zuteil werden lassen (Brief der DR Liestal an den Gemeinderat Liestal vom 2. Juni 1919).

Frauenturnen bildete die Aufführung «Die Körpererziehung der Frau», die am 13. Mai 1933 im Hotel Engel in Liestal über die Bühne ging. Sie sollte «das Frauenturnen in all seiner Vielseitigkeit» zeigen und war nach Auffassung der Damenriege geeignet, «weitere Kreise von seiner Notwendigkeit und Wohltat zu überzeugen und ihm neue Freunde zu werben.»[214]
Auf Einladungen zu geselligen Anlässen des Turnvereins Liestal ging die eher spröde wirkende und auf Anstand bedachte Damenriege in der Regel ein, und auch an den Abendunterhaltungen anderer Vereine, sofern sie in Liestal stattfanden, nahm sie sehr oft teil.[215]
Es lassen sich gewisse Leitlinien ausmachen, nach denen die Damenriege über ihr öffentliches Auftreten entschied. Einladungen zu Bezirksanlässen in anderen Gemeinden lehnte sie grundsätzlich ab. Während der ersten Jahre ihres Bestehens wäre sie die einzige Damenriege gewesen; doch sie änderte ihr Verhalten auch später nicht. Innerhalb der Mauern von Liestal zeigte sie etwas weniger Zurückhaltung. Die Anlässe der Turner wurden jeweils beschickt, und die Anfragen von schweizerischen Verbänden, deren Delegiertenversammlungen in Liestal stattfanden, wurden meistens positiv beantwortet. Pech hatte jeweils der Verkehrs- und Verschönerungsverein mit seiner 1.-August-Feier, da schon in den 20er Jahren im Sommer während mindestens vier Wochen keine Turnstunden stattfanden. Zusätzlich zu diesen Anlässen führte die Damenriege eigene Veranstaltungen durch, zu denen stets auch Behördenmitglieder eingeladen wurden.
Anders als bei der Damenriege Liestal war zumindest in den Anfängen das Verhältnis der Damenriege Gelterkinden gegenüber öffentlichen Auftritten. Ihre Geschichte begann mit der Aufführung eines Reigens an der Jubiläumsfeier des Turnvereins im Mai 1919.[216] Of-

214 Diese Worte waren der Einladung an A. Bieder-Brodbeck, alt Staatskassier, vom 10. Mai 1933 beigefügt. Es liegen noch diverse weitere Einladungen und Dankesbriefe desselben Monats vor.
215 So z. B. 1923 am Kantonalschützenfest beider Basel in Liestal, vgl. Brief vom 5. Okt. 1913; 1926 an einem Wohltätigkeitskonzert für die Wassergeschädigten im Baselbiet, organisiert vom VVV Liestal, vgl. Brief vom 26. Juli 1926; 1928 am Unterhaltungsabend anlässlich eines Schweiz. Lehrerbildungskurses, vgl. Brief vom 31. Juli 1928; 1930 als Trachtengruppe am Festzug anlässlich des kantonalen Altersfestes, vgl. Brief vom 18. Juli 1930; 1933 beim 100jährigen Jubiläum der Gebäudeversicherungsanstalt, vgl. Brief vom 24. Mai 1933; 1935 an der Abendunterhaltung der Abgeordnetenversammlung des Eidg. Schwingerverbandes, vgl. Brief vom 12. März 1935 und an derjenigen des Schweiz. Verbandes für Gewerbeunterricht, vgl. Brief vom 20. Juni 1935; 1936 am Unterhaltungsabend der Konferenz der kantonalen Erziehungsdirektoren, vgl. Brief vom 19. Sept. 1936 und schliesslich 1937 an der Abendunterhaltung anlässlich der Schweiz. Justiz- und Polizeidirektoren-Konferenz, vgl. Brief vom 15. Sept. 1937.
216 Vgl. Kap. 6.3.3 und Kap. 8.3.

fenbar ermutigt durch das positive Echo bei den Zuschauenden, «bereicherten» die Turnerinnen bereits am 13. Juli 1919 das Bezirksturnfest in Hemmiken mit «Stabwinden». Nach den Worten des Festberichterstatters erregte ihr Auftreten viel Aufmerksamkeit: «... was Beine hatte und laufen konnte, sprang, ja hie und da über Seile, Pfähle etc., um die schöne Leistung anzusehen.»[217] Auch der Reporter der «Volksstimme» rühmte die Vorführung der Turnerinnen[218], und im Bericht über das erste Vereinsjahr ist zu lesen, dass die Bevölkerung der Sache «nicht unsympathisch» gegenüberstehe[219].
Im Jahr darauf beteiligte sich die Damenriege zusammen mit weiteren Riegen des Kantons am Kantonalturnfest in Liestal. Die 16 Turnerinnen aus Gelterkindern wurden am Bahnhof von den Turnern ihres Vereins abgeholt, welche bereits am Samstag eingetroffen waren, und «eine grosse Volksmenge begleitete uns nach dem Festplatz.»[220] Nicht alle Riegen trafen rechtzeitig ein, so dass die mit Spannung erwartete Vorführung erst mit einer Stunde Verspätung beginnen konnte. Doch dies scheint dem Erfolg keinen Abbruch getan zu haben:

«Trotz der Verspätung hatten die Zuschauer doch gewartet und bildeten eine dichte Mauer um das Feld. Wer hätte auch nicht sehen wollen, gehört doch das Damenturnen noch zu den Neuerungen der Zeit. Es wurden Freiübungen unter Musikbegleitung vorgeführt, und rauschender Beifall verdankte die Darbietungen.»[221]

Hans Grieder, Präsident und Leiter der Damenriege Gelterkinden, schrieb in seinem Jahresbericht über das Turnfest:

«Schade nur, dass unter den Damenriegen des Kantons bei diesem Anlasse kein Sektionskampf eingereicht war, sonst hätten gewiss die Gelterkindlemer Maitliturner es sich nicht nehmen lassen, am Wettkampf ehrenvoll abzuschneiden; denn der gute Geist und die stramme Disziplin, die in der Riege waren und hoffentlich in Zukunft bleiben werden, hätten gewiss nicht zuletzt zu einem Siege verholfen.»[222]

217 Zitiert nach: 100 Jahre TV Gelterkinden 1964, S. 45.
218 Laut: 75 Jahre Bezirksturnverband Sissach 1903–1978, Liestal 1978 (zit.: 75 Jahre BTV Sissach 1978), S. 8.
219 JB der DR Gelterkinden pro 1919. Die im folgenden verwendeten Jahresberichte, Protokolle, Vorstands- und Vereinssitzungen und diversen Einträge in Protokollbüchern stammen – wenn nicht anders vermerkt – aus Gelterkinden.
220 Bericht über das KTF in Liestal vom 22. August 1920, in den Protokollbüchern.
221 Ebd.
222 JB pro 1920.

In dieser Zeit im Frauenturnen von Sektions(wett)kampf und Sieg zu reden, war sehr fortschrittlich, Grieder hatte für seine Riege offenbar ein Turnen im Blick, das sich nicht sehr von demjenigen der Männer unterscheiden sollte. Die Bezeichnung «Maitliturner», welche die Ohren der heutigen Leserin arg strapaziert, bringt wohl vor allem zum Ausdruck, dass die Turnerinnen zum grössten Teil Schulabgängerinnen und damit noch sehr jung waren.

Im Juli 1921 wurde in Gelterkinden die schon lange geplante Turnhalle eingeweiht.[223] Den Auftakt zur Feier bildete ein Festzug durchs Dorf, an dem die Schuljugend, alle Vereine, die Schulpflege, der Gemeinderat und die für den Bau zuständigen Kommissionen teilnahmen. Nach den obligaten Ansprachen trugen die Vereine ihre Produktionen vor, die Turner bauten Pyramiden, die Damenriege zeigte Freiübungen, und die zweite Klasse der Sekundarschule führte einen Mädchenreigen vor.[224]

Noch im selben Monat bot sich eine weitere Gelegenheit aufzutreten. Dass die Turnerinnen am Bezirksturnfest in Läufelfingen teilnehmen würden, gab keinen Anlass zu Diskussionen. Im Bericht der Aktuarin ist zu lesen:

«Ohne besondere Festfreude fuhren wir mit der Bahn nach Läufelfingen. Die Missstimmung mag wohl grösstenteils der überaus grossen Hitze zuzuschreiben sein. Doch beim Anblick des Festortes gabs bald andere Gesichter. Schon beim Einfahren des Zuges tönte uns Musik entgegen und am Bahnhof wurden wir mit den Vereinsfahnen abgeholt. Auch einige Abgeordnete waren zum Empfang erschienen. Auf dem Festplatz herrschte reges Turnerleben. Um 4 Uhr war Sammlung für uns und vor grosser Zuschauermenge führten wir die Freiübungen vor. Jubelnder Beifall verdankte die Darbietungen. Ein ungeahntes Ereignis stand uns noch bevor. An der Preisverteilung wurde als erstes Resultat der Damenriege ein Lorbeerzweig mit Diplom zugesprochen. Jetzt erst waren wir so recht zum Festleben ermuntert.»[225]

Jakob Bürgin, seit Anfang 1921 Präsident und Leiter der Riege, äusserte dazu in seinem Jahresbericht den Wunsch: «Wir hätten gerne gesehen, wenn auch bei diesen Vorführungen wie bei denen der

---

223 100 Jahre TV Gelterinden, S. 46. Die Aktuarin der Damenriege schrieb in ihrem Bericht über die Einweihung, der Bau einer Turnhalle sei schon seit bald 30 Jahren im Gespräch gewesen. Im Jahr 1914 wurde der Bau schliesslich vom Gemeinderat beschlossen, verzögerte sich dann allerdings durch den Ersten Weltkrieg.

224 Bericht über die Einweihung der Turnhalle am 10. Juli 1921, in den Protokollbüchern, beigelegt das Programm der Feier und die Zusammensetzung des Festzugs.

225 Bericht über das Bezirksturnfest in Läufelfingen vom 24. Juli 1921, in den Protokollbüchern.

Turner eine Beurteilung von fachmännischer Seite die gemachten Fehler aufgedeckt hätte. Durch eine sachliche Kritik kann nur gelernt werden. Für die Vorführungen erntete die Riege reichen Beifall, sie wurden ferner mit einem Ehrenzweig ausgezeichnet.»[226] Dass eine Damenriege einen Lorbeerzweig erhielt, Inbegriff eines Wettkampfpreises der Turner, sollte eine einmalige Episode bleiben: in den folgenden Jahren war von strenger Bewertung der Leistung oder gar Wettkampf unter den Damenriegen kaum mehr die Rede, im Vordergrund stand die Beschwörung von weiblicher Bewegungsfreude und Gesundheit.

Der Auftritt der Damenriege Gelterkinden in Läufelfingen erntete zwar wohlwollende Kritiken, so wurde etwa von «schneidigen und exakten Vorführungen der löbl. Damenriege Gelterkinden» gesprochen[227]; aber es ertönten auch andere Stimmen: «Nach dem Fest wünschte ein namhafter Pionier des Frauenturnens, ‹dass Damenriegen nicht mehr als Propagandamittel bei ähnlichen Anlässen benützt werden sollen›.»[228]

Leider ist mir nicht bekannt, um wen es sich dabei handelte, was zählt, ist jedoch, dass der Kritiker mit seiner Meinung offenbar nicht alleine dastand. Im Bericht über das Jahr 1921 fühlte sich Bürgin jedenfalls bemüssigt, an die Turnerinnen mahnende Worte zu richten, die auf eine wachsende Opposition in der Bevölkerung hinweisen könnten:

«Stellen wir beim Turnbetrieb in der Damenriege den gesundheitlichen Wert in den Vordergrund und hüten wir uns, uns jemals von diesem Ziele zu entfernen. Wenn dann daneben auch Freundschaft und Geselligkeit gepflegt werden, so wird dies dem Hauptziele nur förderlich sein. Alle andern Neigungen, die nicht auf dieses Ziel hinsteuern, sollen verpönt sein, denn sie werden dem Damenturnen nur schaden. Dann werden die Vorurteile, die sich heute gegen das Frauenturnen breitmachen, schwinden müssen vor dem auch dem weiblichen Geschlecht zustehenden Recht auf körperliche Betätigung. In diesem Sinne wollen wir wirken, dann werden neue Freunde für unsere Sache gewonnen und das Damenturnen wird einer gedeihlichen Entwicklung gewiss sein.»[229]

Glaubt man Bürgin, dann nahmen die Vorurteile gegen das Frauenturnen sogar zu, seine Angaben über die Gründe sind allerdings sehr vage. Was meinte er mit «andern Neigungen»? Etwa Wett-

226   JB pro 1921.
227   75 Jahre BTV Sissach 1978, S. 8.
228   Ebd.
229   JB pro 1921.

kampf, dem er persönlich – wie schon sein Vorgänger Grieder – durchaus positiv gegenüberstand? Oder hatte es zu viele gesellige Anlässe gegeben – in seinen Augen oder in den Augen anderer, so dass er glaubte, mahnen zu müssen, Geselligkeit und Freundschaft dürften nur «daneben», das heisst neben dem ernsthaften Turnen gepflegt werden? Die vorhandenen Quellen geben keine Antworten auf diese Fragen.

Der Auftritt der Damenriege Gelterkinden am Bezirksturnfest in Läufelfingen sollte vorläufig der letzte seiner Art sein. Das einzige Traktandum der Vorstandssitzung der Damenriege vom 14. Juli 1922 hiess: «Beschlussfassung über die Teilnahme an Bez. Anlässen». Und das Resultat lautete: «Aus verschiedenen Gründen wird beschlossen, an öffentlichen Anlässen nicht mehr aufzutreten.»[230] In seinem Jahresbericht rechtfertigte Bürgin diesen Entscheid so:

«Die Mitglieder, die der Damenriege angehören, haben sich zusammengeschlossen, um zu turnen des gesundheitlichen Wertes wegen, der in regelmässig betriebenen Körperübungen liegt; sie wollen sich dagegen nicht an jedem Feste und Festchen zur Schau stellen. Sie sind gerne bereit, mitzuhelfen, um mit Vorführungen richtige Propaganda zu treiben und dem Frauenturnen Freunde und Freundinnen zu werben, allzu häufiges Auftreten schadet diesem Zwecke aber.»[231]

Vorführungen würden viel Zeit in Anspruch nehmen und den ganzen Turnbetrieb stören. Wünschenswert seien hingegen Schauturnen «in Form einer richtig betriebenen Turnstunde, wobei sich die Zuschauer ein Urteil über die im Frauenturnen ruhenden Werte zu bilden vermögen.» Ein solches sei für das nächste Jahr vorgesehen.[232]
Turntechnische Bedenken gegen öffentliches Auftreten nun also auch in Gelterkinden, wo «Festleben» und Wettkampf die Turnerinnen unlängst noch zu guten Leistungen anspornen durften. Jetzt hiess es, sie wollten sich nicht zur Schau stellen. Um Werbung für ihr Frauenturnen zu machen, mussten sich die Turnerinnen aber zeigen – dies war das Dilemma.
Im Jahr 1923 fand das Kantonalturnfest in Muttenz statt, und auch die Baselbieter Damenriegen waren dazu eingeladen. Obwohl der Beschluss, den die Damenriege Gelterkinden 1922 gefasst hatte, eigentlich die Teilnahme an Bezirksanlässen betraf, sprach sich die Riege im April 1923 mit 14 zu 10 Stimmen gegen eine Teilnahme in Muttenz aus.[233] Der Vorstand des KTV liess aber nicht locker, und

230 VS vom 14. Juli 1922.
231 JB pro 1922.
232 Ebd.

Mitte Juli entschlossen sich die Turnerinnen im letzten Moment doch noch, am Fest mitzumachen.[234] Bürgin äusserte sich in seinem Jahresrückblick befriedigt über den Anlass: «Leichte, gefällige Freiübungen legten dem zahlreichen Publikum Zeugnis ab vom Können der basellandschaftlichen Turnerinnen. Solche Vorführungen erreichen ihren Zweck, für das Damenturnen Propaganda zu machen, wenn sie nicht häufig vorkommen.»[235] Seine einleitenden Worte waren aber weniger optimistisch: «Schon 5 Jahre sind verflossen, seit Freund Hans Grieder die Riege ins Leben gerufen hat. Diese Zeit hätte doch genügen dürfen, um die Notwendigkeit von Körperübungen für das weibliche Geschlecht zur Genüge zu zeigen. Leider macht sich da und dort eine Abneigung dagegen geltend, die in letzter Zeit, wie mir scheint, eher zu- als abgenommen hat.» Auch die Zahl der Mitglieder sei rückläufig. Zum Schluss ermahnte er alle Mitglieder, in der Öffentlichkeit ein gutes Beispiel abzugeben: «Man ist ja bei einem gewissen Teil unserer Bevölkerung so gerne bereit, über uns herzufallen, wenn sich nur der geringste Anlass dazu bietet. Sorgen wir dafür, dass keines diesen geringfügigen Anlass bietet.»[236] Wiederum beschränkte er sich auf Andeutungen, sprach er nicht aus, worin die – seiner Ansicht nach – sogar zunehmende Kritik an der Damenriege bestand.
Ende des Jahres 1924 entschloss sich der Vorstand der Gelterkinder Riege, die Flucht nach vorne anzutreten statt sich in immer grösserer Zurückhaltung zu üben: «Um die vielen Vorurteile gegen das Damenturnen in unserer Ortschaft zu bekämpfen, soll der Jahressitzung anschliessend ein turnerischer Unterhaltungsabend abgehalten werden, wozu man die Frauen und Töchter einladen wird, um diesen einen Einblick in unser gesundheitliches Turnen zu verschaffen.»[237] In seinem Bericht über das Jahr 1924, den er an eben dieser Sitzung verlas, zeigte sich Bürgin trotzdem etwas optimistischer, da die Mitgliederzahl zugenommen hatte: «Die numerische Erstarkung der Riege ist mir ein Beweis dafür, dass in unserer Bevölkerung nach und nach die Einsicht in die Notwendigkeit von Körperübungen für das weibliche Geschlecht Oberhand gewinnt.» Dazu beigetragen hätten das vorbildliche Verhalten der Turnerinnen, einzelne wohlwollende Berichte in der Presse und das Schauturnen vom Frühjahr. Die zurückhaltende Auftrittspolitik bringe der Riege zweifellos weitere Sympathien ein:

233 Vereinssitzung vom 13. April 1923.
234 Vereinssitzung vom 13. Juli 1923.
235 JB pro 1923.
236 Ebd.
237 VS vom 7. Nov. 1924.

«Als Zeichen richtiger Auffassung des Turnens in unserer Riege möge die Tatsache gebucht werden, dass eine Einladung zur Teilnahme am Bezirksturnfest in Ormalingen abgelehnt wurde. Wohl war es nicht angenehm, den Nachbarn einen Korb zu geben, doch sprachen gewichtige Gründe dagegen. Die Damenriege will nicht mehr mitmachen, um sich zu zeigen, sie lehnt es ab, die pure Schaulust des Publikums zu befriedigen, wenn sie auch ihre Mitwirkung zu Zwecken der Propaganda nicht ablehnt.»[238]

Bürgins Berichte erwecken den Eindruck, dass er den Turnerinnen und sich selber ein Verhalten nahezulegen versuchte, das eigentlich nicht seiner Überzeugung entsprach. Hatten er und sein Vorgänger Grieder in den ersten Jahren der Damenriege noch von Leistung und Wettkampf geträumt, so klingen die Jahresberichte der folgenden Jahre immer stärker wie Propagandaschriften des SFTV:

«Dann ist auch hier wieder darauf hinzuweisen, dass die Turnerinnen nicht bei jedem Anlass sich öffentlich produzieren wollen, es liegt im Wesen des weiblichen Turnens begründet, dass es die Förderung des Körperwachstums und der Gesundheit zum Zwecke hat. Daraus geht schon hervor, dass eine Damenriege, die nur auf Schaustellungen bedacht ist, oder es sein muss, diesen Zweck nicht erfüllen, wenigstens nur in beschränktem Masse erfüllen kann. [...] Die Art des Turnunterrichtes, die keine Rücksicht auf Vorführungen zu nehmen hat, vermag die Teilnehmerinnen und Leiter am meisten zu befriedigen. Der gemütliche Turnbetrieb, dessen Abschluss dann gewöhnlich ein Spiel bildet, weckt frohe Lebenslust.»[239]

Die Vorbereitungen für ihren Auftritt am Kantonalturnfest beider Basel in Gelterkinden im Jahr 1927, an dem die Damenriege natürlich nicht fehlen konnte, zeigen, dass der nach «Läufelfingen» eingeschlagene Kurs auch durchgehalten worden war: «Da wir sozusagen nie öffentlich auftreten, so lassen wir uns das nicht nehmen, bei dieser Gelegenheit nur mit ganzer Arbeit vor das Publikum zu treten, um die Sympathie derer zu gewinnen, die unser frohes Schaffen im Frauenturnen noch nicht kennen, und um weiter Propaganda zu machen im Oberbaselbiet.»[240] Nach dem Bericht der Aktuarin war der Auftritt ein voller Erfolg:

---

238 JB pro 1924. Die Riege habe sich statt dessen «in den Dienst der Gemeinnützigkeit» gestellt und an der Abendunterhaltung zum Bazar «zu Gunsten der Anstalt für Schwachsinnige Kinder» Schwebekantübungen zur Darstellung gebracht (ebd.).
239 JB pro 1925.
240 Eintrag der Aktuarin im Protokollbuch vom 2. Juli 1927.

«An der Samstagabendunterhaltung traten wir mit dem Blumen- und Plastikreigen auf die Bühne der geräumigen Festhütte, welche bis auf den letzten Platz angefüllt war. Dass unsere Darbietungen bei den Zuschauern allgemeines Wohlgefallen fanden, das konnten wir aus den reinsten Beifallsstürmen schliessen, die nach jeder Aufführung losgingen, und nur durch Wiederholung der Reigen unter Begleitung der schmeichelnden Walzerklänge brachten wir die Zuschauermenge zur Ruhe. In der Sonntagabendunterhaltung ging es nicht viel anders.»[241]

Stolz auf die erbrachte Leistung klingt aus diesen Worten, den Zuschauenden hatte es gefallen, und die Turnerinnen hatten ihren Auftritt und ihren Erfolg ganz offensichtlich ausgekostet (nur durch Wiederholung «brachten wir die Zuschauermenge zur Ruhe»).
Die Damenriege Liestal hatte sich seit ihrer Gründung gegenüber der Teilnahme an Anlässen reserviert gezeigt. Als Hauptargument brachte sie dagegen vor, zu viele Auftritte schadeten der «turnerischen Arbeit». So hatte dies ihr Vorgänger, der Damenturnverein, nicht unbedingt gesehen, und auch in Gelterkinden präsentiert sich die Situation etwas anders. Nach anfänglichem unbeschwerten Auftreten an verschiedenen Festen, unterstützt von ihren Leitern, die von Wettkampf und Sieg träumten, zog sich die Damenriege seit 1921/22 zunehmend aus der Öffentlichkeit zurück. Sie wollten sich nicht «zur Schau stellen», hiess es. Gleichzeitig zeugen die Berichte über die wenigen Auftritte der Riege von allgemeiner Begeisterung beim Publikum wie auch bei den Turnerinnen, von Opposition keine Spur. Insgesamt erscheint das Auftreten der Turnerinnen als heikle Angelegenheit, für die es keine klaren Richtlinien gab. Die Turnerinnen wollten ihr Können zeigen, mussten dies auch tun, um Werbung für ihre Sache machen zu können. Das Publikum wollte die Turnerinnen sehen, zeigte sogar Begeisterung bei deren Vorführungen – die Turnerinnen durften aber die «Schaulust» des (männlichen) Publikums nicht befriedigen. Wie sollte frau bloss wissen, wie sie sich zu verhalten hatte?
Eine Gemeinsamkeit ist den Absagen der Damenriegen zu entnehmen, und sie wird auch in den Akten des FTV bestätigt: Es war die Beteiligung an Bezirksturnfesten, die in erster Linie Anstoss erregte. Im Jahre 1933 wurde dazu in den Protokollen des FTV vermerkt: «An Bezirksturnfesten haben Damenriegen turnerisch mitgewirkt, öfters mit etwas fraglichen Darbietungen. Der Vorstand möchte an der Jahresvers. diesem Übelstand entgegentreten, denn er scheint

241   Eintrag vom 16. Juli 1927.

wenig zur Propaganda für den Verband beizutragen.»[242] Offenbar hatten sich nicht alle Vereine, dem Beispiel der Damenriegen Liestal und Gelterkinden folgend, schon seit den frühen 20er Jahren von diesen Festen zurückgezogen. An der Jahresversammlung des FTV von 1934 empfahl der technische Leiter des Verbandes den Riegen, «vor der Teilnahme an Festen wie Bezirksturnfesten und dergl. ihre Darbietungen zuerst durch die Techn. Kommission gutheissen zu lassen, um auch schon vorgekommene diesbezügl. Fehlgriffe zu verhindern.»[243] Um was für Fehlgriffe es sich handelte, ist den Protokollen nicht zu entnehmen. Durch die ganzen 30er Jahre hindurch riet der FTV seinen Vereinen jedenfalls davon ab, auf Bezirksebene aufzutreten, «nach Erfahrungen im Schweiz. Frauenturnverband aus prinzipiellen Gründen», wie es 1937 viel- und gleichzeitig nichtssagend hiess.[244]

An der Delegiertenversammlung des FTV von 1938 erklärte Präsident Willi Hägler noch einmal die ablehnende Haltung des Verbandes den Bezirksturnfesten gegenüber: «Nach den bisherigen Erfahrungen bildete das Auftreten der Turnerinnen in diesem Rahmen keine Propaganda für das Frauenturnen, da auch die techn. Kommission keine Kontrolle über die Arbeit hatte. Und wer übernimmt die Verantwortung?» Wenn die Damenriege des gastgebenden Ortes mitwirke, so sei nichts einzuwenden. Aber sonst würde es sich bestimmt «nicht gut ausarten.»[245] Wichtiger als die turntechnischen Bedenken, die Hägler zuerst nannte, erscheint mir der zweite Teil seiner Begründung: Weniger die Kontrolle über die Turnübungen als diejenige über die Turnerinnen war bei Bezirksanlässen nicht gewährleistet. Diese sprengten den Rahmen des Dorfes, innerhalb dessen der Umgang der Geschlechter miteinander überblickbar und unproblematisch war.[246]

Diese Interpretation findet darin Bestätigung, dass der FTV auch lange zögerte, an den Kantonalturnfesten der Turner teilzunehmen, obwohl bei diesen Veranstaltungen die technische Leitung des FTV das Programm ausarbeitete und mit den Riegen einübte. Die erste Einladung seit seiner Gründung erhielt der Kantonalverband der Frauen im Jahr 1926 für das Kantonalturnfest in Gelterkinden. An der Delegiertenversammlung im März 1926 wurde die Anfrage

---

242   VS, 16. Nov. 1933 (aus den FTV-Protokollen, wie auch die folgenden Quellen, wenn nicht anders vermerkt).
243   DV, 25. Feb. 1934.
244   VS, 5. März 1937. Als Antwort auf die Einladung des BTV Arlesheim an alle DR des Bezirks, am Bezirksturnfest teilzunehmen.
245   DV, 9. Jan. 1938. Es hatte in der vergangenen Zeit immer mehr Anfragen um Beteiligung gegeben.
246   Vgl. Joris/Witzig 1992, S. 106; bereits erwähnt in Kap. 8.3.

nach «reger Diskussion» abgelehnt. Als Begründung vermerkte die Aktuarin: «... erstens, dass es sehr viele Eltern gibt, die das öffentliche Auftreten ihrer Töchter rundweg verbieten und zweitens könnte das Festleben sehr leicht ausarten und es würden uns somit mehr Nachteile als Vorteile bleiben.»[247] Die Versammlung sprach sich statt dessen dafür aus, eine Turnfahrt abzuhalten. Es ist auffällig, dass in diesem Fall keinerlei technische Bedenken angeführt wurden, sondern nur moralische: Eltern lassen ihre Töchter nicht gehen, das Festleben könnte «ausarten» usw.

Die Absage desselben Jahres an den Turnverein Niederdorf, an dessen Fahnenweihe teilzunehmen und so auch die neu gegründete Damenriege Niederdorf zu unterstützen, begründete der FTV damit, dass «wir laut Beschluss der letzten Delegiertenversammlung auf jegliche Festanteile verzichten werden. Darum, weil das Frauenturnen kein Festleben erträgt und leicht ausarten könnte zum Schaden unserer Sache.»[248] Im Bericht der Damenriege Gelterkinden über das Bezirksturnfest in Läufelfingen von 1921 hatte es noch geheissen, dass die Turnerinnen erst «so recht zum Festleben ermuntert» waren, nachdem sie an der Preisverteilung einen «Lorbeerzweig mit Diplom» erhalten hatten.»[249] Jetzt war «Festleben» zu einem eindeutig negativ besetzten Begriff geworden.

Bei dieser Politik sollte es für lange Zeit bleiben. Erst im Hinblick auf das Kantonalturnfest beider Basel in Sissach von 1939 wurde erstmals ernsthaft über einen gemeinsamen Auftritt aller im FTV zusammengeschlossenen Baselbieter Damenriegen und -turnvereine diskutiert, und schon früh tauchte der Vorschlag auf, einen Frauenturntag eine Woche vor dem Fest der Männer abzuhalten, wie man es 1932 in Aarau in schweizerischem Rahmen gemacht hatte.[250] Nach intensiven Diskussionen im Vorstand und an verschiedenen Delegiertenversammlungen entschied man sich für die Durchführung des ersten kantonalen Frauenturntages in Baselland, eine Woche vor dem Kantonalturnfest der Männer.[251] Der Vorstand des FTV war zufrieden mit dem Frauenturntag, es sei ein schöner

---

247 DV, 21. März 1926. Wegen einer Unwetterkatastrophe fand das Fest dann erst 1927 statt.
248 VS, 5. Juni 1926.
249 Bericht über das Bezirksturnfest in Läufelfingen vom 24. Juli 1921, in den Protokollbüchern der DR Gelterkinden.
250 An der VS des FTV vom 3. Juli 1936 erwähnte Hedy Ammann diese Möglichkeit, an der VS vom 13. Nov. 1936 griff Präsident Willi Hägler diesen Vorschlag auf.
251 DV, 9. Jan. 1938; VS, 10. Juni 1938 und a. o. DV, 13. Nov. 1938. Ob auch der FTV Basel-Stadt mitmachen würde, blieb bis kurz vor dem Fest im ungewissen und wurde dann doch noch Wirklichkeit. Hinweise auf den Stand der Verhandlungen mit den Baslerinnen geben folgende Sitzungen: VS, 10. Juni 1938; a. o. DV, 13. Nov. 1938; VS, 3. Dez. 1938.

Erfolg geworden, und sogar Hedy Ammann, die an der folgenden Delegiertenversammlung auch «in taktvoller Weise» Kritik übte, bezeichnete «Sissach» als «wohlgelungen».[252] Trotzdem bewahrte der FTV eine gewisse Zurückhaltung auch gegenüber kantonalen Turnfesten. Während des Krieges lehnte er alle Anfragen des KTV ab[253]; aber gegen Ende der Kriegsjahre keimte im Vorstand die Überzeugung, dass ein grosser Anlass wieder einmal angezeigt wäre. Im Januar 1946 sagte die Delegiertenversammlung des FTV ja zur Durchführung eines zweiten kantonalen Frauenturntages acht Tage vor dem Kantonalturnfest beider Basel in Aesch, das im Juli stattfinden sollte.[254] Leisetreterei wie in den Jahrzehnten davor prägten auch die Diskussionen um diesen Turntag.[255] Nicht anders 1949, als es galt, das 25jährige Verbandsjubiläum zu feiern: Dazu überlegte man sich im Vorstand, «wie und auf welche bescheidene Art man diesem Ereignis besondern Ausdruck geben möchte.»[256]

Die Diskussionen um die Teilnahme an den kantonalen Turnfesten der folgenden Jahre bringen nicht viel Neues, Feste wurden weiterhin vor allem als grosse Belastung erachtet, falls man sich beteilige, dann in einfachem Rahmen, wurde stets betont.[257]

Mit ihrer Haltung lag die Leitung des FTV wie schon in der Frage des Wettkampfs ganz auf der Linie des schweizerischen Dachverbandes. Und sie vermittelte diese Sichtweise auch an die Riegen weiter. Die technische Leitung des FTV sah zwar ein, dass ab und zu kantonale Frauenturntage durchgeführt werden mussten, um die Grösse der Bewegung zu demonstrieren. Sie betrachtete Feste aber vor allem als zusätzliche Arbeit, welche dem Turnbetrieb, der Weiterentwicklung des Frauenturnens eigentlich nichts nütze. Als wirkungsvoller erachteten die Funktionärinnen und Funktionäre hierfür die

---

252   DV, 7. Jan. 1940, vgl. auch VS, 27. Sept. 1939. Der Inhalt ihrer Kritik ist nicht wiedergegeben.
253   Vgl. VS, 7. Feb. 1942 und VS, 28. Mai 1943.
254   DV, 27. Jan. 1946.
255   VS, 5. Feb. 1946. Hedy Ammann wies darauf hin, dass öffentliche Auftritte die Ausnahme bleiben sollten und ähnliches.
256   VS, 22. März 1949. Eine «bescheidene Würdigung» am Spieltag von 1949 war vorgesehen – wie diese dann im einzelnen aussah, ist aus den Protokollen nicht zu erfahren, offenbar war sie zu bescheiden, um von der Aktuarin notiert zu werden. Durchgeführt wurde im Zeichen des Jubiläums jedenfalls eine Zusammenkunft mit den Ehrenmitgliedern und dem Vorstand des KTV (vgl. dazu VS, 27. Mai 1949 und VS, 8. Nov. 1949).
257   Dies wurde z. B. im Hinblick auf die Teilnahme am Kantonalturnfest in Basel des Jahres 1950 an der DV vom 30. Jan. 1949 geäussert; ebenso bezüglich des kantonalen Turnfestes in Muttenz von 1954 (vgl. VS, 10. März 1953). In der Realität näherten sich die Feste mit den Jahren trotzdem immer mehr «normalen» sportlichen Anlässen an, offiziell allerdings weiterhin ohne Wettkämpfe und Ranglisten.

Arbeit in den Vereinen, in der einzelnen Turnstunde, ermöglicht durch eine seriöse Kursarbeit, also eine gute Ausbildung der Leiterinnen und Leiter. Werbung für das Frauenturnen sollte vor allem in Form von Schauturnen geschehen, mit Vorzug vor ausschliesslich weiblichem Publikum. Schliesslich sollten Auftritte in erster Linie der Werbung neuer Mitglieder dienen. Einerseits wurden technische Argumente vorgebracht: Grosse Anlässe würden gar keine Werbung machen für das Frauenturnen, die Turnerinnen kämen dabei nicht zur Geltung; andererseits aber auch moralische: Turnerinnen wollten sich nicht «zur Schau stellen», und die Sache könnte «ausarten».

Ausgangspunkt dieses Kapitels war die Frage, ob sich das Frauenturnen von einer eher vergnüglichen Angelegenheit in den Anfängen zu einer mit den Jahren zunehmend ernsthafter betriebenen Sache entwickelte. Diese Vermutung entstand nicht zuletzt aufgrund der lebhaften Diskussion über das öffentliche Auftreten von Turnerinnen an Turnfesten und anderen Anlässen. Gegnerinnen und Gegner betonten immer wieder, diese Art von Aktivitäten sei dem Frauenturnen nicht förderlich, ja könne seiner Entwicklung sogar schaden. Die schweizerische wie auch die Baselbieter Verbandsleitung stand öffentlichen Auftritten grundsätzlich sehr skeptisch und in vielen Fällen ablehnend gegenüber. Die Beispiele aus Liestal und Gelterkinden deuteten darauf hin, dass die Riegen sich nicht einfach über diese Bedenken von «oben» hinwegsetzten, sondern sich tatsächlich nur bei speziellen Anlässen in der Öffentlichkeit zeigten. Die Phase sogar zunehmender Zurückhaltung gegenüber öffentlichen Auftritten lief ausserdem parallel zu den vielfältigen Bemühungen des SFTV um die Förderung des Frauenturnens: seiner Suche nach einem «Schweizerfrauenturnen», der Herausgabe von Übungsanleitungen und der Intensivierung des Kurswesens, die ich in früheren Kapiteln behandelt habe. Dass es dem SFTV ein Anliegen war, das turnerische Niveau seiner Mitglieder zu heben, halte ich für unbestritten; ebenso, dass dies zweifellos dem Willen vieler Turnerinnen entsprach. So gesehen, könnte die eingangs gestellte Frage mit einem klaren Ja beantwortet werden. Doch reichen diese Erklärungen nicht aus. Die mit steter Regelmässigkeit vorgetragene Ansicht, das Frauenturnen ertrage kein «Festleben», wie auch die Befürchtung, die Sache könnte «ausarten», oder die Überzeugung, die Turnerinnen wollten sich nicht «zur Schau stellen», verweisen auf moralische Beweggründe. Deren Bedeutung wird durch die Beobachtung unterstützt, dass es eine grosse Rolle spielte, wo und in welchem Rahmen die Turnerinnen auftraten. So erweckt die dringliche Warnung – de facto das Verbot –, an Bezirksturnfesten der

Turner aufzutreten, eher den Eindruck, dass Furcht vor mangelnder Kontrolle der Turnerinnen und nicht des Turnprogramms hinter dieser Haltung stand – wie schon im letzten Kapitel erscheinen die Dorfgrenzen als «Schicklichkeitsgrenzen».
Weiter gefasst ging es grundsätzlich um die Frage, ob und wie sich Frauen in der Öffentlichkeit zeigen und bewegen sollten. In der bürgerlichen Gesellschaft des 19. Jahrhunderts, war der öffentliche Raum den Männern vorbehalten, den Frauen war der private Bereich der Familie zugewiesen.[258] Die Präsenz von laufenden und springenden Frauen in der Öffentlichkeit war etwas Neues, das gegen die geltenden Regeln verstiess und sich im Lauf des 20. Jahrhunderts erst langsam Akzeptanz verschaffen musste. Nach Gisela Bentz wurden die Entscheide über Tempo und Richtung im Frauenturnen in erster Linie von gesellschaftlichen Normen und nicht von turntechnischen Überlegungen bestimmt:

«Die kulturgeschichtlich bedingte Auffassung von ‹Frausein›, die vom Mann definiert wurde, beeinflusste als ‹Schicklichkeitsfrage› alle Bereiche des Frauenturnens: die Stoffauswahl, den Übungsbetrieb, die Leistungsfrage, Leistungsbegrenzung und Betätigungseinschränkung, die Turnkleidung, vor allem die Führungsbeteiligung und ihre Bewertung in der Öffentlichkeit.»[259]

Ganz so einseitig lief dieser Prozess aber nicht ab. Neben den früher geschilderten Veränderungen in der Arbeitswelt hatte meiner Ansicht nach auch das Frauenturnen – und mehr noch der Frauensport – seinerseits Auswirkungen auf die gesellschaftlichen Rahmenbedingungen, trugen Turnen und Sport ebenfalls dazu bei, dass man(n) sich zunehmend daran gewöhnte, dass Frauen ihren «angestammten» Platz in der Familie verliessen und sich in der Öffentlichkeit zeigten. Bilder von Turnerinnen vom Anfang des 20. Jahrhunderts im Vergleich mit solchen aus den 30er Jahren zeugen bereits von einem enormen Wandel, sowohl in der Unbeschwertheit der Bewegung wie in der Kleidung, der sich bis in unsere Tage fortsetzte. Dies möchte ich im nächsten Kapitel illustrieren.

---

258 Vgl. dazu Karin Hausen, Die Polarisierung der «Geschlechtscharaktere» – eine Spiegelung der Dissoziation von Erwerbs- und Familienleben, in: W. Conze (Hg.), Sozialgeschichte der Familie in der Neuzeit Europas, Stuttgart 1976, S. 363–393; dies., Öffentlichkeit und Privatheit – Gesellschaftspolitische Konstruktionen und die Geschichte der Geschlechterbeziehung, in: Journal für Geschichte 1989, Heft 1, S. 16–25.
259 Bentz, in: Neumann 1985, S. 31.

Abb. 6
Turnerinnen des DTV Liestal im Jahr 1908. Sie tragen das damals übliche Matrosenkostüm, in der Hand halten sie Stäbe, wie sie für die Vorführung «Stabwinden» verwendet wurden. In der Mitte Leiter Heinrich Tschudin. Photo DTV Liestal

8.5 Die Turnkleider werden kürzer

«Die gesamte Entwicklung der Frauenturn- und Sportbewegung lässt sich an den Veränderungen der Turnkleidung ablesen.»[260] Niemand würde im Falle der Männer ähnliches behaupten, im Falle der Frauen herrscht diesbezüglich Einigkeit. Vor allem in den ersten Jahren des Frauenturnens, als es galt, sich gegen vielerlei Anfeindungen zu wehren, sei die Frage der richtigen Bekleidung eine sehr heikle gewesen, heisst es in der Jubiläumsschrift des SFTV von 1934. Damals sei es schon ein Erfolg gewesen, als das Korsett, das während Jahren zu einer «anständigen» Frauenkleidung und auch zum Turnkleid gehört hatte, den bequemen «Matrosenkleidern» Platz machte.[261] Abbildung 6 zeigt den Damenturnverein Liestal im Jahr 1908 in diesen Matrosenkleidern.
Die Matrosenbluse, allerdings in weisser Farbe, hielt sich bis nach dem Ersten Weltkrieg, darunter trugen die Frauen eine dunkle,

260 Pfister, in: Pfister 1980, S. 23: Mode als «getreuer Spiegel gesellschaftlicher Verhältnisse». Vgl. auch: Bentz, in: Neumann 1985; Gertrud Pfister, Vom langen Rock zum Bodystocking. Die Turn- und Sportkleidung der Mädchen und Frauen, in: Sportswear. Zur Geschichte und Entwicklung der Sportkleidung, Krefeld 1992, S. 24–29; Frauenalltag und Frauenbewegung 1981, S. 25.
261 25 Jahre SFTV 1934, S. 57/58.

Abb. 7. Die Baselbieter Damenriegen führen am
Kantonalturnfest 1920 in Lausen Freiübungen vor.
Knielange dunkle Pumphosen haben die knöchellangen
Röcke abgelöst. Photo DTV Münchenstein

Abb. 8
Kantonalturnfest in Muttenz 1923: Die Turnerinnen des
DTV Münchenstein machen Pause.
Photo DTV Münchenstein

Die Turnkleider werden kürzer

Abb. 9
«... durch das ‹neue› kleidsame Turnkostüm können äussere Unterschiede eher ausgeglichen werden.»
Zeichnung FT 1922

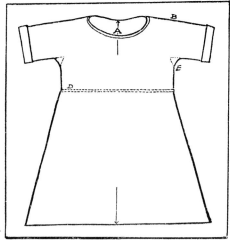

Abb. 10
Der neuste Hit aus dem Jahr 1923: das Kleid nach Abb. 9 in etwas feineren Stoffen. Photo FT 1923

über die Knie reichende aus Wollstoff angefertigte Pumphose, auch Reformhose genannt, und zuerst dunkle, dann auch weisse Strümpfe, wie die Bilder der Baselbieter Turnerinnen an den Kantonalturnfesten von 1920 in Lausen und von 1923 in Muttenz zeigen (Abb. 7 und Abb. 8).
Die Kleidung war nicht in allen Vereinen dieselbe, grosse Unterschiede gab es zwischen Stadt- und Landvereinen und auch zwi-

Abb. 11
Freiübungen in der freien Natur. Die Damenriege
Gelterkinden übt für einen öffentlichen Auftritt.
Photo FT 1926

schen den verschiedenen Regionen der Schweiz. In den 20er Jahren propagierte Susanne Arbenz im «Frauen-Turnen» eine einfache «lange Turnblouse», die bis zu den Knien reichte und in der Taille zusammengenommen wurde, darunter sollten eine dunkle Hose und dunkle Strümpfe getragen werden (Abb. 9).[262] Die Vereine, die es sich leisten konnten, trugen im Winter eine blaue Bluse und im Sommer ein weisse.
Ähnlich war das Turnkleid, das eine Riegenleiterin aus Zürich 1923 als neuesten Hit anpries. Es bestand ebenfalls aus einer knielangen, schwarzen oder dunkelblauen Turnbluse, einer schwarzen Turnhose und schwarzen Strümpfen. Es war etwas enger geschaffen und aus leichteren Stoffen gefertigt, die Bluse aus einem leichten Wollstoff, darunter eine Tricothose aus mercerisierter Baumwolle oder sogar aus Seide oder Halbseide (Abb. 10).[263]
Diese Art Turnkleider hatte sich Mitte der 20er Jahre offenbar weitgehend durchgesetzt, als Beispiel mag ein Photo der Damenriege Gelterkinden dienen, das 1926 im «Frauen-Turnen» erschien[264], oder auch das Photo von 1927, das den Damenturnverein Münchenstein in der Anfangspose für einen Reigen zeigt (Abb. 11 und Abb. 12).

262 Susanne Arbenz, «Über das Turnkleid», FT, Nr. 5, 21. Juli 1922.
263 Lily Wunderli, Zürich, «Das Turnkleid», FT, Nr. 9, 2. Nov. 1923.
264 FT, Nr. 5, 30. April 1926.

Abb. 12
Der DTV Münchenstein in Startposition für einen Reigen. Photo DTV Münchenstein

Abb. 13
«Sprungübung mit Einfühlen. Damenriege des Bürgerturnvereins Basel.»
Photo FT 1926

Zur selben Zeit turnten aber zum Beispiel Städterinnen wie die Turnerinnen des Bürgerturnvereins Basel auch in eng anliegenden Turnkleidern, wie Abbildung 13 zeigt, wohl nach dem Vorbild von Gymnastikschulen, die im «Frauen-Turnen» auch immer wieder vorgestellt wurden.[265]

265 FT, Nr. 10, 6. Aug. 1926.

Abb. 14
Ohne Strümpfe! Freiübungen der Turnerinnen am
Eidgenössischen Turnfest in Genf. Photo FT 1925

Abb. 15
Einstudieren eines Reigens. Photo FT 1925

Am Eidgenössischen Turnfest in Genf von 1925 trugen die Turnerinnen eine kürzere Bluse, eine etwas kürzere Hose und vor allem keine Strümpfe mehr (Abb. 14).[266]

266 FT, Nr. 9, 4. Sept. 1925, als Illustration zu einem Bericht über das Turnfest. Das Bild zeigt die St. Galler Turnerinnen in Genf.

Abb. 16
Die drei Modelle der Turnkleider, die von 1930 an bei der Firma «ODO» in Olten bestellt werden konnten.
Photo Firmenprospekt

Auch auf den Photos der Propagandanummer des «Frauen-Turnen» vom April 1925 tragen die Turnerinnen teilweise keine Strümpfe mehr. Abbildung 15 zeigt Turnerinnen bei einem Reigen, noch lange Jahre ein Hauptbestandteil von öffentlichen Aufführungen.

Anlässlich des 100jährigen Jubiläums des ETV von 1932 hatte sich der SFTV dazu entschlossen, erstmals Schweizerische Frauenturntage durchzuführen.[267] Für die Allgemeinen Übungen, die Turnerinnen aus der ganzen Schweiz zusammen turnen sollten, wünschte sich die Verbandsleitung ein einheitliches Turnkleid, wie es die Männer in ihren weissen Hosen und Leibchen besassen. Sich dar-

267 Vgl. dazu Kap. 5.6.

Abb. 17
Gruppenbild in Odo-Kleidern und mit Herrn:
Die Damenriege Gelterkinden an den
Schweizerischen Frauenturntagen in Aarau 1932.
Photo DR Gelterkinden

über zu einigen, erwies sich aber als sehr schwierig, zu verschieden waren die Meinungen, und die ökonomische Situation vieler Turnerinnen erlaubte es nicht, einfach ein zusätzliches Turnkleid anzuschaffen. Nach eingehenden und langwierigen Abklärungen wurden an der schweizerischen Delegiertenversammlung von 1930 drei Modelle verabschiedet und bei der Firma «ODO» in Olten in Auftrag gegeben. Noch waren die Vereine aber nicht verpflichtet, diese Kleider zu kaufen, bindend war vorläufig erst die Farbe: «kornblumenblau» sollte das Turnkleid sein.[268] Allerdings war es noch nicht allen Vereinen möglich, zum Jubiläumsturnfest in Aarau von 1932 schon in Blau zu erscheinen.[269] Es stand den Vereinen frei, welches Modell sie auswählten, innerhalb eines Vereins sollte aber das gleiche getragen werden. Die drei Modelle – die sich im Erscheinungsbild nicht wesentlich voneinander unterschieden, wie Abbildung 16 zeigt - waren in vier verschiedenen Stoffen unterschiedlicher Preis- und Güteklasse erhältlich.[270]

268 25 Jahre SFTV 1934, S. 59. Vgl. dazu: Susanne Arbenz, «Blau sei die Farbe unseres Turnkleides», FT, Nr. 9, 6. Juni 1930, worin sie für die blaue Farbe warb; und dies., «Die Turnkleidfrage», FT, Nr. 17, 21. Nov. 1930, worin sie über den Beschluss berichtete.
269 50 Jahre SFTV 1958, S. 25.
270 Laut «ODO»-Prospekt, den ich bei den Akten der DR Liestal gefunden habe.

Die Turnkleider werden kürzer 337

Abb. 18
Zwischen zwei Spielen noch schnell ein Bild mit Leiter:
Der DTV Münchenstein an einem
Wander- und Spieltag in den 30er Jahren.
Photo DTV Münchenstein

Abb. 19
Allgemeine Übungen am 1. Kantonalen Frauenturntag
in Sissach im Jahr 1939. Photo DR Gelterkinden

Abb. 20. Die Faustballerinnen der DR Gelterkinden am Ostermontag 1933. Photo Paula Hartmann, Liestal

Für das Turnfest von 1932 in Aarau trug die Damenriege Gelterkinden ein Odo-Turnkleid, das aus einem einfachen Baumwollstoff gearbeitet war und fast bis zum Knie reichte (vgl. Abb. 17). Im Laufe der 30er Jahre setzten sich Kleider aus Tricot-Stoffen durch, die mehr Bewegungsfreiheit liessen. Abbildung 18 zeigt den DTV Münchenstein anlässlich eines Wander- und Spieltags in den 30er Jahren. Die Leitung des FTV sprach sich von Anfang an dafür aus, dass die Baselbieter Turnerinnen das neue blaue Turnkleid anschafften, wenn es ihre finanziellen Möglichkeiten erlaubten.[271] Auch an kantonalen Anlässen des FTV sollte fortan das blaue Turnkleid getragen werden, «da es die Turnerin am besten kleide.»[272] Am ersten kantonalen Frauenturntag in Sissach von 1939 wurden die Allgemeinen Übungen dann tatsächlich in einheitlichem Turnkleid dargeboten (vgl. Abb. 19).
In den Turnstunden oder an Spieltagen in kleinerem Rahmen trugen die Turnerinnen ausserdem ein schwarzes Kleid, ähnlich einem Gymnastikdress (Abb. 20).

271 Diskussionen darüber gab es an der a. o. DV des FTV vom 20. Nov. 1930, der DV vom 11. April 1931 und der DV vom 13. Dez. 1931; auch im Bericht über die Jahre 1930–32 wird die Turnkleidfrage hervorgehoben (FTV-Protokolle).
272 Wunsch von Hedy Hägler-Ammann an der DV vom 12. Jan. 1936.

Abb. 21
Auftritt in modernen Sporthosen. Geräteturnen an den Schweizerischen Frauenturntagen in Lausanne 1951.
Photo Fest-Illustrierte Lausanne 1951

In Blau zeigten sich die Turnerinnen seit den 30er Jahren an schweizerischen und kantonalen Anlässen, da Übungen, die eine grössere oder kleinere Zahl von Turnerinnen gemeinsam ausführte, durch ein einheitliches Tenue eine stärkere Wirkung erzielte. Auf das 50jährige Jubiläum des SFTV von 1958 hin konnte frau sich gesamtschweizerisch schliesslich auch bezüglich Stoff und Schnitt einigen.[273] Bis zu den Frauenturntagen von 1972 in Aarau wurden die Gesamtvorführungen im blauen Turnkleid gezeigt, während Geräte- oder leichtathletische Übungen schon in den 50er Jahren in Leibchen und kurzer Turnhose absolviert wurden (vgl. Abb. 21).
Seit den Schweizerischen Frauenturntagen von 1978 in Genf wird für die Allgemeinen Übungen weiterhin ein einheitliches Kostüm gewählt, aber nicht mehr bei jedem Fest dasselbe, bei den übrigen Disziplinen herrscht die Vielfalt der Farben und Schnitte, die bis in unsere Tage zu sehen ist (vgl. Abb. 22 und 23).

273 75 Jahre SFTV 1983, S. 18.

Abb. 22
Allgemeine Übungen der Turnerinnen an
den Schweizerischen Frauenturntagen in Luzern
von 1991. Photo Stefan Holenstein

Abb. 23
Jeder Verein trägt seinen eigenen Dress
bei den Gruppenvorführungen in der Gymnastik.
Gemischte Gruppen sind in den letzten Jahren
zur Normalität geworden (Luzern 1991).
Photo Stefan Holenstein

Kapitel 9
Im Brennpunkt: Der Körper der Turnerin

Der Sport, «der ja am Körper, dem manifesten Ausdruck von Weiblichkeit ansetzt...»[1]
Hinter diesem einfachen Satz stehen eine Vielzahl von Themen wie zum Beispiel: der Körper als Ausdruck des biologischen Geschlechts; Weiblichkeit, verstanden nicht als biologische Tatsache, sondern als kulturelle Konstruktion; Sport als Bereich der Körpergeschichte usw.
Ende der 70er Jahre wurde der Körper in den Sozialwissenschaften ein Thema.[2] Studien aus den 30er Jahren wie diejenigen von Marcel Mauss und Norbert Elias wurden neu rezipiert und weiterentwickelt.[3] Seit über einem Jahrzehnt findet in der Geschichtswissenschaft geradezu ein Boom zum Thema Körper statt.[4] Aus nahelie-

---

1 Herbert Dierker/Gertrud Pfister (Hg.), «Frisch heran! Brüder, hört ihr das Klingen!» Zur Alltagsgeschichte des Berliner Arbeitersportvereins Fichte, Duderstadt 1991, S. XI..
2 Vgl. z. B.: Dietmar Kamper/Volker Rittner (Hg.), Zur Geschichte des Körpers, München/Wien 1976; Dietmar Kamper/Christoph Wulf, Die Wiederkehr des Körpers, Frankfurt 1982; Klaus Theweleit, Männerphantasien, 2 Bde., Frankfurt a. M. 1977/1978; Rudolf Zur Lippe, Naturbeherrschung am Menschen, 2 Bde., Frankfurt a. M. 1974; ders., Am eigenen Leibe. Zur Ökonomie des Lebens, Frankfurt a. M. 1983; Imhof Berlin 1983b; Volker Rittner, Körper und Körpererfahrung in kulturhistorisch-gesellschaftlicher Sicht, in: J. Bielefeld (Hg.), Körpererfahrung. Grundlage menschlichen Bewegungsverhaltens, Göttingen 1986.
3 Marcel Mauss, Die Techniken des Körpers, in: ders., Soziologie und Anthropologie, Bd. 2, Frankfurt 1978, S. 197–220. Vgl. z. B. die Auseinandersetzung mit Mauss von Mary Douglas, Ritual, Tabu und Körpersymbolik, Frankfurt 1981. Grundlegend ist ausserdem das Werk von Norbert Elias aus dem Jahr 1939, Frankfurt 1981 (8. Auflage).
4 Den neuesten Überblick dazu bietet Jakob Tanner, Körpererfahrung, Schmerz und die Konstruktion des Kulturellen, in: Historische Anthropologie, 1994, Heft 3, S. 489–502; vgl. auch ders., Mahlzeit in der Fabrik. Ernährungswissenschaft, Industriearbeit und Volksernährung in der Schweiz 1890–1950, Basel 1993 (unveröffentlichte Habilitationsschrift); Barbara Duden, Geschichte unter der Haut. Ein Eisenacher Arzt und seine Patientinnen um 1730, Stuttgart 1987, S. 12–66; Roy Porter, History of the Body, in: P. Burke (Hg.), New Perspectives on Historical Writing, Cambridge 1992, S. 206–232; Mike Featherstone/Bryan S. Turner, The Body: Social Process and Cultural Theory, London 1991. Anregend für eine Auseinandersetzung mit dem Thema Körper ist auch: Alain Corbin, Wunde Sinne: über die Begierde, den Schrecken und die Ordnung der Zeit im 19. Jahrhundert, Stuttgart 1993, v. a. die Seiten 197ff.

genden Gründen beschäftigt sich auch die Sportwissenschaft mit dem Thema.[5] Seit den 70er Jahren steht der Körper auch im Mittelpunkt verschiedener Diskurse innerhalb der feministischen Bewegung, einmal als «Garantie einer wie auch immer gefassten Weiblichkeit, ein andermal als ‹Kriegsschauplatz› (Gynäkologie, Abtreibungsdebatte, Gentechnologie)», wie Marie-Luise Angerer es 1994 in der Zeitschrift «L'homme» formuliert hat, in einem Schwerpunktheft zum Thema «Körper».[6] Damit werden genau die Themen behandelt, welche die von Männern abgefassten Schriften über Frauen vorgeben. Gegen diese einseitige Betrachtung des Frauenkörpers wendet sich von sportwissenschaftlicher Seite Lotte Rose.[7] Die Frauenbewegung enge den Fokus ihrer Wahrnehmung radikal ein, indem sie vor allem Nah- und Innenaufnahmen weiblicher Körper mache. Indem sie Aspekte wie Bewegung und Raumaneignung ausblende, laufe sie Gefahr, das patriarchale Geschlechterverhältnis zu reproduzieren: «Mit der leidenschaftlichen Hinwendung zum weiblichen Körper-Innern verharren die Frauen an jenem Platz in der Geschlechterhierarchie, der ihnen zugewiesen ist.»[8] Beiträge, um aus diesem Kreis auszubrechen, können nach Ansicht von Rose

5   Ein grosser Teil der bisher genannten Werke bildet auch die Grundlage sportwissenschaftlicher Arbeiten. Aus der Fülle an Literatur einige der bekanntesten Werke: Jörg Thiele/Norbert Schulz. Wege zum Körper – der Körper als Gegenstand sportwissenschaftlicher Teildisziplinen, Sankt Augustin 1992; Michael Klein (Hg.), Sport und Körper, Reinbek 1984; ders., Sport und Geschlecht, Reinbek 1983; Karl-Heinrich Bette, Körperspuren. Zur Semantik und Paradoxie moderner Körperlichkeit, Berlin/New York 1989; Ommo Grupe (Hg.), Kulturgut oder Körperkult? Sport und Sportwissenschaft im Wandel, Tübingen 1990; Henning Eichberg, «Schneller, höher, stärker». Der Umbruch in der deutschen Körperkultur als Signal gesellschaftlichen Wandels, in: G. Mann/R. Winau (Hg.), Medizin, Naturwissenschaft und das Zweite Kaiserreich, Göttingen 1977, S. 259–283; ders., Leistung zwischen Wänden – die sportive Parzellierung der Körper, in: Imhof 1983b, S. 119–139; Stefan Grössing, Rivalität, Ritual, Rekord: Überlegungen zur Kulturgeschichte der menschlichen Bewegung, Salzburg 1984; Georges Vigarello, Le corps redressé. Histoire d'un pouvoir pédagogique, Paris 1978; Gunter Gebauer (Hg.), Körper und Einbildungskraft. Inszenierungen des Helden im Sport, Berlin 1988; Gunter Hortleder/Gunter Gebauer (Hg.), Sport – Eros – Tod, Frankfurt a. M. 1986. Wie sich Schichtunterschiede am Körper manifestieren, haben vor allem Pierre Bourdieu und Luc Boltanski untersucht (vgl. Bibliographie).
6   Marie Luise Angerer, Zwischen Ekstase und Melancholie: Der Körper in der neueren feministischen Diskussion, in: L'homme. Zeitschrift für feministische Geschichtswissenschaft. «Körper», 1994, Heft 1, S. 29.
7   Lotte Rose, Körper ohne Raum. Zur Vernachlässigung weiblicher Bewegungs- und Sportwelten in der feministischen Körper-Debatte, in: Feministische Studien, 1992, Heft 1, 113–120.
8   Ebd., S. 113/114, Zitat, S. 114.
9   Als Einstieg ins Thema eignen sich die Sammelbände: Sabine Kröner/Gertrud Pfister (Hg.), Frauen-Räume. Körper und Identität im Sport, Pfaffenweiler 1992; Birgit Palzkill/Heidi Scheffel/Gabriele Sobiech, Bewegungs(t)räume. Frauen-

nicht zuletzt Untersuchungen über den Frauensport leisten, wozu auch bereits eine Reihe interessanter Studien vorliegen.[9]
Dasslebe wie Rose fordert auch Rebekka Habermas in einem Aufsatz von 1993[10], nämlich, nicht die «Unterdrückungsgeschichte» weiterzuschreiben, welche die Männer nur als Täter und die Frauen nur als Opfer sieht. Dadurch werde der Gedanke der biologischen Unterschiede zwischen den Geschlechtern, den die Frauenbewegung kritisiere, ihrerseits fortgeschrieben, es werde kein Raum für Wandel gelassen, die Frauen würden ins ahistorische Reich der Biologie verbannt.[11]
In Kapitel 10 werde ich versuchen, das Frauenturnen vom Standpunkt der teilnehmenden Frauen aus zu betrachten. Hier soll es noch einmal um die Wahrnehmung der Turnerinnen und ihrer Körper von aussen gehen. Vom Körper der Frau war bereits in früheren Kapiteln die Rede: In den Turnschriften steht er ebenfalls im Zentrum, jedoch lediglich in seiner Bedeutung für die Fortpflanzung. In medizinischer Terminologie wird dann über ihn gesprochen, so wie es der turntechnische Wortschatz von Übungssammlungen seinerseits erlaubt, über Arme und Beine und über verschiedene Arten von Bewegungen des Frauenkörpers zu sprechen. Weit komplizierter gestaltet sich die Rede über den Frauenkörper als Körper einer Frau, eines Individuums, über sein Aussehen und seine Wirkung. Darin widerspiegeln sich die Schwierigkeiten, mit den Körpern der Frauen im neuen Umfeld des Turnens umzugehen.
Gegenstand dieses Kapitels sind die Körper der Turnerinnen, wahrgenommen von aussen, von ihrer Umwelt; es geht um den männlichen Blick auf die Körper von Frauen, die zum Beispiel anlässlich einer Abendunterhaltung auf der Bühne einen Reigen darbieten.

9.1 Turnerinnen «verschönern» Turnerabende

Wenn ein Turnverein seine Damenriege dazu einlud, an seinem jährlichen «Konzert» aktiv teilzunehmen, so tat er dies oft mit den

---

Körper-Sport, München 1991; Norbert Schulz/Ilse Hartmann-Tews (Hg.), Frauen und Sport, Sankt Augustin 1990. Vgl. zudem: Susan R. Bordo, The Body and the Reproduction of Feminity: A Feminist Appropriation of Foucault, in: A. M. Jaggar/S. R. Bordo (Hg.), Gender/Body/Knowledge: Feminist Reconstrucions of Being and Knowing, New Brunswick/London 1989, S. 83–112; Hall, in: Sociology of Sport Journal 1988, S. 330–340; Lenskyj 1986.

10 Rebekka Habermas, Geschlechtergeschichte und «anthropology of gender». Geschichte einer Begegnung, in: Historische Anthropologie, 1993, Heft 3, S. 485–509.

11 Ebd., S, 491. Die Befürchtung, die Anerkennung auch nur geringer biologischer Unterschiede zwischen den Geschlechtern schreibe die Unterdrückungsgeschichte der Frauen fort, steht auch hinter den Thesen von Judith Butler, und hat zu ihrer Ablehnung jeglicher von der Natur vorgegebener Unterschiede geführt (vgl. dazu Kap. 4.5.1 sowie Kap. 10).

Worten: Die Damenriege möge so freundlich sein, diesen Abend zu «verschönern». Schon bevor die Frauen turnten, nahmen sie an den Festen der Männer teil, nicht nur als Zuschauerinnen, sondern auch als Hilfskräfte im Festbetrieb und als Ehrendamen, helfend und «dekorativ».[12] Auch die ersten turnerischen Gehversuche vieler Damenriegen bewegten sich in diesem Rahmen: Mit einem Reigen «verschönerten» sie einen Anlass des Turnvereins, was schliesslich zur Gründung einer Riege führte.[13]

Die «übliche erotisch-dekorative Rolle», welche die Frauen des Bürgertums im 19. Jahrhundert spielten, sei ihnen nun eben auch in Turnen und Sport zugefallen, schreibt Gertrud Pfister.[14] Mit dieser Rolle umzugehen, war offensichtlich so einfach nicht. Wie Kapitel 8.4 gezeigt hat, befanden sich die Turnerinnen auf einer ständigen Gratwanderung zwischen einer «Bereicherung» von Turnerabenden und den Vorwürfen, sich zur Schau zu stellen, oder auch dem Empfinden der Turnerinnen selbst, zu Schauobjekten degradiert zu werden. Die negativen Reaktionen führten teilweise dazu, auf öffentliche Auftritte zu verzichten.

Die Kritik an Auftritten von Turnerinnen bei Anlässen der Männer oder an gemeinsamen Auftritten von Turnerinnen und Turnern richtete sich immer gegen die Frauen. «Dabei sind dann die Männer wieder froh gewesen, wenn die Damenriegen irgendwo an einer Delegierten[versammlung] wieder eine schöne Vorführung gemacht haben, wenn sie wieder einmal Beine schwingen gesehen haben. Das war das Wichtigste bei den Turnern, offen gestanden.»[15] Dies meinte Herr G. in unserem Gespräch, als er sich einmal mehr für die Interessen «seiner» Turnerinnen stark machte. Hart geht er mit seinen Geschlechtsgenossen ins Gericht. Er dürfte richtig liegen, wenn er sagt, die Turner hätten nicht nur fachmännisch die Qualität der Turnübungen begutachtet, sondern nicht minder interessiert die Körper der Turnerinnen beäugt. Männer kennen die Interessen von Männern und warnen die Frauen deshalb vor den Männern – dies stand im Grunde hinter den moralisierenden Warnungen vor Auswüchsen, vor dem «Ausarten», bei gemeinsamen Anlässen. Die Schuldzuweisungen erfolgten aber stets an die Adresse der Frauen, und ihr Ruf würde unter allfälligen Vorkommnissen leiden, sie waren es, die etwas dagegen unternehmen mussten, sie mussten die Konsequenzen ziehen und ihre Auftritte verändern, an Zahl reduzieren oder ganz aufgeben.

12 Vgl. dazu Bellwald, in: Schader/Leimgruber 1993, S. 257–289.
13 Unter den Baselbieter Riegen so geschehen z. B. in Gelterkinden und Muttenz.
14 Pfister, in: Klein 1983, S. 50.
15 Aus dem Interview mit Herrn G. vom 6. März 1992.

Wenn sich Turnerinnen aufgrund von negativen Äusserungen von Männern oder auch von Frauen tatsächlich weigerten, öffentlich aufzutreten, konterten andere Männer wiederum mit dem Vorwurf, sie seien spröde und altmodisch. Dies erzählte die Leiterin einer Damenriege zum Beispiel 1922 im «Frauen-Turnen».[16] Es sage jedoch nicht allen Frauen zu, «im leichten Turnkostüm vor die Öffentlichkeit zu treten, sich allen möglichen Kritiken auszusetzen». Sie empfahl, Schauturnen durchzuführen und nicht «die viel verlangten, aber noch mehr kritisierten und bespöttelten Programmnummern bei öffentlichen Anlässen und Festen.»[17] Damit brachte sie die Sache wohl auf den Punkt: Zuerst wurden die Frauen bestürmt mitzumachen, und während und nach dem Auftritt fielen Männer (und Frauen) genüsslich über das Dargebotene und die Darbietenden her.

Im selben Jahr, 1922, verabschiedete auch die Delegiertenversammlung der Damenturnvereinigung der Stadt Zürich eine Resolution, in der sie sich «grundsätzlich gegen das öffentliche Auftreten der Damenturnvereine und Damenriegen an Turnfesten zur gegenwärtigen Zeit» aussprach.[18] Die Darbietungen an Turnfesten würden meist falsch aufgefasst und dienten deshalb nicht als «Aufklärungs- und Propagandamittel für die Körpererziehung der Frau». Das Publikum müsse erst noch dazu erzogen werden, «das Auftreten der Damenriegen als das anzusehen, was es sein will: nicht ein ‹Sichzeigenwollen›, sondern ein Mittel, weitere Scharen junger Mädchen und Frauen zum Mitmachen anzuregen...».[19]

Es scheint, als ob Frauen in leitenden Positionen öffentlichen Auftritten gegenüber skeptischer und ablehnender eingestellt waren als ihre männlichen Kollegen, sowohl diejenigen, die im SFTV aktiv waren wie auch die Funktionäre des ETV.[20] Vor allem war aber die Argumentationsweise der Gegnerinnen anders als die von Gegnern: Anstatt sich moralisierend über das Verhalten der Turnerinnen auszulassen, verliehen erstere ihrem Ärger oder zumindest Erstaunen

---

16   Emilie Harri, «Öffentliches Auftreten der Damenturnvereine», FT, Nr. 2, 3. März 1922.
17   Ebd. Auch im Vorfeld des Turnfestes in Aarau von 1932 war der Vorwurf der Sprödheit eines der Argumente seitens des ETV gewesen, mit dem er die Turnerinnen zu einem gemeinsamen Fest überreden wollte (vgl. Kap. 5.6).
18   Karl Michel, «Das öffentliche Auftreten der Damenturnvereine», FT, Nr. 5, 21. Juli 1922.
19   Ebd.
20   Alice Freund wird z. B. unmissverständlich als Gegnerin öffentlicher Auftritte bezeichnet. Nur auf langes Bitten hin habe sie die Übungen für die Turnerinnen zusammengestellt, welche am Eidgenössischen Turnfest in St. Gallen von 1922 auftraten (Jakob Moser, «Propaganda und öffentliche Produktionen», FT, Nr. 3, 14. April 1922).

darüber Ausdruck, dass bei turnerischen Vorführungen nicht nur die Turnübungen begutachtet wurden, sondern fast noch aufmerksamer die Frauen und ihre Körper. So zeigte sich innerhalb des Frauenturnverbandes Baselland auch Hedy Hägler-Ammann reservierter gegenüber öffentlichen Auftritten als Herr G., ihr Mitarbeiter in der technischen Kommission des FTV und dann Nachfolger als Präsident derselben. Beide drängten nicht auf die Beteiligung an Festen, Hägler-Ammann soll aber öffentlichen Auftritten noch ablehnender gegenübergestanden haben als ihr männlicher Kollege.[21] Im Gegensatz zur Arbeiterturnbewegung habe es in der bürgerlichen Turnbewegung keine gemischten Vereine gegeben, führte er in unserem Gespräch aus, und auch die Turnfeste seien getrennt durchgeführt worden, da es der SFTV so wollte: «Der Frauenturnverband wollte die schweizerischen Turntage usw., immer alleine durchführen. Oder [dass] die Frauen gar nicht mitmachen. Ich weiss noch gut […] Frau Hägler, Hägler-Ammann – ich habe damals geschrieben, was man machen soll, Frauenturntage, ob die Frauen auch [am Turnfest der Männer teilnehmen] sollten. Da sagte sie: nein, die Frauen, die sollen nicht an ein Turnfest gehen. – Das ist heute alles überholt.»[22] Während er sich eine Beteiligung in der einen oder anderen Form offenbar vorstellen konnte, war Hägler-Ammann im Grunde dagegen. Allerdings führte auch sie die Turnerinnen an Turnfeste. So organisierte sie den ersten kantonalen Frauenturntag in Sissach von 1939 und wurde auch beim zweiten im Jahr 1946 als Beraterin beigezogen, obwohl sie damals schon von ihren Ämtern zurückgetreten war. Hägler-Ammanns Spezialität war Gymnastik, und zwar eine Atmungs- oder Gesundheitsgymnastik, die viele Frauen, vor allem auch die etwas älteren, begeisterte.[23] Herr G. war Turner und Leichtathlet und wollte auch für die Frauen ein leistungsorientierteres Turnen. Er war stolz darauf, dass «seine» Turnerinnen (die Damenriege Muttenz) in den 30er Jahren zu den besten Läuferinnen des Kantons gehörten. In begrenztem Umfang befürwortete er auch Wettkämpfe.
Während G. mit Hägler-Ammann gewisse technische Bedenken gegenüber Turnfesten teilte – wie: zuviel Arbeit; oder: die Turnerinnen sind noch nicht so weit –, dachte Hägler-Ammann aber offenbar auch, dass die Zuschauer nicht nur der turnerischen Leistungen

---

21 Aus dem Interview mit Herrn G. vom 6. März 1992.
22 Ebd.
23 Einige der ehemaligen Turnerinnen, mit denen ich gesprochen habe, turnten in fortgeschrittenem Alter bei Hedy Hägler-Ammann. Alle erwähnten sie im Laufe unseres Gesprächs.

der Frauen wegen kämen, und dies störte sie. An der Delegiertenversammlung vom Januar 1936, an der sie zur Präsidentin der technischen Kommission gewählt wurde, machte sie dies deutlich. Auf eine Kritik an Vorschlägen des SFTV für Bühnenaufführungen erwiderte sie unter anderem, «dass wir in erster Linie für unsere Gesundheit turnen und nicht für andere Leute, damit sie ‹öppis z'luege hän›».[24]

Während Hägler-Ammann die Öffentlichkeit aus diesen Gründen lieber meiden wollte, setzte sich G. dafür ein, dass sich die Frauen, gerade auch die schon etwas älteren oder jedenfalls verheirateten Frauen, daran gewöhnten, dass man(n) ihnen beim Turnen zuschaute. Gerne erzählt er die Geschichte, wie die Mitglieder der Frauenriege Muttenz bei ihren ersten Übungsstunden (im Jahr 1936) die Fenster mit Tüchern verhängen wollten, um nicht so «ausgestellt» zu sein. Er hätte sie davor gewarnt mit dem Argument, «ihr kommt ja auf den Schnitzelbank!» Sie sollten es doch ohne Tücher versuchen. Das hätten sie getan, und nach ein paar Turnstunden seien die Hemmungen weg gewesen.[25]

So einfach war (und ist) die Sache nun auch wieder nicht. Der Blick auf den Körper der Frau ist ein anderer als der Blick auf den Körper des Mannes. Interessant sind in diesem Zusammenhang die Resultate der Untersuchungen über die unterschiedliche Wahrnehmung von Männer- und Frauenkörpern in Malerei und Photographie, die John Berger und Mitarbeiter Anfang der 70er Jahre angestellt haben.[26]

Als Erklärung für die in unserer westlichen Gesellschaft verbreitete Sichtweise der Frau als passives Objekt männlicher Lust führt Berger an, dass in der europäischen Aktmalerei Maler und Betrachter/Besitzer normalerweise Männer gewesen seien und «die als Objekte behandelten Personen normalerweise Frauen». Im wesentlichen habe sich «die Art, Frauen zu sehen, und der Gebrauch, den man von ihren Bildern macht» seit der frühen Neuzeit nicht verändert. «Frauen werden nach wie vor in einer völlig anderen Art als Männer dargestellt – nicht etwa deshalb, weil sich das Weibliche vom Männlichen unterscheidet – sondern weil als ‹idealer› Betrachter immer noch der Mann vorausgesetzt wird, und das Bild der Frau

---

24 DV, 12. Jan. 1936. Das dezidierte Auftreten Hägler-Ammanns, das in diesem Zitat zum Ausdruck kommt, entspricht auch dem Gesamtbild, das ich von ihr gewonnen habe. Sie genoss bei Turnerinnen und Turnern grossen Respekt; allerdings wurde auch die Kritik geäussert, es habe alles nach ihrem Kopf gehen müssen (vgl. Interview mit Frau H. vom 1. April 1992).
25 Interview mit Herrn G. vom 6. März 1992.
26 John Berger et al., Sehen. Das Bild der Welt in der Bilderwelt, Reinbek bei Hamburg 1992 (1972 in engl. erschienen: Ways of Seeing, 1974 erstmals in deutsch).

dazu bestimmt ist, ihm zu schmeicheln.»[27] Berger ergänzt, dass dies durchaus nicht in allen Gesellschaften der Fall sei, wie Beispiele aus der Indischen, Persischen oder Afrikanischen Kunst zeigten.[28] Hätte Berger öffentliche Auftritte von Turnerinnen und die Reaktionen der männlichen Zuschauer analysiert, wäre er zu denselben Resultaten gekommen. Nie wäre jemand auf die Idee gekommen, Turner aufzufordern, ein Fest zu «verschönern». Und die Probleme, mit denen die Turnerinnen bei öffentlichen Auftritten kämpften, hingen wohl mit der Rezeption und Reaktion der männlichen und nicht der weiblichen Zuschauer zusammen. In Verbänden und Vereinen war mann und frau sich der Wirkung der Turnerinnen als Frauen bewusst, deshalb wurden öffentliche Auftritte als eine derart delikate Angelegenheit betrachtet. Die richtige Dosierung zu finden, ästhetisch und doch nicht erotisch oder aufreizend zu wirken, war eine sehr schwierige und letztlich wohl unlösbare Aufgabe.

Der Bekleidung der Turnerinnen kam bei einem Auftritt neben der Auswahl adäquater Übungen zentrale Bedeutung zu. Auch darüber gingen die Meinungen auseinander, und die Ansichten wie die Turnkleider veränderten sich im Verlauf der Zeit, wie Kapitel 8.5 gezeigt hat.

9.2 Die «Blauhöschen» machen Eindruck

Im Jahr 1932 erschienen im «Turnerbanner», dem Verbandsorgan des Turnvereins Liestal, drei – meiner Ansicht nach – fiktive Briefe, verfasst von einem oder mehreren Mitgliedern des Turnvereins.[29] Der erste und der dritte Brief vom Mai beziehungsweise vom Oktober 1932 sind als Briefwechsel zwischen zwei Turnfreunden aufgezogen, von denen einer im Ausland weilt, weshalb ihm der in Liestal zurückgebliebene berichtet, was im Städtchen rund ums Turnen vor sich geht.[30] Dazwischen liegt ein Brief vom August, verfasst von einem Aktivturner und gerichtet an den Redaktor des «Turnerbanners». Darin geht es um den Empfang der Damenriege Liestal nach

---

27 Ebd., S. 61.
28 Sexuelle Attraktion würde dort eher als «aktive, körperliche Liebe zwischen zwei Menschen» dargestellt, «die Frau so aktiv wie den Mann, die Bewegungen des einen in denen des anderen aufgehend» (ebd., S. 50).
29 Über die Autorenschaft konnte ich nichts in Erfahrung bringen, es scheint mir in diesem Fall auch nicht so wichtig. Dass es fiktive Briefe sind, also eigentlich Artikel für die Zeitschrift in Briefform, schliesse ich aus der betont lustigen Art und aus dem Inhalt: Es geht um die Turnerinnen und Turner des TV Liestal, welche gerade auch die LeserInnenschaft des Blattes ausmachten.
30 TB, Nr. 4, Mai 1932, S. 67/69 und TB, Nr. 8, Oktober 1932, S. 155/156.

den Frauenturntagen in Aarau von 1932 durch die Aktivriege des Turnvereins.[31] Inhalt der Briefe sind in erster Linie Aussehen und Wirkung von Turnerinnen auf männliche Betrachter, nebenbei liefern sie auch gewisse Hinweise auf das gesellige Leben im Rahmen des Turnvereins Liestal.

Thema des ersten Briefs, den «M. H.» an seinen Freund «Fredy» schreibt, ist das Schauturnen der Damenriege Liestal vom April 1932.[32] Darüber, was die Turnerinnen im einzelnen darboten, ist jedoch fast nichts zu erfahren; denn eigentlich geht es um das Aussehen der Turnerinnen, um ihre Körper, ihre Frisuren und die neuen Turnkleider. Der Autor bezeichnet das Schauturnen als «Augenschmaus» und ist sich der Wirkung seiner Zeilen auf seinen Freund gewiss: «Ich sehe Dich im Geiste vor mir, das Wasser läuft Dir schon im Mund zusammen.» Der Brief knistert vor Erotik und ist getragen von zweideutigen Anspielungen. Die «Freude am zarten Geschlecht» sei eine «Tugend», welche sie beide besässen, schreibt M. H., und dieser Vorliebe konnte er als Zuschauer des Schauturnens offenbar ausgiebig frönen, obwohl die Damenriege eine «gewöhnliche Turnstunde» angekündigt hatte, wie er anmerkt.[33] Nach M. H. war der Besuch des Schauturnens für die Aktivriege des Turnvereins Liestal obligatorisch, und auch sonst waren eine Menge Leute da, etwa 200, Männer und Frauen, alte und junge. Die Turnerinnen waren also männlichen Blicke genauso ausgesetzt wie bei einem anderen Anlass – ausser dass es sich um eine rein lokale Veranstaltung mit den Turnerinnen wohl bestens bekanntem Publikum handelte.

Die Veranstaltung hinterliess bei M. H. einen tiefen Eindruck, nicht nur in Form von Einbuchtungen «von der Zentralheizung und dem Barrenholm» in seinen Oberschenkeln. Die unbequeme Sitzgelegenheit seit wettgemacht worden, durch einen «Anblick, der einem alle Sorgen vergessen machte. Die blauen Kleidchen, die rosigen Beinchen und frisch ondolierten Köpfchen. Den Übernamen ‹Dampfturbinenriege› können wir still begraben, er hat keine Berechtigung mehr. Fast hätte ich vergessen, Dir zu melden, dass sie auch schon selbständig singen und reden können.» Eine verniedlichende, respektlose, liebevoll daherkommende Beschreibung der jungen Frauen. Weiter unten kommt der Autor nochmals explizit

31 TB, Nr. 6, August 1932, S. 107/109/111.
32 TB, Mai 1932, S. 67/69.
33 Ich habe in Kap. 8.4 erwähnt, dass es die DR Liestal vorzog, Schauturnen zu veranstalten, die ganz unter ihrer Regie standen, statt an allen Abendunterhaltungen aufzutreten, zu denen sie eingeladen wurde. Dies entsprach auch den Empfehlungen des SFTV, der überzeugt war, dass auf diese Weise besser Werbung für das Frauenturnen gemacht werden konnte.

auf die Jugendlichkeit der Turnerinnen zu sprechen und macht deutlich, dass man sie weder als Menschen noch als Frauen ernst nehmen muss. Nach dem Schauturnen «rutschte» die Turnfamilie ins Restaurant Ziegelhof. «Um Mitternacht bin ich dann ausgezogen. Gern hätte ich noch dem Oberturner beigestanden, der mit einer Gruppe Blauhöschen hochwichtige Lebensprobleme behandelte, und dabei haben seine heftigsten Gegnerinnen vor noch nicht langer Zeit vom Herr Pfarrer den Segen empfangen.» «Blauhöschen» nennt er die Turnerinnen in seinem Brief. Es ist eine Anspielung auf die neuen Turnkleider, die auf das Jubiläumsturnfest in Aarau von 1932 hin angeschafft worden waren. Der Segen des Pfarrers meint die Konfirmation, sie markierte die untere Altersgrenze für den Eintritt in eine Damenriege. Die Turnerinnen, die M. H. beobachtet, sind also jung, aber alt genug, um auf das männliche Publikum erotisierend zu wirken: «Einmal bin ich aber doch rot geworden. Die Turnerinnen haben im Takt die Beine seitlich verworfen. Da spielte das Trudy aus dem Salzladen auf dem Klavier als Begleitung den Schlager ‹Eine Nacht in Monte Carlo›. Gottlob hat sie den Text nicht mitgesungen.» Dieses Zitat erinnert an Revue-Girls, was der Autor sicher auch beabsichtigt hat, um dem Ganzen eine leicht verruchte Note zu geben. Mit dem «Trudy aus dem Salzladen» hebt er diese Wirkung auf, kehrt er in die Wirklichkeit der Liestaler Turnhalle zurück. Die spielerische, ironisierende Redeweise ermöglicht es ihm, überhaupt über die Beine der Turnerinnen – und nicht über Turnübungen – zu schreiben. An einer anderen Stelle wagt er sich weiter vor, wird er anzüglicher: «Nach dieser Vorstellung sind wir dann noch in den Ziegelhof gerutscht. Der vorwitzige Philipp hat uns nämlich verraten, dass einige Turnerinnen nur den Mantel über die Turnkleider angezogen hätten und so zum Tanz ins Lokal kämen. Denk Dir diese Tangos.» Ob sich das Gerücht bewahrheitete, verrät er nicht, es ist nicht anzunehmen. Gerade auch deshalb nicht, weil er dann nicht so unbefangen hätte darüber witzeln können und weil er das Zusammensein im Ziegelhof kaum als etwas «fad» bezeichnet hätte: «Es fehlte der Kontakt, nicht etwa beim Tanzen, aber in den Zwischenpausen trennten sich die Paare wieder ganz sittsam.»[34]
Im zweiten Brief beschreibt ein Autor, der mit «Nachtkäuzchen» zeichnet, dem Redaktor des Liestaler Vereinsorgans die Rückkehr der einheimischen Damenriege von den ersten schweizerischen

---

34 Alle Zitate aus: TB, Mai 1932, S. 67/69. Weiter unten lässt er durchblicken, dass die Turner die Turnerinnen nach der Turnstunde jeweils abholen, was zeige, dass der Kontakt zwischen Damen- und Aktivriege besser sei als immer behauptet werde.

Frauenturntagen in Aarau im Jahr 1932.[35] Die Darstellung erweckt den Eindruck, als ob es sich um einen alten Brauch handelte, auch wenn es das erstemal war, dass der Turnverein die Damenriege von einem «Eidgenössischen» abholen konnte. Die Aktivriege fand sich also am Bahnhof ein, um die «heissersehnte» Damenriege in Empfang zu nehmen: «Mit Herzklopfen stürzen wir auf die in allen Grössen vorhandenen Köfferchen und drücken ganz verstohlen das arme Blumensträusschen in die bestimmte zarte Hand, in genauer Befolgung des Ratschlages eines leichten Athleten, uns Anfängern ganz im Vertrauen gegeben: Die Blumen einer einzigen zu übergeben, falls wir später ernten wollten, was wir…!» Die Anspielung ist klar und auch wieder nicht. Was die Ernte sein würde und sein konnte, bleibt im Dunkeln, wird der Phantasie der Leserinnen und Leser überlassen.

Eher ernsthaft und den Vorstellungen der damaligen Zeit entsprechend ist die Bemerkung: «Der Zug durchs Städtchen gestaltete sich zu einem Triumph; so viele stramme Mädels und last not least Buben haben die Liestaler schon lange nicht mehr beieinander gesehen, und für die künftigen Generationen brauchen sie wahrlich keine Sorge zu tragen.» In diesem Zusammenhang, wenn es um die Gesundheit des Volkskörpers geht, darf über Körper, auch über diejenigen der Frauen gesprochen werden. Weiter geht es dann im selben Tone, mit dem die Turnerinnen auch im ersten Brief behandelt werden: «Unser Vorstand, in richtiger Erkenntnis und Wertschätzung der Erfolge unserer Blauhöschen, hatte durch die rührige neue Ziegelhofwirtin einen feinen Imbiss, bestehend aus The und belegten Brötchen, bereitstellen lassen.» Anschliessend gab es «immer das Gleiche»: «Tanz, Gesang und Flirt […], Schmetterlingen gleich nippen sie [die Turner, eh] bald an dieser, bald an jener Blume, geraten auch hin und wieder an die Dornen einer zarten Rosenknospe.» Die Männer suchten sich die Passende aus – dasselbe dürften die Frauen bei diesen Anlässen getan haben, und zwar aktiv, nicht nur passiv, wie der männliche Autor mit dem Bild der Dornen andeutet. Und am Ende des Abends sollten sich eigentlich die Resultate der Bemühungen zeigen. Doch dabei klappte offenbar nicht alles: «Etliche Turnerinnen sollen ihre Köfferchen selbst nach Hause getragen haben. Das ist jedoch nicht auf mangelnde Erziehung, sondern auf die den Turnern angeborene Schüchternheit zurückzuführen. Beim nächsten Anlass wird der Oberturner die Aktiven auf ein Glied antreten lassen und kann sich dann jede Turnerin ihren «Dienstmann» selbst aussuchen. Sache einer speziellen

35 TB, August 1932, S. 107/109/111.

Kommission, worin Damenriege und T. V. zu gleichen Teilen vertreten sind, wäre es, die zu bezahlenden Minimaltaxen festzusetzen.» Wer sich seiner Macht bewusst ist, kann sie in Witzen an die Schwächeren abtreten, vor allem in der Weise wie in diesem Text, indem er ein Bild einer verkehrten Welt zeichnet. Mit der «speziellen Kommission» macht er sich ganz nebenbei auch noch über die paritätischen Kommissionen aus Turnerinnen und Turnern lustig, welche zum Beispiel gemeinsame Anlässe vorbereiteten und worin die Frauen zumindest formal ein Mitspracherecht hatten, auf das sie in politischen Belangen noch lange warten mussten. Wie aber auch in Turnerkreisen die Realität ausgesehen haben dürfte, wer schliesslich die Entscheide fällte, drückt der folgende Satz über die Höhe der Taxe aus: «Du wirst schon wissen, was mir vorschwebt.»[36] Das machen die Männer untereinander aus.

Der dritte Brief im «Turnerbanner» zeichnet noch ein etwas anderes Bild der Turnerinnen. Der in der Fremde weilende Turner erinnert sich in seiner Antwort an M. H. an die Donnerstagabende in Liestal. Von «singenden und lärmenden Turnerinnen» sei er, der natürlich schon lange schlief, des öftern aus dem Schlaf gerissen worden: «In langen Kettenreihen zogen sie durch das Städtchen. An den Hausglocken und Autosignalen sollen sie noch gedrückt haben, allerhand!» Ausgelassenheit und Fröhlichkeit der Turnerinnen, die in keiner Beziehung steht mit Männern, ist für ihn jedoch einfach nicht vorstellbar. Seine Beschreibung der wilden Abende nach der Turnstunde endet damit: «Jetzt werden sie in ihren neuen blauen Kleidchen denk noch viel anderes tun. Gelt, es ist schade, dass der Frauenturntag nicht mit dem Eidgenössischen zusammengefallen ist.»[37]

Wenn Männer auf diese Weise für ein gemeinsames Jubiläumsfest in Aarau «warben», ist es verständlich, dass es Frauen gab, die dies nicht besonders witzig fanden und lieber ein eigenes Fest veranstalteten, oder dass es ihnen ganz verleidete, öffentlich aufzutreten, wenn sie sich solche Sprüche anhören mussten. Viele Frauen mag dies wiederum nicht gestört haben. Davon müssen jedenfalls die Macher des «Turnerbanners» ausgegangen sein, das ja nicht nur von Männern gelesen wurde, es war – mangels Alternative – auch das Vereinsorgan der Damenriege.

9.3 Im Turnkleid zum Tanz?

Auch wenn man die zuletzt zitierte Bemerkung als harmloses Scherzchen abtut – die neuen Turnkleider müssen mächtig Ein-

---

36   Alle Zitate aus ebd.
37   Beide Zitate stammen aus: TB, Oktober 1932, S. 156.

Im Turnkleid zum Tanz?

Abb. 24
Die Allgemeinen Übungen am 1. Kantonalen
Frauenturntag in Sissach. Photo DR Gelterkinden

druck gemacht haben. In allen drei Briefen ist das neue blaue Turnkleid ein Hauptthema. Im ersten Brief wird sogar angedeutet, dass des Turnkleides wegen so viele Zuschauer, insbesondere Mitglieder der Aktivriege, ans Schauturnen der Damenriege gekommen seien. Die Säume der Turnkleider waren innert kurzer Zeit beträchtlich nach oben gerutscht. An Freizügigkeit hatten sie die Strassenmode bei weitem überholt (vgl. Abb. 24 und 25).
Im Bereich der Bekleidung ist dem Sport eine Vorreiterrolle zuzusprechen. Er beschleunigte das Verschwinden des Korsetts, und im Sport trugen die Frauen Hosen, bevor dies sonst in grösserem Stil denkbar war, zuerst Pumphosen, dann immer kürzere Hosen. Schrittmacherinnen waren hier die Radlerinnen um die Jahrhundertwende.[38]

38   Vgl. dazu: Gudrun Maierhof/Katinka Schröder, Sie radeln wie ein Mann, Madame. Als die Frauen das Rad eroberten, Zumikon/Dortmund 1992, S. 57ff. Dass die Frauen damals schon davon überzeugt waren, dass das Radfahren einen wesentlichen Anteil an der Reform der weiblichen Bekleidung haben würden, ist S. 74 nachzulesen. Zur Fortschrittlichkeit der Turnkleidung verglichen mit der Strassenmode vgl. auch: Bentz, in: Neumann 1985, insbesondere S. 38; Frauenalltag und Frauenbewegung 1981, S. 44; oder auch Anderas Kuntz, Der blosse Leib. Bibliographie zu Nacktheit und Körperlichkeit, Frankfurt 1985, S. 67/68 und 74ff.

Abb. 25
Die Damenriege Gelterkinden unternimmt einen
Ausflug auf die Rigi (1937). Photo DR Gelterkinden

Da die Turnkleider in den 30er Jahren um einiges freizügiger waren als die Strassenmode, war die Vorstellung so aufregend, die in einem der Briefe im «Turnerbanner» formuliert wurde, die Turnerinnen könnten nach dem Schauturnen in den Turnkleidern zum «gemütlichen Teil» ins Restaurant kommen. Ob sie es taten, liess der Autor (bewusst) offen. Dass seine Hoffnungen nicht unberechtigt waren, zeigt die immer wieder geäusserte Kritik, dass sich Turnerinnen ausserhalb des Turnplatzes oder der Bühne im Turnkleid bewegten. In der Jubiläumsschrift des SFTV von 1934 wird im Zusammenhang mit den Problemen rund um das öffentliche Auftreten angeführt, dass auch das «Herumstehen und -gehen im Turnkleid vor und nach den Vorführungen [...] an einzelnen Orten zu Misserfolgen» habe führen müssen.[39]

Dass das Turnkleid zur falschen Zeit am falschen Ort getragen wurde, kritisierten in den 20er Jahren auch verschiedene Stimmen im «Frauen-Turnen»: «Trommelklang erfüllt die Strassen der Stadt. Alles rennt auf die Gasse, an die Fenster. – Ein Turnverein kommt in flotter Ordnung und guter Haltung anmarschiert. Doch, o weh, mitten drinnen ‹glänzen› zirka 20 Turne-

39 25 SFTV 1934, S. 76.

Abb. 26
Turnfahrt der Damenriege Pratteln AS in der 20er Jahren. Photo Emma Maurer, Pratteln

rinnen in Turnhose, Turnband usw. Kopfschütteln beim Publikum und mitleidiges Belächeln, mancher Orts auch rohe Worte bleiben für die ‹Damenturnerinnen› übrig. So soll es eben nicht sein.»[40] Schaut man sich Abbildung 26 an, ist aus heutiger Sicht nicht verständlich, was an der Tracht der Turnerinnen der 20er Jahre so unmoralisch gewesen sein soll.
Noch schlimmere Zustände hatte einer der Einsender an Turnfesten beobachtet:

«Also: Zur Arbeit im Turnkleid geschlossen aufmarschieren, dann aber weg damit. Wenn Turnerinnen den ganzen lieben Festtag Festplatz und womöglich auch Ortschaft in der Pumphose abspazieren, so können sie schlechterdings nicht erwarten, dass Publico in Schillers Worte einstimme: ‹... Wie ein Gebild aus Himmelshöhn, mit züchtigen verschämten Wangen, sieht er die

---

40 Kritikus, «Verschiedenes. Wie es nicht sein soll!», FT, Nr. 6, 15. Sept. 1922. Der Artikel enthält weitere, ähnliche Beispiele. Dieselbe Meinung vertraten auch Pius Jeker, «Grundsätzliches in der Frauenturnbewegung», FT, Nr. 2, 1. Feb. 1924; ein O. Breitenstein aus Muri, «Frauenturnen auf dem Lande», Propagandanummer des FT, 18. April 1924, sowie D. Mischol aus Schiers, «Frauenturnen und Öffentlichkeit», FT, Nr. 1, 2. Jan. 1925.

Jungfrau vor sich stehn.› [...] Unter den Festplatzbummlern soll die Turnerin sein, wie jedes andere Menschenkind ...»[41]

Das heisst, sie soll ein Strassenkleid tragen, im Turnkleid herumzugehen ist unmoralisch. Zur Frage, ob die Turnerinnen im Festumzug mitmarschieren sollten, meinte er: «Gewiss. Warum denn nicht? Soll das spalierbildende Publikum nicht sehen, wie stramm und aufrecht unsere Töchter marschieren, wie frisch und blühend sie das Turnen erhält? Aber: Auch hier gilt das oben Gesagte: Das Turnkostüm einzig und allein für die Arbeit, dann weg damit.»[42] Ein weiterer Autor kritisierte genau das, was sich die Liestaler Turner erhofften: «Es ist absolut zu verwerfen, dass unsere Damen-Riegen bei jedem Anlass des Turnvereins aktiv sich beteiligen, in Turnhosen Umzüge mitmachen und darin ganze Nächte tanzen, wie man das leider da und dort beobachten kann.»[43]
Mit diesen Fragen beschäftigte sich auch der Vorstand des Frauenturnverbandes Baselland. Im Hinblick auf den kantonalen Spieltag von 1937 wurden die Turnerinnen dazu aufgefordert, bei den Allgemeinen Übungen das blaue Turnkleid zu tragen und sich im Turnkleid nicht vom «Arbeitsplatz» zu entfernen.[44] Starke Kritik erntete entsprechend der Umstand, dass die Turnerinnen am ersten basellandschaftlichen Frauenturntag in Sissach von 1939 «durchs Dorf spazieren mussten», da sich die Garderoben nicht auf dem Festplatz befanden.[45] Dies, obwohl das Organisationskomitee des Turntages sich durchaus bewusst war, dass es sich dabei um sehr heikle Fragen handelte, wie den Worten von Herrn G. zu entnehmen ist, der damals dabei war:

«Ja, man sagte einfach, man dürfe nicht öffentlich rumlaufen im Turnkleid. Und man schaute einfach, dass es Umkleidemöglichkeiten gab, die einwandfrei waren. [...] Ja, am Turnfest in Sissach, ich kann mich noch gut erinnern, die Riegen kamen mit dem Extrazug. Die Musik hat sie abgeholt, dann ist man dort gegen Tannenbrunn raus, dort wo heute die Sportanlage ist, gegen Zunzgen zu. Dann unter der Eisenbahnlinie durch, und dann haben sie hinten die Turnerinnen stillschweigend weggenommen in die Turnhalle runter zum Umziehen. Da dreht sich in der Musik mal einer um und sieht, dass überhaupt nur noch etwa drei, vier Herren hintendran sind [ich

---

41 Mischol, in: FT, Nr. 1, 2. Jan. 1925.
42 Ebd.
43 J. Hermann, Chur, «Einige Streiflichter über unsere Damenturnvereine», FT, Nr. 8, 22 Dez. 1922.
44 VS, 9. Juli 1937 (FTV-Protokolle).
45 VS, 5. Feb. 1946.

muss lachen, er hat Freude]. Einer nach dem andern hat dann die ganze Musik ... – haben sie aber weitergespielt und sind nur mit uns alleine [unverständlich]. Das ist mir noch geblieben.»[46]

Nach dem Zweiten Weltkrieg hatte sich in dieser Hinsicht nichts geändert. Ein zentrales Thema bei den Vorbereitungen des zweiten kantonalen Turntages in Aesch von 1946 war die Garderobenfrage. Der Vorstand des FTV setzte sich dafür ein, dass «Vorkommnisse» wie 1939 in Sissach unbedingt vermieden würden.[47] Aber auch diesmal war es nicht möglich, Garderoben auf dem Festplatz einzurichten. Der Feldweg, welcher den Festplatz mit den Garderoben der Turnhalle verband, sollte aber für das Publikum gesperrt werden.[48] Die Turnkleider durften nur im klar definierten Raum der Turnhalle, des Turn- oder Festplatzes oder einer Bühne getragen werden. Betrachtet man die Photos der Turnkleider der 30er Jahre, so erstaunt dies nicht. So viel Bein zeigte keine Frau in Strassenkleidung.

9.4 «Könnten wir die Mägdelein alle nur so hinstellen...»[49] – Probleme mit der Weiblichkeit der Turnerinnen

Die Anspielungen in den Briefen im Liestaler «Turnerbanner» haben eine irgendwie harmlose Note: Alles ist ein Spiel und kein Problem, zum Glück gibt es die «Blauhöschen», sonst wäre das Turnen gar langweilig. Demgegenüber bringt ein Zitat aus einem Artikel von Pius Jeker aus dem Jahr 1924 deutlich das Unbehagen zum Ausdruck, dass es sich bei den Turnerinnen um Frauen und nicht um geschlechtslose Wesen handelte, die Unsicherheit im Umgang mit ihrer Sexualität schimmert durch: «Könnten wir die Mägdelein alle nur so hinstellen, sie regen, bewegen, dehnen, strecken, hüpfen, unmittelbar nachher dem Feste als Turnerinnen entrücken lassen, so würden wir gerne ‹gläubig› [Glauben an Werbekraft öffentlicher Auftritte, eh], heute haften aber durch das Mittun am Feste, am Festzuge, an der Heimkehr der Turner, der Geschichte noch so viele Mängel an, dass wir noch nicht bekehrt werden können, so gerne

---

46   Interview mit Herrn G. vom 6. März 1992.
47   VS, 5. Feb. 1946.
48   VS vom 9. April 1946 und vom 22. Mai 1946. An seiner Sitzung vom 20. Sept. 1949 sprach sich der Vorstand des FTV einmal mehr dafür aus – bezugnehmend auf die Haltung der schweizerischen Verbandsleitung –, dass das Turnkleid auf den Arbeitsplatz gehöre und für die Mitwirkung an Umzügen usw. ein besonderes Strassenkleid getragen werden solle.
49   Pius Jeker, «Grundsätzliches in der Frauenturnbewegung», FT, Nr. 2, 1. Feb. 1924.

wir es wollten und hofften.»[50] Manipulierbar wie Puppen sollten die Frauen sein. Das Problem mit den Turnerinnen war ihre Weiblichkeit. An Umzügen sollte die Bevölkerung sehen, was für «stramme Mädels» aus dem Turnen hervorgingen. Aber mit der Körperlichkeit, die beim Turnen im Mittelpunkt steht und die sich nicht auf Gesundheit und Mutterschaft reduzieren liess, wie man es im Frauenturnen versuchte, war nicht leicht umzugehen. Aus diesen Gründen war es eben nicht dasselbe, ob Sängerinnen und Sänger gemeinsame Feste abhielten oder ob dies Turnerinnen und Turner taten, wie etwa von denjenigen angeführt wurde, die für gemeinsame Turnfeste eintraten. Beim Turnen stehen die Körper der Beteiligten viel stärker und auf eine andere Weise im Mittelpunkt.[51]

Denselben Versuch, das Frausein der Turnerinnen zu verdrängen, sehe ich in den Blumenmetaphern, die im Frauenturnen bis in die letzten Jahrzehnte gebräuchlich waren. «Kornblumenblau» nannte man den Farbton der Turnkleider, mit Blumen wurden auch die Turnerinnen immer wieder verglichen. Von einem «Blumenfeld» sprach Susanna Arbenz an den ersten schweizerischen Frauenturntagen in Aarau 1932, als sie die Allgemeinen Übungen beschrieb, die von über 4000 Turnerinnen erstmals ausgeführt wurden:

«Aus dem Blumenfeld lösen sich Tausende von Armen und recken sich empor und breiten sich aus. Es beginnt ein Wogen und Wiegen, ein Beugen, Schwingen und Strecken, eine wunderbare Bewegtheit und doch ein geschlossener Wille zu einer Einheit. Bald ist es wie ein mit blauen Blumen besetztes, vom Wind bewegtes Ährenfeld, bald wie ein gewaltiger Teppich blauer Enzianen auf grünem Grund; immer bietet sich dem Auge ein neuer Anblick dar, der restlos entzückt. Wie sich die geschmeidigen Körper tief zur Erde neigen, als wollten sie sich zu einem gemeinsamen Gebet vereinigen, ergreift die Zuschauer spontaner Jubel.»[52]

Völlig ergriffen war auch der Berichterstatter der «Schweizerischen Turnzeitung»: «Kaum versuche ich, das wunderbare Schauspiel wieder zu erleben und einige Eindrücke in hilflosen Worten zu fassen,

---

50   Ebd. Jekers Umschreibung erinnert an die «Tiller-Girls» der 20er Jahre, «deren Makellosigkeit und Austauschbarkeit den Objektcharakter der Frau deutlich machten» (vgl. Pfister, in: Klein 1983, S. 55); mit dem Unterschied, dass diesen wohl schon eine zu unmoralische Note anhaftete, aber auch bei ihnen sollte man(n) vergessen (können), dass es sich um Individuen handelte.
51   Vgl. z. B. «Frauenturnverband und Eidg. Turnfest», in: STZ, Nr. 42, 17. Okt. 1930. Pfister weist auf die Existenz einer antifeministischen Literatur in jener Zeit hin, die getragen war von der Angst vor der Frau, vor ihrer Emotionalität und ihrer Sexualität (vgl. Pfister, in: Klein 1983, S. 55).
52   25 Jahre SFTV 1934, S. 96.

so rieseln heisse Schauer über meinen Rücken...»[53] Die Frauen ein Blumenfeld, die Männer ein «weisses Heer» – gemeinsam ist den Beschreibungen der Allgemeinen Übungen bei beiden Geschlechtern, dass die Massenveranstaltungen beeindruckten, die Körper der Männer im Gleichschritt, diejenigen der Frauen, wie sie sich synchron bogen und streckten. Von den Frauen hätten mann und frau dies nicht unbedingt erwartet. Ihnen wurde – in einem negativen Sinn verstanden – mehr Individualität zugesprochen: Sie können sich nicht auf ein gemeinsames Turnkleid einigen, jeder Verein hat seine eigenen Vorlieben betreffend Turnsystem. Vor diesem Hintergrund muss Arbenz' Bemerkung nach den Turntagen in Aarau gesehen werden: «Aarau hat gezeigt, wie sehr die Frau sich einer Gesamtidee unterordnen kann.»[54]

Die Wortwahl in den Berichten über den zweiten schweizerischen Frauenturntag von 1947 in Bern war dieselbe. Als «Blumengarten helvetischer Weiblichkeit»[55] bezeichnete ein Beobachter das Bild, das sich ihm bei der Vorführung der Allgemeinen Übungen der Turnerinnen bot. Auch der Verfasser der Jubiläumsschrift des SFTV von 1958 benutzte diese Bilder: «Es war, als ob ein Wind in den riesengrossen Blumengarten gefahren wäre, als sich die 16 000 braunen Arme zu heben begannen, und sich dann in das blaue Blütenmeer verfing, es hin und her wiegte, auf und nieder... [...] 8000 Edelsteine im saftigen Grün...»[56] Und weiter: «Der Zwischenlauf war ein Erlebnis für sich. Ein gewaltiges Ameisenheer auf der Flucht, aber doch fein diszipliniert.» Auch in diesem Zitat wieder: das Erstaunen über die Fähigkeit zu Ordnung und Disziplin bei den Frauen. Mit dem Bild vom «Ameisenheer» drückte er gleichzeitig aus, was von den Frauen allgemein erwartet wurde: emsiges Arbeiten zum Wohle aller und ohne viel Aufhebens davon zu machen. Marie Willmann, Zentralpräsidentin des SFTV drückte dies in ihren abschliessenden Worten am Turntag aus, indem sie die Turnerinnen dazu ermahnte, «auch beim Tagwerk zu Hause den gleichen Einsatz zu bewahren».[57]

Nicht anders wird in derselben Schrift über die Turntage von Lausanne 1951 und Zürich 1955 berichtet. «Enzianen» wird synonym für Turnerinnen verwendet, von Blumen- und Enzianfeld wird bei den Allgemeinen Übungen gesprochen.[58]

53   Nach ebd.
54   Ebd., S. 99.
55   Nach Leimgruber, in: Schader/Leimgruber 1993, S. 225.
56   50 Jahre SFTV 1958, S. 78.
57   Ebd.
58   Ebd., S. 81/82 über die «Allgemeinen» in Lausanne 1951; und S. 85 über diejenigen von Zürich 1955.

Die Blumenmetaphern hatten so lange Bestand, wie das blaue Turnkleid obligatorisch war. In der Jubiläumsschrift von 1983 heisst es, dass in Aarau 1972 noch ein «riesiges einheitliches Enzianenfeld zu sehen» war, die Turntage in Genf sechs Jahre später seien dann ein Fest der Farbenvariationen gewesen, «und der Schnitt der Turnkostüme liess dort bezüglich moderner Eleganz keine Wünsche offen».[59]
Die Probleme mit der Weiblichkeit der Turnerinnen, die im schweizerischen Frauenturnen ganz offensichtlich herrschten, sprechen gegen die These, die Alfred Richartz in einem Aufsatz aus dem Jahr 1990 aufgestellt hat.[60] Sie besagt im wesentlichen, dass die Frauen ihre Teilnahme an Turnen und Sport mit der Aufgabe ihrer Weiblichkeit bezahlten: Zuerst hätten die Männer die Frauen nicht an den Leibesübungen teilnehmen lassen (männerbündisches bürgerliches Turnen des 19. Jahrhunderts). Als dies nicht mehr durchzuhalten gewesen sei, hätten sie die Frauen auf soziale Räume verwiesen, die den Blicken möglichst entzogen waren und die Auswahl der «schicklichen» Übungen eng begrenzt – alles Massnahmen, die zum Ziel gehabt hätten, sexuelle Phantasien bei einem imaginären männlichen Betrachter zu verhindern.[61]
Und der letzte Schritt: Voraussetzung für die Teilnahme am Sport seit der Jahrhundertwende sei gewesen, dass die Frau zum Kameraden wurde. Mit den Reformbewegungen der Jahrhundertwende habe sich ein neues Körperkonzept durchgesetzt, das auch den aufkommenden Sport dominiert habe: «Hinaus ins Freie! Frische Luft! Licht, Sonne und Natur! Schönheit, Körperkraft und Reinheit!»[62] Für die Frauen, die an dieser Bewegung teilhaben wollten, hätten die Bedingungen gelautet:

«Die Frau soll zum Kameraden werden, zum geschlechtslosen und asexuellen Wesen. […] Es ist, als ob die Vermischung, die früher an den Grenzen der

---

59 75 Jahre SFTV 1983, S. 18.
60 Alfred Richartz, Sexualität – Körper – Öffentlichkeit. Formen und Umformungen des Sexuellen im Sport, in: SZGS, 1990, Heft 3, S. 56–72.
61 Ebd., S. 67/68.
62 Ebd., S. 68. Einen Überblick über die Literatur zu den Reformbewegungen der Jahrhundertwende bietet Hepp 1987; zu den älteren Standardwerken gehören: Wolfgang R. Krabbe, Gesellschaftsveränderung durch Lebensreform. Strukturelemente einer sozialreformerischen Bewegung in Deutschland der Industrialisierungsperiode, Göttingen 1974; Giselher Spitzer, Der deutsche Naturismus. Idee und Entwicklung einer volkserzieherischen Bewegung im Schnittfeld von Lebensreform, Sport und Politik, Ahrensburg bei Hamburg 1983. Interessant ist auch die These von Henning Eichberg, dass Aufbrüche in die Natur jeweils mit revolutionären Zeiten zusammenfallen (vgl.: H. Eichberg, Zivilisation und Breitensport, in: G. Huck (Hg.), Sozialgeschichte der Freizeit, Wuppertal 1980, S. 77–93). Eine neuere, knappe Zusammenfassung bringt Emrich, in: SZGS, 1991, Heft 2, S. 67–76.

männerbündischen Sphäre abgewehrt wurde, nun an den Körpergrenzen verhindert werden müsste. Die bürgerliche Körperkultur des 20. Jahrhunderts entlässt die Frauen, freilich nicht ohne erhebliche Widerstände, aus den Bekleidungs- und Bewegungsvorschriften des 19. Jahrhunderts, allerdings um den Preis der vollständigen Verdrängung ihrer Geschlechtlichkeit. Die Abwehrformation ‹Kameradschaft› war die Voraussetzung für die neue Bewegungsfreiheit... [...] In den Räumen des Sports konnte aus einer Frau ein ‹anständiger Kamerad› oder ein ‹feiner Kerl› werden, alle Anzeichen eigener sexueller Aktivität hatte sie aber peinlich zu vermeiden.»[63]

Meiner Ansicht nach kam es zu keiner Zeit und in keiner Sportart zu einer vollständigen Verdrängung der Geschlechtlichkeit der Frau, wie dies Richartz darstellt. Auch nicht im Deutschland der 30er Jahre, als der Sport zum «Gegenmittel gegen sexuelle Regungen» erklärt wurde und «Leibesübungen für den neuen deutschen Frauenkörper, den Kinder produzierenden, entsexualisierten, gepflegten» proklamiert wurden.[64] Auch Frank Becker unterstützt die Ansicht, dass es bei Proklamationen blieb: die Sportlerin sei in den 30er Jahren das Vorbild der «neuen Frau» gewesen, und zwar die «nervenstarke Athletin», welche die «nervöse Elfe» der Vorkriegszeit hätte ablösen sollen. Das Ziel der «Emanzipation durch Sportkameradschaft» sei eine Vision der Intellektuellen geblieben, weit entfernt von der Sportpraxis.[65]

Von Entsinnlichung und Entsexualisierung oder von sporttreibenden Kameraden beiderlei Geschlechts würde ich im heutigen Sport ebensowenig sprechen, auch wenn die Frauen auf dem Gebiet von Turnen und Sport heute über mehr Bewegungsfreiheit verfügen als zu Beginn des 20. Jahrhunderts. Die körperliche Attraktivität der Frauen steht in der aktuellen Sportberichterstattung immer noch stark im Vordergrund, jedenfalls stärker als bei den Männern, obwohl diese durchaus dabei sind aufzuholen.[66]

63 Richartz, in: SZGS, 1990, Heft 3, S. 69/70.
64 Woesler-de Panafieu, in: Klein 1983, S. 66. Sie beschreibt dies als Gegenbewegung zu einer kurzen Phase im Frauensport nach dem Ersten Weltkrieg, die sich durch raumgewinnende und sinnliche Momente ausgezeichnet habe.
65 Frank Becker, Die Sportlerin als Vorbild der «neuen Frau». Versuche zur Umwertung der Geschlechterrollen in der Weimarer Republik, in: SZGS, 1994, Heft 3, S. 34–55, Resümee, S.52/53.
66 Vgl. z. B. Marie-Luise Klein/Gertrud Pfister, Goldmädel, Rennmiezen und Turnküken, Berlin 1985. Basierend auf einer Analyse der Bild-Zeitung arbeiten die Autorinnen heraus, dass die Medien dazu tendieren, die körperliche Attraktivität der Frauen statt ihre sportlichen Erfolge hervorzuheben. Vgl. auch: Ursula Voigt, Sexy, schnell und schön. Sportberichterstattung über Frauen, in: Schenk 1986, S. 30–40; sowie: Pfister, in: Pfister 1980, S. 38. Die Wahrnehmung des männlichen Körpers beginnt sich seit den 90er Jahren vor allem in der Werbung allmählich zu verändern. Die Auswirkungen auf das bisher bestehende Ungleichgewicht in der Wahrnehmung der Körper beider Geschlechter sind noch nicht abzuschätzen.

An der Geschichte der Turnkleidung – wie auch der Mode im allgemeinen – lassen sich die wechselnden Ansichten darüber, was tabu oder erlaubt ist, was erotisierend wirkt oder eben gleichgültig lässt, gut verfolgen. Auch wenn im Verlauf der Jahre eine Tendenz zu immer knapperer Kleidung, zu mehr Nacktheit festzustellen ist, würde ich dies nicht als eindeutiges Zeichen einer Befreiung der Körper interpretieren. Gerade die Nacktheit ist kein absolutes Kriterium für den Grad von Freiheit im Umgang mit seinem eigenen Körper und dem der anderen, da es «viele verschiedene Nacktheiten» gibt, wie Andreas Kuntz dies formuliert.[67] Kuntz beschreibt Nacktheit wie auch die Scham darüber als sozial vermittelt, als abhängig von Zeit, Ort, sozialer Schicht oder anderer gesellschaftlicher Gruppierung. So ist die einer Uniform entsprechende Nacktheit in der Naturistenszene eine ganz andere als diejenige von leichtbekleideten Tänzerinnen in einem Nachtlokal.[68]

In den ersten Jahrzehnten des 20. Jahrhunderts galten in der Stadt und auf dem Land hinsichtlich schicklicher Bekleidung und im Umgang mit dem Körper sehr verschiedene Massstäbe, was im «Frauen-Turnen» auch immer wieder thematisiert wurde.[69] Ein Beispiel aus dem Kanton Baselland von Anfang der 20er Jahre macht dies deutlich, weist ausserdem auch auf die Probleme hin, welche die katholische Kirche mit der Körperlichkeit hatte, die sich im Turnen nun einmal zeigte. Im «Katholischen Sonntagsblatt des Kantons Baselland» wurde eine wilde Geschichte konstruiert, die mit dem Vorwurf endete, das «weibliche Nacktturnen» stehe vor den Toren des Kantons Baselland. Basis der Horrormeldung waren zum einen die Turnstunden der Damenriege des Bürgerturnvereins im Sonnenbad St. Margrethen: Die Turnerinnen konnten dort, geschützt vor neugierigen Blicken, in «leichter Bekleidung» turnen. Zum anderen hatten nach einer Vorführung der Turnerinnen zwei Knaben die Übungen mit nacktem Oberkörper nachgeturnt, um die Wirkung auf die Muskulatur zu zeigen.[70]

67   Kuntz 1985, S. 7.
68   Ebd., S. 7–16 und 24. Zur Geschichte des Naturismus vgl. S. 59–71.
69   Die Artikel gingen auf die Unterschiede zwischen Stadt und Land ein, stellten insbesondere fest, dass die Landbevölkerung dem Frauenturnen skeptischer gegenüberstehe (vgl. K. Giger, Teufen, «Gedanken über das Damenturnen auf dem Lande», FT, Nr. 5, 22. Juni 1923; D. Mischol, Schiers, «Frauenturnen und Öffentlichkeit, FT, Nr. 2, 6. Feb. 1925; Susanne Arbenz, «Frauenrecht und Körperübungen», Propagandanummer des FT, 18. April 1924; O. Breitenstein, Muri, «Frauenturnen auf dem Lande», ebd.; Fritz Vögeli, Langnau i. E., «Das Frauenturnen auf dem Lande», FT, Nr. 6, 26. April 1929).
70   Die Leitung der Turnerinnen hatte Konrad Meier vom FTV Basel-Stadt inne, der von 1918 bis 1920 auch den DTV Binningen leitete. Die Sache begann mit einem Artikel im «Kath. Sonntagsblatt», der Artikel aus dem FT zitierte. Die Auseinandersetzung zwischen Konrad Meier und dem anonym bleibenden Autor im

Auf dem Land scheinen sich die Reformbewegungen der Jahrhundertwende, aus denen auch das Sonnenbad St. Margarethen hervorgegangen war[71], etwas verkürzt gesagt, eher in Form von störenden Städterinnen und Städtern niedergeschlagen zu haben. 1916 beklagte sich die Polizeidirektion Baselland bei derjenigen von Basel-Stadt über Scharen «sogenannter Wandervögel und anderer junger Leute beiderlei Geschlechts», die am Wochenende immer häufiger ins Baselbiet kommen würden. Bei ihren Nachtwanderungen würden die aus Basel stammenden Ausflügler grossen Lärm veranstalten und am Sonntag «liegen diese jungen Leute grossenteils in Berg- und Waldgegenden herum, fast völlig unbekleidet, um Sonnen- und Luftbäder zu nehmen, öfters an stark begangenen Spazierwegen...».[72] Basel wollte in der Sache nichts unternehmen, und im Mai 1917 wurde die Angelegenheit vorläufig damit erledigt, dass die Baselbieter Polizeidirektion erklärte, der Kanton habe keine gesetzliche Handhabe, um einzuschreiten, es sei Sache der Gemeinden, aufgrund ihrer Flur- und Polizeireglemente vorzugehen.[73] Lärmbelästigungen durch auswärtige Gesellschaften und Vereine beschäftigten die Baselbieter Polizei auch in den folgenden Jahren, über Sonnen- und Luftbaden ist nichts mehr aktenkundig geworden.[74]

Ansichten über schickliches Benehmen, über adäquate Bekleidung, allgemein gesagt: über den Umgang mit dem Körper unterliegen einem ständigen Wandel, und es existieren auch immer verschiedene Verhaltensformen nebeneinander, je nach gesellschaftlicher Gruppe

«Sonntagsblatt» wurde im FT ausgetragen, vgl. dazu: Konrad Meier, «Mehr Luft und Sonne auch im Frauenturnen», FT, Nr. 2, 6. Mai 1921. Der Artikel aus dem «Sonntagsblatt» wurde im FT abgedruckt: «Zum Mädchenturnen.» (Warnung an die Mütter), Kath. Sonntagsblatt des Kantons Baselland, 11. Sept. 1921, in: FT, Nr. 4, 25. Nov. 1921, unter dem Titel: «Tiefer hängen»; Entgegung von Konrad Meier, FT, Nr. 4, 25. Nov. 1921. Eine kurze Notiz von Meier mit dem Titel: «Ich klopfe auf den Busch», erschien im FT, Nr. 1, 20. Jan. 1922, der zu entnehmen ist, dass der Autor im Sonntagsblatt weitere Artikel veröffentlichte. Meier forderte ihn auf, zuerst seinen Namen zu nennen, bevor er darauf eingehe.

71 Zu seiner Geschichte vgl.: Roman Kurzmeyer, Der selbstverwaltete Körper. Die Anfänge des Basler Licht-, Luft- und Sonnenbads auf St. Margarethen, Basel 1990 (unveröffentlichte Lizentiatsarbeit).

72 Brief der Polizeidirektion Baselland an das Polizeidepartement des Kts. Basel-Stadt vom 4. Juli 1916 (StA BL, Straf und Polizei G 6 (Fasnachtssachen, Nachtlärm, Unfug durch Ausflügler 1899–). Die Baselbieter führten eine Umfrage bei den Gemeinden durch, um in Erfahrung zu bringen, wo solche Ruhestörungen vorgekommen waren und worin sie bestanden hatten (Brief der Polizeidirektion Baselland an die Gemeinden vom 16. März 1917, die Antworten sind teilweise erhalten, in ebd.).

73 Brief der Polizeidirektion Baselland an sämtliche Gemeindcräte vom 7. Mai 1917 (ebd.).

74 Diverse Schreiben aus den Jahren 1921 bis 1925 (ebd.).

oder auch ländlichen beziehungsweise städtischen Verhältnissen. Die Geschichte des Sports verdeutlicht meiner Ansicht nach in idealer Weise, dass es nicht einfach ein «natürliches» Verhalten oder einen «natürlichen» Körper gibt, sondern dass der Körper ein Ort der Überschneidung ist, dass er als «Schnittstelle zwischen dem Biologischen und dem Sozialen» bezeichnet werden kann.[75]

Es war zu Beginn des 20. Jahrhunderts nicht leicht für die ersten Turnerinnen, eine Art des öffentlichen Auftretens zu finden, mit der sie keine Assoziationen weckten, die sie nicht wecken wollten. Mann und frau mussten sich erst daran gewöhnen, dass sich «anständige» Frauen auf einer Bühne produzieren durften; dass sich Frauen in der Öffentlichkeit präsentierten, war noch keine selbstverständliche Sache. Frauenkörper wurden (und werden) anders wahrgenommen als Männerkörper.[76] Deshalb habe ich ein gewisses Verständnis für die Zurückhaltung des SFTV und seiner Unterverbände gegenüber öffentlichen Auftritten, diese Haltung ausschliesslich als konservativ zu bezeichnen, halte ich für einseitig. Es ging auch darum, sich gegen die «erotisch-dekorative» Rolle der Frauen zu wehren und diese Position gegenüber dem ETV durchzusetzen. Die Turnerinnen wurden und werden stets als Frauen betrachtet und begutachtet. Sich den Blicken zu entziehen, kann für sie keine Lösung sein. Dann müssten die Turnerinnen den Männern bereits eroberten öffentlichen Raum wieder überlassen. Die Losung kann deshalb nur heissen «eingreifen und das Spiel aktiv mitgestalten». Ich bin der Meinung, dass Frauen dies schon immer taten. Wie dies in den frühen Zeiten des Frauenturnens ausgesehen haben könnte, ist Gegenstand des nächsten und letzten Kapitels.

---

[75] Das Zitat stammt von Barbara Hey, in: L'homme 1994, S. 17. Auch Gertrud Pfister benutzt das Bild des Körpers als Schnittpunkt, als Schnittpunkt von Gesellschaft und Subjekt (vgl. Pfister, in: Palzkill/Scheffel/Sobiech 1991, S. 15). Vgl. dazu auch die Ausführungen im nächsten Kapitel.

[76] Ein Vergleich von bürgerlichen und Arbeiterturnvereinen wäre meiner Ansicht nach lohnend, gerade auch im Fall der Frauen: Arbeiterturnerinnen betrieben schon vor dem Zweiten Weltkrieg Leichtathletik und Wettkämpfe und nahmen auch an internationalen Turnfesten teil, während dies für ihre Kolleginnen in bürgerlichen Vereinen undenkbar war. Gertrud Pfister und Herbert Dierker schreiben allerdings, dass auch im Arbeitersport die bürgerlichen Frauenbilder weit verbreitet waren, und berichten auch in diesem Fall von den Versuchen der Männer, Frauen von Wettkämpfen fernzuhalten (vgl. Dierker/Pfister 1991, Einleitung, S. XL–XLII).

Kapitel 10
Im Mittelpunkt: Die Turnerin

In Kapitel 9 habe ich den Körper der Turnerinnen ins Blickfeld gerückt – oder genauer: die Turnerinnen mit ihrer Körperlichkeit. Ich habe sie zuerst von aussen betrachtet, und zwar durch den männlichen Blick. Dieser ist laut John Berger auch für die Selbstwahrnehmung der Frauen entscheidend. Frauen trügen den männlichen Blick auch in sich selber, seien innerlich gespalten:

«Wir könnten vereinfachend sagen: Männer handeln und Frauen treten auf. Männer sehen Frauen an. Frauen beobachten sich selbst als diejenigen, die angesehen werden. Dieser Mechanismus bestimmt nicht nur die meisten Beziehungen zwischen Männern und Frauen, sondern auch die Beziehung von Frauen zu sich selbst. Der Prüfer der Frau in ihr selbst ist männlich – das Geprüfte weiblich. Somit verwandelt sie sich selbst in ein Objekt, ganz besonders in ein Objekt zum Anschauen – in einen ‹Anblick›.»[1]

Kapitel 9 hat gezeigt, dass Frauen und Männern in den 20er und 30er Jahren bewusst war, dass es beim Problem der öffentlichen Auftritte von Turnerinnen um den männlichen Blick ging, und Frauen bezogen ihn in ihre Überlegungen mit ein, wo und wie sie sich in der Öffentlichkeit zeigen wollten. Aber damit sind die Turnerinnen und ihr eigener Standpunkt noch nicht erschöpfend beschrieben. Die theoretischen Schriften über das Frauenturnen und die Verbandsgeschichtsschreibung zeichnen nur ein sehr unbefriedigendes Bild des Frauenturnens. Auch wenn es zweifellos nicht falsch ist, den SFTV, das von ihm propagierte Frauenbild und sein Frauenturnen als konservativ zu etikettieren[2], so wird damit das Frauenturnen in der Praxis noch nicht erfasst.

Die im Rahmen des SFTV entstandenen Quellen und Schriften, insbesondere die Publikationen von Eugen Matthias, gehören zu einer Gattung von Schriften, die seit dem 19. Jahrhundert in stetig wachsender Zahl entstanden. Sie beschäftigten sich mit Körper und Psy-

---

1   Berger 1992 (engl. 1974), S. 44.
2   Dies ist grob gesagt das Resultat der Diplomarbeit von Karin Schütz aus dem Jahr 1984. Da ihre Arbeit hauptsächlich auf den Jubiläumsschriften des SFTV und dem «Frauen-Turnen» beruht, kann sie nur Aussagen über das Frauenbild und das vom SFTV erwünschte Turnen machen.

che der Frauen und wurden meist von Medizinern verfasst. Die Aufarbeitung solcher Texte war ein wichtiger Beitrag zur Frauengeschichte und hat viel beigetragen zum Verständnis bis heute weit verbreiteter Allgemeinplätze über Frauen.[3] Die Klage über die abstrusen Frauenbilder, die darin konstruiert werden, über die Bevormundung der Frauen, darüber, dass sie als unmündige und unfähige Wesen behandelt werden, eingezwängt in dem engen Raum, der ihnen aufgrund ihres biologischen Geschlechts zugestanden wird, kann aber nur ein Anfang, Ausgangspunkt für weitere Forschung sein. Wie zu Beginn von Kapitel 9 bereits angetönt, sieht beispielsweise Rebekka Habermas in der Wiedergabe dieser «Unterdrückungsgeschichte» die Gefahr, die Unterdrückung der Frauen weiter zu tradieren, die Frauen in der Rolle der Opfer festzuschreiben. Überdies sagten die von Männern verfassten Texte ihrer Ansicht nach «mehr über ihre Urheber als über das Objekt der Betrachtung» aus.[4] Bei näherem Hinsehen erwiesen sich die Autoren solcher Texte «als fragile Wesen, die sich ihrer eigenen Identität immer wieder durch Festschreibung des anderen Geschlechtes – erinnert sei nur an die nicht enden wollende Reihe von Abhandlungen über die Eigentümlichkeit des Weibes – vergewissern müssen».[5] Diesem spannenden Thema widmete sich auch der Chefideologe des schweizerischen Frauenturnens in aller Ausführlichkeit.

Habermas erläutert in ihrem Aufsatz, wie die Konzepte der historischen Anthropologie[6] in Verbindung mit der «history of gender» als «anthropology of gender» für die feministische Geschichtswissenschaft fruchtbar gemacht werden können. Sie geht damit weiterhin von der Unterscheidung zwischen «gender», verstanden als kulturelles Geschlecht, im Gegensatz zu «sex», dem biologischen Geschlecht, aus, die in der aktuellen Debatte innerhalb der femini-

---

3 Vgl. Kap. 4.5, die dort zitierte Literatur, wie auch z. B. Gisela Bock, Historische Frauenforschung: Fragestellungen und Perspektiven, in: K. Hausen (Hg.), Frauen suchen ihre Geschichte. Historische Studien zum 19. und 20. Jahrhundert, München 1983, S. 22–60. Die Relativität der biologistischen Argumentation zeige sich schon darin, dass nur im Fall der Frauen von Biologie gesprochen werde (ebd., S. 41/42).
4 Habermas, in: L'homme 1993, S. 490. Letzteres äussert auch Pfister in: Medau/Nowacki 1988, S. 39–52. Im Fall von Matthias wären hier Sozialdarwinismus und Eugenik als geistige Strömungen seiner Zeit zu nennen, die seine wissenschaftliche Tätigkeit beeinflussten.
5 Habermas, in: L'homme 1993, S. 505.
6 Zur historischen Anthropologie vgl.: Hans Medick, «Missionare im Ruderboot?» Ethnologische Erkenntnisweisen als Herausforderung der Sozialgeschichte, in: A. Lüdtke (Hg.), Alltagsgeschichte. Zur Rekonstruktion historischer Erfahrungen und Lebensweisen, Frankfurt a. M./New York, S. 48–84; Clifford Geertz, Dichte Beschreibung. Beiträge zum Verstehen kultureller Systeme, Frankfurt a. M. 1983.

stischen Wissenschaft teilweise in Frage gestellt wird.[7] Mir erscheint es sinnvoll, diese Zweiteilung beizubehalten und nicht jegliche biologischen Unterschiede zwischen den Geschlechtern als kulturell konstruiert zu definieren. Die Anerkennung gewisser von der Natur vorgegebener Unterschiede muss meiner Meinung nach nicht zwingend in eine weitere Diskriminierung des weiblichen Geschlechts münden. Ob dies geschieht, hängt von der gesellschaftlichen Interpretation dieser Unterschiede ab, also von «gender», dem kulturellen Geschlecht: «Ist die biologische Differenz zwischen den Geschlechtern auch statisch, wie diese Differenz interpretiert wird, ihre spezifische Ausformung, variiert je nach Zeit und Kultur.»[8]

Frauen und Männer erscheinen bei Habermas als auf geschlechtsspezifisch verschiedene Art und Weise genauso handelnde wie «behandelte» Wesen.[9] Diverse Arbeiten hätten bereits gezeigt, «dass sich das Bild der ewig unterdrückten Frauen nur dann aufrechterhalten lässt, wenn man weibliche Wesen als handelnde, erfahrende und deutende Akteurinnen ausblendet.» Habermas zeigt sich überzeugt, dass die Beziehungen zwischen den Geschlechtern stets eine Frage des «Aushandelns» zwischen Frauen und Männern waren.[10]

Dieses Bild des «Aushandelns» umschreibt den Eindruck am besten, den ich im Laufe meiner Auseinandersetzung mit dem Frauenturnen gewonnen habe. Akteurinnen und Akteure mit sehr unterschiedlichen Interessen ziehen an verschiedenen Stricken, wobei nicht immer im vornherein klar ist, wer den Sieg davontragen wird. In diesem Kapitel sollen nun die Interessen der Turnerinnen, die sich im Verlauf dieser Arbeit hier und dort bereits manifestiert haben, zu einem Bild verdichtet werden. Dabei stellen sich dieselben Probleme, mit denen die Frauen- und Geschlechtergeschichte stets zu kämpfen hat: die Schwierigkeiten, geeignetes Quellenmaterial zu finden. Grundsätzlich gibt es zwei Möglichkeiten:

---

7   Zu «gender» als Analyse-Kategorie, vgl. Scott, in: The American Historical Review 1986; zur aktuellen Debatte, ausgelöst durch Judith Butler, vgl. die Bemerkungen in Kap. 4.5.1.
8   Habermas, in: L'homme 1993, S. 495. Oder wie es Christine Woesler-de Panafieu formuliert hat: «Die gesellschaftliche Befreiung der Frau kann nicht heissen, sie von ihrer Naturbestimmung zu befreien. Es kann nur heissen, sie von der gesellschaftlichen Bestimmung dieser Naturbestimmung zu befreien.» (Woesler-de Panafieu, in: Klein 1983, S. 73.) Vgl. auch Hilge Landweer, Kritik und Verteidigung der Kategorie Geschlecht, in: Feministische Studien, 1993, Heft 2, S. 34–43; oder auch Clifford Geertz, Kulturbegriff und Menschenbild, in: R. Habermas/ N. Minkmar (Hg.), Das Schwein des Häuptlings, Berlin 1992, S. 56–82.
9   Habermas, in: L'homme 1993, S. 498.
10 Ebd., S. 499. Ein Fazit des Inhaltes der «historisch-anthropologischen Geschlechtergeschichte», welche die einseitige «Opfer/Täterperspektive der herkömmlichen Frauengeschichte» auflöse, folgt S. 504.

1. Bestehende Quellen gegen den Strich lesen:
- Die theoretischen Schriften über das Frauenturnen eignen sich am wenigsten dafür, den Standpunkt der Frauen herauszufinden, da sie in erster Linie die männlichen Wünsche zum Ausdruck bringen.
- Andere Quellen wie Protokolle, Jahresberichte, Artikel in Zeitungen und Zeitschriften (z. B. im «Frauen-Turnen») sind einiges ergiebiger: Ab und zu enthalten sie direkte Äusserungen über Wünsche der Turnerinnen; manchmal zeitigt die Kritik am Verhalten der Turnerinnen gewisse Ergebnisse, und auch die immergleichen Ermahnungen, dies oder jenes zu tun beziehungsweise zu lassen, erlauben gewisse Rückschlüsse. Wünsche und Handlungen der Turnerinnen schimmern durch; aber sie können nicht scharf nachgezeichnet werden, da immer auch das Urteil des oder der Schreibenden damit vermischt ist.

2. Direkte Zeugnisse von Frauen einholen:
- Interviews: Auch sie bringen methodische Probleme mit sich, sind ebenfalls in gewisser Weise gefiltert, beispielsweise durch das Alter und die aktuelle Lebenssituation der Frauen, durch die Interviewpartnerin usw.[11] Interviews können aber Hinweise darauf geben, was den Frauen wichtig war. Die Ausstellungsmacherinnen von «Frauenalltag und Frauenbewegung in Frankfurt 1890–1980» haben beispielsweise darauf hingewiesen, die Gespräche mit älteren Frauen hätten Auswahl und Gewichtung der Ausstellungsthemen und -inhalte mitgeprägt. «Dass das Thema ‹Sportlichkeit und Jugendbewegung› z. B. im Abschnitt über die Zwanziger Jahre so augenfällig vorgeführt wird, hat seine Ursache in der Häufigkeit und Eindringlichkeit, mit der unsere Gesprächspartnerinnen haben deutlich werden lassen, welche Rolle es für das Selbst- und Körpergefühl der Frauen und für ein neues Verhältnis zwischen den Geschlechtern damals spielte.»[12]

Bei allen Vorbehalten stellen Interviews die einzige Möglichkeit dar, von Frauen direkte Zeugnisse über Dinge zu erhalten, die nirgends schriftlich festgehalten sind. Dies gilt für einen grossen Teil der Themen, die Frauen betreffen.

11   Vgl. Kap. 1.1.
12   Frauenalltag und Frauenbewegung 1981, S. 149.

10.1 Die Turnerinnen spielen auf Sieg

Beginnen möchte ich nun mit der Haltung der Turnerinnen gegenüber Wettkämpfen. Auf die gebetsmühlenartigen Wiederholungen, im schweizerischen Frauenturnen wolle man keinen Wettkampf, oder konkreter: die Turnerin wolle keinen Wettkampf, habe ich schon mehrfach hingewiesen.[13] Am einfachsten machten es sich jene, die behaupteten, Wettkampf widerspreche dem weiblichen «Wesen», sei etwas für die «sportsüchtige männliche Jugend», den Frauen sei «ein stilles Schaffen eigen».[14] Auch die SFTV-Funktionärin Susanne Arbenz vertrat die Ansicht, die Frauen brauchten Turnfeste und Wettkampf nicht als Ansporn:

«Man übersehe doch nie, aus welchen Beweggründen die Frauenwelt unsere Turnstätten aufsucht! jedenfalls nicht der Beteiligung an den Turnfesten wegen. Es gibt zwar immer eine kleine Minderzahl von Turnerinnen, welche gerne an Turnfahrten und Turnfesten mitmacht; geht man jedoch solcher Stellungnahme auf den Grund, so erkennt man gewöhnlich, dass die Turnerinnen durch ihre Leiter dazu ermuntert worden sind.»[15]

Damit vertrat sie als Frau die Meinung, dass Frauen unmündige Wesen seien, die sich in ihren Entscheiden von Männern leiten liessen. Allerdings forderte sie anschliessend selbstbewusst, die Männer sollten dies endlich respektieren.[16]

Die Verbandsleitungen mussten den Turnerinnen offenbar immer wieder ins Gedächtnis rufen, dass sie aus «lauter Freude» spielten, aus lauter Freude darüber, «dass ihnen der Herrgott einen gesunden Körper und ich hoffe auch eine gesunde Seele schenkte», wie es der Kantonalpräsident des FTV, Willi Hägler, Anfang der 30er Jahre einmal ausdrückte.[17] Solche Ermahnungen scheinen tatsächlich notwendig gewesen zu sein, wie eine andere Art der Argumentation gegen Frauenwettkämpfe andeutet:

«Stacheln wir nicht die Eigenliebe dieser jungen Damen noch mehr auf! Giessen wir nicht das Gift des Beifalls der Menge in ihre Adern! Der Beifall ist sogar für Männer nichts Gutes, er kann für Mädchen nur beklagenswerte

---

13 Vgl. Kap. 5.5, 8.1 und 8.2.
14 So z. B. E. F. Hügi, Langenthal, «Das öffentliche Auftreten der Schweiz. Damenturnvereinigung am eidg. Turnfest in Luzern», FT, Nr. 1, 1. Jan. 1927. Es muss sich um einen Mann handeln, da der Autor von 20jähriger Tätigkeit im Turnwesen spricht und sich im Frauenturnen als Neuling bezeichnet.
15 S[usanne] A[rbenz], «Zum öffentlichen Auftreten», FT, Nr. 8, 23. Mai 1930.
16 Ebd.
17 JB des FTV pro 1930–32.

Folgen haben. [...] Jede meint, was da für sie zu holen sei! Alle haben sie das nervöse Gähnen des Athleten vor dem Entscheid, sind fieberisch und ungeduldig. Und doch sollte ihr Leben ein solches der Ruhe sein, frei von jeder schädlichen Aufregung. Wenn übrigens die Läufe ohne Publikum vor sich gehen würden, so würde ohne Zweifel ein grosser Teil der Teilnehmerinnen hübsch ruhig bei Mama bleiben.»[18]

Während die einen also davon überzeugt waren, dass die Frauen gar keine Wettkämpfe treiben wollten, würden sie nicht von ihren Leitern dazu angestachelt; forderten andere, man müsse die Frauen nach Kräften davon abhalten, da sie aus lauter Lust, sich zu zeigen, sogar schwerwiegende gesundheitliche Schäden auf sich nehmen würden. Gemeinsam ist beiden Standpunkten, dass man(n) es den Frauen nicht zutraute, selber entscheiden zu können, was gut für sie war.

Keine der Frauen, mit denen ich Interviews geführt habe, berichtete mir, dass sie sich als junge Turnerin gegen das Wettkampfverbot aufgelehnt habe. Frau D. aus Pratteln meinte, sie sei turnbegeistert gewesen und hätte eigentlich noch mehr leisten können; aber man sei damals (in den 30er Jahren) nicht so gefördert worden. Auf meine Rückfrage, ob sie gerne leistungsorientierter geturnt hätte, sagte sie: «Das hat man damals noch gar nicht gemacht.»[19] Was hier anklingt, formulierte Frau V. aus Bubendorf noch deutlicher. In unserem Gespräch wies sie explizit auf ihre sportlichen Fähigkeiten hin: Sie hätte gut rennen können, deshalb sei sie immer «Mittelstürmer» gewesen im Korbball. Sie war offenbar zufrieden mit den Spielwettkämpfen, der einzigen Art von Wettkämpfen, die es gab – neben Stafetten. Faustball habe sie nie gemocht, aber Korbball, das sei ein «rassiges» Spiel. Sie erinnerte sich an ein «tolles» Spiel gegen Liestal am Frauenturntag in Sissach (1939), sie hätten wunderbar gespielt, ja, und wahrscheinlich auch gewonnen. Als ich sie auf die meines Wissens fehlenden Ranglisten ansprach, meinte sie, dass es so etwas Ähnliches wie eine Rangliste schon gegeben habe, nur, wie solle sie diese jetzt beschreiben – jedenfalls habe man schon gewusst, wer gewonnen hatte.[20] Mein Insistieren auf der Widersprüchlichkeit dieser Situation bedachte sie dann mit folgenden Worten:

«Wissen Sie, früher hiess es einfach, ja, das Frauenturnen – sie gehen turnen, weil es ihnen einfach..., weil es einem gut tut, weil es nötig ist, dass die Frau auch etwas macht, nicht nur die Männer. Es ging mehr in diese Rich-

---

18   J. A., «Frauensport», FT, Nr. 10, 30. Nov. 1923.
19   Interview mit Frau D. (geb. 1918) vom 12. Nov. 1991.
20   Interview mit Frau V. (geb. 1915) vom 25. März 1992.

tung. Es gab vielleicht schon solche, die sich gesagt haben, ja, wofür eine
Rangliste, wofür müssen die auch noch wettkampfmässig turnen, nicht. Es
war vielleicht schon das.»[21]

Diesen Standpunkt vertrat Frau S. aus Pratteln. Anlass für unser Gespräch war der Zusammenschluss der Baselbieter Turnerinnen und Turner im Jahr 1992, der im ersten Anlauf am Widerstand der Frauen gescheitert war.[22] Als einen der Gründe für das ablehnende Votum der Frauen nannte Frau S. die Wettkämpfe. Breitensport werde im Gesamtverband zu kurz kommen, da sich ja die Männer immer für Wettkämpfe bei den Frauen stark gemacht hätten. Und auf meine erstaunte Nachfrage doppelte sie nach, nein, sie glaube nicht, dass es die Frauen waren, die Wettkämpfe gefordert hatten.[23]
Bezogen auf die Turner mag Frau S. damit – zumindest teilweise – recht haben. Der ETV wollte die Frauen von Anfang an die Turnfeste holen, und nach dem Zweiten Weltkrieg hatte der Verband der Turner kein Verständnis mehr für das Wettkampfverbot bei den Frauen. Auch die Aussage von Herrn G. aus Muttenz, langjähriger Leiter der Damenriege und technischer Leiter des FTV, könnte ihr recht geben. Dieser erzählte mir stolz, dass er mit «seinen» Turnerinnen schon früh auch Leichtathletik geübt habe, freiwillig, am Sonntagmorgen, und dass sie deshalb lange Zeit die Stafetten gewonnen hätten. Darauf angesprochen, ob er normale Wettkämpfe folglich befürwortete, meinte er jedoch abschwächend: «Schon Wettkämpfe, aber nicht übertrieben, nicht übertrieben, nicht also Leistung als Spitzensport usw., sondern einfach als Breitensport.»[24]
Frau S. verwahrte sich in unserem Gespräch einerseits gegen die dauernde Bevormundung der Frauen durch die Männer, die für sie offenbar einer der Gründe war, weshalb sie den Wettkampf bei den Frauen ablehnte. Sie hatte selber auch Zeitungsartikel geschrieben zugunsten der Einführung des Frauenstimmrechts. Gleichzeitig vertrat sie ein sehr konservatives Frauenbild. So äusserte sie ihr Missfallen über die «verbissenen Gesichter» der Wettkämpferinnen, dabei gehe etwas vom «Fraulichen einfach verloren». Sie sei schon dafür, dass die Frauen etwas erreichen sollten, aber sie sollten sich nicht vordrängen. Sie konnte auch der Ansicht nicht zustimmen, diejenigen Frauen Wettkampf treiben zu lassen, die das wollten. «Ja, aber wie sehr machen sie sich selber kaputt.» Die Frauen können selber nicht einschätzen, was ihnen gut tut – das klingt vertraut. Sport dürfe

21 Ebd.
22 Vgl. Kap. 6.1.1.
23 Interview mit Frau S. (geb. 1920) vom 19. Feb. 1992.
24 Interview mit Herrn G. (geb. 1911) aus Muttenz vom 6. März 1992.

nie zur Hauptsache werden, meinte sie weiter, Frauen sollten turnen gehen, um sich zu erholen, um ihren Arbeits- und Familienalltag besser bewältigen zu können – auch heute.[25] Stellenweise hatte ich während unseres Gesprächs das Gefühl, sie zitiere aus einer Propagandaschrift des SFTV. Familie und Haushalt bezeichnete sie als die primären Aufgabenfelder der Frauen. Wenn daneben noch Zeit bleibe, dürften die Frauen auch noch etwas für sich selber tun.
Diametral entgegengesetzt zur Haltung von Frau S. argumentierte Frau B., langjährige Leiterin der Damen- und der Frauenriege in Sissach sowie technische Leiterin des FTV. Sie widmete einen überdurchschnittlich grossen Teil ihres Lebens dem Frauenturnen, und ihre anhaltende Begeisterung dafür war auch in unserem Gespräch deutlich zu spüren. Auf die Frage, ob sie denn selber nie Wettkampfsport machen wollte, meinte auch sie zuerst: «Das gab es nicht»; um dann aber sofort anzufügen: «Wenn es damals schon Gymnastikwettkampf gegeben hätte, da wäre ich eingestiegen.» Rhythmische Sportgymnastik – wenn sie nochmals auf die Welt käme, das würde sie tun.[26] Sie äusserte sich am positivsten zu Frauenwettkämpfen, vor allem vertrat sie die Meinung, «die Jungen müssen schon auch selber sagen können, was sie gerne wollen. Und wenn der Wunsch da ist, kann man es ihnen nicht verbieten.» Sie vertrat ausserdem die Haltung, dass Wettkämpfe auch für Frauen stimulierend seien, durchaus in einem positiven Sinn: «Es gibt ja auch gymnastische Wettkämpfe […], da strengen sie sich jetzt eben an. Und da lernen sie immer wieder etwas von einer Stufe zur andern. Wenn dieser Anreiz nicht da ist, wird es einem eben ein bisschen gleichgültig, nicht wahr.»[27]
Verschiedene Aussagen deuten darauf hin, dass sie ihre Meinung mit den Jahren änderte, dass sie offen war für neue Entwicklungen und nicht das Gefühl hatte, alles müsse bleiben, wie es einmal war. So fügte sie obiger Aussage bei, die jungen Leute brauchten heute solche Anreize – offenbar im Gegensatz zu früher. Sie scheint Wettkämpfe als junge Turnerin nicht vermisst zu haben. Sie schwärmte in unserer Unterhaltung mehrmals von den Gymnaestraden und ihren Vorläufern, den Lingiaden, welche ihr Schaffen massgeblich geprägt hätten. Dort würden weder Wettkämpfe ausgetragen noch Auszeichnungen vergeben, sondern lediglich Vorführungen aus verschiedenen Ländern gezeigt. «Ein Turnfest als Gegengewicht zu den Olympiaden und zu den Weltmeisterschaften, wo es ja wirklich nur um Rang und Medaillen geht. Das ist dann halt schon ein ver-

25 Interview mit Frau S. vom 19. Feb. 1992.
26 Interview mit Frau B. (geb. 1912) vom 21. Okt. 1991.
27 Ebd.

bissenes Kämpfen.» Zu den heutigen Frauenwettkämpfen an den Turnfesten meinte sie: «Und ich finde es jetzt trotzdem recht, wie es ist. Es hat natürlich seine Vor- und seine Nachteile.» Oder auch: «Und ich finde jetzt also ein Turnfest tatsächlich schön mit diesen verschiedenen Wettkämpfen.» Als wir über Schäden des Leistungssports sprachen, betonte sie, dass dies ja nicht nur die Frauen betreffe, sondern ebenso die Männer.[28]
Ein gutes Beispiel dafür, dass sich heutige Kategorien von Fortschrittlichkeit oder Emanzipation auf der einen und Konservatismus auf der anderen Seite nicht einfach auf frühere Zeiten übertragen lassen, lieferte Frau H. aus Liestal. Sie schilderte sich in unserem Gespräch als sehr sportlich, sie sei eine leidenschaftliche Schwimmerin und gute Korbballspielerin gewesen, und auch Gymnastik habe ihr immer Spass gemacht.
Auf die Frage, ob sie etwas in der Art wie rhythmische Sportgymnastik als junge Frau gereizt hätte, meinte sie nur: das könne sie nicht sagen, «das gab es einfach nicht».[29] Anschliessend erzählte sie aber auch, dass sie leistungsorientierter hätte turnen können, als sie in Basel arbeitete. Sie habe es jedoch vorgezogen, Kurse an der Frauenarbeitsschule in Basel zu besuchen, als Vorbereitung auf die Ehe, wie sie sagte. Sie habe immer nur «Sport für die Gesundheit» gemacht, dem Wettkampf hatte sie stets skeptisch gegenübergestanden. Gleichzeitig vertrat sie die Ansicht, jede Frau müsse es letztlich selber wissen. Sie denke, dass diejenigen, die Wettkämpfe machen wollten, gleich «angefressen» seien von der Sache, wie sie es als junge Frau von anderen Dingen gewesen sei. Dann könne man gar nichts dagegen tun.[30]
Bis auf Frau S. akzeptierten alle, dass die Turnerinnen des SFTV inzwischen auch an Wettkämpfen teilnehmen, einigen gefiel dies persönlich besser, anderen weniger; aber alle sahen darin eine folgerichtige Entwicklung – genau gleich, wie sie es offenbar als junge Frauen als Tatsache hingenommen hatten, dass es keine richtigen Wettkämpfe mit Ranglisten und Ehrung der Siegerinnen gab. Frau S. schien die offizielle Verbandsdoktrin des SFTV am stärksten verinnerlicht zu haben. Auch auf Nachfrage oder angesichts der Veränderungen, die in den letzten Jahrzehnten auch im Frauenturnen stattgefunden haben, rückte sie nicht davon ab.
Aber auch die anderen Frauen lehnten sich damals gegen das Wettkampfverbot nicht auf: «Es hiess eben, die gehen turnen, weil es ihnen gut tut..., wofür müssen die auch noch wettkampfmässig

---

28 Ebd.
29 Interview mit Frau H. (geb. 1912) vom 1. April 1992.
30 Ebd.

turnen», so hatte es Frau V. in etwa ausgedrückt. Ich denke, dass diese Worte viel mehr aussagen, als es aufs erste den Anschein macht: Es war in den 30er Jahren und darüber hinaus für die meisten Leute nicht einsehbar, warum Frauen Wettkämpfe treiben sollten – es ging nicht darum, warum sie es nicht tun sollten. «Ja, damals hiess es einfach noch, ‹das ist nichts für die Frauen, das schadet ihnen nur›, extrem gesagt jetzt. [...] – Aber hier gibt es jetzt auch auf ärztlicher Seite ganz andere Ansichten», ergänzte Frau B.[31] Nein, es seien nicht alle Ärzte dagegen gewesen, aber mehrheitlich schon. Das habe eben auch noch viel ausgemacht.

Trotz den zum Teil beträchtlichen Unterschieden in den Ansichten dieser Frauen stellte erst die Haltung, die Frau R. in unserem Gespräch dem Wettkampf gegenüber einnahm, einen wirklichen Kontrast dar. Frau R. war eine der ersten Baselbieter Leichtathletinnen. Sie ist zwischen zehn und 20 Jahren jünger als meine anderen Gesprächspartnerinnen. Auch sie turnte zuerst in einer Damenriege, in derjenigen von Liestal. Grundsätzlich sagte ihr dies zu, alles, was mit Bewegung zu tun hatte, habe ihr gefallen – ausser Reigen für Abendunterhaltungen einzustudieren, das habe sie nie gerne gemacht. Auf die Dauer befriedigte sie die Gewichtung des Programms jedoch nicht. Sie habe Sport machen wollen, ernsthaft Leichtathletik trainieren, und die sei in der Damenriege einfach zu kurz gekommen.[32]

Im SFTV habe man Wettkämpfe angeboten, sei aber nicht richtig glücklich gewesen dabei. «Man hat keine Ranglisten gemacht, weil man sagte, Ranglisten, das ist etwas Negatives, das stachelt den Ehrgeiz der Frauen an, das ist unweiblich...».[33] Frau R. passte dies nicht, deshalb trainierte sie, als sie beruflich in Bern weilte, im dortigen Leichtathletikclub und nicht in einer Damenriege. Auf diesen Erfahrungen aufbauend gründete sie dann die Frauenabteilung des SC Liestal, die erste ihrer Art im Kanton Baselland. Ihrer Meinung nach kam das Wettkampfverbot im SFTV von «oben», von der Verbandsleitung, die Turnerinnen hätten es nicht gewollt. Wenn dies so war, warum traten dann nicht mehr Frauen den bereits bestehenden Leichtathletikclubs bei oder setzten sich für die Schaffung von Frauenabteilungen ein? Frau R. bereitete es offenbar auch einige Mühe, die acht Frauen zusammenzutrommeln, die der Präsident des SC Liestal als Minimalzahl erachtete, um die Abteilung zu er-

---

31 Interview mit Frau B. vom 21. Okt. 1991.
32 Interview mit Frau R. (geb. 1933) vom 8. Dez. 1992. Um Spezialisierung, darum, eine Sportart zu betreiben, war es auch bei der Gründung des SC Liestal gegangen, der aus einer Abspaltung des TV Liestal entstanden war. Vgl. Kap. 2.6.
33 Interview mit Frau R. vom 8. Dez. 1992.

öffnen. Schliesslich gelang es ihr, neun Frauen zu finden, es waren Sportstudentinnen, ehemalige Schwimmkolleginnen, zwei Turnerinnen aus Riehen sowie zwei Hausangestellte des elterlichen Restaurants.[34]

Individuelle Bedürfnisse entwickeln sich nicht losgelöst von gesellschaftlichen Normen und Werten. «Es hiess» und «das gab es nicht», sind deshalb viel mehr als undifferenzierte Aussagen. Wettkampf war noch weitgehend verpönt und galt als ungesund und unweiblich – das sind gewichtige Argumente. Das lange Fortbestehen des Wettkampfverbotes – oder besser: der Verheimlichung der Siegerinnen – ist nur so erklärbar, dass die Mehrheit der Bevölkerung und auch der Turnerinnen diese Regelung für gut befand. Die Turnerinnen hätten das Verbot ja aufheben können, schliesslich hatten sie im SFTV im Gegensatz zum politischen Leben das Stimmrecht. Sie hätten die kantonalen Abgeordneten entsprechend anweisen oder eine Urabstimmung fordern können. Doch bis in die 60er Jahre geschah nichts dergleichen. Erst damals regte sich allenthalben Protest, in der Öffentlichkeit (Presse) und bei den Turnerinnen. Die gesellschaftliche Situation und das Selbstverständnis der Frauen hatten sich geändert und gaben den Ausschlag dafür, dass die Delegierten des SFTV 1966 für die Aufhebung des Verbotes stimmten. Zu diesen Veränderungen hatten Turnen und Sport ohne Zweifel ebenfalls ihren Teil beigetragen. Das Frauenturnen im SFTV darf aber nicht einfach daran gemessen werden, was in unseren Tagen als fortschrittlich oder konservativ gilt. Es dürfen nicht von der Gegenwart aus Ziele in die Bewegung hineinprojiziert werden, welche ihre Mitglieder nicht verfolgten. Wettkampf war meiner Ansicht nach für die Mehrheit der Turnerinnen lange kein vorrangiges Ziel, ebensowenig, sich aus der Bevormundung durch die Männer zu lösen, die das Frauenturnen über lange Jahre geleitet und gefördert hatten.

Dass es innerhalb des SFTV keine richtigen Wettkämpfe gab, muss zudem noch lange nicht heissen, die Turnerinnen seien überhaupt nicht auf ihre Kosten gekommen. Zuerst gilt es noch abzuklären, wie sie sich in den vorgegebenen Strukturen einrichteten. Einzelne Geschichten oder Bemerkungen in den Protokollen des FTV und den Interviews deuten darauf hin, dass – Ranglisten hin oder her – mit grossem Einsatz geturnt und vor allem gespielt wurde. So merkte beispielsweise Willi Hägler zum Spieltag von 1934 in Gelterkinden an: «Während die Sonne hoch am Himmel stand und neben dem Körper auch die Gemüter beim Spiel ordentlich erhitzte, so

---

34 Ebd.

dass fast gebremst werden musste…»[35] Tatsächlich gebremst werden musste dann offensichtlich beim Spieltag von 1936 auf der Farnsburg: «Es fallen noch einige Bemerkungen wegen Vorkommnissen am letzten Spieltag. Frl. Ammann erklärt, dass in Zukunft Spielerinnen, welche sich nicht dem Entscheid des Spielrichters fügen können, als Verlierer angenommen werden.»[36] Hier wurde ernsthaft um Sieg oder Niederlage gekämpft und nicht nur «aus lauter Freude» gespielt. Wild ging es offenbar in den 30er Jahren auch in den Turnstunden der Damenriege Sissach zu und her. Die Damenriege turnte noch in der alten Turnhalle – keiner richtigen Halle, eher einem grossen Stall oder einer Scheune ähnlich, wie Frau B. erzählte. Gewisse Turngeräte hätte es gehabt und einen Ofen, der mit Holz gefeuert wurde: «Und wenn wir manchmal Völkerball spielten und eine dann ‹dran› ging, ist die obere Hälfte des Ofens weggeflogen und brannte es lichterloh, aber sie [die Scheune, eh] fing nie Feuer.»[37]

Von Selbstbestimmung zeugt die Tatsache, dass es die Turnerinnen von Pratteln AS durchsetzten, das Schwergewicht ihres Programms auf die Spiele zu legen. Von 1926 an verzichtete die Riege darauf, das bisher übliche Schauturnen abzuhalten, das «in der Hauptsache aus in langen Übungsstunden vorbereiteten Übungen» bestand, sondern führte einen Spieltag durch. Der Leiter, Traugott Pfirter, erklärte diese Änderung in seinem Jahresbericht so, dass die Turnerinnen eben am liebsten spielen würden, deshalb habe man das Programm umgestellt.[38]

10.2 Sich Zeigen gehört dazu

Auch in der Frage des öffentlichen Auftretens musste sich Traugott Pfirter mit dem Willen seiner Turnerinnen abfinden. Die im Jahr 1920 gegründete Prattler Damenriege wartete nicht lange, bis sie ihr Können der Öffentlichkeit zeigte. Bereits 1921 bestritt sie fünf Anlässe: Im Frühling hielt sie ein Schauturnen ab, das als eigentliche Werbeveranstaltung gedacht war; am Kantonalen Gesangsfest, am ersten August und am Konzert des Turnvereins zeigten die Turnerinnen Freiübungen oder Reigen; ausserdem führten sie eine Turnfahrt auf die Farnsburg durch. Obwohl Leiter Pfirter den Vorführungen guten Erfolg attestierte, waren es seiner Ansicht nach zu viele im Verhältnis zum kurzen Bestehen der Riege.[39]

35 JB des FTV pro 1933–35.
36 DV, 10. Jan. 1937 (FTV-Protokolle).
37 Interview mit Frau B. vom 21. Okt. 1991.
38 JB der DR Pratteln AS pro 1926.
39 JB der DR Pratteln AS pro 1921.

Im darauffolgenden Vereinsjahr hatte Pfirter nur zwei Anlässe zu melden. Befriedigt stellte er fest, dass so auch gleichmässiger gearbeitet werden konnte und die Riege nicht gestört worden sei «durch die Hast monotoner Festarbeit». Offenbar dachten die Turnerinnen nicht genau gleich hierüber, denn er fügte an: «Ich will damit den guten Zweck der Feste und des öffentlichen Auftretens nicht verneinen, verlangt doch gerade die heutige Jugend, als Entgelt der Jahresarbeit und zum Ansporn für neue Tätigkeit, sich zeigen zu können.»[40] Pfirter machte an dieser Stelle keinen Unterschied zwischen den Geschlechtern, sondern zwischen den Generationen: Er sah sich als Vertreter der älteren Generation gegenüber einer jüngeren. Er zeigte Verständnis für die Bedürfnisse der Jungen, ohne ein moralisches Urteil darüber abzugeben. Er versuchte sie lediglich davon zu überzeugen, dass die ernsthafte, konstante turnerische Ausbildung unter zuviel Vorbereitung für Auftritte leiden könnte. Die beiden 1922 durchgeführten Anlässe waren eine Turnfahrt und der Besuch des Freundschaftsturnfestes in Mülhausen – ein Auftritt jenseits der Grenze, ebenfalls keine alltägliche Angelegenheit.[41]

Obwohl sich Pfirter in den folgenden Jahren stets darüber beklagte, dass nur ein Teil der Turnstunden in der Turnhalle stattfinden konnte, da diese dauernd überbelegt war, und dass deshalb oft auf die Säle des Hotels «Engel» oder des Restaurants «Ochsen» ausgewichen werden musste, fand eine Vielzahl von Anlässen statt, zwischen vier und sieben, was Pfirter 1925 zur Bemerkung veranlasste: «Es war ein Jahr, überreich an Anlässen und zufriedenstellend auch im Erfolg, und doch blicke ich nicht gerne zurück! Das Schuldbewusstsein drückt mich: Mehr für Feste und pompöses ‹zur Schau tragen› als für die eigentliche Körpererziehung getan zu haben.»[42] 1926 übernahm mit Emma Schneider die erste Frau das Präsidium der Riege, und ihre Berichte enthalten keine Klagen mehr über zu viele öffentliche Auftritte, obwohl sie an Zahl nicht abnahmen. Hingegen erwähnte sie jeweils das gesellige Beisammensein von Turnerinnen und Turnern nach den verschiedensten Anlässen, worüber Pfirter nie gesprochen hatte, obwohl es sie zweifellos schon zu seiner Zeit gab.[43]

Die Jahresberichte der Damenriege Pratteln AS legen nahe, dass es den Turnerinnen vor allem darum ging, ihr turnerisches Können zu zeigen. Abbildung 27 (das Bild stammt aus der Sammlung der

---

40   JB pro 1922.
41   Ebd.
42   JB pro 1923 bis 1925.
43   JB pro 1926 und folgende Jahre. Jährlich gab es zwischen zwei und sieben Anlässen.

Abb. 27
Bei einem Reigen sich zeigen... Die Damenriege Gelterkinden posiert anlässlich des Bezirksturnfests in Gelterkinden von 1941.
Photo DR Gelterkinden

Damenriege Gelterkinden) weist darauf hin, dass sich Turnerinnen vielleicht auch einfach gerne einmal in schönen Kleidern auf einer Bühne zeigten.

Das Bild mit diesen festlichen Kleidern stammt zwar aus dem Jahr 1941, um Ästhetik ging es jedoch auch bei den Aufführungen früherer Jahre. Nur um den optischen Eindruck ging es bei den sogenannten «plastischen Bildern». Dabei nahmen die Turnerinnen innerhalb einer eingeübten Choreografie eine bestimmte Haltung ein und verharrten darin. Oft ging es um die Darstellung abstrakter Begriffe wie «Trauer», «Freude», «Zorn», «Erwachen», «Träumerei» usw. Bei den Turnern gab es etwas Vergleichbares, sogenannte «Marmorgruppen», wobei Motive aus der Schweizergeschichte dargestellt wurden.[44] Der Rheinfelder Turnlehrer Alfred Böni[45] kritisierte die plastischen Bilder, wie er sie am Eidgenössischen Turnfest in Genf von 1925 gesehen hatte, mit scharfen Worten:

---

44 Othmar Hüssi, Winterthur, «Rhythmische und Ausdrucksgymnastik», FT, Nr. 7, 31. Aug. 1923. Nicht zu verwechseln mit den Pyramiden, die auch grosse körperliche Anforderungen stellten.

45 Zur Erinnerung: Böni wurde zusammen mit Eugen Matthias als geistiger Führer des schweizerischen Frauenturnens bezeichnet, vgl. Kap. 4.1.

Abb. 28
Die Turnerinnen stellen ein sogenanntes plastisches Bild dar. «Trauer» war angesagt. Photo FT 1923

«Der an ungezählten Bewegungsmöglichkeiten reiche Körper wird als Unterlage für kümmerliche Ausdrucksweise benützt und zu einer unwürdigen Stellung degradiert. Dass die Turnerin dabei mehr als Schauobjekt zur Geltung kommt [...], ist um so bedauerlicher, da sich die Turnerinnen, namentlich die jungen, die rasch sich begeistern, gerne in diesen applaudierten Stellungen gefallen. In diesen öffentlichen Schaustellungen, die wohl ergötzen, aber nicht überzeugen können, sehen wir nicht die zügige Werbearbeit für das Frauenturnen.»[46]

In einzelnen Nummern des «Frauen-Turnen» aus den 20er Jahren finden sich Abbildungen solcher Vorführungen, gerade auch der «Trauer», die Böni so sehr aufgestossen war, dass er nicht von «Schaunummern», sondern «Schauernummern» sprach (vgl. Abb. 28).[47]
Es gab auch plastische Bilder, die von Turnerinnen und Turnern gemeinsam ausgeführt wurden, so zum Beispiel «Die vier Jahreszeiten», vorgeführt 1925 vom Turnverein Altstetten am zürcherischen kantonalen Musikfest (vgl. Abb. 29).[48]
Die Turnerinnen, namentlich die jungen, gefielen sich in «applaudierten Stellungen» ohne jeden turnerischen Wert, rügte Böni. Die Klagen über das «Herumstehen und -gehen» oder sogar Tanzen im Turnkleid, auf die ich in Kapitel 9.3 hingewiesen habe, deuten ebenfalls darauf hin, dass sich die Turnerinnen nicht unbedingt ge-

---

46   Alfred Böni, «Bericht über die Vorführungen der Damenturnvereine anlässl. des Eidg. Turnfestes in Genf, Sonntag den 19. Juli 1925», FT, Nr. 9, 4. Sept. 1925.
47   Ebd.
48   Abgebildet in der STZ, Nr. 45, 6. Nov. 1925, zum Artikel: «Der Turner und plastische Kunst». Der Autor empfahl diese Art von Vorführungen wärmstens, das Publikum fände grossen Gefallen daran.

Abb. 29
Noch ein plastisches Bild. Diesmal mit dem Titel
«Der Sommer». Aufführung des Turnvereins Altstetten
am Kantonalen Musikfest in Zürich. Photo STZ 1925

nierten, sich am Rande eines Turnfestes oder nach einer Vorführung im knappen Turnkleid unter das Publikum zu mischen. Denn dazu konnte sie wahrlich niemand zwingen, dies war ihr freier – sich erst noch gegen die Riegen- oder Verbandsleitung richtender – Entscheid.
Das bisher Ausgeführte lässt die Turnerinnen nicht als gänzlich passive, den männlichen Blicken hilflos ausgelieferte Objekte erscheinen, als Wesen, welche die von den Männern gesetzten Rahmenbedingungen internalisiert haben und sich bedingungslos danach richten, wie es John Berger im eingangs wiedergegebenen Zitat formuliert hat:
Bergers These mag so weit richtig sein, als der männliche Blick (bis heute) massgeblichen Einfluss hat auf die Selbstwahrnehmung und Selbsteinschätzung von Frauen, gerade auch ohne dass sie sich dessen stets bewusst wären. Doch glaube ich, dass Frauen immer auch Mittel und Wege gefunden haben, mit dieser Situation umzugehen, dass sie diese auch für ihre Interessen zu nutzen wussten – ohne damit abstreiten zu wollen, dass ihre Bewegungsfreiheit dadurch in einem Mass eingeschränkt wurde und wird, wie dies umgekehrt für die Männer nie der Fall war. In diesem Sinn gebe ich auch Naomi Wolf recht, wenn sie behauptet, dass von Männern definierte Schönheitsideale nach wie vor als Waffen gegen eine zu weit gehen-

de Emanzipation der Frauen eingesetzt werden – und dies durchaus auch mit Erfolg.[49]

Während die Leitung des FTV andauernd vor zuviel «Festleben» warnte, scheint die Basis ein unverkrampfteres Verhältnis gegenüber Turnfesten gehabt zu haben. Dies gilt dann in weit stärkerem Mass für die 40er und 50er Jahre. Die Baselbieter Turnerinnen hatten im Jahr 1946 einen kantonalen Frauenturntag durchgeführt und 1947 auch am schweizerischen in Bern teilgenommen. An der Delegiertenversammlung des FTV Anfang 1948 appellierte der technische Leiter des Verbandes an die Sektionen, «sich nun nach zwei Festjahren dem innern Ausbau und der innern Festigung der Riegen zu widmen.»[50] Doch die Turnerinnen wollten offenbar nicht nur im stillen wirken, und ihre Delegierten entschieden sich schon im Herbst desselben Jahres mit 23 zu 2 Stimmen für eine Teilnahme in Lausanne im Jahr 1951.[51]

Im Herbst 1952 mussten sich die Baselbieter Riegen dazu äussern, ob sie ans Turnfest in Zürich gehen wollten. Von 60 Riegen sagten zwei Drittel ihre Teilnahme fest zu. Ein klares Votum, das den Vorstand nicht begeisterte. Seine Reaktion erweckt den Verdacht, als ob er nicht immer nach dem – ihm bekannten – Willen der Turnerinnen handeln würde. «Wollen wir unseren Turnerinnen Rechnung tragen, so sollte unser Präsident an der Konferenz [schweiz. Präsidentenkonferenz, eh] diese Meinung vertreten. Unser Vorstand ist im allgemeinen auch dafür, versteht aber auch die ablehnende Haltung unseres Präsidenten der T. K. Paul Gysin aus technisch, turnerischen Gründen.»[52] Die Turnerinnen setzten ihren Willen durch, 41 Sektionen zogen mit ihren Kolleginnen aus der ganzen Schweiz 1955 nach Zürich.[53]

Auch aus den Worten von Frau B. war die ehemalige technische Leiterin herauszuhören, als sie in unserem Gespräch sagte:

«… es ist eben eine Beanspruchung. Und dann, so ein ‹Eidgenössisches›, wenn das jetzt auch, sagen wir alle vier Jahre ist, läuft dann im Kanton eben auch noch alle vier Jahre ein kantonales. Und dann kommen zwischenhinein noch Regionalfeste und ‹Züg und Sache›. […] Und dann leiden auch die Turnstunden darunter, weil man dann fixiert ist auf etwas.

---

49 Dies ist die Grundthese ihres Buches, vgl. Wolf 1991.
50 DV, 25. Jan. 1948 (FTV-Protokolle).
51 VS, 29. Juni 1948, und VS, 21. Sept. 1948 (Ergebnis). Zu den Vorbereitungen für Lausanne vgl.: VS, 29. Aug. 1950; VS, 24. Okt. 1950; DV, 28. Jan. 1951; VS, 6. März 1951.
52 VS, 2. Sept. 1952.
53 DV, 23. Jan. 1955.

Man kann sie dann nicht mehr so vielgestaltig machen, nicht wahr. Oder es profitiert nur ein Teil, und die andern sind am Rand. [...] Wissen Sie, im Grunde genommen waren diese vier Jahre jeweils so schnell vorbei ...»[54]

Aber gerade Frau B. hatte auch Verständnis dafür, dass die Turnerinnen eben auch an die eidgenössischen Feste gehen wollten; denn dort turnten zum Schluss alle zusammen, zu Tausenden, die Allgemeinen Übungen. Dafür sei man weit gegangen, sagte sie, die «Allgemeinen», das sei der Höhepunkt gewesen.[55]

10.3 Der Geselligkeit, nicht der Gesundheit wegen

Vielen Frauen, die heute Sport treiben, und wohl der Mehrheit derjenigen, die in irgendeiner Form etwas für ihre «Fitness» tun, geht es dabei um ihre körperliche Schönheit. Sie wollen schlank bleiben oder hoffen es zu werden, sie wollen jung und dynamisch aussehen, wie es dem gegenwärtigen körperlichen Idealbild entspricht. Inwieweit solche Gründe Frauen auch in den 20er und 30er Jahren dazu bewegten, einer Damenriege beizutreten, kann ich aufgrund meiner Quellen nicht beantworten. Keine der Frauen, mit denen ich Interviews geführt habe, kam in irgendeiner Weise darauf zu sprechen. Frau S. thematisierte lediglich das Älter- und eben nicht Schönerwerden. Öffentliche Auftritte seien – wenn schon – etwas für die jungen Frauen, die «durften sich auch noch zeigen, weil sie nicht so plumpe Figuren hatten wie wir, nicht wahr, oder nicht so dicke Beine; aber das kommt in Gottes Namen. Obschon man sich dagegen wehrt ...»[56] Ausserdem erwähnte sie, man habe die Frauenriegen auch «Krampfadernriegen» genannt. Damit sprach sie Probleme an, die sie als ältere Frau beschäftigten und die nicht auf ihre Zeit als junge Turnerin einer Damenriege bezogen werden können. Ihre Aussage könnte ausserdem auch so interpretiert werden, dass die Schönheit der Frauen wohl taxiert wurde, als befriedigend oder unbefriedigend befunden wurde, jedoch ohne dass unbedingt ein Druck entstand, frau müsse an ihrem Äusseren etwas verändern. Auch im «Frauen-Turnen» der 20er Jahre war «Schönheit» ein nur selten behandeltes Thema.[57] Die Idee, dass mann – oder eben frau –

---

54   Interview mit Frau B. vom 21. Okt. 1991.
55   Ebd.
56   Interview mit Frau S. vom 13. Feb. 1992.
57   Z. B.: Pius Jeker, «Ziele der Frauen-Leibesübungen», Propagandanummer des FT, 24. April 1925; Alfred Böni, «Bericht über die Vorführungen der Damenturnvereine anläss. des Eidg. Turnfestes in Genf, Sonntag den 19. Juli 1925», FT, Nr. 9, 4. Sept. 1925; Pius Jeker, «Die Bedeutung der körperlichen Ertüchtigung des Frauengeschlechtes», FT, Nr. 4, 2. April 1926.

den Körper selber verändern könnte, um einem bestimmten Schönheitsideal zu entsprechen, statt dies wie bis anhin durch geeignete Kleidung (zum Beispiel das Korsett) zu tun, war noch nicht alt, sie fällt gerade in die ersten Jahrzehnte des 20. Jahrhunderts. Eine erste Schlankheitswelle trieb schon in den 20er Jahren ihr Unwesen. Dazu gehörte ein zumindest in den Städten verbreitetes Schönheitsideal: die «garçonne», eine Frau von knabenhafter Figur, die gerade, nicht taillierte Hemdblusen, Bubikopf und Topfhut trug.[58] Auch für Pius Jeker war die «moderne Linie» der 20er Jahre offenbar eine schlanke Linie, wie er in einem der wenigen Artikel, die im «Frauen-Turnen» zu diesem Thema erschienen, deutlich machte:

«Gibt es wohl etwas Schöneres als einen wohlgebauten Körper, der gesund und von einem starken Willen beseelt ist? Wir sind uns verpflichtet, unsern Körper möglichst lange so zu erhalten, ihn, wenn er schon durch Unwissenheit, Bequemlichkeit, überhaupt durch falsche Lebensweise verbildet ist, möglichst wieder in das harmonische Gleichmass zu bringen. [...] Leibesübungen bringen ebenfalls Stählung und Abhärtung des Körpers. Während die wohlgebauten Frauen rasch sich zum Beitritt in eine Frauenabteilung entschliessen können, so halten die beleibtern gerne zurück. Eine sicherlich falsche Scham hält sie davor ab. Und gerade sie haben das Turnen besonders nötig. Hier heisst es mit voller Energie der lieben Bequemlichkeit entgegentreten. Aber einmal begonnen, werden gerade diese Frauen den wohltätigen Einfluss besonders angenehm verspüren. [...] Das bestimmte Wollen zeitigt hier Wunder, ist besser als alle Kuren und Medikamente, die nur vorübergehenden Erfolg bringen können, zudem teures Geld kosten. [...] Wenn die Turnende auch nicht innert kurzer Zeit schlank geworden und zur modernen Linie gekommen ist, so hat sie doch ihren Körper wieder beweglich und geschmeidig gemacht, sie weiss die Kräfte wieder auszunutzen. Dagegen brauchen die schlanken Turnerinnen nicht Gefahr zu laufen, dass sie durch unser Turnen noch an Körpergewicht verlieren. Wenn nicht direkt Raubbau betrieben wird, so wird gesundes Turnen eben dem Körper die schöne Form erhalten und fördern, ihm aber die Geschmeidigkeit erhöhen.»[59]

Im allgemeinen fühlte sich der SFTV höheren Idealen verpflichtet als blosser körperlicher Schönheit: «Die Körperbildung schliesst somit die Schönheitsbildung in sich. Äussere Schönheit allein wirkt nicht tief. Sie muss durchdrungen sein von der Wahrheit, d. h. vom

---

58   Beschrieben z. B. in: Frauenalltag und Frauenbewegung 1981, S. 57, mehr zu den Schönheitsidealen der 20er Jahre auf den folgenden Seiten. Vgl. auch diverse Aufsätze in: Hart und Zart 1990.
59   Pius Jeker, «Die Bedeutung des Turnens in unsern Frauenabteilungen», FT, Nr. 4, 1. April 1927.

innern Erleben. Das Schöne muss aus dem Gemüt, der Seele fliessen; es muss dem Körper die notwendigen Lebenselemente gewinnen lassen, die er zu seiner Erhaltung und Festigung benötigt.»[60]
Die Wirkung solch poetischer Worte auf Denken und Handeln der Turnerinnen möchte ich bezweifeln, einen Körperkult wie in unseren Tagen gab es damals aus anderen Gründen nicht, die gesellschaftlichen Voraussetzungen dafür fehlten. Ich glaube aber ebensowenig, dass die Frauen hauptsächlich ihrer Gesundheit zuliebe turnten, wie die Förderer des Frauenturnens es sich vorstellten. In den Interviews fragte ich die Frauen auch direkt danach, weshalb sie turnen gegangen seien und was ihnen daran gefallen habe. Ihre Antworten, ergänzt durch indirekte Hinweise aus dem weiteren Verlauf der Gespräche, ergaben ein recht farbiges Bild, in dem sich aber auch gewisse Konturen abzeichnen.
Frau B. beschrieb mir in unserem Gespräch ihre Freude, ja Begeisterung für das Turnen, die sie schon in jungen Jahren verspürt habe. Sie ging einige Jahre in Basel zur Schule und genoss dort guten Turnunterricht; deshalb habe sie dann schon bald die Leitung der Damenriege Sissach übernehmen können. Es sei ihr «ein inneres Bedürfnis gewesen», turnen zu gehen. Bei anderen Frauen hingegen tippte sie eher auf die Geselligkeit: «Die meisten gehen wahrscheinlich schon wegen der Geselligkeit, dass sie das Gefühl haben, sie seien irgendwo dabei, wo manchmal etwas los ist. Aber es gibt auch solche, die sicher am Turnen eine Freude haben... […] Aber ich glaube, es ist schon das gesellige Leben, das die meisten dazu bringt.»[61] Heute wisse jede Frau, dass es ihr gut tue, einmal in der Woche turnen zu gehen. Auf meine daran anschliessende Frage, ob «Gesundheit» denn früher kein Argument für das Turnen gewesen sei, meinte sie: «Ich glaube weniger. Heute schon eher.»[62]
Frau D. bestätigte diese Ansicht. Sie stammt aus einer Prattler Turnerfamilie, ihr Vater und ihre Brüder turnten, so war es selbstverständlich, dass auch sie turnen ging, obwohl ihre Mutter von der Idee nicht sonderlich begeistert war.[63] Zu ihrer Zeit gab es in Pratteln auch schon eine Jugendriege, in der sie mitturnte. Der Schritt in die Damenriege war dann kein so grosser; aber alleine machte sie ihn nicht: «Bis Ende Schuljahr habe ich dann in der Jugendriege geturnt, mit Freude geturnt […], ich war beweglich und habe gerne so etwas gemacht. […] Dann wurde ich konfirmiert und kam in die Lehre, ich habe Damenschneiderin gelernt. Und dann im zweiten

---

60   Pius Jeker, «Das Schöne im Frauenturnen», FT, Nr. 8, 23. Mai 1930.
61   Interview mit Frau B. vom 21. Okt. 1991.
62   Ebd.
63   Interview mit Frau D. vom 12. Nov. 1991, vgl. auch Kap. 8.3.

Jahr der Lehre, da kam meine Freundin aus dem Welschland nach Hause, und dann gingen wir zusammen in die Damenriege.»[64] Sie sei immer gerne «ein bisschen unterwegs» gewesen, war gerne mit Gleichaltrigen zusammen, dies nannte sie als weitere Gründe, warum sie turnen ging. Nein, von ihrer ehemaligen Klasse seien es nicht viele gewesen. Warum? Sie wisse es nicht, die habe es wohl nicht gereizt. Sie sei schon turnbegeistert gewesen.[65] Wir sprachen dann später noch einmal darüber, was so generell die Motivation sein könnte, um turnen zu gehen:
«E. H.: Vorher haben Sie gesagt, die Bauersfrauen gingen eher in die Trachtengruppe oder so. Also dann gehen sicher viele Leute, Frauen oder Männer, einerseits schon wegen des Turnens und andererseits auch wegen der Geselligkeit?
Frau D.: Das auch noch; aber ein grosser Teil geht wirklich wegen des Turnens, ja, weil wir einfach das Gefühl haben, es tut uns gut.
E. H.: Auch früher schon, als Sie noch jung waren?
Frau D.: Ja, damals hatten wir das Gefühl ja noch nicht; aber man ist turnen gegangen, weil es einem einfach Freude machte. Ich meine, schon die Bewegung, wenn man den ganzen Tag sitzen musste, machte man gerne noch etwas anderes.»[66]
Bei Frau M. aus Pratteln war es keine Freundin, die sie zum Beitritt animierte. Ihr Cousin leitete die Damenriege, und so war es offenbar naheliegend, dass sie mitmachte. Auf die Frage, ob sie alleine hingegangen sei oder mit einer Freundin zusammen, meinte sie: «Ja, eben mit dem Pfirter Traugi, der es leitete, das war ein Cousin von mir. Die wohnten in Neu-Pratteln, dann kam er immer hier vorbei, um mich abzuholen, «für in d'Turnhalle füre, nid».[67]
Auf dieselbe Frage antwortete Frau S., die damals in Gelterkinden wohnte: «Weil mich irgendeine Freundin dazu animiert hat – ‹komm doch mal schauen› –, dann bin ich eben schauen gegangen und fand, es sei noch lustig. [...] Und dann war ich gleich dabei.[68] Ausserdem nannte sie Kameradschaft und Gemeinschaft als wichtige Werte neben den turnerischen Leistungen – bei ihr klingt es wieder wie ein Werbespot des SFTV.[69]
Warum gingen die Frauen turnen? Jedenfalls nicht aus gesundheitlichen Gründen, sondern eher weil es Spass machte, weil eine Freundin auch ging oder die Brüder, weil ein Cousin leitete oder einfach, weil sie sich gerne bewegten. Direkt danach gefragt, brach-

---

64 Interview mit Frau D. vom 12. Nov. 1991.
65 Ebd.
66 Ebd.
67 Interview mit Frau M. vom 3. Dez. 1991.
68 Interview mit Frau S. vom 13. Feb. 1992.
69 Ebd.

ten meine Gesprächspartnerinnen das Gesundheitsargument manchmal mit ein, beim Nachhaken, ob sie wirklich von ihrer Zeit in der Damenriege sprächen, nahmen sie es wieder zurück.
Die Geselligkeit wurde immer wieder als Grund genannt, einem Verein beizutreten. Natürlich sagte keine Frau von sich selber, sie sei auch deshalb gegangen, weil frau durch den Kontakt mit dem Turnverein Männer kennenlernen konnte. Nur Frau D. sprach dies direkt an, am Beispiel der gemischten Reigen, weil sie damit den Frauen der Damenriege, die sie nicht mochte, eins auswischen konnte: «Die älteren wollten doch mit den Männern am Arm... [...] Hatten doch noch keine Männer.»[70] Ich denke, dass Geselligkeit, sowohl das Zusammensein mit anderen jungen Frauen innerhalb der Riege, wie auch die Unternehmungen, die zusammen mit den Aktiven des Turnvereins durchgeführt wurden, eine Hauptmotivation darstellte, sich der Turnbewegung anzuschliessen. In den Anfängen, als die leistungsmässigen Anforderungen und Möglichkeiten noch geringer waren, war dieser Aspekt wohl noch wichtiger als später, als mit der zunehmenden Versportlichung auch des Frauenturnens die turnerisch-sportlichen Elemente an Gewicht gewannen und die Akzeptanz Sport treibender Frauen im allgemeinen zugenommen hatte.
Damenriegen und -turnvereine brachten Frauen mit zum Teil unterschiedlichen, ja widersprüchlichen Interessen zusammen, die zudem nicht mit denjenigen der Verbandsleitungen – die noch lange Jahre von Männern dominiert wurden – übereinstimmen mussten. Während erstaunlich langer Zeit führte dies zu keinen grösseren Konflikten. Erst mit dem erstarkenden Selbstbewusstsein der Frauen seit den 60er und 70er Jahren musste die Leitung des SFTV in wichtigen Fragen wie dem Wettkampf dem Wunsch der Turnerinnen nachgeben oder, anders gesagt: die Frauen nützten die demokratische Organisation ihrer Bewegung, um die Weichen umzustellen.
Gerade das Thema Wettkampf ist aber ein gutes Beispiel dafür, dass mit der Feststellung, innerhalb des SFTV habe es bis 1966 ein Wettkampfverbot oder zumindest einen Verzicht auf die Veröffentlichung von Ranglisten gegeben, erst ein kleiner Teil der Realität des Frauenturnens erfasst wird. Erstens heisst dies noch nicht zwingend, dass alle Turnerinnen darunter litten, zweitens bedeutete es noch lange keinen tatsächlichen Verzicht auf Wettkampf. Meine Analyse sollte gezeigt haben, dass je nach Quellengattung, die für die Untersuchung einer Frage verwendet wird, sehr unterschiedliche

---

70   Interview mit Frau D. vom 12. Nov. 1991.

Der Geselligkeit, nicht der Gesundheit wegen

Abb. 30
Mitglieder der Damenriege Gelterkinden feiern den
Ostermontag des Jahres 1933 auf der Farnsburg.
In der Mitte unten der Leiter... Photo DR Gelterkinden

Resultate herauskommen können, die nur alle zusammengenommen eine vorsichtige Annäherung an die Realität der damaligen Zeit erlauben. Am Beispiel des Wettkampfs möchte ich dies nochmals kurz aufzeigen. Nach offizieller Verbandsdoktrin gab es also keine Wettkämpfe im schweizerischen Frauenturnen. In den Turnschriften hiess es, dass der Wettkampf dem Wesen der Frau widerspreche. Protokolle und Jahresberichte von Damenriegen oder Zeitungsartikel über Spieltage belegen, dass Wettkämpfe stattfanden. Die Interviews vermitteln den Eindruck, dass es den Frauen gleichgültig war, wenn ihr Name nach einem Turntag nicht in der Zeitung erschien. Die Photos von turnerischen Aufführungen oder Spieltagen vermitteln nicht den Eindruck unterdrückter, bevormundeter Wesen, sondern eher einer übermütigen Schar lebenslustiger Frauen, die sich glänzend amüsieren oder mit vollem Einsatz um Sieg oder Niederlage kämpfen. So vielfältig wie die Informationen, welche die verschiedenen Quellen über das Frauenturnen vermitteln, so unterschiedlich waren auch die Bedürfnisse der Turnerinnen und der Nutzen, den sie aus ihrer Mitgliedschaft zogen.

Kapitel 11
Schlussbetrachtung

«Frisch, frank, fröhlich, frau» – steht als Motto über meiner Arbeit zum Frauenturnen im Kanton Baselland. Dies klingt dynamisch und selbstbewusst – kann die Frauenturnbewegung diesen Anspruch einlösen? Bis in unsere Tage haftet dem Turnen von Frauen und Männern der Ruf einer eher konservativen Bewegung an, bezogen auf die sportlichen Inhalte oder auf die politische Ausrichtung. Macht man Wettkampf und Spitzensport zum Mass aller Dinge, dann scheint sich das Vorurteil im Fall der Frauen mehr als zu bestätigen: Bis 1966 gab es im schweizerischen Frauenturnen keine Wettkämpfe mit offizieller Rangierung. Erfährt man ausserdem, wie lange Männer die Geschicke des Frauenturnens lenkten und liest vielleicht noch ein paar von Männern verfasste theoretische Schriften über Sinn und Zweck des Frauenturnens, so kommt – zumindest frau – nicht umhin, in der Geschichte des Frauenturnens eine weitere Geschichte der Diskriminierung von Frauen zu orten. Begnügt man sich nicht mit diesen Informationen und dringt tiefer vor, sieht die Sache schon etwas anders aus. Aufgrund meiner Nachforschungen bin ich zum Schluss gekommen, dass der abgewandelte Turnerwahlspruch das Turnen der Frauen in der ersten Hälfte des 20. Jahrhunderts besser beschreibt als das Bild der unterdrückten und bevormundeten Frauen. Ich bin zur Überzeugung gekommen, dass es zum einen eine Frage der Quellen ist, was für ein Bild des Frauenturnens sich zeichnen lässt, zum anderen hängt es von der Fragestellung ab, in dem Sinn, dass heutige Definitionen und Wertvorstellungen nicht einfach auf frühere Zeiten übertragen werden dürfen.
Begonnen habe ich meine Ausführungen über das Turnen der Frauen mit dem Turnen ihrer männlichen Kollegen im 19. Jahrhundert. Dies war notwendig, um den Rahmen abzustecken, innerhalb dessen sich das Frauenturnen, ich meine damit das «bürgerliche» Frauenturnen, entwickelte. Leider musste ich aus zeitlichen Gründen auf einen Vergleich mit dem Turnen in Arbeiter- und katholischen Turnvereinen verzichten. Zahlenmässig spielten diese Vereine in Baselland jedoch nie eine grosse Rolle.
In den Anfängen des Frauenturnens traten Funktionäre und aktive Turner des Eidgenössischen Turnvereins und des Kantonalturnver-

eins Baselland als Förderer des Frauenturnens in Erscheinung. Sie waren massgeblich an seiner Entstehung beteiligt und hatten während vieler Jahre die Leitung inne, bis genügend Frauen über eine ausreichende turnerische Ausbildung verfügten. Die administrativen und teilweise auch repräsentativen Aufgaben wurden von Anfang an grösstenteils von Frauen ausgeübt: Hier dürften die Erfahrungen, welche die jungen Frauen zunehmend in ausserhäuslicher Erwerbsarbeit sammelten, förderlich gewesen sein. Die Mehrheit der Turnerinnen der 20er und 30er Jahre war nämlich berufstätig.

Die enge Verbindung mit den Turnern blieb aber auch in den folgenden Jahren erhalten, obwohl immer mehr Frauen Vereinsfunktionen übernahmen. Nur die wenigsten Vereine, in denen Frauen turnten, waren selbständige Damenturnvereine. Die meisten bildeten als Damenriege eine Untersektion eines Turnvereins. Auch mit den Jahren, als die Selbständigkeit aller Untersektionen grösser wurde, brach die Verbindung nicht ab, der Kontakt innerhalb der «Turnfamilie» – mit von Verein zu Verein unterschiedlicher Intensität – blieb bestehen. Die Damenriegen gehörten dem Turnverein ihrer Gemeinde an und gleichzeitig auch der kantonalen und schweizerischen Frauenturnbewegung, eine Situation, die den lokalen Vereinen offenbar kaum Probleme bereitete. Konfliktreicher ging es zwischen Turnerinnen und Turnern auf schweizerischer Ebene zu. Seit 1925 war der Schweizerische Frauenturnverband ein «selbständiger Unterverband» des Eidgenössischen Turnvereins. Die Frage, welche Rechte und Pflichten mit dieser Position verbunden waren, gab immer wieder zu Diskussionen Anlass. Die Tatsache, dass die beiden Verbände personell eng miteinander verflochten waren, indem über lange Jahre Turner des ETV in leitenden Positionen des SFTV sassen, trug auch nicht nur zur Vereinfachung der Situation bei. Erst mit der Fusion zum Schweizerischen Turnverband im Jahr 1985 erfolgte die völlige Gleichstellung der beiden Verbände. Auf lokaler Ebene sah die Sache anders aus. Hier kittete ein Element ganz anderer Art, das sich für das Turnen insgesamt als zentral herausgestellt hat: die Geselligkeit.

Den Turnverbänden der Männer ist von Anfang an die Verknüpfung ihres Turnens mit nationalistischen und militärischen Zielen zugute gekommen. Auf diese Weise gelang es den Turnvereinen schon im 19. Jahrhundert, vom Bund gesetzliche Vorschriften und Subventionen für das Turnen der Knaben zu erhalten, indem sie ihre Tätigkeit als Beitrag an die Landesverteidigung darstellten. Eine Verknüpfung, die sich bei den Frauen beziehungsweise Mädchen nicht ohne weiteres herstellen liess. Die Verbindung von

Turnen und Landesverteidigung prägte die Haltung des Bundes bis in die jüngste Vergangenheit, eine völlige Gleichstellung der Geschlechter erfolgte erst Anfang der 70er Jahre. Der Kanton Baselland erwies sich demgegenüber schon im 19. Jahrhundert als fortschrittlich eingestellter Kanton, der sich für die Einführung des Mädchenturnens stark machte. Ein bereits Ende des 19. Jahrhunderts ausgeprochenes Obligatorium scheiterte allerdings noch an den realen Möglichkeiten. Baselland gehörte aber zu den ersten Kantonen, die das Schulturnen für Mädchen 1946 obligatorisch erklärten.

Wie wurde denn nun begründet, dass Frauen turnen sollten – wenn es nicht darum gehen konnte, sie zu tüchtigen Soldatinnen auszubilden? Es stellte sich heraus, dass es indirekt eben doch darum ging: Nach dem Motto «gesunde Mütter, gesunde Kinder, gesundes Volk» diente die körperliche Ertüchtigung der Frauen genauso dem Vaterland wie diejenige der Männer. Kräftige Kinder, vor allem Söhne, sollten sie gebären, um Gesundheit und Stärke der Nation zu garantieren.

Ein einzelner Mann, der Biologe und Anthropologe Dr. Eugen Matthias, sorgte fast im Alleingang für den ideologischen Überbau des schweizerischen Frauenturnens. Matthias, Schüler des Anthropologen Otto Schlaginhaufen, erwies sich als Anhänger sozialdarwinistischer und eugenischer Ideen, wie sie seit dem ausgehenden 19. Jahrhundert in Europa und in den USA weit verbreitet waren. Es war aufschlussreich festzustellen, dass seine Auffassungen teilweise der Mehrheit der Forschergemeinde seiner Zeit hinterherhinkten, und zwar gerade in solchen Punkten, mit denen sich die Notwendigkeit des Turnens beider Geschlechter besonders gut begründen liess (erworbene Körperstärke ist vererbbar) – man könnte ihm unterstellen, er habe seine wissenschaftlichen Überzeugungen auch von seinen Wünschen – der Propagierung des Turnens – leiten lassen. Die Analyse seines Denkens und dessen Einbettung in die wissenschaftlichen Strömungen seiner Zeit lassen Matthias' Begründungen für das Frauenturnen nicht als objektive, wissenschaftlich bewiesene Tatsachen erscheinen, die sich aus den biologischen Unterschieden zwischen den Geschlechtern zwingend ableiten (biologischer Determinismus), wie er behauptete, sondern als subjektiv geprägte Lehre, abhängig von Zeit und Ort, vom aktuellen Wissensstand und den gerade herrschenden Geistesauffassungen.

Wie andere Schriften über das Turnen der Frauen oder über die Frauen an sich, wie sie seit dem 19. Jahrhundert in grosser Zahl vor allem von Medizinern verfasst wurden, sagen auch die Schriften von Eugen Matthias mehr über den Verfasser aus als über das Objekt seiner Betrachtung. Schon in den 20er Jahren sahen einzelne Frauen und Männer diese Zusammenhänge und wehrten sich gegen die in solchen Schriften propagierten Frauenbilder und das daraus abgeleitete Turnen, das nicht auf Leistung ausgerichtet war, sondern auf Gesundheit, und dies alles im Dienste der Fortpflanzung. Die kritischen Stimmen blieben jedoch in der Minderheit, so dass die Lehren eines Eugen Matthias oder des Gynäkologen Hugo Sellheim lange Zeit grosse Wirkung ausüben konnten und die Entwicklung des Frauenturnens in der Schweiz entscheidend formten. Die nachhaltigsten Auswirkungen hatte dies für den Bereich des Wettkampfs. Bis 1966 gab es im SFTV keine Wettkämpfe mit offizieller Rangierung. An Frauenturntagen fanden zwar Wettkämpfe statt, die Namen der Siegerinnen wurden jedoch nicht bekanntgegeben. Mit dem Argument «Wettkampf ist unweiblich» suchte man die Frauen – mit Erfolg – von der Richtigkeit dieser Weisungen zu überzeugen. Erst als sich der SFTV im gesellschaftlichen und sportlichen Umfeld mit seiner Haltung immer stärker isolierte und sich auch die Einstellung der Turnerinnen geändert hatte, ist das Verbot schliesslich gefallen.

Die offizielle Verbandsdoktrin ist das eine, das Turnen in den Verbänden und Vereinen, in diesem Fall denjenigen des Kantons Baselland, das andere. Um dieser Ebene näherzukommen, stellte ich zuerst dar, wie es zu den ersten Gründungen von Damenriegen und -turnvereinen kam, wer die Initiative ergriff, wie die Gründung abgewickelt wurde und welche Organisationsformen sich die ersten Turnerinnen gaben. Je nach Quellenlage, die sehr unterschiedlich ergiebig war, liessen sich die jeweiligen Besonderheiten der einzelnen Riegen stärker hervorheben.

Eine weitere Annäherung an die Pionier-Vereine brachte die Analyse ihrer sozialen Zusammensetzung, soweit dies die Quellenlage überhaupt zuliess. Wenn beispielsweise aufgrund der Akten über die Gründung und die ersten Jahre der Damenriege Liestal der Verdacht aufgekommen war, dass sich die Riege zierte, mit den anderen Baselbieter Damenriegen Umgang zu pflegen und sich offenbar für etwas Besseres hielt, so fand diese Vermutung Bestätigung darin, dass die Liestalerinnen im Durchschnitt höheren sozialen Schichten entstammten als die Mitglieder der anderen Baselbieter Riegen der 20er und 30er Jahre. Als wichtigste Resultate der Sozialstrukturanalyse stellten sich heraus: Die typische Turnerin der 20er und 30er Jahre war erstens ledig, berufstätig und stammte aus dem Mittelstand. Zweitens war die für das Baselbiet des 18. und 19. Jahrhunderts häufige Verbindung von Landwirtschaft und Gewerbe auch im 20. Jahrhundert vielerorts noch verbreitet und hatte auch Auswirkungen auf die soziale Zusammensetzung von Damenriegen und -turnvereinen. Das Zusammenspiel der schweizerischen Kleinräumigkeit, besonders in ländlichen Verhältnissen, mit der beschriebenen Wirtschaftsform scheint dazu geführt zu haben, dass sich Angehörige unterschiedlicher sozialer Herkunft in den untersuchten Baselbieter Vereinen stärker durchmischten, als dies in städtischen und vor allem grosstädtischen Verhältnissen der Fall war.

Wenn in einer Gemeinde genügend Interessierte für zwei Vereine lebten, kam es manchmal zur Gründung eines zweiten Vereins. Doch selbst wenn politisch unterschiedliche Ansichten für eine Abspaltung verantwortlich waren, musste dies nicht unbedingt zur Gründung eines Arbeiterturnvereins führen. Dies bestätigt die in der Literatur verbreitete Ansicht, nach der die Baselbieter für die Arbeiterbewegung nicht leicht zu mobilisieren waren.

Auf die Vorstellung einer Reihe von Baselbieter Damenriegen und -turnvereinen wie auch des Frauenturnverbandes Baselland folgte die Frage, wie die Vereine und Verbände mit den in der ersten Hälfte des 20. Jahrhunderts brennenden Themen Wettkampf und öffentliches Auftreten umgingen, mit anderen Worten, wie sie die offizielle Verbandsdoktrin in die Praxis umsetzten. Für den FTV liess sich feststellen, dass er sich an die Weisungen des schweizerischen Dachverbandes hielt, zu dessen Entlastung und Unterstützung – und nicht etwa aus eigener Initiative – er schliesslich gegründet worden war. Zumindest tat er das in Worten. An Turn- und Spieltagen wurden jedoch nicht nur langweilige Übungen und Reigen vorgeführt, sondern mindestens seit den 30er Jahren in erster Linie Spielwettkämpfe ausgetragen und mit den Jahren auch leichtathletische Disziplinen angeboten. Es wurde aber strengstens darauf geachtet, dies nicht allzu publik werden zu lassen, aus der Presse waren dann auch keine Resultate zu erfahren. Die Lokalzeitungen berichteten schon etwas offenherziger, es entstand der Eindruck, als ob sich von der schweizerischen bis hinunter zur lokalen Ebene ein Schleier nach dem anderen lüftete und darunter ein fast «normaler» Sportbetrieb zum Vorschein kam.

Die Diskussionen um Frauenwettkämpfe, noch mehr aber die Auseinandersetzungen um das Auftreten von Frauen in der Öffentlichkeit, angefangen beim «Familienabend» des Turnvereins bis zu den Schweizerischen Frauenturntagen, rückten ein Thema immer wieder in den Vordergrund, ohne es als solches zu benennen: den Körper der Turnerin und die Turnerin als Frau. Gegenstand eines

Kapitels war deshalb die Wahrnehmung dieser Frauenkörper durch männliche Betrachter, und zwar die Wahrnehmung der Körper von Individuen – nicht von auf ihre Gebärfunktion reduzierten Wesen. Von Frauen also, die als solche interessierten, die erotische Signale aussandten oder als Projektionsfläche für sexuelle Wünsche dienten. Die Turnerinnen konnten sich den geltenden gesellschaftlichen Rollenvorstellungen nicht einfach entziehen. Gesellschaftliche Normen und Werte beeinflussten die Entwicklung des Frauenturnens stark und schränkten die Möglichkeiten der Entfaltung auf eine Weise ein, wie dies bei den Männern nie der Fall war. Der öffentliche Raum war den Männern vorbehalten; es sollte einige Jahrzehnte dauern, bis rennende und springende Frauen in Turnhallen, auf Turnplätzen, an Abendunterhaltungen und auf Turnfesten als normal empfunden wurden.

Mehr als die männlichen Blicke auf die Körper der Frauen, sei es auf das Körperinnere oder auf ihre äussere Erscheinung, interessierte mich aber das Körpererleben der Frauen selbst, ich wollte wissen, was Frauen in früheren Zeiten dazu brachte, einer Damenriege beizutreten, was ihnen an der Sache gefiel und was nicht.

Das auffälligste Resultat: Die Frauen, die vor dem Zweiten Weltkrieg in einer Damenriege oder einem -turnverein des SFTV turnten, akzeptierten, was ihnen geboten wurde. Sie lehnten sich nicht gegen den Verzicht auf Wettkämpfe auf und zogen sich offenbar einfach aus der Öffentlichkeit zurück, wenn ihr Auftreten kritisiert wurde. Zum Thema Wettkampf meinten Zeitzeuginnen lakonisch: «Das gab es nicht», «es hiess...», es sei nicht gesund und ähnliches. Dies sind keine vordergründigen Entschuldigungen. Die Mehrheit der Bevölkerung und mit ihnen die Turnerinnen empfanden es offenbar als «normal», dass Frauen im Gegensatz zu den Männern eben keine Wettkämpfe durchführten. Die wenigen Frauen, die dies dennoch taten, betrachteten mann und frau als Ausnahmeerscheinungen – besonders in ländlichen Verhältnissen. Meiner Ansicht nach ist dies die Erklärung dafür, dass sich das Wettkampfverbot im bürgerlichen Frauenturnen so lange halten konnte; denn die Turnerinnen hätten die Möglichkeit gehabt, es aufzuheben, schliesslich konnten sie über ihre kantonalen Delegierten in schweizerischen Gremien mitentscheiden, und durch eine Urabstimmung hätten sie ihr Votum auch direkt abgeben können. Von solchen Möglichkeiten machten sie aber erst Gebrauch, als sich die gesellschaftlichen Verhältnisse, von denen auch ihr Denken und Handeln durchdrungen war, so weit verändert hatten, dass das Turnen im Rahmen des SFTV in zu starken Widerspruch mit der übrigen Gesellschaft geraten war. Die Verbandsleitung – sie erscheint durchwegs etwas konservativer als die Basis – musste sich darein fügen, da sie fürchten musste, ihre Mitglieder würden ihr sonst davonlaufen.

Auch wenn das Wettkampfverbot aus heutiger Sicht wichtig erscheinen mag, weil es eine so krasse Ungleichbehandlung der Geschlechter mit so fadenscheinigen Begründungen darstellt: Wettkämpfe – mit oder ohne Ranglisten – waren nicht das, was die Frauen, die sich in den 20er und 30er Jahren der Turnbewegung anschlossen, hauptsächlich interessierte. Den einen mag es tatsächlich vor allem ums Turnen, um Freude an Bewegung gegangen sein, andere hätten sich ebensogut einem Gesangsverein anschliessen können, da sie vor allem unter die Leute kommen wollten. Geselligkeit war für viele die entscheidende Motivation. Die vielen gemeinsamen Anlässe von Turnerinnen und Turnern schufen Gelegenheit, mit dem anderen Geschlecht in einem gesellschaftlich anerkannten Rahmen zusammenzukommen. Dabei darf auch nicht vergessen werden, dass es bis zum Zweiten Weltkrieg bei weitem nicht so viele Möglichkeiten gab, seine Freizeit zu verbringen, wie heute.

Gesundheitliche Argumente, wie sie von offzieller Seite in den Vordergrund gestellt wurden, waren offensichtlich kein Grund, einer Damenriege oder einem Damenturnverein beizutreten. Die Frauen waren jung und gesund, wie die Photos der Turnerinnen bei Spielen und Stafetten zeigen. In der Praxis waren weder das schweizerische noch das basellandschaftliche Frauenturnen ein «Gesundheitsturnen». Wettkämpfe gehörten ebenso dazu wie Vergnügen und Ausgelassenheit. Was dem gängigen Frauenbild (noch) nicht entsprach, wurde nicht an die grosse Glocke gehängt. Dies hiess vor allem, dafür zu sorgen, dass in den Medien nicht darüber berichtet wurde.

Sich als Frau mit den Lebensumständen von Frauen früherer Zeiten zu beschäftigen, beinhaltet immer die Gefahr, eigene Vorstellungen und Wünsche in deren Köpfe hineinzuprojizieren. Auch wenn es ein schwieriges und letztlich unmögliches Unterfangen ist, sollte versucht werden, die Bedürfnisse der Frauen des untersuchten Zeitraums aus ihrer Zeit heraus und nicht aus heutiger Sicht zu verstehen. Die damals bestehenden Möglichkeiten und Handlungsräume müssen als Massstab dienen. Eine Damenriege bot in den 20er und 30er Jahren aus damaliger Sicht bestimmt mehr Freiraum, als dies von heute aus gesehen den Anschein macht. Das Bild von unterdrückten und bevormundeten Wesen, das durch die Lektüre von theoretischen Schriften über das Frauenturnen hervorgerufen wird, hat sich bei mir im Verlauf meiner Arbeit immer mehr verflüchtigt. Ich habe den Eindruck gewonnen, dass sich die Frauen recht gut mit den jeweiligen Bedingungen arrangierten und dass sie ihre Interessen durchaus auch einbringen konnten. Darüber hinaus bin ich der Ansicht, dass Turnen und Sport auch einen kleinen Beitrag dazu geleistet haben, dass die Frauen allmählich begannen, aus der Sphäre des Privaten herauszutreten, um sich ihren Teil des öffentlichen Raums zu erobern.

Quellen und Literatur

1   **Ungedruckte Quellen**

Staatsarchiv Basel-Landschaft (StA BL)
Neueres Archiv:
Erziehung, Y 1 – 3 (Sport allgemein, Sport-Toto bzw. Subventionierung von
    Turn- u. Sportplätzen), 1940–1948
Feste B (Turnfeste, Sportveranstaltungen), 1861–
Straf- und Polizei G 2 (Tanzen und Kegeln), 1905–
Straf- und Polizei G 6 (Fastnachtssachen, Nachtlärm, Unfug durch
    Ausflügler), 1899–
Vereine und Gesellschaften D 1 – D 6 (verschiedene Turn- und Sport-
    vereine), 1859–
Privatarchive:
PA 042, Kantonalturnverein Baselland, 1864–

Frauenturnverband Baselland (FTV)[1]
Protokolle der Vorstandssitzungen und Delegiertenversammlungen 1924–1953
Jahresberichte 1930–35

DTV und DR Liestal (gegr. 1906 bzw. 1918)[2]
Korrespondenz 1906–1937
Appellbuch 1918–1925
Turnerbanner, Vereinsorgan des TV Liestal seit 1929

DTV Münchenstein-Neuewelt (gegr. 1913)
Jahresberichte ab 1936
Protokolle 1942–1956
Photoalbum 1913–1980er Jahre

DTV und DR Binningen (gegr. 1915 bzw. 1920)
Jahresberichte 1915–1980 (1917 fehlt)
Protokolle von Vorstandssitzungen, Turnständen und Jahresversammlungen
    1930–1940

---

1   Die Akten befinden sich derzeit noch auf der Geschäftsstelle des BLTV in Liestal, wo auch die jüngeren Akten des KTV gelagert sind – bis zur Überführung ins Staatsarchiv Baselland.
2   Die Akten der einzelnen Damenriegen und Damenturnvereine befinden sich im Privatbesitz der Vereine.

DR Gelterkinden (gegr. 1919)
Protokolle von Vorstandssitzungen und Turnständen 1919–1940
Jahresberichte 1919–1925
Photos aus den 30er Jahren

DR Pratteln AS (gegr. 1920)
Jahresberichte 1921–1989
Entwürfe für Artikel, Ansprachen, Zeitungsartikel und Briefe 1918–1927
Protokolle der Jahressitzungen 1935–1968
Protokolle der Vorstandssitzungen 1959–1973
Korrespondenz 1950–1966
Photos aus den 20er Jahren

DR Frenkendorf (gegr. 1921)
Jahresberichte 1921–1957
Protokolle 1921–1966
Korrespondenz 1921–1950
Versicherungsliste der Turnerhilfskasse von 1932
Mitgliederverzeichnis von 1947

DR Muttenz (gegr. 1923)
Chronik der Damen- und Frauenriege mit Berichten über Turnfahrten und Turnfeste, illustriert durch viele Photos 1932–1964
Protokolle von Vorstands- und Jahressitzungen 1944–1964
Jahresberichte von Damen-, Frauen- und Mädchenriege 1934–1968
Versicherungslisten der Turnerhilfskasse 1934, 1938 und 1943
Mitgliederstatistik der Damenriege 1938–1945

2 Gedruckte Quellen

Arbenz, Susanna, Von Ziel und Art des heutigen Mädchenturnens, in: Lebendige Schule: zu Erziehung und Schulung junger Mädchen. Beiträge von Lehrern und Lehrerinnen der Höheren Töchterschule der Stadt Zürich, Zürich 1928, S. 139–146.
Bollinger-Auer, Jakob, Handbuch für den Turnunterricht in Mädchenschulen, Zürich 1890.
Böni, Alfred, Anleitung und Übungsstoff für das Mädchenturnen, Beiheft zur Körpererziehung, Bern 1924.
Clias, Phokion Heinrich, Anfangsgründe der Gymnastik oder Turnkunst, Bern 1816.
Clias, Phokion Heinrich, Kalisthenie oder Übungen zur Schönheit und Kraft für Mädchen, Bern 1829.
GutsMuths, Johann Christian Friedrich, Gymnastik für die Jugend, Schnepfenthal 1804 (2. Auflage).
Jahn, Friedrich Ludwig/Eiselen, Ernst, Die deutsche Turnkunst, Berlin 1816.
Jenny, Wilhelm, Buch der Reigen, Hof 1880.
Matthias, Eugen, Der Einfluss der Leibesübungen auf das Körperwachstum im Entwicklungsalter (Diss. 1916), Zürich 1917.
Matthias, Eugen, Die Frau, ihr Körper und dessen Pflege durch die Gymnastik, Berlin/Zürich 1929.

Matthias, Eugen, Die Notwendigkeit der körperlichen Erstarkung des weiblichen Geschlechts, Zürich 1914.
Matthias, Eugen, Eigenart in Entwicklung, Bau und Funktion des weiblichen Körpers und ihre Bedeutung für die Gymnastik, Bern 1923.
Matthias, Eugen, Körpermessungen bei schweizerischen Turnern im Jahre 1913–1914, in: Der Eidgenössische Turnverein an der Schweizerischen Landesausstellung in Bern 1914, Zürich 1914, S. 7–34.
Matthias, Eugen, Kulturwert und Kulturaufgaben des Turnens, Zürich 1916.
Maul, Alfred, Lehrplan für das Turnen der weiblichen Schuljugend, 3 Bde. (Turnübungen für Mädchen), Karlsruhe 1879–1888.
Niggeler, Johann, Turnschule für Knaben und Mädchen [1861], Zürich 1960.
Schlaginhaufen, Otto, Bastardisierung und Qualitätsänderung, in: Natur und Mensch, 1920/1.
Schlaginhaufen, Otto, Sozialanthropologie und Krieg, Zürich/Leipzig 1916.
Schweizerische Mädchenturnschule, Zürich 1916 (2. Auflage 1929).
Schweizerischer Turnerkalender, 1906–.
Schweizer-Sport-Kalender, 1923–.

3 Interviews

Frau B. (geb. 1912), Sissach, 21. Oktober 1991
Frau D. (geb. 1918), Pratteln, 12. November 1991
Frau H. (geb. 1912), Gelterkinden/Liestal, 1. April 1992
Frau M. (geb. 1904), Pratteln, 3. Dezember 1991
Frau R. (geb. 1933), Liestal/Pratteln, 8. Dezember 1992
Frau S. (geb. 1920), Gelterkinden/Pratteln, 13. Februar 1992
Frau V. (geb. 1915), Bubendorf, 25. März 1992
Herr G. (geb. 1911), Muttenz, 6. März 1992

4 Gesetzessammlungen

Amtsblatt für den Kanton Basel-Landschaft vom 6. Feb. 1879: Abdruck der Bundesrats-Verfügung zum Schulturnen von 1878, 1879.
Gesetzessammlungen für den Kanton Basellandschaft, seit 1832.

5 Periodika

Basellandschaftliche Volkszeitung 1925–1927; 1928–1955: Neue Basellandschaftliche Volkszeitung; seit 1956 Prattler Anzeiger.
Die Körpererziehung. Schweiz. Zeitschrift für Turnen, Spiel und Sport, 1923–1977; seit 1978: Sporterziehung in der Schule.
Die Leibeserziehung. Monatsschrift für Lehrer und Ärzte, für Jugend und Jugendleiter, 1953, 1957–1972
Frauen-Turnen. Organ des Schweiz. Frauenturnverbandes, 1921–1937 als Beilage der Schweiz. Turnzeitung; 1938–1955 Schweiz. Frauenturnzeitung; 1956–1987 Frauenturnen; seit 1988: Sport aktiv.
Schweizerische Turnzeitung. Offizielles Organ des Eidg. Turnvereins, 1866–1966; 1967–1973 Schweizer Turnen; 1974–1987 Schweizer Turnen und Leichtathletik; seit 1988: Sport aktiv.

Sozial- und Zeitgeschichte des Sports, 1987–.
Sport aktiv. Zeitschrift für Turnen und Leichtathletik: offizielle Verbandszeitschrift des Schweiz. Turnverbandes STV, des Schweiz. Leichtathletik-Verbandes SLV, des Eidg. Nationalturnverbandes ENV, 1988–.
Sportwissenschaft, 1971–.
Stadion. Internationale Zeitschrift für Geschichte des Sports, 1975–.
Starke Jugend, freies Volk. Mitteilungsblatt für den Eidg. Vorunterrichtsleiter, 1944–1966; 1967–1982: Jugend und Sport. Fachzeitschrift für Leibesübungen der Eidg. Turn- und Sportschule Magglingen; seit 1983: Magglingen. Fachzeitschrift der Eidg. Turn- und Sportschule Magglingen.
Women in Sport and Physical Activity Journal, 1992–.

6 Festschriften

75 Jahre TV Muttenz 1878–1953, Muttenz 1953.
Arbenz, Susanna/Michel, Karl, Der Schweizerische Frauenturnverband. Festschrift zum 25jährigen Bestehen 1908–1933, Zürich 1934.
Brodbeck, G., Festschrift zur Feier des 25jährigen Bestandes des Basellandschaftlichen Kantonalturnvereins 1864–1889, Liestal 1889.
Bürgin, Jakob/Wirz, Kurt, 100 Jahre Turnverein Gelterkinden 1864–1964, Gelterkinden 1964.
Eggenberger, Mimi und Willi, 50 Jahre Frauenturnverband Baselland 1924–1974, o. O./o. J.
Eidgenössischer Turnverein (Hg.), 150 Jahre ETV 1832–1982, Zürich 1981.
Festschrift zum 75jährigen Jubiläum des Basellandschaftlichen Kantonalturnvereins 1864–1939, Binningen 1939.
Gysin, Ernst, 50 Jahre Turnverein Frenkendorf 1899–1949, Basel 1949.
Gysin, Paul, Ein kleiner Rückblick. 20 Jahre Damenriege Muttenz, Muttenz 1943 (Typoskript).
Gysin, Paul, Damenriege Muttenz jubiliert. 50 Jahre Vereinsgeschehen, Muttenz 1973 (Typoskript).
Gysin, Paul/Guldenfels, Fritz/Honegger, Ferdinand, 100 Jahre Turnverein Muttenz 1878–1978, Muttenz 1978.
Hauptlin, Ernst, 100 Jahre TV Liestal 1859–1959, Liestal 1959.
Illi, Ernst, Der SATUS in Vergangenheit und Gegenwart, in: Schweiz. Arbeiter-Turn- und Sportverband 1874–1964, Zürich 1964.
Iseli, Walter, Jubiläumsschrift zum 75jährigen Bestehen des Turnvereins Pratteln Alte Sektion 1880–1955, Pratteln 1955.
Keel, Ivy et al., 75 Jahre Damenriege Binningen 1915–1990, o. O. 1990.
Keller, Hans E., Damenriege ASP 1920–1970, im Vereinsorgan des Turnvereins Pratteln Alte Sektion vom Herbst 1970, S. 6/7.
Keller, Hans E., 100 Jahre Kantonalturnverein Baselland 1864–1964. Jubiläumsschrift zur Jahrhundertfeier vom 28. Juni 1964, Liestal 1964.
Keller, Hans, E. Jubiläumsschrift des Leichtathletenverbandes Baselland 1920–1945, Liestal [1945].
Koch, Heinrich, 100 Jahre Turnverein Pratteln Alte Sektion 1880–1980, Pratteln 1980.
Kohler, Thomas/Blattner, Andreas, 100 Jahre TV Münchenstein 1893–1993, Münchenstein 1993.

Nef, Hans, 50 Jahre Damenriege Gelterkinden 1969, mit einem Vorwort von Jakob Bürgin, Gelterkinden 1969.
Niggeler, Johann, Geschichte des eidgenössischen Turnvereins, herausgegeben vom Centralkomitee zum Jubiläumsfeste 1882, Biel 1882.
René Schaerer, 75 Jahre Kantonal-Turnverband Basel-Stadt, Basel 1961.
Rudin, Fritz, 100 Jahre TV Binningen 1866–1966, o. O. 1966.
Schäfer, Max, Der Turnerinnenriege zum 75jährigen Bestehen, Liestal 1981 (Typoskript).
Scheller, Verena/Gerber, Ernst, 75 Jahre Schweizerischer Frauenturnverband 1908–1983, o. O 1983.
Schnyder, Werner, Der Frauenriege zum 50jährigen Bestehen, Liestal 1976.
Sport-Toto-Gesellschaft (Hg.), 50 Jahre Sport-Toto-Gesellschaft 1938–1988, Basel [1988].
Spühler, J./Ritter, H./Schaechtlin, A., Festschrift zum 75jährigen Jubiläum des Eidgenössischen Turnvereins 1832–1907, Zürich 1907.
Stohler, Franz et al., 125 Jahre Kantonalturnverein Baselland 1864–1989. Jubiläumsschrift. Ein Beitrag zur Geschichte und Entwicklung des Turnens im Baselbiet, Sissach 1989.
Süess, Jakob, 50 Jahre Schweizerischer Frauenturnverband, 1908–1958, Aarau 1958.
Tschudin, Heinrich, Festschrift zum 50jährigen Jubiläum des Basellandschaftlichen Kantonalturnvereins 1864–1914, Liestal 1914.
Weber, Karl et al., Festschrift zum 50jährigen Jubiläum des Turnvereins Liestal 1859–1909, Liestal 1910.
Wirz, Kurt et al., 125 Jahre Turnverein Gelterkinden 1864–1989, Liestal 1989.
Zehnder, Eugen, Eidgenössischer Turnverein 1832–1932. Jubiläumsschrift herausgegeben anlässlich seines 100jährigen Bestehens. Eine Rückschau auf die Jahre 1907–1932, Zürich 1933.

7 Bibliographien

Bibliographie der an der Deutschen Sporthochschule Köln 1949–1977 angenommenen Diplomarbeiten mit sporthistorischem Bezug, zusammengestellt von Manfred Lämmer und Andrea Petersen, Sankt Augustin 1978.
Bibliothek-Katalog. Im Auftrag des Zentralkomitees des ETV bearbeitet von Bruno Binggeli, Aarau 1937.
Katalog der die Leibesübungen und deren Grenzgebiete berührenden Bestände des Basler Turnlehrervereins und der Universitätsbibliothek Basel, zusammengestellt von August Frei, Basel 1954.
Lennartz, Karl, Geschichte der Leibesübungen. Bibliographie, Köln 1972.
Sportdokumentation. Literatur der Sportwissenschaft, Schorndorf 1978.
Sportperiodika. Deutschsprachige Bibliographie, zusammengestellt von Alfred H. Sokoll, Bd. 1: A-K, München 1988.
Sportwissenschaftliche Dissertationen, 13 Bde., Ahrensburg bei Hamburg 1975–1978.
Verzeichnis der Arbeiten von Prof. Dr. Eugen Matthias in der Bibliothek der Eidg. Turn- und Sportschule Magglingen, Magglingen 1960.
Verzeichnis der Informationsmittel auf dem Gebiet von Turnen und Sport in der Schweiz, hg. v. Werner Nyffeler, Basel 1973.

8 Lexika

Beyer, Erich (Red.), Wörterbuch der Sportwissenschaft, Dt.–Engl.–Franz., Schorndorf 1987.
Eberspächer, Hans (Hg.), Handlexikon der Sportwissenschaft, Reinbek bei Hamburg 1992.
Euler, Carl, Encyclopädisches Handbuch des gesamten Turnwesens und der verwandten Gebiete, 2 Bde., Leipzig 1894/96.
Geschichtliche Grundbegriffe. Historisches Lexikon zur politisch-sozialen Sprache in Deutschland, hg. v. O. Brunner/W. Conze/R. Koselleck, Bd. 5, Stuttgart 1984.
Meyers Enzyklopädisches Lexikon, Bd. 12, Mannheim 1974 (9., neubearbeitete Auflage).
Röthig, Peter u. a. (Hg.), Sportwissenschaftliches Lexikon [1972], Schorndorf 1992 (6. neu bearb. Aufl.).
Schnabel, Günter/Thiess, Günter (Hg.), Lexikon der Sportwissenschaft. Leistung – Training – Wettkampf, 2 Bde., Berlin 1993.
Der Sport-Brockhaus: alles vom Sport von A bis Z, Mannheim 1989 (5. Aufl.).

9 Sekundärliteratur

Aeschimann, Walter, Zur Geschichte des Schweizerischen Arbeiter-Turn- und Sportverbandes in den 20er Jahren, Zürich 1987 (unveröffentlichte Lizentiatsarbeit).
Altermatt, Urs, Der Weg der Schweizer Katholiken ins Ghetto: die Entstehungsgeschichte der nationalen Volksorganisationen im Schweizer Katholizismus 1848–1919, Zürich 1991.
Angerer, Marie-Luise, Zwischen Ekstase und Melancholie: der Körper in der neueren feministischen Diskussion, in: L'homme, 1994, Heft 1, S. 28–44.
Ballmer, Adolf, Die gewerbliche und industrielle Gütererzeugung im Wandel der Zeiten, in: Beiträge zur Entwicklungsgeschichte des Kantons Basel-Landschaft, Liestal 1964.
Barben, Marie-Louise/Ryter, Elisabeth (Hg.), «verflixt und zugenäht!» Frauenberufe – Frauenerwerbsarbeit 1888–1988. Beiträge zur gleichnamigen Ausstellung im Rahmen des hundertjährigen Jubiläums der Berufs-, Fach- und Fortbildungsschule Bern, Oktober 1988, Zürich 1988.
Bausinger, Hermann, Die schönste Nebensache... Etappen der Sportbegeisterung, in: O. Grupe (Hg.), Kulturgut oder Körperkult? Sport und Sportwissenschaft im Wandel, Tübingen 1990, S. 3–21.
Becker, Frank, Die Sportlerin als Vorbild der «neuen Frau». Versuche zur Umwertung der Geschlechterrollen in der Weimarer Republik, in: SZGS, 1994, Heft 3, S. 34–55.
Bellwald, Waltraut, Frauen am Männerfest. Weibliche Partizipation und Rezeption Eidgenössischer Feste, in: B. Schader/W. Leimgruber (Hg.), Festgenossen. Über Wesen und Funktion eidgenössischer Verbandsfeste, Basel/Frankfurt a. M. 1993, S. 257–289.
Benhabib, Seyla et al. (Hg.), Der Streit um Differenz, Frankfurt a. M. 1994 (2. Auflage).

Bentz, Gisela, Vom Fischbein-Korsett zum Gymnastikanzug. Die Rolle der Frau in der Turnbewegung, in: H. Neumann (Red.), Deutsche Turnfeste. Spiegelbild der deutschen Turnbewegung, Bad Homburg 1985, S. 31–38.

Berger, John et al., Sehen. Das Bild der Welt in der Bilderwelt [Ways of Seeing, 1972], Reinbek bei Hamburg 1992.

Bergmann, Anna, Von der «Unbefleckten Empfängnis» zur «Rationalisierung des Geschlechtslebens». Gedanken zur Debatte um den Geburtenrückgang vor dem Ersten Weltkrieg, in: J. Geyer-Kordesch/A. Kuhn (Hg.), Frauenkörper – Medizin – Sexualität, Düsseldorf 1986, S. 127–157.

Bernett, Hajo (Hg.), Der Sport im Kreuzfeuer der Kritik. Kritische Texte aus 100 Jahren deutscher Sportgeschichte, Schorndorf 1982.

Bernett, Hajo, Sportpolitik im Dritten Reich, in: Beiträge zur Lehre und Forschung der Leibeserziehung, Bd. 39, Stuttgart 1971.

Bette, Karl-Heinrich, Körperspuren. Zur Semantik und Paradoxie moderner Körperlichkeit, Berlin/New York 1989.

Beuker, Gitta, «Ehre und Schande» – voreheliche Sexualität auf dem Lande im ausgehenden 18. Jahrhundert, in: J. Geyer-Kordesch/A. Kuhn (Hg.), Frauenkörper – Medizin – Sexualität, Düsseldorf 1986.

Bleker, Johanna, Der gefährdete Körper und die Gesellschaft. Ansätze zu einer sozialen Medizin zur Zeit der bürgerlichen Revolution in Deutschland, in: A. E. Imhof (Hg.), der Mensch und sein Körper. Von der Antike bis heute, München 1983a, S. 226–242.

Blue, Adrianne, Grace under Pressure. The Emergence of Women in Sport, London 1987.

Blum, Roger et al., Baselland unterwegs. 150 Jahre Kanton Basel-Landschaft. Katalog einer Ausstellung, Liestal 1982.

Blum, Roger, Die politische Beteiligung des Volkes im jungen Kanton Baselland 1832–1875, Liestal 1977.

Bock, Gisela, Geschichte, Frauengeschichte, Geschlechtergeschichte, in: Geschichte und Gesellschaft 14, 1988, Heft 3, S. 365–391.

Bock, Gisela, Historische Frauenforschung: Fragestellungen und Perspektiven, in: K. Hausen (Hg.), Frauen suchen ihre Geschichte. Historische Studien zum 19. und 20. Jahrhundert, München 1983, S. 22–60.

Böhme, Jac-Olaf et al., Sport im Spätkapitalismus, Frankfurt a. M. 1972 (2. Auflage)

Boltanski, Luc, Die soziale Verwendung des Körpers, in: D. Kamper/V. Rittner (Hg.), Zur Geschichte des Körpers, München/Wien 1976, S. 138–177.

Bordo, Susan R., The body and the reproduction of feminity: a feminist appropriation of Foucault, in: A. M. Jaggar/S. R. Bordo (Hg.), Gender/Body/Knowledge: Feminist Reconstructions of Being and Knowing, New Brunswick/London 1989, S. 83–112.

Bourdieu, Pierre, Die feinen Unterschiede, Frankfurt a. M. 1989 (3. Auflage).

Bourdieu, Pierre, Entwurf zu einer Theorie der Praxis auf der ethnologischen Grundlage der kabylischen Gesellschaft, Frankfurt 1976.

Bourdieu, Pierre, Historische und soziale Voraussetzungen modernen Sports, in: G. Hortleder/G. Gebauer (Hg.), Sport-Eros-Tod, Frankfurt a. M. 1986, S. 91–112.

Braun, Harald, Geschichte des Turnens in Rheinhessen. Ein Beitrag zur wechselseitigen Beeinflussung von Politik und Turnen, Bd. 1: 1811–1850, Bd. 2: 1850–1918, Bd. 3: 1919–1950, Alzey 1986/1987/1990.

Braun, Rudolf, Industrialisierung und Volksleben: Die Veränderung der Lebensformen in einem ländlichen Industriegebiet vor 1800 (Zürcher Oberland), Erlenbach-Zürich 1960.

Brüggemeier, Franz-Josef/Wierling, Dorothee, Einführung in die Oral History. Studienbriefe der Fernuniversität Hagen, Hagen 1986.

Bundesamt für Statistik (Hg.), Freizeit und Kultur. Mikrozensus 1988 – Grunddaten (Amtliche Statistik der Schweiz, Nr. 305), Bern 1990.

Bundesamt für Statistik (Hg.), Turn- und Sportanlagen in der Schweiz 1975 (Statistische Quellenwerke der Schweiz, Heft 641), Bern 1980.

Bundesamt für Statistik (Hg.), Turn- und Sportanlagen in der Schweiz 1986 (Amtliche Statistik der Schweiz, Nr. 210), Bern 1989.

Bundesbeiträge zugungsten des Kurswesens, zusammengestellt v. H. Löffel, Dienststelle der Eidg. Sportschule Magglingen, 13. Sep. 1991.

Burgener, Louis, 1940, un référendum surprenant, Separatausdruck aus: Schweiz. Zeitschrift für Geschichte, Bd. 19, 1969/1, S. 182–186.

Burgener, Louis, Der Einfluss von Rousseau und Pestalozzi auf die Körpererziehung in der Schweiz 1760–1848, Separatausdruck aus: Schweiz. Zeitschrift für Geschichte, Bd. 19,1969, Heft 3, S. 620–626.

Burgener, Louis, Die Schweizerische Eidgenossenschaft und die Körpererziehung: Quellentexte 1868–1962 und heutige Lage, Bern 1962.

Burgener, Louis, Geschichte der Leibesübungen in der Schweiz, Separatausdruck aus: Die Körpererziehung, 1950, Neudruck Bern 1970.

Burgener, Louis, La Confédération suisse et l'éducation physique de la jeunesse, 2 Bde., La Chaux-de-Fonds 1952.

Burgener, Louis, Schweiz, in: H. Ueberhorst (Hg.), Geschichte der Leibesübungen, Bd. 5, Berlin 1976, S. 265–284.

Burgener, Louis, Sport und Politik in einem neutralen Staat. Der Vorunterricht in der Schweiz, 1918–1947, in: A. Morgan Olsen (Red.), Sport und Politik 1918–1839/40. ICOSH Seminar 1984, Oslo 1986, S. 197–219.

Burgener, Louis, Starke Jugend – Freies Volk. 50 Jahre turnerisch-sportlicher Vorunterricht, Bern 1960.

Buschmann, Mechthild/Kröner, Sabine, Frauen in Bewegung: der feministische Blick auf Sporttheorie, Sportpraxis und Sportpolitik: Dokumentation des ersten feministischen Seminars in Bielefeld 1987, Ahrensburg bei Hamburg 1988.

Buser, Ruedi, Die Entwicklung des Schulturnens im Kanton Baselland von den Anfängen bis in die Zeit des Zweiten Weltkrieges, Basel 1976 (unveröffentlichte Diplomarbeit).

Bussmann, Roman, Menschen, Meter und Minuten. Geschichte der Leichtathletik in der Schweiz, 3 Bde., Luzern 1972/1972/1977.

Butler, Judith, Das Unbehagen der Geschlechter, Frankfurt a. M. 1991.

Corbin, Alain, Wunde Sinne: über die Begierde, den Schrecken und die Ordnung der Zeit im 19. Jahrhundert, Stuttgart 1993.

de Capitani, François/Germann, Georg (Hg.), Auf dem Weg zu einer schweizerischen Identität 1848–1914. Probleme – Errungenschaften – Misserfolge. In memoriam Andreas Lindt, Freiburg 1987.

Diem, Liselott, Die Gymnastikbewegung: ein Beitrag zur Entwicklung des Frauensports, Sankt Augustin 1991.

Dierker, Herbert, Arbeitersport im Spannungsfeld der Zwanziger Jahre. Sportpolitik und Alltagserfahrungen auf internationaler, deutscher und Berliner Ebene, Essen 1990.

Dierker, Herbert/Pfister, Gertrud (Hg.), «Frisch heran! Brüder, hört ihr das Klingen!» Zur Alltagsgeschichte des Berliner Arbeitersportvereins Fichte. Erinnerungen des ehemaligen Fichtesportlers Walter Giese, Duderstadt 1991.

Douglas, Mary, Reinheit und Gefährdung. Eine Studie zu Vorstellungen von Verunreinigung und Tabu, Frankfurt a. M. 1988.

Douglas, Mary, Ritual, Tabu und Körpersymbolik: Sozialanthropologische Studien in Industriegesellschaft und Stammeskultur, Frankfurt a. M. 1981.

Duden, Barbara, Geschichte unter der Haut. Ein Eisenacher Arzt und seine Patientinnen um 1730, Stuttgart 1987.

Duden, Barbara, Geschlecht, Biologie, Körpergeschichte, in: Feministische Studien, 1991, Heft 2, S. 105–122.

Düding, Dieter, Organisierter gesellschaftlicher Nationalismus in Deutschland (1808–1847). Bedeutung und Funktion der Turner- und Sängervereine für die deutsche Nationalbewegung, München 1984.

Düding, Dieter/Friedmann, Peter/Münch, Paul (Hg.), Öffentliche Festkultur. Politische Feste in Deutschland von der Aufklärung bis zum Ersten Weltkrieg, Reinbek 1988.

Eder, Leonz (Hg.), Sport Schweiz: wohin? 30. Magglingen Symposium, 1.–3. Sept. 1991, Magglingen 1992.

Eichberg, Henning, Der Weg des Sports in die industrielle Zivilisation, Baden-Baden 1973.

Eichberg, Henning, Leistung zwischen Wänden – die sportive Parzellierung der Körper, in: A. E. Imhof (Hg.), Leib und Leben in der Geschichte der Neuzeit. Vorträge eines internationalen Kolloquiums, Berliner Historische Studien, Bd. 9, Einzelstudien II, Berlin 1983b, S. 119–139.

Eichberg, Henning, Leistung, Spannung, Geschwindigkeit. Sport und Tanz im gesellschaftlichen Wandel des 18./19. Jahrhunderts, Stuttgart 1978.

Eichberg, Henning, «Schneller, höher, stärker». Der Umbruch in der deutschen Körperkultur als Signal gesellschaftlichen Wandels, in: G. Mann/ R. Winau (Hg.), Medizin, Naturwissenschaft und das Zweite Kaiserreich, Göttingen 1977, S. 259–283.

Eichberg, Henning, Sport im 19. Jahrhundert – Genese einer industriellen Verhaltensform, in: H. Ueberhorst (Hg.), Geschichte der Leibesübungen, Bd. 3/1, Berlin 1980, S. 350–412.

Eichberg, Henning, Zivilisation und Breitensport. Die Veränderung des Sports ist gesellschaftlich, in: G. Huck (Hg.), Sozialgeschichte der Freizeit, Wuppertal 1980, S. 77–93.

Eichenberger, Lutz, Die Eidgenössische Sportschule Magglingen 1944–1994: 50 Jahre im Dienst der Sportförderung, Magglingen 1994.

Eidgenössische Turn- und Sportkommission, Überprüfung des Bundesgesetzes für Turnen und Sport 1972–1976, o. O. 1976.

Eidgenössische Turn- und Sportschule, Gesetzliche Grundlagen, Turnen und Sport, Bern 1977.

Eidgenössisches Statistisches Amt (Hg.), Turn- und Sportanlagen, Schulturnen in der Schweiz 1944 (Statistische Quellenwerke der Schweiz, Heft 165), Bern 1946.

Eidgenössisches Statistisches Amt (Hg.), Turn- und Sportanlagen, Schulturnen in der Schweiz 1963 (Statistische Quellenwerke der Schweiz, Heft 434), Bern 1968.

Elias, Norbert, Über den Prozess der Zivilisation. Soziogenetische und psychogenetische Untersuchungen, 2 Bde., Frankfurt 1981 (8. Auflage).

Emrich, Eike, Zum Einfluss lebensphilosophischer Kulturkritik auf Wandlungen des Sport- und Körperverständnisses, in: SZGS, 1991, Heft 2, S. 67–76.

Engel, Roland, Gegen Festseuche und Sensationslust. Zürichs Kulturpolitik 1914–1930 im Zeichen der konservativen Erneuerung, Zürich 1990.

Epple, Ruedi, Die demokratische Bewegung im Baselbiet um 1860. Ein Beitrag zur Geschichte der direktdemokratischen Institutionen im politischen System der Schweiz, Konstanz 1979 (unveröffentlichte Magisterarbeit).

Epple-Gass, Ruedi, Basel-Landschaft in historischen Dokumenten. 4. Teil: Eine Zeit der Widersprüche 1915–1945, Liestal 1993.

Farner, Rudolf, Der freiwillige Vorunterricht, in: Stadion Schweiz, Bd. 2: Turnen, Sport und Spiele, Zürich 1946, S. 85–97.

Featherstone, Mike/Turner, Bryan S., The Body: Social Process and Cultural Theory, London 1991.

Fischer-Homberger, Esther, Krankheit Frau. Zur Geschichte der Einbildungen, Darmstadt 1988 (2. erweiterte Auflage).

Flatt, Robert, Rückblick auf die Entstehung der verschiedenen eidgenössischen Turnschulen, Separatausdruck aus: Die Körpererziehung, 1927, S. 1–6.

Foucault, Michel, Sexualität und Wahrheit, 3 Bde., Frankfurt a. M. 1983/1989.

Foucault, Michel, Überwachen und Strafen. Die Geburt des Gefängnisses, Frankfurt a. M. 1977.

Frauenalltag und Frauenbewegung in Frankfurt 1890–1980. Historische Dokumentation 20. Jahrhundert, Frankfurt a. M. 1981.

Freckmann, Barbara, Wesen und Formen der Gymnastik, in: H. Ueberhorst (Hg), Geschichte der Leibesübungen, Band 3/2, Berlin 1982, S. 1008–1025.

Frei, Annette, Zwischen Traum und Tradition. Frauenemanzipation und Frauenbild bei den Sozialdemokratinnen 1920–1980, in: Solidarität, Widerspruch, Bewegung. 100 Jahre Sozialdemokratische Partei der Schweiz, hg. v. der SPS durch Karl Lang et al., Zürich 1988, S. 255–285.

Frei, August, Das Turnen in der Schweiz. Die Entwicklung des Vereinsturnens. Ausstellung im Schweiz. Turn- und Sportmuseum in Basel 1949, Basel 1949.

Frei, August, Die Anfänge der Spielbewegung in der Schweiz und im ETV, Sonderabdruck aus der Schweiz. Turnzeitung, Zürich 1956.

Gebauer, Gunter (Hg.), Körper und Einbildungskraft. Inszenierungen des Helden im Sport, Berlin 1988.

Geertz, Clifford, Dichte Beschreibung. Beiträge zum Verstehen kultureller Systeme, Frankfurt a. M. 1983.

Geertz, Clifford, Kulturbegriff und Menschenbild, in: R. Habermas/N. Minkmar (Hg.), Das Schwein des Häuptlings. Sechs Aufsätze zur historischen Anthropologie, Berlin 1992, S. 56–82.

Geiss, Philipp H., Das Leben des Turnpädagogen Adolf Spiess (1810–1858). Ein Beitrag zur Geschichte des deutschen und des Schweizer Schulturnens, Idstein 1991.

Gernet, Hilmar, Die weisse Armee. Einige Aspekte der katholischen Sportbewegung in der Schweiz zwischen 1930 und 1954, Emmenbrücke 1986.
Geyer-Kordesch, Johanna/Kuhn, Annette (Hg.), Frauenkörper – Medizin – Sexualität, Düsseldorf 1986.
Giess-Stüber, Petra/Hartmann-Tews, Ilse (Hg.), Frauen und Sport in Europa, St. Augustin 1993.
Grieder, Fritz, Glanz und Niedergang der Baselbieter Heimposamenterei. Ein Beitrag zur wirtschaftlichen, sozialen, kulturellen und politischen Geschichte von Baselland, Liestal 1985.
Grössing, Stefan, Rivalität, Ritual, Rekord: Überlegungen zur Kulturgeschichte der menschlichen Bewegung (Antrittsvorlesung 1982), Salzburg 1984.
Grupe, Ommo (Hg.), Kulturgut oder Körperkult? Sport und Sportwissenschaft im Wandel, Tübingen 1990.
Grupe, Ommo, Sport als Kultur, Zürich 1987.
Güldenpfennig, Sven, Sport in der sozialwissenschaftlichen Diskussion, Ahrensburg bei Hamburg 1980.
Günther, Helmut, Gymnastik- und Tanzbestrebungen vom Ende des 19. Jahrhunderts bis zum Ersten Weltkrieg, in: H. Ueberhorst (Hg.), Geschichte der Leibesübungen, Band 3/1, Berlin 1980, S. 569–593.
Guttmann, Allen, Women's sports: a history, New York 1991.
Habermas, Rebekka, Geschlechtergeschichte und «anthropology of gender». Geschichte einer Begegnung, in: Historische Anthropologie, 1993, Heft 3, S. 485–509.
Hall, Ann M., The Discourse of Gender and Sport: from Feminity to Feminism, in: Sociology of Sport Journalism, Champaign (III) 5, 1988/4, S. 330–340.
Hall, Ann M., Masculinity as a Culture: The Discourse of Gender and Sport, in: Proceedings of the Jyväskylä Congress on Movement and Sport in Women's Life 1987, Vol I, Jymäskylä 1987, S. 193–208.
Hart und Zart: Frauenleben 1920–1970, Berlin 1990.
Hausen, Karin, Die Polarisierung der «Geschlechtscharaktere» – eine Spiegelung der Dissoziation von Erwerbs- und Familienleben, in: W. Conze (Hg.), Sozialgeschichte der Familie in der Neuzeit Europas, Stuttgart 1976, S. 363–393.
Heimatkunde von Biel-Benken, Liestal 1993.
Heimatkunde von Frenkendorf, Liestal 1986.
Heimatkunde von Gelterkinden, Liestal 1966.
Heimatkunde von Liestal, Liestal 1970.
Heimatkunde von Muttenz, Liestal 1968.
Heimatkunde von Pratteln, Liestal 1968.
Heller, Geneviève, «Propre et en ordre». Habitation et vie domestique 1850–1930: l'exemple vaudois, Lausanne 1979.
Heller, Geneviève/Imhof, Arthur E., Körperliche Überlastung von Frauen im 19. Jahrhundert, in: A. E. Imhof (Hg.), Der Mensch und sein Körper. Von der Antike bis heute, München 1983a, S. 137–156.
Hepp, Corona, Avantgarde. Moderne Kunst, Kulturkritik und Reformbewegungen nach der Jahrhundertwende, München 1987.
Herter, Heini, Turnen und Sport an der Zürcher Volksschule. Zum 125jährigen Bestehen des obligatorischen Schulturnens im Kanton Zürich, Zürich 1984.

Herzog, Eva, Frauenturnen in einer ländlichen Region der Schweiz: Die soziale Zusammensetzung der ersten basellandschaftlichen Damenturnvereine, in: P. Giess-Stüber/I. Hartmann-Tews (Hg.), Frauen und Sport in Europa, Sankt Augustin 1993, S. 110–118.

Herzog, Eva, Turnen, Kränze und Vergnügen. Der Turnverein Allschwil, in: S. Chiquet/P. Meyer/I. Vonarb (Hg.), Nach dem Krieg/Après la guerre. Grenzen in der Regio 1944–1948, Katalog zur gleichnamigen Ausstellung, Zürich 1995, S. 198–204.

Hey, Barbara, Die Entwicklung des gender-Konzepts vor dem Hintergrund poststrukturalistischen Denkens, in: L'homme, 1994, Heft 1, S. 7–27.

Hoffmann, Auguste, Frau und Leibesübungen im Wandel der Zeit, Schorndorf 1965.

Hoffmann, Auguste/Mathys, Fritz Karl, Die Frau im Sport. 4000 Jahre Frauensport. Wegleitung zur Ausstellung des Schweiz. Turn- und Sportmuseums Basel. 1969 anlässlich der 5. Gymnaestrada in der Baslerhalle der Schweiz. Mustermesse, Basel 1968.

Holt, Richard, Sport and the British. A modern History, Oxford 1989.

Honegger, Claudia, Die Ordnung der Geschlechter. Die Wissenschaft vom Menschen und das Weib, Frankfurt a. M./New York 1991.

Hortleder, Gerd/Gebauer, Gunter (Hg.), Sport–Eros–Tod, Frankfurt a. M. 1986.

Hotz, Arturo, Sportspezifische Ziele und Funktionen des Sports in der Schweiz – ein historischer Vergleich, in: L. Eder (Hg.), Sport Schweiz: wohin? 30. Magglingen Symposium, 1.–3. Sept. 1991, Magglingen 1992, S. 125–173.

Hotz, Arturo, Zur Geschichte des Schulturnens. Vom militärischen Vorunterricht zur polysportiven Bewegungserziehung, in: NZZ, 18. Okt. 1990.

Hradil, Stefan, Sozialstrukturanalyse in einer fortgeschrittenen Gesellschaft. Von Klassen und Schichten zu Lagen und Milieus, Opladen 1987.

Huizinga, Johan, Homo Ludens. Vom Ursprung der Kultur im Spiel [1938], Hamburg 1991.

Hüwelmeier-Schiffauer, Gertrud, Konflikt und Integration – zwei konkurrierende Männergesangvereine in einem hessischen Dorf, in: G. Völger/K. von Welck (Hg.), Männerbande – Männerbünde. Zur Rolle des Mannes im Kulturvergleich, Bd. 2, Köln 1990, S. 125–130.

Imhof, Arthur E. (Hg.), Der Mensch und sein Körper. Von der Antike bis heute, München 1983a.

Imhof, Arthur E. (Hg.), Leib und Leben in der Geschichte der Neuzeit. Vorträge eines internationalen Kolloquiums, Berlin 1983b.

Janner, Sara, Mögen sie Vereine bilden… Frauen und Frauenvereine in Basel im 19. Jahrhundert, Basel 1994.

Jenny, Viktor Kaspar, Die öffentliche Sportförderung in der Schweiz. Unter besonderer Berücksichtigung des Bundesgesetzes vom 17. März 1972 über die Förderung von Turnen und Sport (Diss. Zürich), Ahrensburg bei Hamburg 1978.

Joris, Elisabeth/Witzig, Heidi (Hg.), Frauengeschichte(n). Dokumente aus zwei Jahrhunderten zur Situation der Frauen in der Schweiz, Zürich 1991 (3. Auflage).

Joris, Elisabeth/Witzig, Heidi, Brave Frauen, aufmüpfige Weiber. Wie sich die Industrialisierung auf Alltag und Lebenszusammenhänge von Frauen auswirkte (1820–1940), Zürich 1992.

Jost, Hans Ulrich, Künstlergesellschaften und Kunstvereine in der Zeit der Restauration. Ein Beispiel der soziopolitischen Funktion des Vereinswesens im Aufbau der bürgerlichen Öffentlichkeit, in: N. Bernard/Q. Reichen (Hg.), Gesellschaft und Gesellschaften. Festschrift zum 65. Geburtstag von Prof. U. Im Hof, Bern 1982, S. 341–368.

Jost, Hans Ulrich, Die reaktionäre Avantgarde. Die Geburt der neuen Rechten in der Schweiz um 1900, Zürich 1990.

Kaech, Arnold, 10 Jahre Bundesgesetz über die Förderung von Turnen und Sport, in: Jugend und Sport, 1982/8, S. 20–22.

Kamper, Dietmar / Rittner, Volker (Hg.), Zur Geschichte des Körpers, München / Wien 1976.

Kamper, Dietmar/Wulf, Christoph (Hg.), Die Wiederkehr des Körpers, Frankfurt a. M. 1982.

Kaschuba, Wolfgang, Sportivität: Die Karriere eines neuen Leitwertes. Anmerkungen zur «Versportlichung» unserer Alltagskultur, in: Sportwissenschaft 19, 1989, S. 154–171.

Kaschuba, Wolfgang/Lipp, Carola, Dörfliches Überleben. Zur Geschichte der materiellen und sozialen Reproduktion ländlicher Gesellschaften im 19. und frühen 20. Jahrhundert, Tübingen 1982.

Keller, Christoph, Der Schädelvermesser. Otto Schlaginhaufen. Anthropologe und Rassenhygieniker. Eine biographische Reportage, Zürich 1995.

Keller, Heinz, Zum Stand der Problematik «Sportwissenschaft» in der Schweiz, in: E. Kornexl et al. (Hg.), Sportwissenschaft: Sportpraxis – zwei Welten?, Innsbruck 1987, S. 58–60.

Klaus, Fritz, Basel-Landschaft in historischen Dokumenten, 3. Teil: Im Zeichen des Fortschritts 1883–1914, Liestal 1985.

Klein, Marie-Luise, Frauen und Sport in der Bundesrepublik, in: Ch. Peyton/ G. Pfister (Hg.), Frauensport in Europa. Informationen, Materialien, Ahrensburg bei Hamburg 1989, S. 16–36.

Klein, Marie-Luise/Pfister, Gertrud, Goldmädel, Rennmiezen und Turnküken, Berlin 1985.

Klein, Michael (Hg.), Sport und Geschlecht, Reinbek bei Hamburg 1983.

Klein, Michael (Hg.), Sport und Körper, Reinbek bei Hamburg 1984.

Kleine, Wilhelm/Fritsch, Wolfgang (Hg.), Sport und Geselligkeit. Beiträge zu einer Theorie von Geselligkeit im Sport, Aachen 1990.

König, Mario, Von der «Bürotochter» zur kaufmännischen Angestellten. Die Erwerbsarbeit von Frauen in den kaufmännischen Berufen, 1880–1980, in: M.-L. Barben/E. Ryter (Hg.), «verflixt und zugenäht!»: Frauenberufsbildung – Frauenerwerbsarbeit 1888–1988. Ausstellungskatalog, Zürich 1988, S. 89–100.

König, Mario/Siegrist, Hannes/Vetterli, Rudolf, Warten und Aufrücken. Die Angestellten in der Schweiz 1870–1950, Zürich 1985.

Krabbe, Wolfgang R., Gesellschaftsveränderung durch Lebensreform. Strukturmerkmale einer sozialreformerischen Bewegung im Deutschland der Industrialisierungsperiode, Göttingen 1974.

Kriedte, Peter/Medick, Hans/Schlumbohm, Jürgen, Industrialisierung vor der Industrialisierung: Gewerbliche Warenproduktion auf dem Land in der Formationsperiode des Kapitalismus, Göttingen 1977.

Kroll, Jürgen, Zur Entstehung und Institutionalisierung einer naturwissenschaftlichen und sozialpolitischen Bewegung: Die Entwicklung der Eugenik/Rassenhygiene bis zum Jahre 1933, (Diss.), Tübingen 1983.
Kröner, Sabine, Sport und Geschlecht. Eine soziologische Analyse sportlichen Verhaltens in der Freizeit, Ahrensburg bei Hamburg 1976.
Kröner, Sabine/Pfister, Gertrud (Hg.), Frauen-Räume. Körper und Identität im Sport, Pfaffenweiler 1992.
Kröner, Sabine, Frauenforschung in der Bundesrepublik Deutschland. Historischer Rückblick und Bestandesaufnahme, in: S. Kröner/G. Pfister (Hg.), Frauen-Räume. Körper und Identität im Sport, Pfaffenweiler 1992, S. 30–40.
Kuntz, Andreas, Der blosse Leib. Bibliographie zu Nacktheit und Körperlichkeit, Frankfurt a. M. 1985.
Kurzmeyer, Roman, Der selbstverwaltete Körper. Die Anfänge des Basler Licht-, Luft- und Sonnenbads auf St. Margarethen, Basel 1990 (unveröffentlichte Lizentiatsarbeit).
L'homme. Zeitschrift für feministische Geschichtswissenschaft. «Körper», 1994, Heft 1.
Labisch, Alfons, Homo Hygienicus. Gesundheit und Medizin in der Neuzeit, Frankfurt/New York 1992.
Lämmer, Manfred (Hg.), 175 Jahre Hasenheide. Stationen der deutschen Turnbewegung, Sankt Augustin 1988.
Landschoof, Regina/Hüls, Karin, Frauensport im Faschismus, Hamburg 1985.
Landweer, Hilge, Kritik und Verteidigung der Kategorie Geschlecht, in: Feministische Studien, 1993, Heft 2, S. 34–43.
Langewiesche, Dieter, «… für Volk und Vaterland kräftig zu würken…» Zur politischen und gesellschaftlichen Rolle der Turner zwischen 1811 und 1871, in: O. Grupe (Hg.), Kulturgut oder Körperkult, Tübingen 1990, S. 22–61.
Leimgruber, Walter, «Das Fest der weiblichen Anmut»: Die Schweizerischen Frauenturntage, in: B. Schader/W. Leimgruber (Hg.), Festgenossen. Über Wesen und Funktion eidgenössischer Verbandsfeste, Basel/Frankfurt a.M. 1993, S. 225–256.
Leimgruber, Walter, «Frisch, fromm, fröhlich, frei»: Die eidgenössischen Turnfeste des 20. Jahrhunderts, in: B. Schader/W. Leimgruber (Hg.), Festgenossen. Über Wesen und Funktion eidgenössischer Verbandsfeste, Basel/Frankfurt a. M. 1993, S. 11–104.
Lenk, Hans, Die achte Kunst. Leistungssport – Breitensport, Zürich 1985.
Lenskyj, Helen, Out of bounds. Women, Sport and Sexuality, Toronto 1986.
Lenskyj, Helen, Measured Time: Women, Sport and Leisure, in: Leisure Studies, 1988/7.
Leusing, Reinhard Bodo, Die Erstarrung des Sports in der Soziologie. Kritik der materialistischen Sportsoziologie, Frankfurt 1987.
Luh, Andreas/Beckers, Edgar (Hg.), Umbruch und Kontinuität im Sport: Reflexionen im Umfeld der Sportgeschichte. Festschrift für Horst Ueberhorst, Bochum 1991.
Maierhof, Gudrun/Schröder, Katinka, Sie radeln wie ein Mann, Madame. Als die Frauen das Rad eroberten, Dortmund 1992.
Marti, Paul, Subventionierung von Turn- und Sportanlagen im Kanton Baselland in den Jahren 1948 bis 1982, o. O. 1983 (Typoskript).

Mathys, Fritz Karl, Das Turnen in der Schweiz 1816 bis Gegenwart. Ausstellung des Schweiz. Turn- und Sportmuseums Basel 1959, Basel 1959.
Mauss, Marcel, Techniken des Körpers, in: Soziologie und Anthropologie, hg. von W. Lepenies/H. Ritter, Bd. 2, Frankfurt a. M./Berlin 1978, S. 197–220.
McCrone, Kathleen E., Playing the Game: Sport and Physical Education of English Women, 1870–1914, Lexington 1988.
Medick, Hans, «Missionare im Ruderboot»? Ethnologische Erkenntnisweisen als Herausforderung an die Sozialgeschichte, in: A. Lüdtke (Hg.), Alltagsgeschichte. Zur Rekonstruktion historischer Erfahrungen und Lebensweisen, Frankfurt a. M./New York 1989, S. 48–84.
Medick, Hans, Spinnstuben auf dem Dorf. Jugendliche Sexualkultur und Feierabendbrauch in der ländlichen Gesellschaft der frühen Neuzeit, in: G. Huck (Hg.), Sozialgeschichte der Freizeit, Wuppertal 1982, S. 19–49.
Meier, Eugen A., Basel Sport. Ein Querschnitt durch die Geschichte des Sports in Basel von den Anfängen bis zur Gegenwart, Basel 1991.
Meier, Eugen A., Fussball in Basel und Umgebung, Basel 1979.
Meier, Martin, Grundzüge der Industrialisierung im Kanton Basel-Landschaft. Die Entwicklung der Fabrikindustrie von der Kantonsgründung bis zum Zweiten Weltkrieg, in: A. C. Fridrich (Red.), Schappe. Die erste Fabrik im Baselbiet. Ein Porträt, Arlesheim 1993, S. 36–54.
Mesmer, Beatrix, Ausgeklammert – Eingeklammert. Frauen und Frauenorganisationen in der Schweiz des 19. Jahrhunderts, Basel 1988.
Mesmer, Beatrix, Reinheit und Reinlichkeit. Bemerkungen zur Durchsetzung der häuslichen Hygiene in der Schweiz, in: N. Bernard/Q. Reichen (Hg.), Gesellschaft und Gesellschaften. Festschrift zum 65. Geburtstag von Prof. U. Im Hof, Bern 1982, S. 470–494.
Müller, Jack, Meta Antenen, Schaffhausen 1972.
«Münchensteiner Mosaik.» Beiträge zur Geschichte von Münchenstein, hg. v. der Arbeitsgruppe Publikation (B. Huggel et al.), [1982].
Muttenz, Gesicht einer aufstrebenden Stadtsiedlung, Liestal 1968.
Niethammer, Lutz (Hg.), Lebenserfahrung und kollektives Gedächtnis. Die Praxis der «Oral History», Frankfurt 1985.
Niethammer, Lutz/von Pato, Alexander (Hg.), «Wir kriegen jetzt andere Zeiten». Auf der Suche nach der Erfahrung des Volkes in nachfaschistischen Ländern (Lebensgeschichte und Sozialkultur im Ruhrgebiet 1930–1960, Bd. 3), Berlin/Bonn 1985.
Nipperdey, Thomas, Gesellschaft, Kultur, Theorie: gesammelte Aufsätze zur neueren Geschichte, Göttingen 1976.
Opaschowski, Horst W., Sport in der Freizeit, Hamburg 1987.
Othenin-Girard, Mireille et al. (Hg.), Frauen und Öffentlichkeit. Beiträge der 6. Schweiz. Historikerinnentagung, Zürich 1991.
Palzkill, Birgit, Zwischen Turnschuh und Stöckelschuh, Bielefeld 1990.
Palzkill, Birgit/Scheffel, Heidi/Sobiech, Gabriele (Hg.), Bewegungs(t)räume. Frauen, Körper, Sport, München 1991.
Pechmann, Barbara, Die historische Entwicklung der Gymnastik, in: H.-B. Artus (Hg.), Grundlagen zur Theorie und Praxis von Gymnastik- und Tanzunterricht, Ahrensburg 1983, S. 123–157.

Pesenti, Yvonne, Beruf: Arbeiterin. Soziale Lage und gewerkschaftliche Organisation der erwerbstätigen Frauen aus der Unterschicht in der Schweiz, 1890–1914, Zürich 1988.

Peyton, Christine/Pfister, Gertrud (Hg.), Frauensport in Europa: Informationen, Materialien, Ahrensburg bei Hamburg 1989.

Pfister, Gertrud (Hg.), Frau und Sport. Frühe Texte, Frankfurt a. M. 1980.

Pfister, Gertrud, Biologie als Schicksal, in: S. Kröner/G. Pfister (Hg.), Frauen-Räume, Pfaffenweiler 1992, S. 41–60.

Pfister, Gertrud, Das Frauenbild in den Werken Jahns, Stadion, IV, 1978, S. 36–167.

Pfister, Gertrud, Die andere Perspektive: Frauenforschung und Sportgeschichte, in: Stadion, XVI, 1990/1, S. 143–169.

Pfister, Gertrud, Die Anfänge des Frauensports im Spiegel der Sportmedizin, in: H. J. Medau/P. E. Nowacki (Hg.), Frauen und Sport III, Erlangen 1988, S. 39–54.

Pfister, Gertrud, Körperkultur und Weiblichkeit. Ein historischer Beitrag zur Entwicklung des modernen Sports in Deutschland, in: M. Klein (Hg.), Sport und Geschlecht, Reinbek bei Hamburg 1983, S. 35–99.

Pfister, Gertrud, Quantitative Analysen in der sporthistorischen Forschung – Untersuchungen zur Sozialstruktur Berliner Turn- und Sportvereine, in: G. Pfister (Red.), Alltags- und regionalhistorische Studien zu Turnen und Sport, Clausthal-Zellerfeld 1989, S. 80–100.

Pfister, Gertrud, Vom langen Rock zum Bodystocking. Die Turn- und Sportkleidung der Mädchen und Frauen, in: Sportswear. Zur Geschichte und Entwicklung der Sportkleidung. Eine Ausstellung des Deutschen Textilmuseums Krefeld, Krefeld 1992, S. 24–29.

Pfister, Gertrud, Vom Männerbund zur Frauenmehrheit, in: M. Lämmer (Hg.), 175 Jahre Hasenheide, Sankt Augustin 1988, S. 69–86.

Pfister, Gertrud, Weiblichkeitsmythen, Frauenrolle und Frauensport. Im gesellschaftlichen Wandel vom Deutschen Bund zur Bundesrepublik Deutschland, in: S. Schenk (Hg.), Frauen – Bewegung – Sport, Hamburg 1986, S. 53–76.

Pfister, Gertrud, Zur Geschichte des Diskurses über den weiblichen Körper (1880–1933), in: B. Palzkill/H. Scheffel/G. Sobiech (Hg.), Bewegungs(t)räume. Frauen-Körper-Sport, München 1991, S. 15–30.

Pfister, Gertrud/Langenfeld, Hans, Die Leibesübungen für das weibliche Geschlecht – ein Mittel zur Emanzipation der Frau?, in: H. Ueberhorst (Hg.), Geschichte der Leibesübungen, Band 3/1, Berlin 1980, S. 485–521.

Pfister, Gertrud/Langenfeld, Hans, Vom Frauenturnen zum modernen Sport – Die Entwicklung der Leibesübungen der Frauen und Mädchen seit dem Ersten Weltkrieg, in: H. Ueberhorst (Hg.), Geschichte der Leibesübungen, Band 3/2, Berlin 1982, S. 977–1007.

Pieth, Fritz, Die Entwicklung der Sportwissenschaft in der Schweiz, Basel 1979.

Pieth, Fritz, Prolegomena zu einer Geschichte der Beziehungen zwischen Jahn und der Schweiz, in: Stadion, IV, 1978/4, S. 292–308.

Pieth, Fritz, Sport in der Schweiz. Sein Weg in die Gegenwart, Freiburg 1979.

Porter, Roy, History of the Body, in: P. Burke (Hg.), New Perspectives on Historical Writing, Cambridge 1992, S. 206–232.

Prokop, Ulrike, Sport und Emanzipation am Beispiel des Frauensports, in: A. Natan (Hg.), Sport – kritisch, Bern 1972, S. 212–221.
Pross, Christian/Aly, Götz (Hg.), Der Wert des Menschen. Medizin in Deutschland 1918–1945, Berlin 1989.
Rebmann, Otto, Das Gasthaus «Zur Sonne» in Liestal im Spiegel der Geschichte, Landschäftler, 17. Juli 1954.
Richartz, Alfred, Sexualität – Körper – Öffentlichkeit. Formen und Umformung des Sexuellen im Sport, in: SZGS, 1990, Heft 3, S. 56–72.
Rigauer, Bero, Sport und Arbeit. Soziologische Zusammenhänge und ideologische Implikationen, Frankfurt a.M. 1969 (Neuauflage: Münster 1981).
Rittner, Volker, Körper und Körpererfahrung in kulturhistorisch-gesellschaftlicher Sicht, in: J. Bielefeld (Hg.), Körpererfahrung. Grundlage menschlichen Bewegungsverhaltens, Göttingen 1986, S. 125–157.
Rose, Lotte, Körper ohne Raum. Zur Vernachlässigung weiblicher Bewegungs- und Sportwelten in der feministischen Körper-Debatte, in: Feministische Studien, 1992, Heft 1, S. 113–120.
Sarasin, Philipp, Der Weg zu Gesundheit und Glück. Hygienische Regulation des Körpers, in: NZZ, 30. März 1994.
Sarasin, Philipp, Stadt der Bürger 1870–1900, Basel 1990.
Saurbier, Bruno, Geschichte der Leibesübungen [1955], Frankfurt a. M. 1978 (10. Auflage).
Schader, Basil/Leimgruber, Walter (Hg.), Festgenossen. Über Wesen und Funktion eidgenössischer Verbandsfeste, Basel/Frankfurt a. M. 1993.
Schaffner, Martin, Vereinskultur und Volksbewegung. Die Rolle der Vereine in der Zürcher Demokratischen Bewegung, in: N. Bernard/Q. Reichen (Hg.), Gesellschaft und Gesellschaften. Festschrift zum 65. Geburtstag von Prof. U. Im Hof, Bern 1982, S. 420–436.
Schaltenbrand, Therese, «Mir si ebe in d'Fabrik». Leben in der Arbeitersiedlung «Schönthal», Basel 1989 (unveröffentlichte Lizentiatsarbeit).
Schenk, Sylvia (Hg.), Frauen – Bewegung – Sport, Hamburg 1986.
Schlagenhauf, Karl, Sportvereine in der Bundesrepublik Deutschland, Teil I: Strukturelemente und Verhaltensdeterminanten im organisierten Freizeitbereich, Schorndorf 1977.
Schulz, Norbert/Hartmann-Tews, Ilse (Hg.), Frauen und Sport, Sankt Augustin 1990.
Schüren, Reinhard, Soziale Mobilität. Muster, Veränderungen und Bedingungen im 19. und 20. Jahrhundert, Bielefeld 1988.
Schütz, Karin, Frauenturnen, ein Beitrag zur Emanzipation der Frau? Die Schweizerische Damenturnvereinigung (1908–1928), Basel 1984 (unveröffentlichte Diplomarbeit).
Schütz, Karin, Frauenturnen, ein Beitrag zur Emanzipation der Frau? in: A. Ryter/R. Wecker/S. Burghartz (Hg.), Auf den Spuren weiblicher Vergangenheit, Itinera 2/3, Basel 1985, S. 55–72.
Schweizer Beiträge zur Sportgeschichte, hg. v. Schweizerischen Sportmuseum Basel, 2 Bde., Basel 1982/1990.
Schweizerische Fabrikstatistik 1929 (Statistische Quellenhefte der Schweiz, Heft 3), 1930.
Scott, Joan W., Gender: A Useful Category of Historical Analysis, in: The American Historical Review 91, 1986, S. 1053–1075.

Segal, Lilli, Die Hohenpriester der Vernichtung. Anthropologen, Mediziner und Psychiater als Wegbereiter von Selektion und Mord im Dritten Reich, Berlin 1991.

Sennett, Richard, Verfall und Ende des öffentlichen Lebens. Die Tyrannei der Intimität, Frankfurt a. M. 1983.

Spitzer, Giselher, Der deutsche Naturismus. Idee und Entwicklung einer volkserzieherischen Bewegung im Schnittfeld von Lebensreform, Sport und Politik, Ahrensburg bei Hamburg 1983.

Spode, Hasso, Die Entstehung der Suchtgesellschaft, in: traverse, Zeitschrift für Geschichte, 1994, Heft 1, S. 23–37.

Sport Schweiz. Offizielles Dokumentationswerk des Schweizerischen Landesverbandes für Sport, Bd. 1: 1820/1880 (1980)–Bd. 12: 1981/84 (1985); ab 1985 (1986) jährlich, Baar 1980–.

Spuhler, Gregor, Oral History in der Schweiz, in: G. Spuhler et al. (Hg.), Vielstimmiges Gedächtnis. Beiträge zur Oral History, Zürich 1994, S. 7–20.

Stadion Schweiz: Turnen, Sport, Spiele. 2 Bde., Zürich 1945.

Stadler, Peter, «Pestalozzi». Geschichtliche Biographie. 2 Bde., Zürich 1988/1993.

Stibbe, Günter, Zur Tradition von Theorie im schulischen Sportunterricht. Eine Untersuchung über die Entwicklung der Kenntnisvermittlung in Schulsportkonzepten von 1770 bis 1945 (Diss.), Ahrensburg 1993.

Strübin, Eduard, Baselbieter Volksleben. Sitte und Brauch im Kulturwandel der Gegenwart, Basel 1967 (2. Auflage).

Strübin, Eduard, Das Schüler- und Studentenleben eines Baselbieters vor 120 Jahren, in: Baselbieter Heimatbuch 14, Liestal 1981, S. 93–131.

Strupler, Ernst, Die Anfänge der modernen Leibesübungen in der Schweiz bis 1833, Winterthur 1955.

Taks, Marijke et al., Shifts in the Sport Participation of Flemish Women: 1969, 1979 and 1989, in: P. Giess-Stüber/I. Hartmann-Tews (Hg.), Frauen und Sport in Europa, Sankt Augustin 1993, S. 98–109.

Tanner, Albert, Bürgertum und Bürgerlichkeit in der Schweiz. Die «Mittelklassen» an der Macht, in: J. Kocka (Hg., unter Mitarbeit von Ute Frevert), Bürgertum im 19. Jahrhundert: Deutschland im europäischen Vergleich, München 1988, S. 193–223.

Tanner, Jakob, Körpererfahrung, Schmerz und die Konstruktion des Kulturellen, in: Historische Anthropologie, 1994, Heft 3, S. 489–502.

Tanner, Jakob, Mahlzeit in der Fabrik. Ernährungswissenschaft, Industriearbeit und Volksernährung in der Schweiz 1890–1950, Basel 1993 (unveröffentlichte Habilitationsschrift).

Teichler, Hans Joachim/Hank, Gerhard, (Hg.), Illustrierte Geschichte des Arbeitersports, Berlin 1987.

Theweleit, Klaus, Männerphantasien, 2 Bde., Frankfurt 1977/1978.

Thiele, Jörg/Schulz, Norbert, Wege zum Körper – der Körper als Gegenstand sportwissenschaftlicher Teildisziplinen, Sankt Augustin 1992.

Timm, Waldemar, Sportvereine in der Bundesrepublik Deutschland, Teil II: Organisations-, Angebots- und Finanzstruktur, Schorndorf 1979.

Tschap-Bock, Angelika, Frauensport und Gesellschaft. Der Frauensport in seinen historischen und gegenwärtigen Formen, Ahrensburg bei Hamburg 1983.

Ueberhorst, Horst, Friedrich Ludwig Jahn 1778/1978, München 1978.
Ueberhorst, Horst (Hg.), Geschichte der Leibesübungen, 6 Bde., Berlin 1972–1989.
Ungern-Sternberg, Jürgen von/Reinau, Hansjörg (Hg.), Vergangenheit in mündlicher Überlieferung, Stuttgart 1988.
Vademecum 1991/1992. Bundesleistungen an zivile Turn- und Sportverbände und weitere Sportorganisationen – eine Information, hg. v. ETS und SLS.
Veith, Erwin, Der Einfluss der deutschen Demagogen auf die Leibesübungen in der Schweiz, Basel 1970 (unveröffentlichte Diplomarbeit).
Vigarello, Georges, Le corps redressé. Histoire d'un pouvoir pédagogique, Paris 1978.
Vigarello, Georges, Une histoire culturelle du sport. Tecniques d'hie...et d'aujourd'hui, Paris 1988.
Vigarello, Georges, Wasser und Seife, Puder und Parfüm. Geschichte der Körperhygiene seit dem Mittelalter, Frankfurt/New York 1992.
Voigt, Ursula, Sexy, schnell und schön. Sportberichterstattung über Frauen, in: S. Schenk (Hg.), Frauen-Bewegung-Sport, Hamburg 1986, S. 30–40.
Weber, Paul/Meyer, Hanna, Tennisclub statt Kirchenchor. Exkurs in die Vereinskultur. Soziale Teilungen im Wandel, ihr Einfluss auf gesellschaftliche Subsysteme (Lizentiatsarbeit), Zürich 1985.
Wecker, Regina, Frauenlohnarbeit – Statistik und Wirklichkeit in der Schweiz an der Wende zum 20. Jahrhundert, in: R. Wecker/B. Schnegg (Hg.), Frauen. Zur Geschichte weiblicher Arbeits- und Lebensbedingungen in der Schweiz, Sonderausgabe der Schweiz. Zeitschrift für Geschichte, Basel 1984, S. 346–356.
Weilenmann, Urs Peter, Der Anthropologe Otto Schlaginhaufen (1879–1973), Zürich 1990.
Weingart, Peter/Kroll, Jürgen/Bayertz, Kurt, Rasse, Blut und Gene. Geschichte der Eugenik und Rassenhygiene in Deutschland, Frankfurt 1992.
Weinhart, Peter, Eugenik – Eine angewandte Wissenschaft. Utopien der Menschenzüchtung zwischen Wissenschaftsentwicklung und Politik, in: P. Lundgreen (Hg.), Wissenschaft im Dritten Reich, Frankfurt 1985, S. 314–349.
Weiss, Sheila Faith, Die rassenhygienische Bewegung in Deutschland 1904–1933, in: C. Pross/G. Aly (Hg.), Der Wert des Menschen. Medizin in Deutschland 1918–1945, Berlin 1989, S. 153–173.
Widmer, Augustine, Die Hüterin der Gesundheit. Die Rolle der Frau in der Hygienebewegung des 19. Jahrhunderts. Dargestellt am Beispiel der deutschsprachigen Schweiz mit besonderer Berücksichtigung der Stadt Zürich (Diss.), Zürich 1991.
Widmer, Thomas, Die Schweiz in der Wachstumskrise der 1880er Jahre (Diss.), Zürich 1992.
Wimbush, E./Talbot, Margeret, Relative Freedoms. Women and Leisure, Philadelphia 1988.
Woesler-de Panafieu, Christine, Aussen- und Innenaspekte weiblicher Körper, in: M. Klein (Hg.), Sport und Geschlecht, Reinbek bei Hamburg 1983, S. 60–74.
Wohl, Andrzej, Die gesellschaftlich-historischen Grundlagen des bürgerlichen Sports, Köln 1973.

Wolf, Naomi, The Beauty Myth. How images of beauty are used against women, New York 1992.
ZurLippe, Rudolf, Am eigenen Leibe. Zur Ökonomie des Lebens, Frankfurt a. M. 1978.
ZurLippe, Rudolf, Naturbeherrschung am Menschen. 2 Bde., Frankfurt a. M. 1974.

Abkürzungen und Begriffe

Abkürzungen

ATV	Arbeiterturnverein
BaZ	Basler Zeitung
BLTV	Baselbieter Turnverband (seit 1992, Zusammenschluss von FTV und KTV)
bt	baselbieter turnen
BTV	Berzirksturnverband
BZ	Basellandschaftliche Zeitung
DR	Damenriege
DTC	Damenturnclub
DTV	Damenturnverein
DV	Delegiertenversammlung
EDI	Eidgenössisches Departement des Innern
EMD	Eidgenössisches Militärdepartement
ESK	Eidgenössische Sportkommission
ESSM	Eidgenössische Sportschule Magglingen (vgl. ETS)
ETS	Eidgenössische Turn- und Sportschule (Magglingen, ab 1989 ESSM)
ETV	Eidgenössischer Turnverein (1832–1985, vgl. STV)
FR	Frauenriege
FT	Frauen-Turnen
FTV	Frauenturnverband Baselland (1924–1992, vgl. BLTV)
HK	Heimatkunde
J+S	Jugend und Sport
JB	Jahresberichte
KTF	Kantonalturnfest
KTSV	Katholischer Turn- und Sportverband
KTV	Kantonalturnverein Baselland (1864–1992, vgl. BLTV)
LAV	Leichtathletikverband Baselland
LTV	Lehrerturnverein
NZZ	Neue Zürcher Zeitung
OK	Organisationskomitee
PA	Prattler Anzeiger
PPK	Presse- und Propagandakommission
SATUS	Schweizerischer Arbeiter-Turn- und Sportverband
SFTT	Schweizerische Frauenturntage
SFTV	Schweizerischer Frauenturnverband (1908–1985, vgl. STV)
SKTS	Schweizerischer Katholischer Turn- und Sportverband
SLL	Schweizerischer Landesverband für Leibesübungen (ab 1978 SLS)
SLS	Schweizerischer Landesverband für Sport (vgl. SLL)
SOC	Schweizerisches Olympisches Comitee
StA BL	Staatsarchiv Baselland

STV	Schweizerischer Turnverband (seit 1985, Fusion von SFTV und ETV)
SVKT	Schweizerischer Verband Katholischer Turnerinnen
SZGS	Sozial- und Zeitgeschichte des Sports
TB	Turnerbanner
TK	Technische Kommission
TV	Turnverein
unn.	unnumeriert
VS	Vorstandssitzung
VU	Vorunterricht
VVV	Verkehrs- und Verschönerungsverein

Begriffe[1]

Aktive: Die jüngsten Vollmitglieder eines Turnvereins, Beitritt in der Regel ab 16 Jahren. Sie ziehen an die Turnfeste und treiben Wettkämpfe.

Aktivsektion: Die Abteilung der Aktiven innerhalb eines Turnvereins. Sie haben aber de facto mehr Gewicht als andere Untersektionen.

Allgemeine Übungen: Höhepunkt von Turnfesten, von Tausenden von Turnerinnen oder Turnern gemeinsam und synchron geturnt. Erstmals 1834 an einem Eidgenössischen Turnfest durchgeführt. Bei den Frauen sprach man in den Anfängen auch von Gesamtfreiübungen.

Damen: Sie entsprechen den Aktiven der Turnvereine (Beitritt in der Regel auch ab 16 Jahren), sie beteiligen sich an den Turntagen, treiben heute auch Wettkämpfe mit Rangierung (seit 1966).

Damenriege und Frauenriege: Meist Untersektionen eines Turnvereins, in denen «Damen» bzw. «Frauen» turnen.

Damenturnverein und Frauenturnverein: Selbständiger Verein von Turnerinnen der Kategorie «Damen» bzw. «Frauen».

Frauen: Die älteren und/oder verheirateten Turnerinnen, die bis vor wenigen Jahren nicht an Turntagen teilnahmen und eher der Gesundheit wegen turnen.

Frauenturnen: Steht in meiner Arbeit für das Turnen aller erwachsenen Frauen, also der «Damen» und der «Frauen» (im Rahmen der «bürgerlichen» Turnbewegung).

Freie (Vereins-)Vorführungen: Von einem Verein frei gewählte Vorführungen, zum Beispiel ein Reigen (im Frauenturnen gebräuchlich).

Freiübungen: Körperliche Übungen, die ohne Geräte ausgeführt werden, von Adolf Spiess (1810–1858) systematisiert. Später Massenfreiübungen, an Turnfesten synchron geturnt (vgl. Allgemeine Übungen).

Männer: Die älteren Turner, die weniger oder gar nicht mehr leistungsorientiert turnen.

Marsch- und Freiübungen: Später Körperschule genannt. Das zentrale und prestigeträchtigste Element des Sektionswettkampfes, von der ganzen Sektion gemeinsam geturnt.

Mitglieder: Turnende, Passiv- und Ehrenmitglieder.

---

1 Quelle: Wenn nicht anders vermerkt: Der Sport-Brockhaus 1989; Leimgruber, in: Schader/Leimgruber 1993; Schweizerische Mädchenturnschule, Zürich 1929 (2. Aufl.).

Ordnungsübungen: Schrittfolgen. Durch Rhythmisierung der Ordnungsübungen entwickelte Adolf Spiess die «Turnreigen», die das Mädchenturnen bald dominierten und die sich auch im Frauenturnen bis weit ins 20. Jahrhundert hielten.

Reigen: «Am stärksten beeinflusste SPIESS das Mädchenturnen durch die Weiterentwicklung der Ordnungsübungen zu Turnreigen, die wegen ihrer Betonung von Rhythmus und Harmonie, ihres ästhetischen Anblicks, der Möglichkeit, Grazie und Anmut zu demonstrieren, sowie wegen der äusserst geringen physischen Anforderungen als für Mädchen geeignet galten und allmählich alle anderen Übungsformen im Mädchenturnen überwucherten.»[2]

Sektionsturnen: Auch Sektionswettkampf. Ein Turnverein (Sektion) tritt geschlossen zum Wettkampf und absolviert ein mehrteiliges Gruppenprogramm. Die Leistung des einzelnen ist wichtig für das Gesamtresultat. Nicht ein hoher Grad an Spezialisierung ist gefragt, sondern Vielseitigkeit, da das Sektionsturnen verschiedene Disziplinen aus den unterschiedlichsten Sportarten umfasst: Marsch- und Freiübungen, Wettlauf, Kunstturnen, Leichtathletik. Erstmals 1860 an einem Eidg. Turnfest durchgeführt.

Turnende: KTV: Aktive und Männer; FTV: Damen und Frauen.

Turnerwahlspruch: Bei Friedrich Ludwig Jahn (1778–1852): «Frisch, Frei, Froh (Fröhlich), Fromm». In dieser Reihenfolge schon 1836 auch in der Schweiz gebräuchlich. Heute wird er in Deutschland und der Schweiz als «Frisch, Fromm, Fröhlich, Frei» verwendet. Bei den Arbeiterturnern wurde er in «Frisch, Frei, Stark, Treu» umgewandelt.

Turnverein: Auch Sektion genannt. Im 19. Jahrhundert ausschliesslich aus Männern bestehend, vorerst aus Aktiven, später kommen Passiv- und Ehrenmitglieder dazu. Im 20. Jahrhundert lokale Dachorganisation mit Untersektionen wie Damenriege, Männerriege usw.

---

2 Pfister, in: Klein 1983, S. 39.

Statistik der Turnbewegung im Kanton Baselland

1 Schweizerischer Frauenturnverband und Eidgenössischer Turnverein

Jahr	SFTV Mitglieder	SFTV Turnende	ETV Mitglieder	ETV Turnende
1910	1 909	1 285	66 573	17 256
1920	6 964	3 914	101 159	31 264
1930	22 957	13 254	124 425	38 284
1940	32 211	22 010	132 642	48 255
1950	44 652	28 269	170 335	59 519
1960	58 682	38 217	194 116	61 936
1970	86 186	63 923	217 537	73 276
1980	111 075	92 784	211 941	79 114
1990	134 693	103 135	218 379	83 623

2 Der Kantonalturnverein Baselland

2.1 Der Kantonalturnverein Baselland (KTV) in Zahlen

Jahr	Sektionen	Mitglieder	Aktive	Männer	Turnende	Passive	Ehrenmitglieder
1865	4	101	54		54	44	3
1866	4						
1867	7						
1868	7						
1869	6						

Jahr	Sektionen	Mitglieder	Aktive	Männer	Turnende	Passive	Ehrenmitglieder
1870	6						
1871	7						
1872	6	143					
1873	6	154					
1874	6	169					
1875	7	209					
1876	7	192					
1877	7	204					
1878	7	218					
1879	8	257					
1880	8						
1881	8						
1882	9						
1883	10	426					
1884	10	477	172		172	183	71
1885	11	522	188		188	210	79
1886	11	592	200		200	236	86
1887	14	616	226		226	282	84
1888	14	650	228		228	301	87
1889	14	648					108
1890	14	674					95
1891	14	868					94
1892	17	930					146
1893	16	1020					155
1894	19	1122					115
1895	21	1197					128
1896	21	1258					137
1897	23	1379					140
1898	25	1498					158
1899	26	1423					171
1900	25						184

1901	26	1466					170
1902	28	1562	477		477	881	204
1903	31	1688	505		505	973	210
1904	32	1821	558		558	987	276
1905	31	1781	561		561	967	253
1906	31	1824	568		568	982	274
1907	33	2031	594		594	1071	366
1908	34	2106	643		643	1133	330
1909	35	2225	657		657	1235	333
1910	37	2360	725		725	1296	339
1911	38	2533	785		785	1428	320
1912	35	2468	711		711	1408	349
1913	37	2685	788		788	1537	360
1914	35	2616	764		764	1493	359
1915	37	2665	786		786	1520	359
1916	38	2708	797		797	1549	362
1917	40	2798	872		872	1569	357
1918	42	2996	958		958	1627	411
1919	46	3265	1004		1004	1819	442
1920	51	4125	1243		1243	2321	561
1921	53	4386	1325		1325	2431	630
1922	56	4543	1276		1276	2603	664
1923	56	4565	1249		1249	2570	746
1924	56	4693	1221		1221	2657	815
1925	56	4766	1230		1230	2679	857
1926	56	4907	1252		1252	2738	917
1927	56	4964	1368	126	1494		
1928	56	5104	1331	176	1507	3145	452
1929	55	5166	1301	264	1565	3139	462
1930	55	5284	1348	320	1668	3147	469
1931	55	5438	1363	344	1707	3252	479
1932	54	5548	1314	374	1688	3354	506
1933	55	5603	1281	381	1662	3438	503

Jahr	Sektionen	Mitglieder	Aktive	Männer	Turnende	Passive	Ehrenmitglieder
1934	56	5711	1243	396	1639	3558	514
1935	56	5643	1285	396	1681	3406	556
1936	56	5570	1257	394	1651	3367	552
1937	56	5516	1337	401	1738	3228	550
1938	56	5579	1383	485	1868	3150	561
1939	55	5671	1381	468	1849	3261	561
1940	55	5477	1303	440	1743	3167	567
1941	56	5316	1396	426	1822	2930	564
1942	56	5402	1491	450	1941	2895	566
1943	56	5526	1541	478	2019	2913	594
1944	59	5768	1636	444	2080	3085	603
1945	60	6001	1642	458	2100	3296	605
1946	60	6216	1673	445	2118	3483	615
1947	60	6461	1645	481	2126	3714	621
1948	60	6625	1567	503	2070	3938	617
1949	60	6893	1588	498	2086	4176	631
1950	60	7423	1587	523	2110	4651	662
1951	58	7457	1518	519	2037	4769	651
1952	58	7752	1421	526	1947	5155	650
1953	57	7899	1372	559	1931	5301	667
1954	57	8023	1351	597	1948	5390	685
1955	58	8148	1373	604	1977	5491	680
1956	58	8380	1444	637	2081	5610	689
1957	58	8802	1520	767	2287	5820	695
1958	58	9134	1612	794	2406	6031	697
1959	58	9328	1580	792	2372	6241	715
1960	59	9438	1604	828	2432	6282	724
1961	59	9651	1672	834	2506	6414	731
1962	59	9881	1685	896	2581	6557	743
1963	59	10023	1717	901	2618	6649	756
1964	59	10348	1822	943	2765	6814	769

1965	59	10613	1893	1033	2926	6908	779
1966	59	10890	1914	1027	2941	7166	783
1967	59	11043	1972	1033	3005	7233	805
1968	59	11250	1907	1067	2974	7464	812
1969	59	11289	1914	1100	3014	7454	821
1970	60	11804	2010	1173	3183	7787	834
1971	60	11916	1917	1147	3064	8000	852
1972	60	11733	1941	1162	3103	7769	861
1973	61	11903	1987	1205	3192	7869	842
1974	61	11572	1999	1321	3320	7399	853
1975	63	11859	2073	1355	3428	7568	863
1976	63	11793	2114	1363	3477	7439	877
1977	63	11655	2124	1420	3544	7241	870
1978	63	11783	2234	1492	3726	7140	917
1979	62	11947	2181	1257	3438	7593	916
1980	62	11951	2198	1286	3484	7613	854
1981	63	12111	2189	1344	3533	7680	898
1982	63	12358	2297	1393	3690	7771	897
1983	63	12455	2350	1396	3746	7757	952
1984	63	12031	2311	1416	3727	7373	931
1985	63	12298	2293	1482	3775	7566	957
1986	63	12432	2335	1404	3739	7441	952
1987	62	12367	2397	1435	3832	7578	957
1988	62	12447	2415	1450	3865	7630	952
1989	62	12219	2250	1517	3767	7448	1004
1990	60	12384	2432	1542	3974	7400	1010

2.2 Ausbreitung der Turnvereine im Kanton Baselland

Gemeinde	Gründungs-jahr	Eintritt KTV	Austritt	Eintritt	Austritt	Eintritt	Austritt	Eintritt	Austritt
Liestal	1859	1865							
Waldenburg	1860	1865							
Arlesheim	1863	1867	1869	1884					
Reinach	1863	1867	1881	1894					
Gelterkinden	1864	1865	1873	1882					
Sissach	1864	1865							
Binningen	1866	1867							
Birsfelden	1869	1871							
Allschwil	1873	1875	1885	1892					
Muttenz	1878	1879							
Bubendorf	1879	1880	1892	1895					
Pratteln AS	1880	1881							
Therwil	1885	1887							
Maisprach	1886	1887							
Reigoldswil	1886	1887							
Füllinsdorf	1889	1892	1893	1898	1908	1911	1912	1920	
Oberdorf	1889	1891							
Ormalingen	1889	1892							
Aesch	1891	1892							
Oberwil	1892	1894							
Bottmingen	1893	1894							
Münchenstein	1893	1895							
Biel-Benken	1895	1897							
Lauwil	1896	1897	1900	1920	1938	1941	1951	1975	1977
Bretzwil	1897	1898	1901	1915	1951	1977	1979		
Neuallschwil	1898	1901	1987						
Frenkendorf	1899	1902							
Lausen	1899	1901							

Zumzgen	1899	1899	1903	1909	1920

Zumzgen	1899	1899			1920
Itingen	1900	1902	1903	1914	
Niederdorf	1901	1903	1905		
Ettingen	1902	1903			
Neuewelt	1902	1903			
Ziefen	1902	1903			
Augst	1906	1907			
Eptingen	1906	1907	1911		
Hemmiken	1906	1908			
Wintersingen	1907	1908	1912	1929	1944
Hölstein	1909	1910			
Langenbruck	1909	1910	1912		
N.'schönthal	1910	1913	1920		
Rothenfluh	1912	1913	1926		
Läufelfingen	1913	1914			
Lupsingen	1915	1916			
Buus	1916	1917			
Titterten	1916	1917			
Pratteln NS	1917	1918			
Anwil	1918	1919	1931	1944	1975
Bennwil	1918	1919		1953	
Buckten	1918	1919			
Diegten	1918	1919			
Häfelfingen	1919	1920	1946		
Seltisberg	1919	1920			
Wenslingen	1919	1920			
Giebenach	1920	1921			
Zeglingen	1920	1921			
Arisdorf	1921	1922	1932	1944	
Ramlinsburg	1921	1922	1939	1946	
Rünenberg	1921	1922	1926	1945	
Tecknau	1932	1933			
Böckten	1933	1934			

427

Gemeinde	Gründungs-jahr	Eintritt KTV	Austritt	Eintritt	Austritt	Eintritt	Austritt	Eintritt	Austritt
Oltingen	1937	1938							
Arboldswil	1954	1955							
Thürnen	1959	1960							
Rickenbach	1969	1970							
Schönenbuch	1972	1973							
Pfeffingen MTV	1983	1985							
Tenniken MTV	1984	1986							
Lampenberg MTV	1989	1990							

3 Der Frauenturnverband Baselland

3.1 Der Frauenturnverband Baselland (FTV) in Zahlen

Jahr	DR	DTV	FR	FTV	Vereine	Mitglieder	Damen	Frauen	Turnende	Passive	Ehren-mitglieder
1906		1			1						
1907		1			1	31	29		29	2	3
1908		1			1	30	25		25	2	3
1909		1			1	28	25		25		3
1910		1			1	26	26		26		3
1911		1			1	18	15		15		
1912		1			1						
1913		2			2						
1914		2			2						
1915		2			2						
1916	1	2			3				25		3
1917	2	2			4						

429

Year											
1918	3	1			4						
1919	3	1			4						
1920	4	1			5						
1921	7	1			8	184					
1922	7	1			8	262					
1923	6	1			7	241					
1924	6	1			7	312					
1925	8	1			9	350	234		234	114	2
1926	9	1			10	415	268		268	140	7
1927	10	1			11	442	286		286	154	1
1928	15	1			16	633	440		440	187	5
1929	16	2			18	698	490		490	203	3
1930	17	3			20	816	554		554	259	3
1931	20	3	1		24	954	610	36	646	306	2
1932	20	3	1		24	929	557	33	590	329	10
1933	22	3	1	1	27	1023	650	67	717	297	9
1934	22	3	1	1	27	1079	671	78	749	322	8
1935	22	4	4		30	1149	665	119	784	344	21
1936	21	5	5	1	32	1142	596	225	821	309	12
1937	24	5	7	1	37	1310	609	243	918	374	18
1938	26	5	7	1	39	1328	687	284	905	410	12
1939	25	5	7	2	39	1395	635	331	971	410	14
1940	26	4	7	3	40	1406	618	311	966	426	14
1941	26	5	7	3	41	1344	634	315	929	396	19
1942	25	5	8	2	40	1445	686	294	949	477	19
1943	28	5	9	1	43	1532	706	323	980	528	24
1944	29	5	9	2	45	1589	715	303	1029	533	27
1945	30	5	9	2	46	1635	664	322	1018	582	35
1946	30	5	9	2	46	1680	702	303	986	657	37
1947	35	4	11	2	52	1799	783	322	1070	694	35
1948	36	4	12	2	54	1935	818	368	1189	706	40
1949	38	4	12	2	56	2081	843	406	1228	812	41
1950	38	4	11	2	55	2162		410	1247	872	43

Jahr	DR	DTV	FR	FTV	Vereine	Mitglieder	Damen	Frauen	Turnende	Passive	Ehren-mitglieder
1951	40	4	14	2	60	2289	858	455	1313	921	55
1952	40	4	15	2	61	2483	878	487	1365	1058	60
1953	41	4	14	3	62	2567	861	509	1370	1104	93
1954	41	4	16	3	64	2597	840	562	1402	1094	101
1955	41	4	18	2	65	2644	860	579	1439	1118	87
1956	41	5	16	5	67	2939	931	581	1512	1345	82
1957	41	5	16	5	67	3082	938	620	1558	1439	85
1958	42	5	17	6	70	3308	976	702	1678	1541	89
1959	43	5	17	8	74	3462	1028	775	1803	1562	97
1960	43	6	17	8	74	3503	1038	763	1801	1604	98
1961	43	6	19	10	78	3651	1049	874	1923	1627	101
1962	43	6	20	10	79	3735	1001	951	1952	1672	111
1963	43	6	20	9	78	3850	1036	914	1950	1782	118
1964	43	6	21	9	79	3919	1025	943	1968	1836	115
1965	44	6	22	9	81	4212	1117	1064	2181	1894	137
1966	45	7	22	10	84	4538	1201	1127	2328	2068	142
1967	45	7	21	11	84	4603	1153	1169	2322	2140	141
1968	45	7	21	12	85	4909	1225	1292	2517	2251	143
1969	48	7	22	12	89	5261	1601	1451	3052	2061	148
1970	49	9	22	13	93	5504	1605	1427	3032	2312	160
1971	49	9	23	13	94	5804	1502	1599	3101	2529	174
1972	48	9	23	13	93	5807	1564	1601	3165	2430	212
1973	50	9	25	14	98	5997	1583	1671	3254	2536	207
1974	48	9	27	14	98	6044	1582	1734	3316	2503	225
1975	48	9	27	14	98	5953	1547	1710	3257	2481	215
1976	49	9	27	14	99	6034	1687	1766	3453	2350	231
1977	49	12	27	14	102	6202	1928	1728	3656	2308	238
1978	48	13	30	14	105	6201	1908	1790	3698	2257	246
1979	45	15	30	15	105	6274	1980	1764	3744	2281	246

1980	49	13	30	16	108	6327	2041	1782	3823	2260	244
1981	49	16	29	17	111	6596	2154	1851	4005	2332	259
1982	47	17	29	17	110	6366	2187	1859	4046	2059	261
1983	46	18	28	17	109	6200	2309	1707	4016	1911	273
1984	45	18	29	17	109	6072	2135	1893	4028	1762	282
1985	45	18	29	17	109	6072	2136	1908	4044	1713	315
1986	45	15	30	20	110	6148	2201	1787	3988	1821	339
1987	46	16	30	20	112	6319	2023	1960	3983	1978	358
1988	44	16	30	22	112	6508	2029	1956	3985	2147	376
1989	43	16	31	22	112	6540	1914	2051	3965	2165	410
1990	43	17	30	21	111	6857	1860	2062	3922	2469	466

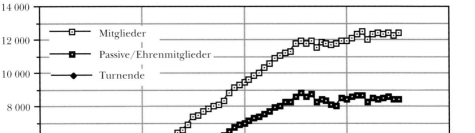

Grafik 1
Im KTV gibt es weitaus mehr Passiv- und Ehrenmitglieder als Turnende

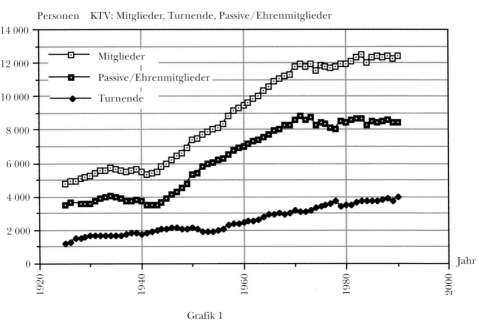

Grafik 2
Im Frauenturnverband hat es mehr Turnende als Passive

3.2 Die ersten Damenriegen und Damenturnvereine (Mitglieder)

Jahr	Liestal	Münchenstein	Binningen	Birsfelden	Gelterkinden	Pratteln	Muttenz	Frenkendorf
1921	60	20	26	20	18	16	0	12
1922	71	22	62	30	25	18	0	12
1923	71	30	55	30	24	20	0	11
1924	83	38	55	30	38	54	0	14
1925	91	38	40	27	34	46	50	15
1926	109	34	41	27	35	58	50	27
1927	106	43	18	32	48	63	38	20
1928	138	53	46	37	51	70	42	19
1929	142	58	49	25	56	70	50	20
1930	145	56	43	35	65	76	44	25
1931	168	53	53	34	82	79	35	35
1932	117	54	45	38	89	74	44	32
1933	140	59	94	28	86	70	40	33
1934	153	54	105	28	103	70	35	33
1935	149	43	87	29	115	78	44	52
1936	154	34	78	27	112	75	48	54
1937	146	47	88	27	129	77	73	60
1938	153	40	68	24	113	68	78	56
1939	163	54	73	25	113	102	87	53
1940	146	63	80	25	118	113	91	55

4 Der Schweizerische Arbeiter- Turn- und Sportverband BL (SATUS)

4.1 Der SATUS in Zahlen (inklusive JuniorInnen)

Im Satus turnen Männer und Frauen in einem Verein. Die Kategorien sind in etwa dieselben, die «Damen» werden als «Aktive» bezeichnet. «M.» und «F.» stehen für Männer und Frauen, also nicht als Turnkategorien, sondern als Geschlechtsbezeichnungen.

Jahr	Sektionen M.	Mitglieder M.	Aktive M.	Männer Turnende M.	Passive M.	Ehrenmitglieder M.	Sektionen F.	Mitglieder F.	Aktive F.	Frauen Turnende F.	Passive F.	Ehrenmitglieder F.	Mitglieder M.+F.	Turnende M.+F.	Passive M.+F.	Ehrenmitglieder M.+F.
1888	1															
1889	1															
1890	1															
1891	1															
1892	1															
1893	1															
1894	1															
1895	1															
1896	1															
1897	1															
1898	1															
1899	1															
1900	1															
1901	1															
1902	1															
1903	1	84	30		30	32	22							84	30	32	22
1904	1	75	32		32	36	7							75	32	36	7
1905	1	84	38		38	46								84	38	46	
1906	1	96	25		25	55	16							96	25	55	16

Year																					
1908	1	107	30		30	58	19						107	30	58	19
1909	1	105	28		28	57	20						105	28	57	20
1910	1	108	28		28	58	22						108	28	58	22
1911	2	143											143			
1912	2	166											166			
1913	2	186											186			
1914	2	173											173			
1915	2	130											130			
1916	2	97											97			
1917	2	98											98			
1918	2	105											105			
1919	2	485	32		32	62	11						485	32	62	11
1920	4	532	151		151	314	20	1	27	12		12	15	532	151	314	20
1921	4	520	161		161	324	47	1	47	32		32	15	520	161	324	47
1922	4	392	146	10	146	336	38	2	45	30		30	15	419	145	336	38
1923	4	453	133		133	209	47	2	31	6		6	25	500	198	224	47
1924	5	446	166		166	244	43	1	31	9		9	22	491	180	259	43
1925	5	496	140		150	255	41	4	78	42	6	42	36	527	151	270	41
1926	5	562	145		145	309	40	5	61	61		61	1	593	187	334	40
1927	6	558	178		178	323	61	5	61	60		60	8	636	173	345	61
1928	6	582	131	16	131	371	40	4	71	63		63	2	643	236	407	40
1929	6	618	161	14	175	377	30	4	56	54		54	3	669	197	377	30
1930	5	500	147		147	423	48	4	55	52		52	13	571	172	424	48
1931	4	472	109		109	365	26	4	63	50		50	14	528	151	373	26
1932	4	449	97		97	354	21	4	56	42		42	13	504	147	356	21
1933	4	418	95		95	331	23	5	58	45		45	18	481	129	334	23
1934	4	351	79		79	314	25	5	54	30		36	11	407	101	327	25
1935	4	375	59		59	268	24	4	56	45		45	8	433	128	282	24
1936	5	352	83	6	83	266	26	4	53	45		45	5	404	131	279	26
1937	5	375	95		95	233	22							408	140	251	22
1938	5	352	95		95	233	24							430	141	244	24
1939	5	377	96		96	254	27							430	141	262	27
1940	5	341	85		85	225	25		46	41		41		387	126	230	25

Jahr	Sektionen M.	Mitglieder M.	Aktive M.	Männer	Turnende M.	Passive M.	Ehrenmitglieder M.	Sektionen F.	Mitglieder F.	Aktive F.	Frauen	Turnende F.	Passive F.	Ehrenmitglieder F.	Mitglieder M.+F.	Turnende M.+F.	Passive M.+F.	Ehrenmitglieder M.+F.
1941	5	338	93		93	228	17	4	46	46		46			384	139	228	17
1942	5	341	92		92	234	15	5	56	56		56			397	148	234	15
1943	5	324	70	10	80	219	25	5	57	57		57			381	137	219	25
1944	5	333	93		93	211	19	5	59	57		57	2		392	150	213	19
1945	5	311	79		79	211	21	5	55	53		53	2		366	132	213	21
1946	5	351	91		91	217	49	4	46	44		44	1	1	397	135	212	50
1947	5	377	97		97	230	63	4	47	45		45	1	1	424	142	218	64
1948	5	388	101		101	256	57	4	48	46		46	1	1	436	147	231	58
1949	5	401	103		103	256	42	4	49	48		48		1	450	151	256	43
1950	5	400	101		101	273	43	4	47	45		45		2	447	146	273	45
1951	5	405	91		91	289	41	4	49	47		47		2	454	138	289	43
1952	5	446	94		94	279	63	4	60	48		48	9	3	506	142	288	66
1953	5	431	88	8	96	279	56	4	61	50		50	8	3	492	146	287	59
1954	5	430	86	8	94	273	57	4	52	39		39	9	4	482	133	282	61
1955	5	428	79	18	97	273	58	4	57	46		46	7	4	485	143	280	62
1956	5	413	78	22	100	259	54	4	58	47		47	6	5	471	147	265	59
1957	5	398	84	20	104	242	52	4	58	46		46	8	4	456	150	250	56
1958	5	438	97	30	127	265	46	4	62	50		50	8	4	500	177	273	50
1959	5	443	87	26	113	278	52	4	65	52		52	8	5	508	165	286	57
1960	5	447	92	28	120	276	51	4	73	44	20	64	5	4	520	184	281	55
1961	5	452	90	24	114	281	57	4	73	41	18	59	9	5	525	173	290	62
1962	5	494	89	18	107	307	80	4	75	44	16	60	10	5	569	167	317	85
1963	5	537	87	37	124	321	92	4	93	62	12	74	11	8	630	198	332	100
1964	5	529	80	35	115	321	93	4	96	63	12	75	15	6	625	190	336	99
1965	5	558	92	49	141	334	83	4	124	77	12	89	27	8	682	230	361	91
1966	5	577	92	49	141	364	72	4	134	79	30	109	16	9	711	250	380	81
1967	5	598	107	41	148	354	96	4	144	86	26	112	25	7	742	260	379	103

Year																
1968	5	589	86	54	140	334	115	5	170	95	31	126	33	11	759	266	367	126
1969																
1970	5	579	102	44	146	341	92	5	223	142	36	178	36	9	802	324	377	101
1971	5	618	114	78	192	356	70	5	234	153	42	195	36	3	852	387	392	73
1972	5	653	121	85	206	349	98	5	259	160	42	202	54	3	912	408	403	101
1973	5	614	123	90	213	324	77	5	279	179	37	216	57	6	893	429	381	83
1974																
1975																
1976																
1977																
1978	5		177	122	299			5		243	53	296			1041	595	392	54
1979	5		153	125	278			5		207	77	284			1000	562	384	54
1980	5		162	109	271			5		207	72	279			997	550	402	45
1981	5		148	129	277			5		255	37	292			1069	569	460	40
1982	5		140	112	252			5		179	72	251			899	503	361	35
1983	5		202	75	277			5		164	115	279			814	556	243	15
1984	5		195	80	275			5		175	119	294			834	569	265	
1985	5		172	80	252			5		170	118	288			886	540	345	1
1986	5		171	90	261			5		173	114	287			904	548	355	1
1987	5		130	120	250			5		149	146	295			819	545	273	1
1988	5		160	122	282			5		149	132	281			869	563	305	1
1989	5		159	118	277			5		201	154	355			992	632	359	1
1990	5		159	118	277			5		201	154	355			992	632	359	1
1991	5		152	113	265			5		141	137	278			1007	543	464	1

4.2 Sektionen des SATUS BL

Jahr	Allschwil Total	Allschwil Turnende Männer	Allschwil Turnende Frauen	Binningen Total	Binningen Turnende Männer	Binningen Turnende Frauen	Birsfelden Total	Birsfelden Turnende Männer	Birsfelden Turnende Frauen	Liestal Total	Liestal Turnende Männer	Liestal Turnende Frauen	Münchenstein Total	Münchenstein Turnende Männer	Münchenstein Turnende Frauen	Muttenz Total	Muttenz Turnende Männer
1888																	
1889																	
1890																	
1891																	
1892																	
1893																	
1894																	
1895																	
1896																	
1897																	
1898																	
1899																	
1900																	
1901																	
1902																	
1903																	
1904				84	30												
1905				75	32												
1906				84	38												
1907				96	25												
1908				107	30												
1909				105	28												
1910				108	28												
1911				80						63							
1912				70						96							

439

Year													
1913							103						
1914							95						
1915							62						
1916							41						
1917													
1918			33				65						
1919			38				67		15				
1920	35	59	109	12	91		126		50	191			
1921	18	43	150	12	74		161		36	178			
1922	18	43	151	10	60		161		25	165			
1923	18	43	188	6	52		48		26	140			
1924	14	44	192	9	62	38	48		23	125			
1925	24	54	179	9	81	19	62		27	122			
1926	32	86	183	10	86	17	78	20	27	118			
1927	23	98	202	11		12	63	20	28	133			
1928	13	24	114	217	12	12		50		41	157		
1929	16	28	126	196	13	27		103		35	135	8	
1930	16	30	154	190	14	27	46	8	122	15	30	127	10
1931	14	30	130	179	15		46	17	136	31	24	126	15
1932	12	30	119	155	15		46	12	144	35	18	110	16
1933	10	30	100	153	16		48		166	35	20	85	20
1934	10	32	95	132	14		46	6	169	35	15	85	13
1935	12	16	83	108	14		50	6	129	44	15	87	10
1936	12	12	89	88	13	16	50	6	118	36	15	92	8
1937	11	14	79	72	13	16	57	8	121	19	20	92	9
1938	12	22	79	71	13	16	60	9	120	20	20	92	9
1939	12	22	83	89	14	16	60	8	114	24	20	96	9
1940	12	20	89	72	15	16			102	23	20	80	16
1941	8	26	89	69	15	18		12	114	25	16	84	14
1942	8	16	67	72	16	14	50	12	114	18	20	87	14
1943	9	14	65	78	14	16	57	12	102	23	22	87	14
1944	9	12	60	51	14	16	60	12	115	28	22	76	14
1945	9	12	59	59	13	16	60	12	107	14	20	81	16
					10	16				32	16		14

440

Jahr	Allschwil Total	Allschwil Turnende Männer	Allschwil Turnende Frauen	Binningen Total	Binningen Turnende Männer	Binningen Turnende Frauen	Birsfelden Total	Birsfelden Turnende Männer	Birsfelden Turnende Frauen	Liestal Total	Liestal Turnende Männer	Liestal Turnende Frauen	Münchenstein Total	Münchenstein Turnende Männer	Münchenstein Turnende Frauen	Muttenz Total	Muttenz Turnende Männer	Muttenz Turnende Frauen
1946	45	12		71	12	8	81	20	11	106	29	9	94	18	16			
1947	60	12		85	15	10	80	20	11	110	32	10	89	18	14			
1948	60	15		64	14	8	86	20	11	124	34	11	102	18	16			
1949	57	13		61	16	8	110	24	14	121	32	10	101	18	16			
1950	46	12		58	16	8	113	24	13	128	32	10	102	17	14			
1951	48	12		55	12	10	115	24	10	134	25	13	110	18	14			
1952	44	12		68	12	10	123	24	12	135	30	13	136	16	13			
1953	41	10		65	12	10	138	32	12	129	28	12	121	14	16			
1954	42	13		31	8		141	32	12	127	27	11	140	14	16			
1955	43	10		41	8	8	142	32	13	128	35	9	131	12	16			
1956	38	9		17	8	8	148	34	14	137	37	9	131	12	16			
1957	42	13		22	10	9	138	34	14	131	35	8	123	12	16			
1958	58	22		31	20	8	153	36	15	129	35	8	129	14	18			
1959	60	19		26	16	8	136	26	10	152	40	14	134	12	20			
1960	64	20		33	20	9	120	26	8	148	39	8	155	15	20			
1961	65	21		35	14	10	131	28	8	150	39	8	144	12	34			
1962	103	24		42	17	22	112	22	11	172	40	10	148	14	16			
1963	101	23		69	20	19	143	30	12	172	37	14	145	15	15			
1964	104	25		64	14	15	122	31	14	182	30	14	153	22	18			
1965	107	29		61	15	36	132	36	15	206	39	18	176	22	42			
1966	119	32		85	15	34	138	26	18	185	36	15	184	22	43			
1967	119	42		102	20	15	135	28	23	197	38	15	188	22	45			
1968	125	34	23	39	15		158	34		200	35	15	237	22	34			
1969																		
1970	151	36	48	34	19	15	152	34	23	209	35	37	251	22	55			
1971	161	49	44	31	15	16	147	50	30	234	48	49	269	30	56			
1972	146	60	33	35	16	19	222	95	76	266	59	76	323	31	53			

Year													
1973	182	68	45	41	19	22	256	86	84	282	65	86	321	61	94
1974															
1975															
1976															
1977															
1978	170	57	27	33	12	17	285	82	126	307	62	86	296	58	98
1979	152	52	35	37	14	19	300	86	138	301	81	78	293	59	83
1980	144	56	36	44	19	20	334	88	164	323	70	75	258	43	85
1981	140	50	28	44	19	20	325	77	171	342	72	95	277	27	69
1982	111	41	23	45	19	21	324	76	167	327	73	86	202	46	61
1983	159	66	35	46	19	21	272	80	93	247	85	76	120	27	54
1984	176	78	44	48	23	25	242	74	109	243	80	76	123	24	40
1985	164	66	44	42	22	20	263	72	121	234	77	74	183	15	29
1986	174	63	57	36	20	16	267	82	105	239	80	74	188	16	35
1987	175	62	64	34	19	12	274	72	117	221	79	67	115	18	35
1988	182	79	46	40	20	14	276	77	115	240	84	67	131	22	38
1989	173	70	52	44	22	16	311	72	140	256	80	87	208	33	60
1990	173	70	52	44	22	16	311	72	140	256	80	87	208	33	60
1991	155	52	51	39	22	12	278	66	109	331	90	67	205	35	49

442

5 Katholische Turnverbände in Baselland

Die katholischen Turnerinnen und Turner Basellands sind in verschiedenen Verbänden zusammengeschlossen; die Turner im Katholischen Turn- und Sportverband (KTSV), die Turnerinnen im schweizerischen Verband Katholischer Turnerinnen (SVKT).

5.1 Katholischer Turn- und Sportverband BL (KTSV)

Jahr	Total Sektionen	Aktive	Männer	Passive/ Ehrenmitglieder	Mitglieder	Turnende
1958	7	121	28	18	167	149
1959	7	115	34	22	155	149
1960	7	100	33	23	162	133
1961	7	103	36	20	174	139
1962	7	112	42			154
1963						
1964						
1965						
1966	4	79	54		133	133
1967	4	112	55		167	167
1968	4	112	56		168	168
1969	4	110	58		168	168
1970	4	90	63		153	153
1971	4	105	66		171	171
1972	4	106	62		168	168
1973	4	96	99		195	195
1974	4	84	74		158	158
1975	4	74	83		157	157
1976	4	101	68		169	169
1977	3	116	61		177	177
1978	3	122	54		176	176
1979	2	56	59		115	115

443

Jahr	Münchenstein Aktive	Muttenz Aktive	Muttenz Männer	Muttenz Passive	Reinach Aktive	Reinach Männer	Reinach Passive	Reinach Mitglieder	Therwil Volleyballclub	Oberwil Aktive	Oberwil Männer
1980	2		59	71					130		130
1981	2		86	74					160		160
1982	2		91	69					160		160
1983	2		94	66					160		160
1984	2		104	67					171		171
1985	2		105	66		162			333		171
1986	2		77	70		156			303		147
1987	2		80	66		156			302		146
1988	2		79	69		156			304		148
1989	2		68	68		158			294		136
1990	2		65	67		156			288		132

5.2 Sektionen des KTSV BL

Jahr	Münchenstein Aktive	Muttenz Aktive	Muttenz Männer	Muttenz Passive	Reinach Aktive	Reinach Männer	Reinach Passive	Reinach Mitglieder	Therwil Volleyballclub	Oberwil Aktive	Oberwil Männer
1966	28		28		26	26		52		25	
1967	26	21	27		22	28		50		43	
1968	25	23	25		29	31		60		35	
1969	29	19	20		30	38		68		32	
1970	26		35		24	28		52		40	
1971	25		39		30	27		57		50	
1972	26		36		30	26		56		50	
1973	32		57		30	42		72		34	8
1974	28		43		26	23		49		30	
1975	30		44		44	24		68	15		
1976	34		33		67	20		87	15		
1977	51		38		65	23		88			
1978	64		32		58	22		80			

5.3 Katholische Turnerinnen BL

Auf die Darstellung des «Mutter- und -Kind-Turnens», das seit den 70er Jahren einen wichtigen Bereich der Aktivitäten der katholischen Turnerinnen ausmacht, habe ich verzichtet.

Jahr	Münchenstein Aktive	Muttenz Aktive	Muttenz Männer	Muttenz Passive	Reinach Aktive	Reinach Männer	Reinach Passive	Reinach Mitglieder	Therwil Volleyball-club	Oberwil Aktive	Oberwil Männer
1979		34			56	25		81			
1980		39			59	32		91			
1981		42			86	32		118			
1982		38			91	31		122			
1983		36			94	30		124			
1984		36			104	31		135			
1985		36			105	30		135			
1986		39		48	77	31	114	108			
1987		35		53	80	31	103	111			
1988		38		53	79	31	103	110			
1989		38		53	68	30	103	98			
1990		38		55	65	29	103	94			

Jahr	Sektionen	Mitglieder	Turnende A (Damen)	Turnende B	Turnende C	Turnende D	B+C+D (Frauen)	Turnende	Passive	Ehrenmitglieder
1955	5	156						103	53	
1956	5	153						94	59	
1957										
1958		168						130	38	
1959	5									

Year										
1960									120	58
1961		178							135	75
1962		210								
1963										
1964										
1965										
1966										
1967										
1968	9	482						388	94	11
1969	11	634						511	123	11
1970	10	639						530	109	11
1971	10	675						565	110	10
1972	11	689						599	79	10
1973	11	799	131	550			550	681	107	11
1974	11	794	99	544			544	643	140	14
1975	11	888	99	632			632	731	146	14
1976	11	934	43	685			685	728	196	14
1977	11	987	81	644		39	683	764	213	14
1978	11	1101	78	675		38	713	791	296	16
1979	11	1105	130	610		62	672	802	289	18
1980	11	1093	120	589		85	674	794	285	18
1981	12	1215	140	562		140	702	842	359	19
1982	12	1152	149	462		222	712	861	275	16
1983	13	1219	218	557	28	126	683	901	300	18
1984	13	1261	92	758		89	847	939	304	18
1985	12	1285	96	740		100	840	936	330	19
1986	12	1311	89	733		138	871	960	331	20
1987	13	1353	45	770	12	174	956	1001	331	21
1988	13	1366	97	704		201	905	1002	339	25
1989	13	1340	48	670	19	247	936	984	330	26
1990	11	1321	20	596	24	278	898	918	376	27
1991	11	1353	18	592	52	287	931	949	386	18

6 Bürgerliche, ArbeiterInnen- und katholische Turnvereine im Vergleich

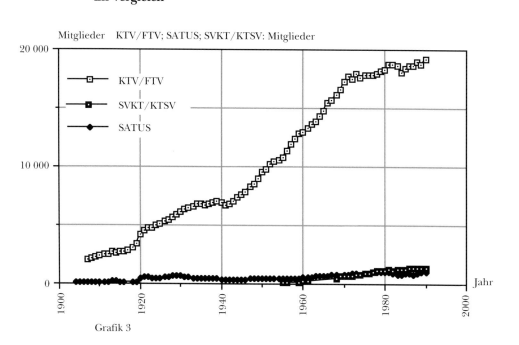

Grafik 3

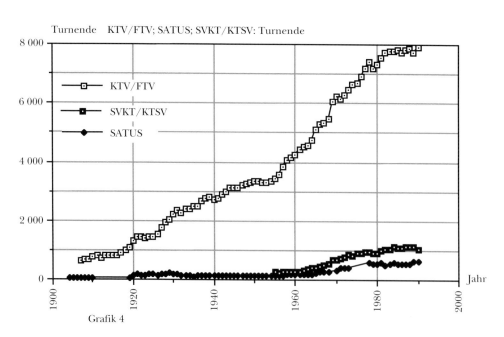

Grafik 4

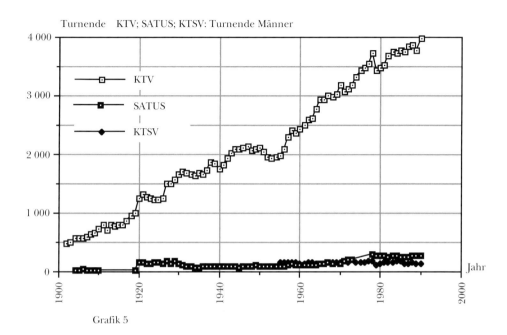

Grafik 5

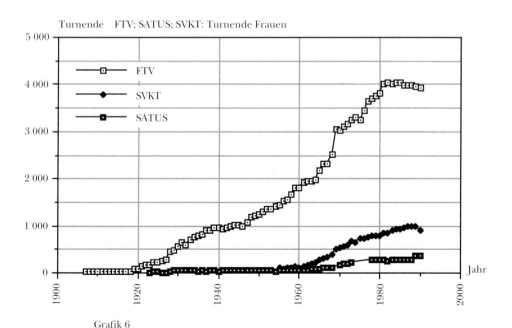

Grafik 6

7 Turnhallen und -plätze im Verhältnis zu Turnvereinen und Untersektionen

Turnhallen und -plätze sind wichtige Voraussetzungen für den Turnbetrieb, das Verhältnis zwischen den beiden Grössen dürfte ein wechselseitiges sein. Wichtiger als die Anzahl der Turnvereine ist diejenige der Untersektionen, also neben der Aktivsektion etwa Damenriege, Frauenriege, Männerriege und Jugendriegen (auch selbständige Damenturnvereine sind mitgezählt). Grafik 7 zeigt eine in etwa parallel verlaufende Entwicklung – dies heisst natürlich noch nicht, dass ausreichend Turnplätze und -hallen zur Verfügung stehen, da es neben den Turnvereinen noch eine Vielzahl anderer Sportvereine gibt.

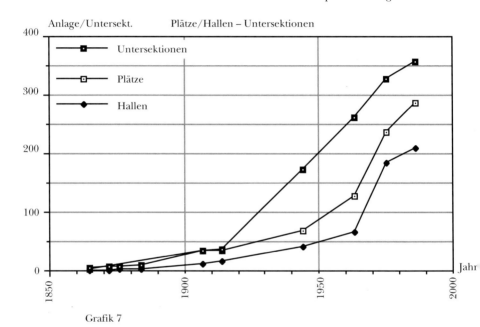

Grafik 7

Jahr	Vereine	Total Untersektionen	Plätze	Hallen	Behelfs-Lokale
1865	4	4	3	0	2
1872	6	6		0	2
1876	7	7		2	5
1884	10	10		2	8
1907	33	34	33	11	22
1914	35	37	35	15	19
1944	59	173	68	40	
1963	60	261	128	66	
1975	65	328	237	185	
1986	67	357	286	209	